팬덤 이해하기

일러두기

1. 이 책은 MBC 재단 방송문화진흥회의 지원을 받아 출간되었습니다.
2. '*'로 표시한 본문의 각주는 모두 옮긴이가 쓴 것입니다.
3. '1, 2, 3······'으로 표시한 '주'는 원서의 미주를 번역한 것입니다.
4. 본문에 나오는 영화나 책 등의 제목은 국내에 정식으로 소개된 것이 있다면 소개된 우리말 제목으로 표기하고, 없다면 옮긴이가 번역해서 붙였습니다.
5. 본문에 굵은 고딕체로 표기된 용어는 '용어해설'에 뜻풀이를 실어두었습니다.
6. 단행본 제목에는 『 』, 논문이나 노래 제목에는 「 」, 신문이나 잡지 제목에는 ≪ ≫, 영화, 방송 프로그램, 뮤지컬 제목에는 〈 〉를 사용했습니다.

이 도서의 국립중앙도서관 출판예정도서목록(CIP)은 서지정보유통지원시스템 홈페이지(http://seoji.nl. go.kr)와 국가자료공동목록시스템(http://www.nl.go.kr/kolisnet)에서 이용하실 수 있습니다.
CIP제어번호: CIP2016012259(양장), CIP2016012260(반양장)

방송문화진흥총서 152

팬덤 이해하기
UNDERSTANDING
FANDOM

AN INTRODUCTION TO THE STUDY OF MEDIA FAN CULTURE

마크 더핏 지음 | 김수정 · 곽현자 · 김수아 · 박지영 옮김

한울
아카데미

| 차례 |

서문: 팬덤을 다시 상상하기

『팬덤 이해하기Understanding Fandom』는 팬 연구를 형성해온 주요 논쟁들을 정리할 뿐 아니라 그 이상의 작업을 수행하고 있다. 마크 더핏Mark Duffet은 기존 연구들을 끌어와서 논의를 풀어나가고, 영화 팬이나 TV 프로그램 팬과 같은 미디어 팬에 대한 작업과 대중음악 팬덤에 대한 작업을 통합한다. 놀랍게도 이 두 영역은 지금까지 거의 결합된 적이 없었다. 이 책에서 팬덤 연구에 중요한 영향을 미친 헨리 젠킨스Henry Jenkins의 『텍스트 밀렵꾼들Textual Poachers』(1992) 못지않게 브루스 스프링스틴Bruce Springsteen의 팬에 대한 대니얼 카비치Daniel Cavicchi의 뛰어난 연구(Cavicchi, 1998)가 자주 언급되는 것은 놀랄 일이 아니다.

더 나아가 더핏은 새로운 방향을 제시하고 흥미로운 비판을 제기한다. 물론 팬덤을 이해한다는 것은 영향력 있는 팬덤 연구의 분석과 접근을 개괄한다는 것을 의미하지만, 문화 현상에 대한 이해나 학술적 연구라면 아직 가지 않은 길을 찾아내고 팬덤에서 주변화되어 있는 개념이나 측면으로 되돌아가는 것을 의미하기도 한다. 이해는 기존의 지식을 수동적으로 되풀이하는 것이 아니며, 그렇게 하지 않을 때 가장 가치가 있다. 또한 이해란 연구 대상을 다시 상상하는 것, 즉 현실에서 '만약 ~라면'이라는 질문을 계속 던지는 것이다. '기존의 이론틀에서 간과된 팬덤에 관한 요소가 있다면', '팬덤이 새로운 방식으로 분석될 수 있다면' 같은 질문들은 상식이나 지배적인 의미 및 가치 체계가 자주 간과하는 문화적 현실의 이면을 인식할 수 있게 해준다.

그리고 이런 점에서 팬덤과 학계는 흥미롭게 닮아 있다. 양쪽 모두 '다시 상상하기'가 중심 과정이기 때문이다. 학자는 사물과 이론을 새롭게 보려고 하고 팬은 사랑하는 대상을 다시 상상한다. 팬들은 팬 픽션이나 논평을 통해, 또는 앞으로 나올 텍스트에 자신이 원하는 상황을 투사하거나 앞으로 전개될 이야기를 두고 이러쿵저러쿵하면서(이를테면 현재 〈스타워즈Star Wars〉 팬들 사이에는 디즈니가 판권을 사들여 만들고 있는 프랜차이즈가 어떤 영화가 될 것인지를 두고 말이 많다*) 사랑하는 대상을 다시 상상한다. 미디어 연구와 팬덤은 ─ 물론 이 둘이 서로 고립되어 있는 별개의 존재는 아니지만 ─ 우리를 둘러싸고 있는 대중문화를 다시 사유하고 그 의미에 도전하는 작업을 하고 있다.

『팬덤 이해하기』는 어떤 방식으로 팬덤과 팬 연구를 다시 상상하고 있는가? 이 책에서 수행하고 있는 작업은 다음과 같다. 먼저 어떤 상황에서 '안티 팬덤'(Gray, 2003)이 초래될 수 있는지 살펴보고(2장), 셀레브리티에 대한 연구가 왜 젠킨스의 저작에 들어 있는 '텍스트 밀렵'에 관한 작업과 분리되어왔는지 질문한다(3장). 그리고 정신분석 이론으로는 팬덤의 의미를 종합적으로 포착할 수 없다고 주장하며(4장), 기존 연구들에 비해 팬이 되어가는 이야기에 더 주목한다(5장). 그리고 전유와 퍼포먼스의 즐거움만이 아니라 관계 맺기의 즐거움에 초점을 맞추고(6장), 팬덤이 젠더 규범을 강화하는 동시에 어떻게 젠더 정체성과 수행이 '퀴어queer적' 임을 보여주고 있는지 살펴본다(7장). 나아가 다세대 팬덤을 설명하기 위해 '상상된 기억imagined memory'이라는 새로운 이론을 제시하고(8장), 팬들의 공동 관심사는 미디어 제작자들의 관심과 갈등하거나 공모하는 것이 아니라 그것과는 별로 "관계가 없"으며(9장), "이제 자신의 팬덤을 '선언하지 않은' 연구자들이 수행해야 할 중요한 역할이 있다"(10장)라고 주장한다.

팬덤(과 팬 연구)을 이렇게 다중적이고 창의적으로 다시 상상하는 작업은 여

---

* 2012년 '루커스필름'으로부터 〈스타워즈〉 판권을 사들인 디즈니는 2015년 12월 〈스타워즈〉 시리즈의 7번째 작품인 〈깨어난 포스(The Force Awakens)〉를 개봉했으며, 이 작품은 공식적인 역대 북미 흥행 1위 영화가 되었다.

러 함의를 지닌다. 안티 팬덤 연구는 급속히 확대되었다. 안티 팬은 어떤 텍스트나 장르에 대해 자세히 주목하지 않으면서 그 텍스트나 장르에 대한 이미지를 형성하고 그 대상을 싫어하는 감정으로 자신의 정체성을 정의하는, '거리를 두고 있는distant' 독자다. 그러나 팬이 자신들의 팬 대상의 어떤 부분에 불만을 표시하거나 새로운 스토리라인 또는 인물, 앨범에 대한 반감을 공공연히 드러낼 때, 팬덤 내부에서 안티 팬덤이 등장할 수도 있다. 더핏은 밥 딜런Bob Dylan이 전기 기타를 들고 나왔을 때나 펑크 밴드들이 DIYDo It Yourself 정신을 위배했다고 여겨지는 특정한 상황에서 안티 팬덤이 초래된 사례를 거론하면서,* 중대한 변화가 어떻게 팬 대상의 역사의 일부가 되고, 또 어떻게 특정한 팬 대상이 광범위한 '안티 팬'의 저항을 불러올 수 있는지를 고찰하고 있다. 더핏이 제시하는 두 가지 예시는 모두 대중음악 팬덤에서 나왔는데, 이 사실은 '안티 팬덤'이 대중영화나 TV프로그램 또는 일부 팝 뮤직에서는 보기 어렵거나 적어도 덜 지배적이며 예술적 위험부담이나 반란의 담론과 연결되어 있음을 보여준다. 예를 들어 〈닥터 후Doctor Who〉의 제작진이 바뀐다고 안티 팬이 생기겠는가? 오히려 그 반대다. 2010년에 〈닥터 후〉의 작가가 러셀 T. 데이비스Russell T. Davies에서 스티븐 모팻Steven Moffat으로 바뀌었을 때, 〈닥터 후〉는 '11번째 시간The Eleventh Hour'이라는 에피소드에서 기존 열한 명의 닥터를 모두 등장시키며 이전 시리즈와의 연속성과 브랜드 정체성을 강하게 드러냈다. 이 에피소드는 마치 프로그램이 크게 변하지 않았다고 수용자들을 안심시키기 위해 만들어진

---

* 펑크의 DIY 정신은 록의 자발성, 하위문화적 저항을 강조하는 1970년대의 흐름 속에서 산업이 주도하는 슈퍼 밴드가 되기를 거부하고 아마추어리즘을 추구하는 에토스를 말한다. 펑크 밴드는 스스로 음악을 만들어 유통시켰으며, 자신들을 홍보하는 신문을 직접 만들고 팬진을 통해 소통했다. 이들은 소규모 클럽에서 공연하면서 팬과 어울려 펑크 에토스를 공유하는 공동체를 만들려고 했다. 그러나 1977년 펑크 폭발과 함께 영국의 펑크 밴드들은 주류 미디어의 사랑을 받게 되었고 몸값이 오르면서 더 이상 과거의 아마추어적 소규모 유통망을 고집하거나 클럽 위주로 공연을 하는 식의 펑크 정신에 맞는 활동을 하기가 어려워졌다. 몇몇 밴드는 대기업과 계약하는 일도 생겼다. 이에 따라 펑크의 에토스를 중심으로 뭉쳤던 팬덤이 상업적 인기를 얻게 된 펑크 밴드를 비난하고 안티로 돌변하는 일도 생겼다.

것 같았다. 변화하는 미디어 산업은 '안티 팬덤'을 수용하기보다는 두려워하기 때문에, 기존 팬을 잃거나 소외시킬 수 있는 위협에 촉각을 곤두세운다. 그렇다면 '안티 팬덤'은 오늘날 대중문화에서 전형적으로 나타나는 브랜드 논리보다는 예술 담론이 더 강하게 자리 잡고 있는 곳에서 발생할 가능성이 높다.

다른 예로, 보이밴드가 음악적 변신을 하고 새로운 층의 수용자를 목표로 하면 안티 팬덤을 초래할까? 테이크 댓Take That은 보이밴드에서 거의 슈퍼그룹으로 도약했지만 이러한 변화는 밴드가 해체되고 재구성되는 과정을 거치며 이루어졌다. 또한 이들은 '포스트-대상post-object' 팬덤*이라는 이행기를 거치면서(Williams, 2011을 참조하라), 본래 자신들을 지지했던 팬들 또한 함께 나이 들어간다는 것을 인정하고 부분적으로는 자신들의 문화적 지위 변화에 대해 허락을 받는 기간을 거쳤다. 이렇게 해서 (밴드의 변화 과정에서 초래했던) 안티 팬덤은 연령에 대한 적절한 담론과 더불어 다시 영구적인 팬덤enduring fandom이라는 감각으로 대체되었다. 테이크 댓은 변화를 거치면서 더 이상 '보이밴드'가 아니었다. 이들이 외모상으로나 문화적 의미에서 나이가 들어가면서, 산업 내에서 그들이 차지하는 지위의 변화 역시 자연스럽게 받아들여졌다. 그러므로 안티 팬덤은 팬 대상이 갑작스럽고 예상치 못할 정도로 급격하게 변화할 때 생긴다고 할 수 있다. 미디어 산업은 연속성을 부여하는 과정(또는 프랜차이징/브랜딩)을 통해 그러한 급진적인 변화가 미치는 영향을 차단하거나 약화시키려고 한다. 이처럼 안티 팬덤이라는 개념은 서로 다른 팬 대상 주변을 순환하는 여러 의미에 대해, 더 나아가 팬 대상의 산업적인 위치가 어떻게 만들어지는지에 대해 신중하게 접근할 필요가 있음을 보여준다.

내가 여기서 팬덤에 관한 여러 정신분석학 이론을 옹호하려는 것은 아니다. 나는 이미 내 저서에서 이 문제에 대한 나의 입장을 충분히 설명한 적이 있다

---

* '포스트-대상' 팬덤이란 프로그램이나 시리즈가 중단된 후에 그 프로그램을 발견하고 좋아하게 된 사람들이 팬덤에 들어오는 현상을 말한다. 여기서는 테이크 댓이 해체된 시기에도 팬덤이 유지되었다는 의미다.

(Hills, 2002). 그렇다고 해도 팬덤이 언제나 부분적으로는 사적이고 부분적으로는 사회적이라는 더핏의 주장, 즉 팬덤은 한편으로는 느끼는 것이지만 다른 한편으로는 수행되는 것이기도 하다는 그의 주장은 팬덤의 혼종적인 성격을 아주 잘 포착하고 있다. 더핏은 팬덤을 단일한 사물로 보거나 정의하지 않으면서, 어떻게 하면 우리가 팬덤을 가장 잘 이해할 수 있을지에 대해 생산적으로 논의를 전개해나간다. 손쉽고 간단한 정의를 찾고 있는 독자라면 실망을 느낄 수도 있겠지만, 팬덤의 서로 다른 삶과 실천, 순간을 이해하려는 사람이라면 곱씹어 볼 만한 내용이 많을 것이다.

마크 더핏이 흥미롭게 개입하고 있는 또 다른 지점은 '상상된 기억'이라는 개념이다. '상상된 기억'은 팬 대상의 역사에서 핵심적인 사건들에 대한 기억으로, 비틀스The Beatles의 초기 공연이나 〈스타트렉Star Trek〉의 첫 시즌이 종영된 이후 그 프로그램을 지속적으로 방영해줄 것을 요구했던 캠페인 등의 사례에서 볼 수 있다. 이러한 사건을 실제로 기억하는 팬은 거의 없지만, 그럼에도 이 기억들은 해당 팬 문화 내에서 구비전설이 되어 돌아다닌다. 이처럼 프로그램이나 공연에 대한 매개된 이야기가 반복되면서, 팬들은 직접 경험한 적이 없는 사건들과 밀접하게 연관된 자아감을 갖게 되고, 이는 이들의 '인공prosthetic' 기억이 된다. 안티 팬덤과 마찬가지로 이 개념 역시 대중음악 팬덤에 더 밀접한 기원을 두고 있지만, 롱런하는 영화나 TV 시리즈 팬덤에서도 그러한 사례를 찾아볼 수 있다. 어떤 기억도 '실제'가 아니라고(모든 기억은 인지 과정과 해석에 기반을 둔 문화적이고 심리적인 산물이라고) 더핏이 지적하고 있기는 하지만, 그럼에도 이 개념은 팬이 아닌 사람에게는 일어나지 않는 일탈적이거나 심리적으로 특정적인 무언가가 팬에게만 일어난다고 암시할 위험이 있다. 팬덤의 특징이 '상상된 기억'이고 비非팬덤에는 이런 식의 기억이 없다면, 팬덤은 심리적 일탈이나 예외주의라는 오명을 피하기 어려울 것이다. 팬덤을 그 (하위)문화의 경계를 넘지 못하는 것으로 보이는 기억이라는 개념 안에 가두는 대신, 그보다 광범위한 열광과 열정을 접합하는 방식으로 이론화할 수는 없을 것인가? 상상된 기억이라는 개념은 팬덤에서 상상이 지닌 긍정적 중요성을 다시금 강조한다. 팬들은 자신이 엘비스 프레슬리Elvis Presley의 라이브 공연을 보았다면 어땠을지, 1963년에 방영된 〈닥터 후〉의 첫 에피소드를 보았다면 어땠을지 상상한다. 상상된 기억이라는 개념은 팬덤과 기억 일반뿐 아니라, 팬덤과 팬덤의 생애에 대한 더 많은 연구를 생산하는 자극제가 될 것이다. 실제로 이러한 영역이 팬 연구의 전면에 등장하고 있으며(Harrington & Bielby, 2010; Garde-Hansen, 2011), 『팬덤 이해하기』는 최근 부상하고 있는 팬덤에 대한 학문적 관심의 중요한 일부인 동시에 그 결정체기도 하다.

나는 또한 학자들이 더 이상 자신의 개인적인 팬 활동에 초점을 맞출 필요가 없다는 더핏의 주장에도 동의한다(Phillips, 2010도 참조하라). 이 역시 오늘날 팬 연구의 한 순간을 잘 포착하고 있다. 학자들이 자신의 팬덤에 대해 논의하지 않을 때 (개인 팬덤과) 동등하게 이론화할 가치가 있는 다양한 팬 대상을 더 잘 다룰 수 있게 될 것이라는 더핏의 주장은 매우 타당하며, 이 책은 그 점을 잘 보여주고 있다. 다른 한편으로 학자들이 ― 좀 더 종합적이고 포괄적인 관점을 취하는 것이 아니라 ― '자신들'이 개인적으로 선호하는 팬 문화에만 계속 초점을 맞춘다면, 팬덤에 대한 우리의 설명은 특정 가치나 호소력을 지닌 문화 산물에만 치우쳐 매우 편향적인 성격을 띠게 될 것이고, '퇴보적인' 텍스트, 즉 학계의 정치학이나 문화 정체성과 맞지 않는 텍스트를 둘러싼 팬덤에 대한 연구는 요원해질 것이다. 그런 면에서 나는 우리가 무엇을 공부하며 왜 공부하는지, 그리고 그 과정에서 무엇을 놓치고 있는지에 관해 성찰적 자세를 유지하는 것이 절대적으로 중요하다고 생각한다. 그렇게 된다면, 그동안 많이 연구되어 온 팬덤의 암묵적인 '정전canon'의 바깥으로 나갈 수 있을 것이다. 또한 뎁 버호벤Deb Verhoeven이 영화감독 제인 캠피언Jane Campion을 추종하는 학자-팬scholar-fan들에 대한 분석에서 지적하듯이, 학계와 팬덤의 관계는 개인적이면서도 구조적인 것이다. 연구자들이 "미디어 소비자로서, 특히······ 시장의 일부로서 학자의 선호"(Verhoeven, 2009: 155)를 이해하려면, 자신의 팬덤에 대한 자기문화기술지적 '고백'에서 더 나아가 학문 자체가 어떻게 미디어 파라텍스트paratext, 상품, 가치 체계 속으로 점점 통합되어가고 있는지도 분석해야 한다.

디지털 팬덤이 고의로든 부지불식간에든 미디어 브랜드에 가치를 덧붙일 수 있는 것처럼(De Kosnick, 2013), 학자-팬덤 역시 미디어 산업의 이러한 과정의 일부가 될 수 있기 때문이다.

더핏은 결론에서 통상 오늘날 문화에서 광신fanaticism과 팬덤은 개념적으로 분리되어왔다고 주장한다. 그러므로 문화에 대한 일반적인 상식은 팬덤을 탈정치화하고, 그것을 '사소한' 영역으로 쫓아내서 단지 개인의 취향으로 다룬다. 누군가가 우익이나 좌익 신념 체계 — 심지어 '극단적인' 이데올로기 — 의 '광신도'가 될 수도 있지만, 정치 체계나 신념을 둘러싼 공적 논쟁에서는 통상 팬덤의 언어나 담론이 잘 사용되지 않는다. 더핏식으로 말하자면, "어떤 사람이 관습을 거스르는 것으로 여겨지거나 금기시되는 오락물, 이를테면 〈홀로코스트 Cannibal Holocaust〉* 같은 영화의 팬이 될 수 있다. 하지만 아돌프 히틀러Adolf Hitler를 대상으로 해서는 '광신도'가 될 수 있을 뿐이다". 사실 일부 연구자는 팬덤에 대한 이러한 상식적 관점을 밀어붙이며, 우리는 적어도 뉴스의 '팬'이 되거나(Gray, 2007b), 팬 연구를 사용해서 정치적 연대의 모델을 만들거나(Van Zoonen, 2004; Sandvoss, 2012), (우리 귀에 '히틀러 팬'이라는 말이 매우 이상하게 들리기는 하지만) 팬덤이 실제로 정치 운동이 될 수 있다고 주장하기도 했다(Jenkins & Shresthova, 2012).

광신과 팬덤의 개념적 구별은 최근 대중문화에서도 흥미롭게 다루어진 바 있다. 공상과학물의 팬이자 작가인 라비 티드하르Lavie Tidhar가 쓴 〈오사마: 하나의 소설Osama: A Novel〉에서는 여러 면에서 우리의 세계와 다른 대안 세계가 펼쳐진다. 여기서 오사마 빈 라덴Osama Bin Laden은 실존 인물이 아니라 '비질란테Vigilante 시리즈'로 불리는 싸구려 액션-어드벤처 소설 시리즈의 주인공이다. 필립 K. 딕Philip K. Dick**을 연상시키는 이런 대안 세계에서 오사마의 팬들은 그

---

* 〈홀로코스트〉는 이탈리아의 영화감독 루게로 데오다토(Ruggero Deodato)의 작품으로 남미를 탐험하던 사람들이 식인종에 잡혀 고문당하고 잡아먹히는 내용을 다큐멘터리 형식으로 다루어 논란을 일으켰다.

를 찬미하는 집회인 오사마 콘에 모이며, 빈 라덴의 행동(이 행동은 우리가 뉴스 기사나 최근 역사에서 알 수 있는 것들이다)은 스릴 넘치는 모험담으로 제시된다. 어떤 면에서 〈오사마〉는 팬덤을 광신과 구분하는 문화적 경계와 이데올로기를 존중한다. 결국 〈오사마〉는 반사실적 세계counterfactual universe를 다시 상상함으로써 팬덤과 광신이라는 양 극단을 뒤집는다. 그러나 동시에 티드하르의 소설은 대중문화 팬덤 대 정치적 광신이라는 엄격한 구분을 전복하고 와해시켜서 이들이 상호 침투할 수 있는 상상의 세계를 펼쳐 보인다. '오사마 팬'이라는 대담한 표현은 독자로 하여금 팬덤과 정치의 경계에 대해 생각해보게 하고, 서사 내에서 그 경계를 넘어서도록 밀어붙인다. 〈오사마〉는 부분적으로는 탐정소설이고 부분적으로는 반사실적인 공상과학소설로서, 우리 문화가 어떻게 팬덤/정치의 경계를 담론적으로 감시하며, '진지한'(또는 위험한) 신념 체계와 상투적이고 경박한 팬덤을 구분하라고 끊임없이 요구하는가를 보여준다. 상상을 통해 다시 만들어진 〈오사마〉의 세계는 팬덤이야말로 문화적인 세계를 (다시) 만드는 진지한 신념 체계라고 속삭이는 것 같다.

> 호텔 식당에는 다른 사람들이 있었는데, 그들도 대부분 오사마 빈 라덴 종이 가방을 옆에 두고 있었고, 그중 다수는 서로를 알고 있는 것처럼 보였으며 한동안 만나지 못해 끊어졌던 대화를 이어가느라 바쁜 친구들처럼 이야기를 나누고 있었다. ……
> "이 ≪오사마 가제트Osama Gazette≫는 뭐죠?"
> 남자들이 시선을 주고받았다. 그들의 표정은 '이 사람은 분명 여기에 처음 온 사람이군'이라고 말하고 있었다. "그건 팬 잡지입니다. …… 오사마에 정통한 학술

** 필립 K. 딕은 20세기 공상과학소설의 거장으로, 그의 소설은 공상과학물 특유의 이성적 색채에서 벗어나 인간이 느끼는 혼란과 현실 인식, 의식의 변용, 심리적 기제, 감정을 다루는 독특한 작풍을 띤다고 평가받는다. 딕의 소설 다수가 할리우드에서 영화로 제작되었다. 그의 소설을 원작으로 한 영화로는 〈블레이드 러너(Blade Runner)〉(1982), 〈토탈 리콜(Total Recall)〉 (1990), 〈마이너리티 리포트(Minority Report)〉(2002) 등이 있다.

담론을 전문적으로 다루는 소형 출판물이지요. 판매자의 방에 가면 책이 있을 겁니다"(Tidhar, 2012: 240, 242).

〈오사마〉 역시 팬덤을 다시 상상하는 것이 얼마나 중요한지, 동시에 팬덤 내부에서 행해지는 다시 상상하기 실천이 얼마나 중요한지를 강조하고 있다. 티드하르의 '텍스트 밀렵'은 익숙한 인물들을 변형된 서사의 세계 속으로 던져 넣는 '대안 세계AU: alternate universe' 팬 픽션을 창작하거나, SF TV 시리즈의 장르를 바꾸거나 성애화하는 방식으로 개작하는 것이 아니라, 대범하게도 테러 뉴스를 마치 통속소설의 모험인 양 전유하는 독특함을 보여주었다.

팬덤을 판타지로 재사유한 사람이 티드하르만은 아니다. 브랜든 크로넨버그Brandon Cronenberg의 호러영화인 〈항생제Antiviral〉(2012) 역시 팬덤을 풍자적으로 다루며, 팬이 셀레브리티와 연결되기를 너무도 원한 나머지 동일한 바이러스에 걸리기를 바라는 상상적인 대안 세계를 상정하고 있다. 여기서 더핏을 비롯한 여러 학자가 검토한 '병리학적 전통'은 의학적 병리학과 직접적으로 관련되어 다시 상상된다. 크로넨버그의 판타지 세계에서 팬-셀레브리티 동일시는 질병과 연결되고, 이어서 질병의 경험으로 바뀐다. 티드하르가 독자에게 '공적 영역'과 '사적인' 미디어 소비를 재개념화할 것을 요구했다면, 크로넨버그는 비록 특정한 유형의 팬덤이긴 하지만 팬덤의 부정적 이미지를 강화하는 것처럼 보인다. 이는 호러영화 팬을 조롱하는 판타지-호러 영화가 아니라, 셀레브리티 문화의 팬을 조롱하는 영화다. 티드하르와 크로넨버그의 반사실적 세계는 모두 바로 현대 팬덤의 일상성에 기반을 두고 있다고 말할 수 있다. 팬덤에 대한 일상적 체험이 이러한 SF/호러물 이야기의 축이 될 수 있는 것은 팬이 된다는 것이 무엇인지 독자와 관객이 알고 있다고 여겨지기 때문이다. 그러나 팬들의 상상을 통해 만들어지는 이러한 대안 세계들의 문화정치학은 팝 컬처가 언제나 미디어 팬덤을 포용하기만 하는 것은 아님을 보여준다. 어떤 팬덤은 다른 팬덤을 무시하는데, 〈항생제〉에서 호러 팬이 셀레브리티 팬덤을 풍자적으로 병리화하는 것은 이러한 동학을 반영한 내용이라고 할 수 있다. 아마도 우리는 '진지한' 정치학과 '진지하지 않은' 팬덤 간의 구분만이 아니라, 서로 다른 유형의 (셀레브리티/컬트 미디어) 팬덤 간의 구분과 그 문화적 위계에도 도전할 것이다. 바로 여기서 우리는 젠킨스가 셀레브리티 팬덤에 대해서는 거의 언급한 바가 없으며 허구 세계에 관여하는 텍스트 중심적인 팬덤에만 초점을 맞추고 있다고 말한 더핏의 지적에 다시 주목하게 된다. 이러한 구분에는 이 두 가지가 아주 다른 방식의 팬 되기라는 문화적 상식이 은연중에 반영되어 있다. 이러한 사실/픽션의 이분법은 학계 내부에서의 차이를 구조화하고, 그 결과 셀레브리티 팬을 연구하는 방식과 미디어 팬을 분석하는 방식은 서로 다를 수밖에 없다. 실제 인물이 등장하는 팬 픽션RPF: Real Person Fiction을 둘러싼 팬덤 내부에서의 논쟁들, 그중에서도 특히 실존 인물 슬래시RPS: Real Person Slash에 대한 논쟁은 사실과 허구라는 매우 강력한 문화적 범주들 간의 경계가 흐려지는 상황에 대한 불안을 반영하는 것이라 하겠다.

팬덤에 관한 일반 이론이 가능한지 여부와 별개로, 팬들이 서로를 조롱하거나("나는 저렇게 심한 팬 스토커는 아니야") 다른(타자화된) 팬덤을 조롱하기도 한다는(컬트 호러 영화 팬덤이 〈트와일라잇Twilight〉 팬덤을 상징적으로 공격하는) 사실은, 팬덤을 다른 사람들의 취향을 폄하하면서 자신의 팬덤을 찬양하는 식으로 행동하지 않는 더 거대한 문화적 집합체로 다시 상상하는 연구가 필요하다는 것을 말해준다. 팬덤을 진지하게 여긴다는 것은 〈소프라노스The Sopranos〉나 데이비드 보위David Bowie의 팬에게는 박수를 보내면서 연속극이나 보이밴드의 팬은 무시하는 것이 아니라, 모든 팬덤을 진지하게 여기는 것을 의미한다. 〈오사마〉에 나오는 팬덤의 재현이 문화적 범주를 흔들어놓고 위반한다면, 〈항생제〉는 '좋은' 팬 대상(바디 호러)과 '나쁜' 팬 대상(화려한 셀레브리티)이라는 하위문화 범주를 문제화하면서 가지고 논다.

실제 세계와 다른 세계를 상상해보려는 시도야말로 팬덤의 가치를 재발견하려던 팬 연구들의 핵심이었다. 『텍스트 밀렵꾼들』에서 젠킨스의 질문은 "만약 팬덤이 부정적인 이미지로 스테레오타입화되지 않거나 사소한 것으로 치부되지 않았다면?"이었다. 과거의 이론과 접근법을 소개하면서 동시에 그에 도전하는 『팬덤 이해하기』 같은 학술 작업에서는 '만약 ~라면'이라는 질문을 계속하는 시도가 중요하다. '경사길slippery slope' 도식이 완전히 틀렸고 우리 문화 내부의 이른바 '전문가들'이 되풀이하는 주장과 달리 팬덤이 병리적 집착으로 가는 길이 아니라면? 팬덤을 항상 미디어 제작자나 산업과 연관 지어 이해할 수는 없으며, 적어도 부분적으로는 팬덤 자체를 분석해야 한다면? 팬이 '상상된 기억'을 가지고 있다면? 생동감 넘치는 사유의 우주는 학계, 팬덤, 그리고 때로는 대중문화 자체에 의해 생성되며 세계에 새로운 방식으로 영향을 미친다. 이는 끊임없이 분석하고 조망하는 과정이며 『팬덤 이해하기』는 그 과정에 값진 통찰력과 풍부한 상상력으로 기여하고 있다.

2013년
맷 힐스(에버리스트위스대학교 영화 및 텔레비전 학과 교수)

감사의 말

『팬덤 이해하기』에 제시된 견해들은 내 책임이지만, 이 책이 나오기까지 감사드려야 할 분들이 많이 있다. 첫 번째는 맷 힐스Matt Hills 교수인데, 그는 2010년 6월 체스터 대학에서 열린, 내가 조직한 음악 팬덤에 대한 국제 심포지엄에서 친절하게도 기조연설을 해주셨다. 내가 이 주제로 새로운 교재를 써야 한다고 제안한 사람도 그였으며, 또다시 친절하게 서문을 써주셨다. 맷이 없었다면 『팬덤 이해하기』는 세상에 나올 수 없었을 것이다.

또한 심포지엄을 도와주고 이 원고를 발전시킬 수 있는 시간을 낼 수 있게 해준 학과 동료들과 체스터 교수진에게 고마움을 전한다. 팬 문화 강의를 수강하고 내게 문제를 제기했던 체스터의 많은 학생 역시 언급하지 않을 수 없다.

『팬덤 이해하기』의 감수를 자발적으로 맡아준 루시 베넷Lucy Bennett과 낸시 브루세커Nacy Bruseker의 도움과 열정적인 지지에도 감사드린다.

내가 학업의 길을 걸어오는 과정에서 도움이 되어준 모든 동료들, 특히 톰 애타Tom Attah, 개리 번스Gary Burns, 클로드 채스태그너Claude Chastagner, 존 해킷 Jon Hackett, 크리스 하트Chris Hart, 폴라 허섬Paula Hearsum, 졸리 젠슨Joli Jensen, 브라이언 머신Brian Machin, 데이비드 패티David Pattie, 팀 월Tim Wall, 그리고 고인이 된 데이비드 새니예크David Sanjek에게 감사를 표하고 싶다.

나를 끊임없는 격려하고 나에게 영감을 준 동반자 줄리Julie, 부모님과 형제들, 친구들에게도 깊은 고마움을 전한다.

마지막으로 이 프로젝트를 마칠 수 있도록 도와준 블룸스버리 출판사의 케이티 갤러프Katie Gallof에게 감사드린다.

1장 서론

무대에 첫 번째로 등장한 가수는 스팅이었다. 그는 흑인 백 코러스와 함께 무대로 걸어 나왔고, 백 싱어들이 아카펠라 코러스로 시작하는 그의 히트곡 중 하나를 부르기 시작했다. …… 첫 소절이 끝날 무렵 그 공연에 참석한 7만 명이 넘는 사람들이 모두 하나가 되어 노래를 부르며, 위성으로 전 세계에 생중계되는 그 방송을 텔레비전으로 보고 있을 수백만 명의 시청자들에게 메시지를 전하고 있었다. 나의 몸은 본능적으로 반응했고, 나는 지금도 그 순간을 생생하게 기억할 수 있다. 내 몸은 흥분에 휩싸였고, 팔에선 소름이 돋았고, 목덜미에선 솜털이 쭈뼛거렸다. 나는 행복감에 떠밀려갔고, 내 몸 전체가 얼얼할 정도로 에너지로, 흥분으로, 카이로스의 순간으로 가득 찼다. 그 순간 시간이 정지했는데, 그것은 속도가 아니라 질량이었다. 내가 경험한 것은 즐거움, 고양, 흥분만이 아니었다. 내가 경험한 것은 열정과 정치적 동기, 확신이기도 했다.

Till, 2010, X

1988년 뉴욕에서 열린 '만델라 콘서트Free Nelson Mandela'*에 대한 음악 연구자 루퍼트 틸Rupert Till의 발언을 인용하는 것으로 미디어 팬덤에 관한 책의 서두를 시작하는 것은 적절해 보인다. 틸의 이야기는 팬덤에 수반되는 압도적인 정서적 확신감에 관한 무언가를 포착하고 있는 것 같다. 음악과의 동일시는 예상하지 못한 일이며, 신체적인 데다가 마음에서 우러난 것으로 의식적인 의지에서 나온 것이 아니다. 그 동일시는 계산적인 행동에서 나온 것이 아니었으며

---

* 넬슨 만델라(Nelson Mandela)는 남아프리카공화국의 인종차별 정책에 반대하는 투쟁을 벌이다가 1962년에 투옥되었다. '만델라 콘서트'는 1988년 당시 감옥에서 70세를 맞았던 만델라의 생일을 축하하고 그의 석방을 촉구하기 위해 기획된 음악회로, 에릭 클랩튼(Eric Clapton), 다이어 스트레이츠(Dire Straits), 스팅(Sting), 휘트니 휴스턴(Whitney Houston) 등 그 시절을 대표하는 톱스타들이 대거 참여했다. 만델라는 1990년 출소했고 1994년에 남아프리카공화국의 대통령이 되었다.

힘든 노력을 들여 성취한 것도 아니었다. 좀 더 자세히 들여다보면 더 복잡한 것이 드러난다. 틸의 쾌락은 라이브 공연을 보는 경험 중에 저절로 생긴 것이지만, 음반이나 방송으로 스팅Sting의 음악을 듣던 경험이 확장된 정점을 나타내는 것 같기도 하다. 틸은 취향이 비슷한 수많은 사람들과 함께 여가를 즐기고 있으며, 그 행사는 그의 가치 체계와 잘 맞았다. 그가 느낀 연결감이 단지 음악에 대한 것인지, 만델라가 투옥되어 있는 상황에서 열린 음악회의 메시지에서 비롯한 것인지, 아니면 그러한 메시지를 노래하고 있는 스팅으로부터 온 것인지는 분명하지 않다. 더구나 틸의 회상은 20여 년에 걸쳐 한 세대가 공유한 기억의 일부로 중요하게 자리 잡은 어떤 행사에 관한 것이다. 그는 이제 자신의 경험을 '카이로스Kairos' 같은 단어를 사용해서 말할 수 있는데, 이러한 단어는 그가 그동안 전문적인 학자로서의 지식과 어휘를 획득했음을 일깨워준다.[1] 이러한 이야기를 하는 것은 틸의 팬덤 입문이 어쩐지 의심스럽게 들리기 때문이 아니라, 팬덤 자체가 우리가 생각하는 것보다 더 복잡한 현상임을 강조하려는 이유에서다.

우리 대부분은 어떤 면에서 틸과 유사한 경험을 한 적이 있다. 사실 우리 개개인이 자신의 열정과 정체성에 대해 중요한 무엇인가를 발견하게 되는 그런 순간은 일상생활에서 아주 흔히 볼 수 있다. 많은 사람이 음악회에 가고, 음반을 수집하고, 영화를 즐기고, 텔레비전을 본다. 거의 모든 사람에게 자신들이 좋아하는 스타나 TV 프로그램이 있다. 그 매혹의 대상이 스팅이나 〈스파이더맨Spiderman〉이든, 마릴린 먼로Marilyn Monroe나 〈트와일라잇〉이든, 거의 모든 사람이 자신을 어떤 의미에서는 팬이라고 생각한다. 미국 남성의 90%가 반복적으로 비디오 게임을 하는 것으로 추정된다(Jenkins, 2006: 201). CBS의 조사에 따르면 자신을 엘비스의 팬으로 생각하는 사람이 전체 미국인의 40%를 꾸준히 상회하고 있다(Victor, 2008: 152). 젊은이들을 대상으로 한 한 연구에서는 응답자의 75% 이상이 삶의 특정 시기에 셀레브리티에게 강하게 끌린 적이 있다고 고백했으며, 절반 이상이 셀레브리티가 자신들의 개인적인 태도와 신념에 영향을 미쳤다고 주장했다(Boon & Lomore, 2001).

미디어 팬덤은 대중문화에 대한 긍정적이고 개인적이며 비교적 깊은 정서적 연결의 인정이다. 나는 1995년 박사논문을 쓰기 위해 미디어 팬덤이라는 주제를 연구하기 시작했으며 여전히 미디어 팬덤이 제기하는 질문들에 흥미를 느낀다. 미디어 문화에서 팬덤은 사회적이고 개인적인 정체성의 표현에 관심을 갖게 된 새로운 세대의 학자들의 관심을 끌었다. 여기서 팬 연구를 좀 더 넓은 의미의 팬덤 연구와 구별하는 것이 유용하다. 팬덤 연구는 팬덤에 1차적으로 초점을 맞추는 매우 광범하고 지속적이며 다학제적인 분야다. 팬덤에 관심을 갖는 학자들은 다학제적인 성향을 띠거나 사회학, 인류학, 심리학 같은 분야를 전공했다. 팬 연구는 지난 20여 년 동안 문화연구 내에서 출현한 훨씬 좁은 영역이다. 팬 연구자는 팬덤을 긍정적인 시각에서 조명하려고 하며 주로 팬 공동체와 실천을 연구한다. 최근에는 팬 연구가 많은 주목을 받고 있지만, 팬덤 연구 역시 여전히 광범하게 이루어지고 있다. 팬덤은 복잡하고 분석이 까다로운 영역으로 여러 면에서 연구해볼 만한 가치가 있다. 서구 사회가 디지털, 3차 산업, 서비스 경제 중심으로 변해감에 따라, 팬덤 분석은 사람들이 왜 점점 더 자신들이 향유하는 미디어 생산물을 통해 개인 정체성을 구축하고 있는지를 설명하는 데 유용하다. 어디에나 존재하지만 여전히 미스터리인 팬덤에 관한 연구는 개인의 자아 인식을 향상시키는 데 도움을 줄 수 있다. 팬덤에 초점을 맞추면 계급과 젠더를 비롯한 여러 정체성 차원에 대한 사회적 태도를 밝혀낼 수 있다. 산업적인 측면에서 보면 팬덤 분석은 제품을 개발할 수 있도록 해준다. 그리고 무엇보다도 팬덤 연구는 문화 영역에서 '권력'의 작동을 드러낼 수 있다.

『팬덤 이해하기』는 팬덤이라는 주제가 상세한 분석을 할 수 있을 만큼 일관성이 있는 현상이라는 논쟁적인 주장을 전제로 한다. 우리 사회에서 팬덤에 관해 여전히 가장 널리 받아들여지고 있는 모델은 스포츠 팬덤이다. 두 주제를 모두 연구한 학자들이 일부 있기는 하지만, 스포츠 팬덤과 미디어 팬덤은 서로 매우 다른 연구 대상이다.[2] 스포츠 팬덤은 궁극적으로 부족적tribal이며 통제된 경쟁 의식에 기반을 두고 있다. 스포츠 팬덤이 불러일으키는 열정적 본능의 의미와 강도는 텔레비전이나 음악 또는 영화를 즐길 때와 크게 다르다. 다음의 예는 이를 단적으로 보여준다. 2008년 5월 맨체스터의 피카딜리 광장에서 UEFA 컵을 방송하던 대형 비디오 스크린이 고장 나자 폭동이 일어났고, 실망한 수천 명의 글래스고 레인저스 팬을 저지하기 위해 1500여 명의 경찰이 투입되었다. 일부 경찰은 폭력 사태를 대비해 폭동 진압복을 착용했다. 15명의 경찰이 부상을 입었고 42명의 팬이 체포되었다. 반면, 수많은 사람들이 모이는 콘서트, 컨벤션, 레이브 파티, 페스티벌, 영화 시사회나 셀레브리티의 책 사인회가 술 취한 사람의 난동으로 엉망이 되거나 대중 폭력과 연결되는 일은 거의 없다. 미디어 팬덤을 사회적으로 규정하는 젠더 관계, 행동 스타일, 느낌은 (스포츠 팬덤과) 다르다. 하지만 스포츠가 점차 대중 스펙터클로 확장되고 엘리트 선수들이 화려한 스타덤에 오르면서, 스포츠 팬덤과 미디어 팬덤의 차이는 약해졌다. 이를테면 데이비드 베컴David Beckham의 팬은 아마도 열성적인 스포츠 팬이라기보다는 미디어 팬일 것이며(Cashmore, 2004를 참조하라), 물론 이 두 가지를 동시에 추구하는 사람도 많다. 그렇다고 해서 둘 사이에 아무런 차이가 없는 것은 아니다. 이 책에서 스포츠 팬덤은 다루지 않는다.

더 중요한 질문은 미디어 팬덤 자체가 과연 일관성을 지닌 연구대상인가라는 점이다. 젠킨스는 텔레비전 팬덤에 관한 중요한 저서의 결론에서 다음과 같이 의구심을 표시한 바 있다.

> 나는 여기서 특정한 대중 서사물의 팬에 대해 논의했는데, 그 팬이 다른 유형의 팬, 즉 특정 셀레브리티나 록 가수, 스포츠 팀 또는 연속극의 팬과 완전히 동일한지는 확신할 수 없다. 이 집단들의 경험 간에는 공통점도 있지만, 그들이 문화적 서열구조 내에서 차지하고 있는 위치나 관심을 갖는 오락 형식이 다른 데서 오는 차이도 있다(Jenkins, 1992: 286).

팬덤에 따라 경험의 범위가 다르며 대중의 상상 속에서 차지하는 위치도 다르다는 젠킨스의 지적은 옳다. 텔레판타지telefantasy는 공상과학물과 판타지물을 포함하는 폭넓은 텔레비전 장르다. 젠킨스의 책은 몇몇 텔레판타지 시리즈의 팬을 연구했는데, 여기서 두 가지 흥미로운 점이 있다. 젠킨스는 우리가 흔히 말하는 '셀레브리티 추종자'를 언급했지만 그들을 분석하지는 않았다. 셀레브리티 추종자를 가장 잘 보여주는 대표적인 예는 미디어 팬덤 중에서도 대중음악 팬덤이다. 데이비드 마셜David Marshall은 미디어 간의 차이를 연구하면서 영화, 텔레비전, 대중음악 연주자가 매스 미디어에 노출되는 방식이 각기 다르다고 주장했다(Marshall, 1997). 마셜에 따르면 영화 스타의 아우라는 그들이 지닌 스크린 이미지의 '거리감'에서 나온다. 스크린에서 수용자는 실제 스타의 극히 일부분만을 볼 수 있다. 그러나 텔레비전이 미디어 셀레브리티를 구성하는 방식은 정반대다. 시청자는 친밀하고 직접적인, 그리고 넘쳐나는 이미지를 통해 일상적으로 셀레브리티의 존재를 접하며 그들과 익숙해진다. 한편 마셜이 볼 때, 대중음악 공연자는 특히 라이브 군중의 이미지와 연결되어 있다. 그들은 가수를 보기 위해 한곳에 모인, 에너지 넘치는 숭배자들이다. 시너지는 특정 상품을 여러 창구를 통해 교차 판매하는 것을 말한다. 마셜이 주장하는 차별화는 영화 스타가 텔레비전과 연극 무대에서 작업하고, 온라인 트위터로 팬에게 직접 메시지를 전하는 멀티미디어 시너지의 시대에는 설득력을 잃어가고 있다. 그럼에도 젠킨스의 말은 여전히 검토해볼 만한 가치가 있다. 우리가 매스 미디어의 셀레브리티를 추종하게 되는 과정은 (마셜에 따르면 이를 상징적으로 보여주는 것이 팝 팬덤이다) 다른 미디어의 팬덤과 크게 다르지 않다. 오히려 그 과정은 (전기든 허구든) 이야기 읽기와 팬 픽션 같은 새로운 준거점 창작하기를 모두 포함하고 있는 과정의 한 극단을 나타낸다. 젠킨스가 음악(**개사곡**filk song*)을 만든 팬을 다루긴 했지만(Jenkins, 1992), 여러 유명한 미디어 팬덤을 견고하게 묶어주고 있는 '셀레브리티 숭배cult of personality'를 직접 언급한 경우는 거의 없는데, 여기에는 정치적인 이유도 있고 학문적인 이유도 있다. 그동

---

* '개사곡'은 공상과학물 주제 음악의 기존 가사를 말장난을 섞어 개사한 노래를 말한다.

안 팬 연구는 지나치게 텔레판타지 팬덤 연구를 중심으로 이루어져 왔으며, 비록 그 양은 훨씬 적지만 대중음악 수용자 연구에서 배워야 할 점이 많다. 미디어 팬덤은 서사와 셀레브리티, 비판과 감정을 결합한다. 여러 형태의 미디어 팬덤(그 양 극단에 공상과학물 팬덤과 대중음악 팬덤이 있다)은 이론적 관점이 서로 다르긴 해도 완전히 구별되지는 않는다. 이 책의 목표는 팬 연구 전반을 살펴보려는 것이 아니라, 이 분야의 주요 연구자들을 소개하고 다양한 미디어 팬덤 간의 공통점을 이끌어내려는 소박한 것이다.

팬덤의 간략한 역사

팬덤은 대체로 근대 자본주의 사회, 전자 미디어, 대중문화 및 대중공연 public performance과 연관되어 있는 사회문화 현상이다. 대부분의 연구는 팬덤 현상이 사회에 항상 존재했고 온전히 형성되어 있는 것처럼 말하곤 한다. 일부 학자들은 팬덤의 역사에 대한 연구가 많아져야 한다고 주장했다. 이러한 문제 제기가 점차 확산되면서, 연구자들은 팬덤의 복잡한 역사를 발굴하기 시작했고, 이를 통해 "전적으로 팬 문화 내부에서만 사는 사람은 없으며, 어느 팬 문화도 자기 완결성을 내세우지 않는다. 팬 문화에서 영원하거나 변하지 않는 것은 없으며, 팬덤은 특수한 역사적 조건에 대한 반응으로 생겨난다"(Jenkins, 1992: 3)라고 한 젠킨스의 주장이 옳았음이 드러나고 있다. 그러한 조건은 미디어의 변화와 그에 따른 일상 경험의 재배치에서 나온다.

'팬'이라는 용어는 17세기 후반 영국에서 처음 등장했으며, '광신도fanatic'(열성 신도)를 줄여 부르는 말이었다. 100년 후 이 단어는 미국에서 중요한 의미를 지니게 되었는데, 미국의 기자들이 야구 관중의 열정을 묘사하기 위해 그 단어를 사용했기 때문이다(Abercrombie & Longhurst, 1998: 122). 이 후자의 용례가 영화나 음반에 헌신적인 수용자들을 묘사하는 데 사용되었다. 이를 곧바로 일반화해서 팬덤의 원형이 그 이전에는 존재하지 않았다고 말하는 것은 쉬운 일이다. 그러나 그렇게 되면 어떤 현상에 이름이 붙여진 순간을 그 현상이 시작된 순간으로 간주하는 우를 범하게 된다. 리오 브로디Leo Braudy가 보여주었듯이 (Braudy, 1987), 명성은 오래된 메커니즘이며 왕실이나 종교계 또는 정치계 같은 제도, 그리고 사람의 얼굴이 새겨진 주화의 유통을 생각해보면 이를 쉽게 이해할 수 있다. 오래전부터 초상화는 개인의 유사성을 기록해서 보존하기 위한 방법이었다. 윌리엄 셰익스피어William Shakespeare는 생존 당시에도 매우 성공한 작가였지만, 죽고 난 후에는 영구적인 문화 현상의 중심이 되었다. 에이븐 강가의 스트래트포드에 위치한 그의 생가는 ─ 이곳에는 지금도 매년 40만 명의 관광객이 찾아온다 ─ 18세기 중반부터 대중에게 공개되었다. 빅토리아 시대가 되자 방문객들 ─ 그 가운데 일부는 찰스 디킨스Charles Dickens처럼 그 자신이 셀레브리티였다 ─ 이 오두막 내부의 창문틀이나 벽에 자신의 이름을 새기는 것이 유행했다. 빅토리아 시대 방문객들이 새겨놓은 글씨는 오늘날 팬들이 그레이스랜드의 외벽에 쓰는 낙서와 별로 다르지 않다.[3]

바이런 경Lord Byron 같은 19세기 초 낭만주의 시인들은 문학에서 대중성의 새로운 기준을 제시했다. 소식지나 신문들은 이러한 셀레브리티의 명성을 널리 퍼뜨리는 데 일조했다. 이 무렵에는 다양한 장르의 무대공연이 있었다. 영화나 음반이 등장하기 오래전부터 가수 제니 린드Jenny Lind (1820~1887)나 연극배우 세라 베르나르Sarah Bernhardt(1844~1923) 같은 셀레브리티들은 전 세계를 돌며 순회공연을 했고 관련된 상품을 완전히 갖추고 있었다(Waksman, 2011과 Cavicchi, 2011: 14~18을 참조하라). 사람들은 신문 보도를 읽고 그들이 도착하기를 기다렸다. 사실상 어떤 식으로든 공연자가 도착하기 전에 홍보를 통해 그의 명성이 먼저 전달되었다. 스타를 실제로 보거나 그에 대해 들어본 적도 없는 사람들이 신문 보도만 읽고 그렇게 흥분에 휩싸였다는 이야기는 이상하게 보이기도 한다. 그렇지만 셀레브리티는 바로 그러한 수단을 통해서 매개되었다.

19세기 중반에 중대한 변화가 일어났다. 이전에는 유명한 '상태' 일반을 나타냈던 '셀레브리티celebrity'가 용어의 의미가 확장되어 유명한 개인들을 뜻하게 된 것이다. 사진의 발전은 이러한 의미가 공고해지는 데 촉매 역할을 했다.

1867년부터 뉴욕에서 스튜디오를 운영했던 나폴레옹 사로니Napoleon Sarony 같은 초상사진가들은 가수와 배우의 사진을 찍었다. 홍보 촬영이 사진, 카드 및 우편엽서 산업의 기반이 되었고, 이를 통해 연극배우들이 멋진 포즈를 취한 사진들이 유통되고 추종자들은 그러한 시각적 표현물을 쉽게 손을 넣을 수 있게 되었다. 미국인 공연기획자인 버펄로 빌Buffalo Bill(윌리엄 코디William Cody)이 순회공연을 하러 1887년에 런던에 왔을 때 지역 신문은 그의 아파트가 "수많은 여성 숭배자들이 계속 보내오는 산더미 같은 꽃 무더기에 파묻혔다"라고 적었다(Warren, 2002를 참조하라). 19세기 후반이 되자 수용자들이 감탄하는 대상은 작가, 영웅, 노래하는 스타, 이야기꾼과 연극배우에만 머물지 않고 다른 공적 인물들에게까지 확산되었는데, 여기에는 귀족적인 특권 감각을 말쑥한 스타일의 옷차림, 돈을 걱정하지 않는 태도와 결합한 신사 집단도 포함되었다.

19세기에 발명된 녹음기(1878년, 토머스 에디슨Thomas Edison이 만든 축음기), 영화(1889년, 유공 셀룰로이드), 공중파 방송(아마도 1906년 무렵)은 전자 미디어 산업의 토대를 놓았고 이것이 20세기 대부분을 지배한 거대한 수용자와 팬 현상의 기반이 되었다. 사회학자 케리 페리스Kerry Ferris와 스콧 해리스Scott Harris의 설명대로(Ferris & Harris, 2011: 13), "팬이 없다면 명성도 없을 것이고, 인쇄 미디어나 전자 미디어 같은 미디어가 없다면 팬도 없을 것이다". 이탈리아 테너 가수인 엔리코 카루소Enrico Caruso는 1904년에 뉴욕 메트로폴리탄 오페라 및 '빅터 축음기 회사Victor Talking Machine Company'와 계약을 맺었고 이를 통해 그의 엄청난 인기가 더욱 공고해졌지만, 그는 하이파이 사운드로 전기 녹음을 할 수 있게 되기 4년 전인 1921년에 죽었다. 다른 한편에서는 영화 팬들이 할리우드로 편지를 보내기 시작했고, 영화사들도 관객들의 참여를 이끌어내기 위해 자사 소속 스타를 이용하기 시작했다. 1908년부터는 팬들이 플로렌스 로렌스Florence Lawrence 같은 초기 영화 스타에게 보낸 편지가 영화사에 쇄도했다.[4] '독립활동사진회사Independent Moving Picture Company'의 사장이었던 칼 래믈 시니어Carl Laemmle Snr가 1910년에 대중의 요구에 부응해 자사 배우들의 이름을 공개했을 때 스타 시스템이 탄생했다. 같은 해에 미국의 첫 번째 전국 영화 팬 잡지인 ≪활동사진스토리매거진Motion Picture Story Magazine≫이 나오기 시작했다. 5년이 채 못 되어서 ≪포토플레이Photoplay≫, ≪활동사진Motion Picture≫, ≪섀도랜드Shadow Land≫가 등장했다. ≪뉴욕타임스The New York Times≫ 같은 주류 언론도 할리우드 이야기를 다루기 시작했다. 최초의 팬클럽들이 생긴 것도 이 무렵이다. 1912년 무렵에는 D. W. 그리피스D. W. Griffith의 '바이오그래프Biograph'를 제외한 모든 주요 영화사가 주연 배우들의 이름을 공개했다.

1920년대에서 1950년대 사이에 제기된 팬들의 요구는 할리우드를 형성하는 데 상당한 도움을 주었다. 주요 영화사들의 목표는, 처음에는 여성 관객을 대상으로 일하는 젊은 여성이 동일시할 수 있는 인물을 제시하는 것이었다. 조지 멜포드George Melford의 ⟨족장The Sheik⟩이나 렉스 잉그램Rex Ingram의 ⟨묵시록의 4인의 기수The Four Horsemen of the Apocalypse⟩(두 편 모두 1921년에 개봉) 같은 영화를 통해 루돌프 발렌티노Rudolph Valentino는 초기 할리우드에서 여성 관객의 가슴을 설레게 만드는 스타가 되었다. 1926년에 발렌티노가 천공성 궤양으로 사망하자 그의 장례식에 약 7만 5000명의 구경꾼이 모였으며 충돌이 발생하고 유리창이 깨져서 경찰이 개입해야 했다. 이 사건은 언론에 보도되며 할리우드의 스캔들이 되었고 영화 팬덤이 일종의 위험한 집단 히스테리라는 인식을 심었다. 그러나 역사학자인 서맨사 바버스Samantha Barbas는 다음과 같이 말한다.

군중 가운데는 발렌티노의 팬들이 많았지만 팬이 아닌 사람도 많았으며, 오히려 그런 사람들이 다수였다. 폭동을 일으킨 대다수는 발렌티노의 팬클럽에 가입한 적이 없는 사람들이었다. 많은 사람이 그가 어떤 영화에 출연했는지 알지 못했으며, 그의 영화를 본 적이 없는 사람도 많았다. 여러 면에서 발렌티노 폭동은 영화 팬 문화의 산물이라기보다는 미국 셀레브리티 문화의 산물이었다. 셀레브리티를 직접 볼 수 있다는 데 매혹되고 흥분한, 공격적으로 호기심을 추구하는 사람들이 발렌티노 장례식에 몰려와서 난동을 부린 것이다(Barbas, 2001: 172).

1920년대 말 무렵에는 할리우드 영화사들을 모두 합쳤을 때 해마다 3200만통이 넘는 팬레터가 스타들 앞으로 배달되었다. 이 무렵 영화사들은 팬레터를 모니터하고 그 팬레터에 답장을 보내는 부서를 두었고, 사진, 우편 및 팬레터 부서에 속한 직원들의 임금으로 해마다 200만 달러가 넘는 비용을 지출하고 있었다. 클라라 보Clara Bow나 메리 픽퍼드Mary Pickford처럼 최고의 인기를 누리는 스타들은 하루에 1000통이 넘는 팬레터를 받기도 했다. 대공황이 되자 더욱 많은 사람이 오락 영화를 보러 몰려들었는데, 여기에는 뮤지컬, 범죄 영화, 괴물 영화 등이 있었다. '유니버설Universal'은 특히 〈드라큘라Dracula〉(토드 브라우닝Tod Browning 감독, 1931), 〈프랑켄슈타인Frankenstein〉(제임스 웨일James Whale 감독, 1931) 같은 일련의 초자연적 호러영화를 성공시켰고, 이 영화들은 각각 벨라 루고시Bela Lugosi와 보리스 카를로프Boris Karloff 같은 스타를 만들어냈다. 루고시가 연기한 사악한 백작은 크게 성공을 거두어, 그를 추종하는 팬이 생겼고 다양한 종류의 상품이 만들어졌다. 1958년 '해머 스튜디오Hammer Studio'에서 크리스토퍼 리Christopher Lee 주연으로 동일한 영화가 다시 만들어질 때까지 이 백작에게는 경쟁 상대가 없었다. 〈킹콩King Kong〉(1933)은 또 다른 초기 블록버스터물로 판타지 영화의 새로운 기준이 되었으며 영화의 여주인공인 페이 레이Fay Wray의 주가를 높여놓았다.[5] 1937년에 창립된 여배우 저넷 맥도널드Jeanette MacDonald의 팬클럽은 당시 가장 강력한 팬클럽 가운데 하나였다. 팬 한 사람이 다리를 쓸 수 없게 되자 팬클럽 회원들은 그의 치료비를 모금하는 행사를 열기도 했다. 팬들은 1년에 세 번 《황금 혜성The Golden Comet》이라는 잡지를 냈다. 어떤 영화 팬들은 〈바람과 함께 사라지다Gone with the Wind〉(빅터 플레밍 Victor Fleming 감독, 1939)의 레트 버틀러 역에 클라크 케이블Clark Gable을 캐스팅하라고 데이비드 셀즈닉David Selznick에게 로비를 하기도 했다. 1940년대 중반에는 가이 매디슨Guy Madison의 팬도 매디슨이 비중 있는 역할을 맡을 수 있도록 로비를 펼쳤다. 영화 역사의 초기부터 헌신적인 일반 팬은 산업 내에서 분명한 목소리를 냈던 셈이다.

다른 미디어에도 그 분야를 추종하는 주요한 팬들이 있었다. 1920년대에 라디오가 등장하면서 충성도 높은 청취자들을 끌어 모은 프로그램들이 생겼다.

대공황 시기에 댄스 마라톤을 진행했던 남성 아나운서들은 수많은 여성 팬을 거느리고 있었다. 1930년대 중반 이후 10년간의 스윙 음악 시대에 젊은이들은 베니 굿맨Benny Goodman 같은 아티스트가 연주하는 곡에 맞추어 춤을 추며 즐겼다. 곧이어 등장한 빙 크로스비Bing Crosby 같은 인기 가수에게도 추종자들이 생겼다. 그 기간에 만화책 장르—처음에 이것은 신문 부록이나 아티스트들을 위한 공연안내 책자였다—는 1937년 150종에서 1940년에는 약 700종으로 폭발적으로 증가했다. 1940년에 『슈퍼맨』 만화책은 한 달에 125만 부씩 팔렸는데(Hajdu, 2008: 31), 슈퍼히어로 붐은 10년도 채 못 가서 거의 사라졌다. 이후 'EC 코믹스EC Comics'는 『크립트 이야기Tales from the Crypt』처럼 논쟁적이고 으스스한 이야기를 담은 만화책을 내면서 만화 산업 분야에서 승승장구했다.

젊은이들이 인구의 주요 부분으로 인정받으면서, 팬덤은 점점 더 청년 현상으로 인식되었다. 이전에도 대중 사이에 일시적인 유행이 일어났지만—1935년에 캡 캘러웨이Cab Calloway에 의해 인기를 끌게 된 지르박이 그 예다—1942년 12월 뉴욕의 패러마운트 극장에서 열린 프랭크 시나트라Frank Sinatra의 공연에서 여성 팬은 스펙터클의 일부였으며, 이후 엘비스, 비틀스를 비롯한 수많은 아티스트가 이러한 공연 방식을 따라 했다.

솔로 가수는 쇼를 완전히 장악했고 공연은 8주간 계속되었는데, 이는 1924년 루디 발레Rudy Vallée가 세운 청중 동원 기록을 깬 것이었다. '스우나트라Swoonatra' 주의가 시작되었다. 곧 '시나트라 중독자'가 생겼고 10대의 소녀팬들bobby-soxers은 시나트라에게 립스틱으로 "당신을 너무도 사랑해서 가슴이 아픕니다. 의사 선생님을 만나야 할까요"라며 편지를 썼다. 팬들은 열병을 앓았다. 가수 쪽으로 몰려가려는 10대들에게 밀려서 주교가 넘어진 일도 있었고, 두 명의 소녀가 나비 넥타이를 양쪽으로 잡아당기는 바람에 가수가 거의 질식할 뻔한 일도 있었다. 이러한 사건들은 영화 스타가 아닌 대중 가수에 대한 팬의 열병이었다. 이는 새로운 현상이었다. 그가 피운 담배꽁초나 그가 먹다 남긴 콘플레이크는 고가의 상품이 되었다. 머리카락도 마찬가지여서 시나트라는 머리카락을 자주 뽑혔다. 이런 히스테리는 중세의 어린이 십자군Children's Crusade에 비유되었다(Whitcomb, 1972: 202).

1946년 샌프란시스코에서 스스로를 '시니어 리그'라고 부르는 750여 명의 영화 팬이 10대 소녀 팬들을 공개적으로 비난하며 영화 팬덤을 존경받을 만한 활동으로 구출하는 일에 착수했다. 그들의 싸움은 시대의 흐름을 거스르는 것이었다. 1950년대 중반 무렵 음악 차트는 앨런 프리드Alan Freed나 빌 랜들Bill Randle 같은 유명한 디제이들이 틀어주는 뉴웨이브를 듣는 젊은이들이 점령해 가고 있었다.6 대니얼 카비치에 따르면 "팬덤은 언제나 로큰롤의 신화, 매력, 힘의 일부였다"(Cavicchi, 1998: 3). 그러는 동안 텔레비전이 확산되어 가족 미디어로 자리 잡으면서(Spigel, 2001을 참조하라), 할리우드는 가족 관객층을 잃기 시작했다. 이렇게 되자 10대와 젊은이들이 영화 수용자의 중요한 부분이 되었다. 음반 아티스트이자 영화 스타였던 엘비스 프레슬리는 전 세계적으로 팬을 거느리게 되었다. 그가 죽고 나서 30년이 지난 후에도 그의 팬클럽은 여전히 세계에서 가장 큰 음악 팬클럽 가운데 하나로 그 위세를 떨치고 있다. 엘비스 팬클럽의 본부는 영국에 있으며 회원은 2만 명에 이른다.7 20세기 후반이 되자 청년층이 가장 가시적인 미디어 수용자를 이루는 인구 집단으로 (미디어 산업의) 주요한 구애 대상이 되었다(Doherty, 2002를 참조하라).

어느 장르든 다양한 미디어로 배급될 수 있다. 1930년대가 되자 공상과학물은 문학 장르이자 영화 장르로 성장했다. 1939년에 '세계공상과학협회World Science Fiction Society'는 '월드콘'이라고 불린 야심찬 전 세계적인 팬 집회를 열었으며, 이는 오늘날까지 이어지고 있다. 양차대전 사이와 그 이후, 포레스트 애커먼Forrest Ackerman이라는 '슈퍼팬'이 공상과학 장르를 공식적으로 옹호하고 나섰다. 그는 '싸이-파이Sci-Fi'8라는 용어를 만들어낸 사람이기도 하다. 공상과학 장르는 1950년대와 1960년대 내내 냉전과 우주 경쟁에 대한 대중의 관심을 이용해서 꽃을 피웠다. 이 시기에 괴물, 미친 과학자, 외계 생명체가 등장하는 여러 영화가 만들어졌고, 이 영화들은 헌신적인 추종자들을 거느리고 있었으며 중요한 향수의 대상이 되었다. 1960년대에 문화 관련 기업들은 젊은층을 대상으로 시장을 확장하기 시작했다. 웨스턴 같은 주요 TV 장르물이 오후 시간에 영화관을 찾는 수용자들을 위해 다시 포장되었다. 그러는 동안 청년 문화의 주류는 젊은 날의 반항을 뒤로하고 점점 향락주의와 여가 활동에 열중하게 되었고, 젊은 청취자들은 「Teen Angel」* 같은 사랑 노래, 부드러운 포크송, 서프 뮤직**과 비치 파티 영화를 즐겼다. 영화감독인 앨프리드 히치콕Alfred Hitchcock 은 셀레브리티가 되어 자신의 이름을 건 텔레비전 시리즈를 만들었고, 그의 이름만으로 대중들이 좋아하는 스릴러를 홍보하는 1인 브랜드가 되었다. 다른 한편 미국의 지역 TV 방송 네트워크에서는 클리블랜드 WJW-TV의 굴라르디 Ghoulardi(어니 앤더슨Ernie Anderson) 같은 호러 호스트들이 등장해서 예전 괴물 영화를 다시 틀어주었다.

1960년대에는 냉전의 교착상태가 지속되었으며 우주 경쟁이 정점에 달했다. 대중문화는 과학 기술의 가능성과 문제점 그리고 외계 생명체에 대해 관심을 갖게 되었다. 〈007 살인번호Dr No〉(테렌스 영Terence Young 감독, 1962)를 필두로 '이언 프로덕션Eon Productions'에서 제작한 제임스 본드 영화 시리즈(1962부터 현재까지)는 국제적인 첩보전의 멋진 세계를 보여주었으며, 세대가 바뀌어서도 팬들을 사로잡았다. 그 시대 관심사의 결정체라고 할 수 있는 두 편의 새로운 텔레비전 시리즈가 등장했는데, 이들 시리즈는 이후 공상과학 팬 문화와 팬덤 연구의 시발점이 되었다. 영국의 〈닥터 후〉(1963~1989, 그리고 2005~현재)는 다양한 괴물과 맞서 싸우며 여러 시련을 겪는, 뛰어난 두뇌를 가진 데다 산발머리를 한 기이한 시간여행자를 그렸다. 3년 후에는 미국 NBC에서 〈스타트렉〉의 첫 번째 시리즈(1966~1969)를 방영했다. 〈스타트렉〉의 작가이자 제작자인

---

* 「Teen Angel」은 1959년에 마크 디닝(Mark Dinning)이 불러서 히트한 노래로 10대의 비극적인 사랑에 관한 내용을 다루고 있다.

** '서프 뮤직(surf music)'은 1960년대 초반에 캘리포니아 주를 중심으로 인기를 끈 대중음악으로, 파도타기의 배경음악으로 사랑받았다.

진 로덴베리Gene Roddenberry는, 처음에는 그 시리즈를 우주를 배경으로 공동체, 갈등, 협력이라는 인간적 주제를 탐구하는 일종의 서부극으로 구상했다.9 두 시리즈 모두 장기 방영되었으며, 〈스타트렉〉은 2009년에 제프리 에이브람스 Jeffrey Abrams 감독이 장편 영화로 리메이크하기도 했다. 〈스타트렉〉 프랜차이 즈는 복잡하고 흥미진진한 텍스트라는 명성을 계속 유지하면서 여전히 주요한 팬 공동체에 영감을 주고 있다.

1960년대 중반에 비틀스가 막대한 인기를 누리면서 일련의 새로운 논쟁이 촉발되었는데, 여기서는 비틀스 팬덤을 팬 히스테리로 정의하곤 했다. 비틀스 팬덤의 역사에서 흥미로운 두 개의 에피소드는 1966년 여름 — 존 레논John Lennon이 비틀스의 인기를 예수의 인기에 비유했다는 이야기가 미국인들에게 알려진 — 과 1969년 10월 — 폴 매카트니Paul McCartney가 사망했다는 헛소문이 퍼진10 — 에 발생했다. 1960년대 말로 가면서 — 부분적으로는 비틀스 밴드의 영향으로 — 많은 청년이 사회를 '버리고' 대항문화를 만들었다. 이 운동은 프로그레시브 록에 대한 도취와 열광을 민권 운동 및 반전 운동과 혼합한 것이었다.11 1969년 우드스탁 축제에 참석했던 50만 명의 젊은 열성 음악 팬은 록 음악에 대한 애정과 대안적 사회라는 가치를 공유하고 있었다. 그러나 몇 년 지나지 않아서 아레나 록 밴드들은 대중 팬덤의 스펙터클을 이용해서 자신들의 이익을 꾀하고 있었다(Waksman, 2007을 참조하라).

1970년대 들어 텔레비전에서 과거 영화들이 재방영되면서 과거 문화의 대표작들에 관심을 갖는 새로운 팬들이 생겨났다. 이 무렵 미국은 〈해피 데이즈 Happy Days〉(1974~1984)나 〈청춘 낙서American Graffiti〉(조지 루커스George Lucas 감독, 1973)에서 언급된 1950년대에 대한 향수가 붐을 이루었다. 1970년에 샌디에이고에서 공상과학 전문가들이 열기 시작한 연례 팬 집회는 장기간 계속되어 오늘날 '샌디에이고 코믹-콘 인터내셔널San Diego Comic-con International'로 이어지고 있다(Jenkins, 2012를 참조하라). 대중음악에서는 포크 정신을 지닌 싱어송라이터와 진지한 록 연주자들이 글램록이나 몽키스Monkees와 오스먼즈 Osmonds처럼 젊은 팬층의 입맛에 맞춘 전형적인 보이밴드들과 갈라섰다.12 이

후 워터게이트 스캔들과 베트남전 종전을 거치면서 대중문화에는 조금 더 허무주의를 띤 사회 비평이 담겼다. 디스코 사운드의 데카당스와 〈죠스Jaws〉(스티븐 스필버그Steven Spielberg 감독, 1975) 같은 블록버스터 영화의 단조로움은 현대 사회의 정점을 나타내면서, 동시에 불완전한 사회정치 시스템을 믿고 있다가 겪게 되는 허무함을 보여주었다. 스필버그의 생태학적 괴물 영화와 같은 해에 나온 〈록키 호러 픽쳐쇼Rocky Horror Picture Show〉(짐 셔먼Jim Sharman 감독, 1975)는 "죠스의 충격을 다시 한 번"을 홍보문구로 내세웠으며, 대안적인 섹슈얼리티를 풍자적으로 묘사했다.13 이 영화는 뉴욕의 웨이버리 극장에서 자정에 상영되었는데, 관객들이 영화 속의 인물로 분장하고 관람하러 오기 시작하면서 점차 하나의 컬트 작품이 되었다(Rosenbaum, 1980을 참조하라). 1970년대 후반에 로버트 스티그우드Robert Stigwood가 제작한 두 편의 블록버스터 뮤지컬 〈토요일 밤의 열기Saturday Night Fever〉(존 바담John Badham 감독, 1977)와 〈그리스Grease〉(랜들 클레이저Randal Kleiser 감독, 1978)는 장수 대중문화 현상의 시발점이 되었다. 한편 펑크의 폭발은 'DIY'의 윤리를 확장시켰으며, 이는 1976년 12월 〈투데이Today〉 쇼에서 섹스 피스톨스Sex Pistols의 인터뷰*가 나가고 난 후에 다양한 밴드와 팬 잡지들의 등장으로 이어졌다. 또 다른 블록버스터인 조지 루커스의 1977년 작 우주 우화 〈스타워즈〉는 가족 공상과학물로 성공을 거두면서 주류 문화 속으로 들어갔고 점차 컬트 작품이 되었다. 이 무렵 팬 픽션 쓰기 현상은 공상과학물을 넘어서 〈스타스키와 허치Starsky and Hutch〉(1975~1979) 같은 경찰물도 포함하게 되었다(Pugh, 2005: 91). 1978년에는 『신과의 계약A Contract with God』이라는 만화책이 나오면서 시장 확대를 위해 '그래픽 노블graphic novel'이라는 용어가 사용되었다. 이러한 움직임의 영향으로 만화 장르에 대한 수용자의 관여가 새로운 차원으로 심화되었다.

---

* 여기서 말하는 인터뷰는 1976년 12월 1일 〈투데이〉 쇼에서 생방송으로 진행되었는데, 진행자가 섹스 피스톨스를 경멸하는 듯 도발했고, 마침 술에 취한 상태에서 인터뷰를 하던 섹스 피스톨스의 멤버 스티브 존스(Steve Jones)가 욕설을 써서 논란이 되었다.

1980년대는 존 레논이 마크 채프먼Mark Chapman의 총에 맞으며 비극적으로 시작되었다. 호놀룰루에서 경비원으로 일하던 채프먼은 정신병을 앓고 있었으며, 목표물에 가까이 다가가기 위해 팬으로 행세했다. 레논의 추종자들은 자신들의 영웅을 기억하기 위해 센트럴 파크에서 추모 집회를 열었다(Elliot, 1998, 1999). 이 무렵 또 다른 세대의 팝 팬들은 ≪스매시 히츠Smash Hits≫(1978~2006) 같은 음악 잡지를 읽으며 남녀 구분이 없는 '뉴 로맨틱스New Romantics' 스타일의 음악을 들었는데, 이는 1970년대 글램 록* 현상의 태도를 재탄생시킨 것이었다(클래식 팝 팬의 팬레터 모음집은 Vermorel, 1985를 참조하라). 그들의 나이 많은 형제들은 좀 더 진정한credible 록, 메탈, 포스트펑크를 들었으며 나중에는 레이브 뮤직을 들었다.

비디오카세트리코더VCR가 대량으로 보급되어 수많은 집의 거실에서 한자리를 차지하게 되면서 비디오테이프 가게 문화가 등장했고, 이제 시청자들은 과거의 영화나 텔레비전 프로그램을 아카이브에서 골라서 볼 수 있게 되었다. VCR 덕분에 영화와 TV의 팬들은 자신들이 원하는 작품을 집에서 편리하게 볼 수 있었다(Jenkins, 1992: 71). 그러자 영국에서는 '쓰레기 비디오물video nasties'에 대한 우려가 등장했다. 호러영화는 노골적이고 폭력적인 영상으로 관객을 타락시킨다고 비난받았다. 비디오 녹화를 통해 프로그램의 '시간을 바꾸고' 시청자가 시간이 날 때 프로그램을 시청할 수 있게 되면서 새로운 형태의 팬 참여가 가능해졌다(Cubbitt, 1991을 참조하라). 팬들은 즉각 비디오를 가지고 무언가를 하기 시작했다. 1970년대 이후 그들은 자신들만의 '매시 업mash up' 비디오를 만들었는데, 이러한 현상은 **비딩**vidding으로 알려져 있으며 팬 집회에서 상영되었다.[14] 1981년 여름 MTV가 시작된 후 팬들은 점점 더 광범하게 자신들만의 뮤직비디오를 만들기 시작했다. 그러나 가정에서 사용하는 기술은 곧 한계를 드

---

* '글램 록'은 화려한 의상과 스타일로 시각적 장치를 강조했다. 여기서는 1980년대 뉴웨이브의 일종인 뉴 로맨틱스 장르에서 글램 록 아티스트들의 중성적인 외모와 화장을 차용해온 것을 말한다.

러냈다. 1992년 젠킨스의 보고에 따르면 "팬 아티스트들은 홈 비디오 장비로는 달성하기 어려운 수준의 기술적 완성도를 추구했다"(Jenkins, 2009: 239).

1980년대와 1990년대 내내 TV 프로그램 제작자들은 그 어느 때보다 더 복잡한 작품을 개발하고 있었다. 이전의 드라마 시리즈는 프로그램 시장에서 판매될 목적으로 만들어졌고, 각 프로그램은 매 회차에서 발생한 위기가 해당 회 내에서 해결되는 에피소드 포맷으로 구성되어 있었다. 이제 J. 마이클 스태진스키J. Michael Staczynski의 〈전함 바비론Babylon 5〉(1994~1998)은 에피소드적 드라마와 일관된 스토리아크*를 모두 갖추고 있었다. 민영 채널과 공공 접근 채널을 통한 재방영 및 틈새 방영으로 비디오는 다양한 문화 전통에 걸쳐 교육 수준이 높은 시청자를 만들어냈다. 이 시기에 나온 두 편의 코미디 프로그램, 미국의 〈미스터리 사이언스 극장 3000Mystery Science Theater 3000〉(1988~1999)과 영국의 시트콤 〈로일 패밀리The Royle Family〉(1998~2000)는 텔레비전 시청자를 주제로 삼아 미디어 지식이 풍부한 사람들의 시대에 대해 논평했다. 대중문화 역시 전 지구적인 활동이 되어가고 있었다. 이를테면 유럽에 있는 팬들은 위성 방송과 유선 방송을 통해 해외에서 생산된 미디어물을 접할 수 있게 되었다. 비디오 덕분에 미국의 팬들은 일본어 채널에서 방영하는 프로그램을 더빙하거나 그 프로그램에 자막을 달아 친구들과 공유할 수 있었다(Jenkins, 2008: 161~162를 참조하라). 그전에는 (손으로) 그림을 그리거나 가정의 카세트 장비로 실험을 했던 팬 아티스트들이 이제는 VCR의 특별한 기능을 탐험하기 시작했다(Jenkins, 1992: 244). 팬 공동체들은 카세트를 공유했지만 방송사나 배급 회사들이 여전히 영화를 대량 배급하고 상영하는 수단을 통제하고 있었기 때문에, 비디오 녹화 기술에 접근할 수 있게 되었다고 해서 '홈메이드' 비디오에 쉽게 접근할 수 있는 공공 영역이 등장한 것은 아니었다(Jenkins, 2008: 146).

비디오 게임 같은 비선형 미디어에 익숙해진 영화 관객은 오락에서 이전과

---

* '스토리아크'는 TV 시리즈에서 여러 개의 에피소드에 걸쳐 점차로 전개되는 스토리라인을 말한다.

는 다른 경험을 기대하기 시작했다. 1999년 무렵 다양한 미디어가 그러한 경험을 제공하기 시작했다. **트랜스미디어**transmedia 스토리텔링은 서로 다른 전자 미디어를 통해서 동일한 스토리의 서로 다른 부분을 이야기하는 방식이다. 1999년에 〈블레어 위치 프로젝트The Blair Witch Project〉라는 웹사이트와 호러영화가 성공하면서 할리우드가 이 분야에 투자를 확대했다(Jenkins, 2008: 103). 그해에 앤디 워쇼스키Andy Wachowski와 라나 워쇼스키Lana Wachowski 감독이 3부작 영화의 첫 편인 〈매트릭스Matrix〉를 내놓았는데, 그 내용은 여러 다른 미디어에서 이야기된 것이었다. 워쇼스키 형제의 〈매트릭스〉 3부작은 공상과학, 아니메anime, 미래학, 종교적 유비, 사회사와 도덕 이야기를 모호하게 혼합했다. 그 영화는 관객에게 이전과는 다른 새로운 것을 요구했고, 이를 환영하지 않는 사람들도 있었다(Jenkins, 2008: 96). 비디오 게임이 영화와 점점 더 흡사해지자, 할리우드는 팬들로 하여금 영화를 보기 전에 해당 영화와 관련된 여러 텍스트를 미리 경험하고 올 것을 요구함으로써 스스로를 다시 차별화하기 시작했다(Jenkins, 2008: 106). 이와 나란히 텔레비전도 생방송의 흥분을 강조하는 방향으로 움직였다. 네트워크 방송사들은 리얼리티 쇼를 통해 팬 수다fan buzz를 만들어내고 그것을 프로그램 내에 포함시켰으며, 이를 통해 유선방송에 반격을 가할 수 있었다(Jenkins, 2008: 60~64). 리얼리티 쇼는 시청자에게 집단적 행위라는 환상을 제공했고, 그러한 환상은 개인적인 감정적 투여emotional investment를 구축하는 데 도움이 되었다. 반면에 팬들의 투표를 무시하면 그들의 신뢰를 잃을 수도 있었다. 그러나 미디어 생산과 이용에 이러한 변화가 생겼다고 해서 팬덤에 대한 기존의 부정적인 관점이 완전히 사라진 것은 아니었다.

20세기 말에 오면 이미 가정의 필수품이 된 지 20년이 지난 컴퓨터는 오락산업에 통합되어 있었다. 팬들은 인터넷 초창기 시절부터 인터넷을 사용한 멀티유저 집단으로서 상호작용을 주고받는 게임을 하거나 게시판이나 채팅방, 포럼에서 자신들이 좋아하는 프로그램을 두고 논쟁을 벌였다. 또한 그들은 수년에 걸쳐 팬 페이지를 만들고 판타지 소설을 게시하고 자신들의 영웅을 위한 가상의 '성지'를 구축했다. 얼리어답터인 미디어 팬은 새로운 소셜미디어 플랫폼을 통해 빠른 속도로 정보를 공유했다. 사실 팬의 글쓰기 — 이는 1960년대와 1990년대 사이에 거의 제도적으로 정착되었다(Jenkins, 2006: 42) — 는 인터넷 시대에 들어와서 번성했다.

인터넷 기업의 주가가 급속히 정점을 찍었다가 닷컴 버블이 붕괴한 후, 인터넷은 완전히 대중적인 미디어로 자리 잡았다. 1990년대 후반과 2000년대 초반에 광대역 서비스가 널리 보급되면서 커뮤니케이션 기술 역사에서 가장 신속하고 의미 있는 변화가 시작되었다. 서서히 경험을 축적한 수용자들이 점차 여러 미디어 — 특히 인터넷과 텔레비전 — 를 동시에 사용하게 된 것이다. 이에 따라 온라인 팬은 영화나 텔레비전 프로그램이 방영되는 도중에 실시간으로 그 줄거리에 대해 논의할 수 있게 되었다. 조스 웨든Joss Whedon 감독의 시리즈물인 〈버피와 뱀파이어Buffy the Vampire Slayer〉(1997~2003)*와 〈엔젤Angel〉(1994~2004)은 새로운 자기반영적이고 상호텍스트적인 드라마의 등장을 보여주었고, 이 프로그램들은 새로운 고정 시청자층을 확보했다(Jenkins, 2008: 119).[15] 보통 사람들 사이에서 정보가 초고속으로 퍼지면서 스포일링(작품의 플롯이나 세부 내용을 미리 알려주는 행위)이 미디어 산업의 관행을 바꾸기 시작했다. 예를 들어 포스트모던 호러영화 〈스크림Scream〉(웨스 크레이븐Wes Craven 감독, 1996)의 속편 〈스크림 2Scream 2〉(크레이븐 감독, 1997)는 영화의 대본이 인터넷에 유출된 후 내용이 바뀌었다. 〈스크림 3Scream 3〉(크레이븐 감독, 2000)를 개봉할 당시, 제작진은 영화의 세부 내용이 상영 전에 온라인에서 알려질 것을 우려해 관객 시사회를 열지 않기로 했다.

가정용 컴퓨터가 네트워크로 연결되면서 수용자들은 점점 더 광범위한 미디어 제작물에 접근할 수 있게 되었다. DVD와 그에 이은 가정용 블루레이 시스템이 트렌드로 부상하면서 디지털 아카이빙이 확산되었고, 이제 텔레비전 소비는 수용자가 개별 에피소드를 연구하면서 볼 수 있는 지속적인 행위가 되

---

* 〈버피와 뱀파이어〉는 1997~2003년에 미국에서 방영된 드라마로, 뱀파이어를 죽이는 운명을 타고난 '버피'라는 소녀가 주인공이다.

었다. 이를 이용해 방송사들은 처음에는 방송으로 자사의 프랜차이즈를 송출하고, 그다음에는 팬들이 작품을 여러 번 보면서 학습할 수 있는 박스 세트를 내놓음으로써 '예약 텔레비전appointment television'에서 '참여 텔레비전engagement television'으로 넘어갔다. 시청자는 〈로스트Lost〉(2004~2010)나 〈24〉(2001~2010), HBO의 〈더 와이어The Wire〉(2002~2008) 같은 시리즈의 모든 에피소드를 며칠 만에 연속으로 시청함으로써 높은 수준의 리터러시를 얻을 수 있었다.[16] 그래서 2006년에 젠킨스는 다음과 같이 보고할 수 있었다.

지난 10년간 미국 텔레비전 시리즈물이 증가했고, 프로그램의 역사에 대해 더욱 다각적인 관심이 생겨났으며, 좀 더 정교한 스토리 아크와 클리프행어*가 발전했다. 이러한 미학적 전환은 어느 정도 비디오의 홈 아카이빙이나, 인터넷 배급 목록, 웹 프로그램 가이드 덕분에 가능해진 새로운 수용 실천들과 연결되어 있다 (Jenkins, 2006: 145).

새로운 시대가 되면서 많은 컴퓨터 이용자는 (인터넷을 통해) 뉴스와 정보에 접근하는 일 외에도 오디오나 비디오 파일을 업로드·다운로드하고, 스트리밍하고, 공유하는 활동을 하기 시작했다. 1999년은 팬덤이 공유된 사회 경험으로서 발전해온 과정에서 하나의 전환점이었다. 음반 산업은 점차 변하고 있었고, 파일을 공유하는 팬들은 돈을 지불하지 않으면서 음악을 듣고 있었다. 업계의 로비 그룹인 '미국음반산업협회RIAA: Recording Industry Association of America'는 냅스터 같은 P2P 파일 공유 서비스에 소송을 제기했고 공짜 음악을 즐기는 팬들을 범죄자로 낙인찍었다. 온라인에서 미디어 해적질이 번성하긴 했지만, 다운로드 서비스와 스트리밍 서비스에 돈을 지불하는 팬들도 많았다. 디지털 전환의 또 다른 결과는 팬들이 온라인에서 홍보 과정에서 무료로 그리고/또는 미리 제

----

* '클리프행어'는 연속극 등에서 주인공이 위기에 처하거나 갈등이 고조된 시점에서 에피소드를 끝냄으로써 시청자의 흥미를 유발하는 플롯상의 기법을 말한다.

공되는 문화 생산물들에 합법적으로 접근할 수 있게 된 점이다.[17]

유튜브 — 2005년 이후 대중의 인기를 얻은 — 같은 비디오 업로드 사이트 덕분에 이용자들이 업로드한 광대한 동영상 아카이브에 무료로 접근하는 일이 가능해졌으며, 여기에는 재활용된 프로그램, 짧은 영상, 최근 벌어진 사건의 동영상, 아마추어 제작물 등이 포함되어 있었다. 이러한 트렌드가 수년에 걸쳐 가속화되면서 디지털 아카이브에 접근하는 것이 가능해졌고, 그 결과 향수 nostalgia 문화가 지속적으로 인기를 끌었다. 이를 통해 과거의 미디어 생산물들이 재발견되고, 세대는 달라도 문화적 관심을 공유하게 되었다(Reynolds, 2012를 참조하라). 이처럼 과거에 만들어진 오락물을 모든 사람이 즐기는 것이 광범하고 다양한 문화 소비의 특징이 되었다. 힐스는 2005년에 BBC 웨일스에서 〈닥터 후〉 시리즈를 다시 시작한 것을 다음과 같이 설명했다. "쇼가 만들어지고 있는 지금 이곳에서 우리 모두는 매일매일 시간여행자다. 우리는 과거의 스타일을 빌려오고(최근 1980년대에 대한 향수가 인기를 끌었다), 텔레비전 쇼의 디지털 '아카이브'를 시청하고 이러한 취향을 새로운 패턴의 새로움과 다시 결합한다"(Hills, 2010b: 87). 비디오 사이트들을 통해 이전이라면 발견되지 못하고 지나갔을, 독립적으로 제작되었거나 시장에서 실패했거나 묻혀 있던 문화 현상에 대한 팬덤이 가능해졌다. 한편 새로운 아티스트들 역시 어느 때보다 빠른 속도로 명성과 팬 추종자를 찾을 수 있다. 아마추어 제작자들과 주요한 팬들이 팬덤을 발전시켰다. '마시니마machinima' — 게임 엔진을 이용해 실시간으로 창조되는 3D 디지털 애니메이션 — 같은 새로운 문화 형식도 등장했다(Jenkins, 2008: 156). 블로거들은 '시민 기자', 평론가, 비평가를 자처했다. 이제 미디어 내에서 일군의 전문적인 방송관계자나 비평가 집단만이 목소리를 낼 수 있던 시대는 지났다. 소비자들이 선택할 수 있는 원재료의 범위가 훨씬 더 넓어졌다.

새 천년의 첫 10년을 결산하면서 대중음악 평론가들은 주요한 '행위자 performer'로 특정 스타보다는 — 비록 레이디 가가Lady Gaga 같은 스타들이 포함되긴 했지만 — 페이스북 같은 플랫폼이나 개인화된 장비와 모바일 기기(아이팟이나 블랙베리 등)를 찬양했다. 팬 연구가인 젠킨스에게 "사이버스페이스는 여러 면에서 명백한 팬덤이다"(Jenkins, 2006: 138). 이것은 팬덤이 더 가시적이 되고, 주류에 어느 정도 편입되고, 더 정상적이 되었음을 의미한다.

지난 10년 동안 웹을 통해 소비자들은 미디어 산업의 주변부에서 벗어나서 주목을 받게 되었고, 그 결과 법이나 산업을 전공하는 학자들도 팬덤을 연구하기 시작했다. 예전에는 '불량 독자rogue reader'로 여겨졌을 사람들이 이제는 케빈 로버트슨Kevin Robertson이 말한 것처럼 '영감을 주는 소비자inspirational consumer'다 (Jenkins, 2008: 257).

이러한 환경에서 '팬 소유권fan ownership'은 미디어 산업 내부에서 하나의 수사적인 주장이 되었다(Hills, 2002a: 37). 오늘날 팬 현상은 박스 오피스 수치만이 아니라 트위터에 올라온 글의 수로도 측정된다(Sanderson & Cheong, 2010과 Christian & Givens-Caroll, 2011을 참조하라). 그러나 시크한 '괴짜 공학도techno geek'라는 스테레오타입이 등장해 팬과 나머지 미디어 수용자의 간극이 좁아지기 시작했다고 해서 팬들이 모든 스테레오타입에서 벗어난 것은 아니다. 『해리 포터Harry Potter』 시대와 그 이후의 팬 문화는 상당 부분이 청소년층을 대상으로 하는 코믹북 영웅이나 프랜차이즈 - 〈트와일라잇〉 영화 시리즈나 〈글리Glee〉 텔레비전 쇼 같은 - 와 연관되어 있다(Click et al., 2010이나 Hills, 2012를 참조하라). '비버 피버Bieber Fever' - 젊은 가수 저스틴 비버Justin Bieber에 대한 히스테리를 의미하는 - 에 관한 최근의 타블로이드판 뉴스 기사들은 어떤 유형의 팬덤에는 여전히 사회적 낙인이 찍혀 있음을 보여준다.

마지막으로 나는 이 책에서 지난 20년간 대학 교육의 현장에서 벌어진 몇 가지 변화와 그것이 팬 연구에 미친 영향을 소개하고 그 맥락을 설명해보려 한다. 3장에서 팬덤에 관한 학문적 논의를 검토하겠지만 여기서는 학계 내에서 역사적 맥락이 어떻게 변화해왔는지 그 지도를 그려볼 것이다. 1992년에 젠킨스가 쓴 『텍스트 밀렵꾼들』은 기존의 스테레오타입에 도전하며 팬들을 사려 깊고 생산적이며 창조적인 사람들로 그려냈다. 젠킨스는 팬덤이 평범한 중간 계급 문화의 기준과 유사하면서도 다르다는 점을 보여주었다. 그의 목표는 팬덤을 단세포적인 집착으로 보는 관점을 넘어서 팬 문화의 복합성과 다양성을 드러내는 것이었다(Jenkins, 1992: 277). 이 작업을 그는 다음과 같이 설명한다.

1980년대 후반과 1990년대 초반에 나 자신을 포함한 문화연구자들은 미디어 팬덤이 능동적 소비 및 풀뿌리 창의성에 관한 이론을 검증할 수 있는 중요한 지점이라고 생각했다. 우리는 '팬 문화'가 상업문화의 그늘 속에서 그 문화에 대한 반응으로 작동하고 있을 뿐만 아니라 그 대안이기도 하다고 생각했다. 팬 문화는 대중문화에서 빌려온 재료들의 전유와 변형을 통해서 정의되었다. 팬 문화는 민속문화의 실천을 대중문화 콘텐츠에 응용한 것이었다(Jenkins, 2006: 257).

『텍스트 밀렵꾼들』은 팬 연구자들에게 하나의 경전이자, 팬덤에 대해 존경심을 갖고 말하는 방법을 보여주는 '입문서'가 되었다. 심지어 이 책의 팬도 생겼다(Jenkins, 2006: 15). 이 책은 대학들이 권위와 전문성을 대가로 외부에서 연구비를 받던 시기에 나왔다(Jenkins, 2006: 34). 학자들은 더 광범위한 공중과 소통해야 했다(Jenkins, 2006: 34). 전자 미디어가 변화하면서 팬덤을 마케팅 장치로 쉽게 이용할 수 있었고, 업계도 점차 팬 현상에 관심을 갖게 되었다. 크라우드 소싱(인터넷에서 집단적으로 문제를 해결하는 것)과 **팬경영**fanagement(팬에 초점을 맞춘 온라인 마케팅)은 이 새로운 시대에 등장한 신조어들이다. 젠킨스의 아이디어는 경영대학에서도 채택되었다(Jenkins, 2008: 1). 소수의 수준 높은 엘리트 비평가만 권위를 갖는다고 보던 낡은 생각은 수용자 주권이라는 더 민주적인 이상에 자리를 내주었다.[18] 같은 시기에 영국에서 학비보조금이 점차 대출로 바뀐 것도 엘리트 지식인의 배출을 목표로 하던 고등교육을 상급 직업교육을 제공하는 소비자 사업으로 바꾸는 데 기여했다. 일부 연구자는 대학 자체를 젊은이들이 미디어 열정을 펼칠 수 있는 장소로 보기도 했다(Hills, 2002a: 4). 1990년대 이후에는 학자면서 동시에 팬이 되는 것이 가능해졌다(Jenkins, 2006: 4). 이런 환경에서 — 다양한 사회지도자들(정치인, 셀레브리티, 대학 부총장 등) 역시 모두 누군가의 팬인 상황에서 — 학자들이 자신의 팬덤을 드러내는 것은 사회적 검열에 대한 저항이 아니라 시대가 변하고 있음을 파악한 데서 나온 영리한 행동이었다. 학자들은 자신들의 공적 역할을 다시 조정해서 팬덤과의 간극을 닫았다. 팬 연구자인 힐스는 젠킨스의 작업 덕분에 다른 연구자들이 팬으로서 '커밍아웃'할 수 있었다고 말했다(Jenkins, 2006: 35를 참조하라). 2002년에 힐스는 다음과 같이 설명했다.

> 팬덤을 문화연구 의제에 넣으려던 전투는 이미 오래전에 승리했다. 그런 의미에서 『텍스트 밀렵꾼들』에서 팬덤에 대한 젠킨스의 '전략적' 묘사는 탁월한 성공을 거두었다. 하지만 그것은 새로운 전투와 질문을 남겨놓았고, 이제 팬과 학계는 모두 '합리성'과 '종교성'의 역할에 초점을 맞추고 있다(Hills, 2002a: 183).

객관성은 불편부당한 탐구를 통해 보편타당한 지식을 세울 수 있다고 보는 개념이다. 어떤 역사도 완전히 객관적일 수는 없기 때문에 어쩔 수 없이 제한적이고 편파적인 설명이 된다. 예를 들어 팬 아트와 관련된 미디어 팬덤의 역사에 대한 프란체스카 코파Francesca Coppa의 연구(Coppa, 2007)는 여러 면에서 훌륭하지만 미국 텔레비전 쇼만을 다루고 있다. 모든 스토리텔링 행위는 무엇을 넣고 무엇을 뺄지 선택하는 것을 의미할 뿐 아니라 어떻게 증거를 그 과정에 유리하게 사용하느냐의 문제이기도 하다. 어떤 서사도 모든 관점을 동시에 포함할 수는 없기 때문에 완전한 개관은 불가능하다. 그러므로 우리는 '누구를 위한, 무엇을 위한 역사인가'를 물어야 한다. 이 책에서 개괄적으로 살펴본 팬덤의 역사는 어느 정도 그 구성의 정치학을 감추고 있다. 한 가지 문제는 그 역사에 너무 많은 주제를 구겨 넣었고 그 대부분을 충분히 다루지 못했다는 점이다. 설명의 대부분은 미국과 영국에 초점을 맞추고 있으며 다른 많은 나라의 문화와 전통은 빠져 있다. 여기서는 팬덤을 하나의 개인적 경험이 아니라 공유된 현상으로 본다. 팬덤의 역사에 대한 서술은 주류 미디어 현상에 초점을 맞추고 게이나 레즈비언 팬은 주변화한다(그러나 Deangelis, 2001; Dyer, 2004;

Lipton, 2008 등도 참조하라). 팬덤의 역사를 미디어 테크놀로지, 형식 또는 장르의 변동에 따른 팬 활동의 변증법적 변화라는 식으로 서술하는 것은, 현재 진행 중이거나 활동 중인 수많은 팬덤 문화들(팬 픽션을 쓰는 공동체를 포함한)이 빚어내는 변화를 무시하는 결과를 낳는다. 비록 반쪽짜리 역사라 하더라도 미디어 문화가 새롭게 발전해가면서 어떻게 계속해서 새로운 셀레브리티와 팬 실천fannish practice이 나타났으며, 그것들이 통합되어 고유한 중요성을 획득했는가를 포괄적으로 보여주어야 한다. 팬덤은 그런 방식으로 사회구조, 생태학, 고유의 의례와 전통을 창조하기 때문이다.

'팬'이라는 용어는 이제 대중문화에 긍정적으로 관여하는 광범위한 보통 사람을 가리킨다. 그러한 관여는 텍스트, 이미지, 공연 또는 특정한 셀레브리티의 창의적인 특징과 연결되어 있다. 그 관여는 특정한 문화 형식이나 장르에 대한 사랑일 수도 있다. 팬덤의 의미가 이렇듯 복잡한 상황이기 때문에 이제 우리는 논의의 핵심 개념인 팬덤을 어떻게 정의할 것인지 생각해보아야 한다.

팬덤의 정의

모든 사람은 '팬'이 무엇인지 안다. 팬은 특정 스타, 셀레브리티, 영화, TV 프로그램, 밴드에 집착하는 사람이다. 팬은 자신의 팬덤의 대상에 관해 다량의 정보를 생산하며, 자신이 좋아하는 대사나 가사, 장이나 구절을 인용할 수 있다. 팬들은 언제나 자신의 생각을 분명하게 표현한다. 팬들은 미디어 텍스트를 다양한 그리고 어쩌면 예상치 못한 방식으로 해석한다. 그리고 팬은 공동체 활동에 참여한다. 그들은 '사회적으로 원자화되거나' 고립된 시청자/독자가 아니다. …… 그렇다면 '팬덤'과 미디어 '컬트'는 어떻게 학문적으로 정의되어왔는가. '팬덤'이라는 용어는 '일상적으로' 사용되고 있음에도(아니면 어쩌면 바로 그 이유 때문에) 지금까지 정의하기가 쉽지 않았다.

Hills, 2002a: IX

팬덤은 얼핏 보면 쉽게 정의할 수 있는 단어 같다. 그간의 논의는 수용자 관여의 정도만이 아니라 그 질에도 초점을 맞추었다(Cavicchi, 1998: 39). 팬은 유명한 사람이나 사물에 대해 비교적 깊고 긍정적인 감정적 확신을 가진 사람으로, 통상 그들이 팬임을 알아볼 수 있는 스타일이나 창의성을 갖고 있다. 팬은 또한 팬 실천을 탐구하고 거기 참여하는 데 몰두하는 사람이다. 팬의 정체성은 대중문화와 연결된 쾌락이 거의 대부분을 차지한다. 그들은 팬덤이라고 표시된 사회적 역할을 수행한다. 학술 이론과 팬 이론 모두 지역 맥락적인 규범과 해석에 관한 논쟁에서 출현한다(Hills, 2002a: 16). 팬덤에 대한 이러한 정의는 각각 나름대로 설명하는 부분과 배제하는 부분이 있으며, 결론이 서로 다르고 각 결론에 대한 반론도 존재한다. "우리 모두는, 학술 이론이든 팬 대상이든 무언가에 '빠져 있다'고 할 수 있다"(Hills, 2002a: 112). 그러나 일부 사회학자나 철학자들이 주장하는 바와 달리 팬들은 주관적인 탐구 과정을 통해서 자신들이 주목하는 대상을 창조한다. 그러므로 팬덤은 일종의 문화적 창의성의 한 형태로, 즉 놀이로 볼 수 있다(Hills, 2002a: 90). 연구 대상이란 바로 연구되고 있는 사물이다. 팬덤 연구자들은 자신들이 대상을 '물화'하고 있는 것이 아닌지, 즉 팬덤의 과정을 중단시켜 그것을 인위적으로 고정시키려고 하는 것은 아닌지 의구심을 갖기도 했다. 팬덤은 각 개인이 수행하는 하나의 기능이다. 그래서 "팬덤의 가치보다는 팬덤이 하는 일을, 즉 특정한 역사적·사회적 순간에 다양한 사람들에게 팬덤이 어떤 의미인지보다 팬덤이 무엇을 하는가를 살펴보는 것이 더 유용하다"(Cavicchi, 1988: 9; 인용자 강조). 이를테면 팬덤은 우리를 흥분시키고 우리가 성찰하도록 자극하며, 우리가 공동의 가치와 윤리에 대해 논쟁하도록 부추기고, 우리의 일상생활 속에서 확장되는 의미의 중요한 원천이 된다.

팬덤은 일관성을 지닌 연구 대상인가?

팬덤이 그토록 흥미로운 연구 대상인 것은 아마도 분석으로 잘 포착되지 않기 때문일 것이다. 『텍스트 밀렵꾼들』의 저자인 젠킨스도 "여기서 나의 작업은 문화공동체의 유동성을 보여주는 것이 아니라 팬덤이 일관성과 안정성을 지닌 대상임을 증명하는 것"이라고 주장했다(Jenkins, 1992: 3). 젠킨스의 발언은 이 말을 할 당시 그가 이미 여러 해 동안 팬 연구를 해왔기 때문에 의미가 있었다. 젠킨스와 마찬가지로 힐스도 팬덤은 단지 하나의 장소site나 '사물'이 아니라고 주장했다(Hills, 2002a: 7). 〈스타워즈〉 팬덤을 연구한 윌 브루커Will Brooker 역시 전형적인 팬 집단 같은 것은 없다고 말했다(Brooker, 2002: 32). 느슨하게 정의하자면, 담론은 특정 이슈나 대상에 대해 이야기하는 사회적으로 공유된 방식이다. 팬덤은 저마다 서로 다른 담론과 연결되어 있다(Jenkins, 2006: 24). 이것은 '팬'이라는 명칭이 맥락에 따라 의미하는 바가 매우 다를 수 있음을 뜻한다.

> 팬이라는 용어는 다양한 개인이나 집단을 가리키는데, 기술적 의미로 사용되기도 하고 규범적 의미로 사용되기도 한다. 여기에는 광신도, 관객, 그루피groupie, 열광자, 셀레브리티 스토커, 수집가, 소비자, 하위문화의 구성원, 모든 수용자가 포함된다. 그리고 맥락에 따라 그것은 친근성, 열광, 동일시, 욕망, 강박, 현혹, 신경증, 히스테리, 소비주의, 정치적 저항, 또는 그들 간의 결합을 의미하기도 한다(Cavicchi, 1998: 39).

팬의 의미가 이렇듯 다양하다면 팬덤 연구를 포기해야 하는 것이 아닐까? 그러나 팬덤 연구를 포기하는 것은 별 의미가 없으며, 팬덤에 대한 우리의 이해를 정교화할 수 있는 방법이 무엇인가를 질문해야 한다. 어떤 연구자들은 팬 문화들을 서로 분리해서 개별적으로 다루어야 한다고 생각한다. (팬덤에 관한) 어떤 보편적인 이론을 구축할 수 없다는 것이다.

> 단일한 팬덤에 관해 이야기하는 것은 불가능하며 심지어는 위험할 수도 있는데, 그 이유는 〈캐나다 젠틀캅Due South〉*이라는 TV 프로그램의 팬덤과 〈반지의

제왕The Lord of the Rings〉이라는 책과 영화의 팬덤이 준수하는 규칙이 서로 다르며, 면대면 모임에 중심을 두는 팬덤, 편지 교환 팬덤,** 또는 하드카피 팬 픽션 잡지 중심의 팬덤 [말하자면 카밀 베이컨-스미스Camille Bacon-Smith가 『엔터프라이징 우먼Enterprising Women』(1992)에서 묘사한 경험]은 이 책에서 1차적으로 초점을 맞추고 있는 온라인 팬덤과 모두 다르다는 것이다(Busse & Hellekson, 2006: 6).

팬덤은 맥락에 따라 서로 다른 경험을 포함하고, 서로 다른 실천과 관련되어 있으며, 서로 다른 것을 의미한다. 우리가 동일한 미디어 대상의 팬이라고 하더라도 나의 팬덤은 여러분의 팬덤과 매우 다르게 경험될 수 있다. 그러나 팬덤이 단일한 실체가 아니라면 왜 동일한 대상의 팬들이 동일한 관심을 갖는가? 또 왜 서로 다른 대상의 팬들이 그렇게 유사한 방식으로 행동하는가? 이상적인 이론이라면 공동의 경험을 충분히 간단하면서도 내적으로 일관성 있게 설명할 수 있을 것이다. 팬 이론을 일종의 템플릿template으로 탐구하는 것이, 즉 모든 팬덤을 일반화하는 것이 아니라 특정 맥락이나 특정 대상에 대한 관심을 측정하는 잣대로 삼는 방식이 더 생산적일 수도 있다. 그래서 다음과 같은 힐스의 지적은 타당하다. "유행에 뒤떨어진 말이 될지도 모르지만, 미디어 팬덤에 관한 일반 이론은 가능할 뿐 아니라 중요하다. 이전 연구들의 문제는 단일한 TV 시리즈나 하나의 팬 컬처, 하나의 미디어에만 초점을 맞추었다는 점이다('TV 팬' 대 '씨네필')"(Hills, 2002a: 2).

---

* 〈캐나다 젠틀캅〉은 캐나다의 코믹 범죄 드라마다.
** '편지 교환 팬덤'은 1990년대 미국에서 등장한 팬덤 유형의 하나로, 소규모의 팬들끼리 편지로 의견을 주고받는 경우도 있고, 서로 돌아가면서 일종의 팬 픽션을 창작하는 경우도 있다.

소비자를 넘어서

팬덤은 매혹, 셀레브리티 추종, 집단행동 및 확신의 열광적 선언 같은 다양한 요소를 포괄하는 용어다. '소비'도 그러한 요소 가운데 하나다. 각각의 요소가 팬덤 현상의 일부이긴 하지만 그것이 팬덤의 의미를 전부 포괄하지는 못한다. 환원주의라는 표현은, 얼핏 보면 정교한 것 같은 이론이 어떤 현상 전체를 설명한다고 하면서 그 현상의 일부에만 초점을 맞추고 있음을 비난할 때 사용된다. 이 절에서 살펴보고 있듯이, 팬덤을 그것을 구성하고 있는 다양한 요소와 혼동하는 것은 환원주의적인 태도다. '소비'는 상업적 과정에 참여하는 것을 말하는데, '소비한다'는 단어는 소화시키고 소모한다는 뜻도 있어서 일종의 '소진'을 의미하기도 한다. 그러므로 우리는 동일한 단어에 얽혀 있는 두 개의 의미를 분리할 수 있다. '경제적' 소비는 구매자로서 금전적 거래에 참여하는 것을 의미하며, '문화적' 소비는 특정 미디어 생산물의 '의미를 음미하는' 것이다. 미디어 소비에 대한 논의에서는 이 두 가지 의미를 혼동하는 경우를 자주 볼 수 있는데, 상업문화에서도 그렇기 때문이다. 사회에서 '팬'이라는 용어는 열정적인 경제 소비자를 가리키는 말로 사용되기도 한다. 예를 들어 초콜릿 제조업체인 '캐드베리Cadbury'는 자사의 위스퍼 초코바에 '팬'이 있다고 자랑한다. 초콜릿 구매자를 팬이라고 부르는 것은 이상하게 보이지만, 우리는 소비자로서 행동하면서 일상 대화에서 그 용어를 자주 사용하며, 이를테면 "난 그 브랜드의 팬이야. 시즌 종료 세일 때 얼마나 사들였는지 몰라"라고 말한다. 소비자 운동은 팬덤에만 한정되지 않는다. 예를 들어 기독교인들은 집단 수용자로서의 자신들의 영향력을 이용해서 멜 깁슨Mel Gibson이 감독한 〈패션 오브 크라이스트The Passion of the Christ〉의 흥행을 지원했다(Jenkins, 2008: 211). 코카콜라를 사랑하는 사람들 역시 1980년대 중반에 '코카콜라사社'가 대표 음료의 제조법을 바꾸려고 하자 반대 캠페인을 벌였다. 이들 집단을 미디어 팬 공동체라고 부를 수는 없지만 그들 간의 간극은 점점 줄어들고 있다. 스타와 브랜드는 상호학습을 했고 이제 셀레브리티들 역시 사실상 기업적으로 조직되어 소비자 브랜드로 보호받는다. 그들은 시장을 분할한다(Garde-Hansen, 2011: 132; Cashmore, 2004; Christian, 2011을 참조하라). 팬들 역시 특정 미디어 제품을 집단적으로 옹호하는 목소리를 낸다는 점에서 소비자 집단과 유사해 보이기도 한다. 그럼에도 일반적으로, 이를테면 어떤 배우를 추종하는 행위와 자신이 좋아하는 소프트 드링크나 초코바를 지키기 위해 캠페인을 벌이는 행위는 매우 다르다.

　어떤 의미에서 미디어 팬은 브랜드의 입장에서는 이상적인 소비자에 가깝다. 그들은 최신 제품을 덥석 사고, 부가 상품을 구매하며, 프로모션 행사에 참석하고, 공식 팬클럽에 가입하고 컬렉션을 수집한다(Cavicchi, 1998: 62). 그들은 매우 안정적인 시장을 형성한다. 팬은 새로운 제품과 프랜차이즈의 목표 소비자인 동시에, 대규모 마케팅에서 처음 목표로 설정되는 대상에 포함되지 않는 틈새시장이기도 하다(Hills, 2002a: 45). 80대 20 규칙에 따르면 수용자의 20%(즉, 팬)가 이윤의 80%를 창출한다(Jenkins, 2008: 72). 사실 많은 경우 그들의 인정은 미디어 생산물의 승리를 보여주는 유기적 척도로 간주되며 홍보의 필수 요소이기도 하다. "팬 소비자는 이제 더 이상 기이한 골칫거리가 아니라 가능하다면 창출해야 할, 그렇지 못한 경우 편성 전략을 통해 구애해야 할 충성스러운 소비자다"(Hills, 2002a: 36). 팬덤은 상품 문화로부터 도피하지 않으며 거기에 저항하지도 않는다. 오히려 소비는 미디어 생산물과 팬의 접촉을 용이하게 한다. 그런데 일부 연구자들이 볼 때 이는 팬덤이 1차적으로 소비에 '관한' 것임을 의미한다. "팬덤의 핵심이 여전히 관람이라는 점에서 팬이 가는 곳은 소비가 이루어지는 장소"라는 것이다(Sandvoss, 2005a: 53). 미디어 분야에서 전문 소매점을 대상으로 한 연구는 별로 없지만 '포비든 플래닛Forbidden Planet* 같은 가게는 팬들이 교류하고 관심 대상에 대해 더 많은 것을 발견할 수 있는 공간을 제공한다(Hills, 2002a: 28). 그러나 팬덤이 1차적으로 소비에 관한 것이라고 보는 관점은 첫째로 팬들이 물건을 공짜로 얻는 것을 좋아하며,

---

* '포비든 플래닛'은 런던에 있는 공상과학물 및 컬트 상품 전문 소매점이다.

둘째로 그들이 언제나 소비자 이상이라는 사실을 망각한다. 팬들은 구매자 이상이며 그들의 거래는 단순한 구매를 넘어서 문화적 관심을 추구한다. 이러한 점을 잘 보여주는 흥미로운 예가 톰 매커트Tom McCourt와 패트릭 버카트Patrick Burkart가 쓴 글에 나오는데(McCourt & Burkart, 2007), 여기서 우리는 음악 팬에게는 고객관리 시스템에서 제공하는 그 어떤 것보다 온라인 토론 공간이 훨씬 더 중요하다는 점을 알 수 있다. 팬이 소비자 이상인 것은 그들이 자신들의 대상에 대해 특히 강한 정서적 애착을 갖고, 그러한 애착을 이용해서 자신들의 영웅뿐 아니라 팬 상호 간에도 관계를 창출하기 때문이다(Ferris & Harris, 2011: 13). 팬은 자신이 좋아하는 텍스트에 관한 지식을 줄줄이 꿰고 있으며 그 텍스트나 그와 관련된 모든 자료에 전문성을 지니고 있다는 점에서 구분된다. 팬은 '언제나 이미' 소비자이지만 ─ 우리 모두가 그러하듯이 ─ 항상 그 이상의 역할을 한다(Hills, 2002a: 27). 팬은 네트워크 이용자networker이고, 수집가이고, 여행가이며, 아키비스트archivist이고, 큐레이터이고, 제작자이며 그 이상이다.

정치 이론과 경제 이론에서 소비와 생산은 확연하게 구별되는 경제 유통의 단계다. 소비자는 재화나 용역에 대한 대가로 돈을 지불함으로써 경제 순환의 고리를 완성하면서 이윤을 제공하는 소외된 수령인이다. 카를 마르크스Karl Marx는 이용자들이 제품을 개인적으로 소비하는 데서 얻는 가치(사용가치)와 생산, 마케팅, 시장이 사회적으로 창출하는 가치(교환가치)를 구분한다. 사용가치와 교환가치 모두 팬의 가치평가 과정에서 나온다. 그러나 미디어 산업의 문화 과정에서 생산자와 소비자의 분리는 스타와 팬의 구분과 딱 들어맞지 않는다. 많은 텍스트는 수용자들이 특별한 상상의 영역으로 들어가게 만들며 팬들은 종종 역할놀이를 한다(Sandvoss, 2005a: 46). 이러한 놀이에는 아트프린트나 자가 출판, 봉제인형 만들기 등이 포함되며 이런 물건들은 가내 공업의 형태로 다른 팬들에게 판매되기도 한다. 또한 그들의 놀이는 미디어 문화의 다양한 수준에서 참여자로서 ─ 아마추어든 전문가든 ─ 스스로를 훈련하는 과정이기도 하다. 사물들이 상품의 지위를 넘나든다면 그 구분선은 어디인가(Hills, 2002a: 35)? 인터넷 사업자들은 웹사이트에 광고를 싣는 광고주들을 위해 수용자를 끌어들일 수 있는 콘텐츠를 만들어내려고 팬들의 사회적 교환 및 아마추어의 제작물을 이용한다. 팬들은 또한 방송 미디어의 제작 과정에 직접 개입하려는 — 이러한 일은 환영받을 때도 있고 요청에 따라 일어날 때도 있다 — 시도를 하기도 한다. 개인적으로 또는 집단적으로 팬은 많은 문화 행사의 일부가 된다. 예를 들어 록 콘서트나 영화 시사회의 관객은 그 쇼의 필수적인 부분이며, 사실상 상징적인 생산 기구의 일부다.

가장 나쁜 경우 상업은 흔히 착취와 연관된다. 팬은 예측 가능한 시장이지만, 그들은 또한 '반상업주의' 신념을 표명하고 추구하는 데서 의미를 찾기도 한다(Hills, 2002a: 29). 젠킨스는 이를 한 단계 더 밀고 나간다.

팬덤의 존재 자체가 소비문화의 관습적 형식에 대한 비판을 나타낸다. 그러나 팬덤은 또한 팬들이 섹슈얼리티, 젠더, 인종주의, 식민주의, 군국주의, 강요된 순응에 대한 자신들의 특수한 관심을 표명할 수 있는 공간을 제공한다. 이러한 주제들은 팬 토론회나 팬 예술품에서 빈번하게 등장한다. 팬덤에는 역능empowerment의 긍정적 측면와 부정적 측면이 모두 들어 있다(Jenkins, 1992: 283).

젠킨스의 주장은 얼핏 극단적으로 보이는데, 이는 팬들이 티켓이나 상품이나 음반을 사는 식으로 분명히 소비라는 경제 과정에 정기적으로 참여하고 있기 때문이다. 디지털 시대의 팬덤에 관해 논하면서 폴 부스Paul Booth는 다음과 같이 설명한다.

팬이 좋아하는 TV 프로그램의 DVD가 발매되면 많은 팬은 방영 당시 이미 프로그램을 보았더라도 그 DVD를 구매하고, 그래서 판매량이 치솟는다. 그러나 팬덤은 온라인상의 비화폐적 환경으로 볼 수도 있다. 즉, 그것은 개인의 사회적 지위를 부각시켜준다(Booth, 2010: 26).

이어서 젠킨스는 "시장 경제에서 미디어 생산자들은 텍스트를 판매하지만 팬은 텍스트 공유를 통해 이러한 경제를 자주 우회한다"라고 말한다(Jenkins, 2008: 42; 인용자 강조). 팬들이 경제 소비에 '저항해서' 스스로를 명시적으로 조직한 경우가 있는데, 그 형태는 사회 환경에 따라 그때그때 달랐다. 반문화나 새로운 디지털 테크노스피어technosphere는 모든 사람이 ─ 팬뿐 아니라 ─ 문화 소비를 그만두는 것이 아니라, 단지 돈을 지불하지 않을 수 있는 장소와 순간을 제공한다. 행위성agency은 개인이 광범위한 사회에서 차이를 만들어내는 방식으로 행위하고 행동하는 능력이다. 부스에 따르면 팬들이 지하 공유 경제를 작동시키는 경우가 있는데, 이때가 바로 팬들의 행위성이 드러나는 순간이다. 팬들은 자신들이 좋아하는 텍스트를 다른 사람들도 경험할 수 있도록 돕지만 그 행동이 반드시 누군가의 금전적인 소득으로 이어지지는 않기 때문이다. 그래서 우리가 말할 수 있는 것은 아마도 팬들은 미디어 현상과 자신들의 연결에 관해 이야기할 뿐이지, 경제적인 소비 자체를 열광적으로 옹호하는 경우는 ─ 실제로는 아닐 수 있지만 적어도 말로는 ─ 별로 없다는 것이다. 경제적 소비를 통해 자신의 관심사를 발견한 팬도 있을 수 있다. 팬들은 소비를 경험을 얻기 위한 필수적인 수단으로 받아들이며, 자신들이 원하는 미디어 자원의 소유권자와 접촉하거나 그들에게 이윤을 제공한다. 그러나 팬들은 구매 자체를 위해 구매하지 않으며 구매에 대한 열정을 타고나서 구매하는 것도 아니다. 오히려 많은 팬에게 팬 문화의 비상업적 성격은 팬 문화의 핵심적인 특징 가운데 하나다. 팬들의 행위는 사랑의 노동이며(Jenkins, 2008: 180), 그들이 미디어 문화를 생산하거나 홍보할 때도 영리를 목적으로 하지 않는 경우가 대부분이다. 이런 이유로 여러 연구자는 팬들 간의 교환fan exchange을 선물경제로 보았다.[19] 미디어 팬은 자신의 열정을 공표하고 좋아하는 텍스트를 서로 공유하면서도, 미디어 업계의 요구에 조작당해서 광고판이나 자금원의 역할을 하거나 궁극적으로는 아무 보상도 없이 사회적으로도 불리한 경제 과정을 영속화하는 데 이용당할까 봐 경계한다. 예를 들어 〈아메리칸 아이돌American Idol〉에 대한 충성도가 가장 높은 팬들은 프로그램이 일반 시청자를 조작해서 소비 활동을 하게 만든다고 문제를 제기했다(Jenkins, 2008: 90). 그러한 팬들은 스스로를 아무 생각이 없고 식별력도 없는 '나쁜' 소비자들과 구별한다(Hills, 2002a: 21). 팬과 학자 모두 그러므로 '소비자' 정체성은 부끄러운 것이라고 거부한 셈이다.

팬덤에 관한 다양한 정의

취미로서의 팬덤

옥스퍼드 영어사전은 팬을 "특정 활동이나 공연자에게 헌신하는 사람devotee"으로 정의한다. 사전은 팬을, 과도하며 자주 잘못된 열정에 휩싸인 '광신도'나 대상에 대해 정말로 잘 알고 있거나 열정적인 '애호가fanciers'와 구분한다. 이들을 서로 명확하게 구분할 수 있는지에 대해서는 논란이 있다. '헌신적인 팬'이라는 명칭은 일종의 순응이나 정체성의 포기를 의미하기도 한다. 팬이 되면 무언가를 포기해야 하는 것일까, 아니면 특별한 무언가를 갖게 되는 것일까? 혹은 둘 다인가? 사전적인 정의에 따르면 팬은 어떤 공연을 따라다니는 사람일 수도 있고, 그저 클럽 다니기나 정원 가꾸기 같은 동일한 관심사를 추구하는 사람일 수도 있다. 그러나 팬들이 자신의 관심 대상과 맺는 관계는 볼링이나 정원 손질을 취미로 하는 사람과 그 종류가 다르다(Ferris & Harris, 2011: 12). 팬덤을 유사한 다른 정체성과 가장 분명하게 구별한 연구자는 아마 니콜라스 애버크롬비Nicholas Abercrombie와 브라이언 롱허스트Brian Longhurst일 것이다(Abercrombie & Longhusrt, 1998). 그들은 팬과 열광자enthusiast를 모두 '일종의 숙련된 수용자'로 보지만(Abercrombie & Longhusrt, 1998: 121), 이 둘을 더 자세하게 구분한다.

우선, 열광자의 행위는 팬의 행위와 달리 미디어 이미지나 스타에 기반을 두고 있지 않다. 둘째로 열광자는 열광하는 대상에 관한 전문 출판물의 중亜이용자일 수 있지만, 미디어와 관련해서는 - 특히 방송 - 비교적 경鞏이용자라는 가설을 세울 수 있다. 셋째로 열광은 팬 행위에 비해 더 조직되어 있다(Abercrombie & Longhusrt, 1998: 132).

이런 식의 구분을 통해 두 연구자는 커스텀 카 운전자들을 미디어 열성팬 media enthusiast과 구별하는데, 한쪽이 다른 쪽에 비해 더 잘 조직되어 있다는 주장은 좀 이상해 보인다. 온라인에서든 오프라인에서든 팬은 조직적으로 특정한 실천에 초점을 맞출 수 있다. 팬은 팬클럽이든, 티켓 교환이든, 토론 그룹이든, 스포일러 팀이나 여행 모임이든 사회적 공동체를 조직할 수 있다. 이러한 구분을 통해 애버크롬비와 롱허스트는 팬을 '스킬 연속체'상에 배치한다. 한쪽에는 소비자가 있고 다른 쪽에는 '컬트숭배자', 열광자, 소제작자가 있다(Abercrombie & Longhurst, 1998: 144를 참조하라). 여기서 말하는 스킬은 기술하고 분석하고 해석하는 능력으로, 연구자들이 주장하는 요점은 소비자가 생산자/제작자보다 스킬이 떨어지지 않으며, 단지 이용하는 종류의 스킬이 서로 다르다는 것이다. 이러한 주장이 가진 가장 큰 난점은 동일한 개인이 '동시에' 팬이자 소비자이자 컬트숭배자이자 열광자이자 소생산자일 수 있으며, 이들 각각의 역할이 다른 역할들과 상호 교차해서 서로를 지원한다는 점이다. 팬 정체성과 컬트숭배자 정체성은 특히 구별하기 어려운데, 컬트숭배자는 기본적으로 좀 더 헌신적이고 전문적인 팬이기 때문이다. 우리는 팬덤이 보통 취미 생활 hobby이지만, 때로는 단순한 소일거리pastime를 넘어서 개인의 정체성의 일부가 되는 열정적인 동일시의 요소들을 포함하고 있다고 말할 수 있다. 나는 이렇게 한 개인이 지닌 팬으로서의 정체성과 경험을 개인 팬덤이라고 부른다. 더 나아가 애버크롬비와 롱허스트(Abercrombie & Longhurst, 1998)와 달리 이 책에서는 열광자라는 용어를 '팬'의 동의어로 느슨하게 사용한다.

동일시

젠킨스에 따르면 "팬덤은 예외적인 텍스트가 아니라 예외적인 해독을 중시한다(그러나 팬덤의 해석 실천에서 그 두 가지를 분명하게 또는 정확하게 구분하는 것은 불가능하다)"(Jenkins, 1992: 284). 그래서 젠킨스는 팬의 추종을 이끌어내는 미디어 생산물이 아니라 팬이 그러한 미디어와 관여하는 방식을 살펴보는 데 초점을 맞춘다. 그러한 접근은 팬덤을 취미로 보는 관점을 넘어설 수 있게 해준다. 문화연구자인 로렌스 그로스버그Lawrence Grossberg는 팬들이 '남다른 감수성'을 갖고 있으며 그들이 좋아하는 미디어 생산물과 맺는 관계도 다르다고 주장했다(Grossberg, 1992: 56). 그로스버그에 따르면 팬 관계는 긍정적이고 즉각적이며, 동일시나 투여라는 정서적 과정에 기반을 두고 있다. 옥스퍼드 영어사전과 마찬가지로 그로스버그도 팬덤을 정치나 종교 같은 이데올로기적 대중설득과 구별한다. 이데올로기적으로 조작당한다고 생각하고 싶은 사람은 없다. 팬은 자신들의 영웅을 '사랑한다'고 말한다. 팬의 경험이나 느낌이 팬이 아닌 사람들과 다르긴 하지만, 그렇다고 팬들이 근본주의자나 광신도는 아니다. 그들은 자신들의 열정에 매혹되어 있는 상태를 즐기는 것처럼 보인다. 그러나 좀 더 자세히 들여다보면 팬덤을 '특정 유형'과의 동일시 또는 연결로 보는 관점은 생각보다 더 많은 문제를 제기한다. 코넬 샌드보스Cornel Sandvoss는 정서적 강렬함을 중심으로 팬덤을 정의하는 것은, 팬들이 항상 정서적 강렬함에 근거해서 자신을 팬으로 생각하는 것이 아니기 때문에 팬덤을 설명하는 데 부족하다고 주장했다(Sandvoss, 2005a: 6). 호러 같은 장르는 통상 감정보다는 지식을 중시하기 때문에, 일부 헌신적인 팬들은 자신은 강렬하게 (대상에) 전념하지 않기 때문에 팬이 아니라고 생각하기도 한다(Hills, 2002a: xv). 장르에 기반을 둔 팬덤이나 수집 중심의 팬덤은 초기에 감정이 최고조에 이르렀다가 이후에는 변해서 좀 더 지적이고 '쿨한' 형태의 열정으로 바뀌는 경향을 보인다.[20] 또한 정서적 강렬함은 과학적으로 측정할 수도 없다. 헌신하지 않으면서도 스스로를 팬이라고 인정하는 유동적인 수용자들이 있는 것처럼, 정서적으로 깊이 관여하면서도 팬이라는 명칭을 사용하기를 꺼리는 소비자도 있을 수 있다. 그러므로 우리는 동일시를 팬덤을 정의해주는 객관적인 특성으로 따로 구분하기보다는 팬덤의 중심에 있는 개인적이고 문화적인 과정의 하나로 볼 필요가 있다. 일단 어느 순간에 이르면 팬은 자신들이 관심을 갖는 대상과 깊은 관계를 맺고 그것을 사랑해야 — 아니면 적어도 그 대상에 매혹되어야 — 한다.

실천

동일시의 정도가 팬덤을 측정하는 정확한 척도가 되지 못한다면, 다른 가능한 대안은 팬덤을 사실상 실천의 문제로 보는 것이다. 즉, 팬덤은 자주 그리고 규칙적으로 시청하거나 듣는 과정이다. 로저 에이든Roger Aden은 순례에 관한 자신의 책 서두에서 "'나는 빅 팬이다!' …… 어느 여름 나는 지역 도서관이 소장하고 있는 히치콕의 영화를 모조리 대출해서 보았다"라고 말한다. 표면적으로 볼 때 에이든의 헌신은 팬의 행동으로 보이지만 그 행위만 따로 놓고 보면 그것은 단순히 히치콕의 작품을 탐험하려는 노력일 뿐이다. 에이든이 그 영화들을 한 번 이상 보았으며 계속 반복해서 다시 보았다고 할 때에만 에이든을 히치콕 팬으로 인정할 수 있다. 샌드보스는 팬덤을 "어떤 대중적 서사나 텍스트에 정서적으로 꾸준히 관여하는 소비"(Sandvoss, 2005a: 8)라고 본다. 이와 유사하게 젠킨스도 텔레비전 팬덤이란 어떤 시리즈를 보는 것이 아니라 그것을 시청하기 위해 정기적으로 시간을 낼 만큼 관심을 갖는다는 것을 의미한다고 말한다. 팬덤을 이런 식으로 정의하는 데는 문제가 있다. 먼저 팬들이 하나의 미디어 생산물에 100% 헌신한다는 것은 신화일 뿐이며, 실제로 대부분의 팬들은 다양한 여러 아티스트나 미디어 생산물에 매혹된다. 카비치에 따르면 스스로 브루스 스프링스틴의 추종자라고 생각하는 사람들의 대부분이 하루에 2시간에서 4시간, 즉 (여가) 시간의 30~50%를 스프링스틴의 음악을 듣는다(Cavicchi, 1998: 113~114). 특히 장르 팬의 경우 특정한 텍스트를 딱 한 번만 보거나 듣고서도 자신이 헌신적인 팬이라고 주장한다. 그러므로 우리는 다른 실천들을 살펴봐야 한다. 팬은 이론가이자 전문적인 비평가다(Jenkins, 1992: 86). 그들은 독학자, 즉 스스로 공부한 전문가들이다. 예를 들어 1980년대에 '팬 비디오' 제작자들은 어떤 공식적인 훈련을 받지 않고 자신의 VCR를 가지고 실험을 하면서 독학했다(Jenkins, 1992: 247). 그렇지만 실천으로서의 팬덤에 초점을 맞추는 관점도 중요한 차원을 놓친다는 점에서 여전히 문제가 있다. 연속극 팬덤 연구자인 셰릴 해링턴Cheryl Harrington과 데니즈 비엘비Denise Bielby는 다음과 같이 말한다.

우리는 이런 식으로 팬을 행위자doer로 개념화하는 것은 팬쉽fanship의 중요한 차원, 즉 팬 정체성의 수용과 유지라는 차원을 모호하게 한다고 생각한다. 팬이 아니면서도 팬 행위를 할 수 있고 그 역도 가능하다. 팬쉽은 단지 행위에 관한 것이 아니며 행위와 정체성이라는 병렬적 과정과 관련되어 있다(Harrington & Bielby, 1995: 86~87).

다시 말해서, 다양한 방식으로 팬덤을 실천하면서도 ─ 영화를 보러 가고 만화책을 읽고 수집이나 기타 활동을 하는 ─ 여러 가지 이유로 자신을 팬으로 여기지 않는 사람들이 있다. 어떤 실천을 한다고 해도 우리가 그것을 동사에서 명사형으로 바꾸어 불러주지 않으면 (이를테면 '영화 보러 가는 사람', '만화 읽는 사람', '수집가' 같이) 정체성을 구성하지 못한다. 어떤 사람이 팬이라는 것을 증명해주는 보편적이고 명확한 실천은 없으며, 유일한 증거는 그나 그녀가 특정 공연자의 작품을 '사랑'한다는 것이지만, 때로는 팬들도 비판을 한다. 해링턴과 비엘비에 따르면, "팬이 된다는 것은 행위에 참여하는 것만이 아니라 주관적이고 정동적인 경험을 통해 형성되는 특별한 정체성을 채택할 것을 요구한다"(Harrington & Bielby, 1995: 97). 그러나 이는 순서가 뒤바뀐 것이다. 물론 경험이 먼저 있고 그 경험이 결국 자신을 팬으로 정의하는 자기동일시의 실천과 형태로 이어지는 것은 분명하다. 그래서 우리가 던져야 하는 질문은 어떠한 상황에서 그러한 경험을 할 수 있는가가 된다.

공동체와 수행

개인의 반응을 사회적 상호작용으로, 관람 문화를 참여문화participatory culture로 바꾸는 능력은 팬덤의 중심적인 특징 가운데 하나다. 특정 프로그램을 정기적으로 시청한다고 해서 팬이 되는 것이 아니라, 그러한 시청을 특정한 문화적 행위로 번역하고, 프로그램 내용에 대한 느낌과 생각을 친구들과 공유하고, 공통의 관심사를 지닌 다른 팬들과 함께하는 '공동체'에 가입함으로써 '팬'이 된다.

Jenkins, 2006: 41

정체성은 다른 사람들과의 비교나 대조를 통해서 분명해진다. 여기서 우리는 두 가지 방향으로 나아갈 수 있는데, 하나는 공동체에 관해 생각해보는 것이고 다른 하나는 수행performance을 살펴보는 것이다. 젠킨스는 팬덤을 사회적인 것으로 정의했다. 젠킨스가 많은 팬의 행위에서 중요한 차원이 무엇인지 찾아내긴 했지만, 젠킨스의 정의를 비판적으로 살펴보면 그 정의가 놓치고 있는 점이 있음을 알 수 있다. 그것은 바로 자신의 시청 행위를 공유된 의사소통행위로 번역하지 않는 팬들이 있을 수 있다는 사실이다. 힐스는 팬덤의 공동체적 차원을 강조하는 것은 학자들이 팬덤에 접근하는 방식에서 비롯한다고 보았다. 이전의 팬덤 연구들은 "팬덤을 하나의 '사물' 또는 '연구 대상'으로 보고, 집단적 헌신의 '진정한' 표현이 있을 때 팬 정체성으로 인정"했다는 것이다(Hills, 2002a: xii). 면대면이든 온라인이든 사회적 네트워킹은 수많은 사람이 팬덤을 지속해나가는 데 중요한 역할을 한다. 그래서 팬덤은 네트워킹을 용이하게 하고, 그 결과 공통 관심사를 지닌 친구를 찾는 사람들은 팬 공동체를 이용하는 순환적인 관계가 만들어진다. 팬들은 집단 환경에서 ─ 온라인 포럼이든 직접 미팅(이를테면 팬 집회 같은)이든 ─ 자신이 팬임을 공표하고, 서로 어떤 대상의 팬인지 비교하기도 하지만, 특정한 경험을 공유했다고 해서 곧바로 자신이 팬이라고 여기는 것은 아니며 꼭 그래야 할 필요도 없다.

팬들의 정체성을 이해하는 또 다른 방법은 정체성의 수행을 살펴보는 것이다. 팬덤 정체성은 타고난 것으로 느껴질 수 있지만, 그것은 공적으로 채택된 것이기도 하다. 미디어 팬덤의 대표적인 책을 편집한 리사 루이스Lisa Lewis는 팬덤에 관한 가장 간단한 정의 가운데 하나를 제시했는데, 그 정의에 따르면 팬은 "가장 가시적이고 쉽게 알아볼 수 있는 수용자"다(Lewis, 1992: 1). 팬들은 (똑같은) 티셔츠를 입거나 배지를 달고 무리를 지어 모이기 때문에 때로는 매우 가시적이지만 이런 식으로 팬덤을 정의하는 것은 장점과 한계를 모두 갖고 있다. '수행'은 어떤 행위가 반복되며 연극적인 인위성(이 연극은 실패할 수도 있고 성공할 수도 있다) ― 또는 적어도 그러한 자의식 ― 을 지니고 있음을 나타내는 용어다. 여기서는 사회학자인 어빙 고프먼Erving Goffman(1959/1990)의 고전적 정의가 유용하다. 고프먼에게 수행(연기)은 다른 사람들의 감정적 반응을 만들어내는 인간의 행동이다. 고프먼의 정의에 따르면 모든 세계는 무대이며 모든 사람은 의식적으로 의도한 것이든 그렇지 않은 간에 항상 연기를 하고 있다. 그러나 '연기'는 일상생활이나 팬덤을 설명하기에는 다소 애매한 용어다. 팬들은 다른 사람들이 그들의 정체성을 인정해줄 때만 연기자(수행자)로 볼 수 있다 (Sandvoss, 2005a: 45).

팬덤을 수행과 관련해서 정의하려고 하면, 팬들의 시각적 수행이 과연 누구를 위한 것인가라는 질문을 가장 먼저 던지게 된다. 열성적인 음악 팬들은 록 콘서트장에 집단으로 모여 활기찬 모습을 드러낸다. 그러므로 팬덤을 수행으로 보는 한 가지 방식은 무대 공연(또는 그 중계방송)을 스타와 팬 간의 권력관계로 보는 것이다. 전통적인 관점에서 팬은 수행자(공연자)가 아니지만, 이들의 만남을 특징짓는 권력관계는 팬들도 수행을 한다는 것을 ― 비록 무대 위에서 펼쳐지는 공연을 항상 정확하게 따라 하는 것은 아니지만 ― 분명히 보여준다. "여러 면에서 팬들은 자신들도 스프링스틴과 함께 공연을 하고 있다고 생각한다. 팬은 그의 노래를 따라 부르고 노래 중간 중간에 그의 이름이나 다른 말들을 외치며 일부 가사 내용을 실제 동작으로 표현하기도 한다"(Cavicchi, 1998: 83).[21] 중요한 것은 카비치의 연구에 나오는 또 다른 예가 보여주듯이 팬들이 사실상, 대응-수행counter-performance을 한다는 점이다.

사실 관중도 무대 위의 밴드와 함께 공연하는 것이나 마찬가지였어요. 한번은 스프링스틴이 "그 사람들이 저보고 앉으라고 했고, 저는 일어났습니다"라고 말하자, 제 오른쪽 발코니에 있던 한 팬이 일어서서 손을 벌려 관중도 자리에서 일어나라고 손짓했어요(Cavicchi, 1998: 29).

팬들이 시각적 수준에서 자신을 표현하지만, 팬덤을 시각적 현상으로 축소하는 관점은 팬덤의 결과를 내재적인 원인으로 혼동하는 것이다. 팬들이 가시적이라는 리사 루이스의 주장은 어느 순간에도 좀처럼 시야에 모습을 드러내지 않는 '숨은' 팬을 무시한다. 그 주장은 또한 시각 미디어에서 묘사하는 팬덤의 모습이기도 한데, 이들 미디어는 팬덤을 '정상' 행위와는 다른 것으로 — 그 이유는 앞으로 살펴보겠지만 다양하다 — 시각적으로 구성한다. 사회의 변화에 따라 팬덤의 사회적 가치도 변해왔지만, 모든 사람이 그 명칭에 만족하는 것은 아니다. 팬덤을 수행으로 정의하는 관점에서는 1차적으로 팬덤을 공적인 행위로 본다. 그러나 결코 '커밍아웃'하지 않는 팬들이 있다. 숨은 팬closet fans은 개인적으로, 때로는 은밀하게 자신들의 열정을 추구한다. 여러 이유로 그러한 미디어 열광자들은 자신들이 무엇에 얼마나 깊은 관심을 갖고 있는지 밝히기를 부끄러워하기도 한다. 그들이 좋아하는 대상이 터부로 생각되거나(포르노처럼) '쿨하지 못한' 것으로 여겨지거나(〈스타트렉〉처럼) 특정한 성이나 젠더에 적절하지 않다고 여겨지는 것 — 동성의 섹스 심벌, 보이밴드나 드라마의 유명 배우 — 일 수도 있고, 그저 '팬'이라는 명칭 자체를 좋아하지 않을 수도 있다. 더 나아가 자신의 열정에 대해 말하지 않는 팬은 '숨어 있는' 것이 아니라 그냥 조용히 있는 것일 수도 있다. 그는 소외되어 있고 비사교적이고 반사회적이며 비슷한 취향을 가진 팬 동료들로부터 단절되어 있는(또는 그들에게 실망한) 사람일 뿐이다.

팬덤은 사회 공동의 미디어 생산물에 대한 매혹과 관련되어 있지만 각 개인의 팬덤은 개별적인 그리고 때로는 비교적 사적인 경험으로 시작된다. 팬을 그들의 공적인 수행으로 정의하는 것은 공동체, 수행성 그리고 아마도 전염의 중요성을 암시한다는 면에서는 진전이다. 하지만 이들 중 어떤 것도 팬덤을 정의해주는 확고한 근거로 보기는 어렵다. 그래서 힐스는 팬으로서의 자기선언이 팬들에게는 언제나 '정치적인' 행위가 되는 방식에 주목했다.

팬덤은 분석적으로 살펴볼 수 있는 단순한 '사물'이 아니라는 점을 언급하고 싶다. 그것은 또한 언제나 수행적performative이다. 수행적이라는 것은 팬덤이 주장(또는 부인)되는, 문화적 작업을 수행하는 하나의 정체성임을 의미한다. …… 그렇다면 팬덤은 결코 중립적인 '표현'이나 단일한 '지시대상'이 아니다. 팬덤의 지위와 그 수행은 문화적 조건에 따라 달라진다(Hills, 2002a: xi~xii).

즉, 각 개인이 팬으로서의 위치 ― 여기서는 정체성이라고 말하지 않겠지만 ― 를 채택하느냐 부인하느냐는 주변 환경을 어떻게 평가하느냐에 달려 있다. 팬덤이 사회적으로 인정된 역할이나 명칭임을 전제할 때, 통상 팬덤이라고 묘사되는 강력한 동일시를 하고 있는 사람들 중에는 자신이 팬임을 공식적으로 표명하거나 팬이라고 불리기를 원하는 사람도 있지만 그렇지 않은 사람도 있다.

인터넷의 도입으로 팬덤의 사회적 측면이 훨씬 더 강화되고 팬덤 활동이 더 용이해졌지만, 개인적으로 고립된 팬덤을 추구하는 일은 언제나 가능했고 지금도 가능하다. 그러나 개인적인 수준에서 보자면 누구든 자신이 팬임을 깨닫게 되는 과정에서는 일종의 내적인 수행이 필요하다. 여기서 팬덤은 우리의 내면에서 일어나는 대화의 일부가 된다. 공유된 사회 현상으로서의 팬덤이 아니라 개인으로서의 팬을 연구하는 학자들이 나타나기 시작했다. 역사적으로 볼 때 학술적 설명은, 예를 들어 록 팬이 〈닥터 후〉 팬이 될 수 없는 것처럼, 단일 팬덤을 강조해왔다(Hills, 2002a: 86). 우리는 팬들이 다양한 대상이나 현상에 동시에 관여할 수 있다는 점을 알고 있지만, 팬의 관심을 단일한 것으로 이해하고 팬 공동체를 제 멋대로 구분하는 오류를 자주 범해왔다. 닉 쿨드리Nick Couldry는 각 개인이 다양한 팬 관심으로 이루어진 '텍스트 필드'를 갖고 있다고 말한다(Couldry, 2003: 73). 이러한 쾌락을 추구해나가는 과정에서 여러 가지에 관심을 가질 수도 있고 계속 이것저것을 기웃거리면서 새로운 관심사가 순차적으로 등장할 수도 있다(Hills, 2002a: xiv를 참조하라).[22] 캐런 헬렉슨Karen Hellekson은 한 가지 미디어 생산물에만 헌신하는 자신을 '**모노팬**monofan'이라고 부르는 반면(Hellekson, 2006: 1), 공동 편집자인 크리스티나 부스Christina Busse는 자신을 '나비 팬'이라고 묘사한다. 젠킨스는 이를 더 밀고 나가서 이렇게 말한다. "줄리아 에클라[Julia] Ecklar는 트레커Trekker[옮긴이: 〈스타트렉〉의 팬을 말함]가 아니라 한 사람의 팬으로서 노래를 부른다. 여기서 팬이라는 범주는 특정한 문화적 선호를 나타내기보다는 유목민처럼 다양한 대중문화를 공략하는 것이 그 특징이다. 이 책 전체에 걸쳐서 팬 문화는 상호텍스트적 차원을 갖고 있음을 거듭해서 보여주었다"(Ecklar, 1992: 251; 인용자 강조). 그러므로 수행은 각 팬의 사회적 자아감 형성에 도움이 된다(Sandvoss, 2005a: 47). 그러나 관점을 바꾸어 미디어 생산물이 아니라 개인에 초점을 맞추는 것은 팬덤을 '개인화'하며, 이는 팬덤을 특정한 미디어에 대한 관심으로 투사되는 일종의 개인 성향으로 정의할 수 있음을 의미한다.

실존

지금까지 살펴본 팬덤의 정의들은 모두 팬덤에 깃든 지극히 개인적이고 경험적이며 내적인 차원을 간과했다. 팬이 된다는 것은 어떤 특정한 대상에 대해 정서적인 확신을 갖는 것이다. 그 자신이 팬이기도 했던 카비치는 팬덤을 정의하면서 이 측면을 강조했다. 그의 설명에 따르면, "팬덤은 발견되고 논평될 수 있는 정해진 실체가 아니라 질문을 던지고 답해야 할 하나의 문제다. 그것은 복잡하고 사적이지만 공유된, 지속적인 경험이다"(Cavicchi, 1998: 18). 카비치에게 이러한 측면은, 많은 — 아마도 대부분의 — 대중문화 이론들이 자아를 일종의 사회적 관계로 보고 자율적 개인이라는 개념을 부인했기 때문에 중요하다. 달리 말하면 문화이론에는 팬이 느끼는 확신이 빠져 있으며, 그러한 확신은 경제적이거나 사회적인 상호작용 과정에 비해 덜 중요한 것으로 간주된다. 카비치에 따르면 "전체적으로 볼 때 팬덤은 사람이 소유하거나 행하는 어떤 특별한 것이 아니다. 팬덤은 존재의 과정이며, 존재의 방식이다"(Cavicchi, 1998: 59). 팬덤이 존재의 과정이라는 말이 일종의 움직임('과정')을 가정하고 있다면, 존재의 방식이라는 말은 팬이라는 정체성이 자신이 이 세상에서 존재하는 방식이라고 느끼는 인간 조건의 한 형태라는, 즉 팬덤이 팬들의 존재의 핵심에 자리한 어떤 것이라는 실존주의적인 주장이다. 팬덤을 이런 식으로 정의하면, 그것이 외부에서 주어지거나 이성적으로 성취된 어떤 것이 아니라, 이성적으로 설명할 수 없지만 감정적으로 생생한 개인의 정체성이라는 사실이 잘 드러난다.[23] 카비치의 주장은 팬덤에 공통되는 강렬한 개인적 확신감을 민감하게 포착하지만 다른 면에서는 여전히 제한적이다. 실존적 범주에는 흔히 필연이나 운명의 의미가 따라붙는다. 카비치의 정의는 사람들이 어떻게 이 특별한 실존의 범주를 발견하며, 또 왜 그 범주를 떠나는지 잘 설명하지 못한다. 심지어 그의 정의는 우리 모두가 ― 또는 잠재적으로 우리 모두가 ― 팬으로 태어나며 그것을 실현하기만 하면 된다고 말하는 것처럼 들린다. '실존'이라는 개념은 미디어 문화에 대한 관심을 영혼의 수준으로 끌어올려 놓고는 ― 아마도 무의식적으로 작동하는 ― 공통의(공유된) 과정이 개인의 정서적 확신을 형성하는 데 영향을 미칠 수 있다는 사실을 무시한다.

정의를 대신하여

팬에 대한 여러 정의에 대한 광범한 분석을 통해서, '팬'이라는 용어가 다양한 방식으로 사용되고 있으며 그 용어에 명확한 정의가 없다는 결론에 도달했다. 팬이라는 용어를 정의하는 것은 누가 팬이며 누가 팬이 아닌지 설득하는 행위이기도 하다. 팬 현상의 모든 차원을 포함할 수 있는 상위 개념을 만들어 내려고 한 학자들도 있었다. 해링턴과 비엘비는 팬덤을 수용 양식, 해석 실천의 공유, 문화적 활동의 '예술 세계', '대안적인 사회 공동체'라는 네 가지 부분으로 구성된 모델로 설명한다(Harrington & Bielby, 1995: 96). 그들의 모델에 따르면 개인 팬은 가시적이며, 관여가 높고, 자신들의 미디어 프랜차이즈에 대한 지식이 풍부하며, 자신들이 선택한 관심을 지속시키려고 하고, 다른 팬들과 관계를 맺는 경향을 보인다. 그런 사람들은 집단적으로 특정한 해석 양식을 선택하고, 공유된 해석을 둘러싸고 자신들을 조직하며, 대안적이며 소비에 기반을 둔 공동체를 형성한다. 젠킨스도 팬덤은 다섯 개 차원의 행위로 구성되어 있다고 주장했다. 그 차원은 특정한 수용 양식, 비판적인 해석의 실천, 소비자 행동의 토대base, 문화적 생산의 형식, 대안적 사회 공동체다(Jenkins, 1992: 277~280). 이들 각각의 논점에 대해서 반론을 제기할 수도 있겠지만, 팬덤에 대한 다차원적인 접근은 그것을 개인적 요소들로 환원하는 것에 비해 훨씬 정교해 보인다. 모든 것을 포괄하는 것처럼 보이지만, 이러한 정의에도 무언가 빠져 있다는 느낌이 있다. 젠킨스가 제시한 다섯 가지 요소를 명쾌하게 설명하기 어렵기 때문에, 팬덤에 대해 만족할 만한 정의를 내린다 해도 그 정의는 어느 정도 부분적이거나 모호할 수밖에 없다. '팬'이나 '컬트' 같은 단어는 의미를 둘러싼 사회적 투쟁의 일부다(Hills, 2002a: xi). 시간이 흘러도 변하지 않는 방식으로 개념을 정의하려는 시도는 학문적인 논의에서는 사실상 오류를 저지르는 셈이 될 것이다. 그래서 우리는 다음과 같은 카비치의 견해에 동의할 수 있을 것 같다. "결국 음악 팬덤의 정의는 어떤 간결한 문구나 단일한 이미지에 있는 것이 아니라 특정 순간에 이 모든 것이 만들어내는 긴장에 있다. 팬덤을 포착하기가 그렇듯 어려운 것은 바로 이 때문이다"(Cavicchi, 1998: 107).

책의 구성

이어지는 장에서는 다양한 관점에서 팬덤을 자세히 살펴볼 것이다.

2장은 팬덤에 대한 대중적 인식이 어떻게 팬이 아닌 수용자만을 정상으로 간주하는 스테레오타입에 기반을 두고 있는지 살펴본다. 모든 팬덤의 대상들이 사회적으로 동등한 가치가 있다고 여겨지는 것은 아니기 때문에, 다양한 형태의 팬덤에 대한 인식이 팬덤에 대한 논의에 어떻게 영향을 미치는지도 살펴본다. 마지막으로 일련의 사례를 통해서 미디어에서 팬덤을 인식하는 방식을 정의하기 위해 다양한 수용자 분파들이 팬덤에 대한 미디어 재현을 두고 어떻게 협상을 벌이는지 살펴본다.

3장에서는 텍스트 분석을 넘어서, 의미의 생산을 미디어 텍스트 읽기 실천과 관련짓는 커뮤니케이션 연구, 수용자 분석 및 문화연구의 고전적인 연구 전통을 검토한다. 이들 연구는 텍스트 분석이 팬 문화를 연구하는 데 한계가 있다고 보고 팬들이 자신들이 선택한 텍스트를 해독하는 과정에 어떻게 참여하는지를 꼼꼼히 들여다본다. 이 장에서는 미디어 수용자 연구의 역사를 훑어본 후 텍스트 밀렵이라는 은유를 통해 (팬덤 연구에) 새로운 획을 그은 연구 작업을 더 자세히 살펴본다. 그 부분을 꼼꼼히 읽고 나면 팬들이 왜 그렇게 자주 '저항적 독자'로 정의되었는지, 그리고 왜 팬 연구의 기초를 확립하는 데 그 개념이 유용했는지 이해할 수 있을 것이다.

4장에서는 팬덤을 일종의 성격 장애나 사회적 히스테리 같은 병리로 보는 오래되고 뿌리 깊은 연구 전통을 살펴본다. 그 대부분은 문화연구 바깥에서 이루어진 연구다. 먼저 심리학자를 비롯한 여러 연구자가 어떻게 그리고 왜 극단적인 팬덤을 인간 본성의 어두운 면과 연결시켰는지 살펴본다. 정상적인 문화적 참여를 위협하고 비정상적인 행동으로 가정하고, 그것을 일탈 척도로 측정하는 '경사길' 모델을 살펴본다. 4장의 후반부에서는 개인이 어떻게 팬으로 활동하는지 이해하기 위해서는 정상적인 일상의 심리적 과정에 주목해야 한다고 주장하는 여러 팬 연구를 다룬다.

5장은 실제로 사람들이 어떻게 팬이 되는가라는, 까다롭지만 자주 무시되어온 문제를 다룬다. 이 장에서는 전염, 정동 그리고 계속 팬덤을 종교를 비교하는 논의들을 검토한다. 여기서 나는 신성한 종교성의 은유는 팬덤을 연구하는 데 적절한 도구가 되지 못한다고 주장할 것이다. 그럼에도 팬들은 자신들이 좋아하는 공적 인물에게 가까이 갈 때 특별한 흥분을 느끼는 모습을 자주 보여주는데, 그들의 강렬한 감정을 이해하는 데는 에밀 뒤르켐Emile Durkheim의 열광effervescence 개념이 유용하다. 더 나아가 그러한 설명을 버트 헬링거Bert Hellinger의 가족 세우기 심리 치료family constellations therapy에서 빌려온, '**지각 영역**knowing field' 개념과 결합할 것을 제안한다. 개인은 팬이 되는 과정에서 이 장에서 묘사하는 정서적 확신의 영역을 들락거린다.

6장에서는 다른 대상을 좋아하는 팬들이 어떻게 유사한 방식으로 행동하는지 살펴본다. 이 장에서는 팬의 실천을 세 가지 범주로 구분하는데, 각각은 연관된 즐거움의 유형이 서로 다르다. 첫째로 '관계 맺기connection의 즐거움'과 관련된 팬의 실천이 있는데, 이는 팬들이 좋아하는 영웅과 더 깊이 친밀해지려고 할 때 생긴다. 이러한 실천에는 스타를 직접 만나는 활동이나 서명을 모으는 활동이 포함된다. 두 번째로는 '전유의 즐거움'에서 비롯되는 팬 실천이 있는데 스포일링이나 픽션 쓰기가 그 예다. 이들 실천에서 팬은 텍스트를 자신의 필요에 따라 자유롭게 각색할 수 있는 원재료로 간주한다. 팬 연구가 이러한 실천에 특히 관심을 갖는 것은, 그러한 실천을 통해 팬들의 창조성이 드러나기 때문이다. 마지막으로 컨퍼런스 참가나 스타 모사하기impersonation 같은 실천이 주는 '(팬) 퍼포먼스의 즐거움'이 있다.

남성 팬과 여성 팬은 과연 서로 다른 방식으로 행동하는가? 7장에서는 젠더 기대라는 측면에서 남성 팬과 여성 팬이 어떤 차이가 있는지 살펴본다. 미디어 팬덤은 전통적으로 여자들이나 하는 일로 치부되어왔다. 더구나 팬덤의 특정한 형식과 영역은 상당히 강력하고 특수한 기대와 연결되어 있다. '진짜 남자'가 자신의 팬덤을 표현하기는 어렵지만, 팬덤 자체가 욕망을 공유할 수 있는 공간을 제공하고 '젠더 트러블'을 자극할 수 있는 방법들도 있다.

8장은 엘비스에 대한 사례 연구를 통해 신화, 컬트, 장소를 살펴본다. 팬덤은 멀리 떨어진 장소에 대한 꿈이나, 의미의 총체적 세계에 대한 개인적 관여를 포함하는 경우가 많다. 이 장에서는 그러한 영역들이 어떻게 구조화되고 실현되는지 살펴본다. 또한 여기서는 도상성이라는 개념을 소개하며, 점점 더 많이 사용되고 있는 '컬트'라는 명칭의 의미가 무엇인지, '컬트 팬덤'을 별도의 개념으로 구분해야 하는지도 살펴본다.

인터넷 시대가 되면서 팬들은 집에서 컴퓨터를 켜는 행위만으로 자신과 같은 취향을 가진 열광자들을 만날 수 있게 되었다. 온라인과 오프라인 공동체 모두 그 참여자들이 공유된 사회적 경험의 일부로서 자신들의 팬덤을 지속시켜나갈 수 있도록 돕는다. 9장에서는 먼저 인터넷이 어떻게 팬 공동체를 형성했는지 살펴본다. 또한 사회학적 관점에서 그러한 공동체들이 어떻게 구성되고 어떤 기능을 수행하는지 살펴본다. 또한 이 장에서는 젠킨스가 온라인 팬 공동체의 활동을 분석하면서 사용했던 참여문화라는 개념을 탐구한다.

10장은 팬덤을 연구 대상으로 하는 학문적 연구에서 지켜야 할 규약과 주의할 점을 살펴보는데, 그 첫 번째는 연구자들이 팬과 연구자라는 '두 개의 모자 hat[옮긴이: '역할'을 의미함]'와 관련해서 자신을 위치 짓는 방식이다. 그동안 수많은 문화기술지ethnography 학자들이 팬을 연구해왔다. 그들의 작업에서 우리는 무엇을 배울 수 있는가? 팬 공동체 '내부자'는 연구를 더 잘 할 수 있는가? 여러 의미에서 팬 연구는 독특한 연구 영역이다. 그래서 10장에서는 연구 대상으로서의 팬덤에 특수한 논점들을 탐구하려 한다.

팬의 역할은 학계에서나 일반 사회에서나 계속 잘못 진단되고 잘못 재현되어왔다. 팬 연구에서는 대상을 이해하려는 충동과 그 재현을 변화시키려는 충동이 번갈아가며 등장해 경쟁을 벌이면서 미디어에서 발견되는 팬덤에 관한 부정적인 스테레오타입에 도전해왔다. 『팬덤 이해하기』는 결론에서 팬덤에 관한 주요 연구 성과를 요약하고 심화 연구의 방향을 제시한다.

『팬덤 이해하기』는 팬덤이라는 주제를 그 주제의 가치를 인정하고 존중하는 태도로 다룬다. 여전히 이 책의 목표는 팬덤에 대한 비판적이고 논리적인 접근이지만, 어떤 학문적인 활동도 완전히 공평무사할 수는 없다. 내가 접근하는 방식은 내가 나 자신에 대해서 말하지 않을 것은 팬에 관해서도 말하지 않겠다는 것인데, 이는 나 역시 미디어 팬이기 때문이다.[24] 이 책의 목표는 팬덤 분야 전반을 포괄적으로 연구하는 것이 아니다. 이 책은 소박하게 팬덤 연구의 주요 주제와 연구자들을 소개하고 다양한 미디어물을 대상으로 하는 여러 종류의 팬덤을 연결해주는 공통점을 탐구하고자 한다.

2장 팬 스테레오타입과 재현

출발점

팬 스테레오타입의 사회적 기능은 무엇인가?
팬덤에서 정도의 차이를 논하는 것은 어떤 의미가 있는가?
여러 형태의 미디어 팬덤에 대한 사회적 가치평가가 다른 이유는 무엇인가?

1947년, 엘런 루프스는 전국의 영화 팬들이 흥분할 만한 아이디어를 제안했다. 500개가 넘는 영화 스타 팬클럽의 활동을 조율하는 총괄 조직인 '국제팬클럽연맹(International Fan Club League)'의 회장이었던 엘런은 1930년대까지 매회 개최되었던 전국 팬클럽 집회를 다시 열기로 했다. 그해 6월에 그녀는 25만 명의 팬클럽 회원들이 할리우드에서 만나, 서로 어떤 활동을 하는지 알아보고, 스튜디오 투어도 하고, 좋아하는 스타들도 만나보자고 제안했다. ≪무비랜드(Movieland)≫는 이 집회가 '팬클럽 역사상 가장 큰 사건'이 될 것으로 예상했다. 하지만, 집회 제안 소식이 영화 제작사와 언론에 전해지면서 루프스의 희망은 희미해지기 시작했다.

Barbas, 2001: 159

바버스는 영화 수용자를 설명하면서 전후 최초로 등장한 팬덤들에 대한 반감이 얼마나 강력했는지를 보여주었다. 바버스는 할리우드 팬 집회를 개최하려던 엘런 루프스Ellen Roufs의 노력을 소개하면서, "신경증에 가까운 바보스러운 영웅 숭배"는 집에 가서나 하라던 ≪뉴욕타임스≫에 나온 팬에 대한 공격성 보도를 언급하고 있다. 루프스는 반대 의견을 무시한 채, 스튜디오 투어를 제외하고 예정대로 집회를 개최했다. 산업, 언론, 공중은 왜 그토록 팬 집회 제안을 반대했는가?

1940년대 영화 팬덤 내에서는 할리우드 아이콘에 대해 열정적으로 집단적 애정을 표현하는 행위가 널리 퍼져 있었는데, 점잖은 비평가들이 억누르려 했던 것을 표현했다는 점에서 이들 팬덤에는 사회적 낙인이 찍혔다. 비평가들이 보기에 영화 스타는, 진정성이 결여된 산업의 산물이자 수용자들이 더 가치 있는 문화 활동을 하지 못하게 하며 사람들로 하여금 추종자가 되어 복종하게 만드는 존재였다. 이러한 시각의 기원은 고급문화 — 오페라나 발레와 같은 전통적이면서 엘리트적인 문화 활동이 대표적이다 — 가 인간 정신의 가장 고상하고 시적인 비상을 보여준다고 보는 전통에서 비롯되었다. 비평가의 역할은 이러한 문화 이벤트들에 대중들이 직접 다가갈 수 없을 때 고급문화에 대한 감상 능력을 기를 수 있게 해주는 것이다. 고급문화 감상활동이 사회적으로 주변적인 것이 되어버린 전자 매스 미디어의 시대에, 팬덤은 쉽게 속아 넘어가는 대중의 속성을 보여주는 전형적인 사례로 인식되었다. 집단적인 팬덤에 대한 논의에서, 팬 개개인은 한 눈에 보기에도 시민으로서 지켜야 할 선을 쉽게 넘을 것 같은 비이성적인 폭도의 일원으로 그려졌다.

문화에 대한 이러한 엘리트주의적 시각은 영국 학자인 프랭크 리비스F. R. Leavis의 주장에서 잘 드러난다. 리비스는 사회 내 소수의 사람만이 문화를 바르게 지켜나갈 수 있으며, 전반적인 쇠락의 시기에도 인간이 이룬 최고의 성취를 알아볼 수 있다고 주장했다(리비스의 주장에 대한 훌륭한 요약은 Storey, 2009: 22~28을 참조하라). 20세기를 거치면서 대량생산되는 문화가 중요해졌고, 리비스의 주장에 대한 관심은 줄어들었다. 하지만 카비치에 따르면, "불행하게도 팬덤의 기원은 자본주의와 테크놀로지가 대중공연을 재조직했던 것이었기 때문에 팬덤은 그러한 변화를 보여주는 전형으로 여겨졌고, 특히 비평가들이 그러한 시각을 가지고 있었다"(Cavicchi, 1998: 3). 비평가들은 매스컬처의 현 상태를 개탄하는 지배적 담론들에 기대어 팬덤에 대해 문제를 제기했다.

심지어 1990년대 중반에도 팬들은 여전히 주변적인 집단으로 간주되었다. 그 당시 해링턴과 비엘비가 '전국팬클럽협회National Association of Fan Clubs'의 말을 인용해서 설명했듯이, "협회의 명시적인 목표 중 하나는 팬과 팬클럽에 대한 공적인 이미지를 제고하는 것"이었다(Harrington & Bielby, 1995: 105). 최근 들어 다소 변하긴 했지만, 팬덤을 비판하는 흔적은 여전히 남아 있다. "역사적으로 팬들은 다소 이상한 행동을 하는 사람들이라고 알려져 왔다. …… 그렇지만 이른바 컬트 팬은 현실이라기보다는 신화이며, 수용자들의 행동에 대한 시대에 뒤떨어진 편향된 이해에 기반을 두고 있다"(Robson, 2010: 209). 리비스식 프로젝트가 실패했다는 것이 점차 명백해지기는 했지만, 그럼에도 팬덤에 대한 대중의 인식은 일종의 잔상으로 남아 있다. 심지어 2002년에도 힐스는 다음과 같이 말한다.

> 팬으로서의 정체성을 주장하는 것은 어떤 의미에서 '부적절한' 정체성을 주장하는 것이다. 영화나 TV 시리즈 같이 중요하지 않고, '사소하게' 보이는 것에 전념하는 행위가 문화적 정체성을 주장하는 토대가 되는 것이다. 심지어 팬 정체성을 주장하는 것이 문제시되지 않고 안전한 것으로 여겨지는 문화의 장, 즉 팬 문화 내부, 팬 집회, 팬 뉴스그룹에서조차도 팬으로서 보내는 지지를 정당화해야 한다고 느끼는 문화적인 방어 감각이 남아 있다(Hills, 2002a: xii).

타자화

문화연구는 많은 부분 대중문화popular culture의 정치성을 다루는 연구라 할 수 있다. 학자들은 한 집단에 속한 사람들이 다른 집단을 다르다고 명명하는 과정, 즉 자신들이 아닌 모든 것을 체화한 존재로 이들을 명명하는 과정을 설명하기 위해 타자화othering라는 용어를 사용한다. 미디어 표상을 통제하는 집단에게 타자는 불안감과 욕망을 투사할 수 있는 영역이 된다. 그 고전적인 예는 에드워드 사이드Edward Said의 글에서 찾아볼 수 있다. 사이드는 그의 책『오리엔탈리즘Orientalism』(1978)에서 먼 곳에 위치한 나라를 식민화하는 것을 정당화하기 위한 구실로 서구세계가 타자화를 어떻게 사용했는지를 보여주었다. 서구의 탐험가, 외교관, 총독들은 동양을 서양이 아닌 모든 것, 또는 자신들이 서양의 특징으로 원치 않는 모든 것, 즉 에로틱하고, 원시적이며, 문명화되지 않고, 위험하고, 흥미진진한 것으로 해석했다. 상상 가능한 공간을 이런 식으로 구성하는 시도는 제국 형성의 구실을 마련하는 동시에, '대조를 통해' 서구를 더 우월하고 문명화된 문화로 규정하는 방법이었다. 나아가 이런 식의 규정은 외국에 대한 침략과 규제를 자연스러운 것으로 만들었다.

타자화 개념은 매우 유용하다. 상이한 정체성을 지닌 사회적 집단들이 잘못된 인식을 토대로 자신의 우월성을 주장하면서 자신들을 지속적으로 구별 짓고 있기 때문이다. 팬들은 비평가, 학자, 주류 수용자들에 의해 오랫동안 타자화되어왔고, 심지어 팬들끼리도 서로를 타자화해왔다.

팬 스테레오타입

젠킨스는 타자화를 통해 팬덤에 대한 스테레오타입이 생성되는 방식을 섬세하게 설명한다. 젠킨스에 따르면, "일반 시청자 역시 미디어 팬들에게 공개적으로 가해지는 비난의 영향을 받아, 대중적 텍스트를 이해하기 위해 '부적절한' 전략을 취하는 일에 불편함을 느끼게 된다"(Jenkins, 2006: 40). 젠킨스는 어떻게 이런 일이 벌어지는지 묘사하는 데 정성을 들였다. 젠킨스는 미국 TV 시리즈물 〈새터데이 나이트 라이브Saturday Night Live〉에 나온 〈스타트렉〉 팬덤에 대한 스케치 코미디를 분석해서 〈스타트렉〉 팬들에 대한 다음과 같은 일련의 스테레오타입을 찾아냈다.

a. 프로그램이나 출연 배우와 관련된 것이라면 무엇이든 구매하려는 어리석은 소비자들(드포레스트 켈리DeForest Kelly*의 앨범을 사는 사람들).

---

* '드포레스트 켈리'는 〈스타트렉〉 시리즈에서 맥코이 박사 역을 맡았던 배우다. 가수, 극작가,

b. 커크 선장의 금고 비밀번호, 요맨 랜드의 방 번호, 에피소드들의 순번 등 쓸데 없는 지식을 쌓는 데 자기 삶을 바치는 사람들.

c. 가치 없는 문화 자료에 걸맞지 않게 중요한 의미를 부여하는 사람들("이건 단지 텔레비전 쇼일 뿐이라고").

d. 그 쇼에 너무 집착해서 다른 유형의 사회 경험을 해본 적이 없는 사회 부적응자들("네 인생을 좀 돌봐라").

e. 매스컬처에 친밀하게 관여하는, 여성화 그리고/또는 탈성애화된 이들("여자와 키스해본 적은 있니?").

f. 유아적이며, 감정적·지적으로 미숙한 사람들(이들이 부모님 집 지하실에서 나와 독립해야 한다는 말, 윌리엄 샤트너William Shatner에 대한 비판을 듣고 토라지거나 광분하는 반응들**, 이들이 어린아이들과 과체중 성인들로 이루어진 집단이라는 발언들).

g. 환상과 현실을 구분하지 못하는 사람들("우리가 이 영화들에 더 주목해야 한다고 말하는 건 아니겠지?")(Jenkins, 1992: 10).

젠킨스가 열거한 스테레오타입들은 팬덤에 대한 표상을 탐구하는 데 여전히 유용한 도구다. 이 중 몇몇, 특히 (b), (c), (f)는 리비스적 프로젝트의 관점에서 설명될 수 있다. 예컨대, 팬들에 대한 흔한 스테레오타입은 "다른 사람들이 보기에 그럴 만한 가치가 없는 사소한 재료를 가지고 의미를 만들어내려고 하는 집단"이라는 것이다(Jenkins, 1992: 3). 스테판 엘리엇Stephan Elliot의 1994년

시인으로 활동하기도 했지만 주로 배우로서 커리어를 쌓았으며 그 외의 커리어는 상대적으로 미미했다.

** '윌리엄 샤트너'는 〈스타트렉〉에서 엔터프라이즈 호의 선장인 커크 역을 맡았던 캐나다 배우다. 그는 커크 선장 역으로 일약 스타가 되었고, 이후 〈스타트렉〉에서의 연기 경험을 토대로 『트렉 전쟁(Trek War)』이라는 소설을 발간했다. 이 책은 베스트셀러가 되어 영화와 TV 시리즈로 제작되기도 했다. 이 외에도 그는 『맨-오-워(Man O'War)』, 『스타트렉의 추억(Star Trek Memories)』, 『영화 스타트렉에 대한 추억(Star Trek Movie Memories)』 등 〈스타트렉〉과 관련된 다수의 책을 발간했다.

영화 〈사막의 여왕 프리실라의 모험Priscilla, Queen of the Desert〉은 이러한 스테레오타입을 잘 보여주고 있다. 그 유명한 아바ABBA의 오물 장면turd scene에서 애덤 화이틀리는 의상을 들춰보며 랠프에게 자신의 자질구레한 소장품에 대해 설명한다[가이 피어스Guy Pearce가 연기했던 애덤 화이틀리는 (옮긴이: 영화 속 공연에서) '펠리시아 졸리굿펠라' 역을, 테렌스 스탬프Terence Stamp가 연기했던 랠프는 '버나뎃 배싱어' 역을 맡았다].

랠프: (병을 들어 올리며) 이건 뭐지?
애덤: 그 사랑스러운 보물은 내가 이 세상에서 제일 아끼는 물건이지.
랠프: 그러니까 이게 뭔데?
애덤: 음, 몇 년 전에 나는 아바 콘서트에서 무대 뒤를 순례했더랬지. 나의 여왕님 앙네타Agnetha가 이 미천한 관객을 한번 봐주지 않을까 하는 기대에서 말이야. 그런데 앙네타가 여자 화장실로 들어가는 걸 본 거지. 당연히 나는 그녀를 따라갔지. 그녀가 볼 일을 다 봤을 때, 나는 화장실 칸에 들어가서 그녀가 나한테 남겨준, 변기 안에 있는 작은 선물을 발견했어.
랠프: 너 지금 무슨 소리야? 이게 아바의 변이라는 거야?
애덤: (옷을 보면서) 의상을 어떻게 입어야 할지 알겠군.

복장전환 무대공연을 캠프camp* 패러디로 다루고 있는 이 영화에서 아바의 오물 장면은 팬덤이 품위 없는 활동이라고 맹비난한다. 애덤이 자기 관심사를

----

* '캠프'는 연극과 같은 극적인 표현을 통해 드러나는, 과장되고 기이하며 가식적인 성격을 띤 미학적 스타일 또는 감수성을 지칭하는 표현이다. 통상 고급 예술이 추구하는 아름다움과 다른 취향과 가치를 지향하는 미학적·문화적 생산물을 지칭한다. 게이 남성들의 하위문화, 특히 드래그 퀸(drag queen)은 의상과 분장을 이용해 여성성을 과장해서 표현한다는 점에서 캠프의 대표적인 예로 꼽는다. 〈사막의 여왕 프리실라의 모험〉은 드래그 퀸들의 삶과 공연을 중심으로 이야기가 전개되고 LGBT 공동체에서 캠프로 칭송받는 곡들을 사운드트랙으로 사용하는 등 다양한 측면에서 대표적인 캠프 영화로 간주된다.

설명하는 부분에서 팬덤이 몇 가지 방식으로 폄하되고 있는지 짚어낼 수 있는가? 랠프의 마지막 질문에 대해 애덤이 공연의상을 찾으며 대화의 주제를 바꿔버리는 장면은 애덤이 자신의 천박함을 부인하는 팬임을 부각하고 있다. 아바를 문화적 관심사로 선택하는 것은 문화적 위계질서에서 아바의 위치 — 그들은 (록이 아닌) 팝 그룹으로 끊임없이 패러디의 대상이 된다 — 에 대한 논평이면서, 호주 문화의 다소 마초적인 요소들과 연관된 아바의 특별한 역할에 대한 논평이기도 하다. 이러한 묘사는 팬덤을 역겨운 방식으로 비난하는 사례다. 하지만 더욱 우려스러운 것은 연구자조차 이를 팬의 실제 행동을 보여주는 예로 진지하게 받아들였다는 점이다.

일반적으로 팬덤은 좋아하는 인물의 (문자 그대로) 흔적을 가진 물건을 열심히 모으는 팬들 덕분에 번성한다. 영화 〈슬래커즈Slackers〉의 등장인물 중 한 명이 보물처럼 간직했던 마돈나의 자궁경부암 테스트 표본, 〈사막의 여왕 프리실라의 모험〉의 등장인물이 전리품으로 간직했던 성스러운 아바 오물, 그레이스랜드 투Graceland Too에서 아늑한 조명 아래 전시되어 있는, 엘비스가 입었던 검정 가죽 재킷이 그 예다. 매클라우드 가족(그레이스랜드 투 주택과 그곳 전시물의 소유자)도 여러 팬과 마찬가지로 엘비스의 특별한 지위를 나타내고 그에 대한 자신들의 권리를 주장할 수 있는, 눈으로 보고 손으로 만질 수 있는 물건들에 의존한다(Doss, 1999: 59~60).

팬덤을 취향이 결여된 행위로 보는 주장을 쉽게 일축할 수는 있지만, 팬이 사소한 것을 탐하는 사람들이라는 스테레오타입은 매스컬처 소비에 대한 논의에서 여전히 영향력을 발휘하고 있다. '사소한 것'을 특정한 방식으로 정의할 경우 이러한 비난이 옳은 것처럼 보일 수 있다. 하지만 이 경우에는 정치적인 문제가 제기된다. '사소하다'는 무슨 의미이며, 어떤 것이 사소한지 누가 결정하는가?

이 문제는 격주로 발간되었던 영국의 음악 잡지, ≪스매시 히트Smash Hits≫

를 보면 분명해진다. 이 잡지는 1978년에 창간되어 2000년대 중반까지 발행되었으며, 10대 시장을 겨냥한 팝 음악을 화려한 언어로 찬양했다. ≪스매시 히트≫의 전성기였던 1980년대 중반에, 이 잡지의 소속 기자들은 뉴 로맨틱스 팝스타들에게 아침식사로 무엇을 먹었는지 유쾌하게 묻는 등, 이들을 음악가가 아닌 셀레브리티로 취급했다. 논란의 여지가 있지만 이 잡지는 사소화 과정에 기여했다. 이 잡지는 갈수록 심하게 사생활을 침해하는 미디어에 영합해서 셀레브리티의 지위를 특권의 아이콘에서 기회주의적인 희생양으로 바꾸어놓았다. 하지만 이러한 '사소한' 질문들은 팝 셀레브리티가 보통 사람들과 다르지 않음을 보여주었고, 이들이 팬들이 상상하는 세계 속으로 들어올 수 있게 해주었다. 이렇듯 '사소한 것'에 대한 팬들의 관심은 일정 부분 각자가 선택한 셀레브리티에 대한 모종의 친밀감을 제공해준다(Barbas, 2001: 126을 참조하라).

모든 스테레오타입에는 일정 부분 진실이 포함되어 있음을 깨닫는 것이 중요하다. 하지만 문제는 진실의 핵심을 일반화하고 오역할 때 발생한다. 젠킨스가 비판했던 첫 번째 스테레오타입은 (앞 장에서 논의했던) 소비자로서의 팬이라는 개념이다. 특히 이 관점에서는 팬을 매스컬처를 무분별하게 추종하는 사람으로 본다. 이러한 시각에서는 팬덤을 일종의 미디어 산업의 도구로 보고, 팬을 마케팅 과정의 최종 산물로 간주하며, 팬들의 행위성을 부정한다. 하지만 실제 팬들은 특별히 무엇을 배우지 않고서도, 무엇을 또는 누군가를 추종하고 그들/그것과 어떤 관계를 맺을지 결정한다. 인기가 있다고 해서 팬들이 아무나 추종하는 것은 아니다. 또한 인기 있는 쇼인데도 '실제' 팬층이 없는 경우도 있고, 희한한 쇼인데도 팬 공동체가 커지고 번성하는 경우도 있다(Jenkins, 1992: 90). 무심한 관찰자의 눈에는 전문가적 팬 지식을 추구하는 것이 사소한 것을 좇는 무가치한 여행으로 보일 수도 있다(Brooker, 2002: 129). 하지만 해링턴과 비엘비는 연속극 수용자에 대한 연구를 통해, 팬의 전문성이 실제로는 고도로 발달된 형태의 리터러시를 나타낸다는 사실을 발견했다. "팬들은 해당 장르 구성의 특징을 속속들이 알고 있었고, 제작과 관련된 세부사항도 꿰고 있었다. 또한 쇼를 만든 이들보다 자신이 쇼에 대해 더 잘 안다고 믿는 경우도 많았다"

(Harrington & Bielby, 1995: 91). 그러한 정보를 공유한다는 것은 헌신적인 팬들이 '지식애epistemophilia', 즉 지식을 교환하는 즐거움을 느낀다는 것을 의미한다 (Jensen, 1992를 참조하라).

픽션 속 팬에 대한 미디어의 표상은 팬이 미성숙하거나 유아적이라는 개념을 증폭시킨다.[1] 그루피는 1960년대에 등장한 용어로, 통상 자기가 좋아하는 록 뮤지션이나 팝 뮤지션과 실제로 성적인 관계나 로맨틱한 관계를 맺으려는 여성 팬을 일컫는다. 그루피에 대한 묘사는 팬덤에 대한 인식을 단적으로 보여준다. 최근 코미디 드라마인 〈타마라 드류Tamara Drewe〉(스티븐 프리어스Stephen Frears 감독, 2010)에서 밴드의 드러머인 남학생 벤(도미닉 쿠퍼Dominic Cooper 분)에게 푹 빠진 여학생 조디 롱(제시카 바든Jessica Barden 분)이 고전적인 예다. 조디 롱은 벤이 머무는 집에 무단침입하고 그를 계획적으로 유혹하기 위해 어설픈 시도를 하는 등, 자신의 짝사랑을 행동으로 옮기려는 시도를 하지만 실패한다. 일부 팬들이 추종 대상의 실제 삶과 주거지에 들어가기 위해 여러 방법을 찾기도 했지만, 이 영화에서 팬덤은 평범한 미성년자인 자신의 매력에 벤이 쉽게 빠져들 것으로 믿는 조디의 순진하고 어리석은 페르소나를 보여주는 핵심 장치였다. 이러한 테마는 영국의 싸구려 상업영화exploitation movie 〈그루피 소녀 Groupie Girl〉에서 극단적으로 표현된다. 이 영화에서 에스미 존스Esme Johns는 록밴드 오팔 버터플라이 멤버들에게 성적인 관심을 가진 팬인 샐리로 분했는데, 이 영화의 미국판 포스터에는 다음과 같이 쓰여 있다. "나는 그루피다! …… 록그룹에 완전히 열광하는 사람rock group freak이다. 하지만 나는 사인을 수집하려는 것이 아니다. 내가 가진 것은 이 여행 가방뿐이며, 내게 필요한 것은 오늘 밤을 위한 이 깔개뿐이다." 샐리는 밴드와 함께할 빛나는 순간을 희망했지만, 밴드 주변 사람들에게 점점 더 이용당하게 된다. 결국 샐리는 그 꿈 때문에 자신이 파괴되었으며, 자신의 평판과 자존감이 망가졌음을 깨닫는다. 이 영화에서 샐리는 함께 관계를 만들어갈 수 있는 자기 통제가 가능한 존재로 그려지지 않았다. 오히려 그녀는 너무 순진해서 세상 물정 모르고 자기 존중감이 낮으며 자신을 구원해주길 원했던 이들에게 이용당하는 존재였다. 〈그루피 소녀)는 여성들의 나약함을 경계하는 이야기인 동시에 이를 이용해 관능적 자극으로 가득 찬 흥미진진한 순간들을 만들어냈다. 실제 '그루피들'은 《롤링스톤 Rolling Stone》 같은 음악 잡지에서 성적으로 개방된 젊은 여성들의 전형으로 칭송되기도 하고 이용당하기도 하면서, 1960년대 후반과 1970년대 초반 록 음악 팬덤의 스테레오타입이 되었다. 이러한 과정은 팬들을 유혹에 빠진 타자로 만들면서 [옮긴이: 성적으로 해방된 여성에 대한] 불안감과 욕망이 팬들에게 어떻게 투사되는지 명확하게 보여주었다(Rhodes, 2005를 참조하라).

젠킨스가 제시한 스테레오타입 목록에서 가장 많은 논란을 일으킨 항목은 팬들이 환상과 현실을 구분하지 못한다는 주장인 (g)였다. 이쯤에서 존재론과 인식론이라는 지식 철학에서 나온 한 쌍의 용어를 소개해볼 만하다. 존재론자들은 세계에 대해 알아야 할 것들을 어떻게 개념화할 것인가를 다루는 지식 체계를 연구한다. 인식론은 사람들이 수용 가능한 지식을 어떻게 형성하는지를 연구한다. 팬덤과 연관 지어 보자면, 팬이 환상에 빠진 사람들이라는 스테레오타입은 팬들이 존재론적 오류에 빠졌다고(예컨대 셀레브리티가 아침식사로 무엇을 먹었는지를 알면, 그나 그녀를 완전히 '알 수 있다'고 믿는다고) 본다. 이러한 스테레오타입은 팬들이 스타에 대한 지식을 수집할 때 인식론적인 오류도 저지른다고 본다. 즉, 팬들은 셀레브리티의 거짓 이미지에 매달리며, 상업적인 목적으로 제공되는 정보를 그대로 믿는다는 것이다. 그래서 팬들은 환상과 현실을 구분하지 못하며 문제를 일으킬 수밖에 없다는 비판이 제기된다. 해링턴과 비엘비의 연구에 따르면, 라이프타임 채널Lifetime Channel의 〈제인 프랫 쇼Jane Pratt Show〉에 출연한 네 명의 낮 시간대 연속극soap opera 배우들은 공공장소에서 만난 사람들이 자신들에게 인사할 때 자신들이 연기한 캐릭터의 이름을 부른다고 말했다. 팬들이 과연 그 차이를 아는지 이 배우들이 궁금해하자, "한 남성 방청객은 '그렇지만 그게 우리가 당신에 대해서 아는 전부잖아요'라고 외쳤다. 방청객은 자신이 캐릭터만을 익숙하게 알기 때문에, 배우의 본래 이름을 부르는 것은 주제 넘는 행동이라고 느꼈다고 했다"(Harrington & Bielby, 1995: 103). 이 방청객은 연속극의 등장인물들을 배우의 실명으로 부르는 것을 과도한 프라이버시 침해로 여겼다는 것이다. 이러한 상황은 팬이 배우와 그가 연기하는 캐릭터를 구분할 수 있음에도 캐릭터 이미지에 초점을 맞춘다는 것을 보여준다. 또한 이 두 연구자들은 이 문제를 알아보기 위해 팬레터에 관해 질문했는데, "배우가 아닌 캐릭터에게 팬레터를 쓴 사람은 전체 응답자의 2%에 불과했으며, 훨씬 많은 이들이 (모욕감을 느끼지는 않았지만) 이 질문 자체에 대해 놀라움을 표현했다"(Harrington & Bielby, 1995: 105). 마찬가지로 음악 팬들은 자신이 스프링스틴을 실제로 안다고 생각하지 않는다. 이들은 자신이 알고 있는 이미지가 이미지 소유자와 항상 같지는 않다는 사실을 아주 잘 알고 있다(Cavicchi, 1998: 54). 팬들은 자신의 우상이 사람들에게 직접 메시지를 전달해주는 포크음악 가수가 아니라, 산업의 참여자임을 알고 있다(Cavicchi, 1998: 60). 팬들은 자신이 보고 있는 것이 일종의 픽션이라는 사실을 인지하면서도, 캐릭터를 실제 인물처럼 대하면서 즐거움을 느낀다.

사실 미디어 팬들은 인식론적 오류에 빠져 있거나 실제인물과 극 중 역할의 차이를 인식하지 못하는 것이 아니다. 오히려 많은 팬은 허구 세계와 현실 사이에서의 줄타기를 매우 즐기고 있다. 어떤 연속극의 팬은 해링턴과 비엘비에게 다음과 같이 말했다. "때로는 배우와 캐릭터가 합쳐지면서 믿을 만하다는 강한 느낌을 받기도 해요. 그래서 마치 실제 삶을 엿보는 것 같은 느낌이 들고 흥미진진해요"(Harrington & Bielby, 1995: 91). 이 두 연구자는 대부분의 팬이 속아 넘어가는 것이 아니라 의식적으로 허구 세계와 현실의 경계를 오가는 놀이를 즐긴다고 결론 내렸다. 또한 이러한 놀이는 자기탐구 과정의 일부이기도 하다. 카비치는 다음과 같이 이야기한다.

스프링스틴 팬들이 [옮긴이: 스프링스틴의 노래개 자아 형성에 영향을 미쳤다고 생각하고 그렇게 말한다고 해서 대중문화가 이들의 정체성을 형성한다는 의미는 아니다. 오히려 팬들이 대중문화를 가지고 자신의 정체성을 형성한다. …… 예컨대, 노래 속의 인물과 동일시하는 것은 어떤 팬들에게는 정체성 자체를 어떻게 정의할 것인가라는 문제를 제기한다. 하지만 팬들이 대중음악의 세계에 참여하는 활동은 궁극적으로 고유한 개인으로서 자신에 대한 인식을 파괴하거나 약화시키지 않으며, 오히려 이를 강화시켜준다(Cavicchi, 1998: 157).

여기서 또 한 가지 지적할 부분은 팬들이 자신에 대한 이미지를 인지하고 있으며, 스테레오타입으로 보지 않으려고 애쓴다는 점이다. 해링턴과 비엘비는 팬들이 자신이 현실과 동떨어진 멍청한 사람이 아니라 정치 문제에 관심을 가진 사람이라는 점을 강조하기 위해서 이런저런 활동에 참여한다는 점을 발견했다(Harrington & Bielby, 1995: 95). 많은 팬클럽이 자선사업을 위한 모금 활동을 한다. 이러한 행위들은 마치 팬에 대한 대중의 오해를 상쇄해주는 듯 보이기도 한다. 하지만 팬들에 대한 잘못된 인식이 이들의 일상생활에 영향을 미치는 것을 피할 수는 없다. 앞 장에서 논의했듯이, 이러한 의미에서 팬들은 광범위한 사회가 자신들에게 어떠한 반응을 보이고, 자신들을 어떻게 스테레오타입화하는지를 알고 행동하는 사람들이다.

스테레오타입의 기능은 무엇인가? 주류 TV에 대한 통찰력 있는 분석을 통해 젠킨스가 찾아낸 팬의 특징들은 나머지 미디어 수용자들을 '정상화normalize' 하는 기능을 수행한다. 스테레오타입은 팬덤을 타자로 구성함으로써, '보통' 시청자들을 팬들과는 대조되는, 눈에 띄지 않는 이상화된 존재로 만든다. 즉, '보통' 시청자들은 (a)와 달리 사리분별력이 있고 자기를 제어할 수 있는 이들이 되며, (b)나 (c)와 달리 가치 있는 문화적 프로젝트를 추구하는 사람들이 된다. '보통' 시청자들은 (d)나 (e)와는 달리 사회적으로 능숙하며, (f)처럼 미숙하지 않고 성숙하며, (g)와는 달리 현실 세계와 상상의 세계를 완벽히 구분할 수 있다. 이렇듯 일반 시청자들을 우월한 존재로 묘사하는 설명의 이면에는, 팬이 느끼는 감정은 '기이한' 것이며, 팬은 팬이 아닌 이들과는 상이한 가정을 토대로 행동한다는 일종의 두려움이 있다. 이러한 모습이 사실처럼 보인다고 해도, 팬들도 보통 사람이며 팬덤이 있다고 해서 그들이 자동적으로 — 미디어가 제시하는 것 같은 — 그로테스크한 존재가 되는 것은 아님을 강조할 필요가 있다.

팬덤과 보통 수용자

주류 미디어 제작자들이 주류 수용자를 정상으로 규정하기 위해 팬덤을 타자로 제시한다면, 팬들 역시 방식은 다르지만 보통 수용자들을 자신들의 대립항으로 간주한다. 카비치는 팬들이 자신들과 보통 수용자를 구분해주는 것이 무엇이라고 생각하는지를, 스프링스틴의 팬의 예를 들어 다음과 같이 설명한다. "팬들의 관점에서 보면, 그러한 구분은 그다지 명확하지 않다. 팬들은 팬이 아닌 사람들이 가지지 못한 브루스 스프링스틴과의 유대를 가지고 있다. 하지만 현실에서 이 구분은 훨씬 모호하고, 확실하게 집어 말하기 어렵다"(Cavicchi, 1998: 87).

여기서 가장 먼저 주목할 점은 단일한 수용자 집단은 일정 부분 미디어 산업이 만들어낸 허구라는 사실이다. 카비치는 스프링스틴을 듣는 록 음악 수용자들이 다양하다고 설명한다. "이들이 노래를 부르는 동안 나는 청중들이 확연하게 나뉜다는 것을 알아챘다. 나이든 팬들은 「The River」를 따라 불렀지만, 다수의 사람들은 자리에서 일어나 맥주나 간식을 사러 복도로 나갔다"(Cavicchi, 1998: 30). 산업 면에서 볼 때, 팬들은 제작자나 보통 수용자들과 대립되는 존재가 아니라, 제작자들과 보통 수용자들을 이어주는 매개자들이다(Jenkins, 2008: 73). 팬들은 새로운 시리즈와 생산물들을 탐색하고, 그에 대해 열성적으로 논의할 수 있는 능력을 가지고 있다. 하지만 특정 시리즈가 계속되면서, 팬 공동체는 프로그램 제작자들이 팬들의 관심에 부합하기보다는 가볍게 시청하는 수용자층, 즉 '수용자 상품commodity audience'에 소구한다는 사실에 실망하기도 한다(Jenkins, 1992: 30).

또한 팬과 팬이 아닌 수용자들의 접근법이나 경험에는 질적인 차이가 존재한다. 열성팬들이 구축하는 지식은 그 출발점이 다르다. "팬들에게 스프링스틴 콘서트는 일회성 공연이 아니다. 그 콘서트는 팬들이 장기간에 걸쳐 정기적으로 참여하는 의식ritual이다"(Cavicchi, 1998: 92). 팬은 보통 수용자들과 달리 공연이 끝난 이후에도 '공연의 장면 속에' 머무른다.

전형적인 팬, 미니멀 팬

전형적인 팬typical fan이나 미니멀 팬minimal fan이라는 표현이 어떻게 사용되는지를 통해서 팬과 팬이 아닌 수용자들의 차이를 살펴볼 수 있다. 연속극처럼 크게 유행을 타지 않는 문화적 형식에 대한 팬덤을 '비정상적인abnormal' 실천이라고 한다면, '정상적인' 팬덤을 어떻게 규정하고 이해할 것인가라는 문제가 떠오른다. 비평가들이 합리성과 '통제 유지'라는 개념을 동원해서 정상적인 팬덤을 정의하려고 한 시도는, 사실상 과도하고 '극단적'이거나 '집착적인' 팬덤을 타자로 분리해낸다. 그러나 극단적인 팬덤을 팬덤의 가장 대표적인 모습으로 취급하는 상황에서는 정상 팬덤이 과연 어떤 것인지를 팬과 팬이 아닌 사람의 행동 구별을 통해서 알아내기 어렵다. 또한 정도의 차이는 있지만 누구나 팬덤을 정의할 때 언급되는 실천들 ─ 이를테면 미디어를 이용해서 정체성을 정의하는 일 ─ 에 참여한다. 그래서 우리는 해링턴과 비엘비가 제안하듯이, 최소한으로 관여하려는 미니멀 팬과 가장 헌신적인 팬을 일종의 연속체로 생각해야 한다(Harrington & Bielby, 1995: 112~116). 팬덤을 연속체로 보면 팬덤 경험을 다양한 방식으로 탐구할 수 있다. 넓게는 한 장르를 대상으로 팬덤을 연구할 수도 있고 단일 프로그램에 대한 팬덤을 깊게 연구할 수도 있으며, 서로 다른 접근 지점(스토리라인이나 캐릭터)에서 팬덤이 어떻게 출현했는가를 비롯해 팬의 자기동일시, 공동체 참여, 홍보 자료의 소비, 아카이빙 같은 문제들을 탐구할 수 있다.

하지만 팬과 팬이 아닌 이들의 구분선이 어디인지 따지는 것은 중립적 관찰자들이 과학적 문제를 두고 벌이는 토론이 아니다. 팬덤은 팬들이 정체성을 타협하는 방식의 일부이며, 특히 어떤 아이콘에 대해 수용자층이 급격하게 변화하는 기간에는 더욱 그러하다. 미니멀 팬, 전형적인 팬, 극단적인 팬을 명확히 구분하겠다는 생각에는 뚜렷한 한계가 있다. 카비치는 이 문제를 자세히 탐구했고, 사람들이 그러한 구분을 통해 스스로를 엘리트주의적인 방식으로 타인과 거리두기를 한다는 점에 주목했다(Cavicchi, 1998: 30, 87~96). 이러한 사실은 그 구분 때문에 집착적으로 팬 실천을 하지 않는 팬들이 스스로가 팬의 자격 기준에 못 미친다고 느끼기도 한다는 것을 의미한다. 미니멀 팬과 '캐주얼 팬 casual fan' 개념을 두고 팬 공동체 내부에서 토론이 벌어지기도 하는데, 이 개념을 수용하면 팬을 여타 수용자들과 구분하는 일이 더 어려워진다.* 하지만 오늘날 우리는 보통 수용자들이 점점 더 팬덤과 비슷한 주체 위치로 초대되는 시대에 살고 있기에, 이 개념들을 받아들여 미니멀 팬도 팬의 범주에 넣는 것이 미디어 산업의 흐름에 맞을 것이다. 1998년에 애버크롬비와 롱허스트는 다음과 같이 주장했다.

> 살펴본 바에 따르면 '보통' 수용자들은 우리가 처음에 생각했던 것보다 팬이나 열광자와 더 유사하다. 오늘날은 미디어 팬이나 열광자들의 특징이 현저히 두드러지는 시대가 되었고, 사람들이 관계 맺는 방식이 팬 문학에 나오는 관계들과 점점 더 비슷해지고 있다(Abercrombie & Longhurst, 1998: 122).

10여 년이 지나고 보니 저자들의 발언은 예언에 가까웠다. 왜냐하면 셀레브리티 문화, 박스 세트 제품군, 누구나 쉽게 접근 가능한 소셜미디어가 결합되면서, 이전보다 광범위한 대중들이 예전에는 팬들이나 하던 실천을 더 쉽게 수행하고 있기 때문이다. 이러한 변화에 대한 한 가지 반응은, 이제는 미디어 수용자인 우리 모두가 팬이며 팬과 보통 수용자의 구분이 더 이상 중요하지 않다고 말하는 것이다. 이러한 상황에 대한 또 다른 해석은 팬들이 오늘날 수용자참여 시대의 선봉에 선 개척자라고 보는 것이다. 컬트영화와 TV 시리즈물이 점점 더 정교한 프랜차이즈가 되고, 미디어 생산물이 더 깊은 문화적 자극을 주기 위한 방식으로 만들어지며, 박스 세트 제품과 스트리밍 웹사이트를 통해

---

* '캐주얼 팬'은 스타나 팬 대상에 감정적으로 깊이 관여하지 않고, 이들에 대해 단순히 호감을 가지고 있는 팬들을 지칭하는 팬덤 용어다. 이들은 고정 팬에 비해 스타에 대한 충성도가 높지 않으며, 스타에게 강한 집착을 보이는 활동을 하지 않는 경우가 많다.

누구든 자신이 좋아하는 에피소드를 다시 볼 수 있고, 시청자들이 온라인 댓글을 남기는 것이 권장되는 상황에서는(Gorton, 2009: 40~41), 모든 사람이 자동적으로 팬이지 않을까? 미디어 소비 실천들 간의 거리가 좁혀지고는 있지만, 오늘날의 문화는 여전히 팬 정체성과 보통 수용자의 정체성을 감정적인 측면에서나 수사적인 차원에서 구분된 별개의 정체성으로 보고 있다. 박스 세트 제품을 가지고 있다고 해서 팬이 되는 것은 아니며, 모든 에피소드를 다 보았다고 해서 팬의 자격이 생기는 것도 아니다. 개인이 내면에서 강렬한 매혹을 경험하고, 그것이 어떤 식으로든 표현되어야만 한다. 팬들은 뉴미디어 시대가 낳은 수다스러운 인물의 전형이 되었다. 하지만 학계 밖 사회의 중요 영역에서는 팬들을 여전히 부적절한 것으로 보고 있으며, 이들이 특이한 관심사나 대상에 주목할 경우에 더더욱 그러하다.

주변화된 팬덤들

(필라델피아 이글스의 팬인 한 남성을 만났던) 그 일은 '팬덤'과 관련된 일종의 사회적 위계질서가 여전히 존재한다는 사실을 다시 일깨워주었다. 이 위계질서 안에서 스포츠 팬덤은 언제나 팬덤 중에서 맨 꼭대기를 차지하는 반면, 미디어 팬덤은 주류에 의해 약간 의심스러운 존재로 간주된다. 집 앞에 당신이 응원하는 팀 깃발을 내거는 일은 전혀 이상하지 않다. 그런데 〈닥터 후〉 로고를 집 앞에 높이 걸어놓았을 때 이웃의 반응이 어떨지 상상이 되는가?

Stanish, 2010: 31

이제는 더 이상 팬덤에 대한 대중문화의 스테레오타입을 문제 삼을 필요가 없다고 말하는 학자들도 종종 있지만, 그들의 주장은 아직 시기상조로 보인다. 데보라 스태니시Deborah Stanish의 〈닥터 후〉 팬에 대한 논의는 (TV와 언론에서 사회적으로 수용 가능한 것으로 제시되는) 스포츠 팬덤과 주변화되어왔던 미디어 팬덤 간에 사회적인 구별짓기가 이루어지고 있음을 보여준다. 다시 말해, 스포츠 팬들은 수용 가능한 관객성spectatorship의 대표적인 전형으로 '정상화'되고 있는 반면, 미디어 팬들은 일반 미디어 수용자들로서는 이해하기 어려운 관심사를 가진 기이한 집단으로 재현된다. 또한 매우 유사한 미디어 현상들 '간'에는 물론이고 특정 유형의 미디어 팬덤 '내부'에서도 미묘한 타자화 과정이 벌어지고 있다. 팬 대상에 따른 문화적 위계질서도 존재한다. 이 절에서는 이러한 위계 질서를 이론화하기보다는, 단순히 이러한 위계질서가 존재한다는 사실에 주목 하려 한다.

예컨대, 공상과학물에는 다양한 스펙트럼의 팬 대상이 있다(이 스펙트럼은 또 래들의 승인에 관심이 많은 청소년에게 특히 중요하다). 존경할 만한 것에서 기이한 것의 순서로 정렬해 보자면, 이 스펙트럼은 〈스타워즈〉부터 〈스타트렉〉을 거 쳐, 〈배틀스타 갤럭티카Battlestar Galactica〉나 〈벅 로저스Buck Rogers〉 같은 비주 류적인 대상물을 지나, 마침내는 〈닥터 후〉에 이른다. 닥터 후는, "섹스 피스톨 스Sex Pistols나 빈티지 보위처럼 멋진 브릿Brit[옮긴이: 영국인]은 아니고, 이가 엉 망이고 우스꽝스러운 특수효과 속에 표현되는 이상한 브릿이죠"라는 말은 이 러한 스펙트럼을 단적으로 보여준다(Stanish, 2010: 33). 마찬가지로, 어떤 종류 의 음악을 좋아하는지에 따라 상대적으로 고급 취향이나 저급 취향을 가진 사 람이 되며, 멋진 사람이 될 수도 멋지지 않은 사람이 될 수도 있다.

팬들에 대한 공격 때문에 자신이 팬임을 공개적으로 표현하는 것이 불편할 수도 있다(Jenkins, 1992: 19). 부분적으로 이러한 점 때문에 팬 공동체 내에서 수용 가능성에 따른 위계질서가 재생산되기도 한다. 어떤 측면에서 이는 팬덤 외부에서 팬덤을 문화적 과잉으로 간주하고 '최악'이라는 꼬리표를 붙여 '쿨'한 영역으로 들어오지 못하도록 했던 과정이 [옮긴이: 팬덤 내부에서] 되풀이되는 것이라고 볼 수 있다. 예컨대 윌 브루커Will Brooker는 〈스타워즈〉 팬들의 젠더 화된 반응을 분석하면서, "평생 연애 한번 해본 적 없는 사회 부적응자나 동성 애자처럼 사회적으로 수용 가능하지 않은 유형들을 제외하면, 집착적인 팬덤 도 수용 가능하다"라는 것을 발견했다(Brooker, 2002: 3). 내부 주변화의 또 다른 예는, 공상과학물 팬 공동체 내에서 프로그램에 대해 토론하거나 유명한 참여자들을 만날 때 나타나는 감정 과잉을 경계하기 위해 '스퀴squee*'라는 용어를 사용하는 것이다. 린 토머스Lynne Thomas는 팬 집회에 갔던 자신의 경험을 중독의 메타포를 사용해 다음과 같이 설명한다. "나는 '내가 좋아하는 프로그램에 나오는 셀레브리티들을 직접 만나게 된다'는 데 완전히 매료되었다. 난 '스퀴 걸squee girl'이라는 단어를 들어본 적이 없었지만, 배우들을 보자 '꺅' 하고 비명을 질렀다. 스퀴 걸의 탄생이었다"(Thomas, 2010: 81). 또한 토머스는 자신의 열렬한 반응이 공상과학 팬덤이라는 게임 내에서 다소 환영받지 못하며 천하게 여겨진다는 점도 인정했다. 하지만 스퀴라는 용어는 록 음악 팬덤처럼 감정적 열광을 토대로 한 팬덤에는 사용되지 않는다. 록 콘서트장에서 크게 소리지르는 것은 음악을 스펙터클로 경험하고 이를 사회적인 형태의 에너지로 표현하는 행위에 참여하는 것이다. 여기서 음악이라는 미디어는 스스로를 놓아버리고 궁극적으로는 일종의 집단문화에 온전히 참여할 수 있는 공간이 된다. 그렇기 때문에 이러한 과정은 상호 거리두기가 아니라 '공모collusion'다. 또한 이는 연대와 사회적 거리두기가 '동시에' 진행되는 과정이라고도 볼 수 있다. 여기서 지적해둘 또 다른 점은 정서적 친밀감에 대한 욕망이 전통적으로 여성적인 것이라고 사회적으로 부호화되어왔다는 것이다. 이러한 점에서 대중문화의 공동체 공간은 자신을 분출하는 데 어려움을 겪는 팬들을 해방시켜 주는 곳이라고도 볼 수 있다.

어떤 장르의 팬들은 과도한 열광이라는 오명을 피하기 위해 예술 감상 담론을 이용하기도 하는데, 여기에는 문화 생산물 제작자와 정서적으로 거리를 둔다는 의미가 내포되어 있다. 예술 담론들은 정서적 연결보다는 비판적인 분리를 중시한다(Jenkins, 2006: 23을 참조하라). 전통적인 비평을 옹호하는 담론들은 관람객이 열정의 대상으로부터 일정한 거리를 유지해야 한다고 주장한다. 이

---

* '스퀴'는 팬 대상에 대한 애정과 감정이 넘쳐서, 팬들이 '꺅' 하고 소리를 지르는 행동을 말한다. 스퀴를 하는 젊은 여성을 '스퀴 걸'이라고 부르기도 한다.

러한 거리를 두어야 관람객 개인이 판단을 한 '이후에' 자신의 마음을 정할 수 있다. 팬들은 대상과 완전히 거리를 두지는 못하지만, 어떤 팬들은 비판적인 거리를 두려고 노력한다. 비판적 거리를 표현하는 한 방법은 만든 사람이 아니라 작품 그 자체, 즉 미디어 생산물 자체에 초점을 맞추는 것인데, 이는 대중문화에 대한 문학적 접근에 가깝다. 예컨대, ≪백스트리트Backstreets≫는 브루스 스프링스틴의 추종자들을 대상으로 발간되는 전문적인 팬 잡지인데, 일부 팬들이 스프링스틴의 사생활에 관심을 가질 수는 있지만 이를 다루지 않는 것을 편집 정책으로 삼고 있다(Cavicchi, 1998: 54). 만든 사람이 아니라 창작물에 초점을 맞추는 편집 정책은 만든 사람이 지닌 '작가'로서의 행위성을 간접적으로 옹호함으로써, 팬 대상의 문화적 위계질서상의 위치를 승격시키려는 시도다. 하지만 이런 식의 접근에는 한계가 있다. 왜냐하면 셀레브리티 추종은 거의 모든 팬덤의 일부이며, 스타들 중에는 — 예를 들어 할리우드에서 활동하던 1960년대의 엘비스처럼 — 그들이 내놓은 음반에 대해 비평가와 팬은 물론 스타 자신도 한 목소리로 혹평했던 시기를 잘 넘긴 경우가 종종 있기 때문이다. 이러한 순간들은 우리가 스타를 미디어 생산물보다 큰 무언가로 이해한다는 사실을 보여준다. 자신이 좋아하는 스타가 발매한 음반이 기준에 못 미쳤을 때도, 팬들은 그의 잠재력을 평가하거나 분투에 공감하면서 자신의 스타를 지지했다. 이러한 지점들은 팬들이 완성된 생산물 외에 모든 것을 주변적인 것으로 취급하는 문학평론가가 아니라는 것을 보여준다.

나아가 팬들이 자신의 대상이 전체 수용자들에게 받아들여지길 바라는 방식과 팬 개인의 목표가 상충되는 경우도 있다. 바버스(Barbas, 2001: 116~123)는 개인적·집단적 팬 행동의 한 가지 기능을 설명한다. '띄우기boosting'는 새로운 스타의 인지도를 높이고 이들의 커리어를 밀어주기 위해 산업 관계자에게 로비를 하는 것을 뜻한다. 띄우기는 집단적으로 할 때 가장 효과가 있다는 것을 깨달으면서 이 행동은 공유된 실천이 되었고, 고전 할리우드 시대의 많은 팬 현상을 만들어냈다. 자신의 팬덤을 주변화하는 것이 띄우기 과정에 도움이 되는 경우, 몇몇 팬들은 기꺼이 희생을 감내했다. 예컨대, 1980~1990년대 〈닥터 후)가 방송되지 않았던 기간에, (〈닥터 후〉의) 팬 공동체는 팬덤을 지속적으로 밀고 나갈 능력이 없다는 비판을 받았다. 하지만 이 팬덤은 스스로를 잔존하는 팬이라고 묘사했던 미디어 전문가들에 의해 내부에서부터 되살아났다. 또한 이와 동시에 팬덤 내부에서는 사람들이 잘 모르는 내용을 자주 언급해서 새로운 시청자의 진입을 어렵게 만드는 사람들을 '**팬왱크**fanwank*'라고 부르며 그들의 과도한 행위를 제어하려고 했다. 이러한 자정 노력이 큰 효과를 거두지는 못한 것 같지만, 이는 충성스러운 팬들과 일반 수용자층이 원하는 바가 다르다는 점을 염두에 둔 것이었다(Hills, 2010b: 60~61). 하지만 '팬왱크'라는 개념은 팬과 팬이 아니라 사람 간의 구분을 전제함으로써 팬 공동체 중 일부를 유치한 사람으로 스테레오타입화하는 결과를 낳았다.[2]

안티 팬

온라인에서의 문화적 선택권이 많아지고 전문 비평가의 권력이 축소되면서 수용자들의 선택이 절대적인 것이 된 듯이 보일 수도 있다. 하지만 때로는 특정한 문화적 취향을 맹공격하는 수용자들이 비평가들이 물러난 자리를 채우기도 한다. 조너선 그레이Jonathan Gray는 이러한 안티 팬들을 다음과 같이 묘사한다. "팬들에 대해 반대하지만, 일면 팬들과 비슷한 존재가 안티 팬이다. 이들은 특정 텍스트, 인물, 장르를 적극적으로 소리 높여 증오하고 싫어한다"(Gray, 2005: 840). 다른 연구자들도 이 개념을 받아서 사용했다. 데릭 포스터Derek Forster는 리얼리티 TV 시리즈 〈서바이버Survivor〉의 수용자에 관한 논의에서 보통 시청자, '공식적인 팬덤'(텍스트 세계를 가지고 놀지 않는 팬들), 게릴라 팬(텍스트의 내용을 미리 알아내 유출하려는 이들), 안티 팬(쇼를 즐기기 보다는 공격하는 데

---

* '팬왱크'는 사소하고 의미 없는 것을 언급해서 새로운 팬들의 유입을 막는 행위를 지칭하는 팬덤 속어다.

서 즐거움을 찾는 이들)을 구분한다(Forster, 2004). 이러한 유형론은 어느 정도 '논리적'인 일관성이 있지만, 서로 연관이 없는 수용 양식들과 팬덤을 한데 뭉뚱그림으로써 팬덤을 손상시킨다. 그렇다면 안티 팬과 비평가의 차이는 무엇인가? 통상 문화비평가는 보통 비평가와 애정을 가진 비평가loving critics로 나누어볼 수 있다. 아마추어든 전문가든 보통 비평가ordinary critics는 광범위한 생산물을 꼼꼼히 섭렵하고 그중 가장 훌륭한 것과 제일 형편없는 것을 정해주는 이들이다. 그러기 위해서 보통 비평가들은 자기가 보는 대상과 스스로를 분리하고 예술적인 판단 기준을 내면화하며, 그에 의거해서 비평한다. 반면에 애정을 가진 비평가는 [옮긴이: 대상과] 비판적인 거리를 두지 않는다. 애정을 가진 비평가는 오히려 특정 텍스트나 장르에 집중하며, 새로운 생산물이 전체 프랜차이즈 정전의 다른 작품이 달성했던 수준에 미치지 못할 경우 실망한다. 이들은 심지어 생산물의 실패 요인을 명확하게 설명하지 못하기도 한다. 전통적으로 보통 비평가들의 비평은 감상적인 열정을 금기시한다. 팬은 애정을 가진 비평가라고 할 수 있지만, 팬들이 보통 비평가들이 하는 역할을 수행하기를 원한다면 팬으로서의 정체성을 떼서 멀리 치워두어야 한다.

그런데 그레이의 시각에서 보면 안티 팬은 팬도 아니고 보통 비평가도 아니다. 안티 팬은 애정을 가진 비평가의 반대편에 있는 사람이다. 안티 팬은 특정 텍스트와 밀접하게 관계를 맺고 있으면서 이를 열렬히 비판하기 때문에 이들은 증오하는 비평가다. 안티 팬은 자신이 주목하는 대상을 강렬하게 싫어하고 심지어 혐오한다는 점에서, 보통 비평가들의 열정 금지 원칙을 내려놓은 이들이다. 그렇기 때문에 그레이가 붙인 명칭은 마치 물리학의 반물질anti-matter 개념처럼, 예전에는 사회문화적으로 비가시적이었던 대상을 짚어내는 통찰력을 보였지만, 팬덤이라는 주제를 제대로 이해하지 못한 것이다. 안티 팬은 팬의 반대말이 아니라, 애정을 가진 비평가의 반대 개념이다.

안티 팬덤의 예도 많고 안티 팬이 등장하는 이유도 여러 가지다. 한 가지 이유는 안티 팬들이 대중들의 감성을 비판하거나 그와 다른 감성을 주장하고 싶어 한다는 점이다.[3] 지미 샌더슨Jimmy Sanderson과 폴린 정Pauline Cheong은 온라인 플랫폼인 트위터에 글을 쓰는 몇몇 사람이 최근 유명을 달리했던 마이클 잭슨에 대한 경멸을 강조하기 위해 어떻게 비난조의 언어를 사용했는지를 언급했다(Sanderson & Cheong, 2010: 336). 이들 안티 팬은 잭슨의 이력을 따라다녔던 아동학대 혐의를 들어 잭슨을 지지하는 물결에 혐오를 표현했다. 안티 팬들의 댓글에는 제시카 셰필드Jessica Sheffield와 엘지 멀로Elsye Merlo가 말한(Sheffield & Merlo, 2010) '우월성의 수사rhetoric of superiority'가 포함되어 있었고, 이 문구에는 '엘리트'로서의 지위를 과시한다는 의미가 내포되어 있다.[4] 안티 팬들이 도덕적이거나 이데올로기적인 입장을 취하는 일도 빈번하다. 다이앤 앨터스Diane Alters는 자신이 연구했던 어떤 가족이 TV 시리즈물 〈엘런Ellen〉에 대해 느끼는 불편함을 묘사했다. 이 가족은 〈엘런〉이 자신들의 복음주의 기독교의 가치와는 모순되게 레즈비언 주인공을 아무렇지 않게 그려냈다는 점에 불편함을 느꼈다(Alters, 2007: 348). 또한 새로 나온 미디어 프랜차이즈가 자신들이 좋아하는 쇼의 팬층을 빼앗아 간다고 생각해서 국지적 차원에서 안티 팬들이 등장하기도 한다. 이 경우 서로 다른 미디어 프랜차이즈 팬층 간에 상호 적대감이 생기기도 하는데, 이는 대중문화의 팬들은 팬 공동체의 규모가 작아지면 자신들의 팬 대상이 잊힐 위험이 있다고 믿기 때문이다. 예컨대 〈닥터 후〉는 영국 TV에서 1963년부터 방영되었고, 〈스타트렉〉은 그보다 늦은 1968년에 방영되기 시작했다. 〈닥터 후〉 팬덤 내에서 전해 내려오는 이야기에 따르면, 〈닥터 후〉를 좋아하는 사람은 〈스타트렉〉의 안티 팬인 경향이 있다(Hills, 2010b: 55). 대중음악에서도 유사한 방식으로, 언론이 음악가들 간의 대결구도도 이야기를 만들어 서로 싸움을 붙인다. 1950년대 엘비스 프레슬리 대 팻 분Pat Boone, 1960년대에 롤링스톤스Rolling Stones 대 비틀스, 1980년대 건스 앤 로지스Guns N' Roses 대 본 조비Bon Jovi, 1990년대 블러Blur 대 오아시스Oasis의 구도가 그 예다. 이렇듯 대결구도를 만들면, 남성성이나 문화적 취향 면에서 경쟁자와 구별되는 중요한 차이를 강조하면서 새로운 뉴스거리 만들어낼 수 있다. 하지만 가수들 간의 대결 이야기나 공상과학물 팬덤 간의 경쟁에서는 보통 팬들이 양쪽 모두를 좋아하는 경우가 많으며 심지어 양쪽 모두에 헌신적인 팬이기도 하다는 사실이 간과되고 있다.

안티 팬 개념에 대해 상세히 논의하자면, 어떤 가수들은 그들의 태도(그리고 그에 따른 팬층의 기대)가 안티 팬덤을 유발하는 요인이 되기도 한다. 어떤 스타들은 수용자에게 응대하지 않음으로써 비판을 자초하고, 어떤 스타들은 팬을 기피하기로 유명하다. 예컨대, 그레타 가르보Greta Garbo는 사인을 해주는 것조차 거부해서 MGM 스튜디오의 팬레터 부서가 팬들에게 보내는 답장에 가르보의 서명을 대신 써넣기도 했다. 어떤 스타들은 팬들이 자신의 전문성이 담긴 결과물 때문이 아니라 자신을 셀레브리티로 추종하는 상황을 불평하기도 했다. 성공을 거둔 배우나 뮤지션은 문화 노동자로, 이를테면 배관공과 마찬가지로 하나의 직업에 종사하고 있을 뿐인데, 왜 사람들이 배관공의 집을 방문하려고 하느냐는 것이다. 조이 벌린Joey Berlin은 그의 책,『명성 중독Toxic Fame』에서 영화배우 존 말코비치John Malcovich가 "난 유명해지고 싶은 욕구가 없다. 유명해지는 것은 모욕적이라고 생각한다"라고 말했다고 회고했다(Berlin, 1996: xv). 매스컬처 비평가들은 인기가 예술의 척도가 아니라는 데 동의하겠지만, 말코비치의 팬들이 이중으로 속고 있다고 주장할 것이다. 말코비치의 팬들은 첫째, 팬에게 감사할 줄 모르는 사람을 추종한다는 점에서, 둘째, 자신의 직업이 작동하는 방식에 대해 의도적으로 순진한 척하는 사람을 추종한다는 점에서 이중으로 속고 있다는 것이다. 말코비치의 영화에만 관심이 있다고 말하며 그를 문화 노동자로 보는 이들도 있다. 하지만 말코비치의 팬들은 그를 집단의 리더라기보다는 자기 동일시할 인물로 해석하고 그를 자신의 롤모델이라고 당당히 이야기하기 때문에, 말코비치가 무슨 말을 하든지 개의치 않는다.

말코비치 같은 개인주의자들이 충성스러운 팬들을 거느리는 것과 스타가 의도적으로 수용자들을 도발하는 것은 다른 문제다. 밥 딜런이 좋은 예다. 딜런은 독특하게도 예술적 창의성과 사회적 반항성이라는 특징을 모두 갖고 있어서, 특히 학자-팬이나 중하층 계급의 팬들 사이에서 보헤미안의 우상으로 간주된다. 그는 포크음악 수용자들의 기대를 배반하고 전자기타를 연주한 것으로 유명하며, 그래서 문학적이거나 예술적 창의성의 감각과도 연관되고 대담한 사회적 반항을 연상시키기도 한다. 전성기 때 딜런은 최초의 팬 집단에게 충성했지만, 안티 팬들의 독설적인 에너지 역시 매우 즐겼다. 가수 인터뷰 전문가인 노라 에프론Nora Ephron과 수전 에드미스턴Susan Edmiston은 딜런이 비서에게 두 종류의 팬레터를 준비해줄 것을 부탁했다고 회고했다.

> (밥 딜런은) 난폭한 비난을 퍼붓는 이들(그를 변절자, 기분 나쁜 놈, 파시스트, 공산주의자라고 부르는 사람들)의 편지도 챙겼다. 딜런은 "나는 정말로 이런 편지들을 꼼꼼히 읽는다"라고 말했다. 또한 그는 오래된 친구들에게 받은 팬레터도 챙겼다. "이건 5~6년 전 뉴욕에서 나를 알게 된 사람들이 보낸 거예요. 내 최초의 팬들이죠. 자신들이 저의 첫 번째 팬이라고 말하는 사람들이 있는데, 이들은 3년 전이나 2년 전에 팬이 된 분들이에요. 이분들은 엄밀한 의미에서 저의 최초의 팬은 아닙니다"(Eisen, 1970: 68).

밥 딜런이 자기를 비판하는 이들과 일종의 게임을 했던 것은 그가 능동적으로 안티 팬덤을 도발했다는 것을 의미한다. 한편, 딜런이 최초의 팬들에게 충성심을 보인다는 점도 흥미롭다. 초기의 팬들은 [옮긴이: 딜런이 초창기에 활동했던 뉴욕의] 지역성에 대한 감각을 공유하고 이를 중심으로 연결되어 있으며, 딜런이 자신들 집단의 일원이라고 주장하기도 한다. 초기 팬들은 예술가가 성장해서 지역성을 벗게 되면 모호하게 비판적인 관계를 형성한다. 이 최초의 팬들은 팬 공동체의 새로운 구성원들에 대한 안티 팬이 된다. 이런 패턴은 가수가 방향을 전환하고, 새로운 팬층을 구축함으로써 팬 규모를 확장하려고 할 때도 유사하게 나타난다. 이러한 조건에서 오랜 팬과 새로운 팬들이 서로 적대적인 관계가 될 수도 있다.

마지막으로, 일종의 안티 팬덤, 아니면 적어도 비판적인 거리가 팬과 스타가 맺고 있는 계약관계에 포함되어 있는 장르가 있다. 예컨대, 펑크록은 'DIY' 정신을 토대로 만들어졌는데, 이 정신은 음악 스타덤 제도에 대한 공격과 사회적 허무주의를 연관 지었다. 펑크 정신을 이해하는 수용자들은 자기 의견을 소리

높여 표현할 것이라는 기대를 받는다. 이들이 라이브 콘서트에서 침을 뱉거나 야유를 보내는 행동을 하는 것은 일종의 의식으로 당연하게 여겨진다(Duffett, 2009를 참조하라). 대표적인 사례가 조니 로튼Johnny Rotten*인데, 그의 팬들은 ―젊은 팬이든 나이 든 팬이든 모두― 로튼의 도발적인 태도를 어떻게 받아들여야 할 것인지를 두고 갈등에 빠졌다. 팬레터를 보면, 로튼의 팬 중에는 비판적인 거리를 두면서 갈등했던 이들도 있었고, 로튼의 개인주의와 저항정신에 공감하면서 그와 자신을 동일시하는 팬들도 있었다.

재현의 다의성

앞에서는 사회에서 팬덤의 위치가 점차 변화했음을 보여주었다. 이러한 변화와 함께 다양한 미디어 생산자들은 팬덤을 활용하여 자신의 공적 이미지의 한 부분을 만들었다. 셀레브리티들 역시 팬들의 열정을 자신에 대한 이야기의 일부로 여겼고, 이들 중 다수의 셀레브리티가 팬덤을 이용해 자신의 셀레브리티 브랜드와 [옮긴이: 자신이 출연하는] 미디어 장르의 우월성을 부각시키려고 했다. 작가주의auteur theory는 어떤 개인이 문화 생산 과정에 창의성의 흔적을 남긴다는 개념이다. 앤디 워홀Andy Warhol, 스티븐 스필버그, 데이비드 보위, 다이애나 비Princess Diana, 쿠엔틴 타란티노Quentin Tarantino, 레이디 가가 등을 떠올려 보면, 부분적이지만 팬덤이 어떻게 이들 이미지의 일부로 재현되어왔는지 알 수 있다. 이들 셀레브리티 각각의 이미지 속에서 팬덤은 셀레브리티에게 보통

---

* '조니 로튼'은 1970년대 영국의 유명 펑크록 밴드인 섹스 피스톨스의 멤버 존 라이든(John Lydon)의 별명이다. 조니 로튼은 건강 문제로 치아가 썩어서 변색되었고, 그 때문에 썩었다는 뜻의 '로튼'이라는 별명을 얻었다. 그는 섹스 피스톨스에서 활동하면서 체제 전복적이며 신랄한 가사를 썼던 것으로 유명하며, 주변인들을 심하게 비난하고 모욕하는 발언을 일삼아서 대중들의 주목을 받았다.

사람 같은 느낌을 부여해주거나("그녀는 나와 다르지 않아"), 팬들이 그들의 작품에 보이는 헌신의 순간을 부각시킨다. 이러한 경우 팬으로 보인다는 것은 당신이 보통사람이라는 사실을 보여준다. 팬 중에 유명 인사가 있는 경우도 팬덤의 이미지를 수용 가능한 형태의 문화 정체성으로 재정비하는 데 도움이 된다.

팬과 팬을 비판하는 사람들로 양극화되어 있는 미디어 환경에서, 생산자들은 주류 수용자와 팬을 모두 만족시키기 위해 타협을 해야 하는 상황에 놓이기도 한다. 이때 미디어 생산자들이 사용하는 도구는 아이러니와 패러디였다. 다의성polysemy은 예술 작품이나 미디어 생산물이 다양한 해석 가능성을 갖고 있음을 의미한다. 오늘날의 미디어는 팬덤을 재현할 때, 파편화되어 있는 수용자들의 집단적인 관심을 끌기 위해서 전략적으로 다의성을 취한다. 이들 미디어 생산물이 팬덤을 스테레오타입화하는지, 아니면 지지하는지는 보는 사람의 관점에 따라 다르기 때문에 논쟁의 여지가 있다. TV 다큐멘터리인 〈잭슨에 미친 사람Wacko about Jacko〉*(IWC Media, 2005)을 논의하면서 힐스는 다음과 같은 사실을 발견했다.

마이클 잭슨의 팬들이 획일적으로 〈잭슨에 미친 사람〉을 괜찮다고 생각하거나 탐탁지 않아 하는 것은 아니다. 팬들의 이러한 다양한 해독은 구조화된 다의성에서 나온다. 어떤 사람들은 이 프로그램이 마이클 잭슨 팬덤을 스테레오타입화하는 시도를 완전히 저항적으로 해독하지만, 또 다른 이들은 다큐멘터리의 일부를 '구하기' 위해서 선별적 해독을 선택한다. 이렇듯 상이한 해독이 존재하지만, 어떤 해독이 더 '선호'될 것인지 말하기는 어렵다. 왜냐하면 이 다큐멘터리가 그 구조를 통해, 고의로 극단적으로 병리화된 '미치광이' 팬덤과 노골적으로 악마 취

---

* 〈잭슨에 미친 사람〉은 네 명의 마이클 잭슨 팬들의 이야기를 다룬 텔레비전 다큐멘터리 영화로, 이들이 어떻게 마이클 잭슨에게 집착하고 헌신하는지, 자신의 우상인 잭슨과 가까워지기 위해 어떻게 행동하는지 보여준다. 참고로 '미친 잭슨Wacko Jacko'은 대중들의 가십을 근거로 마이클 잭슨을 부정적으로 지칭하던 별명이다.

급을 받지는 않는 '좋은' 팬덤을 기호학적으로 양분하고, 잭슨 팬들을 여전히 특정한 이데올로기적 한계 안에서 재현하고 있기 때문이다. 팬덤이 '비이성적'이고 감정적이라는 이데올로기적 상식이 이런 식으로 계속 충족되고 재생산되며, '긍정적인' 팬 해독과 '부정적인' 팬 해독이 모두 가능한 것이다(Hills, 2007b: 475).

미디어에서 팬이 묘사되는 방식이 자신이 팬덤에 참여하는 방식과 다르다고 느끼는 팬들은 이러한 다큐멘터리에 공감하는 해독을 하고, 이를 자신들의 팬 참여를 옹호하는 구실로 삼을 수도 있다. 힐스의 연구는 팬덤에 대한 묘사가 종종 사회적 스테레오타입의 범위 안에서 작동하지만, 이 스테레오타입을 해체시킬 수도 있음을 상기시킨다. 팬덤에 대한 묘사를 통해 우리가 해당 주제에 동일시할 수 있는 지점을 발견할 수 있기 때문이다. 다시 말해서, '극단적인' 팬덤을 다룬 영화에서는 팬덤이 언제나 타자화되거나 사회적으로 적절치 못한 행위로 치부되지만[스티븐 킹Stephen King의 소설을 바탕으로 만든 영화 〈미저리Misery〉에 대한 커스틴 고튼Kirstyn Gorton의 논의(Gorton, 2009: 37을 참조하라)], 팬덤에 대한 여러 코미디, 드라마, 다큐멘터리는 팬 역할만을 중심으로 팬을 묘사하지 않으며, 팬 역시 우리와 다를 바 없음을 수용자들이 인식하게 해주는 순간들을 담고 있다.[5]

3장 텍스트를 넘어서

출발점

전통적으로 학자들은 팬덤을 어떤 방식으로 이해해왔는가?

팬들이 미디어 텍스트를 의미 있게 이용하는 방식을 어떻게 이해할 수 있는가?

팬을 텍스트 밀렵꾼들로 개념화하는 것은 왜 유용한가?

〈록키 호러 픽처 쇼〉*를 상영하기 직전 웨이버리 극장이 한 일이라곤 풍선을 몇 개 달아놓고, 영화 상영 전 몇 분간 영화의 주제음악을 틀어주는 식의 약간은 호들갑스러운 선전이 전부였다. 컬트가 다른 영화관과 도시들에 빠르게 퍼져나갈 수 있게 한 나머지 힘은 그 속에서 만나 친구가 된 소수의 고립된 개인들에서 비롯되었다. …… 컬트가 시작되면 먼저 파이로(Pyro)가 나와 그의 능숙한 달변으로 컬트에 참여한 '처녀들(즉, 초심자들)'을 환영하고, 타 도시에서 온 게스트 공연자들을 소개하고…… 그리고 몇 가지 극장 안 규칙과 지침들(예를 들어, 브래드가 나올 때 그를 '개새끼'라고 부르지 않는다)을 알려주며 시작했다. 이어 무대의상을 갖춘 한 무리의 공연자들이(대개는 12명 이상) 어슴푸레한 조명 앞에서 주제곡인 「Time Warp」에 맞춰 춤을 추었다.

Rosenbaum, 1980: 78~79

텍스트라는 용어가 미디어 연구와 문화연구에서 지배적으로 사용되지만,

---

* 〈록키 호러 픽처 쇼〉는 1973년 리처드 오브라이언(Richard O'Brien) 극본의 뮤지컬을 짐 셔먼 감독이 1975년에 뮤지컬 코미디 호러 장르로 만든 영화다. SF와 1930년대에서 1970년대 초가지의 B급 호러영화에 대한 유머러스한 헌정으로 여겨지는 이 미국 영화에는 팀 커리(Tim Curry), 수전 서랜던(Susan Sarandon), 배리 보스트윅(Barry Bostwick)이 무대공연의 창단 멤버들과 함께 출연했다.

지금까지 이 책에서는 미디어 생산물과 프랜차이즈를 텍스트라고 부르지 않았다. 이 분야에서 텍스트라는 개념(그리고 정전 역시)은 성서의 오랜 전통과 문학에서 유래되었다. 텍스트성textuality 개념은 개별 미디어 생산물 중 일정 부분의 내용을 경계 짓고 위치시켜, 연구 대상으로 고정한다. 그것은 의미, 읽기, 해독, 그리고 리터러시(계발된 읽기 능력) 개념들 역시 들여온다. 그러나 미국 시나리오 작가인 조너선 로젠바움Jonathan Rosenbaum이 쓴 〈록키 호러 픽처 쇼〉를 관람한 초기 관객의 반응에 관한 기사를 보면, 그 영화가 일종의 '살아 있는 텍스트living textuality'임이 드러난다. 〈록키 호러 픽처 쇼〉를 보는 팬들은 영화 관람 경험을 생생한 의례 행위로 바꾸어버렸다. 팬들에게 그 영화는 제작자들이 전혀 예상할 수 없었던 방식으로 '컬트'의 초점이 되었다. 그 영화의 팬들은 공연과 참여를 포함한 컬트를 수행한다. 이 모든 것을 보고하면서 로젠바움은 관객들이 같은 영화를 봐도 서로 매우 다른 방식으로 행동한다는 사실에 주목했다. 이 장에서는 미디어 학자들이 수용자들의 텍스트 해독 방식들을 어떻게 이해했는지를 역사적으로 살펴볼 것이다. 어떻게 팬과 팬을 매료시킨 많은 텍스트의 관계를 생산적으로 이해할 수 있을까? 문헌 검토를 통해, 팬이 수동적으로 텍스트를 흡수한다고 생각했던 초기 수용자 연구부터 최근 이 분야에서 나타난 발전까지의 궤적을 살펴볼 것이다. 이론의 역사를 살펴보는 일은 타임머신을 타고 과거로 여행하는 일과 같다. 이 장에서 소개하는 이론 중에는 현재의 팬 연구 논의에 잘 들어맞지 않는 것도 많지만, 그들의 관점과 한계로부터 우리는 여전히 많은 것을 배울 수 있을 것이다.

수용자 연구의 초기 역사

질적 연구는 언어와 의미에 관심을 둔다. 이 절에서는 수용자에 대한 질적 연구를 간략하게 살펴보려고 한다. 여기서 총체적인 (그러나 대체로 정확한) 일반화를 해본다면, 유럽 학자들은 수용자에 대해 더 비관적이고 경제 중심적인 접근을 해온 반면, 미국 학자들은 더 자유주의적이고 낙관적인 찬양의 입장을 취했다. 수용자 연구의 역사는 이 두 접근 사이의 진동이었다고 할 수 있다.

적어도 사회과학에서 텍스트 의미에 대한 초기 접근은 클로드 엘우드 섀넌Claude Elwood Shannon과 워런 위버Warren Weaver가 1948년에 발표한 저서인 『커뮤니케이션의 수학적 이론A Mathematical Theory of Communication』에서 시작된다. 섀넌-위버 모델에서 의미는 메시지 제작자로부터 메시지 자체를 통해 수용자에게 릴레이 바통처럼 전달되는 것으로 묘사된다. 전쟁 중 확률 이론을 통신에 적용하면서 크게 부상한 이 모델은 부호화와 해독 개념도 소개한다. 이 모델에 따르면, 텍스트는 순수하게 메시지 전달 체계로 이해되고 수용자는 의미 전달의 종착점으로 설정된다. 언뜻 보면 섀넌-위버 모델은 일종의 상식 같지만, 그 세련된 간결함은 많은 문제를 감추고 있다. 첫 번째 문제는 수용자를 수동적인 메시지 수용기로 간주해서 수용자에게 어떠한 행위성도 부여하지 않는다는 점이다. 메시지가 수용자에게 분명하게 전달되지 않을 경우, 이 모델에 따르면 그 내용을 명료하게 전달해야 할 메시지 제작자는 자신의 임무를 수행하는 데 실패한 셈이다. 수용자들이 자신의 문화적 배경에 따라 상이하게 텍스트를 재해석하는 행위를 단지 메시지의 의미를 정확하게 이해하기 위한 활동으로 여긴다는 점에서 섀넌-위버 모델은 일방주의라고 할 수 있다. 즉, 이 도식이 제안하고 있는 커뮤니케이션 모델은 수용의 정치학을 망각한 셈이다. 따라서 이후 연구자들은 '피하(주사) 모델'이라는 용어를 사용해, 수용자는 메시지를 그냥 '흡수한다'고 전제하는 섀넌과 위버 식의 이론에 의문을 제기했다. 텍스트 결정론은 텍스트가 그 자신의 의미를 결정하고, 그래서 자동적으로 독자에 영향을 준다는 생각을 일컫는다. 섀넌-위버 모델의 중심 전제가 텍스트 결정주의라는 것은, 호러영화부터 비디오 게임까지 특정 미디어 텍스트의 사회적인 '위험'에 대해 우려를 표명해온 커뮤니케이션 이론 전 분야가 이러한 생각에 동의하고 있었음을 보여준다.

섀넌과 위버의 연구가 출간되기 몇 해 전 대서양 반대편에서는, 테오도르 아도르노Theodor Adorno가 팬덤과 대중음악의 위험을 감지하고 「음악에서 물신적 성격과 듣기의 퇴행에 관하여On the Fetish-Character in Music and the Regression of Listening」(1938/2001)라는 에세이에서 자신의 우려를 명료화했다. 아도르노는 프랑크푸르트대학교 사회연구소에 소속된 지식인 집단을 일컫는 프랑크푸르트학파의 핵심 멤버였다. 이 연구자 집단은 매스컬처가 대중을 통제하는 수단이라는 네오 마르크스주의의 학제적 사고를 발전시켰다. 아도르노는 파시스트 정치운동이 예술 전략을 차용하고 프로파간다를 통해 여론을 좌우하던 시기에 연구 활동을 했다. 마르크스주의 연구자인 아도르노는 보잘것없는 내용으로 대중의 시선을 빼앗는 문화산업을 사회 통제의 조력자로 간주했다. 특히 대중음악에 대한 그의 우려는 '진지한' 음악의 혁명적 잠재력에 대한 그의 개인적인 관심에서 시작되었다. 이렇듯 아도르노의 마르크스주의 입장은 문화 엘리트주의(사실상, 민중을 대변한다는 우월의식에 빠진 사람)와 결합되어 있었다. 또한 아도르노의 개념적 도구는 프로이트적인 것이었는데, 개인은 타고난 본능적 충동의 저장고이며 그 충동은 사회에 의해 방향이 바뀌거나 억압된다는 생각을 받아들였다는 점에서 그러했다. 아도르노의 글쓰기 전략은 논쟁적이었다. 논객은 이성적 설득을 위해서라면 객관성을 포기하고서라도 논쟁적 주장을 펼치는 사람이다. 따라서 아도르노의 작업을 객관성이 결여되었다는 이유로 무시할 수는 없다. 그는 객관성이 가능하다는 입장에 의문을 제기하며 처음부터 특정 입장에서 논의를 하겠다고 선언했기 때문이다. 유형 재화의 경제학을 논할 때, 마르크스주의자는 개별 상품의 사용가치와 교환가치를 구분한다. 사용가치란 기본적 효용으로서의 상품가치인데 반해, 교환가치란 희소성과 수요 같은 요인에 의해 결정되는 시장가치다. 사용가치와 교환가치는 완전히 분리될 수 없다(Hills, 2002a: 33~34). 일반적 논리로는 교환가치와 사용가치가 하나로 결합되어 있는 모순적인 현실을 충분히 포착할 수 없기 때문에, 아도르노는 대립하는 관점을 오가는 변증법적 접근이 필요하다고 주장한다.

아도르노는 상품 문화를 사회 통제와 연결시킨다. 그는 소수의 기획사, 작곡자, 공연자들이 감정적으로 소구하는 표준화된 음악을 제작한다고 주장한다. 그 중독적인 사운드와 멜로디는 청취자를 편안하고 수동적인 기분전환의 상태로 만든다. 아도르노는 팬이란 이런 과정을 통해 조작된 최종 생산물이라고 주장한다. 이처럼 상업 문화의 권력관계를 설명하는 훨씬 폭넓은 총체적 주장에 팬은 잘 들어맞는다. 그래서 내가 여기서 하는 작업처럼, 팬에게만 초점을 맞추는 방식에는 다소 문제가 있다. 아도르노는 「음악의 물신적 성격에 관하여」에서 팬을 크게 두 유형으로 구별한다.

> 팬은 집착적 소비자라는 수동적 상황에서 벗어나서 스스로 '능동적'이 되려고 할 때마다 가짜 행위에 굴복한다. 그래서 지진아 대중이라는 유형이 등장한다. 그들은 가짜 행위를 통해서 자신을 차별화하려고 하지만 그럴수록 [옮긴이: 수동적 상태로의] 퇴행이 더욱 확연하게 드러날 뿐이다. 그들은 처음에는 라디오 방송국이나 오케스트라에 열정적으로 팬레터를 보내다가, 나중에는 [옮긴이: 라디오에서 듣던 음악들을 연주하는] 잘 조직된 재즈 페스티벌에 직접 가서 자신들의 열정을 분출하는데, 그러한 열정은 그들이 소비하는 제품에 대한 광고가 된다. 마치 개인성 상실과 홀린 듯 뱅뱅 도는 풍뎅이로의 변신을 긍정하면서 동시에 조롱하기라도 하듯, 그는 자신을 지르박jitterbug*이라고 부른다. …… 그 반대 유형은 공장에서 퇴근한 후, 조용한 침실에서 음악에 '몰입하고' 싶어 하는 사람이다. 그는 수줍고 내성적이며, 아마도 여자 친구가 없으며, 어떤 경우든 자신만의 특별한 영역을 보존하기를 원하는 사람이다. 그는 아마추어 무선사로서 이를 추구한다. 그는 20세가 되어도 부모를 기쁘게 하려고 까다로운 매듭을 푸는 보이스카우트의 단계에 여전히 머물러 있다(Adorno, 1938/2001: 52~53).

여기서 아도르노가 논의하는 팬은 최근 연구자들이 열광자라고 정의한 사람들과 매우 비슷하다(Abercrombie & Longhurst, 1998: 132). 여기서 아도르노가

---

* '지터벅'은 1940년대 유행한 재즈, 특히 스윙댄스의 일종으로 한국에서는 '지르박'이라고 불린다. 아도르노는 여기서 스윙 댄스의 특성과 곤충(bug)이란 단어를 동시에 빗대어 풍뎅이 (beetle)라고 조롱하고 있다.

말하는 팬은 셀레브리티를 추종하기보다는 음악을 취미로 즐기는 모습이지만, 그의 묘사는 명백하게 팬을 타자화하고 있다. 아도르노는 팬에 대해 앞 장에서 논의한 것과 유사한 스테레오타입을 수사적으로 표현함으로써, 대중들이 떠올린 팬 이미지에 분명히 포함되어 있던 품위나 고상함의 흔적을 모두 무시한다. 아도르노는 나중에 젠킨스가 폭로한, 팬은 쓸데없는 지식 계발에 자신의 삶을 헌신한다는 스테레오타입을 효율적으로 사용한다. 그래서 팬이란 "재즈의 역사가 성서라도 되는 양 거기에 푹 빠져서, 모든 밴드를 구별해내는 청취 전문가"라는 언급을 같은 페이지에 덧붙인다(Adorno, 1938/2001: 54). 아도르노 같은 미디어 평론가는 팬 행동을 연구할 수도 있었지만, 그러는 대신 현대의 삶을 비판하는 데 팬덤을 사용했다(Cavicchi, 1998: 8). 그는 팬에 대한 현장 연구에 찬성하지 않는 이유를 다음과 같이 설명한다. "만약 누군가 인터뷰나 설문조사로 청취자 반응을 조사해서 음악의 물신적 성격을 '검증'하려고 한다면, 그는 예기치 못한 당혹감을 느낄 것이다. …… (왜냐하면) '검증'하고자 하는 이론이 공격하고 있는, 음악 산업이 내세우는 주장과 동일한 응답만을 듣게 될 것이기 때문이다"(Adorno, 1938/2001: 45). 즉, 아도르노에 따르면, 팬은 음악 산업에 너무 깊이 빠져서 자신이 소비하는 음악의 가치에 대해 어떤 의미 있는 이야기도 할 수 없다. 즉, 음악을 소비하는 팬은 음악 산업이라는 "신전의 노예"다(Adorno, 1938/2001: 39).

아도르노는 대중음악이 실제로 사람들을 듣기 쉬운 사운드로 미혹하고 정신을 분산시켜서 결코 정치적 몽유병에서 깨어날 수 없게 만든다고 주장한다. 그리고 팬이야말로 대중을 '퇴행적' 청취자로 만드는 대중음악의 경향을 집약해서 보여준다고 말한다. 프랑크푸르트학파를 주도했던 아도르노는 대중문화가 반항적 전술의 저장고 역할을 하거나, 실험적인 유희공간이나 일시적 유토피아를 제공함으로써 사회 변화를 가능하게 하는 잠재성을 지녔다고 보지 않았다. 대중문화가 사회질서를 자연적인 것으로 여기게 하는, 일종의 사회의 통제 형식이라고 강조한다는 점에서 아도르노는 비관주의자라고 할 수 있다 (Hills, 2002a: 31). 소비 때문에 창조적인 문화가 대량으로 판매되는 감상적인 잡동사니로 축소되고 있다는 아도르노의 불평은 그가 문화 생산물을 재가공하는 대중의 대화적인 행위를 전혀 이해하지 못하고 있음을 보여준다(Jenkins, 1991: 51).

힐스에 따르면, "아도르노의 저술은 학계에서 그리고 팬 문화에 대한 학자-팬의 설명에서 항상 비판되고 지워진다"(Hills, 2002a: 31). 아도르노의 주장은 상업 음악의 '영혼'을 믿는 학생들의 반발을 일으켰기 때문에, 그는 오랫동안 미디어 연구에서 공격의 대상이 되었다. 비평가들은 아도르노의 '수동적' 대중 수용자라는 개념이 거만하고 엘리트적이라고 일축해버린다(Hills, 2002a: 31). 그러나 단순히 팬 대중과 그들의 행위성을 공격하기 위한 알리바이로 마르크스와 프로이드를 사용하는 심술궂은 엘리트주의자로 아도르노를 거부하기보다는, 그의 저술로 되돌아가서 그의 작업이 제공해주는 통찰을 찾아볼 필요가 있다. 아도르노의 저술은 지나치게 선별적으로 읽혀서 유용한 주장들이 간과되곤 했다(Hills, 2002a: 31). 비록 그가 저급한 팬덤이라는 스테레오타입을 이용해 팬덤을 무시하고 공격했지만, 문화의 산업적 생산에 관한 그의 광범위한 주장은 여전히 타당하다. 왜냐하면 미디어 생산자들은 다양한 방식으로 상당한 권력을 휘두르며, 자신들의 계획에 우리를 끌어들이려고 끊임없이 부추기고 있기 때문이다. 특히 집단으로서의 팬은 미디어 기업에 이익이 되는 '가짜 행위'를 넘어서는 영향력 있는 존재가 될 수 있다. 팬들의 감동이 이해관계를 넘어 자연스럽고 개인적인 경험으로 옹호될 때조차도, 거기에는 분명 사회적이면서 산업적인 측면이 있다.

비록 대서양 양편에 있는 매스컬처 비평가, 그중에서도 특히 미국의 드와이트 맥도널드Dwight Macdonald와 영국의 리처드 호가트Richard Hoggart는 몇몇 측면에서 아도르노와 매우 유사한 견해를 지녔지만(Macdonald, 1957; Hoggart, 1957), 전쟁 후 사회 혼란을 반영하면서 음악이 변화하자, 대중음악에 대한 아도르노의 혹독한 비관주의에 전적으로 동의하기가 어려워졌다. 로큰롤, 1960년대 후반의 록 음악, 1970년대 펑크에는 모두 대항문화적인 반란의 분위기가 스며들어 있었다. 서론에서 살펴보았듯이 다른 미디어 문화 형식들도 변화하고 있었다.

　1970년대 초, 미국에 새롭게 등장한 연구 경향은 미디어 소비에 대해 더 낙관적인 시각을 내놓았다. 예를 들어, 1972년 『매스커뮤니케이션의 사회학The Sociology of the Mass Communications』에서 데니스 맥퀘일Dennis McQuail, 제이 블럼러Jay Blumler, 그리고 J. R. 브라운J. R. Brown은 미디어가 충족시키는 네 가지 기본 욕구를 제안했다. 다른 사람의 문제를 보면서 내 걱정을 잊는 '기분전환', 셀레브리티와의 상상적 관계를 발전시키는 '개인적 관계', 동일한 곤경에 처한 다른 사람으로부터 배우는 '개인 정체성과 성장', 그리고 세상의 정보를 수집하기 위해 미디어를 이용하는 '감시'가 그것이다. 이러한 작업은 이용과 충족 이론으로 알려졌다. 이는 미국식 수용자 분석으로, 이에 영감을 받은 연구자들(예를 들어, Katz, Blumler & Gurevitch, 1973)은 텔레비전 방송이 수용자의 욕구를 확실히 만족시켜준다고 주장했다. 이용과 충족 연구는 실제 미디어 수용자를 분석했다는 점에서 이전보다 일보 전진한 연구였다. 미디어 문화연구에서 경험적 연구는 제작자나 소비자를 직접 인터뷰하며 수행하는 현장 분석을 의미한다. 블럼러와 엘리후 카츠Elihu Katz와 같은 연구자는 우리로 하여금 일반 시청자의 활동과 개인성을 볼 수 있게 함으로써 '대중 수용자'라는 패러다임에서 탈피했다. 수용자는 더 이상 매스컬처 비평가들이 말하는 수동적 바보가 아니라, 이제 TV 켜는 것을 선택하고, 자신의 욕구에 따라 채널을 바꿀 수 있는 보통 사람으로 이해되었다. 이러한 시각에서 볼 때, 미디어 생산물을 소비하는 팬은 그저 자신의 욕구를 충족시키고 있는 것이다.

　이용과 충족은 섀넌-위버 모델처럼 꽤 '상식적인' 이론으로 보이지만, 그 자족적인 외면은 여러 문제를 숨기고 있다. 이용과 충족 이론은 너무 단순하기 때문에 몇 가지 측면에서 비판에 직면한다. 첫째, 이용과 충족이론은 수용자와 방송사가 어떤 갈등도 없이 조화를 이루고 있는 것처럼 제시한다. 그러나 때때로 수용자는 텔레비전 쇼가 자신의 욕구와 기대를 만족시키지 못한다고 불평한다. 둘째, 이용과 충족 이론은 고립된 시청자와 미디어 메시지를 인위적으로 묶음으로써, 매스 커뮤니케이션을 사회적으로 고립시키고 탈맥락화한다. 텍스트의 내용, 인기의 변화, 그리고 해석의 다양성을 포함해서 텍스트의 주요한 측면들이 무시된다. 또한, 시청자 삶 속의 사회적 상호작용을 무시하고, 미디어 이용의 빈도를 설명하지 못한다. 세 번째 문제는 실제로는 인간의 욕구가 장소, 사회, 철학, 그리고 시대에 따라 상이한데도, 그러한 욕구를 선천적이고 보편적이며 탈역사적이라고 가정하는 것이다. 동시대 이론들은 종종 이런 생각을 재생산한다. 일례로, 진화심리학자는 인간이 자신의 유전자를 다음 세대에 재생산하고 전수하도록 '정해져' 있다고 주장한다. 그러나 페미니스트와 퀴어 이론가는 그 이론적 토대에 문제를 제기하며, 재생산주의가 정치적 구성물임을 폭로했다(예를 들어 Edelman, 2004를 참조하라). 텔레비전이 널리 보급된 1950년대 이전에도 인류는 텔레비전 없이 잘 지냈다. 따라서 인간에게는 선천적 욕구가 있는데 텔레비전이 그 욕구를 충족시킨다는 주장에 의문을 제기하지 않을 수 없다. 게다가 미디어에 의해 충족되는 '욕구'는 순환논법에 의존하는, 텔레비전 마케팅과 수사학의 산물이라는 주장도 있다. 이용과 충족 이론이 가정하는 욕구의 광범위한 목록 역시 문제가 있다. 왜냐하면 수용자의 반박에 열려 있는 경험적 질문을 미디어 연구자가 만들어내야 하는 의무를 피할 수 있게 해주기 때문이다. 마지막으로, 이용과 충족 이론은 수용자의 자유를 과도하게 강조하고 미디어 기업이 정치적 이익집단으로 기능할 가능성은 무시하기 때문에 보수주의가 아니냐는 혐의를 받을 수 있다. 즉, 그 이론은 수용자가 항상 자신이 필요로 하는 대부분을 얻을 수 있기 때문에 미디어는 조금도 개선될 필요가 없다는 이데올로기적 가정을 대변함으로써 기존 질서를 옹호한다. 이후 이용과 충족 이론을 부활시키려는 노력이 나타나긴 했지만(Ruggiero, 2000을 참조하라), 이 이론은 미디어 수용자의 사회적 맥락을 단순화해서 이해하고 있다는 이유로 미디어 문화연구로부터 널리 도전받아왔다. 어떤 의미에서 이 이론에 대한 학계의 비판은 보편적인 인간 욕구를 상정하지 않도록 주의를 환기시키는 경고인 셈이다. 죽은 스타를 애도하려는 욕구든 종교적 충동을 표현하려는 욕구든 간에, 그러한 욕구는 사회적 구성물로 이해될 필요가 있다.

또 다른 연구 전통이 영국 학자인 호가트와 레이먼드 윌리엄스Raymond

Williams의 저술에 출현해, 버밍엄대학교 현대문화연구소BCCS: Birmingham Centre for Contemporary Cultural Studies에서 모양을 갖추기 시작했다. 이른바 버밍엄학파는 마르크스주의의 관점에서 하위문화를 노동계급 청년들의 저항을 보여주는 극적인 사례로 해석함으로써 널리 알려졌다. 버밍엄대학교 현대문화연구소의 오랜 리더인 스튜어트 홀Stuart Hall은 1973년 이 분야의 지평을 여는 미디어 커뮤니케이션 이론을 제시했다(Hall, 1980에 재수록).

이데올로기는 사회에서 유통되는 관념 체계로서 집단 간 불평등을 유지시키지만, 도전을 받을 수도 있다. 예를 들어, 타자화는 '그들'을 '우리'보다 열등하게 위치시킨다는 점에서 이데올로기 과정이다. 이데올로기라는 개념은 마르크스에 의해 대중화되었다. 최근 문화연구자들은 마르크스주의가 상대적으로 낡은 것이 되었음을 인정하며, '이데올로기'라는 용어를 사용하지는 않지만 그 관념은 여전히 보존한다. 그들이 미디어 텍스트의 '문화적 작용'이라고 말할 때, 그것은 특정 이데올로기의 입장을 우리가 채택하도록 텍스트가 설득하는 방식을 의미한다. 홀은 미디어의 이데올로기적 역할에 관심을 가졌다. 홀은 텍스트의 정치적 설득력에 대한 관심을 섀넌-위버의 커뮤니케이션과 결합시킴으로써 한층 진전시켰다. 그는 텍스트를 제작자가 부호화하고 수용자가 해독하는 지배 이데올로기의 전달체로 간주했다. 그러나 홀은 섀넌, 위버와 달리, 특정 수용자가 텍스트를 정반대로 해독할 수도 있다고 보았다. 비록 텍스트의 저자는 지배 이데올로기를 의식적으로 채택하지 않았을지 모르지만, 홀의 모델에서 텍스트는 무엇보다도 지배 이데올로기의 도구로 여겨진다. 텍스트에서 표현되었을 것이라고 가정된 지배 이데올로기와 관련해서, 홀은 수용자 해독의 세 가지 유형을 제시했다. 그것은 지배 이데올로기가 무비판적으로 수용되는 '선호된 해독', 텍스트의 이데올로기에 수용자가 도전하는 '반대적 해독', 그리고 선호된 해독과 반대적 해독 사이 어딘가에 놓이게 될 '교섭적 해독'이다.

시청자의 반항 가능성을 상정하는 부호화-해독 모델 덕분에 수용자 연구는 텍스트를 읽는 사람이 누구든 상관없이 텍스트가 그 의미를 결정한다는 텍스트 결정론의 환원론적 덫에서 빠져나왔다. 그렇지만 홀의 제안이 지닌 문제는 그것이 실제 수용자를 대상으로 검증된 적이 없는 일종의 이론적 추정이라는 점이었다. 데이비드 몰리David Morley는 〈네이션와이드Nationwide〉라는 TV 뉴스 매거진 쇼의 시청자를 연구하기 위해 일련의 포커스 그룹을 구성했다. 포커스 그룹 연구는 일시적으로 모집된 소규모 집단에 자신들의 의견, 관심, 습관에 대해 묻는 연구 방법이다. 〈네이션와이드〉 수용자 연구에서 몰리는 영국 사회의 구성원을 대표하는 다양한 포커스 그룹에 그 프로그램을 보여주었다(Morely, 1980). 그는 대학생과 노조원 같은 사회의 특정한 구성원은, 선호된 해독을 따르지 않고 교섭적이거나 반대적으로 해독한다는 사실을 확인했다. 그러나 다른 연구자들이 몰리가 구성한 수용자 집단의 작위적인 측면을 문제 삼으면서, 몰리가 홀의 가설을 확증했다는 주장은 다소 성급한 판단이 되어버렸다. 연구 참여자 가운데 많은 사람은 몰리가 상영실에서 〈네이션와이드〉 프로그램을 보여주기 전까지는 한 번도 그 프로그램을 시청한 적이 없었다. 또 다른 문제는, 선호된 해독이란 텍스트 표면에서 자동적으로 읽어낼 수 있는 어떤 것이 아니라 연구자의 분석적 구조물이라는 점이었다. 이러한 문제를 해결하기 위해 신세대 수용연구자들은 과감히 실제 수용자를 만나 그들이 어떻게 텍스트를 이용하는지를 이해하려고 했다.

문화기술지는 문화가 발생한 그 장소에서 인간 문화를 심층적으로 연구한다. 페미니즘 이론으로 무장한 2세대 수용연구는 미디어 수용자들이 살고 있는 집으로 직접 찾아가, 그들이 좋아하는 텍스트를 어떻게 소비하는지 기록했다. 여성 잡지와 연속극의 소비를 고찰한 요크 헤르메스Joke Hermes 같은 연구자들은 보통 사람들이 자신의 관심사에 대해 어떤 이야기를 하고 싶어 하는지 알아내려 했다(Hermes, 1993). 그러나 연구자들은 미디어 수용자가 더 저항적이거나 반대적인 태도로 미디어를 소비하는 것이 아니라는 데 개인적인 실망감을 나타내기도 한다. 어떤 의미에서 학자들의 이러한 반응은 문화연구가 그 목표로부터 얼마나 멀리 떨어져 표류하기 시작했는지를 보여주는 증거다.

신세대 수용연구 중 가장 유명한 것은 재니스 래드웨이Janice Radway가 쓴 『로맨스 읽기Reading Romance』다. 1984년에 그녀가 처음 출간한 저서는 연구 대상에 공감을 표한다. 그 책은 헬렌 우드Helen Wood가 20년이 지난 후에도 "『로맨스 읽기』는 출간 첫해 팔렸던 부수만큼 지금도 계속 팔리고 있다"라고 얘기할 정도로 평판이 좋았다(Wood, 2004: 147). 래드웨이는 사람들이 텍스트를 어떻게 읽는가에서 텍스트를 가지고 무엇을 하는가로 ─ 실제로는 그 둘 다를 고찰했지만 ─ 그 초점을 이동했다. 그녀는 작은 미국 마을에 사는 여성이 어떻게 로맨스 소설을 이용해서 자신의 일상을 더 낫게 만드는지 살펴보았다. 그녀는 로맨스 팬이 문고판 소설의 짤막한 장을 읽으며 가정생활에서 벗어나 자신만의 공간과 잠깐의 휴식을 만들어낸다고 결론지었다.

래드웨이식의 수용자 문화기술지와 여타의 연구 분야에서 진행되고 있는 작업 간의 비교는 문화연구가 매우 다른 궤도에 있음을 보여준다는 점에서 흥미롭다. 예를 들어, 영화 연구는 여전히 작가로서 감독의 의도에 초점을 맞추고 영화 텍스트의 상징적 구조를 분석하는 텍스트 결정론이라는 수렁에 빠져 있다. ≪스크린Screen≫과 남성 응시에 관한 로라 멀비Laura Mulvey의 연구(Mulvey, 1975)에 영향을 받은 영화 학자들은 영화 미디어가 젠더화된 이데올로기를 구현하고 있다고 보았다. 주체 위치란 개별 독자를 제한적으로 방향 짓고 위치 짓는 텍스트의 역할이다. 영화 텍스트는 관객에게 특정 이데올로기적 또는 정신분석적 범위 내에서 특정한 주체 위치를 제공하는 것으로 간주된다. 달리 말해, 극영화는 캐릭터를 만들어냄으로써 관객을 그 주체 위치에 봉합하고, 좌석에 붙들어 매어놓는 것으로 이해된다. 여기서는 팬이 영화를 '일탈적'으로, 그리고 자신에 맞는 방식으로 해독할 수 있다는 생각을 찾아볼 수 없다. 그 대신 영화 관객은 개별 영화가 시각적이고 청각적으로 제시하는 이미지에 이끌리고 제약당하며 텍스트에 의해 조종되는 존재로 여겨진다. 텍스트에 대한 학자의 이해는 매우 정치화되어 있지만, 영화 관객이론에는 논쟁적인 해독이나 예상을 벗어나는 방식의 텍스트 활용이 들어설 여지가 거의 없다.

팬이 눈에 띄는 헌신적인 미디어 수용자이기 때문에, 2세대 수용연구에 속하는 일부 학자들은 팬 문화에 대한 수용자 문화기술지에 관심을 갖게 되었다. 텔레판타지는 공상과학물과 판타지에서부터 호러에 이르는 폭넓은 TV 장르이다. 텔레판타지 팬덤에 대한 논의에서 특히 두 여성 연구자가 두각을 나타냈는데, 두 사람 모두 〈스타트렉〉을 연구했다. 한 명은 『엔터프라이징 우먼』(1991)을 쓴 카밀 베이컨-스미스로, 그녀는 어떻게 여성 팬이 자신의 관심사를 이용해 공동체를 만들고 계속 실천해나가는가를 고찰했다. 비록 베이컨-스미스는 자신을 외부자로 상정했지만, 그녀의 문화기술지 연구는 여러 스테레오타입에 이의를 제기하며 인터넷 이전 시기의 미디어 팬 공동체에 관한 귀중한 기술을 제공했다. 그 책에는 등장인물처럼 차려입기, 팬진 쓰기, 그리고 신참을 가르치는 데 헌신하는 여성 팬 집단인 '웰커미티Welcommittee'에 관한 내용도 담겨 있다(Bacon-Smith, 1991: 82). 베이컨-스미스에게 팬이란 미디어 텍스트를 다시 쓰면서 그것을 의미 있게 만드는 사람이다. "따라서 이 집단은 서사를 왕성하게 생산해내고 그것을 갖가지 용도로 활용한다. 나는 공동체 구성원이 로맨스 소설의 서사를 가져다가 자신의 삶에 대해 이야기하는 것을 보았다"(Bacon-Smith, 1991: 303). 이 분야의 또 다른 중요한 연구자는 콘스탄스 펜리Constance Penley다. 그녀는 팬들이 〈스타트렉〉을 재료로 해서 지어낸 에로틱한 이야기를 연구했는데, 팬들이 시리즈를 이용해서 어떻게 젠더 관계를 가지고 노는지 정신분석학적으로 접근했다(Penley, 1991, 1992, 1997을 참조하라). 베이컨-스미스와 펜리는 팬 수용자가 텍스트를 하나의 자원으로 창의적으로 활용하는 방식에 주목하게 하면서, 사실상 이후 도래할 연구를 위한 토대를 쌓았다.

피스크에서 젠킨스로

이 시점에서는 두 개의 용어를 구분하는 것이 유용하다. 매스컬처는 가능한 한 많은 수용자를 만족시키기 위해 고안된, 그러나 문화적 가치라 할 만한 것은 거의 없어 보이는 미디어 시장에 나온 생산물을 가리킨다. 반면, 대중문화popular culture는 상업문화 중에서 수용자의 세계나 태도와 공명하는 측면을 포함하고 있어서 환영받는 부분을 말한다. 두 용어는 복잡한 역사와 궤적을 지닌다(예를 들어 Storey, 2009: 5~6, 21~22를 참조하라). 존 피스크John Fiske는 2세대 수용연구가 동요하던 중에, 그러나 그 현상과 약간의 거리를 두고 다수의 책을 출간하며 저명한 미디어 학자로 부상했다. 그의 명성은 『대중문화 읽기Reading the Popular』(1989)와 『대중문화 이해하기Understanding Popular Culture』(1989)라는 두 편의 중요한 저서를 통해 확고해졌다. 다른 2세대 수용연구자들과 달리 피스크는 좀 더 이론적이고 해석적인 접근법을 취했으며, 자주 자신의 미디어 해석을 연구의 출발점으로 삼았다. 기호학은 기호에 관한 연구다. 피스크는 의미에 대한 수용자의 태도를 '기호학적 슈퍼마켓'을 돌아다니는 것으로 묘사했는데, 그 은유는 수용자가 텍스트에서 이용할 수 있는 요소들을 자신이 원하는 대로 골라서 섞는다는 것을 의미한다. 피스크는 자신의 생각대로 미디어 생산물을 다시 만드는 수용자 개인의 행위성을 옹호하기 시작했다. 그는 특히 『대중문화 읽기』의 5장에서 마돈나의 팬들이 자신들의 우상과 유사한 스타일을 차용하기로 결정하는 모습에서 행위성을 발견한다. 피스크는 자신의 철학의 연장선에서, '대중문화'라는 용어에 대해 매우 독특한 해석을 제시한다. 그의 견해에 따르면, 매스컬처는 보통 사람들에 의해 전유될 때만 비로소 대중문화가 될 수 있다. 그는 그러한 전유를 '추출excorporation'이라고 부른다. 달리 말하면, 만약 보통 사람이 문화 산물의 기호와 의미를 미디어 제작자가 의도하지 않은 방식으로 사용하면, 그때 그 사람은 대중문화에 참여하는 것이 된다. 반면, 수용자가 미디어 산업이 제공한 기호와 의미를 그대로 받아들이면, 그들은 단지 매스컬처에 참여하는 것이 된다. 어떤 문화 현상이 발생할 때, 문화 산업이 그 현상을 다시 상업물로 만들어 그 충동을 흡수하는 데는 오랜 시간이 걸리지 않는다. 피스크는 이처럼 그 충동이 문화산업 안으로 흡수되는 과정을 '포섭incorporation'이라고 부른다. 여기서 그는 매스컬처와 대중문화 간의 관계가 순환적이고 변증법적이라고 설명한다. 두 유형의 문화 행위는 서로에게 영향을 준다. 이에 대한 좋은 사례로 찢어진 청바지를 입는 유행을 들 수 있다. 본래 청바지는 육체노동에 적합하도록 튼튼하게 만들어진 옷인데, 이후에 모든 사람이 입는 옷이 되었다. 그런데 세련된 사람들이 낡고 닳아빠진 청바지를 입기 시작하자 다른 사람들이 그 스타일을 따라 하면서 찢어진 청바지는 자연스럽게 거리의 유행이 되었다. 시장조사팀과 청바지 제조업자들은 곧 그러한 변화를 알아챘고, 바래고 찢어진 낡은 청바지를 만들어 팔기 시작했다. 문화적 혁신이 산업적 생산과 일상적 생산을 완전히 한 바퀴 돌아서, 매스컬처는 대중문화가 되었고 대중문화는 다시 매스컬처가 되었다.

피스크의 모델에 따르면, 팬은 미디어가 의도한 위치를 탈피해서 자신이 생각하는 대로 행동하기 때문에 칭송받는다. 피스크는 그들을 '능동적 수용자'라고 지칭한다. 그리고 여기서 더 나아가, 그는 어떤 텍스트는 수용자의 전유에 더 열려 있다고 주장하며 그러한 텍스트를 생산자적 텍스트라고 부른다. 마찬가지로, 어떤 수용자는 다른 이들에 비해 더 '능동적'이거나 더 '생산자적'이라고 여겨진다. 피스크의 저서는 '생산자인 소비자' 모델로 나아간다. 가끔 이러한 의미에서 다소 어색하지만 '프로슈머'라는 용어가 사용된다. 피스크는 미디어 산업에 의해 주변화되거나 상업적으로 실패해서 버려진 텍스트를 구출하는 수용자의 능력을 강조한다.

피스크 같은 학자들은 팬덤과 소비주의 간의 연결성을 약화시키고 팬 생산성을 강조함으로써 팬덤 이론을 재정립했다(Hills, 2002a: 30). 피스크가 아이오와 대학을 방문했을 당시 대학원생이었던 젠킨스는 그의 방문에 고무되어 팬덤에 대한 자신의 생각을 정식화하기 시작했다. 이때 젠킨스가 다른 사람과 달랐던 점은 그 자신이 오랫동안 팬이었다는 사실과, 비판에 직면했을 때도 팬덤의 '내부자'로서 발언하려고 했던 개인적인 의지였다. 이전의 정통 문화연구는 연구자에게 팬덤 주제를 비판적으로 다룰 수 있도록 팬덤에서 떨어져 감정적 거리를 유지할 것을 요구했다. 피스크는 자신의 팬덤이 자본주의가 제공한 문화 '내부'에서 저항적 위치에 있다고 주장함으로써 그러한 경향에 강하게 맞섰다. 젠킨스는 이러한 태도를 한층 더 밀어붙여 자신의 개인 정체성을 팬 집단의 일부로 위치시키고 팬 공동체 내부에서 발언했다. 그가 1988년에 발표한 에세이 「스타트렉: 재방송, 다시 읽기, 다시 쓰기Star Trek: Rerun, Reread, Rewritten」에는 팬을 미숙한 아이이자 쓰레기 수집가로 스테레오타입화하는 기존 사고의 혼적이 남아 있지만, 그는 그러한 스테레오타입을 팬덤을 지지하는 방식으로 활용했다.

오늘날 미국 문화에서 팬은 논란이 많은 범주다. 어떤 팬은 자신의 미학적 경험을 이렇다 저렇다 말하는 논리에 문제를 제기하고, 또 어떤 팬은 자신의 이익을 지키려는 텍스트 제작사*의 과잉 대응에 도발하기도 한다. 팬들은 매우 '통제할 수 없고', 규율도 없고, 완고한 불한당 독자로 보인다. 그들은 '심미적 거리'를 유지하기를 거부하고 열정적으로 자신들이 좋아하는 텍스트를 끌어안으며 자신의 사회 경험 내에서 미디어 재현을 통합시키려고 한다. 팬들은 폐품을 수집하듯, 다른 이들이 '쓸모없는' 쓰레기로 치부한 작품들을 살려내고, 그것들이 대중 자본의 원천임을 발견한다. 반항하는 아이처럼, 팬들은 교사들이 강요한 규칙에 따라 독해하기를 거부한다. 팬들에게 읽기란 자신이 느슨하게 구조화한 규칙만을 따르며 자기 나름의 즐거움을 만들어내는, 일종의 놀이다(Jenkins, 1988; Jenkins, 2006: 39에서 재인용).

이러한 초기 주장은 젠킨스의 이후 저술에서도 계속되며, 그의 연구는 실제로 매스컬처를 재해석하면서 (사회적으로 억압된 것들의 귀환이라고 표현되는) 팬덤에 대한 정치적으로 유토피아적인 관념으로 나아가는 경향을 보여준다.

팬덤이란, 주변화된 하위문화 집단(여성, 청소년, 동성애자 등)이 지배적인 재현들 내에서 자신들의 문화적 관심사를 위한 공간을 공들여 열어나가는 수단이다. 또한 팬덤은 각자의 이해관계에 맞게 미디어 텍스트를 재해석하고 전유하는 방식이며, 매스컬처를 대중문화로 변환시키는 방식이기도 하다. …… 이러한 팬들에게, 〈스타트렉〉은 단지 재해석할 수 있는 어떤 것이 아니라 그 이상이다. 〈스

---

* 젠킨스의 저서에서는 '텍스트 제작자(textual producer)'라고 쓰여 있는데, 더핏이 인용 과정에서 '텍스트 밀렵꾼들(textual poacher)'이라고 잘못 표기해 이를 바로잡아 해석했다.

타트렉〉은 자신들의 욕구를 더 잘 만족시키고, 각자의 의미와 즐거움을 더 잘 생산할 수 있도록 다시 쓰일 수 있으며, 또 다시 쓰여야만 하는 것이다(Jenkins, 1988; Jenkins, 2006: 40에서 재인용).

젠킨스가 이 글을 쓰고 있을 무렵, 펜리와 베이컨-스미스 역시 같은 주장을 펼치고 있었다. 즉, 팬 연구는 이미 새로운 국면에 접어들고 있었다(Jenkins, 2006: 3). 팬 연구의 새 시대를 명백히 알린 것은 바로 젠킨스가 1992년에 쓴 『텍스트 밀렵꾼들』이었다. 『텍스트 밀렵꾼들』은 〈스타트렉〉이나 〈미녀와 야수 Beauty and the Beast〉와 같은 프로그램을 시청하는 팬들의 창의성을 문화기술지 방법을 통해 드러내 보임으로써 미디어 팬덤에 대한 부정적인 스테레오타입을 영리하게 반박했다. 예를 들어, 젠킨스는 텔레비전 팬들이 텔레비전 시리즈인 〈마이애미 바이스 Miami Vice〉(1984~1989)의 두 주인공인 크로켓과 텁즈가 나온 장면들에 감성적인 소프트 록 그룹인 에어 서플라이 Air Supply의 음악을 붙여서 뮤직 비디오를 만든 사례를 다음과 같이 설명한다. "프로그램이 소비와 남성의 능력을 강조한 것과는 달리, 그 비디오는 친밀성과 의리, 두 남자를 헤어지게 한 압력, 그리고 둘을 다시 결합하게 만든 감정을 강조한다"(Jenkins, 1992: 235).

젠킨스의 책은 여러 면에서 피스크식 접근을 확장했다. 래드웨이는 여성들이 잠시 자신의 일상에서 벗어나기 위해 로맨스 소설을 이용한다는 것을 발견했고, 젠킨스는 팬이 어떻게 미디어 텍스트를 사용하고 어떤 새로운 의미를 만드는지 연구해야 한다고 주장했다(Jenkins, 1992: 60). 그는 팬이 단순한 수용자가 아니라 미디어 문화의 능동적인 참여자임을 보여준다. "팬덤이 모든 수용자가 능동적이라는 증거는 아니지만, 모든 수용자가 수동적이지는 않음을 보여준다"(Jenkins, 1992: 287). 텍스트 밀렵이라는 개념은 팬이 '얼간이'라는 주장을 반박하는 성과를 얻었지만, 팬의 [옮긴이: 텍스트에 대한 매혹보다는] 좌절을 강조하고, (학자들이) **팬픽**fanfic을 과도하게 정치적으로 해독하도록 부추기고, 소비자와 제작자를 상호대립 관계로 상정하는 등, 팬덤 현상의 특정한 측면을 감추거나 왜곡하기도 했다(Jenkins, 2006: 37). 또한 '부르주아' 문화에 대한 피스크의 불신은 그 책의 출발점이기도 했다. 이는 젠킨스가 팬 대상과의 동일시가 기존 교육이나 문화적 위계에서 규정된 것과 다른 것임을 주장한 데서 드러난다(Jenkins, 1992: 18).

피스크의 대중문화 개념은 젠킨스의 저술에 매우 중요한 기여를 했다. 피스크의 정식에 따르면, 대중문화란 수용자가 자신의 목적대로 상업적 대량생산의 결과물을 전유하고, 변형하고, '구제'한 산물이다. 젠킨스는 『텍스트 밀렵꾼들』에서 "팬덤은 미디어 소비 경험을 새로운 텍스트, 새로운 문화, 새로운 공동체를 생산하는 경험으로 바꾸는 참여문화"라고 설명하는데, 여기서 훗날 그의 연구의 핵심이 되는 참여문화 개념이 이미 등장한 것을 볼 수 있다. 이러한 접근은 비판이론의 주장을 반박하며, 팬이 매스컬처의 지배 이데올로기에 문제를 제기하고 그 이데올로기를 수정할 수 있다고 주장한다. 젠킨스는 "내 목표는 팬을 완전히 주류 밖의 존재로 간주하거나 모든 대중 해독의 전형으로도 간주하지 않는 것이다"라고 설명했다(Jenkins, 1992: 54).

주류 바꾸기

젠킨스의 책은 다양한 입장들이 교차하는 지점이다. 현대 자본주의 사회관계 이전 시대의 전통을 체현하고 있다고 여겨지는 민속문화folk culture는, 보통 사람들의 비상업적인 또는 상업성이 있더라도 그 규모가 작은 행위를 말한다. 양봉이나 컨트리댄스와 같은 취미 생활이 그 예다. 피스크식으로 보면, 대중문화는 현대적 형태의 민속문화이며, 이는 미디어 프랜차이즈에서 가져온 재료들을 관습적이지 않은 방식으로 활용해서 거기에 새로운 맥락을 부여한다. 젠킨스가 이후에 언급했듯이, 피스크식의 연구 전통에서 보면 민속문화 속으로 끌려 들어온 매스컬처가 바로 대중문화다(Jenkins, 2008: 140). 『텍스트 밀렵꾼들』에서 그는 "팬 문화는 '순수한' 또는 '진정한' 민속문화는 아니지만, (전유의 역사 및) 민속문화 전통과 긴밀하게 연결되어 있다"라고 설명한다(Jenkins, 1992: 272). 이처럼 팬덤을 민속문화로 해독하는 경향은 1990년대에 상당히 일반적인 흐름이 되었다. 일례로, 헤더 조지프-위섬Heather Joseph-Witham이 1997에 발표한『스타트렉: 팬과 복식 예술Star Trek: Fans and Costume Art』은 미시시피대학교 출판부의 '민속예술과 예술가' 시리즈 가운데 하나로 출간되었다.

젠킨스는 "고전적인 문화기술지 학자와 달리 나는 일찍부터 매스컬처와 일상생활 사이의 '중간지역'에 존재하는 하위문화에 관심을 가졌고, 하위문화에 속한 사람들이 기존에 유통되고 있는 텍스트에서 빌려온 자원으로 어떻게 자기 정체성을 구축하고 관련된 물품들을 생산하는지 연구하려 했다"라고 말한다(Jenkins, 1992: 3). 이렇듯 팬덤의 특성을 차용으로 보고 팬덤을 '민중' 행위라고 부르는 것이 오히려 팬덤을 어떤 대중주의populist 행위로, 다시 말해 기묘하고 근대적이지 않으며 민속적인 것으로 틀 짓는 것은 아닌지 의심해봐야 한다. 왜냐하면 팬을 옹호하는 바로 그 과정이 팬을 다시 타자화할 위험이 있기 때문이다.

문화정치를 중시하는 문화연구 전통을 따라, 젠킨스는 2세대 학자의 문화기술지 접근을 피스크의 대중문화나 능동적인 수용자 개념과 결합시킨다. 게다가 그는 팬 공동체의 내부 옹호자 역할을 자임한다.『텍스트 밀렵꾼들』이라는 책 제목은 프랑스 사상가인 미셸 드 세르토Michel de Certeau의 문예철학적 저술에서 따온 것으로, 책의 내용은 그 핵심적인 은유를 충분히 담고 있다. 1986년에 영어로 번역된 드 세르토의 저서『일상생활의 실천The Practice of Everyday Life』은 근대 도시 계획자들이 정해놓은 지침과 경계를 보통 사람들이 어떻게 회피하는지 논의하고 있다. 그중 한 장에서 드 세르토는 삶과 죽음 간의 경계에 대해 논의한다. 또 다른 장에서는 사람들이 걸을 때 어떻게 미리 만들어져 있는 길들을 무시하고 지름길로 도시를 통과하면서 자신만의 길을 만드는지에 관해 이야기한다. 또 다른 장에서 그는 독자들이 저자의 의도를 벗어나 자기 고유의 관심사와 이해를 추구하면서도 그 텍스트의 영역에 머문다는 점에서, 독자를 시인이며 밀렵꾼으로 묘사한다. 따라서 드 세르토가 볼 때, 텍스트 읽기란 독자가 문학적 '보호구역'에 무례하게 '침입'해서 자신에게 유용하거나 즐거움을 줄 것으로 보이는 것만을 공략하는 활동이다. 이것이야말로 젠킨스가 팬덤을 논의하는 데 필요한 이론이었다. 밀렵이라는 은유는 팬과 제작자 둘 다, 비록 그 정도는 다르지만, 텍스트 의미의 사회적 구성에 영향을 미치며, 둘의 이해관계는 때로 대립하며 어느 쪽이 이길지 쉽게 알기 어렵다는 점을 상기시킨다. 그러나 드 세르토는 독자를 쓰기 실천과는 유리되어 있는 고립적인 존재라고 가정했다. 반면, 젠킨스는 팬들이 단체로 활동하며 자신들만의 팬진, 소설, 공예품, 음악을 만들 수 있다는 점을 깨달았다(Jenkins, 1992: 45). 드 세르토와 달리 젠킨스는 독자들의 행위를 이론화해야 할 뿐 아니라 그것을 기록해야 한다고 믿었다.

밀렵꾼으로서의 팬 개념이 등장한 데는 특별한 배경이 있다. 젠킨스가 『텍스트 밀렵꾼들』을 썼을 무렵에는 위성채널과 홈 비디오 기술로 미디어 수용자의 유목민적 경향이 더욱 명확해졌다. 젠킨스의 설명에 따르면, 팬 독자들은 항상 텍스트와 텍스트 사이로 또는 텍스트를 가로질러 이동했으며 즐겁게 텍스트와 텍스트를 새로 연결하고 병치시켰는데, 이런 점에서 그들은 표류자이자 밀렵꾼이었다. 이러한 환경에서 수용자는 한 대화 내에서도 진보적인 사유와 반동적인 사유를 오갈 수 있다(Jenkins, 1992: 35~37). 그들의 전유는 텍스트의 가치에 의해 좌우되지 않고 단지 제한될 뿐이다. 이를 설명하기 위해 젠킨스는 러시아 학자인 미하일 바흐친Mikhail Bakhtin의 '이어성heteroglossia'에 대한 논의를 끌어와, 어느 문화 행위자든 특정 맥락에서 한 용어의 의미를 설명하려한다면 기존 의미들과 싸워야만 한다고 강조한다. 바흐친은 단어들이 이전에 사용되었던 맥락의 흔적들을 이미 내포하고 있다고 말한다. 화자는 불가피하게 이전 사람들이 말한 것을 빌려와야만 하고, 그 말에 자신의 억양과 강세를 불어넣을 때만 자신의 말이 된다(Jenkins, 1992: 224를 참조하라). 그러한 밀렵의 한 예로 팬 소설 작가인 제인 랜드Jane Land는 자신의 소설을 "〈스타트렉〉의 크리스틴 채플처럼 일부러 멍청이로 만들어진 여성 등장인물을 구출하려는 시도"라고 말한다(Jenkins, 2006: 47).

젠킨스는 팬은 미디어 산업에 조종당하는 문화적 얼간이라는 주장을 반박하면서, 팬을 미디어 문화를 재활용하는 밀렵꾼으로 보았다. 미디어 산업이 제공한 텍스트에 대한 매혹과 좌절 사이에 찢겨 있는 팬은 그렇게 할 수밖에 없기 때문이다(Jenkins, 1992: 23). 3년 후에 쓴 글에서, 젠킨스는 이를 더 상세히 설명한다.

저항적 해독은 중요한 생존 기술이다. 우리에게 중요한 이야기는 텔레비전에서 방영되지 않고, 또 그러한 사회 조건을 바꾸기 위해서 할 수 있는 일이 거의 없는 이러한 적대적 분위기 속에서는 말이다. 그러나 그렇다고 해서 저항적 해독이 다른 미디어 비평과 운동을 대체할 수는 없다(Jenkins, 1995b/2006: 112).

2008년 젠킨스는 그러한 입장을 다시 한 번 확인했다. "결국 팬덤은 매혹과 좌절이 균형을 이룬 지점에서 생겨난다. 미디어 콘텐츠가 우리를 매혹시키지 못한다면 거기에 참여하려는 어떤 욕망도 생기지 않을 것이다. 하지만 그것이 어떤 수준에서든 우리를 좌절시키지 않았다면, 그것을 다시 쓰거나 고쳐보려는 충동도 생겨나지 않았을 것이다"(Jenkins, 2008: 258). 여기서 흥미로운 점은 행위성에 대한 젠킨스의 생각이다. 한편으로 팬은 즐겁게 상업 문화를 자신의 목적에 맞게 변경시키는 자유로운 행위자로 보인다. 그러나 다른 한편으로는 미디어 제작사들이 무능해서 팬들의 욕구를 만족시킬 수 없기 때문에 팬들이 그런 기술을 개발할 수밖에 없는 것처럼 보이기도 한다. "팬들이 유일한 텍스트 밀렵꾼은 아니지만, 그들은 밀렵을 예술적 형태로까지 발전시켰다"(Jenkins, 1991: 27). 미디어 문화를 다루는 능수능란한 책략가로서의 팬 개념은 적어도 팬의 역할을 능동적이고 지적인 것으로 본다. 그러나 젠킨스 자신이 언급한 것처럼(Jenkins, 1991: 34), 팬 해독이 꼭 저항적일 필요는 없으며, 다른 맥락적 조건이 부재한 가운데 이루어질 수도 없다.

『텍스트 밀렵꾼들』이 나오고 몇 년 후, 젠킨스는 이 책의 바탕이 된 철학적 입장을 '비판적 이상주의'라고 불렀다. "나는 이상주의자로서, 더 나은 사회로 나갈 수 있는 우리 문화의 가능성들을 밝히려 했다"(Jenkins, 2008: 258). 그는 저명한 급진주의 정치 역사가인 노엄 촘스키Noam Chomsky 같은 '비판적 비관주의자'는 더 민주적인 사회를 성취하는 데 장애가 되는 것들에 집중한다고 주장한다. 이는 불행한 일인데, 왜냐하면 "그들의 논쟁 구도가 정작 그들이 동원하려는 소비자들을 무력화한다는 점에서 자기 패배적이기" 때문이다(Jenkins, 2008: 258). 젠킨스는 자신의 유토피아적인 이상에 따라 『텍스트 밀렵꾼들』에서 팬덤을, 표면적으로는 범죄로 보이지만 실제로는 미디어 산업의 지배에 대한 정당한 도전이라고 말한다.[1] 훗날 젠킨스는 팬들이 "짖어대는 개들, '침입금지' 표시, 소송의 위협에도 겁먹지 않고, 소유자의 코앞에서 이미 텍스트를 밀렵했다"라고 썼다(Jenkins, 2006: 60).

젠킨스의 글은 팬들이 자기 방식대로 해나가고 있음을 보여준다. 팬들은 미디어 텍스트를 자신들이 원하는 대로 그 형태를 바꿀 수 있는 '장난감 찰흙'으로 여긴다고 말했다(Jenkins, 1992: 156). 이러한 점을 강조함으로써, 텍스트 밀렵이라는 개념은 공동체를 억압된 것의 귀환을 재현하는 유토피아적 공간으로 자리매김한다. 다시 말해 팬 공동체는 "평범한 삶을 영위하기 위해 억압되어야만 했던 흥분과 자유를 회복시켜주는 대안적 문화경험의 영역이다"(Jenkins, 2006: 42). 이렇게 해서 『텍스트 밀렵꾼들』은 수용연구를 팬덤 연구와 결합해서 팬 연구를 탄생시키는 새로운 시대를 열었다. 2006년, 기존에 발표한 논문들을 모아서 출간한 『팬, 블로거, 게이머Fans, Bloggers, Gamers』의 머리말에서 젠킨스는 팬 연구 분야가 20여 년도 채 안 되어 3세대 학자들을 포함하게 되었다고 설명한다. 2세대는 팬덤 외부에서 비평가로 활동하며 능동적 수용자를 주장한 문화기술지 학자들이었고, 3세대는 팬이라는 이유로 비판받았던 내부 비평가들과 자신을 팬이자 학자로 선언하는 데 불편함을 느끼지 않았던 새로운 연구자들이다. 그는 2세대와 3세대의 중간 지점에 『텍스트 밀렵꾼들』 시기의 연구를 위치시킨다(Jenkins, 2006: 12). 그 책이 출간되었을 때는 여러 반응들이 뒤섞여 나왔다. 몇몇 연구자는 『텍스트 밀렵꾼들』을 평가하면서, 그 책이 타파하고자 했던 팬덤에 대한 스테레오타입을 그대로 사용했다. 한 뉴스 기사는 젠킨스를 "사람들이 매우 하찮게 여기는 취미 생활을 헌신적으로 연구한 것으로 아마 이 나라에서 가장 유명한 학자"라고 소개했다(Jenkins, 2006: 188). 그러나 『텍스트 밀렵꾼들』에서 젠킨스가 품위를 유지하면서 존중하는 태도로 팬덤을 다루었기 때문에 그에게도 팬이 생겼다. 그래서 그는 2001년 힐스에게 "사람들이 이제 내 말을 마치 성경 문구인 양, 또는 그것이 대단한 권위와 확실성을 가진 것처럼, 그리고 내가 가설로 제안한 이론들을 마치 완전히 확립되고 증명된 것처럼 인용하고 있다"라고 말한다(Jenkins, 2006: 35).

밀렵 개념이 아도르노와 같은 초기 연구자들에게서 볼 수 있었던, 팬덤을 조종당하는 수동적인 존재로 보는 고정관념을 바꾸는 데 도움이 되었지만, 동시에 그 개념은 팬 문화에 어떤 '해석적 부담'을 남겼다. 1988년 젠킨스는 "팬은 스스로를 프로그램 저작권자들이 '남용'한 원래 텍스트의 핵심 요소들을 구출하는 충신으로 간주한다"(Jenkins, 1998; 2006: 41에서 재인용)라고 말하며, 팬이 자신들을 밀렵꾼으로 여기지 않는다고 적고 있다. 『텍스트 밀렵꾼들』에서 젠킨스는, '오독misreading'이라는 개념에는 텍스트의 적절한 의미가 무엇인지를 정당하게 결정하는 사람은 팬이 아니라 객관적인 학자임을 암시하는 전통적 위계가 여전히 남아 있다고 말한다(Jenkins, 1992: 23). 밀렵은 '오독'에 비해 진일보한 개념이지만 그러한 위계를 완전히 극복하지는 못했다. 왜냐하면 밀렵 개념은 범죄성과 연결되어 있어서 다시 저자의 의도라는 문제를 제기하기 때문이다. 팬은 스스로를 무관심하거나 무능력한 스튜디오나 방송사에 맞서 〈스타트렉〉 같은 프로그램이 계속 '살아 있도록' 만드는 사람, 즉 스튜디오에서 부당하게 취급된 프로그램이나 캐릭터를 '구출하는' 사람으로 여긴다(Jenkins, 1992: 55). 이른바 '공식적'인 해독은 분석적으로 구성된 것이라 할 수 있는데, 우리는 여기에 덧붙여 팬은 텍스트의 공식적인 의미를 '밀렵'하는 사람들을 감시한다고 말할 수 있다.[2] 힐스는 『텍스트 밀렵꾼들』의 장점을 강조하기 위해 젠킨스의 주장을 인용한 후, "젠킨스의 연구는 학자-팬 혼종성의 예시일 뿐만 아니라, 제도적 공간과 의제에 영향을 주기 위해 팬덤을 수사적으로 조율하는 것으로 볼 필요가 있다"라고 설명한다(Hills, 2002a: 10). 어떤 연구자들은 젠킨스가 자신의 정치적 의제를 확장하기 위해 팬 공동체를 이용한다고 의심하지만, 많은 연구가 그렇게 하고 있으며 이는 정당한 활동이기도 하다. 젠킨스는 학자 공동체의 가치를 팬덤에 투사하고, 팬이 이성적 존재라고 주장하고, 팬들을 아류 학자로 만들었다고 비난받았다(Hills, 2002a: 10). 이러한 비난 목록에 나는 젠킨스의 연구가 팬덤과 관련된 평범한 실천(예를 들어, 사인을 수집하고 받으러 다니는 것 같은)에서 관심을 돌려 특이한 행위에 초점을 맞춰서, 팬덤을 일종의 대항문화로(즉, 당파적이고 대안적이며 쾌락을 추구하고 반항적인 것으로) 해석했다는 혐의를 추가할 수 있다.

『텍스트 밀렵꾼들』에서 젠킨스는 지금까지의 자극적인 팬덤 설명들이 오해를 조장했다고 주장하며, 그러한 잘못된 인식이 어떤 결과를 가져왔는지 설명하고 있다(Jenkins, 1992: 7). 사실 그의 책은 보통 사람인 팬이 지닌 놀라운 창의성을 드러냄으로써 팬덤에 대한 평판을 개선했지만, 팬이 일탈적 소비자 이상의 존재일 수 있다는 생각을 충분히 발전시키지는 못했다. 드 세르토는 소비를 전유의 틀에서 바라보며, 소비자에게는 자신만의 '고유한' 공간이 없다고 생각했다. 그러나 그의 접근은 역사적으로 미디어 소비자가 말 그대로 공식적인 생산자였거나, 생산자가 되었다는 점을 간과한다는 문제가 있다. 1990년대 팬 연구는 힘 있는 제작자와 그에 대항하는 상대적으로 힘없는 밀렵꾼이라는 유익하지 못한 이항대립에 사로잡혀 있었다(Hills, 2010b: 61). 그러나 팬덤은 전문적 기술을 개발하려는 사람들에게는 하나의 훈련장이다. 롤플레잉 게임은 윤리적 실험실, 즉 자신을 발견하고 자신의 문화를 숙고할 수 있는 놀이공간을 제공한다.[3] 미디어 산업의 입장에서는 생산자 역할을 하는 팬들이 필요하기 때문에, 팬들의 놀이가 하나의 원형이 되어 그들이 개인적으로 전문가가 될 때 그들의 놀이 행위가 미디어 산업 내로 흡수되는 경우가 있다(Hills, 2002a: 40). 팬과 제작자를 대립관계로 여기는 딜레마에서 벗어나는 한 가지 방법은 미디어 산업에 몸담게 된 팬의 경력을 살펴보는 것이다(Hills, 2010b: 57). 그 좋은 예가 1963년 시작한 영국의 가장 유명한 공상과학 텔레판타지인 〈닥터 후〉다. 1980년대와 1990년대에 들어와서 〈닥터 후〉 팬 세대는 전문 저널리즘과 TV 제작

분야에 진입했다(Hills, 2010b: 10). 2005년 BBC 웨일스가 〈닥터 후〉를 부활시킨 후, 팬 '밀렵꾼'은 공식적인 제작자가 되거나 '텍스트 지킴이'가 되었다. 새로운 〈닥터 후〉 제작진은 다음과 같았다.

> 책임 제작자인 러셀 T. 데이비스와 제작자인 필 콜린슨Phill Collinson은 시리즈의 열성적인 팬이었다. 열 번째 '닥터 후' 역할을 맡은 배우 역시 팬이었다. 폴 코넬 Paul Cornell, 마크 게티스Mark Gatiss, 스티븐 모펏Steven Moffat, 가레스 로버츠 Gareth Roberts, 롭 서먼Rob Shearman 같은 작가도 모두 팬이었다. ≪라디오 타임 즈Radio Times≫의 기자인 닉 그리피스Nick Griffiths도 어릴 적부터 〈닥터 후〉의 팬이었다(Hills, 2010b: 56).

힐스가 썼듯이, 팬을 멍청하거나 반항적인 또는 그 중간 어디쯤으로 여기는 관점은 여전히 미디어 산업의 수요라는 측면에서 팬을 파악하는 것이다. 팬덤과 관련해서는 미디어 산업 외에도 논의해야 할 것들이 많다. 팬덤 전체를 이해하려면, 팬들의 무관심도 포함할 수 있고 더 나아가 팬들이 자신들이 좋아하는 텍스트와 공모하는 기회를 제공할 수 있는 이론이 필요하다.

저항적 독자

『텍스트 밀렵꾼들』은 문화연구의 기존 관심사에 동조하며 미디어 수용자들에게서 저항적 해독의 흔적을 찾으려 한다. 젠킨스는 논란의 중심에 놓였고, 그책 이후 팬덤을 저항적 해독과 문화 생산의 장소로, 즉 미디어 문화산업이 보통 사람들의 창의적 표현에 가하는 제약에 맞서 투쟁하는 장소로 보는 팬 연구가 쏟아져 나왔다. 이 절에서는 그러한 몇몇 연구를 더 상세히 살펴보려 한다.

어떤 견해에 따르면, 미디어 제작자들은 가장 능동적인 팬을 귀찮은 존재로 보며, 텍스트 저작권에 대한 침해를 이유로 팬을 제약하고 엄격하게 단속하려고 한다. 현재의 저작권법에는 수용자의 창의적 표현에 대한 규정이 전혀 없다. 하지만 아마추어 생산자들은 흔히 소송까지 가지는 않더라도 저작권 남용자로 간주되어왔고, 시민단체조차 그들을 보호하기 위해 어떤 개입도 하지 않았다(Jenkins, 2008: 197). 팬이 실제 스튜디오 시스템의 법적 권력에 도전했던 적이 단 한 번도 없었기 때문에, 팬 픽션의 합법성에 관한 소송 사례 역시 전무하다. 제작사가 팬에게 이의를 제기하면 대체로 팬이 물러서곤 한다. 예를 들어, 어떤 웹사이트에서 저작권이 침해된 것으로 보이면, 미디어 기업은 그 웹사이트에 게재 중단 요청서를 보낸다. 온라인 패러디 비디오나 티셔츠를 만드는 등의 팬 생산이 사실상 제작사와 직접 경쟁하지 않는 경우, 그들의 행위는 허용되어 프랜차이즈에 대한 대중의 생각에 계속 영향을 미칠 수 있다. 때로는 제작자가 팬들의 가치 판단에 이의를 제기하기도 한다. 일례로 1980년대 초반, '루커스필름Lucasfilms'은 원작에 묘사된 특정한 '가족 가치'를 내세워 〈스타워즈〉 팬진에 강력한 대응한 것으로 알려져 있다(Brooker, 2002: 165). 마케팅 부사장이었던 짐 워드Jim Ward는 다음과 같이 말했다.

우리는 팬을 사랑한다. 그리고 팬들이 즐기기를 바란다. 그러나 만약 누군가 우리의 캐릭터를 사용해서 새로운 이야기를 그 위에 만들어 붙인다면, 그 행위는 우리가 생각하는 팬덤의 정신이 아니다. 팬덤이란 그 이야기를 있는 그대로 찬양하는 것이다(Murray, 2004: 11).

미디어 제작자들은 자신들의 작품 내용을 바꾸려고 하는 팬의 시도에 적대적인 태도를 보이기도 한다. 〈닥터 후〉 제작자인 러셀 T. 데이비스는 "일단 대본이 만들어지고 전달되면, 나는 진정으로 그것이 시청자의 것이기도 하다고 믿는다. …… 텍스트에 대해 내가 당신보다 더 큰 권리를 가진 것은 아니다!"라고 주장하는데, 그것이 진심인지는 다소 미심쩍다. 하지만 힐스의 설명대로, 러셀 T. 데이비스는 어떤 '사실'이 '공식적인' 사실인지를 정하고 특정한 정보를 승인하는 권한을 가지고 있다(Hills, 2010b: 63~64). 가장 헌신적인 '후버리언

Whovarian'*이 데이비스가 만든 프로그램을 비판하자, 〈닥터 후〉 제작자인 그는 그 시리즈를 분석하고 불평하는 후 팬들은 '진짜 팬덤이 아니라…… 모기떼'라고 말했다. 데이비스는 더욱 헌신적인 〈닥터 후〉 팬들을 '반푼이ming-mong***라고 부르기도 했는데, 그 용어는 1987년 빅토리아 우드Victoria Wood의 코미디가 〈닥터 후〉 팬들의 '테크노배블'***을 풍자한 데서 시작했다. 〈닥터 후〉 작가인 모펏은 줄거리 유출에 대해 "걱정하는 것은 우리 반푼이들뿐이다"라고 말하며 그 용어를 긍정적 의미로 사용하려 했다(Hills, 2010b: 212~213).

현실에서 기업들은 수용자들이 자신들의 지적 재산을 "보기만 하고 만지지는 않기"를 원한다(Jenkins, 2008: 142). 그렇기 때문에 전문 미디어 제작진과 그들이 소속되어 있는 모기업은 팬덤에 대한 견해가 서로 다를 수밖에 없고, 그 결과 동일한 조직 내에서 상충되는 정책을 동시에 추구하기도 한다. 제작사는 모든 창의성이 프랜차이즈 재산에 속한다고 주장하고 싶어 하기 때문에 팬 창의성을 충분히 인정하지 못한다(Jenkins, 2008: 142). 그래서 제작사는 팬들과 공동 작업을 할지 그들의 행위를 금지할지 갈팡질팡한다(Hills, 2010b: 68). 팬과 제작진의 입장이 같으냐 아니냐는 어떤 담론을 사용하느냐에 달려 있기 때문에, 팬과 제작진의 관계가 협력인지 적대인지 어느 한 쪽으로 단순하게 이야기하기는 어렵다(Hills, 2010b: 79). 또한 그것은 문제가 되고 있는 팬 창의성이 어떤 유형인지 또는 어떤 장르인지에 따라서도 달라진다. 브루커(Brooker, 2002: 175)에 따르면, '루커스필름'은 팬픽보다 팬 영화에 더 너그러운 편이다. 제작진은 팬들의 의견에 귀를 기울일 때도 있고, 그들을 위협적이거나 귀찮은 존재로 취급할 때도 있다. 그래서 팬은 '무력한 이중성'의 위치에 놓여 있다(Hills,

---

* '후버리언' 또는 '후비언'은 〈닥터 후〉에 헌신적인 팬을 일컫는다.
** '반푼이'는 〈닥터 후〉 팬을 폄하해서 부르는 데서 시작되어, 바보, 천치를 뜻하게 되었다.
*** '테크노배블'이라는 말은, 공상과학물에서 개연성을 높이기 위해 등장하는 여러 과학용어가 언뜻 듣기에는 과학적 토대를 가진 것 같지만 사실은 하나같이 실현 불가능한 과학적 잡담에 지나지 않음을 의미한다.

2010b: 214). 이런 맥락에서, 팬 공동체는 '공식적인' 텍스트 관리자가 행하는 온라인 검열을 피하기 위한 전략을 개발한다(Brooker, 2002: 124를 참조하라).

때때로 팬들은 자신들이 제작과정과 관습들에 의해 조종되어 미디어 제작자의 욕망을 채우는 먹잇감이 되고 있다고 우려한다. 그럴 때면 미디어 팬들은 상업성에 정면으로 반대하며 결집한다. 지미 버핏Jimmy Buffett은 팬들로부터 연간 약 5000만 달러의 소득을 올리고 있었다. 존 미헬리치John Mihelich와 존 파피노John Papineau의 연구에 따르면 "일부 버핏 팬들이 버핏의 상업주의, 나아가 자본주의와 소비를 분명하게 비판"했다(Mihelich & Papineau, 2005: 179). 상업적 착취를 비판하거나 과도한 상업성을 약화시키기 위한 방편으로 이와 비슷한 팬의 '반란'이 일어날 수 있다. 예를 들어, 카비치는 ('산업 밖에서' 셀레브리티를 낭만화하거나 표를 거래하는 등의) 록 팬들의 행위가 그들에게 미치는 산업적 영향력을 효과적으로 약화시키는 것을 발견했다(Cavicchi, 1998: 63). 해링턴과 비엘비에 따르면, 낮 시간에 방영되는 연속극의 팬덤에서도 "시청자들은 자신들이 연속극 포맷에 의해 조종당한다고 생각하게 되면, 양가적 감정을 나타낸다"(Harrington & Bielby, 1995: 91). 여기서 팬을 '문화 훼방꾼culture jammers' 같은 다른 미디어 소비자 집단과 비교하면 흥미로운 점을 볼 수 있다. '문화 훼방꾼'은 미디어 소비를 중단하고, 그 이데올로기에 도전하며, 대중문화에 대해 부정적인 입장을 취한다. 반대로 팬들은 단순히 미디어 제작진에 대항하거나 그들을 무시하기보다는, 자신들이 좋아하는 것을 더 만들어 내놓도록 그들과 대화하고 협력하는 데 더 관심이 있다(Jenkins, 2006: 150을 참조하라). 그럼에도 상업적으로 지나치게 착취적인 프로그램에는 반발하는 경우들이 있었다.[4]

팬들은 단순히 상업적인 착취에 대해서만 항의하는 것이 아니다. 헌신적인 팬들의 집단적인 저항이나 항의를 야기하는 다른 이유도 많다. 팬들은 프로그램 방영이 중단되거나, 프로그램의 서사나 등장인물과 관련한 기존의 원칙이 무시될 때 저항한다. 힐스는 이를 '텍스트 보존주의' 입장이라고 부른다(Hills, 2002a: 28). 1986~1987년에 걸쳐 ABC에서 방영되었던 〈스타맨Starman〉의 경우, 첫 시즌이 끝나기도 전에 방송사에서 제작을 중단하기로 결정했다. 이에 〈스타맨〉 팬들은 프로그램이 계속 방영될 수 있도록 방송사 책임자들을 상대로 조직적인 로비를 펼쳤으나, 그 프로그램의 운명을 바꾸기에는 역부족임을 깨달았다(Jenkins, 1992: 29). 팬들은 그런 식으로 자신들이 좋아하는 쇼가 계속 제작되고 방영되도록 해달라고 제작사와 방송사를 찾아가는 로비 집단이 되기도 한다. 그래서 존 털로크John Tulloch는 프란체스코 알베로니Francesco Alberoni가 스타 연구에서 쓴 용어(Alberoni, 1960/2007)를 가져와서, 팬은 "그 쇼를 만든 산업적 권력과, 그 쇼의 미래를 결정하는 투표권을 가진 일반 대중 사이에서 방황하는 '무력한 엘리트'"(Tulloch, 1995: 144)라고 썼다.

『텍스트 밀렵꾼들』이후에 등장한 팬 문화 논의들은 팬을 반항자로 간주한다. 팬덤은 근본적으로 '공식적인' 미디어 생산과는 다른 것(흔히 대립하는 것)으로 여겨졌다. 그리고 이런 팬/제작자 간의 차이를 드러내는 핵심 은유가 바로 저항적 '밀렵'이었다. 즉, 팬들은 창의적이지만 상대적으로 무력하며, 공식적인 미디어 텍스트에 대한 권력은 제작자가 갖고 있다(Hills, 2010b: 56). 사실상 제작진은 자신들의 이해관계에 따라 팬 공동체의 목소리를 전략적으로 이용하기도 하고 무시하기도 했다(Jenkins, 1992: 29). 브루커가 보기에, 팬들은 "이야기의 소유권이 여전히 다른 사람[옮긴이: 제작자들]에게 있는 상황에 있다. 제작자들은 팬 집단보다는 더 광범위한 수용자들을 목표로 하며, 팬들이 제다이를 어떻게 해석하는지에는 전혀 관심이 없고, 등장인물과 플롯을 바꾸는 사이트는 강제로 폐쇄한다"(Jenkins, 2002: xvi). 이는 브루커가 '불행한 갈등'(Brookers, 2002: xvi)이라고 말한 상황, 즉 팬들이 루커스의 창조물을 칭송하면서도, 그가 팬들을 위해 만든 신화를 바꾸는 팬에게는 무자비하게 대하는 것은 비난하게 되는 상황이 발생한다. 그 문제는 검열과 연관된다. 팬 픽션 쓰기는 주변화된 사회집단(특히 여성)에게 사회비판의 수단을 제공한다(Derecho, 2006: 26을 참조하라). 팬 공동체의 일부는 팬 픽션 쓰기에서 표현의 자유를 보호하기 위해 힘을 모았고, 다른 일부는 자신들이 사랑하는 텍스트를 검열하지 못하도록 하는 운동을 전개했다. 『해리 포터』의 팬들은 기독교의 검열에 대항해서 '해리 포터를 위한 머글들Muggles for Harry Potter'이라는 단체를 조직했다. 거기에 책 발행인,

판매자, 도서관 사서, 교사, 작가, 시민단체, 소비자가 동참했다(Jenkins, 2008: 204). 이는 팬들이 반대편에서 시도되는 상업적·도덕적 검열에 맞서 자신들이 사랑하는 텍스트를 지키기 위해 조직적으로 활동을 펼친 사례다.

사실 팬들 역시 미디어 텍스트가 목표로 하는 시장의 중요한 일부이며 구애의 대상인 동시에 다툼의 대상이다. 이러한 점에서 보면 팬들을 반항자로 간주하는 시선에는 문제가 있다. 그래서 팬을 강력한 미디어 기업에 집단적으로 대항하는 존재로 여기는 것은 팬들의 성향을 선별적으로 그리고 낭만적으로 파악하는 관점일 수 있다. 팬덤은 상품화에 대한 저항과 강화 사이를, 종교성과 성찰성 사이를, 사적인 집착과 공동체적인 해독 사이를, 공동체와 위계적 사회구조 사이를 오가는 '가치의 변증법'을 담고 있다(Hills, 2002a: 182). 이는 팬을 갈등적인 존재로 볼 수 있음을 의미한다. 예를 들어, 〈서바이버〉의 방영 전에 핵심 정보를 찾아내려는 사람들이 있는데, 이들은 제작자와 소비자의 이해관계가 항상 동일한 것은 아님을 보여준다. 팬은 어떤 면에서는 아군이 되고, 다른 면에서는 적이 될 수 있다(Jenkins, 2008: 58). 브루커는 〈스타워즈〉 팬들이 루커스 작품들의 '공식적' 지위에 수긍하지 않고, 루커스를 숭배와 조롱이 뒤섞인 태도로 대한다고 말한다(Brooker, 2002: 77). 〈스타워즈〉 팬들이 만든 영화들의 공식 경연대회를 주관했던 '아톰필름AtomFilms'의 크리스 알브레히트Chris Albrecht 같은 사람은 기업 내부에서 팬들의 생산 활동을 격려하는 이중스파이의 역할을 한다(Jenkins, 2008: 143). 팬들이 미디어 기업 조직 내부의 전문가가 되면서, 팬 행위를 보는 기업의 인식을 바꾸는 데 일조했다.

극단적인 예지만, 팬 창의성에 우호적인 태도를 취하는 문화 제작자들도 있다. 2000년에 〈심스The Sims〉라는 게임을 창안한 윌 라이트Will Wright는 〈심스몰 The Mall of the Sims〉이라고 불리는 비공식 웹사이트에 대해 자신의 저작권을 주장하지 않았다. 라이트는 그냥 그들이 하는 대로 내버려두었고, 심지어 "우리는 이러한 창의적인 개인들을 놓고 다른 저작물들과 경쟁하고 있다"라고 말하며 팬들의 비위를 맞췄다. 〈심스〉가 역사상 가장 성공적인 게임 프랜차이즈 가운데 하나라는 점에서 이는 의미심장한 일이다(Jenkins, 2008: 171). '루커스

필름'이 〈스타워즈〉에서 그랬던 것처럼 다른 제작자들은 팬 창의성을 자신들의 보호 감시 아래 두려고 했다(Jenkins, 1992: 30~31). '워너 브라더스Warner Bros.'가 〈해리 포터〉 팬의 창의성을 억압한 것을 두고 미디어에서 논쟁이 일어난 이후, '워너 브라더스'는 팬들을 대리자로 임명해서 팬들과 협력하기로 했다 (Jenkins, 2008: 196). 디지털 기술이 변화하면서 미디어 제작자들은 팬 문화가 저항적 공동체라기보다는 대안적 공동체임을 점차 깨닫게 되었다(Mihelich & Papineau, 2005: 184).

저항적 팬 문화에 대한 대부분의 저술은 영화와 텔레비전 프로그램의 팬덤을 다루는 연구다. 생존해 있는 스타는 관리를 통해서, 고인이 된 스타는 지적 재산권을 이용해서 팬의 창의성을 억누르려고 한 사례에 대한 연구는 있지만, 개별 아이돌 셀레브리티와 그 팬들 간의 대립이 어떻게 팬들의 창조적 활동으로 나타났는지를 다룬 저술은 훨씬 적다.5 대중음악에서도 스타의 목소리와 이미지의 재전유가 활발히 이루어지지만(예를 들어, Marcus, 1999를 참조하라), 산업의 역할에 관심을 갖는 사람은 특정 음악 장르와 그 담론(특히 펑크와 인디)에 참여하는 팬들뿐이다. 록 팬들은 시장에 나온 상품보다는 사람을 보기 때문에 산업의 제약을 번거롭게 여기긴 해도 그 점에 대해 비교적 무신경한 편이다.

> 사실, 음악 산업에 대한 팬들의 일반적 입장은 일종의 무신경이나 무시라고 할 수 있다. …… 그들에게 산업은 '스프링스틴'과의 관계에서 부차적인 것으로 여겨졌다. 일례로, 많은 팬은 스프링스틴을 음악 산업과 팝스타 생산의 관행 밖에 존재하는 사람으로 간주했다. …… 스프링스틴 팬들은 음반사에서 다음에 어떤 음악을 내놓을지를 앉아서 기다리지 않으며, 또 음반사의 기획을 저지하려고 궁리하지도 않는다. 그들은 '콜롬비아 레코드Columbia Records'를 다소 성가신 존재로, 단순히 음악 세계가 작동하는 방식의 일부로 본다. 팬에게 중요한 것은 브루스의 음악이지, 그 음악을 얻는 방식이 아니다(Cavicchi, 1998: 61~63).

그러나 카비치가 이 글을 쓴 이후로, 음악을 유통시키는 데 드는 시간과 기술이 뚜렷하게 변화했다. 초기에 팬들은 온라인상에서 새 앨범을 대량으로 불법 다운로드해 '유출'함으로써 음반 제작자들을 격노하게 만들었는데, 이는 그들의 핵심 매출원을 고갈시키는 행위였기 때문이다. 음악 산업의 입장에서 볼 때 팬들의 그러한 행위는 기존의 의미를 '밀렵'하는 것이 아니라 지적 재산인 텍스트 전체를 밀렵하는 셈이었다. 그러나 음악 팬을 해적이라고 지칭하는 것은 새로운 행위를 훨씬 오래된 정체성과 혼동하는 실수일 수 있다. 일례로, REM 팬에 대한 루시 베넷Lucy Bennett의 최근 연구에 따르면, 적어도 팬 공동체 내의 일부 팬은 유출된 음악을 청취해보려는 유혹에 저항하는데, 이는 그 밴드를 재정적으로 지원하기 위한 것이라기보다 새로 나온 음악을 처음 들을 때 느끼는 흥분에 대한 향수 때문이다(Bennett, 2011을 참조하라). 새로운 앨범이 나오자마자 (인터넷상에서) 공짜로 배포되는 일이 벌어지자, '웹 쉐리프Web Sheriff' 같은 회사는 이제 새 앨범이 나올 때마다 블로거들에게 한두 개의 판촉용 트랙을 무료 샘플로 제공하고 있다. 이러한 접근 방식이 성공을 거둔 것은 온라인 음악 팬 중에서 음악 산업을 고의로 파괴하려고 작정한 해적 팬은 드물다는 점을 시사한다. 음악 팬들은 자신들이 사랑하는 가수의 노래를 더 많이 들으려고 검색할 뿐이다. 음악 산업 분야의 변호사인 존 지안코비John Giancobbi에 따르면, 대부분의 팬들이 느끼는 유일한 죄책감은 '지나친 풍요'다(Lewis, 2011에서 재인용).

의미와 동일시

우리는 9장에서 젠킨스의 최신 연구를 다룰 것이며, 특히 그가 팬 공동체 자체를 어떻게 하나의 영향력 있는 실체로 이해하려고 했는지 살펴볼 것이다. 젠킨스 연구에 관한 주요한 논쟁거리 가운데 하나는 그의 팬덤 논의가 셀레브리티에 대해서는 침묵하고 있다는 점이다. 팬덤에 우호적인 태도를 지닌 연구자들은 『텍스트 밀렵꾼들』이 팬덤의 이미지를 노예적인 헌신에서 지략이 풍부한 전유로 바꿔놓은 점을 흡족해한다. 문화연구자들은 아직도 주류 미디어에서 가끔씩 유통되는, 아도르노식의 팬에 대한 경멸적인 개념으로 돌아가고 싶어 하지 않았다. 또한 자신들의 연구가 팬들과 동떨어져 있거나 문화연구 분야의 정치적 지향에서 벗어나 있던 시절로 돌아가기를 바라지도 않았다. 내가 아는 한, 젠킨스가 셀레브리티를 거의 다루지 않았다는 점을 언급한 연구자는 없다. 그러나 많은 (아마도 대부분의) 미디어 팬들에게는, 유명한 사람들의 생애나 작품에 대한 관심이야말로 팬덤의 원동력이다. 사실 젠킨스는 대중적 학자가 된 자신에 대해 말한 것을 제외하고는, 셀레브리티에 대한 연구는 거의 하지 않았다. 특히 『팬, 블로거, 게이머』에서 독자들은 『텍스트 밀렵꾼들』을 지지하는 추종자들뿐 아니라, 그 책의 저자인 '교수 젠킨스'의 대중적 인기에 대해서 알게 된다. 셀레브리티 아이콘에 대한 지지는 권력, 거리, 친밀성, 판타지라는 이슈들과 연결되어 있는데, 이를 통해 팬은 스스로 집단을 조직하는 독자일 뿐만 아니라, 스타와 자신을 동일시하고 스타를 추종하는 개인들로 위치 지어진다. 이 장을 마무리하면서, 사람들이 유명 인물과 자신을 어떻게 동일시하는지 설명하는 인문학 연구들을 살펴볼 것이다.

1장에서는 셀레브리티 ─ '실제 인물'이든 단순히 허구적 캐릭터든 ─ 에 대한 관심과 장르나 서사에 대한 관심을 간략하게 구별했다. 물론 그 구분은 확정적인 것이 아니다. 서사들은 동일시할 수 있는 특정 인물을 부각시키고, 셀레브리티들은 자신들의 삶에 관한 서사들이 미디어에서 계속 다루어지도록 노력하기 때문이다. 〈닥터 후〉는 그 첫 번째 과정을 잘 보여주는 예다. 시청자들은 자신과 사고방식이 유사한 캐릭터에게 친근감을 느낀다(Bradford, 2010: 169를 참조하라). 메리 코월Mary Kowal은 다음과 같이 말한다.

비록 처음에는 깨닫지 못했지만, 제가 그 프로그램에 꽂힌 것은 닥터의 동료들 때문이었어요. 그들은 초능력자나 기괴한 외계인이 아니라 그냥 보통 사람들이죠. 그 이상한 로봇 개만 빼면, 닥터 후의 동료는 그냥 나 같은 사람이에요. 당신은 그 매력을 이해할 겁니다. 그렇지 않나요? 고등학교 시절 자기가 어디에도 속하지 않는다고 한번쯤 느껴보지 않은 십대는 없을 겁니다(Kowal, 2010: 165).

미디어가 우리에게 동일시할 만한 인물을 제공하는 한 가지 방법은 특정한 캐릭터 유형을 사용하는 것이다. 심층적인 수준에서 그러한 캐릭터 유형은 인간 조건의 원형이거나 인간 조건의 반영이라고 주장할 수 있다. 필름 느와르를 예로 들자면, 특정 인물 유형이 장르 전체를 규정하기도 한다.* 연구자들은 동일시를 가능하게 하는 산업적 관습 ― 캐릭터 유형을 통한 것이든 장르 관습을 통한 것이든 ― 과 수용자가 실제로 동일시하는 방식을 혼동해왔다. 예를 들어, 1978년 나온 「록과 섹슈얼리티Rock and Sexuality」라는 논문에서 사이먼 프리스 Simon Frith와 안젤라 맥로비Angela McRobbie는 성적 페르소나에 따라 팝 스타들의 유형을 구분할 수 있다고 주장했다(Frith & Goodwin, 1990에 인용된 Frith & McRobbie, 1978을 참조하라). 그들은 '티니 바퍼teenybopper'(동경의 대상, 10대 천사 그리고 보이밴드 구성원들)를 '콕 로커cock rocker'(자기주장을 거칠게 밀어붙이는 마초 록 가수)와 구분했다. 그들의 연구는 아티스트의 이미지를 수용자가 행한 동일시와 혼동했다고 비판받았다. 어떤 면에서 대중음악 연구는 영화 연구처럼 텍스트 결정론의 입장을 취하고 있다. 여기서 주체-위치 개념은 관객의 행위성을 거의 또는 전혀 인정하지 않으며, 텍스트가 자동적으로 수용자의 위치를 결정하고 그들에게 영향을 미친다고 주장한다(Jenkins, 1992: 62). 본질주의란 대상의 본질이나 의미가 대상 그 자체에 내재한다는 관념이다. 본질주의가 지닌 주요한 문제점은 의미 창조에 외부적 요인이 작용한다는 사실을 망각하는 데 있다. 따라서 텍스트가 장르적 관습이나 그 내용에 따라 의미를 생산한다는 주장들은 본질주의라는 문제를 지닌다. 그러한 주장들은 동일한 텍스트 또는 동일한 셀레브리티 이미지라도 맥락이 다르면 매우 다른 방식으로 해독될 수 있다는 점을 잊고 있다.

---

* 필름 느와르 장르를 규정하는 인물은 사립 탐정이다.

동일한 유형의 캐릭터나 아이돌이라도 다른 수용자 집단들에 의해 다른 방식으로 해독된다는 점을 연구자들이 깨닫기 시작하면서 연구의 진전이 이루어졌다. 일례로, 1988년의 흥미로운 연구에서 음악 연구자인 앨런 웰스Allan Wells는 남녀 학생들이 동일한 스타 이미지를 매우 다른 방식으로 인식한다는 사실을 보여주었다. 웰스는 수업 시간에 마돈나Madonna나 신디 로퍼Cyndi Lauper 같은 아티스트를 특집으로 한 ≪롤링스톤≫의 표지를 보여주었다. 그리고 학생들에게 칠판에 써 놓은 단어 묶음에서 단어를 고르라고 했다. 당시 마돈나는 성적으로 유혹적인 '팝 타르트pop tart'* 이미지를 영리하고 독립적인 여성성과 결합시켜서 논란이 되고 있었다. 웰스는 남학생과 여학생이 동일한 사진을 기술하는 데 다른 단어를 사용하는 것을 발견했고, 다른 아티스트들을 대상으로 한 조사에서도 결과는 동일하게 나타났다. 비록 웰스가 편의적으로 학생들을 대상으로 연구한 것은 방법론적인 한계를 지니지만, 수용자들이 자신의 젠더에 따라 동일한 스타에 대해 다르게 생각한다는 발견은 상식과도 일치한다. 이는 수용자의 성별에 따라 팬메일의 내용이 달라지는 데서도 발견할 수 있다. 여덟 번째 닥터 후를 맡은 실베스터 맥코이Sylvester McCoy**의 동료인 에이스를 연기한 소피 앨드리드Sophie Aldred는 "영국 TV에서 현실적이고 강한 여성 캐릭터를 보게 되어 매우 기쁘다는 어린 소녀들의 편지를 받기 시작했다"라고 말한 적이 있다(Aldred, 2010: 71). 남녀가 다르게 미디어 문화를 이해하고 수용하는 방식을 일반화하는 것은 해석의 공유 가능성을 과소평가하기 때문에 어떤 점에서는 문제가 된다. 사실상 그런 일반화는 의미 생산을 성별에 따라 본질화한다. 그 결과, 장소와 시대부터 도덕성, 정치, 개성에 이르기까지 개인 팬의 동일시 방식을 틀 짓는 수많은 다른 요인이 어떻게 개인 팬의 수용에 영향을 끼치는지를 거의 알 수 없게 만든다.

....

* '팝 타르트'는 대중적인 과자의 일종이다.
** 저자는 실베스터 맥코이가 여덟 번째 닥터 후를 연기했다고 썼는데, 맥코이는 일곱 번째 닥터 후였다. 여덟 번째 닥터 후는 폴 맥건이었다.

수용자를 세분화하고 각 집단이 다르게 동일시하게 된 동기를 설명하는 경향은 캐시 슈히텐베르그Cathy Schwichtenberg가 엮은 『마돈나 커넥션The Madonna Connection』(1993)에서 정점에 달했다. 그 책은 마돈나의 인기를 흑인과 동성애자를 포함한 각각의 하위문화 구성원들에게 말하는 마돈나 능력의 조합으로 설명했다. 사실상 슈히텐베르그는 사회 정체성의 요인(인종, 젠더, 연령, 성적 지향성)을 수용의 차이를 보여주는 주요한 지표로 여겼다. 수용자의 차이점들을 식별해내려는 슈히텐베르그의 의지는 언뜻 보면 유용한 구별 행위처럼 보인다. 그러나 그 연구는 각각의 사회적 집단을 동질화하고, 또한 이들이 내적으로는 나뉘어 있을지 모른다는 사실을 망각한다. 어떤 논평자들은 『마돈나 커넥션』이 마돈나의 수용자들을 분류해서 이해하는 방식에 의문을 제기하며, 슈히텐베르그가 스타덤의 거부할 수 없는 흡인력을 망각하고 있다고 말한다. 그 흡인력은 마돈나가 다양한 구성원들을 상대로 말했기 때문일까, 아니면 마돈나의 유명함이 광범위한 대중의 주목을 끌었기 때문일까?

1980년대 소수의 연구자들은 기존 사회 정체성에 따라 구별되는 수용자의 하위집단들이 필연적으로 달리 해독할 것이라는 생각에 반대하며, 공유된 인식이라는 개념에 초점을 맞추기 시작했다. 이들 연구자들은 스타의 이미지에 대한 해석은 수용자의 정체성에 따라 결정되는 것이 아니라 대다수 사람들이 공유하고 있는 방식으로 이루어진다고 주장한다. 그래서 어떤 스타에 대한 인식은 그에 대한 공통 해석일 뿐이다. 설사 그 인식이 특정 수용자 집단에서 시작되었다고 할지라도, 특정한 사회적 정체성을 지닌 수용자가 그러한 인식을 '소유'한다고 볼 수 없기 때문이다. 인식은 담론적 자원으로서 떠돌아다니며, 아주 다양한 수용자들에 의해 다양한 이유로 전유될 수 있다. 리처드 다이어 Richard Dyer는 1986년에 나온 그의 책 『천상의 육체들Heavenly Bodies』에서 대중들이 어떻게 주디 갈런드Judy Garland를 캠프 연기자로 인식했는지를 기술하고 있다. 캠프는 인공성이나 경박함에서 즐거움을 얻는 것을 의미한다(Sontag, 2001을 참조하라). 캠프 정체성과 연기 스타일이 때로 동성애자와 연관되긴 하지만, 동성애자가 본래 캠프인 것은 아니다. 사실상 캠프란 [옮긴이: 캠프로] 인식되고 수행되는 하나의 행위 스타일이기 때문이다. 다이어는 몇 가지 이유로 갈런드를 캠프로서 인식한다. 갈런드는 결혼과 가족생활에 적응하려고 애썼으며, 그런 점에서 그녀는 생존자였다. 갈런드의 얼빠진 듯 어설픈 모습이 '의도치 찮은' 캠프성으로 여겨졌다. '의도치 않은 캠프성'이라는 생각은 행위란 의도하지 않은 것일 수 있고, 사실 보는 사람의 머릿속에서 해석되는 것일 수도 있음을 상기시켜주기 때문에 흥미롭다.

이 절에서 지금까지 다루어진 주장들은 동일한 사회적 정체성을 지닌 사람들이 결국에는 동일한 해독을 한다고 가정하는 점에서 문제가 있었다. 따라서 팬 해독 실천을 그런 식으로 일반화하지 않으면서 어떻게 의미 있게 이론화할 것인가가 중요한 쟁점이 된다. 수 와이즈Sue Wise는 엘비스 프레슬리의 팬으로서 경험한 한 가지 사례를 말한다(Wise, 1984, 1990). 그녀는 어릴 때 엘비스의 팬이었다가, 대학 시절 친구들이 노골적인 유혹 행위의 상징이라고 엘비스를 배척하자 팬덤을 떠나게 된 자신의 이야기를 자서전적으로 시작한다. 그녀의 친구들은 엘비스를 여성을 정복하려고 작정하고 덤비는 남성 우월주의 유혹자로 여겼다. 1977년 엘비스 프레슬리가 죽자, 와이즈는 어린 시절 엘비스를 좋아했던 기억이 나서 엘비스 팬 잡지를 다시 꺼내 보았다. 거기서 그녀는 엘비스의 열성팬들이 엘비스를 묘사하는 이야기가 두 종류로 나뉘어 있음을 발견했다. 한쪽은 엘비스를 성적 탁월함을 특징으로 한 '거친 남신butch God'으로, 다른 한쪽은 누구든 친구로 좋아할 만한 상냥하고 다정한 '곰 인형teddy bear' 같은 존재로 보고 있었다. 그녀의 또래 친구들은 엘비스를 '남신'으로 여겼지만, 어렸을 적 와이즈에게 엘비스는 '곰 인형'이었다. 흥미로운 점은 두 인식 가운데 어느 것도 특정한 젠더나 사회 집단에만 속하지 않았다는 것이다. 성년 여성 팬은 자신들의 관심을 억누르기보다는 '거친 남신'의 해석을 한껏 즐긴다. 두 해석은 어떤 집단에 고정되지 않은 채, 팬이 각자가 지닌 이유에 따라 자기 편할 대로 사용하는 사회적 자원이나 수단으로 기능하고 있었다.

스타가 팬들에게 잠재적인 담론 자원이 된다는 견해는, 실제로는 스타의 이미지 해독이 수용자 구성원들의 특정한 정체성(예를 들어, 게이들)에 달려 있지 않으며, 의미 분석이 선호된 해독이나 '밀렵된' 해독의 문제로 제한될 수 없음을 시사한다. 그렇다면 특정 해독의 맥락을 어떻게 개념화할 수 있을까? 스탠리 피시Stanley Fish의 '해석 공동체interpretive communities'에 대한 저술과 다른 문학 연구들은 다음과 같이 답한다(Fish, 1980). 사람들이(여기서는 팬과 미디어 소비자) 읽고 해석하는 과정은 그들이 속한 독자 공동체 속에서 이루어진다는 것이다. 이 모델은 개인들의 읽기 행위가 공유된 관심사를 수행함을 뜻한다. 토니 베넷Tony Bennett과 재닛 울러콧Janet Wollacott은 『본드와 그 이후Bond and Beyond』(1987)라는 연구에서 그러한 견해를 보여주고 있다. 수용자에 대한 부분에서, 그들은 두 개의 상이한 프리즘을 통해 제임스 본드의 수용자를 바라본다. 읽기란 결코 중립적인 행위가 아니며, 피터 라비노위츠Peter Rabinowitz가 제시한 것처럼 ('로맨스로 읽기' 또는 '공포로 읽기'처럼) '~로 읽기'인 것이다. 장르는 우리가 텍스트에 던지는 질문과 우리의 해독 실천을 안내하는 기대를 설정한다(Jenkins, 1992: 133을 참조하라). 각각의 해독 구성체reading formation는 미디어 소비 '습관'을 통해 생긴 서로 다른 장르 기대를 가지고 텍스트를 접하는 전체 독자 집단을 대표한다. 그래서 로맨스 소설을 좋아하는 수용자들은 제임스 본드를 주로 로맨스 주인공으로 이해하는 데 비해, 냉전 첩보물을 좋아하는 수용자들은 본드를 매력적인 영국 스파이로 이해한다. 장르가 수용자와 제작진이 공유하는 관습 체계에 기초한 반면, 해독 구성체 개념은 장르적 기대들을 수용자 구성원의 마음에 분명하게 위치시키고, 장르 범주가 모호한 텍스트의 경우에도 그 기대들이 우리의 해석을 안내한다고 설명한다. 그 결과, 개인적인 미디어 소비의 여행이 텍스트 읽기를 틀 짓고, 그러한 읽기들이 모여서 텍스트에 대한 유사한 해석을 공유하는 공동체가 되는 것이다.

해석 공동체나 해독 구성체 개념은 팬들을 개인의 미디어 소비 이력 외에는 서로 상호작용하지 않는 고립된 존재로 보는 관점으로 돌아간다는 점에서 문제가 있다. 그 개념들이 놓치고 있는 점은 팬들이 흔히 (온라인이든 오프라인이든) 공동체를 형성하며, 담론적 수단을 통해서 해석들을 공유한다는 사실이다. 결과적으로 독자의 사회 정체성, 텍스트 자체(피하주사 모델, 기호학, 또는 작가주의처럼), 이전의 텍스트(독자 구성체에서처럼), 또는 공유된 이해 같은 것들에 의해 독자의 이해가 규정된다고 생각하기보다는, 광범위한 토론 형태가 의미를 이해하도록 안내하는 방식을 고려하는 것이 더 가치가 있을지도 모른다. 담론은 광범위하게 공유되고 사회적으로 정당화된, 특정한 대상에 대해 말하는 방식이다. 담론에 주목한다면, 담론에 대한 논의를 역사적으로 살펴볼 필요가 있다. 학술 연구 그 자체도 누가 대상에 대해 말할 수 있고, 또 무엇이 말해질 수 있는지를 설명하는 매우 구체적인 관련 규칙을 지닌 담론이다. 담론의 구체적인 접근 방법이나 초점은 세월이 흐르면서 변할지 모르지만, 담론이 대상을 다룬다는 점은 바뀌지 않는다. 예를 들어, 여기 3장에서 몇몇 학문분야의 역사(영화 연구, 문화연구 및 미디어 연구)를 제시했지만, 그것들은 모두 수용자로서 팬을 이해하는 사회적 과정에 해당된다. 최근 몇 년 동안 수용연구는 수용자가 미디어에서 본 것을 이해할 때 담론이 어떤 인지적 자원을 제공하는가에 관심을 쏟아왔다. 이러한 담론은 사회적 정체성(예를 들어, 젠더, 연령, 계층)과 관련되거나, 또는 특정 미디어 형식, 장르, 또는 텍스트('공상과학에 대한 대중적 담론'처럼)에 대한 것일 수 있다. 그러나 담론은 시청 그 자체(화면에서 폭력을 시청하는 것에 대한 도덕성 담론처럼)에 관한 것일 수도 있다. 팬이 관심 대상을 지각하고 이해하는 방식을 구조화하는 것이 담론이라고 할 때, 여기서 리터러시 문제가 제기된다. 미디어 리터러시media literacy 연구자들은 시청자가 시민으로서 미디어를 이해하고, 사회적으로 책임 있는 방식으로 그 이해를 활용할 수 있는 담론 자원을 갖추도록 해야 한다고 주장한다. 미디어 리터러시에 주목하는 것은 시청자들이 어떤 담론에서 교육받았는지, 그리고 그러한 교육을 받았는지 여부가 시청 경험에 대한 해석에 어떤 영향을 미치는지 살펴보는 것이다. 젠킨스는 "교실에 가보면, 학생들의 시뮬레이션에 영향을 주는 가정을 깨닫게 하는데 교사가 중추적인 역할을 한다"라고 주장한다(Jenkins, 2006: 214). 또한 팬들은 자신들의 미디어 형식과 관련해 높은 수준의 리터러시를 지닌, 그래서 그들이 좋아하는 텍스트의 미묘한 복잡성을 어떻게 이해할 것인가를 결정할 자격이 있는 공동체로 여겨진다. 이와 관련해 폴 부스Paul Booth가 수행한, 호러 팬들이 어떻게 영화 〈쏘우Saw〉의 비디오 예고편을 만드는가를 다룬 최근의 연구는 흥미롭다(Booth, 2012). 높은 수준의 '영화 리터러시cineliteracy'를 지닌 호러 팬들의 입장에서는, 외부인들이 보기에 가학적이고 위반적인 '고문 포르노'가 정상적인 것으로 해석될 수 있다. 다만, 텍스트의 절대적인 과도함 때문에 팬들은 그것을 창의적으로 재상상하도록 요구받는다.

우리는 담론과 리터러시 개념에 주목함으로써 우리 각자의 해독에 영향을 주는 경험 세계가 복잡할 뿐 아니라 변화하고 있음을 깨닫는다. 실제 역사에서 미디어, 텍스트, 수용자, 해독의 본질은 우리를 둘러싼 테크놀로지, 뉴스, 경험, 그 외에 정보적 자원이 늘어나고 바뀜에 따라 지속적으로 변화한다. 따라서 텍스트 이해하기sense-making에 관한 가장 급진적이지만 아마도 가장 현명한 주장은, 텍스트가 새로운 해독을 통한 부단한 재해석의 과정 속에 있다고 보는 것이다. 텍스트의 원래(아마도 의도된) 의미 같은 것은 없다고 보는 입장도 있다. 그래서 데리다는 "사실상 '책'이란 것은 없다. 끊임없이 다른 (해독의) 반복만이 있을 뿐이다"라고 말한다(Derrida, 1976; Spivak, 1976: xii에서 재인용). 우리는 매번 다른 의미를 만들어내는 일련의 반복 진술reiteration을 어떻게 이론화할 수 있을까? 제라르 주네트Gérard Gennette의 문학 연구에서 나온 개념(Gennette, 1997)에 기대서, 조너선 그레이Jonathan Gray는 미디어 텍스트성의 통상적인 경계 너머로 우리의 관심을 이동시킨다(Gray, 2010). **파라텍스트**는 텍스트의 가장자리 너머에 있지만 여전히 텍스트의 해석과 연결되어 있는 품목들이다. 주네트는 제목, 저자의 이름, 머리말처럼 출판된 생산물에 있는 추가분을 파라텍스트로 간주한 반면, 그레이는 이러한 생각을 확장해서 미디어 생산물뿐 아니라 그 생산물의 예고편, 논평, 다른 2차적 자료 모두를 파라텍스트로 간주한다. 좋은 사례로, 호러 비디오를 빌리거나 사기를 원하는 사람들에게 사전 판매된 허접한 비디오 영화 시절의 '요란한' 비디오 케이스를 들 수 있다. 영화에 대한 해석은 그 케이스'만' 봤는지, 영화'만' 봤는지, 또는 평상시처럼 케이스를 본 후에 바로 영화를 시청했는지에 따라 완전히 다를 수 있다. 파라텍스트는 해당 작품을 '과장'해서, 때로는 그 의미를 아주 근본적으로 변화시키기도 한다. 이는 또 다른 흥미로운 이슈를 제기한다. 즉, 수용자마다 접하는 파라텍스트가 각기 다를 수 있다는 것이다. 이러한 문제를 인지하며, 샌드보스는 팬 해석의 쟁점은 다의성polysemy(즉, 다른 해독을 가능하게 하는 텍스트의 개방성)이 아니라, 그가 명명한 '중의성neutrosemy'의 측면에서 고려되어야 한다고 주장한다. 중의성은 "팬 텍스트의 본래적인 의미를 광범위하게 없애는 것"을 의미한다(Sandvoss, 2005b: 824). 그는 "팬 텍스트에서 다른 의미들이 가능한 것은 볼프강 아이저Wolfgang Iser가 개념화한 것처럼 독자가 텍스트의 공백을 메워나가기 때문이 아니라, **경계를 규정하는 팬들의 능력**" 때문이라는 것이다(Sandvoss, 2005b: 832; 인용자 강조). 다시 말해, 우리가 본질적인 핵심 의미라든지 사회적 관련성을 텍스트에 붙어넣을 수 없다면, 이는 텍스트 자체가 어떤 것도 확정적으로 의미할 수 없기 때문이고, 따라서 우리의 관심은 텍스트에서 독자에 대한 현장 설명으로 더 근본적으로 이동해야만 한다.

독자가 실제로 의미를 만드는 방식에 초점을 맞추면 새로운 쟁점들이 제기되고, 우리는 이전 장들에서 제시되었던 팬덤 연구로 돌아가게 된다. 커트 랭커스터Kurt Lancaster의 연구가 여기에 해당된다(Lancaster, 2001). 그의 주장에 따르면, 팬들은 〈전함 바비론〉 시리즈를 둘러싼 파라텍스트, 텍스트, 제품들의 전체 구도를 통해 롤플레잉 세계에 몰입하고 상호 수행 과정에서 의미와 정체성을 구성하고 표현한다. 랭커스터의 연구에서, 팬은 텍스트 밀렵꾼이 아니라 텍스트 수행자textual performer다. 팬은 텍스트와 상반되는 해석이나 창의적 활동을 추구하려는 것이 아니라, 텍스트를 다양한 방식으로 일종의 사회적 자원으로 적극 활용하려 한다. 그의 연구는 매스컬처 비평이 제기한 수동적인 독자 모델과 문화연구 전통에서 취하고 있는 텍스트-독자모델 양자를 모두 피한다는 점에서 유용하다. 그는 수용자들이 텍스트를 이용해서 자신의 감정을 표현할 수 있다고 설명하지만, 개인 주체의 문제나 수용자들이 특히 〈전함 바비론〉과 열정적인 관계를 맺는 이유에 대해서는 설득력 있는 모델을 제시하지 못한다(Hills, 2002a: 41~42를 참조하라). 랭커스터의 관점에서 볼 때, 팬과 텍스트 세계의 관계는 본래적으로 사회적 수행과 연관된다(Sandvoss, 2005a: 45). 그렇다면 의미는 만들지만 팬 연구자의 관심을 끌 만큼 화려하게 사회적으로 그 행위를 수행하지 않는 팬도 존재할 수 있다. 예를 들어, CD를 듣는 팬을 연구한 카비치는 "음악의 해독에 관한 어떤 논의든지 청취자가 음악을 들을 때 무슨 일이 일어나는지, 팬의 경우에는 그 청취가 무슨 일을 발생시키는지를 다루어야만 한다"라고 설명한다(Cavicchi, 1998: 126, 인용자 강조). 그렇다면 생산된 의미는 사회적 상황에 어떻게 활용될까? 만약 수행이 그 질문에 대한 하나의 답변이라면, 또 다른 답변은 단순히 더 많이 즐기기 위해, 또는 삶에서 부딪힌 곤란한 상황에 대처하기 위해 팬들이 텍스트에서 특정한 의미를 만들고 활용하는 것이라고 말할 수 있다. 예를 들어, 로라 브루먼Laura Vroomen은 케이트 부시Kate Bush의 팬덤이 일상의 문제에 대처하는 하나의 방식이라고 기술한다(Vroomen, 2004: 243). 그렇다면 결국, 이론 역시 대처의 한 방식이라고 말해야만 한다. 연구자는 팬이 의미를 만드는 이유를 더 잘 이해하려고 기존에 축적된 이론과 창의적인 상상력을 활용하는 상호텍스트적인 독자다. 좋든 나쁘든, 어느 정도 그 해석은 항상 '그들(팬)의' 해석에 대한 '우리(연구자)의' 해석이며, 심지어 우리를 그들 속에 포함시킬 때조차 그러하다.

이 장을 통해서, 의미는 사회적이지만 미디어 문화의 참여자인 팬의 머릿속에서 (다시) 만들어진다는 것이 분명해졌다. 앞에서 살펴본 여러 이론이 전적으로 양립 불가능한 것은 아니다. 의미는 독자를 둘러싼 요소들의 배치나 네트워크의 여러 교차점에서 생겨날 수 있기 때문이다. 그러나 텍스트성을 중시하고 의미 만들기를 최우선의 문화적 활동으로 간주하는 것은 이 이론들의 한계다. 팬덤은 의미심장한 경험이지만, 그렇다고 해서 팬덤을 그 대상과 텍스트의 관계에서만 찾아야 하는 것은 아니다. 텍스트 밀렵이라는 개념은 의미 생산의 과정을 팬덤을 둘러싼 폭넓은 권력관계와 연결시키려고 시도한 반면, 우리의 관심을 텍스트성 개념이 설정한 의제에 머물게 했다. 그러나 똑같이 중요한 팬덤의 다른 차원을 고찰하기 위해서는, 텍스트의 의미를 기호학적으로 이해하려는 학문적 집착을 포기하는 편이 더 유익할지도 모른다.

4장 병리학적 전통

출발점

정상적인 팬 행동에서 스토킹과 같은 집착적인 팬 행동으로 변하는 것은 팬덤의 자연스러운 진행 과정인가?
존 레논의 암살은 극단적인 팬덤은 위험한 행동으로 이어질 수 있음을 증명해주는 사례인가?
팬 행동에 숨은 동기를 어떤 보편적인 심리학적 과정으로 설명할 수 있는가?

팬덤에 대한 연구는 일탈이라는 이미지에 사로잡혀 있다. 팬은 항상, 그 용어의 기원이 말해주듯, 잠재적인 미치광이로 설명된다. 이는 팬덤이 극단적이고, 광기어린 행위에 근접한 것으로 간주됨을 의미한다. 이 글의 목적은 팬의 개념이 어떻게, 그리고 왜 사회적이고 심리적인 병리의 이미지와 연결되고 있는지를 탐구하는 것이다. 다음 장에서 나는 팬의 두 가지 유형을 기술할 것이다. 강박적인 개인과 히스테리적인 군중이 그것이다. 나는 이 유형들이 팬과 팬덤에 대한 대중들의 이야기뿐 아니라 학술적인 설명에서도 어떻게 나타나는지를 보이려 한다. …… 일단 팬이 일탈로 규정되는 한, 팬은 평판이 나쁜, 심지어 위험한 '타자'로 다루어질 수밖에 없다.

Jenson, 1992: 9

　팬덤은 사회적으로 무해한 대중문화의 참여 형태이지만 자주 불신의 대상이 되어왔다. 최악의 경우 팬덤은 자아와 사회의 관계에 장애를 일으키는 일종의 악의 세력으로 묘사되어왔다. 디스토피아적인 공상과학영화 〈칠드런 오브 맨Children of Men〉(2006)은 2027년이 그 배경으로, 말 그대로 이 세상에 어린이가 하나도 없는 기이하면서도 '충격적인 미래'를 그리고 있다. 살아 있는 가장 어린 사람은 18세의 소년으로 그는 미디어 셀레브리티가 된다. 그의 이름은 베이비 디에고다. 이 영화는 런던의 한 카페에서 한 무리의 구경꾼들이 텔레비전에서 흘러나오는, "베이비 디에고, 칼에 찔려 사망"이라는 뉴스를 망연자실 쳐다보는 장면으로 시작한다. "목격자들에 따르면, 디에고가 사인을 요청한 한 팬의 면전에 침을 뱉었다고 합니다. 디에고는 이 때문에 다투던 와중에 사망했습니다. 이후에 그 팬은 화난 군중들에 의해 죽도록 두들겨 맞았습니다". 팬덤에 대한 이 영화의 묘사는 영화적 비유를 통해 깊은 의미를 전달한다. 서구 사회는 데카르트적인 몸과 마음에 대한 이분법에 기초해서 합리적이고 이성적인 개인의 명석한 정신에 우선권을 주고 있다. 팬덤은 흔히 이성이 억압하고 있는 감정적 과잉의 위험이나 군중 행위의 집합적 비합리성과 연결되곤 한다. 이 모델에 따르면 팬덤은 '취약한' 청소년들을 유혹할 수도 있고, 건강한 사람들을 미치게 할 수도 있는 디오니소스적 힘을 나타낸다. 팬덤은 집단 내부에 잠재해 있는 또는 집단을 사로잡고 있는 야수성으로 표현되는 사회적 질병이다. 지그문트 프로이트Sigmund Freud의 용어를 엄격하게 적용해보자면, 팬덤은 사회적인 광중으로 재현된다. 그것은 억눌린 성적 억압을 열광적이고 카타르시스적으로 분출하는 수단일 수도 있고, 일반 시민을 '기이한' 존재로 바꿔놓는 죽음 충동일 수도 있다. 20년 전에 젠슨은 팬덤에 대한 부정적인 두 가지의 스테레오타입을 정의하고 이에 도전했다. 이 스테레오타입들은 팬덤을 일반적으로 여성 팬(집합적) 팬덤과 남성 팬(개인적) 팬덤으로 구분하고, 이들을 문화적 일탈자로 간주했다. 이 장에서는 젠슨의 연구가 출판된 이후 얼마나 많은 일이 벌어졌는지 보여주려고 한다.

팬 연구가 등장하기 이전의 팬덤 대한 학술적 논의는 '비정상적이고 극단적인 팬덤'이라는 기존 관념을 되풀이하는 방식이었다(Jensen, 1992: 9). 팬을 집단적 히스테리에 빠졌거나 사회적으로 위험한 집착에 빠진 개인으로 보는 관점에서 벗어난 연구들이 얼마나 되는지 정리한 논의들도 있다. 일반적으로 문화연구, 특히 팬 연구는 팬의 이미지를 창조적이고 참여적이며 때로는 저항적인 개인으로, 그냥 보통 사람으로 재구성했다. 팬 연구는 팬을 창조적인, 순종적이지 않은 독자로 묘사함으로써 해당 주제를 분석하는 새로운 시각을 제시했다. 그러나 심리학의 일부 및 타블로이드 신문을 포함한 다른 문화적 영역에서는 그러한 팬 연구의 새로운 관점을 계속 무시했다. 이렇듯 팬을 부적절한 사회 구성원으로 보는 스테레오타입은 지속적으로 공격받았지만, 일부에서는 '극단적'인 팬덤을 여전히 비정상적인 일탈로 간주한다. 그러므로 팬덤에 대한 묘사는 필연적으로 정상성과 괴물성, 자아와 타자를 아우르게 된다.

이 장은 세 부분으로 나뉜다. 첫째로 나는 '경사길' 주장의 논리를 제시한 후 조목조목 반론을 전개할 것이다. 두 번째로, 마크 채프먼Mark Chapman의 사례에 초점을 맞추어, 왜 '미친' 팬덤이라는 스테레오타입이 대중 사이에서 계속 통용되는지 살펴볼 것이다. 마지막으로, 팬 연구에서 내세운 주장, 즉 팬이 되는 과정은 정상적인 심리적 과정이라는 주장을 검토할 것이다. 이 장에서 내 주장은 단순하다. 실제로 팬덤과 스토킹 같은 인격 장애 간에는 아무런 인과 관계가 없음에도, 분열된 주체나 일탈적인 타자 같은 표현을 사용해서 팬을 괴물로 묘사하는 것은 주류 수용자를 정상으로 표준화하는 동시에 미디어의 위험에 대한 대중적 비판을 불러왔다. 극단적인 팬덤이 계속 괴물 같은 존재로 간주되어 온 이유는 그것이 셀레브리티 문화의 위험에 대한 사회적 불안을 압축하고 있기 때문이다.

경사길 논증

병리학은 의학적인 문제를 연구하는 학문이다. 이 연구 전통은 평범한 팬덤이 광기, 사회적 일탈, 극단적 행위로 서서히 변해간다고 암시한다. 미디어와 강력하게 동일시하는 수용자들이 존재하는 상황에서, 심리학은 이에 대해 사회적 일탈 척도를 내놓았다. 제임스 하우런James Houran이나 존 몰트비John Maltby 같은 심리학자는 셀레브리티에 대한 애착을 비정상성 척도와 관련지어 연구했다(예를 들어, McCutcheon et al., 2002; Giles & Maltby, 2003을 참조하라). 이 연구에서 팬덤은 정상과 정신병 간의 경계를 탐구하기 위해 사용되었다. BBC

뉴스와의 인터뷰에서 몰트비는 다음과 같이 말했다. "셀레브리티를 숭배한다고 해서 바로 병리적인 문제가 있는 것은 아닙니다. 하지만 그렇게 될 위험에 처하게 됩니다. 이런 식으로 행동이 진행되어 가기 때문에, 일단 시작되면 멈출 방법이 없습니다."[1] 팬덤이 위험하다고 말하는 사람들은 흔히 팬 문화의 개개인이 취약하다고 주장한다. 각각의 팬은 자신이 무언가 매우 강력하고 비합리적인 것을 경험할 정도까지, 개인적인 강렬한 집착의 감정을 발전시킬 수 있기 때문이다. 이러한 가정에 따르면 집착적인 팬들은 사회적으로 고립되어 있고 자아도취적 환상을 가지고 있어서, 스타에 과도하게 고착되어버린 존재로 그려진다. 스타와 의사소통하려는 팬의 욕구가 충족되지 못하거나 스타가 기존에 구축된 자신의 이미지와 어긋나게 행동할 때, 감정적으로 깊이 몰입한 집착적인 추종자들이 격분에 못 이겨 스타를 공격하거나 살해하는 식으로 그 분노를 표출할 수 있다는 것이다. 이런 주장은 정말로 내부의 괴물을 막는 데 관심이 있는 것일까? 아니면 미디어에 출연해서 팬덤을 질병 취급하는 이야기를 늘어놓는 셀레브리티 정신과 의사들의 주장에 불과한 것일까? 최근 게일 스티버Gayle Steever는 셀레브리티 숭배 척도가 '정상적인' 팬들을 대상으로 정의되거나 검증된 것이 아니라며 그 척도를 사용하는 것에 반대했다.

> 만약 팬클럽 구성원의 상당수가 셀레브리티 숭배자 기준에 맞지 않는다고 하면 팬클럽이 셀레브리티 숭배자로 이루어져 있다는 주장은 믿기 어렵게 된다. 또한 팬클럽에 가입하면 좀 더 병적인 셀레브리티 숭배로 빠지게 된다는 주장은 실제 팬클럽을 보았을 때 사실이 아님을 알 수 있다. 셀레브리티 태도 척도Celebrity Attitudes Scale에서 얻은 점수를 근거로 어떤 사람을 팬이라고 추론하고, 또 그 척도가 그렇게 나왔기 때문에 모든 팬은 셀레브리티 숭배자라고 주장하는 것은 순환 논법이다(Steever, 2011: 1357).

심리학 연구자들은 이 점을 깨닫지 못하고 있는 것 같다. 전통적으로 심리학에서는 연구 대상을 팬 공동체 '밖에서' 모집하는데, 일반인 중에 미디어 팬이 아주 많기 때문에 그렇게 표집을 하더라도 미디어 팬이 포함되어 있을 것이라고 가정하는 것이다. 예를 들어 칼 로버츠Karl Roberts는 ≪형사사법의 응용심리학Applied Psychology in Criminal Justice≫이라는 학술지에 실린 논문에서, 존 볼비John Bowlby의 유명한 애착 도식schema of attachment을 응용해서 팬 집착을 설명했다(Roberts, 2007). 볼비의 작업은 유아 시절의 경험에 기초해, 자기불안과 타자회피라는 두 개의 차원을 기준으로 네 개의 애착 유형을 구별했다. 그것은 안정(자신과 타인을 둘 다 사랑한다), 두려움(자신과 타인을 둘 다 두려워한다), 사로잡힘(자신은 두려워하지만, 타인은 사랑한다), 무시(자신은 사랑하지만, 타인은 두려워한다) 등 네 가지다.[2] 칼 로버츠는 잠재적인 스토커는 자신에 대해 불안해하기 쉽지만, 타인에게는 더 접근할 수 있다고 가정한다(회피 척도는 낮게 나타난다). 다시 말해, 칼 로버츠는 팬이란 기본적으로 사교적이지만 의존적인 사람으로서, '사로잡힘'의 애착 유형에 속한다고 추정한다. 200명의 남녀 대학생을 대상으로 한 연구에서, 칼 로버츠는 절반 가까운 사례에서 어떤 방식으로든(대부분 팬메일로) 스타에게 접근하려고 시도한 경험이 있음을 발견했다(Roberts, 2007: 62). 누구도 스타를 괴롭히지는 않았지만, 접근을 시도한 팬은 스토커 용의자의 특성에 부합했다(Roberts, 2007: 66). 칼 로버츠는 논문에 다음과 같이 썼다.

> 유아기와 청소년기의 유사사회적 상호작용parasocial interaction은 사회적 발달의 정상적인 일부분이라고 간주되어왔다. …… 팝스타와의 낭만적인 유사사회적 상호작용은 청소년이 성년이 되었을 때 맺게 될 관계를 안전한 형태로 연습해보는 것일 수도 있다. …… 그러나 일부 개인은 셀레브리티와의 관계가 너무 중요해져서 그 관계가 그들의 삶을 지배하게 될 수도 있다(Roberts, 2007: 56).

그는 사로잡힘의 애착 유형과 스타에게 접근하려는 행동이 연결되어 있는 것을 발견했으며, 이는 사로잡힘 애착이 있는 사람은 셀레브리티 스토킹을 할 가능성이 있음을 시사한다고 결론 내렸다. 이 연구의 중대한 문제는 학생을 일단 팬으로 간주하고, 경험적 증거가 아니라 이론에 의존해서 팬이 스토커가 된다는 결론으로 비약하고 있다는 점이다.

전통적으로 팬 연구자가 아닌 사회이론가들은 팬덤을 불편하게 여겨왔는데, 그들이 보기에 팬덤은 멀리 떨어진 스타에 대한 상상된 친밀감에 기반을 두고 있어서 소외와 기만이라는 측면을 포함하기 때문이다. 1956년에 도널드 호턴Donald Horton과 리처드 월Richard Wohl은 시청자들이 어떻게 미디어 인물과 연결되는가라는 주제에 대해서 매우 영향력 있는 연구를 내놓았다. 「대중매체와 유사사회적 상호작용: 원거리 친밀성에 대한 관찰Mass Communication and Parasocial Interaction: Observation on Intimacy at a Distance」이 바로 그것이다. 유명 라디오 디제이에 대한 지식을 예로 들면서 호턴과 월은 우리는 우리 이웃보다 미디어 셀레브리티에 대해서 더 많이 알고 있다고 말한다. 이 연구에 따르면, 셀레브리티의 수행은 미디어 수용자의 반응을 불러일으키는 (소탈한 유머 같은) 몸짓 신호를 보낸다. 수용자는 미디어를 통해 그의 수행을 보면서 마치 그를 알고 있고 또 그와 상호작용하고 있다고 생각한다. 호턴과 월은 이러한 상황을 **유사사회적 상호작용**이라고 불렀다. 이러한 수용자의 반응은 건강하지 않은데, 왜냐하면 그것은 일방적인 전달이지 진정한 교환이 아니기 때문이다. "(매스 미디어는) 면대면 관계인 듯한 착각을 불러일으킨다. …… 결국 헌신하는 자, 즉 팬은 자신이 다른 사람보다 그 페르소나와 더 친밀하고 그를 더 깊이 '알고' 있다고 믿게 된다"(Horton & Wohl, 1956: 216).

호턴과 월의 연구가 출판되고 50년이 지났다. 유사사회적 상호작용이라는 개념은 팬덤 연구에서 특히 심리학자에 의해서 광범위하게 다루어졌지만 팬 연구에서는 별로 논의되지 않았다. 그럼에도 이 용어는 학계에서 다양하게 사용된다.3 슬라보예 지젝Slavoj Žižek은 그의 이름을 딴 다큐멘터리 〈지젝!Žižek!〉에서 자크 라캉Jacques Lacan이 지닌 미디어 셀레브리티의 이미지에 불편함을 토로했다.

이데올로기 개념의 핵심은 바로…… 이데올로기적인 진술들이 우리를 완전히 결정하지 못한다는 데 있습니다. "우리는 공적 이미지로 환원될 수 없다. 그 뒤에는 따뜻한 인간이 있다." 이것이야말로 가장 순수한 형태의 이데올로기입니다. 제가 볼 때 가장 끔찍한 (진짜로 끔찍하고 가공할 만한) 대항 이데올로기적인 행위는 이데올로기적 이미지와 완전히 동일시하는 것입니다.

지젝에 따르면, 미디어는 우리가 미디어를 통해 사람들을 만나고 알게 된다고 주장하지만 사람들은 이를 믿지 않는다. 이러한 생각은 전자 미디어는 점점 더 소외되고 비인간적인 미디어 소비 과정으로 우리를 끌어들이기 위해 우리의 인간적 공감 능력을 끌어올리려는 술수에 지나지 않는다는 주장의 최신판이다.* 셀레브리티 이미지와 동일시할 수 있다는 점이 지젝에겐 아무런 문제가 되지 않는데, 이렇게 생각하는 학자는 그 말고도 여럿이 있다.[4] 미디어 문화 연구 내부를 벗어나면, 학자들과 미디어 모두 팬덤은 스크린 이미지에 대한 중독을 상징적으로 보여주는 것이며, 그렇기 때문에 팬덤에 무언가 문제가 있다고 생각해왔다. 의학 용어로서의 중독은 개인이 통제력을 상실하고 어떤 음식이나 약물을 건강 유지에 필요한 것보다 더 많이 취하는 상태를 의미한다. 장기적인 과다복용은 소비를 중단하면 금단현상이 발생할 정도로 정상적인 활동을 할 수 없게 한다(Harrington & Bielby, 1995: 108). 따라서 팬을 중독에 빠진 사람이라고 보는 관점은, 그가 사회적 역할을 제대로 할 수 없다고 보는 입장이

---

* 옮긴이들은 저자인 마크 더핏이 지젝의 논점을 오해하고 있다고 생각한다. 즉, 더핏은 지젝이 '미디어는 거짓에 불과하다'고 비판한다고 오해한다. 그러나 사실 지젝은 다른 저술들에서, 우리가 이데올로기(또는 미디어의 주장)를 믿지 않는다고 스스로 자신하면서 (싸우지 않고 관망하는) 냉소적인 태도를 갖는데, 이것이 오히려 이데올로기 효과를 보장한다고 주장한다. 이런 논리에서 지젝은 이데올로기의 표면적 주장을 그대로 받아들이는 몸짓이 때로는 더 가공할 만한 대항이데올로기 행위라고 본다. 따라서 옮긴이들은 더핏이 위의 미디어 팬덤 논의에서 지젝을 인용한 것은 적절하지 않았다고 판단한다. 지젝을 아는 독자라면, 지젝을 인용하는 부분부터 의미가 매끄럽지 않고 논리도 이상하다는 점을 알아챘을 것이다. 독자를 위해 옮긴이들이 이해한 바대로 지젝의 의도를 살리고, 동시에 저자의 원문을 최대한 고려해 해당 문장을 다시 번역한다면 다음과 같이 말할 수 있을 것이다. "그런데 지젝이 보기에는 미디어를 믿지 않는다는 자신감이야말로, 오히려 우리를 소외되고 비인간적인 미디어 소비 과정으로 더욱더 끌고 들어가는 전자 미디어의 교묘한 최신판의 술수다."

다. 이어질 내용에서는 이러한 경사길 논리를 조목조목 짚어보겠다.

다양한 팬 커뮤니티에 참여한 20년간의 경험과, 팬 150명에게 얻은 자료를 통해서 게일 스티버스Gayle Stevers는 많은 팬이 셀레브리티에 대해 매우 깊은 관심을 갖고 있는 것은 사실이지만, 대부분의 팬은 집착의 정도가 심하지 않고 사회적 동기가 더 강한 부류에 속한다는 것을 발견했다(Stevers, 2009). 즉, 그들은 셀레브리티의 작품에 대한 관심이나 다른 팬과의 네트워크 가능성에 대한 관심 때문에 팬이 된 사람들이다. 그러나 경사길 논증은 이렇게 많은 보통의 팬이 무엇을 하는지 알아보려고 하지 않는다. 젠킨스는 다음과 같이 말했다.

> 흔히 뉴스 보도는 팬이라는 용어가 전통적으로 광기나 신들림과 연결되어온 점에 기대어 팬을 사이코패스로 묘사한다. 즉, 스타와의 친밀한 관계를 향한 환상이 좌절되거나, 스타덤에 오르려는 자신의 욕망이 충족되지 못할 때 팬이 폭력적이고 반사회적인 형태로 변한다는 것이다(Jenkins, 1992: 13).

사람들이 대중문화에 관심을 갖는 것은 그것이 자신의 개성을 표현하는 손쉬운 방법이기 때문이다. 그런데 팬덤을 정의하는 방식에서 생기는 차이들이 병리학적 판단의 증거로 이용될 수도 있다. 이러한 병리화를 변명하는 데 쓰일 수 있는 팬덤 자체에 고유한 정도의 차이가 있다. 즉, 팬이 된다는 것은, 창의성이든 재능이든 외모든 스타일이든, 다른 사람의 어떤 점을 흠모하거나 그들이 창조해낸 감정 세계에 참여한다는 의미다. 예컨대 대중 스펙터클인 록 콘서트 같은 경우에, 팬들은 관계의 감정적인 측면을 공개적으로 수행하며 그 현상의 일부가 된다. 그러나 경탄하는 것과 굴종하는 것, 그리고 참여하는 것과 조작되는 것 간에는 분명한 차이가 있다. 팬덤을 굴종하는 존재, 조작되는 존재라고 생각하는 것은 팬에게는 어떤 행위성도 없거나 팬이 좀 더 큰 보상을 위해 행위성을 포기했다고 보는 입장이다.

학자들 중에는 집착적인 팬덤은 야만 상태로 추락할 수도 있다고 주장한 사람도 있었다. 경사길 논증의 드라마에서 그다음 단계는 이런 식으로 진행된다.

팬들 중 일부는 점차로 정신 상태가 악화되는 과정을 겪는다. 사회적 고립, 유사사회적 상호작용, 건강하지 않은 환상이 이들을 점차 어두운 측면으로 이끈다. 이러한 생각은 J. 레이드 멜로이J. Reid Meloy 등이 이 주제에 대해 편집한 책에 잘 나타난다.

> 하지만 명성의 주변부에는, 자신의 개인적 환상과 유명 인사의 공적 행위를 구분하는 능력이 떨어지는, 아주 소수의 개인들이 존재한다. 이들은 자신들이 유명인사를 따라 다닐 권리를 가지고 있다고 믿으며, 때로는 폭력을 저지를 위험을 내보이기도 한다. 그들은 혼자 배신을 당했다고 생각하며 자신이 모욕을 당했다고 느끼기도 한다. 또한 애정 어린 또는 성적인 초대를 받았다고 생각해 열광적으로 사랑에 빠지거나, 단순히 유명 인사의 일상에 집착하기도 한다. 그러한 개인은 유명 인사에게 고착되는 것 외에는 아무것도 하지 않는다. 어떤 이들은 상대방이 불안감을 느끼는 방식으로 의사소통하거나 접근한다. 몇몇은 위협하기도 한다. 그리고 드물게는, 유명 인사의 개인 영역을 침입해 그들을 공격하기도 한다(Meloy et. al., 2008: 3).

이 도식의 첫 번째 단계는 스크린 이미지에 중독되고 난 후, 집착적인 소수의 팬이 자신의 일상생활에서 실제 사회관계를 맺지 못할 정도로 사회적인 나침반을 잃어버리는 시기다. 그 결과 팬이 팬덤 때문에 고립되는 상황이 온다. 이렇듯 미디어에서 보내오는 '가짜' 신호에 팬들이 '진짜로' 반응한다고 가정하는 관점은 호턴과 월, 그리고 지젝이 제기한 주장과 일맥상통한다.* 다시 말해 팬의 혼동은 인식론적 혼동(팬은 더 이상 '진짜' 대인관계와 '가짜' 대인관계를 구분하지 못한다)이자 사회적 혼동이다(그들은 '실재'하지만 매력이 없는 축에 속하는 사람들과 친하게 지내려고 하지 않는다). 멜로이와 그 동료들에 따르면, "정신병적

---

* 142쪽의 역주를 참고하라.

개인에게는 내부와 외부의 경계가 없다. 환상이 곧 현실이다"(Meloy et. al., 2008: 19). 모든 팬이 공연에 반응하고 그중에는 환상에 빠지는 사람도 있는 것이 사실이지만, 우리는 여전히 환상과 현실을 구분할 수 있다. 물론, 일반적인 팬을 정신병자로 낙인찍는 것이 바로 유사사회적이라는 스테레오타입이다. 더 중요한 문제는, 하필이면 팬이지만 원래 정신병이 있는 사람을 '극단적' 팬덤의 전형적인 대표로 설정한다는 점이다. 예컨대, 브라이언 스피츠버그Brian Spitzberg와 윌리엄 쿠파William Cupach는 한편으로는 대부분의 스토킹 사례가 셀레브리티를 스토킹하는 팬과 관련이 없다고 조심스럽게 말하면서도(Spitzberg & Cupach, 2008: 292), 다른 한편으로는 다음과 같이 설명한다. "참여해서 쫓아다니다보면 팬들은 선을 넘게 되고, 이때 '스토킹이라는 유령'이 나타난다. …… 이 선을 넘는 것은 단계를 지나면서 가속될 수 있다"(Spitzberg & Cupach, 2008: 293). 이러한 언급은, "이슈 중심적이고 정치적인 동기에서 시작된 것처럼 보였던 공적 인물에 대한 추종이 몇 가지 심각한 정신적 장애를 감출 수도 있다"(Meloy et. al., 2008: 16)라는 멜로이와 그 동료들의 주장과 대조해볼 때 흥미로운 이중 기준을 제시한다. 즉, 팬덤 역시 특정 개인이 "자신의 심각한 정신적 장애를 감출 수 있는" 곳으로 볼 수 있지만, 실제로 대다수는 팬덤을 보통 사람과 스토커를 구분하는 '아슬아슬한 경계선'으로 점차 다가가게 하는 유혹으로 본다.[5] '타락한 팬fallen fan'은 바로 이러한 관점에서 나온 개념으로, 그들은 전형적이지 않음에도 마치 팬덤 자체를 대표하는 것으로 간주되는, 전체 인구에서 위험하게 고립되어 있는 작은 집단이다(그들은 팬층에서도 극히 일부다). 〈코미디의 왕King of Comedy〉(마틴 스코세이지Martin Scorsese 감독, 1983)이나 〈미저리Misery〉(로브 라이너Rob Reniner 감독, 1990) 같은 영화에는, 저널리스트인 줄리 버칠Jullie Burchill이 '다락방의 팬'이라고 명명한 상투적인 캐릭터가 나온다. 그 용어는 고립되어 있고, 사회적으로나 감정적으로 미성숙하고, 미디어를 통해 갖게 된 환상에 사로잡혀 있으며, 사회에서 존경받는 위치를 차지하지 못하는 사람을 일컫는다.

경사길 논증에 의하면, 그다음 단계에서는 일부 팬이 실제 사회관계보다 매개된 관계를 선호하기 시작한다. 그들은 자신의 팬덤 때문에 단절되어 일상적인 관계들로부터 고립되며, 도덕적 나침반을 상실하게 된다. 사실이 그 반대일 수도 있는지(즉, 매개된 관계가 실제 관계에서는 얻을 수 없는 안정감을 준다) 여부는 전혀 고려하지 않고, 경사길 논증은 우리가 홀로 친밀한 관계를 외면하고 짝사랑에 만족하는 식의 소외된 상호작용을 실제로 더 선호하게 된다고 주장한다. 경사길 가설에 따르면 팬덤의 그다음 단계는 '환상에 빠지기'로, 우리가 스타를 직접 만날 수 없기 때문에 팬은 필연적으로 환상에 빠질 수밖에 없다는 것이다. 그러나 내가 진행한 연구에 따르면, 팬의 환상은 팬으로서 개인의 역할을 이행하는 것을 중심으로 삼는다. 예컨대 팬은 맨 앞줄에서 멋진 라이브 공연을 보거나, 매우 희귀한 음반을 얻기를 꿈꾼다(Duffett, 1998을 참조하라).

경사길 논증 도식의 다음 단계는 고립되고 소외된, 사회적으로 부적절한 성향을 지닌 팬이 셀레브리티와 직접적인 접촉을 시도하는 것이다. 예컨대 심리학자인 칼 로버츠는 다음과 같이 주장했다.

먼저 잘 알려져 있듯이, 일부 팬들이 자기가 좋아하는 셀레브리티에 대한 병적인 관심을 발전시켜 셀레브리티에게 접근하거나 연락하려고 반복적으로 시도하는 경우가 있다(Giles & Maltby, 2003; McCutcheon, Lange & Houran, 2002). 이런 행동과 관련된 심리적 특성을 파악하면, 이들을 치료할 방법을 찾아내는 데 도움이 될 것이다. 두 번째로, (셀레브리티에게) 접근하는 행동이 셀레브리티에게 해를 입히게 되거나 두려움을 주게 되는 경우에는 법적 조치를 고려할 수 있다(Roberts, 2007: 55).

여기서 로버츠가 말하는, '반복적 접근 시도'가 환영받지 못하는 경우가 바로 스토킹이다. 스토킹은 단순히 사람을 따라다니는 행위뿐 아니라, 공간적·심리적 경계를 넘어 (개인의) 공간에 침입하거나 그 사람을 괴롭히는 행위를 말한다. 팬이 그런 행위를 하는 것은 (셀레브리티와) 연결되고 싶기 때문이다. 인격 장애 중에 연애망상erotomania이라는 것이 있다. 연애망상은 환자가 어떤 사람이 자신과 사랑에 빠졌으며 성관계를 맺기 위해 접근하고 있다는 망상을 갖는 것으로 흔히 볼 수 있는 장애는 아니다. 연애망상 환자는 어떤 대상이 자신에게 적극적으로 구애하고 있다는 잘못된 믿음을 갖는다. 이는 유사사회 상호작용적 차원이기 때문에, 연애망상은 왜곡된 팬덤에 대한 묘사에 들어맞는 것처럼 보인다. 그렇다면 과연 팬덤과 정신 장애로 표현되는 스토킹은 정말로 관계가 있을까? 해링턴과 비엘비는 멜로이와 그 동료들의 셀레브리티 스토킹에 대한 기존 연구를 살펴보고 나서, 연애망상으로 확진을 받은 환자들 중 단지 5%만 폭력적이고, 214건의 스토킹 사례들 가운데 16%만이 연애망상의 환상과 관련되며, 연애망상 환자 가운데 자신이 스타와 결혼했다고 믿는 사람은 고작 5%에 지나지 않는다는 점을 지적했다(Harrington & Bielby, 1995: 109). ≪종합정신의학Comprehensive Psychiatry≫에 실린 연구에서, N. 케네디N. Kennedy와 그 동료들은 다음과 같이 말한다.

15명(여성 11명, 남성 4명)의 연애망상 환자 중 대다수는 고립되어 있었고 동반자도 없었으며 정규직도 아니었다. …… 그들 중에서 자신이 좋아하는 대상을 괴롭히는 경우는 절반이 되지 않았으며, 그 대상도 대부분 셀레브리티가 아니었다. …… 이러한 맥락에서, 연애망상 증상은 대부분 다른 심리적 장애와 관련해 발생했다. …… 환자들은 위험한 편이 아니었고, 또 선행연구가 보고한 바와 달리 괴롭힘과의 관련성도 적었다. 환자들은 대부분 고립되어 있고 직업이 없었으며, 사회적 접촉도 거의 없었다. 특히 단일 환각 장애는 가족력과 밀접하게 관련되어 있는 것으로 보아 유전일 가능성이 높았다(Kennedy et al., 2002: 1).

여기에는 몇 가지 중요한 점이 있다. 먼저 셀레브리티는 높은 지위를 갖는 반면 연애망상 환자는 흔히 사회적으로 주변화된(실업 상태인) 사람들이라는 점에서, 연애망상은 1차적으로 사회적 불평등에 기인하는 병리다. 두 번째로 대부분의 연애망상 환자는 비폭력적이며 스토킹 행동을 하지 않는다. 세 번째로 연애망상이 발생하는 원인은 다양할 뿐 아니라, 연애망상은 이른바 팬의 사회적 고립이 정점에 치달을 때가 아니고 갑작스럽게 머리에 타박상을 입는 등 육체적인 손상이 일어난 이후에 발생하기 쉽다. 마지막으로 셀레브리티를 따라다니는 행동이 연애망상과 관련되어 있는 일은 거의 없다. 물론 스타가 위협을 받았다고 느낄 수도 있기 때문에 1%의 가능성도 매우 큰 것이긴 하다. 셀레브리티 스토커는 정말 복수심에 찬 과거의 팬일까? 칼 로버츠가 그의 연구에서 발견한 바는 다음과 같다.

> 본 연구에 따르면 셀레브리티에게 연락하고 접근하려는 동기는 다른 개인을 스토킹할 때 흔히 갖는 동기와는 다른 것으로 보인다. 스토킹 행위는 대부분 연애 관계를 시작하거나 이를 되살리려는 욕망과 관련된다(Meloy, 1998; Mullen et al., 2000). 그러나 이 연구에 참여한 사람들의 자기 보고서에는 그러한 동기를 언급한 경우가 없다(Roberts, 2007: 50).

연애망상을 팬덤의 동기로 간주하는 것에 문제가 있음에도, 일부 심리학자들은 여전히 극단적인 팬덤이 잠재적으로 위험하다고 확신하고 있다. 팬은 자신의 영웅에게 고착되어 있어서 그 영웅에게 무시당하면 기대가 어긋난 데 실망해서 격하게 반응을 보일 것으로 예상되기 때문이다. 드물기는 하지만 감정적으로 깊이 몰입하던 팬이 마음이 변해서 영웅에게 적의나 분노를 표현하거나, 영웅을 괴롭히거나, 심지어 영웅을 살해하는 경우를 심심치 않게 볼 수 있다. 극적인 경사길 모델에서 각 단계들은 다음과 같은 논리 구조를 따라 진행된다. 즉, 팬들 중 일부는 유사사회적 상호작용, 사회적 고립, 환상에 빠지기 쉽고, 그래서 자신의 정신세계에서 어두운 측면을 실행해 점차 침입하는 집착적인 스토킹 행위에 이르게 된다. 그러다 어느 순간 스타가 팬을 인정하지 않으려 하거나 의도치 않게 팬의 분노나 살인 충동이 들 정도의 적개심을 촉발할 수 있다. 심리학 연구에서 경사길 논증이 중요하다고 하는데, 그것은 이 증상이 약한 수준의 괴롭힘이나 침입에만 그치는 것이 아니라 심각한 폭력이나 때로는 살인도 야기할 수 있기 때문이다. 앤서니 엘리엇Anthony Elliot은 다음과 같이 말한다.

셀레브리티와 동일시하는 과정에서, 팬은 일련의 환상과 욕망을 분출시키고 투사적 동일시를 통해 셀레브리티에게 자신의 희망과 꿈을 전이한다. …… 정신분석학적 용어로 말하면 이는 일종의 분리다. 즉, 상상된 선한 것을 자아의 악하고 파괴적인 부분으로부터 보호하기 위해서 자아의 좋고 바람직한 부분을 다른 이에게 투사하는 것이다. 그러므로 팬덤에 고유한 특이한 종류의 폭력이 있다. …… 팬과 셀레브리티의 관계는 폭력이 그 안에 내재해 있기 때문에 문제가 된다 (Elliot, 1999: 139; 인용자 강조).

힐스는 엘리엇의 설명이 정신분석학적 논증에서 '미친' 팬덤이라는 스테레오타입으로 옮겨간다고 본다(Hills, 2002a: 97). 힐스는 해당 단락을 인용한 후, 곧바로 다음과 같이 결론 내린다.

엘리엇은 편집-분열적 자리에 관한 멜라니 클라인Melanie Klein의 연구에 의존해서 '투사적 동일시'를 언급하고 있다. 엘리엇이 설명하듯, 투사적 동일시는 자아의 위험하거나 부인하려는 부분을 누군가에게 투사하는 심리적 과정이다. 그러나 이렇게 자아의 일부를 제거하려는 시도가 완전히 성공을 거두지는 못한다(Hills, 2002a: 96; 원저자 강조).

엘리엇과 힐스의 인용을 비교할 때 흥미로운 점은, 의도적으로 부인된 심리 내용을 그들이 서로 반대로 이야기한다는 점이다. 엘리엇은 자아의 좋은 부분이 영웅적인 셀레브리티에게 투사된다고 했고, 힐스는 자아의 위험한 부분이 셀레브리티에게 투사된다고 했다. 셀레브리티는 어느 정도 타자화되거나, 미움을 야기하는 대상으로 간주된다. 상상의 팬이(그리고 여기서 팬은 단지 상상된 존재다) 셀레브리티를 사랑하다가 미워하게 되는 변화 과정에는 어떤 계기가 있어야 한다. 많은 연구에서 이러한 순간은 셀레브리티가 무심결에 팬이 상상하는 사회적 계약을 깨트릴 때 온다고 말한다. 부분적으로 경사길 논증은 견고한 일반화에 기반을 두는 것처럼 보인다. 팬은 영웅을 만나려는 목표에 매우 충실하고 어떤 셀레브리티도 자신의 공간이나 프라이버시에 대한 통제권을 잃고 싶어 하지 않는다.[6] 그런데 이러한 특징이 있다고 해서 경사길 논증의 주장이 옳다고 할 수 있을까?

경사길 논증을 넘어서

경사길 논증은 팬덤이 아니었으면 정상적이었을 사람이 대중문화에 관여해서 폭력적으로 미쳐버리고 살인 강박에 사로잡히는 왜곡된 여정을 경험한다고 가정한다. 이 논증은 그러므로 정상, 약간의 일탈, 위험한 행동에 이르는 다양한 사례를 작위적으로 연속적인 심리 진행 단계로 바꿔버리고, 이를 다시 이상화된 어떤 개인이 겪는 여행으로 상상한다. 경사길 모델은 논리적인 듯 보이지만, 고립된 일부 사례를 가지고 가설을 만들고, 그 가설로 논의를 이끌어가는 일반화의 오류를 범하고 있다. 이 과정에서 팬덤을 심각하게 잘못 해석하고 또 잘못 재현해서 팬덤을 정신질환과 혼동하게 만든다.

졸리 젠슨이 설명했던 것처럼, "병리학으로서의 팬 모델은 '정상'과 과도한 팬덤 간의 경계가 분명하지 않다고 가정한다"(Jensen, 1992: 18). 따라서 경사길 논증에는 몇 가지 방법론적 논란이 존재한다. 예를 들어 칼 로버츠의 2007년 연구는 일반 학생들을 대상으로 한 연구를 팬에 대한 연구라고 주장했는데, [옮긴이: 연구자의 가설과 달리 셀레브리티를 좋아하는 사람 중에] 스토킹 행위를 한 적이 있다고 대답한 사람은 찾기 어려웠다. 이 두 가지 문제 외에도, 로버츠는 경사길 논증을 선험적 전제로 받아들여 '스타를 접촉한 사람들은 타인을 좋아하고 자기는 싫어하기 쉽다'는 설명에서 '팬들은 더 자주 스타에 접근하기 때문에 스토커가 되기 쉽다'는 주장으로 비약한다. 꽤 최근의 연구에서도 이러한 팬 스테레오타입이 여전히 중요하게 나타난다는 것을 알 수 있다. 팬들이 자신들에게 영웅에게 가까이 다가서려고 하는 욕망이 있음을 인정하는 것은 사실이지만, 심리학자들은 팬덤을 (유사사회적 상호작용 관계처럼) 멀리서 실제 삶을 안전하게 연습하는 어린이 단계로 본다. 경사길 논증과 이를 연결해서 보면 헌신적인 팬들은 역설적으로 미성숙하고 취약하며, 잠재적으로는 위험한 사람들로 보인다. 칼 로버츠는 더 나아가 스타에게 다가가려고 하는 시도가 스타를 괴롭히는 데로 나아가는 중간 단계라고 말한다. 이 절에서는 왜 이러한 이야기가 대중들의 상상 속에 깊이 자리 잡고 있는지 탐구하면서, 경사길 논리의 주장들을 하나하나 반박할 것이다.

경사길 논리를 반박하기 위해서는 팬덤이 반복된 행동에 빠져들며 시작된다는 주장에서 출발해야 할 것이다. 슬래시 영화에서부터 댄스 뮤직에 이르기까지 대중문화에는 반복이 그 구조를 구성하는 형식들이 있다(Middleton, 2006: 15를 참조하라). 예를 들어, 라이브 공연에서 가수는 관객을 위해 이미 녹음해서 발표했던 곡을 신중하게 반복해서 연주한다. 팬은 동일한 텍스트를 반복해서 즐기는 수용자다. 팬이 누리는 즐거움의 많은 부분은 이렇듯 동일한 내용을 반복해서 접하고, 그 구조를 예측하는 데서 온다(Jenkins, 1992: 69). 프로이트는 반복에 대해 다음과 같이 설명했다.

환자는 자신이 잊어버리고 억압했던 것에 대해 아무것도 기억하지 못했지만 행동으로 그것을 보였다. 그는 기억이 아니라 행동으로 그것을 나타냈다. 그는 그행위를 반복하는데, 물론 그는 자신이 그러고 있다는 사실을 알지 못한다. 그것은…… 그것은 과거의 사건이 아니라 현재에 영향을 미치는 힘이다(Freud, 1914/2001: 150~151).

반복 과정은, 적어도 프로이트의 설명에 의하면, 쾌락을 반복하는 행위가 아니라 억압된 트라우마를 행위로 표현함으로써 그것을 몰아내는 행동이다. 하지만 이를 팬덤과 관련시키기는 어렵다. 팬덤이 공통으로 가지고 있는 어떤 명백한 트라우마가 없기 때문이다. 그럼에도 다른 종류의 반복 행동을 나타내는 매혹이나 고착 역시 심리학에서 관심을 갖는 비정상성을 포함하고 있는 행동으로 간주되는 경향이 있다. 팬덤을 프로이트적 의미의 '반복 강박'의 표출로 기술하는 것은 문제가 있다. 왜냐하면 팬은 트라우마적 순간을 반복적으로 상연함으로써 불안을 몰아내려고 노력하지 않기 때문이다. 팬들의 관심은 서로 친목을 도모하고, 그들의 관심사와 공명하는 구조나 주제나 가치가 담겨 있는 텍스트에서 즐거움을 재발견하는 데 있다. 반복은 즐거운 기억을 주었던 대상들을 다시 불러냄으로써 이 즐거움을 확장시킨다. 팀 로비Tim Robey는 최근에 쓴 한 칼럼에서 히치콕의 영화 〈현기증Vertigo〉에 대해 다음과 같이 말한다.

> 나는 〈현기증〉이 근본적으로는 성장하는 식물과 같다는 점을 깨닫지 못했다. …… (우리는) 그 영화를 반복적으로 볼수록 더 많은 내용을 이해할 수 있다. 그 영화를 볼 때마다 점점 더 깊이 꿈꾸며, 다시 잠재의식의 영역으로 더욱더 깊이 들어가는 것 같은 경험을 한다. (주연 배우인) 제임스 스튜어트James Stewart가 연기하는 스코티 퍼거슨이 모든 실수를 다시 반복하리라는 것을 알고, 킴 노박Kim Nobak의 모든 모습(우아하게 고혹적이며 속임수라고는 모를 것 같던 모습에서 상대방을 능숙하게 속이고 마침내 비운을 맞는)도 알고 있으면서 그 영화를 다시 보는 일에는 무언가 유사종교적인 구석이 있다(Robey, 2012: 1).

로비의 언급은 즐거움이 매번 새로운 소소한 내용에서 올 수도 있고, 매력적인 장면을 다시 보는 데서 올 수도 있으며, 텍스트가 전개되면서 어떤 일이 벌어질지를 예측하는 데서 올 수도 있음을 의미한다. 즐거운 문화적 소비라는 맥락에서 그 과정은 그 자체로 짜릿하고 매혹적이다.

경사길 논증은 팬이 환상에 빠져 현실감을 상실한다고 본다. 사실 팬의 즐거움은 '실제'라는 개념 자체를 가지고 노는 데서 나온다. 스타들은 미디어 재현을 통해 우리가 일상적으로 생활하는 삶 속에서 함께 살고 있기 때문에, 그들이 사람들의 꿈이나 백일몽이나 환상에 실제로 나타난다고 해서 놀랄 일은 아니다(Vermorel & Vermorel, 1985; Turner, 1993을 참조하라). 환상 개념이 경사길 모델에서 중요한 것은, 그로 인해 팬들이 무엇이 현실인지를 구분하지 못하는 인식론적 실수를 저지르게 된다고 가정하기 때문이다. 경사길 모델에 따르면 팬은 현실과 환상을 구분할 수 없다. 예를 들어 텔레비전 이야기에 빠져서, 팬은 흔히 스타를 그가 연기한 캐릭터의 이름으로 부른다. 해링턴과 비엘비에 따르면 팬이 현실과 허구의 경계를 가지고 노는 것으로 보이긴 하지만, 그렇다고 결코 캐릭터와 배우의 정체성을 혼동하는 것은 아니다(Harrington & Bielby, 1995: 110). 예를 들어 내가 신나서 제임스 본드의 역할을 맡은 다니엘 크레이그Daniel Craig를 "이봐 제임스!"라고 부를 수 있지만, 그렇다고 내가 (역주: 그를) 진짜 제임스 본드라고 믿는 것은 아니다. 한편으로는 다른 사람의 스타일과 유사해 보인다는 사회적 인정을 얻어내야 하면서도 다른 한편으로는 자신의 정체성을 유지해야 하는 곤경에 처한 모사자들의 경우도 마찬가지다. 우리는 스타의 개인적 삶이나 텍스트 안으로 들어가기를 바랄 수도 있고, 유명하거나 허구적인 캐릭터가 우리 일상의 삶의 일부가 되기를 바랄 수도 있다. 이는 화려한 매력의 유무에 따라 정해진 사회적 권력의 불균형을 대등하게 만들어주는 방법이기 때문이다. 하지만 일반 팬 중에서 그러한 불균형이 이미 극복되었거나 꿈속에 살고 있다고 믿는 사람은 없다.

팬덤이 반드시 '거리를 둔 접촉'을 전제로 하는 것은 아니다. 그렇게 주장하는 것은 우리가 스크린에서 스타들을 볼 때 그들을 대리로 만나고 있다고 주장하는 존재론적 오류이다. 미디어를 통해 전달되는 스타의 행동은 그 자체로 정체성을 수행하고, 명성을 축적하고, 수용자들이 스타에게 가까이 가거나 스타를 더 알고 싶은지 결정할 수 있게 하는 일련의 몸짓으로 이해되어야 한다. 팬덤은 바로 그런 욕구[옮긴이: 스타에게 더 가까이 다가가고 싶고 더 알고 싶은 욕구]에서 나오며, 스타와 관련된 상품이나 물건은 팬들이 스타와의 친밀감을 완전하게 실현할 수 없는 상황(특히 스타가 허구 속의 인물이거나 사망한 경우)에서 팬들이 아쉬운 대로 2차적으로 자신의 욕구를 충족시킬 수 있는 친밀감의 대체물일 뿐이다. 대부분의 팬은 스타를 만날 수 없다는 것을 알고 있다. 그러나 가능하다면, 스타와 커뮤니케이션하려는 목표를 단념하지 않는다. 이 과정을 비판하는 사람들은 이 목표가 현실과 평범한 사회적 삶에 대한 책임을 외면하는 것이라고 본다. 팬덤은 각 개인의 일상생활에서 사회적이고 심리학적인 목표를 갖고 있는 것이 분명하지만, 도덕론자들은 이를 사회를 망치는 집착과 환상이라고 묘사한다. 팬 실천은 불가능한 친밀감에 대한 좌절이 아니라, 흔히 편안함, 여유, 즐거움에 대한 것이다. 물론, 팬들이 스타에게 자신의 마음을 이야기하거나 스타를 직접 만나고 싶어 할 수도 있지만(그 목적은 그저 짜릿한 흥분을 맛보는 것이다), 그들은 팬덤 참여를 통해 이미 격려받고 있다고 느낀다는 점을 이해하는 것이 중요하다. 카비치는 다음과 같이 지적한다.

> 미디어 비평가들은 팬을 비정상적이고 위험한 존재라고 생각한다. 그러나 나는 다양한 음악가에 대한 팬덤이 나의 어려운 지난 시절을 이겨낼 수 있게 했고, 내 아내를 포함한 여러 우정의 근원이었음을 알게 되었다(Cavicchi, 1998: 8).

사회학자 페리스와 해리스에 따르면, "팬은 명성을 소비하는 평범한 사람과는 다르다. 팬은 좋아하는 대상에 대해 특별히 강한 감정적 애착을 가지고 있기 때문이다. 그리고 다른 팬이나 셀레브리티와 관계를 맺어나가는 디딤돌로 이 애착을 사용한다"(Ferris & Harris, 2011: 13). 그러나 미디어 팬이 특정한 대상이나 사람과 정말로 사랑에 빠지는 것은 아니다(보통 그렇게 느끼기는 한다). 팬은 자신의 즐거움과 사랑에 빠진다. 예를 들어 〈미녀와 야수〉의 팬은 로맨스 공식으로 그 텍스트를 평가했다. 그런데 쇼의 제작자가 두 주요 인물 간의 관계를 더 친밀하게 발전시키려고 하지 않자, 팬들은 배신을 당했다고 느꼈다(Jenkins, 1992: 143~145). 이는 팬 수용자들이 감정적 강하게 몰입하다가 비판적이 될 수 있음을 보여주는 전형적인 사례다. 팬은 텍스트의 연속성에 열렬한 관심이 있고 또 그 제작자가 그 명성에 걸맞은 텍스트를 내놓아야 한다고 생각하기 때문에, 미디어가 기대에 부응하지 못하면 실망할 수 있다. 그러므로 팬덤은 연기자나 공연자와 그 추종자 간의 묵시적 기대에 기반을 두고 있으며, 그러한 기대는 1차적인 연기나 공연 자체를 넘어서 수용자를 대하는 방식에 대한 기대까지 포함하도록 확장될 수 있다. 그러나 그 기대는 명문화되거나 문서화된 사회적 계약이 아니다. 연기자나 공연자는 언제라도 이를 거부하거나 인정하지 않을 수 있다. 이런 경우 팬의 통상적인 반응은 살인이라도 저지를 것 같은 격렬한 분노에 빠지는 것이 아니라, 약간 실망하고 과거의 연기나 공연에 대해 향수를 느끼거나 새로운 즐거움을 줄 다른 스타를 찾아나서는 것이다.

몇몇 이론가는 팬 수용자가 상습적으로 경계를 넘는 경향이 있다고 묘사해 왔다. 대니얼 헤르티츠Daniel Hertitz는 미디어 문화의 과잉이라는 문제에 수용자가 어떻게 공모하고 있는지 논의했다. 다이애나 비의 사례에서 헤르티츠는 수용자를 약탈자에 비유한다.

미디어가 더 집요하게 다이애나를 쫓아다닐수록 그녀의 경멸은 더욱더 명백해졌고, 게걸스러운 영국 대중은 더 많은 것을 원했다. 대중의 동정심은 깊어 갔지만, 한편으로는 왕실의 활동에 대해 자신들이 알 권리가 있다고 느꼈다. 이는 자신들이 군주제에 대한 공적 소유권을 갖고 있다는, 즉 군주제가 자신들의 것이라는(비록 거기에 참여할 수는 없지만) 특권 감각이었다(Hertitz, 2008: 123).

이러한 논의의 연장선에서 그는 다음과 같이 결론 내렸다.

그리고 다이애나를 둘러싼 추종은 그녀의 스타덤을 겉으로는 찬양하면서 속으로는 그녀의 고통을 보려고 하는 잔인한 갈망을 숨기고 있다. 모든 면에서 이는 관음주의를 위한 거대한 찬가였다. …… 스타와 셀레브리티의 삶에 관한 이야기들을 전해주기를 요구받는 바로 그 미디어가 그들을 공중에 띄우고, 쫓아다니고, 망가뜨리고, 영화나 연속극의 소재로 바꿔버렸다(Hertitz, 2008: 142).

헤르티츠식의 주장은 셀레브리티와 프라이버시의 문제를 이야기할 때면 항상 등장한다. 이런 사람들은 미디어가 도를 넘는 팬 컬트를 대신해서, 사생활을 침해하고 비윤리적으로 움직인다고 믿고 있다. 하지만 타블로이드 신문의 기능은 광고주를 위해서 독자를 유치하는 것이고 팬은 잠재독자 중 소수일 뿐이다. 게다가 팬들은 자신이 사랑하는 스타를 보호하려고 뒤로 한걸음 물러서는 수용자 집단이다. 잔인할 정도로 스타들의 삶을 파헤치는 뉴스나 가십 기자들의 행동은 [옮긴이: 자주 비윤리적이라고 비난받는] 어떤 진짜 팬보다도 더 비윤리적이다. 그들이 써내는 기사가 영합하려고 하는 독자들은 스타를 숭배하는 추종자들이 결코 아니며, 오히려 그 반대로 해당 스타가 프라이버시나 명성을 누릴 만한 자격이 없다고 생각하는 비우호적인 사람들이다. 언론의 사생활 침해라는 문제에 존재하는 윤리적 딜레마는 수용자의 일부를 차지하는 팬에게 전치되는데, 이는 팬들이 '실제' 연기자 또는 공연자를 어느 누구보다도 열성적으로 알고 싶어 하는 사람들로 보이기 때문이다. 하지만 팬의 관심은, '그는 실제로는 어떨까'라고 질문하며 자신의 환상을 확인하기 위한 것이지, 자신의 우상을 폄하하거나 비난하려는 것이 아니다.

팬덤을 '셀레브리티 쫓아다니기'와 구분하는 것도 중요하다. 뉴스 사진기자처럼 가능한 한 많은 셀레브리티를 만나고 후광을 얻는 것을 업으로 삼는 사람들이 있다. 사실상 그들이 하는 일이란 다른 사람들의 명성을 이용해서 자신도 틈새 명성을 얻는 것이다. 팬덤을 가장해 셀레브리티를 쫓아다니는 일군의 사람이 바로 아마추어 사진가다. 1965년 15세의 나이로 브라우니 불스아이 Brownie Bullseye 카메라를 가지고 촬영을 시작한 게리 보애스Gary Boas는, 이후 15년간 뉴욕에서만 다양한 셀레브리티와 함께 6만장 정도의 사진을 찍었다. 결국, 그의 광범위한 컬렉션은 『스타스트럭Starstruck』(Boas, 2006)이라는 제목의 책과 예술 전시회를 위한 기본 자료가 되었다. 그는 '팬의 팬', 또는 어디에나 있는 팬을 위한 영웅이라고 선전되었지만, 사실 헌신의 깊이뿐 아니라 그가 자신의 명성을 순수한 교환가치로 만든다는 점에서 전형적인 미디어 팬과는 다르다. 그가 사진 찍은 사람들의 연기나 창의적인 페르소나에 조금이라도 관심을 가졌다면, 그건 그의 수집 목적에 부수적인 것이었다. 그는 셀레브리티들이 자신을 인정했다는 증거를 모으려고 했을 뿐이다. 그가 아주 쉽게 수백 명의 셀레브리티의 사진을 찍을 수 있었기 때문에, 우리는 보애스가 수집한 것은 명성 그 자체였다고 결론을 내려야 한다.7 그가 뉴욕의 명사들과 찍은 사진 속에 문자 그대로 자신의 모습을 집어넣은 것은 그들의 집합적인 사회적 가치를 자신에게도 부여하려는 행위였다. 이건 유명한 사람과 개인적으로 관계를 맺고 싶어 하고 이를 추구하는 것과는 매우 다른(그리고 아마도 더 병적인) 일이다.

보애스가 예외적이긴 하지만 유일한 사례는 아니다. 1989년 호주에서 리처드 심프킨Richard Simpkin은 INXS*의 리드 싱어를 시작으로 셀레브리티의 사진을 찍기 시작했다. 심프킨은 엘튼 존Elton John에서 스코세이지에 이르기까지 그가 만난 다양한 셀레브리티에 대한 이야기와 사진을 담은 책을 출판했다. 그는 책의 서문에서 다음과 같이 설명했다.

나에게 셀레브리티와 사진을 찍는 일은 사인을 받는 일보다 훨씬 더 중요했다. 사인은 아무나 살 수 있는 것이지만, 역사에 길이 기억될 어떤 사람을 실제로 만나는 일에는 어떻게 값을 매길 수 있겠는가? …… 대중이 셀레브리티에 매혹되어 있으니 내가 만난 모든 셀레브리티와 사진을 찍어야겠다고 생각했다. …… 내가 찍은 사진은 셀레브리티가 현실 세계에 나타난 순간을 표상한다. 나는 현실인가, 아니면 나는 그저 이 세계를 벗어나 셀레브리티의 세계로 가려고 애쓰는 중인가? 나는 때때로 이런 질문을 던졌다(Simpkin, 2007: 10~11).

마치 그 질문에 부분적으로라도 대답하려는 듯, 심프킨은 다음과 같이 덧붙였다. "당신이 셀레브리티에게 아무렇지도 않게 다가갈 때 경비, 홍보 담당자, 수위와 리무진 기사들이 믿을 수 없다는 눈빛으로 당신을 쳐다본다. …… 그 순간 모든 기다림은 잊힌다. 당신은 전투에서 이겼고, 진정으로 최고의 기분을 맛볼 수 있다"(Simpkin, 2007: 13). 심프킨의 이 말은 그가 유명 인사들과 만나 사진을 찍은 것은 도전을 위한 것이지, 그들의 후광만을 노린 것은 아니었음을

---

* 'INXS'는 1980년대와 1990년대 활약한 오스트레일리아의 록밴드이며, 밴드의 리드 싱어는 마이클 허친스(Michael Hutchence)다.

암시한다.

교환가치를 위해서 셀레브리티를 활용한 또 다른 사례에서, 아마도 가장 위대한 거장은 앤디 워홀일 것이다. 워홀은 팬덤과 대단히 복합적인 관계를 맺고 있다. 한편으로 워홀은 궁극의 팬으로, 그는 유명 인사들에 대한 헌신을 자신의 창작 활동 속으로 들여오고 자신의 영향력을 사용해서 뉴욕의 부유한 셀레브리티의 일원이 되었다.[8] 다른 한편으로, 그는 자신의 작품이 바로 셀레브리티의 허무함에 대한 논평이 될 정도로, 자신의 일생과 예술에서 셀레브리티의 교환가치를 이용했다. 그가 펴낸 잡지 ≪인터뷰Interview≫에 실린 기사들을 보면 워홀이 유명 인사들을 만나는 일에 흥미를 느꼈음을 알 수 있다. 그는 예술가이자 영화 제작자이자 잡지 편집자이자 음반사의 매니저였고, 그렇기 때문에 그는 명성과 셀레브리티 그 자체가 대량생산되는 속성에 대해 자의식적인 논평을 하는 방식으로 창작 활동을 할 수 있었다. 그러므로 그 주제에 대한 워홀의 관찰이 매우 널리 유통되었던 것은 놀라운 일이 아니다.

경사길 논증의 설명력이 제한적임을 고려할 때, 매스 미디어에서 스토킹을 팬 활동의 한 형태로 간주해온 것은 심각한 오해라고 말할 수 있다. 그렇다면 왜 이러한 이야기가 지속되는 것일까? 1980년대에 프레드 버모렐Fred Vermorel은 존 레논의 살해는 미디어가 초래한 일이라고 비난했다.

스타가 스스로를 매우 화려한 소비 상품으로 제공한 경우 몇몇 팬이 이 소비로의 초대를 문자 그대로 받아들이는 일이 그렇게 놀랍지 않다. 마크 채프먼처럼 말이다. 결국 사람을 '소비'하는 방법 중 하나는 그를 완전히 소멸시키는 것이다. 그리고 이러한 관점에서, 존 레논이 살해된 사건과 관련된 섬뜩한 일화(그리고 그 이후 쏟아져 나온 미디어 보도)들은 쇼 비즈니스 자체에 내재한 문화적 논리를 따르는 데서 크게 벗어나 있지 않았다. 팬/스타 관계에는 일종의 폭력이 존재하는데, 이를 개인의 심리적인 문제로 환원시키며 사회 및 문화가 광범위하고 체계적으로 그러한 폭력을 유발한다는 사실을 무시하는 심리학적 설명들은, 이를 테면 밥 랜들Bob Randall의 소설 『팬The Fan』*이나 피터 게이브리얼Peter Gabriel의 노래 「Family Snapshot」**에 나오는 팬과 스타의 관계를 제대로 설명하지 못한다(Vermorel, 1983; 250).

논란을 일으키기 위한 목적이었겠지만, 실제로는 '소비'가 살인과 같지 않다는 점을 깨닫는 순간 버모렐의 주장은 무너진다. 1984년 인류학자 존 코헤이 John Caughey는『상상적 사회 세계Imaginary Social Worlds』라는 자신의 책에서 다른 주장을 펼쳤다. 그는 미쳤든 정상이든 상관없이 누구나 셀레브리티가 나오는 상상의 영역을 갖고 있다고 말한다. 우리는 모두 스타를 꿈꾼다. 그러나 그가 지적했듯이, 미친 사람이 셀레브리티를 이용해서 자신의 위험함 병리적 증상을 키우는 경우도 있다. 이 주장을 설명하기 위해 그는 세 가지 경우를 예로 들었다. 마크 채프먼, 루스 스타인헤이건Ruth Steinhagen (1949년 야구 선수 에디 웨이트커스Eddie Waitkus를 살해했다), 존 힝클리John Hinckly(1981년 로널드 레이건Ronald Reagan 대통령을 살해하려고 했는데, 그 동기는 기이하게도 조디 포스터Jodie Foster에게 잘 보이려는 것이었다)가 그들이다. 그의 결론은 미디어가 일으키는 강한 감정적 애착에 대해 미디어는 더 많은 책임을 질 필요가 있다는 것이었다. 스토커가 되는 사람은 팬이 아니라 심리적 장애를 지닌 개인이라고 주장했기 때문에, 그의 연구는 병리학적 전통에 대항하는 출발점이 되었다. 그러나 미디어 책임론을 제기한 방식은, 곧 살펴보겠지만 우리가 익숙하게 알고 있는 경사길 논증과 연결된다.

병리적 팬에 대한 주장 뒤에는 미디어의 힘 자체에 대한 두려움이 있다. 미디어 효과론은 미디어가 대중에게 영향을 주거나 정보를 주는 것이 아니라, 대중이 무언가를 하게 만든다고 주장한다. 소위 유사사회적 상호작용의 위험을

---

* 이 소설은 여배우 샐리 로스의 팬인 더글러스 브린의 집착을 다루고 있다.

** 이 노래의 가사는 아서 브리머(Arther Bremer)가 쓴『암살자의 일기(An Assassin's Diary)』에서 영감을 받았다고 한다. 브리머는 미국의 대통령 후보 조지 월러스(George Wallace)에게 총을 쏘았다. 이 책에서 브리머는 유명해지고 싶어서 그런 행동을 했다고 말했다.

지적하고 있는 연구들이 텔레비전 쇼가 중독자나 일방적으로 스타들에게 집착하는 사람을 만들어내는 것은 '팬 공장'의 (역)기능이라고 주장한다는 점에서, 이러한 연구도 미디어 효과론의 한 형태로 볼 수 있다. 하지만 미디어가 우리로 하여금 어떤 일을 하도록 직접 영향을 미친다는 주장에는 중대한 문제가 있다. 교육은 교화와 다르며 우리는 세뇌될 수 없다(Jenkins, 2006: 212). 더구나 우리가 일상생활에서 다른 사람을 만나는 이유 가운데 하나는 문화에 대한 열정이다. 스타와 허구적 캐릭터는 단지 환상 속 만남을 위한 소모품이 아니다. 그들은 팬들이 서로 친구가 될 수 있도록 해줌으로써 더 많은 사회관계를 유지하게 해준다(Jenkins, 2006: 45).

팬이 되는 과정은 내면의 강력한 확신을 발견하고 이에 감정적으로 압도되는 것을 포함하기 때문에 즐거운 동요로 느껴진다. 팬덤은 실제로 이 과정을 통해 정의되며 개인의 삶에서 의미 있는 변화와 연결된다. 팬들은 다른 사람이 만들어낸 의미 영역에 매혹된다. 많은 사람이 유명한 개인에게 감정적인 애착을 느낀다. 그러한 행위는 이성과 감정적 거리두기를 충동적으로 버리거나 본능적으로 거부하는 것을 의미하고, 그래서 외부자들은 그러한 행동을 행위성 상실이나 일종의 중독으로 규정한다. 팝 팬의 메일을 모아서 펴낸 도발적인 책 『스타러스트Starlust』에서 버모렐은 다음과 같이 썼다. "팬이 된다는 것은 상당히 두려운 현혹이다"(Vermorel, 1985: 248). 그러므로 팬이 되려는 추구를 우려하는 이유는 그러한 추구가 사람들을 어둡고 비이성적인 감정의 영역으로 밀어넣을지도 모른다는 것이다. 젠킨스는 다음과 같이 상세하게 설명한다.

'팬'은 이 용어가 '광신도'(사원의 복사, 헌신하는 자)의 축약어로 미디어 문화에서 사용되기 시작한 이래 결코 애초의 종교적이고 정치적인 광신, 허위적인 믿음, 과잉된 탐닉, 현혹, 광기라는 함의에서 제대로 벗어난 적이 없다(Jenkins, 1992: 12).

팬덤을 묘사할 때, 그것은 흔히 젊음의 순진함과 유치함 또는 미성숙과 연결되어왔다(Jenkins, 1992: 12를 참고하라). 레이디 가가는(그의 음악은 '괴물성'을 스타덤의 위험을 설명하기 위한 은유로 사용한다) 이를 패러디해서 자신을 '엄마 괴물', 그리고 자신의 팬들을 '꼬마 괴물'이라고 부른다. 힐스에 따르면 팬을 전적으로 중독자('꼬마 괴물')로 보는 것은 팬의 행위성을 모두 제거하는 관점이지만, 팬을 전적으로 논리적이고 자율적인 주체로 이해하는 것 역시 팬들이 개인 정체성에서 일어나는 변화를 이성적으로 설명하지 못한다는 점을 무시하는 입장이다(Hills, 2002a: 160). 경사길 모델에서 팬을 묘사하면서 집착에 대해 이야기하는 것은 이른바 행위성의 결여를 사회적으로 강조하는 방식이 된다.

집착은 정신의학적인 용어로, 개인의 정신이 특정한 사람이나 주제에 고착되어 다른 것을 못 보고 무관심해지는 상태를 말한다. 팬덤은 감정적 확신을 밖으로 표현할 때 드러나기 때문에, 그래서 흔히 집착이나 집착에 관한 것으로 기술된다. 때로는 팬 스스로도 이러한 대중적 언어들을 내면화한다. 카비치에 따르면 "몇몇 팬은 심지어 스프링스틴에 대해 '집착'하는 것이 필요하다면서, 집착하지 않는 팬은 아직 '진짜' 팬이 아니라고 말했다"(Cavicchi, 1998: 12). 젠슨은 '집착'은 비이성적이고 잠재적으로 병리적인 비정상성을 의미하는 용어라고 평가하면서, 그 용어가 문화적이고 계급적인 가치 판단을 담고 있다는 데 주목한다. 대중문화의 팬은 집착하고, 고급문화의 애호가들은 열정적일 뿐이다. 마찬가지로 사회 속에 다른 사람들, 이를테면 운동선수나 학자는 자기 분야에 '집착'하는 괴짜가 아니라 '헌신'하는 사람으로 묘사된다(Jensen, 1992: 20).

팬덤은 우리가 매우 흥미롭게 느끼는 무언가를 발견할 때 시작된다. 이는 개인적 연결과 매혹에 의해 추동되고, 유명한 사람과 친밀감을 구하려는 여정이 된다. 그것은 또한 팬의 개인적 열정과 에너지가 생산적으로 집중되는 하나의 과정이기도 하다. 그렇다고 해서 팬덤이 본질적으로 집착에 대한 것이라는 의미는 아니다. 매혹이라는 용어 대신 집착이라는 용어를 사용하는 것은, 팬덤이 항상 불균형이나 과잉이 되기 쉽고, 언제든 부적절하거나 위험한 것으로 바뀔 수 있는 병리적인 현상이라고 보는 것이다. 팬덤을 과도한 것으로 보는 논평자들은, 팬덤을 그보다 절제되고 교양 있는 행동과 대비시킨다. 그들은 사회적 역할과 개인적 성향을 혼동한다. 아마도 우리가 개인이 집착을 보인다고 이야기할 수는 있겠지만, 역할은 역할일 뿐 역할이 행위성을 갖고 집착하게 된다고 말할 수는 없다. 이 경우 역할에 행위성을 부여하려는 시도는 개인성과 독립성을 상실하는 데 대한 사회적 불안을 팬덤에 투영하는 것이다. 그렇기 때문에 어떤 면에서 집착은 현혹에 대해 이야기하는 방식이다. 더 나아가 팬의 헌신은 때로는 결국 소중한 스타에 대해 누가 더 많이 알고 있고 누가 더 미디어 컬렉션이 많으며 누가 더 스타와 친밀한 경험을 나누었느냐를 겨루는 것이기 때문에, 집착/현혹 담론은 팬덤 바깥에 있는 사람들이 극단적인 팬덤은 다른 사람들과의 경쟁을 통해 자신의 낮은 자존감을 끌어올리려고 하는 개인들이 빠지기 쉬운 함정이라고 보는 가정을 반영하는 것이라고 말할 수 있다.9

집착이라는 용어는 헌신, 매혹, 감정적 연결, 일탈 어느 쪽으로든 확장 가능한 광범위한 개념 영역을 아우른다. 잠재적으로 병리적이라고 진단받은, 집착적인 팬덤은 정상성과 광기를 연결하는 공간을 열게 된다. 조이 벌린이 스타들의 인터뷰를 모아서 엮은 『명성 중독Toxic Fame』(1996)에 따르면, 팬은 부끄러운 줄도 모르고 자신의 관심사를 추구하는 염치없는 폭도나, 뜬금없이 과도하게 행동하는 사람으로 묘사된다. 이 책에는 '팬과 가까이서 만났을 때'라는 제목의 장이 있는데, 이 장은 다음과 같이 시작된다. "레베카 샤퍼Rebecca Schaeffer,* 셀레나Selena** 또는 존 레논을 기억하는가? 그들은 미친 팬의 손에 살해당했다. 이건 극단적인 경우지만 이런 두려움을 즐기는 셀레브티리는 아마 없을 것이다. 어떤 사람은 매일 이러한 두려움에 시달린다"(Berlin, 1996: 51).10 경사길 가정이 제시하는 도식의 다양한 요소들을 연역적으로 결합해보면, 팬덤은 기껏

---

* '레베카 샤퍼'는 미국의 모델이자 배우로, 21세이던 1989년에 오랫동안 그녀를 스토킹했던 존 바르도(John Bardo)가 쏜 총에 맞아 사망했다.

** '셀레나'는 1990년대 라틴 음악에서 두각을 나타낸 미국의 음악가인데, 23세이던 1995년 그녀의 팬클럽 회장이었던 욜란다 살디바르(Yolanda Saldivar)가 쏜 총에 맞아 사망했다. 살디바르는 팬클럽의 공금을 유용한 혐의를 받고 있었고, 셀레나는 이 혐의에 대해 논의하기 위해 욜란다를 만나던 상황이었다.

해야 대중 조작이 야기한 굴종 행위로 규정되고, 최악의 경우에는 셀레브리티를 괴롭히라고 우리를 유혹하는 충동에 지나지 않는다. 사랑은 괴롭힘이 아니고 참여는 조작이 아니다. 존중은 굴종이 아니고 확신은 현혹이 아니며 헌신은 중독이 아니다. 후자의 용어들은 팬에게는 어떤 행위성이나 윤리도 없다는 것을 함의한다. 과도하게 사생활을 침범하고, 위협하고 괴롭히는 행위를 하는 것은 팬덤과 아무런 관련이 없다. 미디어가 팬을 묘사할 때 '집착', '미친'과 같은 용어를 반복해서 사용하는 것은 극단적인 팬을 괴물이 될 가능성이 있는 사람으로 보기 때문이다. 연구자는 공공 영역으로부터 고립된 사람이 아니다. 그래서 마지막 요점은 경사길 논증이 서구 사회가 지닌 문화적 소음의 일부라는 것이다. 연구자들이 이미 가지고 있는 이론과 가정이 팬 행동을 인식하는 데 중요한 역할을 할 수 있다. 예컨대 닉 스티븐슨Nick Stevenson은 다음과 같이 회상한다.

> 팬에 대해 말하자면, 많은 사람이 가까운 관계보다 멀리 떨어진 관계에서 더 쉽게 많은 감정적 지지를 받는다는 사실을 발견하게 된다. …… 나는 인터뷰를 하고 돌아오면서 내가 얼마나 우울해졌는지 깨달았다. …… 인터뷰가 수행된 지 몇 년이 지난 다음에야, 나는 그 강렬한 우울함의 감정이 인터뷰 대상자가 내 안에 불러일으킨 깊은 외로움의 감정과 관련되어 있음을 알게 되었다. …… 의심할 여지 없이 내가 인터뷰한 많은 사람이, 자신은 몰랐지만, 매우 외롭고 미래가 어떻게 될지 몰라 불안했던 내 삶의 그 시절을 떠올리게 했던 것이다(Stevenson, 2009: 95).

연구자의 투사라는 쟁점은, 재현을 통제하는 자들이 특정 집단을 일탈자로 부각시키는 타자화 과정과 관련해서 특히 중요하다. 극단적인 일탈자들을 바라보는 방식은 자주 사회에 널리 퍼져 있는 불안을 표현한다. '괴물'이라는 용어가 어떻게 정의되느냐에 따라, 그것은 비인간적으로 잔인한 개인을 의미할 수도 있고, 사회적으로 공유된 두려움을 표현하는 유령 같은 대상일 수도 있다. 스티븐 슈나이더Steven Schneider는 "공포영화에 나오는 괴물은 그 은유적 속성 때문에 우리의 집합적 무의식 속으로 쉽게 들어온다"(Schneider, 1999: 181)라고 말한다. 프랑켄슈타인이나 드라큘라 같은 괴물은 반복적으로 영화에 등장하면서 문화의 일부가 되었다. 슈나이더에 따르면 이들 괴물이 계속 다시 등장하는 일차적인 것은 그들이 죽은 자는 자시 살아 돌아올 수 없다는 보통 사람들의 믿음을 부인하기 때문이다. 괴물성의 어두운 신전에 자리를 차지한 이 괴물들은 등장하는 시기에 따라 조금씩 변형되며 구체적이고 동시대적인 두려움을 표현한다. 그래서 되풀이해서 등장하는 끔찍한 괴물들은 지옥으로 가는 길을 알려주는 경고 표지판으로 기능하는 은유다. 괴물은 변화하는 사회의 심층에 놓인 공포를 표현하기 위해 소환될 수 있는 원형적인 레퍼토리를 구성한다. 언뜻 보면 팬덤이 이러한 역할에 적절한 후보자는 아닌 것처럼 보인다. 팬덤은 단지 상업 문화에 몰입해서 일어나는 반응이고, 유명한 사람이나 작품에 대한 감상을 표현하는 반응이다. 팬은 자신의 우상과 지속적으로 연결되어 있다고 느낀다. 이 현상은 때때로 매스컬처의 일부나 젊은이와 관련된 것으로 여겨졌고, 일종의 라이프스타일로 격하되기도 했다. 그럼에도 팬덤은 미디어 픽션과 보도에서 잠재적인 괴물 같은 정체성으로 다루어졌다.

2011년 10월 25일, 영국의 전국 무가지인 ≪메트로The Metro≫는 1면 헤드라인을 "마돈나: 집에서 느끼는 스토커에 대한 두려움"이라고 뽑았다. 부제는 "마돈나에 집착하던 팬 무기한 감금"이었다. 기자의 설명에 따르면, 마돈나의 집에 침입한 강도 그제고시 맷록Grzegorz Matlok은 정신분열과 연애망상이라는 두 가지 심각한 정신 질환을 앓고 있었다. 그는 마돈나가 자신과 사랑에 빠졌으며 자신을 집으로 초대했다고 믿었다. 다른 신문 보도에 따르면 맷록은 폴란드에서 온 노숙자였는데, 저 신경질적인 헤드라인을 제외하고는 그가 마돈나의 팬이었다는 어떤 증거도 없다. 마돈나 스토커는 최악의 경우에 팬덤을 괴물적인 행위로 묘사하는 셀레브리티 스토킹에 대한 수많은 이야기 가운데 가장 최근 사례다. 괴물성이라는 스테레오타입이 지속되는 것은 그러한 스테레오타입이 팬이 아닌 이들을 정상인으로 간주하고, 동시대의 문화적 불안을 반영하고 있기 때문이다. 그러나 그 사례들을 자세히 살펴보면 그러한 스테레오타입은 당장 무너진다. 그 이유는 단순하다. 멀쩡하던 사람이 팬이 되면 스토킹 행동을 하게 된다는 막무가내식 논리는 성립할 수가 없기 때문이다. 그러므로 '페임 몬스터'는 더 깊은 두려움을 표현하기 위해 여러 수용자들로부터 끌어낸, 문화적으로 구성된 환상이다. 일반적인 팬은 명성을 쫓는 잠재적인 괴물이 아니다.

팬들이 광범한 사회적 환상의 재료가 되는 것은 그들이 전자 미디어의 외진 영역을 통과하며 감정적 연결을 만들어내기 때문이다. 호턴과 월은 시청자들이 전자 미디어에서 보거나 들은 것을 진실이라고 믿게 되는 방식을 살펴보면서 다음과 같이 말했다.

> 연극이나 소설에서도 비슷하게 행복한 관계를 묘사하는 경우가 있지만, 텔레비전이나 라디오 프로그램은 그것이 실제라는 점이 다르다. 말하자면 그 프로그램들은 객관적인 반응이라는 지속적인 확인과 만족으로 둘러싸여 있다. 예를 들어 텔레비전이나 라디오에서는 '외부'의 콘테스트 참가자에게 전화를 걸기도 한다 (Horton & Wohl, 1956: 223).

이 연구는 엘비스 프레슬리의 논쟁적인 퍼포먼스*가 미국 전역의 미디오를 뒤흔들었던 해에 발표되었다는 점에서 흥미로운 역사적인 맥락에 속한다. 텔레비전이 영화나 라디오와 공존하게 되면서 미디어 정경은 급속도로 변했다. 새로운 종류의 공연자들과 새로운 공연 스타일이 등장했는데 이는 이전에는 경제적 능력을 갖추지 못했던 계급(흑인, 하층 계급, 젊은이)이 이제는 미디어 시장으로 들어올 수 있는 충분한 구매력을 갖추었음을 의미했다. 듀이 필립스

---

* 엘비스 프레슬리가 데뷔하기 전 미국의 가정 문화는 건전함을 중시했다. 엘비스 프레슬리는 엉덩이를 흔들면서 춤을 추었는데, 당시에는 이 춤이 경박하고 선정적이라고 인식되어 보수적인 시청자들은 이 춤에 대해 항의하기도 했다. 이 때문에 어떤 텔레비전 쇼는 의도적으로 노래 부르는 엘비스의 상반신만을 방송하기도 했다.

Dewey Phillips와 같은 서민적 디제이는 이러한 중대한 변화의 증거였고, 이들은 진부해 보이는 아나운서들을 밀어내기 시작했다. 지난 세기에 각국의 미디어 정경이 유사하게 재형성되면서, 사회가 점점 더 고립되고 디스토피아적인 미래로 변한다는 주장을 하는 비평가 무리가 등장했다(예를 들어, Meyrowitz, 1985). 이런 점에서, 호턴과 월은 매스컬처 비평에서 심리학 진영을 대표한다. 이들은 사람들이 대중 매체를 모방하는 특성이 있다고 주장하면서 교육 수준이 낮은 수용자들의 행위와 선호를 간접적으로 문제 삼았다. 최근 들어서는 사람들을 현실에서 유리시키는 오락물을 제공하는 트랜스미디어 세계의 위험을 경고하는 학자들도 나타났다(Jenkins, 2008: 202). 유사사회적 상호작용 가설 뒤에는 우리 머릿속에 살고 있는 관념에 지나지 않는, '실제가 아닌'의 셀레브리티나 이방인들이 '실제'의 가족이나 친구와 사실상 동일하게 되었다는 불안이 놓여 있다. 우리는 부모님과 배우자, 아이들에서부터 레이디 가가 같은 세계적인 인물까지 '모두'에 대한 지식을 쌓게 된다. 모든 사람에 대해 지식을 가질 수 있다면, 이론상으로는 멀리 떨어져 있는 미디어 유령들이 우리 가까이에 있는 사랑하는 사람들만큼 우리에게 중요한 존재가 될 수 있다는 공포를 느낄 수도 다. 대부분의 사람에게 이는 단지 이론일 뿐이다. 사실, 많은 사람은 셀레브리티들의 별스러운 행동들에 대해 주변 사람들과 이야기하면서 서로 간의 연결을 강화해나간다. 이런 의미에서 유명한 사람들이 한 일에 관한 지식은 일종의 사회적 화폐가 된다.

반세기 동안 시대와 사상이 크게 변했다. 몇몇 학자는 유사사회적 상호작용이 어린 시절과 청소년기에 나타나는 정상적인 특징이라고 주장한다(Roberts, 2007: 56). 게다가 디지털 시대는 가상적 공존감을 중시한다. 가상적 공존감이란 양방향 전자 커뮤니케이션 덕분에 사랑하는 사람들과 지리적으로 떨어져 있으면서도 함께 있는 것처럼 느끼는 것을 의미한다. 가상의 공존감이 실제의 친밀감을 망친다고 주장하는 사람들도 있지만, 그것은 실제로 우리 일상을 변화시키고 있다(Jenkins, 2008: 17). 우리는 이제 스타뿐 아니라 우리 가족과 친구들이 이메일, 휴대전화, 웹캠이나 다른 장치들을 통해서 매개되는 시대에 살고 있다(Garde-Hansen, 2011을 참조하라). 미디어 매개로 인해 여기 그리고 지금 우리 주변과 맺는 상호작용이 줄어들고 있다고 하지만, 오늘날의 문화에서는 그러한 매개가 친밀성을 파괴하기보다는 확장하고 있으며, 이전에는 접촉할 수 없던 사람과 연결해준다는 생각이 받아들여지고 있다. 우리는 주변 사람들을 능동적으로 선택하며, 그들과 상호작용하려면 미디어 매개에 의존할 수밖에 없음을 받아들인다. 호턴과 월의 세계에서, 셀레브리티는 대중적인 방송 미디어를 이용해 자신들만의 가상의 세계를 창조하고, 이 세계로 실제 수용자를 유혹한다. 비평가들은 이미 그 과정이 너무 많이 진행되어서, 현재는 우리가 이를 제2의 자연으로 받아들인다고 주장하기도 한다. 하지만 우리는 소셜미디어를 이용해서 공개적으로 직접 의사소통에 참여하며, 일정 정도 미디어 영역의 공동 참여자가 된다. 소셜미디어의 광범위한 수용은 우리 대부분이 물리적으로 접근할 수 있는 가능성이 없을 때 미디어 매개를 손쉽게 받아들인다는 점을 보여준다. 경사길 논증은 우리가 그런 식의 상호작용을 선호한다고, 이를테면 (방송의 시대에는) 짝사랑의 순간이나 (인터넷의 시대에는) 스스로를 숨기는 행동을 선호한다고 말한다. 이런 관점에서, 경사길 관점은 팬덤이 아니라 미디어를 과도하게 이용할 때 나타날 수 있는 위험성을 지적하고 있는 것이다.

1960년대에 스타에게 집착하는 여성 팬들을 그루피라고 부른 것은 당시 사회가 여성의 성적 문란함을 두려워했기 때문이었다. 오늘날 스토커가 팬의 중요한 원형이 된 것은 자격이 없는 셀레브리티들이 도처에 있는 세태를 한탄하는 목소리가 증가했기 때문이다. 로버트 파인Robert Fein과 브라이언 보세쿠일Bryan Vossekuil은 『공인에 대한 스토킹, 위협 그리고 공격Stalking, Threatening and Attacking Public Figures』(2008)의 서문에서 "1990년대 초에 스토킹은 셀렙 범죄[옮긴이: 셀레브리티를 상대로 벌이는 범죄]가 되었다고 할 수 있다"고 말했다(Fein & Vossekuil, 2008: x; 인용자 강조). [옮긴이: 경사길 논증에서 말하는] 정해진 행동 경로를 그대로 따를 수밖에 없는 (것으로 가정되는) 스토커는 좀 더 상징적인 어떤 것을 보여주는데, 그것은 바로 셀레브리티 자신이 상징적으로 구현하고 있는 프라이버시의 희생이다. 맷록이 마돈나에 대한 소위 '집착적 팬덤'에 대해 언급한 바에 따르면, 팬은 셀레브리티 스토커라는 미디어 담론의 일부였지만 그 뒤에 놓인 불안은 일반적인 팬덤이 아니라 조금은 다른 곳에서 기인한 것이었다. ≪선The Sun≫에 실린 마돈나에 대한 기사는 다음과 같이 말한다.

> 메릴본Marylebone의 거대한 저택은 CCTV 카메라와 최첨단 경보장치로 가득하다. 하지만 경찰 고위 관계자는 본 신문에 다음과 같이 말했다. "여기서 끔찍한 일이 일어났습니다. 세계에서 가장 유명한 팝스타의 안전은 난공불락이어야 합니다"(France, 2011).

미디어 담론의 한 요소를 이루고 있는 '극단적' 팬이라는 일탈적 형상은 셀레브리티의 프라이버시는 완전히 침해될 수 있으며, 또한 이미 이 사회에서 가장 프라이버시가 적은 직업을 가진 사람인 스타는 사생활이나 위엄을 가질 수 없음을 나타낸다. 그러므로 집착적 팬덤은 셀레브리티의 사적인 자아와 그들의 (그 어느 때보다) 공적인 페르소나를 구분해주던 경계가 이미 무너졌고, 또 계속 축소되고 있음을 나타내준다. 다시 말해서, 셀레브리티 스토킹에 대한 대중들의 집착은 사회적 불안을 재현하며, 그 불안은 팬덤 자체에 대한 것이 아니라 (물론 팬덤은 편리한 희생양이다) 프라이버시에 대한 것이다. 스토킹에 대한 집착은 프라이버시 상실을 드라마화한다. 대부분의 사람이 어떤 형태로든 개인정보를 노출할 수밖에 없는 디지털 시대에는 점점 더 많은 사람이 이 문제에 직면하고 있다.

팬은 무서운 괴물인가? 마크 채프먼과 '미친' 팬덤이라는 유령

1980년 뉴욕의 다코타 빌딩 앞에서 팬으로 가장한 마크 채프먼은 총을 쏘아 존 레논을 죽였다. 채프먼의 행동은 부적절하고 미친 팬덤이 폭력적인 괴물성을 통해 자신을 표현하는 사례로 자주 인용된다. 이 사건은 경사길 논증의 시금석으로 사용되는 아주 중요한 사례다. 로라 우드Laura Wood는 2004년에 발표한 책『유명한 마지막 말Famous Last Words』에서 존 레논을 살해한 사람을 '미친 팬'으로 기술했다(Wood, 2004: 41). 우드처럼 말하는 것이 일반적이다. 하지만 채프먼 사례는 조금 더 복잡하다. 존 레논의 살해에 사람들이 당혹감을 느낀 것은 그 행위가 쉽게 (그러나 비유적으로) 팬의 복수로, 즉 유사사회적으로 억압되었던 것의 귀환으로 해석될 수 있기 때문이다. 다시 말해, 팬은 이제 그들의 스타가 아닌 친밀성에 대한 환상을 착취적으로 수행한다. 그러나 채프먼의 행동의 동기는 보통 팬이 자신의 우상에 대해 점차 실망할 때 하게 되는 행동들과 비교할 때 훨씬 더 복잡하다. 경사길 논증에서는 채프먼이 전에 비틀스 팬이었다가 자신의 팬 대상과 동등해지려는 시도가 실패한 결과 살인의 광기에 휩싸이게 되었다고 설명한다. 그러나 실상은 레논이 기꺼이 채프먼에게 (비록 일시적이지만) 관심을 기울여서 자신의 앨범인 ≪더블 판타지Double Fantasy≫에 사인을 해주려고 했는데도 채프먼은 그를 살해했다. 채프먼이 레논을 살해하기 10년 전에 비틀스 '팬이었던 적이' 있었던 것은 사실이다. 그 이후 그는 토드 룬드그렌Todd Rundgren*의 팬이 되었는데, 룬드그렌은 한때 레논과 반목하기도 했다. 채프먼은 심각한 인격 장애를 앓았는데 이는 팬덤에서 비롯된 것이 아니다. 그는 머릿속에서 소리가 들린다고 했고, 그가 '소인들'이라고 부른 상상의 존재들이 시키는 대로 행동했다. 그는 다량의 환각제와 기타 약물에 손대고 있었고, 알코올 중독이었으며 심각한 단계의 우울증을 앓고 있었다. 존 레논을 죽이려고 생각할 때 즈음 채프먼은 정신병원에 입원해서 치료를 받으라는 명령을 받았고, 벌거벗은 상태로 사탄에게 기도했으며, 자신의 아내를 괴롭히는 등 다양한 종류의 문제 행동을 했다. 그는 이미 심각하게 아픈 상태였다. 그의 재판에서, 채프먼을 만난 첫 번째 정신건강 전문의는 그가 자아 혼란과 흥분에 빠져 있었고, 우울과 감정기복, 편집증 경향, 자살 충동, 분노를 겪었다

---

* '토드 룬드그렌'은1970년대부터 활동한 미국의 싱어송라이터이자 프로듀서다.

고 말했다(Duffett, 2004c를 참조하라). 채프먼이 레논에 집착하게 되었을 때, 채프먼은 레논에게 접근하려고 팬으로 가장했다. 그러므로 그때 그는 미쳐버린 팬이 아니라 레논을 만나기 위해서 팬인 척하는 미친 사람이었다.

경사길 논증이 채프먼의 행위에 대한 적절한 설명이 아니라면, 왜 그 사례가 대중의 상상과 지속적으로 공명해왔는가를 설명해주는 다른 이유가 있어야 한다. 채프먼의 신화는 팬덤에 대한 것이 아니라 셀레브리티 자체의 문화 정치에 관한 것이고, 그렇기 때문에 그 신화는 결코 없어지지 않을 것 같다.

존 레논의 피살 같은 사례를 자세히 살펴보면 그 근거는 무너진다. 그 이유는 단순하다. 멀쩡하던 사람이 팬이 되면 스토킹 행동을 하게 된다는 막무가내식 논리는 성립할 수가 없기 때문이다. 스테레오타입은 그러한 스테레오타입이 팬이 아닌 사람들을 정상인으로 간주하고 동시대 문화의 불안을 반영하고 있기 때문에 유지된다. 1960년대에 스타에게 집착하는 여성 팬들을 그루피라고 부른 것은 당시 사회가 여성의 성적 문란함을 두려워했기 때문이었다. 오늘날 스토커가 팬의 중심적 원형이 된 것은 셀레브리티가 도처에 있고, 스타덤에 오르기 쉬우며, 미디어가 점점 사람들의 세계관을 지배해가고 있는 세태를 사람들이 한탄하고 있기 때문이다(Duffett, 2004c, 온라인).

정신병적인 정체성이 팬덤으로 분출된다는 생각은 존 레논의 암살 이전이나 이후 다른 대중문화에서도 나타났다. 여기서 극단적인 팬덤은 위험하다는 식의 스테레오타입적인 묘사가 자주 젠더화됨을 언급할 필요가 있다. 헌신적인 여성 팬은 그루피라고 하는 성애화된 방식으로 잘못 재현되어왔다(Jenkins, 1992: 15). 극단적인 남성 팬은 흔히 우스꽝스러울 정도로 무능하거나 끔찍한 정신적 장애가 있는 사람으로 묘사되었다. 다수의 허구적 재현에서, 팬은 비인간적으로 잔인하거나 사악한 사람이고, 팬덤을 이용해서 자신을 기괴하게 표현하는 괴물이었다.[11] 고전적인 상호텍스트적 장면을 예로 들어 보면, 〈닐 바이 마우스Nil by Mouth〉(게리 올드먼Gary Oldman 감독, 1997)*에서는 마약에 취한 대니(스티브 스위니Steve Sweeney가 연기했다)가 상반신을 노출하며 기괴한 문신과 피어싱으로 덮인 몸을 보여준다. 대니는 〈지옥의 묵시록Apocalypse Now〉(프란시스 포드 코폴라Francis Ford Coppola 감독, 1979)[**]을 보면서 데니스 호퍼Dennis Hopper가 연기한 미치광이 프리랜서 사진작가의 광적인 독백을 따라 한다.

이봐, 넌 뭐 좀 아는 것 같은데 난 네가 모르는 걸 알아. 그래, 잭. 그 남자는 정신은 말짱하지만 영혼은 미쳤어. 그래, 그는 죽어가고 있어. 그는 정말로 이걸 싫어해. 그는 그걸 싫어해. 근데 어, 그 사람은, 어, 누구도 잭의 이름을 소리내어 부르지 않아. 그래. 목소리. 목소리. 그는 네가 여전히 살아 있어서 너를 좋아하는 거야. 그는 너를 위한 계획이 있어. 아냐. 난 널 도와주지 않을 거야. 네가 그를 도와야 해. 네가 그를 도와야 한다고. 내 말은, 그가 죽으면 사람들이 뭐라고 하겠어? 그게 죽어버리면 그도 죽어. 그게 죽는다는 건 그가 죽는다는 거야. 그에 대해서 사람들은 뭐라고 말할까? 뭐라고? 그가 친절했다고? 그가 현명한 사람이었다고? 그는 계획이 있었어. 지혜가 있었어. 맙소사, 그를 똑바로 돌려놓을 수 있을까? 날 봐. 아니야. 틀렸어 넌! 하하하.

이 장면은 기이한 음악, 미친 듯한 웃음소리, 젊은 빌리를 손가락으로 가리키는 대니, 그리고 대니의 연기를 보며 어색하게 웃는 빌리의 모습으로 끝나는데, 이 장면의 특징을 드러내주는 목소리 크기의 변화, 톤, 절박함을 모두 전달하기는 어려울 것이다. 한 비평가는 이 장면을 다음과 같이 설명했다. "카메라는 또한 문신을 한 건달이 이 대사를 그대로 흉내 내면서 강아지의 벼룩을 잡

---

[*] 〈닐 바이 마우스〉는 영국의 한 가정을 묘사하며, 여성들이 알코올 중독자이거나 약물 중독자인 남성들을 돌보고 부양하는 이야기다.
[**] 〈지옥의 묵시록〉은 프란시스 포드 코폴라 감독의 작품으로, 베트남 전쟁을 배경으로 정글 깊숙이 숨어 있는 미국 전직 군인 커츠(Kurtz) 대령을 암살하라는 명령을 받은 윌러드(Willard) 대위의 이야기다.

고 있는 모습을 고집스럽고 끈질기게 따라간다. 그는 〈지옥의 묵시록〉에서 데니스 호퍼가 멍한 상태로 계속 이런저런 말을 툭툭 내뱉는 장면을 텔레비전으로 보고 있다."[12] 대니가 베트남 영화에 나오는 대사를 따라 하는 것이 그 자신의 심리적 분노와 공격을 표출하기 위한 방법이라는 것은 명백하다. 대니가 데니스 호퍼를 따라 하는 것은 그가 〈지옥의 묵시록〉의 팬임을 나타내주는 지표다. 모든 대사를 그렇게 술술 따라 하는 것을 보면 그 영화를 아주 여러 번 본 것이 분명하기 때문이다. 영화에서는 흔히 남성 팬덤을 '나약한' 남성성과 연관 짓는다. 그래서 〈닐 바이 마우스〉의 묘사는 상당히 독특하다고 할 수 있다. 그럼에도 대중적인 영화나 텔레비전에서는 경사길 모델을 따라 남성 팬덤을 잠재적인 정신병자로 묘사한다. 텔레비전 프로그램이나 영화 또는 책에서 스토킹은 사회적 환상의 결과로 표현되며, 스토킹에 대해 스타들이 느끼는 불안을 중요한 소재로 삼는 경우가 많다. 예를 들어, 랜들의 소설 『팬』에서 더글라스는 브로드웨이 뮤지컬에서 연기했던 과거의 영화 스타 샐리 로스의 숭배자로 나온다. 이 책은 주요 인물들이 주고받은 편지를 하나의 구성 장치로 삼아, 더글라스가 정상적인 상태에서 살의에 가득 찬 적개심을 지닌 상태로 전락하는 과정을 그리고 있다. 그의 첫 번째 편지는 1976년 1월, 사진을 요청하는 단순한 내용으로 시작되었다. 5월 말 편지에 의하면 그는 로스의 드레스 룸에 들어가 그곳을 온통 배설물로 더럽히고는, 루거Luger 권총을 빌려달라고 하면서 다음과 같이 썼다. "이 망할 년아. 그래 피곤해 죽겠어. 그래, 어떻게 널 죽일지를 결정해야지, 내 사랑"(Randall, 1978: 197). 이 책의 제목을 〈팬〉이라고 지은 것은 잘못된 일이다. 왜냐하면, 팬이 된다는 건 스타를 사랑하고, 용인될 수 있는 선이 어디까지인지 이해하는 것을 의미하기 때문이다. 그러나 마크 채프먼의 악명 높은 행동이 일어나기 2년 전에 출판된 이 책은, 채프먼이 이미 대중적 상상 속에서 유포되고 있던 환상을 실현했음 시사한다.[13] 채프먼이 괴물 같은 팬덤의 원형적인 사례로 간주되는 것은, 단순히 그가 이전에 비틀스 팬이었기 때문이 아니라 그가 뒤에 가서 스스로 인정한 뒤틀린 동기들이 명성과 셀레브리티에 대한 도덕적 관점을 제공해주기 때문이다.

레논의 죽음 같은 사례들이 빈번하게 논의된다는 점에서, 우리는 왜 독자들이 셀레브리티가 스토킹을 당하는 이야기를 보고 싶어 하는지에 대해서 생각해 보아야 한다. 레논의 살해는 여러 면에서 상징적 의미를 지니고 있다. 레논은 살해당함으로써 순교자가 되었고, 그의 스타 신화는 상징적이고 초월적인 메시지를 지니게 되었다. 한때 비틀스의 팬이었던 살인자는 스타의 '위선적인' 사회적 유토피아주의에 배신감을 느꼈기 때문에 살인을 저질렀다며 자신의 행위를 정당화한다. 그런데 이는 스타덤이 허위의 약속이라는 생각에 대한 논평이라는 점에서 특히 흥미롭다. 레논이 살해되었을 때 1960년대는 죽었다. 존 레논 암살은 대항문화의 순진한 낙관주의에서 새로운 물질주의 시대로 넘어가는 전환점이었다. 채프먼은 존 레논의 물질주의 비판이 위선이었기 때문에 자신의 행위가 (적어도 표면적으로는) 정당하다고 말했지만, 자신의 행위를 되돌아보는 과정에서 자신이 많은 사람의 사랑을 받는 공인을 살해함으로써 '대단한 사람'이 되었다는 것도 깨달았다. 그러므로 채프먼의 여정은 보편적 화폐인 명성을 쫓는 길이었다고 할 수 있다. 그것은 무슨 수단을 써서든 손에 넣어야 할 목표였다. 이런 의미에서 레논의 살해 뒤에 숨어 있는 유령은 전형적으로 크고, 추하고, 소름 끼치는 상상의 생명체로 표현된다. 그 생명체는 대중의 상상 속에서 괴물성, 셀레브리티, 미친 팬덤을 서로 연결시키는 역할을 한다.

레논이 저격당한 지 25년 후, 두 편의 영화, 〈챕터 27Chapter 27〉(재럿 섀퍼 Jarrett Schaefer 감독, 2006)과 〈존 레논 죽이기The Killing of John Lennon〉(앤드루 피딩턴Andrew Piddington 감독, 2006)에서 이 주제를 다루기로 결정함으로써 채프먼이 영화 속의 인물로 미국 대중문화에 등장하게 되었다. 자레드 레토Jared Leto와 린지 로한Lindsay Lohan이 출연하는 〈챕터 27〉은 "미친 팬의 마음속으로 들어가 본다"라는 홍보 문구를 내세웠다. 〈존 레논 죽이기〉는 조너스 볼Jonas Ball이 주연을 맡았으며, 주인공을 자아도취적인 셀레브리티 스토커로 묘사했다. DVD 표지에는 "이 영화는…… 존 레논을 살해한 행위 또는 명성에 대한 그 살인자의 욕망을 용서하거나 면죄부를 주려는 것이 아니다"라고 쓰여 있다. 두 영화는 동일한 내용을 다루며, 채프먼의 이야기를 채프먼의 관점에서 들려주려고 시도한다. 채프먼의 인터뷰 자료를 바탕으로 만들어진 이 영화들은 채프먼을 자신의 목소리로 내레이션 하는 인물로 만들었다. 사실 〈챕터 27〉에서 채프먼의 성격은 대체로 레토의 기괴하고, 떠듬거리는 속삭임을 통해 나타난다. 두 영화 모두 채프먼이 레논을 쏘지 않으려는 충동과 싸우는 모습을 보여준다. 이러한 접근법을 통해서 〈챕터 27〉과 〈존 레논 죽이기〉는 채프먼의 소외, 거짓에 대한 저항, 내적인 투쟁 등에 우리가 얼마나 공감할 수 있는지 생각해보게 한다. 이 영화들은 채프먼의 인터뷰에 기반을 두고 만들어졌기 때문에 경사길 가정을 폐기해야 했다. 그럼에도 두 영화 모두 그가 한 때 비틀스 팬덤이었다는 사실을 강조하며 그가 그렇게 이해할 수 없는 행동들을 한 것을 안타까워한다. 〈챕터 27〉에서 채프먼은 "비틀스를 사랑했어. 지금도 사랑해. 신께 맹세코 정말이야. 가끔 나는 비틀스 음악이 나만을 위해 만들어졌다고 느껴"라고 말한다. 한편 〈존 레논 죽이기〉에서는 경찰이 채프먼에게 묻는다. "왜 그런 겁니까?" 그는 멍하니 대답한다. "난 존 레논이 좋아요." 이 위대한 파토스의 순간에, 이제는 더 멍해진 경찰이 대답한다. "나도 그래요."

존 레논의 암살을 그린 이 두 편의 영화는 미친 팬이라는 용어를 직접 언급하기보다는, 채프먼의 성격을 이루고 있는 요소들과 그에 대한 대중적인 반응을 분석함으로써 극단적 팬덤에 대한 대중의 우려를 표현한다. 두 영화 모두 채프먼을 다코타 빌딩 밖에서 서성이는 좀 더 정상적인 여성 팬들, 즉 예측이 가능하고 심리적 과잉반응을 하지 않는 여성 팬들과 대조시킨다. 〈챕터 27〉에서 채프먼이 로한이 연기한 정상적 여성 팬 주드 핸슨과 식당에서 나누는 대화는 그의 결심, 독립심self-help, 감정적 확신의 힘을 보여준다. 그는 마치 일종의 근본주의자처럼 보인다. 그가 지닌 이러한 감정적 확신은 '극단적' 팬덤과 근본주의를 연결시켜준다. 극단적 팬덤과 근본주의 모두 이성적 관점에서 볼 때는 문제가 있기 때문이다. 한편 다른 영화 〈존 레논 죽이기〉에서는 채프먼이 자신의 행동을 J. D. 샐린저J. D. Salinger의 소설과 관련지어 설명하는 장면에서 근본주의의 분위기가 감지된다. 그는 "나는 내가 그런 일을 한 데는 내가 이해할 수 없는 어떤 이유가 있다는 것을 알고 행복감을 느꼈다"라고 말한다. 문화와 관련된 확신은(팬덤에 관한 것이든 종교적인 것이든) 팬덤을 중독 또는 현혹으로 보는 이유도 되지만, 개인의 행위성은 어디에 있으며 거기서 개인의 책임은 어디까지인지에 관해 질문을 제기하기도 한다. 사실, 두 영화에서 채프먼의 내적 갈등은 그가 자신의 행위를 두고 벌인 외로운 싸움에 대해 언급하는 부분에서 볼 수 있다. 〈챕터 27〉에서 채프먼은 이렇게 설명한다.

이 미친 무대가 설치되고 배우들이 왔다갔다하는 것 같았다. 나는 단지 이미지일 뿐이고 비틀스 팬을 연기하는, 사인이나 모으러 다니는 시시한 사람이었다. 그리고 그 아래에 나는 분노로 들끓는 냄비와 같았다. 하지만 누구도 그 빌어먹을 상태를 알아채지 못했다.

〈존 레논 죽이기〉에서도 주인공이 비슷한 말을 한다. "내가 마치 영화 속에 있는 것처럼 느껴졌어요." 경찰에게 한 그의 진술은 좀 더 많은 단서를 제공한다. "난 아무도 죽이고 싶지 않았고, 내가 왜 그랬는지 정말 모르겠어요. 신께 도와달라고 빌었지만, 우리 모두 자신의 행위에 대해서 책임은 져야 하는 법이죠." 마침내 기독교적인 엑소시즘을 거치기 전, 그는 "나는 미치지 않았다. 나는 축복받았다"라고 설명한다.

〈존 레논 죽이기〉에서는 채프먼의 1차 공판을 담당한 변호사가 격분한 비틀스 팬들로부터 쏟아지는 협박을 견디지 못하고 사임한다. 영화는 애도하는 팬들의 모습을 거친 텔레비전 화면으로 보여주며, 그 위로는 "이 사람들은 막심한 상실감을 느끼고 있으며, 이를 개인적으로 받아들이고 있다"라는 뉴스 캐스터의 설명이 흐른다. 다른 기자들은 "경찰에 대한 린치 위협이 너무 크다", "경찰은 팬들이 병원을 급습할까 봐 두려워하고 있다"라고 덧붙인다. 이런 점에서, 영화의 궁극적 주장은 채프먼의 극악한 행동에 대한 비틀스 팬들의 감정적 반응 역시, 애초에 채프먼이 살인을 하도록 추동한 것과 동일한 감정적 바탕에서 나온다는 것이다. 비록 채프먼의 행위가 팬으로서는 명백히 이례적인 것이고, 최소한 그의 성격 장애에 부분적으로 기인한다고 설명하지만 말이다.

이렇듯 팬덤을 린치를 벌이는 군중과 동일한 파괴적이고 광적인 힘에 의해 움직이는 집단으로 묘사함으로써, 영화는 정상적인 팬덤과 (채프먼이 내적 갈등을 통해 결코 제대로 다스릴 수 없었던) 미친 팬덤 간의 구별을 없애버린다. 주연 배우인 조너스 볼은 "정상적인 아이라면 자라서 존 레논을 죽이지 않는다"라고 말한다. 사실 이 말은 아이들이 자라서 비틀스를 사랑하다가, 거기에 너무 몰입한 나머지 자신의 꿈을 방해하는 사람은 누구든 증오하며 격렬하게 공격한다는 것을 함축한다. 팬 대중은 군중으로서, 규모면에서도 가공할 만한 짐승의 무리로 여기저기에서 묘사된다. 즉, 그들은 사냥감을 갈기갈기 찢기 위해서 몰아가는 비이성적인 군중이다. 사회학자 페리스에 따르면, "현대 문화에서 셀레브리티 스토킹은 보편적인 시대정신의 일부다"(Ferris, 2011: 29). 셀레브리티 자신을 포함해서, 팬덤의 외부자는 팬의 집합적인 행위와 개인의 열정을 낯설고 집착이 강하고 사생활을 침해하며 위협적이라고 간주한다.

실제 인물인 마크 채프먼은 그의 추하고 무의미한 범죄 때문에 지난 10여 년 간 가석방이 거부되었다. 그러나 그는 결코 제대로 괴물 같은 '미친' 팬 역할을 한 적이 없는데, 왜냐하면 조사에서 나타나듯 그 역할은 셀레브리티에 관한 신화가 주로 작동한 결과이기 때문이다. 존 레논의 피살이 1960년대 반물질주의 anti-materialist 시대에서 1980년대 극물질주의 ultra-materialist 시대로의 전환과 상징적으로 공명했다면, 2000년대 중반에 나온, 그 사건을 소재로 한 영화들은 스토킹에 대한 사회적 매혹을 보여주면서, 현대 셀레브리티 문화의 공허함을 간접적으로 비판했다. 오늘날 패리스 힐튼 Paris Hilton에서 빅토리아 베컴 Victoria Beckham에 이르기까지 그럴 만한 자격을 가지지 못한 셀레브리티들이 그저 그들이라는 이유로 부당하게 명성을 누리고, 〈셀레브리티 빅 브라더 Celebrity Big Brother〉(2001)를 비롯한 유사 프로그램들이 셀레브레티 욕하기를 시청자들의 스포츠로 만들어놓으면서, 이제 스토킹은 집단적 환상을 실현하는 행위로 상징적인 의미가 바뀌었다. ≪살롱 Salon≫의 기자인 메리 엘리자베스 윌리엄스 Mary Elizabeth Williams는 채프먼의 가석방 요구가 여섯 번째로 기각된 내용을 보도하면서 레이디 가가의 앨범 제목을 따서 채프먼을 '페임 몬스터'라고 불렀다.

정상적인 심리로서의 팬덤

정신분석학적 접근은 치유를 목적으로 사람들이 자신의 억압된 두려움과 갈등을 인식할 수 있도록 돕는 것을 목표로 한다. 정신분석학에 대한 학계의 주된 비판은 그 방법론이 몰역사적이고 개인의 주체성을 보편화한다는 것이다. 정신분석학을 역사적으로 특수한 목적을 지닌 연구방식으로 볼 수도 있기에(예를 들어, 어떻게 서구 사회가 그 사회의 요구사항에 맞게 개인을 구성해왔는가) 몰역사적이라는 비난은 사실 부당한 측면이 있다. 더 근본적인 문제는 정신분석학에서는 있는 그대로 보는 것이 아니라 자신들이 생각하는 대로 보는 경우가 많다는 것이다. 정신분석학적 틀을 통해서 모든 현상을 보려고 할 때는 정신분석학이 밝혀내겠다고 주장하는 바로 그 정신 구조를 부과할 수 있다는 위험이 존재한다. 이런 문제들이 있기 때문에, 팬 연구자들에게 정신분석학이 어떤 쓸모가 있느냐고 묻는 사람도 있다. 대중적인 재현이 팬을 위험할 정도로 비이성적인 타자로 묘사하기를 즐겼다면, 학문적인 설명들은 사실 훨씬 더 복잡하다. 팬덤 연구자들 중에는 팬덤의 병리를 설명하기 위해서가 아니라, 팬덤 현상을 보통의 정신과정으로 설명하기 위해 정신분석에 기대는 경우가 있다. 정신분석학은 팬 현상에 대한 강력하지만 여전히 논쟁적인 설명 방법이고, 정신분석학이 팬 현상을 낳는 과정을 설득력 있게 설명할 수 있는지에 대해서도 논란이 계속되었다. 정신분석학에 대한 윤리적 반대는 다른 사람들의 무의식을 읽는다는 점, 즉 '우리' 학자가 팬인 '그들'을 읽는 것이지 그 반대는 아니라는 점에서 엘리트주의의 비평 형태라는 것이다. 좀 더 거칠게 말하면 정신분석학은 문제가 있는 심리 상태를 다루기 때문에 팬덤을 정신분석학에서 다루는 것은 팬덤을 병적인 상태로 보며, 팬덤이 내면의 불행에서 생긴다고 가정하는 것이다. 정신분석학적 접근법은 팬덤을 특정한 대상이나 사회적 맥락을 넘어서 분석할 수 있게 해주었지만, 팬덤을 일상의 과정이나 정상적 행동으로 설명해내지는 못했다(Sandvoss, 2005a: 94).

팬 스스로도 때때로 심리학 용어를, 심지어 병리학 용어를 사용하기도 한다.

예를 들어 한 텔레비전 공상과학물 팬은 온라인 커뮤니티에서 다음과 같이 말했다. "나는 미친 것처럼 집착하고 있어, 나는 '결코' 치유되고 싶지 않아"(Hills, 2002a: 180에서 재인용). 또 다른 텔레비전 프로그램의 열성팬은 해링턴과 비엘비와의 인터뷰에서 다음과 같이 말했다. "사실 저는 연속극의 문제점을 절감하고 있어요. …… 하지만 이따금씩 거기에 빠져요"(Harrington & Bielby, 1995: 93). 소설가인 M. 글래스고M. Glasgow 같은 팬들은 훨씬 더 정교한 정신분석학적 어휘를 사용해서 팬 실천을 설명하기도 했다(Sandvoss, 2005a: 69). 하지만 많은 팬은 정신분석학 연구자들에 의해 자신의 관심사가 분석될 수 있다는 사실에 공개적으로 적대감을 표현한다. 그러나 팬덤은 흔히 감정적인 행위로 경험된다. 감정은 단순한 신체의 물리적인 혼란이 아니다. 감정은 신념과 사고를 따른다. 이론상 정신분석학은 개인 팬이 느끼는 감정을 더 잘 묘사할 수 있게 해준다. 따라서 팬덤을 논의할 때 우리는 개인의 심리와 그 문화적 맥락 모두에 관심을 기울여야 한다. 힐스는 다음과 같이 말했다.

팬덤에 대한 '일면적인' 이론적 접근은, 그것이 무엇이든(예컨대 사회학적 접근이든 정신분석학적 접근이든) 팬 문화의 사회적·문화적 규칙을 설명할 수 없으며, 팬 문화에서 나타나는 가치의 변증법이나 팬 대상에 대한 팬의 강도 높은 현혹 경험과 소유 경험 역시 설명할 수 없다(Hills, 2002a: 63).

수많은 이유에서 연구자들은 환상과 동기와 욕망을 해석하는 일을 불편해한다. 똑같이 다시 재현할 수 없는 독특한 결과를 '참'으로 볼 수 있는가도 그러한 이유 중 하나다. 하지만 대상에 대한 개인의 지속적인 관여를 설명하는 데 사회적인 설명만으로는 충분하지 않기 때문에 정신분석학은 여전히 유용한 조사 도구일 수 있다. 팬 이론가인 샌드보스는 단언한다. "팬덤을 그리고 팬과 팬 대상 간의 관계를 충분히 이해하기 위해서는 자아의 심리학적인 기초를 이해해야만 한다"(Sandvoss, 2005a: 68). 이를 전제한다면, 문제는 팬으로서의 자아를 어떻게 이해할 것인가이다. 힐스는 "아마도 팬 문화만큼이나 많은 정신분석학파가 있을 것"(Hills, 2002a: 95)이라고 말한다. 이들 대부분은 직간접적으로 프로이트의 독창적인 연구에서 나왔다. 프로이트는 개인이 사회구조와 가족구조에 적응하기 위해 자신의 성적 본능을 억압한다고 주장했다. 샌드보스는 프로이트의 연구 덕분에, 연구자들은 팬의 쾌락 (심지어 성적인 종류의) 추구를 보편적인 인간 조건의 반영으로 여길 수 있게 되었다고 주장한다(Sandvoss, 2005a: 71). 히스테리 같은 장애에 초점을 맞춘 프로이트의 연구는 팬덤을 병리화할 가능성이 있었기 때문에, 팬 연구자들은 통상 프로이트나 그의 유명한 제자인 라캉의 작업에는 관심을 두지 않는 쪽을 택했다. 대신 클라인이나 도널드 위니콧Donald Winnicott 같은 후기 정신분석학자의 이론을 주로 검토했다. 샌드보스에 따르면, 이런 이론가들의 연구는 팬을 역동적인 자아감을 가진 주체이자 문화적 관심사를 수단으로 활용하는 주체로 볼 수 있게 해준다(Sandvoss, 2005a: 79). 이와 다르게 프로이트의 성인 자아의 개념은 상대적으로 정적이다.

샌드보스는 클라인의 작업을 미디어 팬덤에 적용한 주요한 문화연구자다. 샌드보스에 따르면 팬덤은 객관적인 물리적·사회적·경제적 거리와 친밀성의 경험의 결합에서 만들어지며, 샌드보스는 이 모순을 다루는 데 논의의 대부분을 할애하고 있다. 그래서 정신분석학의 논쟁적인 측면은 바로 개인 팬덤의 맥락을 설명하는 방식에 있다.

> 팬덤에는 두 번째 형태의 자아도취가 있는데, 이는 자기 성찰과 좀 더 밀접하게 연결되어 있으며, 팬 텍스트가 수용자 앞에서 수행되는 것이라고 가정하지 않는다. 팬 수행에서 첫 번째이자 가장 중요한 수용자는 팬 자신이다. 그래서 나는 여기서 팬덤을 자아도취적인 자기 성찰의 형식으로 보고자 한다. 이는 팬과 사회적 환경 간의 관계에 대한 자기 성찰이 아니라 팬과 그의 팬덤 대상 간의 관계에 대한 자기 성찰이다(Sandvoss, 2005a: 98).

이 지점에서는 샌드보스가 어느 정도 옳다. 중요한 것은 팬은 팬덤을 개인 정체성의 일부로 인식한다는 점이고, 강하게 개인적이라고 느끼는 방식으로 스타나 셀레브리티에 관여한다는 점이다. 팬 연구자는 행위성과 행위에 집중하는 경향이 있고 구조나 대상에는 관심을 기울이지 않았다(Sandvoss, 2005a: 93). 그렇다면 팬과 스타의 연결을 조직화하는 무언가가 각 팬의 내부에 있는 것인가? 1920년대에 프로이트는 개인의 에고가 부분적으로는 죽음 충동으로 동기화된다고 말했다. 클라인의 모델에서 죽음 충동은 극단적인 두려움을 야기하고, 그 결과 개인의 에고는 분리되어 편집증적 정신분열 상태로 들어가며, 그 상태에서 다른 인간 대상과 관계를 맺기 시작한다. 다시 말해서, 클라인이 보기에 우리는 모두 우리의 자연스러운 불안을 부인한다. 편집증적 정신분열은 정신의 장애가 아니라 정신의 정상적인 상태인데 말이다. 우리가 그 상태에 대처할 수 있도록 해주는 기제는 두 가지가 있는데, 하나는 '투사projection'이고 다른 하나는 '내사introjection'다. 즉, 모든 어린이는 투사를 통해 '나쁜' 내면의 감정을 흘려보내고, 내사를 통해 외부 대상의 '좋은' 측면을 자신의 분리된 자아와 통합한다(Sandvoss, 2005a: 80을 참조하라).

심리학적 현상인 투사는 학습된 가정들을 통해 세상을 바라보는 과정이다. 이는 개인의 이해라는 필터를 통해 현실을 지각할 때 불가피하게 발생한다. 사실상 투사는 자신의 정신 구조들을 지각된 세계에 내보내고, 이로써 세계는 그러한 가정을 확인하는 듯 보인다. 클라인에 따르면, '나쁜' 부분은 자아로부터 분리되어, 외부의 대상으로 투사된다. 자아와 대상 사이의 경계가 희미해지기 때문에, 이는 불안의 지점이 되고 통제의 필요를 인식한다. 따라서 투사는 편집증적 정신분열 행위의 원형적 형태다. 비록 우리 모두가 내적 대화와 자의식이라는 능력을 지녔지만, 두 개의 내적 자아라는 개념은 자아가 스트레스를 받을 때만 생겨난다(Hills, 2002a: 96). 샌드보스에 따르면, 팬 대상은 "단순한 동일시 지점이 아니라, 팬의 자아가 연장된 것이다"(Sandvoss, 2005a: 102). 극단적으로는, 이 개념은 백지 상태 개념과도 통한다. 즉, 스타는 본질적으로 의미가 비어 있어서 수용자가 자신의 욕구에 맞추어 욕망을 투사하는 빈 용기로 기능한다는 것이다. 이 이론은 스타가 서로 다른 방식으로 읽힐 수 있고, 그 의미는 수용자의 머릿속에서 만들어지며, '투사'는 핵심적인 심리적 현상이라는 점에서 올바른 가정에 의존하고 있다. 하지만 이 가정은 스타가 무한하게 다의적이지는 않으며, 이미 개인적이고 사회적인 정체성을 지니고 있다는 점을 잊고 있다. 또한 스타의 이미지에 대한 공유된 해석이 해석을 돕는 담론적 자원으로 유통되고 있다는 사실 역시 무시하고 있다. 샌드보스에 따르면 "팬만이 팬덤의 대상을 형성하는 것은 아니다. 역으로 팬덤의 대상 역시 팬을 형성한다" (Sandvoss, 2005a: 81). 그뿐만 아니라, 스타는 대부분 '좋은' 대상이지만 부정적인 투사를 흡수하는 나쁜 대상으로 기능할 수도 있다. 샌드보스가 팬 폭력이라는 장에서 설명하기를, "팬덤에서 투사와 내사 과정은 팬과 대상세계(그리고 그 지배적 사회 체계) 간의 연결성을 분명하게 드러내줄 뿐만 아니라, 증오를 받는 '타자'를 구축하는 기능도 수행한다"(Sandvoss, 2005a: 82). 엘리엇은 투사를 수행한 인물의 사례로 악명 높은 비판적 음악 전기 작가인 앨버트 골드먼Albert Goldman*을 들었다. 왜냐하면 골드먼이 자신의 연구 대상인 셀레브리티(대표적으로 엘비스와 존 레논)에 대해 '알기 위해' 출발한 탐험이, 자신의 판타지를 그들에게 투사하는 과정으로 바뀌었기 때문이다(Elliot, 1999: 26). 마찬가지로 레논을 살해한 채프먼의 이해할 수 없는 동기도 그 사건을 채프먼의 내적 판타지를 투사한 결과로 볼 때만 이해할 수 있다. 샌드보스는 채프먼의 투사 과정과 일반적인 팬의 투사 과정이 그 내용에서 아주 많이 다름에도 엘리엇이 그 둘을 구분하지 않았다고 지적한다(Sandvoss, 2005a: 84). 하지만 만약 투사가 누구나 경험하는 과정이라면, 진정한 질문은 이론가들이 왜 다른 그룹이나 개인이 아닌 팬에게만 특별히 투사를 관련시켜 논하고 싶어 하는가가 될 것이다. 투사에 초점을 두면 우리는 유사사회적 상호작용의 문제를 지속적으로 환기하게 된다. 팬이 자신이 관심을 둔 대상을 개인적으로는 결코 만날 수 없다는 점에서 보면, 문제는 그들이 (우리 모두가 하는) 투사를 수행하는지 수행하지 않는지가

---

* '앨버트 골드먼'은 미국의 교수이자 저술가로 엘비스 프레슬리와 존 레논의 전기를 썼다. 비평가와 팬들은 이 전기가 프레슬리나 레논에 대한 골드먼의 편견에 기초해 그들의 명예를 훼손했다고 비판했다.

아니라, 어쨌든 그 투사 과정이 그들을 조종하는 데 이용되어왔는지 여부다.

클라인 모델에서 두 번째 과정은 내사로, '롤모델 삼기'라는 용어로 더 널리 알려져 있다. 내사는 안으로 받아들이는 섭취 과정처럼 들리지만, 실제로는 팬이 어떻게 자신의 영웅들을 이상화된 안내자나 멘토로 이용하는가에 대한 것이다. 다시 말해서 추종자는 영웅의 완벽한 복제품이 되려고 한다기보다 잠재적으로 그 영웅이 하는 일을 따라 하려고 한다(Cavicchi, 1998: 140~142). 여기서 흥미로운 부분은 내사라는 개념은 단순히 팬들이 왜 (옮긴이: 자신들의 영웅과의) 연결감을 갖느냐가 아니라 그 연결감을 가지고 무엇을 하느냐에 초점을 맞춘다는 점이다. 일상에서 볼 수 있는 형태의 내사로는 셀레브리티가 시작한 유행이나 기벽, 헤어스타일 따라 하기 등을 들 수 있다. 스타처럼 행동하거나 스타에 반응해서 행동하는 것은 스타들이 창조한 사회 세계에 참여하는 방식이다. 또한 팬은 특정한 스타 이미지가 전달하는 이상화된 정체성을 스스로 롤모델로 삼기도 한다(Sandvoss, 2005a: 82). 영화 이론가인 재키 스테이시Jackie Stacy는 영화 바깥에서 일어나는 네 가지 형식의 동일시 환상, 즉 등장인물인 척하기pretending, 닮아 가기resembling, 흉내 내기imitating, 베끼기copying에 대해 논하고 있다(Stacy, 1994). 스테이시는 스타들이 '다른 세계'에 사는 사람들임에도 관객들은 그들의 젠더 정체성을 따라 하려고 한다는 것을 발견했다. 특정한 스타와의 강렬한 관계는 개인이 변신하는 듯한 환상을 제공한다. 스타를 자신의 일부로 들여오면서, 많은 사람은 스타의 속성이나 특징을 자신의 것으로 취할 수 있다고 말한다. 여성 팬들은 자신감을 얻거나, 패션에서 앞서 가거나, 아니면 반항적인 여성성을 표현할 수 있었다고 말한다. 오늘날의 다른 사람들과 마찬가지로 팬들은 스타를 자원으로 삼아 분명히 자기 개조의 과정에 참여한다. 코스프레cosplay는 유명한 캐릭터처럼 옷을 차려입는 '코스튬 플레이'를 줄여서 말하는 표현이다. 내사를 통해 모사와 코스프레에 이르는 폭넓은 실천이 이루어지지만, 내사에서 더 흔히 그리고 은밀하게 연결되어 있는 과정은 공유된 가치에 대한 찬양과 인정이다. 좋은 예는 보위의 팬에 대한 스티븐슨의 연구에서 볼 수 있는데, 그는 다음과 같이 설명한다.

인터뷰를 하면서 점차 알게 된 사실은 남성 보위 팬들에게 보위는 일종의 아버지 상으로 작용한다는 점이다. …… 우리는 이 문제를 자주 조롱의 대상이 되는 남성 운동의 관점에서 탐구해보아야 한다. …… 데이비드 보위를 '안내자'로 선택한다는 사실에서, 다수의 남성들이 더 공공연하게 가부장적인 이미지에 기대거나 아니면 단순히 남성임을 부인하지 않으면서, 이른바 남성성의 위기에 창조적으로 대응하고 있다고 주장할 수 있다(Stevenson, 2009: 90).

이런 관점에서 보위는 선생님이나 안내자처럼 어려운 시기에 상담할 수 있는, 일종의 영감을 주는 자원이 된다. 자조라는 차원에서 보면, 특히 팬이 개인적으로 선택했기 때문에, 스타는 아마도 가장 적절하게 팬을 '지휘하는 그룹'의 일원이 된다. 물론 모든 사람이 보위를 아버지 상으로 여기는 것은 아니기 때문에 일반화하는 것은 별 의미가 없지만, 이는 보위가 남성 팬들에게 성공을 거둘 수 있었던 전략을 보여준다. 이러한 생각은 1970년대의 고전적이지만 상당히 신뢰를 잃게 된, '이용과 충족'이라는 미디어 연구 패러다임을 되풀이하고 있다. 차이가 있다면, 스티븐슨은 가부장적인 안내자 역할이 보위가 존재하게 된 본질적인 이유라고는 말하지 않았다는 점이다. 하지만 그는 보위의 이미지가 남성성의 위기에 대응하는 것이고, 그것이 그의 이미지에 남성 팬이 몰리는 이유일 수도 있다고 주장하는 데까지 나아간다. 누군가에게 조언을 구한다는 것이 그를 모방한다는 뜻은 아니다. 자칫 잘못하면 내사에 대한 이론적 강조는 팬이 스타가 '되기'를 원한다는 가정으로 이끌 수 있다. 내 연구에 따르면, 팬은 스타에게 친구처럼 취급받거나 단지 스타가 자신을 알아볼 수 있을 정도로 충성적인 팬이 되길 원한다. 말하자면, 스타가 걸어 나오는 레드카펫의 맨 앞줄이나 무대 뒤편 같은 곳 말이다. 이러한 꿈은 팬덤의 외부인에게는 재미없는 일이겠지만, 팬은 팬 역할을 유지하는 데 흥미를 느끼고, 지금처럼 짜여 있는 팬과 스타 간의 관계에 큰 전율을 느낀다는 점을 보여준다. 내사를 주의 깊게 보면, 팬들이 자신의 영웅을 집단적으로 이상화하고 있는 방식을 알 수 있다. "팬 비평이 만들어내는 것은 '이상적인'(닥터) 후의 이미지다. 그것은 전체 시리즈에 담긴 일종의 플라톤적 본질로서, 하나의 에피소드에서는 결코 완전히 실현될 수 없다"(Hills, 2010b: 5). 힐스와 유사하게, 〈닥터 후〉의 팬인 엘리자베스 베어Elizabeth Bear는 자신의 텔레비전 스타에 대해 다음과 같이 말한다. "나는 그로부터 배울 것이 있고, 성장할 수 있고, 책임감을 갖게 된다고 생각하는 것이 더 좋다. …… 우리 자신이 최선의 모습이 될 때, 우리는 거의 후처럼 된다. 독창적이고, 모험을 즐기고, 운도 좋고, 기운 넘치고, 위험을 무릅쓸 줄 알고, 인정 넘치는 그처럼 말이다. 우리는 더 열망하게 된다"(Bear, 2010: 16~17).

어떤 연구자는 팬덤을 병리화하거나 개인적 동기에 지나치게 초점을 맞추게 되는 상황을 우려해 정신분석학을 사용하기를 꺼려한다. 사실 팬덤이 사회적으로 작동하기는 해도 그 열정은, 개인 자아와 외부 현실의 사이에서뿐 아니라, 개인과 타자로서의 스타 사이라는 "중간 공간들intermediate spaces"에서 기능한다(Sandvoss, 2005a: 90). 클라인이 제시한 메커니즘을 넘어서, 여러 연구자가 위니콧의 견해를 연구해왔다. 위니콧은 자아를 분열되고 투쟁하는 것으로 개념화하지 않고, 그 대신 자아를 자아 발달의 자연스러운 과정과 관련된 것으로 제시했다. 위니콧은 어린이는 놀 때 집중하는 상태에 들어간다고 했다. 아이들은 상호주관성을 지닌 물리적 대상에 주목한다. 놀이라는 것은 아이들이 처음으로 '나와 내가 아닌' 것의 역할을 수행하는 '과도기적' 성격을 지닌다. 위니콧에 따르면, 자아는 내적인 삶과 외적인 현실을 상호 병합하는 중간 공간으로 대상을 활용함으로써 자신이 처한 전체성의 결여를 해결한다. 과도기적 대상은 외적 실제에 속한 것으로 인정되지만, 안전한 집착 대상으로 경험된다.

선택적으로 활용해보면, 위니콧의 개념은 우리가 정신적 건강을 유지하는 방법으로 지속적인 감정적 애착을 구성해낸다고 제시함으로써, 팬덤을 병리적인 것이나 결여된 것으로 보는 생각에서 벗어나게 한다. 힐스는 "우리 모두가 평생을 거쳐 '과도기적인 대상'으로서 문화 산물들에 의존한다"라고 주장한다(Hills, 2002a: 106). 더 나아가 그는 팬덤을 애착으로 정의한다.

팬 문화는 특정한 텍스트를 둘러싸고 형성되는데, 이 텍스트는 여러 개인의 일대기에서 적절한 과도기적 대상PTO: proper transitional object으로 기능한다. 개인들은 텍스트가 자신의 문화적 경험 요소로 계속 존재한다는 사실 덕분에 텍스트에 대한 애착을 유지할 수 있다(Hills, 2002a: 108).

팬덤을 과도기적 대상과 노는 것이라고 보는 관점은, 팬덤을 쉽게 속거나 수동적이거나 미친 상태에서 발생하는 것으로 보는 비현실적 스테레오타입에서 벗어날 수 있게 하기 때문에 흥미롭다. 해링턴과 비엘비(Harrington & Bielby, 1995)는 이론이 흔히 팬의 경험을 사소한 것으로 대충 설명해버리거나 과도하게 합리화한다고 말했다. 그들은 연속극의 팬 문화를 설명하기 위해 과도기적 대상 개념을 채택했다. 힐스는 다음과 같이 말한다.

팬 문화는, 말하자면 '객관적인' 해석 공동체나 객관적인 텍스트 체계, 그 어느 것에도 뿌리를 두고 있지 않다. 그렇다고 원자화된 개인들의 '주관적인' 열정과 관심들이 우연히 겹쳐서 쌓인 것도 아니다. 팬 문화는 발견되고 또 창조되는 것이다. 바로 이 피할 수 없는 모순(발견 대 창조)은 내가 팬 문화의 수행을 '가치의 변증법dialectic of value'이라고 이름 붙인 것을 뒷받침할 뿐 아니라, 위니콧 연구를 활용하도록 만든다(Hills, 2002a: 113).

위니콧은 모든 인간 존재가 느낄 수밖에 없는 본성적인 취약성을 인정한다. 그의 개념은 팬이 어떻게 이러한 본성적인 불안에 대처하며, 공유된 관심사를 둘러싼 사회적 연결망을 형성하는지 알게 해준다. 또한 이는 싹싹하고 열정적이고 신실한 셀레브리티를 좋아한다고 주장하는 팬들의 설명과도 공명한다. 그러나 과도기적 대상이라는 개념이 아동발달의 특정 단계와 관련되어 있기 때문에, 이 개념은 퇴행을 함의하며 어린 시절 이후에 발생하는 팬의 흥미에 대해서는 충분히 설명할 수 없다(Sandvoss, 2005a: 87~91을 참조하라). 위니콧의 도식은 어떻게 개인이 적절한 과도기적 대상에서 사회 조직이라는 객관적인 외부 세계로 이행하는지 제대로 설명하지 못한다(Hills, 2002a: 107). 이 개념을 사용하면, 팬덤을 삶에서 부딪히는 고난에 대한 일종의 안전한 안식처로 생각할 수 있는 길이 열린다. 몇몇 팬은 일부 팬층이 스타를 따르는 데서 대리적 위안과 탈출구를 발견한다는 점을 인정한다. 샌드보스는 다음과 같이 말했다.

> 팬덤은 (자부심이라는) 바구니에서 가장 안정적인 계란들이라고 할 수 있다. …… 이러한 점에서 팬덤은 내적인 욕구와 충동의 표현이 아니라 그 자체로 자아를 구성하는 것이다. 팬이 된다는 것은 이런 의미에서 자아를 반영하고 구축하는 것이다(Sandvoss, 2005a: 48).

이는 흥미로운 생각이지만, 팬덤이 다른 종류의 관계나 다른 종류의 문화적 활동(예를 들어 일, 사랑, 종교)과 어떻게 구분되는지 제대로 제시하지 않는다. 또한, 팬들이 일종의 피난처로서 팬덤에 귀환한다는 점은 그 개념이 팬들의 결여를 함축하고 있음을 보여준다. 팬덤이 개인에게 갖는 의미가 무엇인지 개념화하는 다른 방식들이 존재할 수도 있다.

샌드보스에 따르면 대중문화에 대한 정신분석학 연구는 흔히 텍스트에 너무 집중하고 의미를 텍스트 구조에서 찾으려 하면서 개개인의 심리를 무시해 왔다(Sandvoss, 2005a: 73). 하지만 그러한 관점이 없었다면 상징적 수준에서 구축된 미디어 텍스트를 이해하기는 어려웠을 것이다. 정신분석학은 우리가 개개인의 팬덤을 각 개인의 심리적 반영으로 탐구할 수 있게 한다. 정신분석학 패러다임의 설명력이 강력한 경우가 자주 있긴 하지만, 팬 문화 연구와 관련해서 정신분석학적 설명이 지닌 한계는 무엇일까? 힐스는 정신분석학이 중요한 방법적 한계를 지닌다고 주장한다. 정신분석학자들은 팬덤을 순전히 환상작용으로 보면서 개인 팬들을 인위적으로 고립시키고, 사회적 커뮤니케이션, 실천, 담론 같은 팬덤 현상의 다른 측면들을 무시한다. 힐스가 언급하듯, "팬덤에 대한 클라인식의 설명은 클라인의 핵심 개념을 확인하는 것을 넘어서 팬 문화를 이해하는 데는 실패했다"(Hills, 2002a: 97). 그러한 정신분석학적 프레임은 팬덤을 불안과 같은 심리 과정에서 기인한 개인적인 결여를 보상하는 것으로 본다. 그러나 팬의 삶에서 표현되는 감정을 본질적으로 요구되는 것이라기보다는 '생산적으로 덧붙여진' 것, 즉 결여가 아니라 격려로 보는 시각도 있을 수 있다. 힐스는 다음과 같이 말한다.

정신분석학적 설명은 팬을 항상 결여된 존재로 보면서 대체로 이데올로기적인 학술적 주장과 도덕적 이원론에 맞추어 팬을 재단해왔다. 또한 그 설명은 팬 정서, 감정, 또는 환상을 강조하며(물론 학술적 '지식'의 지위를 갖는 것은 아니지만), 팬이 '지식'을 가졌을 가능성을 항상 매도해왔다(Hills, 2002a: 104).[14]

그렇지만 우리가 각 개인을 넘어 특정 대상의 추종이나 미디어 팬덤 일반을 집단적 과정으로 논의하자마자, 그러한 심리적인 일반화 속에서 무언가를 잃어버리게 된다. 힐스가 지적한 것처럼, 흥미롭게도 "팬덤에 대한 정신분석학적 연구는 드물다"(Hills, 2002a: 95). 예를 들어, 팬덤 연구의 대가인 젠킨스는 그의 연구에서 팬덤을 정신분석학적으로 다루는 시도를 조심스레 피해왔다. 힐스에 따르면, 젠킨스는 심리학적 용어를 사용해서 팬이 아닌 사람들을 팬덤에 대해 두려움을 투사하는 존재로 간주한다. 반면 젠킨스는 팬들 개인이나 집단 심리를 고찰하는 작업은 피하고 있다(Hills, 2002a: 9).

정신분석학적 설명이 부과적이고 순환적이라는 비판에 동의하든 동의하지 않든, 정신분석학은 여러 설명 방식을 구성하면서 역사에서 팬덤 자체와 나란히 존재하며 사회적으로 공유되어왔다. 프로이트의 개념은 20세기 전반에 걸쳐서 퍼졌고, 공적인 삶에서 이론가들에게 일종의 시금석이 되어 유통되었다. 담론적 자원으로서 정신분석학에 주목하는 것은 왜 팬덤이 이러한 특정 방식으로 해독되어왔는지 이해하는 데 도움을 준다.

경사길 가정, 셀레브리티 숭배, 미디어 효과와 같은 의심스러운 개념들을 강조하는 것과 함께 지적해야 할 병리학적 전통의 또 다른 문제는, 그 전통이 단일한 동일시 유형을 가정하고 있다는 점이다. 막스 베버Max Weber의 이념형ideal type 개념은 때로 공통의 특징들이 확정적인 것으로 오인될 수 있음을 알려준다. 이 경우, 스타에 대한 또는 상품에 대한 아주 다양한 팬 관심이 하나의 일반화 뒤로 가려질 수 있다. 스타 현상을 이론화해오면서, 정신분석학은 이러한 부적절한 일반화를 향한 충동에서 결코 벗어나지 못했다. 팬 연구자에게 남겨진 진정한 도전은 정신분석학적 설명에 기대지 '않고도' 그 대상을 어디까지 개념화해낼 수 있는가이다. 이는 정신분석학적 설명이 특정 텍스트의 상징적 차원을 잡아낼 수 없거나 개인의 정신 상태를 제한적으로 평가하기 때문이 아니라, 팬덤이 심층의 심리와는 단지 간접적으로만 연결된, 광범위한 요소들 사이를 매개하는 사회문화적 현상이라는 점을 무시하고, 개인의 심리를 일반화하는 데 오용될 수 있기 때문이다. 그러한 요소들이 담론이든 실천이든 사회적 정체성이든 간에, 그 요소들은 흔히 사적인 것과 공적인 것, 개인적인 것과 집단적인 것을 연결시킨다.

5장 사람들은 어떻게 팬이 되는가

출발점

전염, 취향, 정동 같은 개념은 사람들이 팬이 되는 방식에 대해 무엇을 알려주는가?

팬덤은 종교의 대체물인가?

개인 정체성과 관련해 팬덤이 하나의 여행이자 도착지라는 생각을 어떻게 통합할 수 있는가?

그레고리 펙: 안녕하세요. 오늘 저녁을 위해 런던에서 (미국까지) 오셨다고요?

펙의 팬: 물론이에요. 말문이 막혀요. 무슨 말을 해야 할지 모르겠어요.

그레고리 펙: 그러면 본인을 소개해주시겠어요?

펙의 팬: 아, 저는 오랫동안 당신을 숭배해왔어요. 저는 당신이 스크린에 보이는 모습과 같은지 직접 보고 싶었어요. 오늘 밤 당신이 스크린에서 보이는 것과 똑같다는 걸 확인했어요.

그레고리 펙: (웃으며) 아, 다행입니다. 그동안 속아오신 게 아니길 바랍니다.

펙의 팬: 아니에요. 그게 바로 제가 직접 알아내고 싶었던 거예요. 전 생각했죠. "에라 모르겠다. 저축해둔 돈을 다 털어 여기 와서 당신이 어떻게 생겼는지 직접 봐야겠다"라고요. 그리고 오길 잘한 것 같아요. 평생 잊을 수 없는 경험이었습니다.

〈그레고리 펙과의 대화〉, Kopple, 2001

　　미디어 팬은 그냥 평범한 사람들이다. 그들은 다른 사람들과 마찬가지로 합리적일 수도 있고 편견을 가질 수도 있고 고집스럽기도 하고 비판적이기도 하며 자유주의자이기도 하고 열린 마음을 갖고 있기도 하다. 그런데 팬과 다른 사람들 간의 중요한 차이는 그들이 타인에 대해 유의미하게 다른 감정을 경험했고, 그 이유를 항상 합리적으로 설명할 수는 없다는 점이다. 연구자들은 이를 일종의 몰아적沒我的 상태로 묘사했다. 〈그레고리 펙과의 대화A Conversation with Gregory Peck〉(바버라 코플Barbara Kopple 감독, 2001)는 고전 영화의 아이콘이 은퇴 기념으로 미국을 순회하던 당시의 필름 자료를 사용해서 만든 장편 다큐멘터리다. 다큐멘터리에서 펙은 행사장에 모인, 이제는 중년이 된 자신의 팬들에게 할리우드에서의 삶에 관해 이야기한다. 영국에서 먼 길을 달려온 한 여성이 자신의 우상을 무대 뒤에서 만나 그와 친구처럼 대화를 나누기 시작한다. 대화에서 분명한 것은 펙의 팬이 평생의 꿈을 이루고 있으며 펙이 영화에서의 이미지와 정말로 같은지 알아보고 있다는 점이다. 그녀는 그 만남에 감정적으로 흥분했을 뿐만 아니라 넋이 나간 것처럼 보이기도 한다. 자신의 꿈이 이루어진 그 모순적인 ─ 그러나 고대해온 것이 틀림없는 ─ 순간에 그 여성은 무슨 말을 해야 할지 알지 못하며, 마침내 기회가 왔음에도 펙과 보통 사람 대 보통 사람으로서 이야기를 나누지도 못한다. 펙은 그녀에게 자신을 소개해달라고 부탁하지만 그녀는 자신이 펙의 팬이라는 말을 되풀이할 뿐이다. 어떤 면에서 이러한 행동은 맹종盲從처럼 보인다. 그러나 관점을 바꾸면 그 행동은 스타-팬 구분의 본질적인 부분인, 매혹적인 '합의된 불평등consented inequality'을 유지하려는 논리적인 시도로 볼 수도 있다. 그런 의미에서 그녀의 팬덤은 펙을 위한 것 못지않게 그녀 자신을 위한 것이기도 했다. 또한 그들의 만남은 다음과 같은 질문을 낳는다. 왜 그녀는 펙의 팬인가? 감정은 그녀의 팬덤이 시작될 때 어떤 역할을 했는가? 그녀에게 펙은 종교적 우상인가? 그래서 이번 장의 핵심적인 질문은 이것이다. 그녀 같은 사람들 ─ 즉, 우리 같은 사람들 ─ 은 어떻게 팬이 되는가?

어떤 사람이 어떻게 팬이 되는가에 대한 논의는, 그들이 왜 팬이 되었으며 그들이 팬 활동을 하는 이유가 무엇인지 이론적으로 설명해주어야 한다. 대부분의 연구자는 팬 공동체나 그 공동체를 대표하는 개인들을 연구하면서, 마치 개인 팬덤이 항상 존재했고 세월이 흘러도 변함없는 포괄적인 정체성인 것처럼 가정한다. 그러므로 각 개인 팬덤의 기원은 팬 연구에서 '방 안의 코끼리elephant in the room'**다. 이 문제를 다루는 한 가지 방식은, 실제 삶은 어떤 이론보다도 훨씬 더 복잡하기 때문에 모든 것을 설명해주는 이론을 만들려고 하기보다 현장에서 실제 수용자가 경험한 실제 역사적 순간의 의미와 정치학을 검토하는 편이 더 낫다고 주장하는 것이다. 어떤 개인이 팬이 되는 과정을 일종의 전기적 전환biographic transition으로 설명해줄 수 있는 이론이 없는 상황에서 대중적인 설說만이 무성하다. 연구자들은 대중의 요구에 부응하지 못한 채 자신들의 연구 대상을 조잡한 스테레오타입에 맡겨두고 있는 셈이다. 여기서는 미디어 연구에서 취향, 오염, 정동, 종교 같은 개념을 어떻게 논의해왔는지를 살펴볼 것이다. 나는 두 가지 측면에서 팬덤 연구에 기여하고 싶다. 먼저 영향력 있는 사회학자인 뒤르켐의 종교성 개념을 가지고 팬이 자신의 영웅을 만날 때 느끼는 감정적 '흥분buzz'을 설명해보려 한다. 다음으로 사람들이 팬이 될 때 '지각 영역', 즉 '감정적 지각의 영역a field of emotional knowing'으로 들어간다는 점을 보여주려 한다. 그곳은 팬들이 팬으로서의 정체성을 정의하는 확신의 영역이다. 이 두 개념은 팬덤을 1차적으로 집착에 대한 것으로 보거나(즉, 전적으로 개인적인 것으로 보거나), 전염/히스테리에 관한 것으로 보는(즉, 전적으로 사회적인 것으로 보는) 환원론적 관점을 피할 수 있게 해준다. 팬덤이 개인적이면서도 사회적이고, 각 차원이 상대 차원을 통해서 경험된다는 점을 이해한다면, 진정한 질문은 어떻게 개인적인 것과 사회적인 것을 생산적으로 결합해서 팬덤 현상의 신비를 푸느냐가 된다.

전염 모델을 넘어서

힐스는 팬 문화를 다룬 책에서 개인의 팬덤이 어떻게 시작되는지 질문했다(Hills, 2002a: 88). 여러 텍스트가 있는데 어떻게 그중 하나가 특별한 것이 되고

---

*　'방 안의 코끼리'는 모든 사람이 알고 있지만 애써 무시하거나 언급하지 않는 심각한 문제를 가리키는 관용적 표현이다.

'나의' 팬덤이 시작되는가? 왜 특정한 공연이 나의 열정에 불을 붙이는가? 이 질문에 대한 대답은 여러 가지다. 아도르노는 음악 듣기에 관한 고전적인 연구에서 지르박 팬이 팬으로서 자신이 지닌 열광을 드러내는 것은 자신들이 소비한 제품을 광고하고, 그럼으로써 주변 사람들을 '전염'시키기 위한 것이라고 주장했다(Adorno, 1938/2001). 상식에 비추어볼 때 아도르노의 말에도 어느 정도는 일리가 있다. 사실 전염이라는 개념의 유용한 점 가운데 하나는 팬덤이 시작되기 전과 후에 개인의 상태에 중요한 경험적 차이가 있다고 가정하는 것이다. 전염은 팬덤을 설명할 때 흔히 사용되는 개념인데, 그것이 과연 사람들이 어떻게 팬이 되는가를 설명하는 데도 유용한 개념이 될 수 있을까?

전염론은 도움이 되지 않는 일련의 가정들을 은근슬쩍 들여오기 때문에 기만적이다. 전염 모델은 개인을 취약한 희생자로 보며 팬덤을 병리와 연결시킨다. 또한 전염론은 팬덤이 단지 '때마침 그 장소에 있는 것'의 문제에 지나지 않는다고 말한다. 전염론은 팬이 매번 새로운 관심에 '오염'된다고 보는데, 이는 팬의 행위성을 제거하는 입장이다. 그러나 팬 애착fannish attachment이 시작될 때는 언제나 '압도당하는' 느낌이 드는 것도 사실이다. 전염론은 누구든 팬 관심이라는 벌레에 '물릴' 수 있다고 말한다는 점에서 개인의 특성은 고려하지 않는다고 할 수 있다. 전염 모델에서는 면역의 은유를 투박한 비유로만 받아들여야지, 그렇지 않으면 왜 어떤 사람은 '팬이 되지 않는가'를 설명하지 못한다. 전염이라는 개념은 또한 1차적으로 외부 요인에 '노출'됨으로써 비교적 빠른 속도로 팬덤에 '감염'된다는 것을 의미하기도 한다. 멜로드라마 같은 장르는 강렬한 극적인 사건들을 연결해 수용자에게 감정을 전달할 수 있다는 점에서 전염력을 가지고 있다고 간주된다(이에 대한 비판적 논의는 Hills, 2010b: 101을 참조하라). 이러한 생각은 헤비메탈 음악이나 폭력적인 영화 또는 기타 논쟁적인 미디어 생산물 때문에 사람들이 나쁜 행동을 저지르게 된다는 다소 거친 주장으로 표현되기도 한다. 이런 식의 미디어 효과론은 그 원인을 미디어 생산물의 탓으로 돌린다. 그런 식으로 주장할 때는 주의해야 한다. 수용자들이 미디어에서 정보를 얻고 미디어 생산물에서 영감을 얻고 있는데도, 미디어 효과 논쟁은 수용자들이 어느 정도 자신의 행위를 선택하고 그에 대해 책임감을 느낀다는 사실을 인식하지 못한다(자세한 논의는 Barker & Brooks, 1998을 참조하라). 또한 세라 아메드Sarah Ahmed가 지적했듯이, 전염론은 감정을 한 신체에서 다른 신체로 자연스럽게 전달될 수 있는 불변의 사회적인 속성으로 본다. 아메드가 볼 때 감정은 모든 종류의 사물을 규정할 수 있는 바로 그 표면과 경계를 창조해 낸다. 즉, 감정은 이어달리기 바통이 아니라 무엇이 중요한지 이해하는 도구다. 이러한 일반적인 경고들을 염두에 둘 때에만, 개인이 사람들과의 상호만남을 통해 팬덤에 들어서게 되는 과정에서 '전염'이 결정적 역할을 하는 순간이 언제인지를 분석할 수 있다.

이 절에서 나는 린 토머스와 타라 오시어Tara O'Shea가 2010년에 엮은 『시간여행자에 빠진 여성들Chicks Dig Timelords』에 나온 이야기들을 중심으로 논의를 전개해나갈 것이다(Thomas & O'Shea, 2010). 이 책은 학자가 아닌 일반인들이, 자신이 어떻게 처음에 팬이 되었는가에 관해 쓴 다양한 일인칭 에세이들로 구성되어 있다. 첫 번째 사례는 잠재적인 팬이 특정한 팬층의 어마어마한 규모 때문에 마음이 움직이기도 한다는 점을 보여준다.

> 저는 〈스타트렉〉 팬덤에 한동안 매료되었는데, 그건 그저 제 친구들 대부분이 거기서 활동했기 때문이었어요. …… 그러나 〈스타트렉〉의 인기가 시들해졌어요. 지나고 보니 그렇게 된 것이 다행이라고 생각해요. 어쨌든 저는 제가 다소 이상한 처지에 놓였다는 것을 깨달았어요. 저는 팬덤이 없는 팬이었던 거예요. 다행히 그 상태가 오래 가지는 않았어요. 저는 다시 일요일 밤에 PBS에서 재방영하기 시작한 〈닥터 후〉에 빠졌죠. 한 5년 동안은 우스운 프로그램으로만 생각했는데, 〈닥터 후〉의 매력은 그러한 생각을 단번에 날려버렸어요. 전 제가 그 프로그램을 부당하게 다루었다는 것을 인정했습니다. 그러자 친구 하나가 제게 로스앤젤레스에서 열리는 〈닥터 후〉 팬 모임인 '갈리프레이 원Gallifrey One'*에 꼭 가보

---

* '갈리프레이'는 〈닥터 후〉에 나오는 행성 이름으로 닥터와 시간여행자들의 고향이다. '갈리프

라고 하더군요. 가서 보니 〈닥터 후〉 팬덤이 여전히 왕성하게 활동하고 있었어요. 반가웠어요. 여기는 무언가 아직도 재미있는 일이 있을지도 몰라. 그리고 다른 팬덤과 달리 거기에서는 제가 여성이라는 사실이 별로 문제가 되지 않았어요(Mead, 2010: 56; 인용자 강조).

요한나 미드Johanna Mead가 사용하는 '매료'나 '매력'이라는 단어는 유혹과 전염을 암시하지만, 여기에는 그 이상의 어떤 것이 있다. 그녀가 말하는 '팬덤 없는 팬'이라는 개념은, 텔레판타지 팬덤이 (적어도) 개인적 깨달음personal epiphany이라기보다는 미디어 소비에 대한 '학습된 성향learned predisposition'이라고 말하기 때문에 흥미롭다. 그러나 일단 팬이 되지 않으면 '팬덤 없는 팬'이 될 수 없으며, 처음 팬이 되는 순간은 예고 없이 찾아온다. 그러므로 미드의 말은 사실 자신이 '전에' 특정한 미디어 장르의 팬으로서 즐거움을 경험한 적이 있으며, 새로운 관심 대상에서 그러한 즐거움을 다시 찾기를 원했다는 뜻이다.

아도르노에 따르면, 기존 팬들의 헌신은 — 만약 그들이 우리와 같거나 우리가 그렇게 헌신적인 팬이 되고 싶어 한다면 — 적어도 어느 것이 '더 자세하게 주목해 볼 가치가 있는지' 나타내는 지표가 될 수 있다. 예를 들어, 결국 〈닥터 후〉의 팬이 된 오시어는 공상과학물 팬 집회에서 만난 프레드라는 매력적인 사람이 집에서 손수 만든 닥터 후 스카프를 하고 있는 것을 보고 〈닥터 후〉에 흥미를 느꼈다. "그 사람을 보고 나서 저런 충성심과 열정을 갖게 하는 쇼라면 틀림없이 무언가 그럴 만한 가치가 있을 것이라고 생각했어요. 흥미를 느껴서 우리 지역에서 방영되는 PBS로 쇼를 보기 시작했고 프레드에게 계속 질문을 퍼부었죠"(Thomas & O'Shea, 2010: 98). 어떤 면에서 이는 전염의 고전적인 사례로 보이지만, 오시어는 프레드의 팬덤이 그녀가 팬덤에 들어가게 된 '원인'이라고 말하지 않았다. 프레드는 단지 그녀가 그 프로그램을 탐구하도록 '자극'하는 역할

레이 윈'은 북미에서 매년 열리는 공상과학물 팬 집회의 명칭으로 1990년에 시작되어 현재까지도 계속 열리고 있다.

을 했을 뿐이다. 이 과정은 다른 가까운 관계에서도 볼 수 있다. 헬렌 강Helen Kang은 "나도 (내 친구) 로버트와 같은 팬덤에 들어가고 싶었다"라고 회상한다 (Mead, 2010: 41). 버팔로에 있는 뉴욕주립대학교에서 수행한 '일상생활과 음악 프로젝트Music in Daily Life Project'에서 카비치는 형제자매가 나란히 같은 아티스트들을 좋아하게 된 경우를 보기도 했다. 예를 들어 한 여성은 자신의 여동생과 같은 시기에 조니 미첼Joni Mitchell을 비롯한 여러 아티스트를 알게 되었으며, 그들에게 일종의 '여성적 연대'를 느꼈다고 말했다(Cavicchi, 1998: 180). 이런 식의 동료애에 고무되어 사람들은 형제자매의 음반 컬렉션을 섭렵하기도 하는데, 이는 그 당시든 시간이 지나 향수에 젖어 회고할 때든 일종의 또래 동일시로 볼 수 있다.

한편 부모님이나 연인이 전염 과정을 촉발하는 경우도 있다. 커플은 자주 함께 공유할 수 있는 대상을 찾는다. 린 토머스는 이렇게 설명한다.

> 그리고 나서 〈닥터 후〉 팬과 사랑에 빠졌어요. 마이클은 그 일(팬 활동)에 아주 잘 맞았어요. 저는 팬이 된다는 것이 무엇인지, 적극적인 팬덤에서 말하는 그런 팬이 되는 것이 어떤 건지 몰랐어요. 그는 우리가 함께 즐길 수 있는 팬덤을 가진 프로그램을 차차 소개해주었어요. 나중에는 〈닥터 후〉 외에 〈여전사 제나Xena: Warrior Princess〉, 〈버피와 뱀파이어〉, 〈엔젤〉, 〈파이어플라이Firefly〉, 〈어벤저스 The Avengers〉도 같이 보았죠(Thomas, 2010: 81).

여기서 흥미로운 점은 린과 마이클의 관계가 공동의 대상을 탐구하는 구실이라는 것이다. 두 사람 모두 같은 시리즈를 보며 흥미로운 어떤 것을 찾아냄으로써 둘 사이의 결속이 깊어지리라고 가정하고 있었다. 사실 많은 사람이 팬 커뮤니티를 통해 만나고 결혼한다. 팬덤을 공유한다는 것은 두 사람이 잘 맞는다는 표시다. 관심사가 같으면 함께 즐기는 것을 선물하면서 관계가 가까워질수 있다. 가까운 사람이나 사랑하는 사람 또는 헤어진 연인을 이해하기 위해개인이 어떻게 자발적으로 미디어 문화를 탐구하는가에 대해서는 연구가 더 필요하다. 부모가 자녀들에게 팬 열정을 선물로 물려주려고 하는 경우도 있다. 케이트 부시를 연구한 로라 브루멘Laura Vroomen은, 팬이 자녀들에게 자신의 음악 취향을 전수함으로써 팬층을 지속적으로 확보할 뿐만 아니라 가정 내에서 지식을 공유함으로써 자녀를 교육하고 자녀와의 유대를 공고히 하고 있다는 사실에 주목했다(Vroomen, 2004: 244를 참조하라). 여기서 브루멘의 분석이 흥미로운 것은 팬들이 자신의 관심사를 사회적으로 공표하려는 동기에 주목하고 있기 때문이다. 그것은 팬덤이 어떻게 기능하며, 가까운 사람들 사이에서 — 이 경우는 가정 내에서 — 어떻게 사용되는가라는 문제를 제기한다. 리즈 마일스Liz Myles는 자신의 어머니가 〈닥터 후〉 시리즈가 시작된 1963년부터 얼마나 열렬한 팬이었는지 다음과 같이 이야기한다.

> 엄마는 저와 제 동생을 키우면서 1990년대에 꾸준히 비디오로 발매된 모든 〈닥터 후〉를 빼놓지 않고 보여주셨어요. 완전히 성공하진 못하셨죠. 제 여동생은 이 시공간 모험이 아주 형편없는 난센스라고 생각했거든요(하지만 〈펜릭의 저주 The Curse of Fenric〉 편을 볼 때는 뱀파이어 괴물들이 무섭다고 손을 휘젓기는 했어요). 그렇지만 저는 〈닥터 후〉가 지금까지 나온 가장 멋지고 흥미로운 이야기라고 생각해요(Myles, 2010: 137).

마일스의 이야기는 팬이 되느냐의 여부가 팬이 될 사람의 성격에 달려 있기 때문에, 전염 모델이 온전하게 적절한 설명은 아님을 보여준다. 만약 전염이 보편적인 현상이라면 어떤 제품에 노출된 모든 사람이 거기에 흥미를 갖게 될 것이다. 이러한 설명은 전염 이론에 중요한 문제를 제기하는 출발점이 된다.

전염 모델에는 여러 미묘한 문제가 있어서 그것들이 모이면 전염 모델에 대한 주요한 반박이 된다. 우선 자신이 좋아하는 대상에 주변 사람들도 관심을 갖게 만들려는 팬의 노력은 자주 실패한다. 집에서나 직장에서 대부분의 사람들은 자신과 같은 대상을 좋아하는 사람을 찾기 어려우며, 이런 이유로 그들은 팬클럽이나 온라인에서 취향이 비슷한 친구들을 찾는다. "내가 이야기를 나누어본 거의 모든 팬이 주변 사람에게 오해받거나 환영받지 못한다고 느꼈다. 그들은 고립되어 있다고 느꼈으며, 주위 사람들의 반응은 묵인에서부터 직접 적대감을 드러내는 경우까지 다양했다"(Cavicchi, 1998: 161). 전염 모델이 지닌 또 다른 문제는 사람들이 자신이 팬으로서 관심이 있다는 것을 깨닫기 '이전에' 이미 여러 해 동안 그 미디어 생산물을 잘 알고 지내는 경우도 많다는 것이다. 린 토머스는 자신이 〈닥터 후〉 팬이 된 과정을 다음과 같이 설명한다.

마이클의 컬렉션이 늘어갈수록 시리즈에 대한 제 애정도 커졌어요. 하지만 진짜 팬이 된 것은 아니었어요. 그러다가 〈달렉의 추억Remembrance of the Daleks〉*에서 에이스가 고성능 야구방망이를 들고 달렉과 싸우는 것을 봤죠. 닥터하고 여행하는 것이 힘들고, 좌절감이 들 때도 있고, 위험하기도 하지만, 은하계 냉동식품 가게에서 웨이트리스를 하는 건 정말 힘든 일이잖아요. 순간 제 머리 안에서 무언가 딸깍하면서, "그래, 이거야" 했어요. 에이스는 제 친구가 되었고, 실베스터 맥코이는 제가 좋아하는 닥터가 되었죠. 저는 닥터 후 팬 집회에 갈 준비가 되었어요(Thomas, 2010: 82; 원저자 강조).

이 경우 개인이 텍스트 속의 무엇인가를 인지하고, 그것이 자신의 정체성과 어떻게 연결되어 있는지를 깨달으면서, 마치 텍스트 속에서 자신의 일부를 발견한 것처럼 자신이 팬임을 선언한다. 이러한 수많은 '팬 되기' 이야기는 '팬 되기'가 사회적으로 비롯되는 사건임을 보여주지만, 이를 전염이라고 보는 것은 더 복잡한 과정을 무시한 채 선후관계를 거꾸로 본 관점이다. 특히, 아도르노가 미디어 생산물에 대한 살아 움직이는 광고라고 불렀던 팬들이 팬덤을 생성

---

* 〈달렉의 추억〉은 1988년 10월 5일부터 26일 사이에 방영된 〈닥터 후〉 25번째 시즌의 첫 번째 에피소드다. 에이스는 16살 지구인 소녀로, 학교에서 화학 시간에 실험을 하다가 실수로 시간 폭풍이 만들어지면서 미래의 아이스월드로 가게 된다. 에이스는 그곳에서 닥터 후를 만나 친구가 되고, 그곳 냉동식품 가게에서 웨이트리스로 일한다. 달렉은 스카로 행성의 돌연변이 사이보그로 닥터 후의 적이다.

하는 역할을 할 수도 있지만, 대개 팬들은 텍스트를 평가하고 카탈로그 내용을 좀 더 자세히 살펴보도록 유도하거나 동기를 제공할 뿐이다. 이러한 설명은 그 원인을 충분히 설명하지 않기 때문에 사람들이 왜 팬이 되는가에 대한 온전한 설명이 되지 못한다. 전염 모델은 개인 팬덤의 기원에 대한 포괄적 이론이 아니라 단순히 비유적인 표현으로, 미래의 팬이 지닌 행위성을 무시할 뿐 아니라 또 다른 문제 많은 개념[1]을 끌고 들어온다.

취향

팬덤에 대한 이론 중 하나는 그것을 순전히 개인적 열정과 개별 취향의 문제로 본다. 프랑스 사회학자인 피에르 부르디외Pierre Bourdieu는 1984년 발간한 저서 『구별짓기Distinction』에서, 취향은 단순한 개인의 선택이 아니라 사회 체계라고 주장했다. "취향은 계급을 분류하고, 계급을 분류하는 사람의 계급을 분류한다"(Bourdieu, 1984: 6). 부르디외는 계급 위계질서 내에서 상이한 위치에 있는 프랑스 시민들의 라이프 스타일과 문화적 선호의 미묘한 차이에 대한 연구를 통해 이러한 진단에 도달했다. 귀납법이란 연구자들이 이론에 얽매이지 않고 밖으로 나가서 세계를 연구하고 관찰한 패턴으로부터 새로운 이론을 세우는 것을 의미한다. 프랑스 사회와 그 문화적 삶에 대한 귀납적이면서 기념비적인 연구에서 부르디외는 보통 사람들의 삶의 방식에서 은밀한 구별짓기 전략을 수없이 찾아냈다. 그가 연구한 행위 영역 가운데 하나는 영화 관람으로, 부르디외는 노동계급의 관객은 특정한 배우나 할리우드 영화에 관심이 있는 반면, 중간계급 관객은 감독이나 유럽 영화에 대해 이야기하는 것을 발견했다. 이렇듯 수용자는 자신이 속한 계급에 따라 관심을 갖는 대상이 다르다. 부르디외의 분석은 음식, 와인, 인테리어 디자인 같은 다양한 문화적 분야에서도 유사한 구별짓기가 벌어지고 있음을 보여주었다. 그의 결론은 사람들은 취향을 사용해서 가장 가까운 사람들 사이에서도 자신을 구별짓기 한다는 것이다. 우리 대부분은 계급 스펙트럼에서 멀리 떨어져 있는 개인들 간의 문화적 차이는 쉽게 알아챌 수 있지만, '꾼in the know'과 초짜uninitiated를 구별해주는 것은 사실 섬세한 지식 — 좋은 보졸레 와인은 차갑게 해서 제공해야 한다는 지식 같은 — 이다. 이로부터 부르디외는 이러한 구별짓기가 어떻게 재생산되는지를 보여주는 이론틀을 만들어냈다. 그는 개인들이 문화자본을 축적한다는 이론을 제시하면서(여기서는 사회 문화적 과정에 경제적 은유를 사용했다), 각 개인은 자신의 특정한 사회적 지위를 나타내주는 지식을 습득함으로써 사회 안에서 자신의 위치를 주장한다고 보았다. 사회학자 부르디외는 사람들이 이러한 섬세한 계급 구별을 배우는 두 가지 중요한 통로가 양육과 공식적인 교육임을 발견했다. 각개인은 사회적 공간 속에서 스스로의 위치를 찾으려고 무의식적으로 노력하면서, 부르디외가 말하는 '아비투스habitus'를 통해 개인이 학습한 선유경향을 계발(즉, 정신적으로 저장)한다. 이 저장된 지식을 성공적으로 이용함으로써 자신의 문화자본을 전시할 수 있고, 이를 통해 자신이 아주 특별한 사회 집단에 속한다는 것을 보여줄 수 있다. 각 개인은 자신의 아비투스를 통해 문화자본을 축적하고 그것을 자신에게 유리하게 전시할 수 있다. 그러므로 취향의 획득은 우리 개개인이 (아마도 무의식적으로) 사회 체계 내에서 상승하기 위해, 또는 적어도 우리의 자리를 지키기 위해 누가 조금 더 아는가를 두고 가장 가까운 사람들과 벌이는 미묘한 게임이다. 그래서 취향은 경쟁적으로 자신을 사회적 존재로 분류하기 위해 사용하는 수단이 된다.

팬덤을 이해하는 데 부르디외의 작업이 어떤 도움을 줄 수 있을까? 책이 출판된 이후 부르디외의 이론은 사회과학에서 정설이 되었고, 미디어 연구자, 영화 평론가, 음악 평론가들이 그의 이론을 연구했다. 부르디외의 이론은 상식과도 부합하는 면이 있었는데, 특히 '힙hip'이나 '쿨', '남 따라 하기keeping up with the Jones's' 같은 대중적 표현을 생각하면 그렇다. 또한 부르디외의 취향 개념과 팬덤 이론 간에는 미묘한 교차점들이 있다. 우리는 그의 작업을 통해 팬덤과 사회 지위 및 사회 서열구조의 관계도 검토할 수 있는데, 이는 통상 팬덤에 대한 유토피아적인 설명에는 빠져 있는 것이기도 하다. 취향 개념은 팬이 사회의 규칙을 어떻게 가지고 노는지를 볼 수 있게 해준다(Hills, 2002a: 46). 부르디외의 연구를 원론적으로 적용하면 팬의 구별짓기는 사회적 지위의 미세한 차이와 관련되어 있다고 볼 수 있다. 이것은 이론상으로는, 팬이 특정한 문화적 대상물에 투자함으로써 자신의 계급 위치를 드러낼 수 있음을 의미한다. 이를테면 '언더그라운드 인디' 영화 팬과 '[옮긴이: 과거에 인정받지 못한 영화의 비디오를 찾아서 보는] 아키비스트' 영화 팬은 서로 상대방의 영화를 쓰레기라고 경멸하지만, 외부에서 볼 때 둘은 같은 부류다(Hills, 2002a: 61을 참조하라). 그러나 팬은 부르디외가 전혀 생각지도 못한 이슈들을 두고 싸움을 벌이기도 한다.

존 피스크John Fisk는 1992년에 리사 루이스가 편집한 『흠모하는 수용자The Adoring Audience』에 실린 논문에서 부르디외의 작업을 끌어온다. 피스크는 팬들이 일상적으로 지식을 교환하는 과정을 통해 자신의 문화자본을 전시한다고 주장한다. 팬이 능동적 수용자임을 보여주려고 했던 피스크는 부르디외의 취향 개념을 사용해서 기존의 스테레오타입과 달리 팬은 수동적이지 않으며 문화적 멍청이도 아니라고 주장했다. 대중음악 팬이 매우 높은 취향을 지닌 수용자라고 주장한 프리스 역시 부르디외와 동일한 이야기를 한 셈이었다(Frith, 1996: 19). 그러므로 부르디외의 취향 개념은 "팬 공동체 관습 '내부에서' 팬이 어떻게 자신의 역할을 수행하는가"를 검토하는 데 가장 적합한 개념이라고 할 수 있다(Frith, 1996: 56).

자신이 좋아하는 장르의 관습을 꿰고 있는 팬이 동료들 사이에서 자신의 지식을 전시하고 동료들 간에 결속의 중심이 되는 것은 당연한 일이다. 팬은 외부인들이 구별하지 못하는 것들에 대해서도 언제나 그 차이를 구분해낸다. 공포영화 팬인 마크 커모드Mark Kermode의 말은 이를 잘 보여준다.

공포영화 팬이 영화를 즐기고 감상할 때는 이러한 재활용되는 요소들을 알아채는 것이 중요하다. 이것은 기본적으로 '[옮긴이: 호러영화에 관해서는 무엇이든 다] 알고 있다'고 느끼고, 칼이 나오면 그것이 그냥 나온 것이 아님을 알아채며, '농담을 알아듣는' 고차원적인 형태로 나타난다. 공포영화에 전기톱이 등장하면,

헌신적인 팬은 자동적으로 토브 후퍼Tobe Hooper의 획기적인 영화 〈텍사스 살인마Texas Chainsaw Massacre〉로 거슬러 올라가서, 〈지옥의 모텔Motel Hell〉, 〈할리우드 전기톱 매춘부Hollywood Chainsaw Hookers〉, 〈고무 인간의 최후Bad Taste〉, 〈이블 데드Evil Dead〉 그리고 당연히 〈텍사스 살인마〉 2, 3, 4편을 거쳐 오늘날에 이르는 공포영화의 역사를 금세 떠올릴 것이다. 공포영화 팬에게 전기톱은 위협적인 무기가 아니라 공포영화의 유산을 불러내는 마법의 부적이다(Kermode, 1997: 61).

커모드의 논평은 장르영화 감상 능력 — 여기서는 장르 상징물이 그 맥락에서 어떤 의미로 사용되었는지를 아는 능력 — 이 문화자본의 전시이자 특정 팬 공동체의 일원임을 알려주는 배지일 수 있음을 보여준다. 문화자본은 주류 수용자에게 잘 알려져 있지 않은 문화 생산자들을 얼마나 알고 있느냐를 통해서도 드러난다. 이탈리아 사람이 아닌데 다리오 아르젠토Dario Argento를 알고 있다면, 그는 아마도 공포영화 팬일 것이다.[2] 팬과 일반 수용자 간의 구별짓기는 미디어 팬들이 미학의 언어를 사용해서 자신보다 지식이 적은 청취자들과 거리를 두는 방식으로도 나타난다. 예를 들어 스프링스틴의 팬은 고급문화에 사용되는 용어와 유사한 미학적 틀 — 복잡성과 명료성, 새로움, 진지함을 강조하는 — 을 통해 그를 해석해왔고, 그럼으로써 다른 일반 음악 소비자들과 자신들을 구별지었다(Cavicchi, 1998: 122를 참조하라).

그러나 팬덤에 부르디외의 문화적 취향 이론을 적용하는 것은 몇 가지 근본적인 문제점을 안고 있다. 힐스는 부르디외의 이론이 문화 비평의 관심사와 공명했기 때문에 인기를 끌었다고 주장했다(Hills, 2002: 56). 팬덤이 간접적으로 계급을 구별하는 문화적 기능을 한다고 보는 관점은 과연 얼마나 유용할까? 부르디외의 작업 전체를 팬덤에 적용하는 것은 부르디외 작업의 역사적 맥락을 오독하는 행위다. "엄밀히 말해서 부르디외는 지배 부르주아 계급에는 '팬덤'이라는 이름표를 붙이지 않는다. 부르디외의 설명에 따르면 팬덤에는 언제나 문화적으로 '부적절한' 무언가가 있다"(Hills, 2002a: 48). 나는 힐스의 이러한 지적이 어느 정도 옳다고 생각한다. 부르디외의 작업에서 가장 중요한 구절 가운데 하나는 사실 대중음악 스타덤에 관한 각주였는데, 이후의 연구자들은 그것을 무시하거나 망각해버렸다. 부르디외는 현장 연구를 수행하면서 다음과 같이 말했다.

> 그러므로 (히트한) 노래는 하나의 문화적 자산으로 (사진처럼) 거의 모든 사람이 이용할 수 있는 정말 흔한 것이므로(어떤 사람이든 그 시대의 '히트곡'을 어느 순간에는 듣게 된다), 그 차이점을 구별하려는 사람은 이 점에 유의해야 한다(Bourdieu, 1984: 60).

구별짓기가 효과적으로 이루어지기 위해서는 문화 텍스트가 적절히 선택된 소수만이 알고 누릴 수 있는 것이어야 한다. 즉, 다수의 대중에게 인기가 있는 대중문화 — 이를테면 제임스 본드나 〈엑소시스트The Exorcist〉(윌리엄 프리드킨 William Friedkin 감독, 1973), 『해리 포터』나 비틀스의 「Hey Jude」 같은 — 는 모든 계급이 즐기기 때문에 취향의 게임에 들어올 수 없으며 구별짓기의 과정에서 벗어나 있다. 그리고 부르디외가 현장 연구를 수행한 이래로 미디어, 사회, 대중문화가 모두 크게 변했다. 사람들은 여전히 문화적으로 구별짓기를 하지만 계급은 사회문화적 집단으로서의 성격이 명확하지 않다. 이제 더 이상 이전에 계급 위치와 취향 간의 일치를 확연히 드러내주던 기준들로 계급을 예측할 수 없게 된 것이다. 부르디외는 도덕적 정당성에 대한 평가는 계급 간의 문화 투쟁에서 나온다고 말한다(Hills, 2002a: 49). (그러나) 부르디외의 이론을 팬덤과 연관 지어 이해하기 위해서는 계급 간의 투쟁이라는 관점을 넘어서야 한다. 어떤 면에서 문화적 구별짓기는 이전에 비해 더 정교해졌지만 계급과의 관련성은 더 약해졌다. 취향이 사회적 계급 구분을 보여준다는 개념은 그것이 다소 획일적이며 과도한 일반화라는 이유로 비판받았다. 특정 문화 대상물은 다중적인 문화적 가치를 포함하고 있으며, 수용자들에게 서로 다른 함의로 기억된다. 이를테면 미국에서 〈닥터 후〉 팬덤은 '힙'했지만 특수한 사회 서클 내에서만 그러했다. 한편에서 〈닥터 후〉는 이국적인 영국 문화 애호의 즐거움을 의미했다(Nye, 2010: 103). 다른 한편으로 미국 여학교에서는 〈닥터 후〉의 팬이라는 사실은 '사회적 자살'을 의미했는데, 〈스타워즈〉와 달리 〈닥터 후〉를 아는 사람이 아무도 없었기 때문이다(McGuire, 2010: 118). 그러므로 팬의 문화자본이 지니는 가치는 팬 공동체 외부에서는 제한을 받는데, 이는 팬들의 문화자본이 경제적 지위나 학문적 지위로 쉽게 전환되지 않고 그 '순수성'이 중요하기 때문이다(Hills, 2002a: 52).[3]

부르디외의 개념을 적용할 때 생기는 또 다른 문제는 팬이 계산적이고 합리적인 과정을 거쳐서 자신들의 관심사에 우선순위를 부여한다고 전제한다는 점이다. 부르디외의 이론은 우리를 논리적이고 사회적으로 경쟁하는 개인으로 봄으로써 팬덤에 대한 대안적 해석을 가로막는다. 결국 부르디외식의 해석은 팬덤을 사회적 무력감에 대한 보상으로 보게 만든다. 문화자본이라는 개념에서 보면, 팬이 되려는 사람은 "결정을 내리기 전에 자신들이 선택할 수 있는 선택지들을 평가하는 확고한 실용주의자"인데, 실제로 어떻게 팬이 되었는가에 관한 설명들을 보면 팬덤은 그런 식으로 작동하지 않는다. 팬은 계산하는 쪽보다는 기꺼이 압도당하는 쪽에 가깝다(Hills, 2002a: 55). 미국 작가 캐롤라인 설리번Caroline Sullivan이 쓴 비망록인 『바이바이 베이비Bye Bye Baby』에서 한 가지 흥미로운 사례를 볼 수 있다. 그녀는 록 팬으로 결국에는 대서양 건너편에 있는 영국의 유력 신문 가운데 하나인 ≪가디언The Guardian≫의 음악 전문 기자가 되었다. 설리번은 이렇게 설명한다.

음악을 좋아할 때 중요한 건 진정성이었어요. 제가 살던 곳은 아이들이 트렌디한 디스코 음악을 듣는 뉴어크나 저지 시티 같은 도시가 아니었거든요. 밀번의 풍요는 아이들에게 아주 놀라운 방식으로 나쁜 영향을 미쳤죠. 아이들은 마약을 원하는 대로 살 수 있었어요. 마약을 하게 되자 그들은 힙한 디스코가 아니라 레드 제플린Led Zepplin이나 핑크 플로이드Pink Floyd를 듣고 싶어 했죠. 아, 그리고 에머슨, 레이크 앤 파머Emmerson, Lake & Palmer를 생각하니 가슴이 먹먹하네요

(Sullivan, 1999: 9).

설리번은 "우리는 예스 앤 젭Yes and Zep도 즐겨들었다"라고 덧붙였지만 (Sullivan, 1999: 10), 이러한 '진정한' 록 밴드의 음악에 대한 매혹을 대체할 다른 관심사가 등장했는데, 그것은 〈하워드 코셀 TV 쇼The Howard Cosell TV Show〉의 위성중계를 통해 접한 젊은 팝 밴드 베이 시티 롤러스The Bay City Rollers였다.

그들이 「Saturday Night」를 부르고 나서 사람들이 무대로 몰려들었고 [옮긴이: 리드싱어인] 레슬리가 잠깐 넘어져서 의식을 잃었어요. 이 일은 위성 연결이 끊 긴 다음에 벌어졌기 때문에 우리가 보진 못했지만, 그 소녀들이 어떤 느낌일지 알 수 있었어요. 저도 그 무대로 뛰어 올라가고 싶었거든요. 쇼가 끝난 순간 저의 친구인 수Sue가 전화를 했어요. 수는 숨 가쁜 목소리로 "에릭Eric[옮긴이: 베이 시 티 롤러스의 기타리스트]은 나의 신이야"라고 말했어요. 수가 그 말을 했을 때 저 는 우리에게 무언가 이상한 일이 벌어지고 있다는 걸 알았어요. 나이도 저보다 다섯 살이나 많고 훨씬 더 심각한 음악 팬이었던 수는 음악과 패션에 관심이 많 은 10대 소녀들과 어울리는 친구가 아니었거든요. 수와 저는 6개월 전에 퀸 Queen의 공연에서 만났고 그때부터 함께 공연을 보러 다녔어요. 수는 항상 커다 란 카메라를 끌고 다녔죠(Sullivan, 1999: 35).

설리번은 자신이 10대 소녀 팬들을 몰고 다니던 [옮긴이: 스코틀랜드 출신의 록 그룹] 베이 시티 롤러스의 팬임을 밝히면 경박한 취향에 자신의 나이나 지위에 어울리지 않게 보이리라는 것을 잘 알고 있었다. 설리번은 "롤러스의 광팬으로 사는 것은 그들이 레드 제플린이 아니라는 것을 아는 것과 그럼에도 그들을 사 랑하는 것 사이의 투쟁"이었다고 설명했다(Sullivan, 1999: 20). 그녀는 롤러스에 낭만적 애착을 갖는 팬이 된 일을 계기로 고향 밀번의 10대 후반 청소년들 사이 에서 벌어지고 있던 취향의 게임에서 완전히 벗어났다. 설리번은 자신이 롤러 스의 팬임을 '커밍아웃'했지만, '부적절한' 대상을 좋아하는 사람들은 대개 자신의 정체성을 감추려고 한다. 결국『구별짓기』는 특정한 팬 대상만이 사회적 승인을 받는다는 것을 보여준다. 그러므로 팬 활동은 곧 취향의 게임이며, 이를 통해 사회적으로 수용 가능한 대상을 규정한다고 말할 수 있다.

세라 손턴Sarah Thornton은 플레이 목록, 헤어스타일과 음반 수집에 관한 자신의 책(Thornton, 1995)에서 취향에 관한 부르디외의 개념을 확장해서 일렉트로닉 댄스 음악의 사회학을 논했다. 손턴이 연구한 클럽 문화에서 '하위문화자본'은 계급과 상관이 없다. 손턴이 볼 때 아비투스(어릴 때부터 계발해온 문화적 구별짓기)는 1차적으로 개개인의 머릿속에 들어 있는 것이 아니라, 유행하는 틈새 미디어niche media 내에 존재한다. 클러버들은 '주류' 클럽은 여성적이거나 수준이 낮다고 여기며 거기에 안주하는 사람들과 참여적 클럽 문화에 속한 자신들을 구별한다. 그들은 '핸드백 하우스'*를 연주하는 지역 술집이나 주류 클럽 체인을 거부하며, 방문하는 여러 클럽들의 위계질서를 파악하고, 상대적으로 잘 알려지지 않은 사회적 네트워크나 틈새 미디어에 접근해서 언더그라운드에서 명성이 있는 술집이나 클럽을 찾는다. 관심 있는 클러버들은 정통한 지식을 활용해서 자신들의 하위문화 '내에서' 가장 널리 인정받고 문화적 가치가 있는 힙한 언더그라운드 클럽을 방문한다. 그러므로 이론상, 우리가 부르디외의 이론을 현재 사회에 맞게 업데이트하면(그리고 지금의 사회구조를 비교적 공고한 것으로 보면), 부르디외의『구별짓기』를 통해 우리는 개인 팬이 어떤 팬 대상을 선택할 때 편안함을 느끼는 문화적 파장cultural wavelength의 범위를 알아낼 수 있다. 그러나 그것은 왜 우리가 자신만의 특별한 문화 대상물을 선택하는지 또는 우리가 왜 거기에 그렇듯 감정을 많이 투여하는지를 온전히 설명하지는 못한다.

---

* '핸드백 하우스'는 '디바 하우스'로 불리기도 하는 하우스 음악의 하위 장르로, 1970년대 디스코나 소울 음악을 샘플링하는 것이 특징이다. 핸드백 하우스라는 이름은 클럽에 온 여성들이 자신들의 핸드백을 쌓아두고 그 주변에서 춤을 춘 데서 비롯되었다.

정동

시인인 우니카 쥐른Unica Zurn이 쓴 생생하면서도 창조적인 초현실주의 소설 『재스민의 남자The Man of Jasmine』는 자신을 강렬하게 사로잡은 어떤 남자를 찾는 한 여성의 여정에 관한 이야기다. 이야기는 쥐른이 어떤 신비로운 얼굴(실제로 그는 화가이자 사진가인 한스 벨머Hans Bellmer*다)에 매혹되어 어떻게 압도당하고, 힘을 얻고, 절망적일 정도로 필사적이 되는지를 보여준다. '정신병에서 비롯한 인상들'이라는 소설의 부제는 쥐른이 병리적인 것에 특히 관심을 갖고 있었음을 보여주며, 그 관심은 그녀에게 해로운 매혹이자 강박이었다. '재스민의 남자', 즉 그녀의 이상형은 쥐른이 소망했던 모든 것에 기반을 둔 유혹적 투사였다. 그의 아우라는 그녀의 가치와 창의성을 확증해주지만, 그는 언제나 상실된 대상으로 그녀가 잡을 수 없는 곳에 한 걸음 떨어져 있었다. 보통의 팬덤과 쥐른의 이야기 사이에는 중요한 차이가 있고, 이 둘을 비교하는 것은 어떤 면에서는 매우 문제가 있지만 ─ 그리고 지난 20년간 팬 연구는 거기서 벗어나려고

---

* '한스 벨머'는 초현실주의 예술가였으며, 쥐른의 동료이자 연인이었다.

해왔다 — 쥐른의 묘사에는 팬덤의 형식과 유사한 무언가가 있다. 우상들의 삶이 '거룩하다'는 생각, 낯선 이의 얼굴에 대한 일방적인 매혹, 그곳에 없는 누군가에게 자신의 기대를 투사하는 심리 등이 바로 그것이다. 여러 형태의 팬덤에서 감정은 핵심적 경험이며, 아니면 적어도 팬덤이 시작되는 데 필수적인 요소다. 이론화를 위해서는 감정적 거리두기 과정이 필요한데, 감정과 팬덤이 연구 대상인 경우 이 과정이 어렵게 된다. 대부분의 학문은 연구 과정에서 불편부당성과 감정적 중립성을 유지하려고 한다. 텍스트 연구는 감정 경험보다는 기호학적 의미에 초점을 맞추는 편이다. 이에 힐스는 감정을 다루지 않고 의미에만 초점을 맞추는 데 의문을 제기하며, 팬덤 연구는 인지 차원이 아니라 감정 차원에 초점을 맞추어야 한다고 주장했다(Jenkins, 2006: 5, 139의 힐스 발언을 참조하라). 영화 스타, 팝스타, 보이밴드, 만화책 영웅은 거의 언제나 재스민의[옮긴이: 이상형의] 남자들이며, 사회에서도 그렇게 찬양된다. 히스테리나 의사사회적 상호작용 같은 심리학적 모델에 의존하지 않으면서 팬덤의 감정 차원을 개인적 활동이자 공유된 활동으로 설명할 수 있는 방법은 무엇일까? 그리고 감정으로 충만한 유대 관계를 연구할 수 있는 방법은 무엇일까?

감정에 대해 말할 수 있는 적절한 학술적 언어가 필요하다(Jenkins, 2006: 26). 문화연구 내에서 감정에 대해 사유하는 한 가지 방식은 미국 학자인 그로스버그의 정동 개념을 사용하는 것이었다. 그로스버그는 1990년대 문화연구에서 가장 중요한 이론가 중 한 사람이다. 그는 처음에는 대중음악에 관해 글을 쓰다가 문화정책과 시민 거버넌스 이슈를 다루기 위해 집합적 감정의 문제를 제기하는 쪽으로 옮겨갔다(Grossberg, 1992와 2011을 참조하라). 그런데 그로스버그의 논의는 훨씬 더 오래된 전통에 기반을 두고 있다. 20세기 초반에 마르크스주의자들이 제기했던 핵심적인 질문 가운데 하나는 현대 사회에서 왜 사회주의 혁명이 일어나지 않았느냐는 것이었다. 안토니오 그람시Antonio Gramsci는 이 질문에 답하기 위해 헤게모니라는 개념을 도입했다. 헤게모니 이론에 따르면 엘리트 집단은 동맹해서 문화적 리더십을 발휘하며 자신의 지위를 유지하고 그 과정에서 보통 사람들은 자신들이 원하는 바를 얻는다. 나도 헤게모니 개념을 응용해서 영국 왕실이 국가적 행사에서 대중음악을 이용하는 방식을 연구한 적이 있다(Duffett, 2004a를 참조하라). 2012년 6월에 열린 영국 여왕 즉위 60주년 콘서트 같은 왕실 행사는 다양한 음악 공연을 제공함으로써 광범위한 공중의 관심을 끌려고 했다. 그래서 영국 왕실은 자신들의 전통적인 특권을 약간 양보하고 '록 왕실rock royalty'을 인정했다. 여왕이 정말로 대중음악을 좋아하는지는 문제가 되지 않는다. 중요한 것은 일반 공중의 대다수가 자신들이 대중음악을 좋아하지 않는다고 말할 수는 없다는 것이다. 그러므로 헤게모니 구성체는 모두가 인정하고 받아들이는 전제를 사용해서 정치적 목적을 밀고 나간다. 1997년 다이애나 비가 비극적으로 죽고 난 후 여왕 즉위 60주년 콘서트 행사는 영국 왕실의 위신을 되찾고 다시 정립하는 데 도움이 되었다.

혜게모니적 사건들은 역사 속에서 발생하기 때문에 그 사건의 시간 차원을 고려해야 한다. 그로스버그는 1960년대에서 1980년대로 가면서 공동체적 급진주의가 어떻게 정치적 지지의 기반을 상실하고, 그 핵심적인 상징이었던 록 음악이 우익 헤게모니의 일부가 되어버렸는가에 관심을 두었다. 그는 어떻게 한 세대의 음악이 가진 의미와 강점이 모두 빠져나가고, 동일한 노래가 정반대의 가치를 파는 데 사용되었는가에 주목했다. 그로스버그는 문화 형식의 사회적 의미가 그렇게 급변한 이유를 설명하기 위해 감정이라는 집합 경험을 검토했다. 여기서 그가 사용한 개념이 '정동'이다. 그로스버그에게 정동은 텍스트 자체에 내재한 것(가정된 의미)이 아니며 개인들이 텍스트에 투여하는 것(감정, 욕망)도 아니다. 정동은 '사회적으로 구성된 문화적 효과의 영역'으로서, 특정한 역사적 상황과 장소에서 특정 텍스트를 중요한 텍스트로 만들고 텍스트에 생명을 불어넣고 거기에 공명을 부여한다. 그런 의미에서 정동은 감정의 가능성 전체를 이끄는 메타-감정이다. 정동은 집합적인 '중요성의 지도maps of mattering'를 구조화함으로써 그 중요성에 따라 사물들을 조직한다(Hills, 2002a: 91을 참조하라). 그러나 정동은 다소 막연한 개념이다. 그로스버그가 정동과 감정이라는 두 개념의 차이를 공들여서 정의하긴 했지만, 여러 연구자가 그가 말하는 정동과 감정이 거의 같다고 주장했다. 또한 '정동'이라는 단어를 '감정'이나 '감정적 공명'을 의미하는 일종의 학술 용어로 사용한 학자도 많은데, 사실 정동 개념은 맥락이 변하면 문화 형식의 중요성의 정도 및 대중이 문화 형식에 대해 느끼는 감정의 강도가 변화한다는 점을 강조한다. 그로스버그는 이렇게 설명했다.

> 정동적 차이의 형식 자체가…… 주체(여기서는 팬)가 정동적 차이를 지닌 여러 영역을 가로질러 움직이며, 유목민처럼 구성됨을 (의미한다). 정동적 주체는 언제나 일시적이며, 그 질적이고 양적인 궤도에 의해 정의된다. …… 그렇다면 정동은 정치적 개입이 가능한 조건이 무엇인지를 정의하는 셈이다. 그러나 그것은 특정한 역사적 조건하에서 이러한 체계 속으로 접합될 때를 제외하고는 이데올로기적으로나 경제적으로나 리비도적으로 중립적이다(Grossberg, 1997: 160~161).

여기서 그로스버그는 사회가 서로 다른 시대를 통과할 때(이를테면 1960년대에서 1980년대로), 집합적 감정의 패턴이 변화하며 그 결과 시간이 지남에 따라 어떤 것들은 중요해지고 어떤 것들은 중요하지 않게 느껴진다는 점을 강조한다. 정동에 주목하는 것은 감정이 움직이는 영역 – 그 영역 안에서 우리는 무엇이 중요한가를 두고 감정의 강약을 경험한다 – 의 경계를 어떻게 다시 그릴 것인지 검토하는 것이다. 그로스버그의 정동 개념에서 흥미로운 점은 감정적 반향을 특정한 사회적·문화적인 형식(여기서는 사회주의와 반문화)에 붙였다 뗐다 할 수 있는 일종의 유동적인 실체로 보고 있다는 데 있다. 그로스버그는 집합 감정을 정치 공학 과정의 일부로 볼 것을 요구함으로써 사회적 통제라는 조잡한 개념에 맞선다.

최근 문화연구 학계에서 '정동'이라는 단어가 널리 사용되고 있다. 멜리사 세이지워스Melisa Seigworth와 그레고리 그레그Gregory Gregg는 이 주제에 관한 논문들을 편집한 책의 서문에서 정동이라는 개념을 좀 더 명확하게 정의하고 있다(Seigworth & Gregg, 2010). 그들은 정동을 조우의 가능성과 공간과 힘을 모두 가리키는 열린 개념으로 본다. 그것은 비개인적인 동시에 친밀하며, 외부로부터 우리에게 영향을 미치는 조우의 힘a force of encounter이다. 이 설명에 따르면 정동은 언제나 원래의 자리에 있으며 또한 언제나 과정에 있다. 또한 그것은 무의식적적 차원에서 때로는 유혹적이고 때로는 강압적인 성격을 띤다.

> 정동은 사이in-between-ness에서, 상대의 힘을 수용할 수 있는 능력에서 생겨난다. 정동은 힘과 격렬함의 흐름(그리고 그 흐름의 지속)일 뿐만 아니라 일시적이거나 때로는 좀 더 지속적인 관계의 부딪침이기도 하다. 즉, 정동은 이 몸에서 저 몸(인간, 비인간, 부분 신체 등)으로 전해지는 강렬한 감정 내에서, 신체와 세계 주변 또는 그 사이를 순환하거나 때로는 거기에 들러붙는 공명들 속에서, '그리고' 바로 이러한 강렬함과 공명 사이의 흐름이나 변주에서 발견된다(Seigworth & Gregg, 2010: 1; 원저자 강조).

정동의 개념과 정의가 계속 확장되어가는 것처럼 보이는 것과 별개로, 여기서는 정동 개념이 인간의 행위성이라는 개념과 씨름하고 있다는 점이 흥미롭다. 정동이라는 용어는 인간의 감정이 단순히 개인적인 것이 아니라 광범한 맥락 전환에서 나온다는 점을 강조하는 느슨한 의미로 사용되는데, 이 개념은 여전히 특정한 가정들을 수반하고 있다. 최악의 경우 정동이라는 개념은 그것이 어떻게 발생하는지는 설명하지 않으면서 (몸에서 몸으로 전달되는) 전염이라는 문제틀을 다시 들여올 위험이 있다. 그럼에도 정동은 여전히 흥미롭고 유연한 개념이다.

감정의 무게와 방향에 관한 논의는 어떤 점에서 유용한가? 정동을 다소 느슨하게 감정의 강도emotional intensity를 의미하는 것 정도로 받아들이면, 우리는 기호학적 차원을 넘어서 사람들의 삶에서 대중문화가 어떤 역할을 하는지 검토할 수 있다. '의미'는 두뇌와 관련된 용어이며 신체의 감각이나 열정을 나타내는 용어가 아니지만, 그럼에도 의미의 작동은 본질적으로 정동과 관련되어 있다(Jenkins, 2006: 24). 정동 개념이 중요한 것은 기호는 해석적 차원만이 아니라 감정의 무게도 지니고 있어서, 그 의미를 파악하기 위해서는 3차원적 이해가 반드시 필요하기 때문이다(Jenkins, 2006: 25). 그러므로 우리는 기호학과 정동을 의미를 이해하기 위해 필요한 두 가지 서로 다른 기준으로 삼아서, 이를테면 어떤 텍스트에 대해 '단순하면서도 마음을 움직인다'거나 '복잡하고 지루하다'는 식으로 판단하고 평가한다. 텍스트의 의미와 감정을 두 개의 차원으로 생각할 수 있지만, 실제로 둘은 함께 작동한다. 예를 들어 어머니의 형상처럼 깊고 시원적이며 원형적인 상징은 의미를 지닌 동시에 바로 그 이유 때문에 우리에게 정서적 무게를 지닌 것으로 다가온다. '정동 기호학'이라는 용어는 기호학적 해석과 감정이 결합될 수밖에 없음을 잘 보여준다. 그러나 힐스는 훌륭한 학문적 작업이라면 누구나 쉽게 이해할 수 있는 방식으로 팬덤에 대해 말할 수 있어야 한다고 주장한다. 그렇게 보면 '정동 기호학'이라는 용어 자체도 대중을 소외시키는 면이 있다(Jenkins, 2006: 27에 나온 힐스의 발언을 참조하라).

개인의 팬덤은 감정적 투여의 과정에서 생긴다. 그것은 시간이 지나면 텍스트에 대한 비판이나 토론 같은 직접적인 흥분이 덜한 실천이 되긴 하지만, 시작될 때는 흥분의 전율이 있다. 팬의 충성과 논쟁은 자주 그리고 어쩌면 필연적으로 강렬한 감정을 불러일으킨다. 더구나 팬들은 자신들의 관심 덕분에 힘을 얻는empowered 느낌을 갖는다고 보고하곤 한다. 팬은 (대상과) 연결되는 상황을 묘사할 때 유쾌한 충격, 매혹, 재충전 같은 단어를 사용한다. 공연은 유대감과 흥분을 낳으며, 연주자와 팬 모두 '고조된' 기분을 경험한다(Cavicchi, 1998: 90). 어떤 사람은 이렇듯 공연에서 얻은 힘이 삶의 어려운 고비에서 자신을 지탱해준 힘의 원천이었다고 말하기도 한다. 그렇지만 대부분의 경우에 팬덤의 감정적인 차원을 묘사하기는 어렵다. 수 턴불Sue Turnbull은 '에크프라시스ekphrasis'라는 개념을 사용한 적이 있는데(Turnbull, 2005), 이는 어떤 공연이 관객의 감정에 미치는 영향을 언어로 표현해보려는 시도였다. 스프링스틴이 과거의 영광에 머물기를 포기하고 최신 노래를 연주했을 때, 카비치는 "결과적으로 내가 느낀 편안한 향수는 줄어들었지만 힘과 에너지는 더 강력하게 느꼈다. 이 곡에서 저 곡으로 빠른 속도로 넘어가는 노래들 속에서 나는 강렬한 전자 음악 사운드에 흠뻑 빠졌고 내가 무엇이든 할 수 있고 원하는 것은 무엇이든 될 수 있다는 이상한 느낌을 받았다"(Cavicchi, 1998: 31)라고 말한다. 스티븐슨이 데이비드 보위의 팬 연구에서 발견한 바에 따르면, "많은 남성 팬이 스트레스와 감정적 혼란을 겪은 시기에 보위의 음악이 도움이 되었다고 말했다. …… 매우 불안정하거나 마음의 상처를 받기 쉬운 시기에 사람들은 보위를 다시 듣는다"(Stevenson, 2009: 84, 94). 병에 걸리거나 이혼을 하거나 사별했을 때 개인의 팬덤이 얼마나 도움이 되었는지 보여주는 이야기들은 많다. 이는 팬덤이 필연적인 '결핍'에 대한 보상이라기보다는 사람들이 삶의 여정의 다른 지점에서 의지하게 되는, 개인적 힘의 원천임을 보여준다. 스티븐슨의 설명에 따르면 "인터뷰를 하는 동안 많은 남성들의 삶에서 보위와의 연결이 비교적 지속적인 닻의 역할을 했다는 점이 두드러졌다"(Stevenson, 2009: 85). 팬 애착이 감정에 미치는 영향이 무엇인지 구체적으로 설명하기는 어렵지만 그 영향력이 강력하다고는 말할 수 있다.

팬 애착의 또 다른 측면은 공적인 것과 사적인 것의 의미를 재구조화할 수 있다는 점이다. 팬 개개인이 어떤 유명 배우나 가수, 작가나 음악가에 대해 느끼는 연결감은 그들의 공간 경험을 변화시키거나 재구조화할 수 있다. 앞 장에서 살펴보았듯이, 셀레브리티에 대한 전통적인 논의는 팬을 자신들의 우상에게 물리적으로 몰려드는 인간 떼거리로 묘사했다. 스타는 팬의 공개적 찬양을 통해 사회적·물질적 이득을 얻는 대신 자신의 프라이버시를 ─ 때로는 자아감까지도 ─ 포기해야 하는 위험에 처해 있다고 묘사된다. 사실 사적인 것과 공적인 것의 경계는 사람들이 살고 있는 물리적 공간을 기준으로 분명하게 나눌 수 없는 심리적인 영역이다. 이를테면 잭 산티노Jack Santino는 공적 의례의 성격을 다음과 같이 설명한다.

공적으로 보이는 행사들이 사실은 사적이며, 때로는 오직 한 사람만을 대상으로 한 것이거나 심지어 혼자서 행하는 개인적인 것인 경우가 많다. 그럼에도 이런 종류의 많은 단독 행위는 '가상의' 또는 상상적 수용자를 위한 것이거나 그들과 함께 행해지는 것처럼 여겨진다. …… 나는 길을 가다가 동전을 보면 항상 줍는데, 돌아가신 내 어머니께서 그렇게 하셨기 때문이다. 내가 그렇게 할 때, 어머니가 정말로 거기 계신 것 같은 느낌이 든다. 죽음과 사후 세계에 대한 이야기 중에 내가 믿는 것도 있고 믿지 않는 것도 있지만…… 의례적 행동에는 그것을 지켜볼 뿐 아니라 함께 공유하기도 하는 상상의 청중이 있다(Santino, 2009: 11).

산티노의 설명은 공적 공간과 사적 공간 간의 통상적 구분이 일상의 경험에 의해 급진적으로 바뀔 수 있음을 보여준다. 그런 의미에서, 여러 맥락에서 자신의 영웅과 연결되어 있다고 느끼는 팬은 자신이 이중적인 또는 모순적인 방식으로 공적이면서 사적인 공간에 있음을 발견한다. 새니예크가 쓴 호러 팬진에 관한 논문을 소개하는 글에서 [옮긴이: 그 글이 실린 책의] 편집자들은 "모든 팬진은 본질적으로 사적인 쾌락의 공적 표현"이라고 설명했다(Sanjek, 2008: 419를 참조하라). 그들은 또한 '에로틱 스릴러를 보는 사적 팬덤들'에 대해 언급하기도 했다(Mathijs & Mendik, 2008: 5를 참조하라). 텔레비전 시청은 공적 영역과 사적 영역의 구별을 더욱 약화시켰다(Harrington & Bielby, 1995: 117). 놀랍게도 많은 록 팬이 라이브 공연의 비디오를 보면서 (실제 공연장에 있는 것 같은) 흥분을 느낀다. 그들은 자신의 거실에서 좋아하는 밴드의 공연을 혼자 보면서 밴드의 인기를 실감한다. 공연에 실제로 참석한 음악 팬은 대규모 관중을 수용할 수 있는 체육관에 있으면서도 자신들이 영웅과 '한 방에 있다'고 말한다. 스타와 팬이 연결되는 순간을 사적인 장소로 만듦으로써 그들은 더욱 개인적이고 친밀한 느낌을 가질 수 있다. 카비치가 볼 때 성공적인 스프링스틴 공연은 그 장소의 가치를 바꿔놓을 수 있다. 그는 "그것은 공연이라기보다는 개인 파티 같았다"라고 말했다(Cavicchi, 1998: 34). 음악 팬은 아주 공적인 공간에 있으며 거기서 집합적 군중이 매우 중요한 것이 사실이지만, 그럼에도 그는 무대 위에 있는 가수와 개인적이고 사적이며 정서적인 연결을 경험할 수 있다. 젠킨스 같은 학자는 전략적으로 팬덤을 공적이고 공동체적인 활동이라고 묘사했지만, 많은 팬은 훨씬 더 사적으로 행동한다. 와이즈는 "엘비스에 대한 나의 관심은 대개 혼자서 하는 취미 생활의 형태였고, '그'와 '나' 사이의 사적인 것이었다"라고 설명한다(Wise, 1990: 393). 이런 경우 때때로 사회적으로 추방당한 느낌이 들기도 한다. 예를 들어 브루멘은 취향이 다른 가족이나 동거인의 기분을 거스르지 않으면서 '사적인 팬덤'을 추구할 수 있는 방법을 설명한 바 있다(Vroomen, 2004: 246). 여기서의 요점은 팬덤에 대한 언급에는 사적인 면과 공적인 면이 결합되어 있지만, 결국에 팬덤은 개인적이라는 것이다.

공적으로든 사적으로든, 사람들이 팬으로서 경험하는 감정적 '흥분'에 주목할 필요가 있다. 셀레브리티 팬덤의 경우, 사람들은 셀레브리티를 직접 만난다는 생각에 흥분한다. 모든 사람은 셀레브리티도 인간이라고 생각한다. 즉, 우리는 텍스트와 이미지의 뒤에는 우리와 마찬가지로 육체와 정신과 심장을 갖고 있는 '진짜' 사람들이 있음을 안다. 그들은 우리보다 유명하지만 사생활은 적은 개인들이다. 미디어 문화 속에서 모든 사람은 이들 셀레브리티의 전자적 흔적에 둘러싸여 있다. 텔레비전 쇼, 웹사이트, 영화, 음반 같은 현대 미디어는 우리에게 수많은 사운드와 영상을 약속 어음으로 제공하며 우리가 그들과 친밀한 것 같다는 생각이 들게 한다. 예를 들어 어떤 미국인 팬이 〈닥터 후〉에 끌린 이유 가운데 하나는 그 프로그램에 출연한 배우들이 팬 집회를 방문했고 그래서 할리우드 셀레브리티들에 비해 더 접근하기 쉬웠기 때문이다(Nye, 2010: 109). 그렇다면 정동과 팬덤을 연구하는 학자들의 질문은 특정한 이야기에 빠지고, 자신이 좋아하는 셀레브리티를 가까운 거리에서 만나는 것이 왜 그토록 강렬한 감정을 유발하느냐는 것이다. 이 질문에 답하기 위한 첫 단계는 감정은 신체에서 기원하고(Ahmed, 2004: 5) 그래서 많은 사람이 감정은 자연스러운 것이라고 주장하지만, 감정의 의미는 우리가 의도하지 않은 가운데 우리의 경험을 생성하고, 이해하고, 틀 짓는 방식에서 온다는 사실을 깨닫는 것이다. 쉽게 이해할 수 있도록 비유하자면, 두 사람이 롤러코스터를 타려고 하는데, 한 사람은 롤러코스터를 좋아하지만 다른 사람은 무서워하는 경우를 생각해보면 된다. 두 사람의 신체는 생리적으로 동일한 경험을 하지만 한 사람은 흥분을, 다른 사람은 불안을 느낀다. 그런 의미에서 언급되지 않은 공유된 가정이 개인의 신념을 결정하고 그것이 다시 감정을 촉발한다. 팬덤은 전적으로 개인적인 감정 행위가 아니다. 사실 팬덤은 암묵적인 공동의 가정에 기반을 둔 공동의 경험으로 개인에 의해 자신만의 감각으로 번역되고, 그런 연후에 공동체의 경험으로 표현된다.

종교성

이 조각품은 수치입니다. 마이클 잭슨이 음악 산업에 기여한 수많은 공을 기리는 대신에 당신은 그를 이런 방식으로 조롱하는 쪽을 선택했습니다. 모르고 계실까 봐 알려드리자면, MJ(마이클 잭슨)는 아기를 허공에 흔든 것이 아니라, 아기를 보여 달라고 요청한 팬들에게 자신의 아기를 보여주고 있었습니다. 나는 당신이 그 조각품을 치우고, 대신 그 자리에 마이클 잭슨의 놀라운 재능과 인간적인 성취를 기리는 조각품을 세울 것을 강력히 요구합니다.

마이클 잭슨의 팬, Hairabedian[4]

2002년 11월, 마이클 잭슨은 독일의 가장 영향력 있는 연예 대상인 밀레니엄 밤비에 참석하기 위해 독일을 방문했다. 아들론 호텔에는 슈퍼스타를 환영하기 위해 거대한 군중이 모여들었다. 5층 발코니에 모습을 드러낸 마이클 잭슨은 그를 보고 환호하는 대중에게 감사 인사를 하며 자신의 아이들을 보여주었다. 잭슨은 프라이버시를 보호하기 위해 프린스Prince와 패리스Paris의 일부를 담요로 감쌌다. 상기된 상태였던 잭슨은 실수로 9개월 된 프린스 마이클 2세를 난간 위로 떨어뜨렸고 한 손만 사용해서 아이를 안아 올렸다. 이 모습을 구경하던 사람들 가운데 일부는 충격을 받았고, 이 사건은 미디어에 대서특필되었다. 이 사건은 "당신 미쳤어"라는 제목으로 영국의 ≪선≫에 보도되었고, ≪데일리 미러The Daily Mirror≫는 '미친 나쁜 아빠'라는 제목의 사설에서 잭슨을 체포해야 한다고 주장했다. 베를린 당국은 잭슨의 행위가 아동을 위험에 빠뜨리거나 의무를 소홀히 하지 않았는지 확인하기 위해 예비 조사를 개시했지만, 정식 조사는 하지 않기로 했다. '독일어린이보호협회' 관계자들은 잭슨을 기소하지 않은 것을 비난하며, 잭슨이 그의 유명세 때문에 특혜를 받았다고 주장했다. 잭슨은 곧 자신의 변호사를 통해, 그 사건은 "끔찍한 실수였습니다. ……나는 그 순간 흥분한 상태였습니다. 내가 아이들의 목숨을 일부러 위험에 빠뜨리는 일은 결코 있을 수 없습니다"라고 해명했다. 잭슨의 해명을 반박할 만한 증거는 없으며 돌이켜 생각해보면 적대적인 언론이 그를 어떻게 기이하고 미친, 부적절한 부모로 만들었는지 쉽게 알 수 있다.

경력이 긴 스타들의 경우 명성의 부침을 겪는다. 2009년 여름 마이클 잭슨의 죽음으로 사람들은 그의 음악적 공로에 다시 주목했고 그의 '미친 잭슨 Wacko Jacko' 이미지도 부분적으로 사그라졌다. 그래서 2011년 4월 로스앤젤레스의 미술가인 마리아 폰 콜러Maria von Kohler가 이스트 런던 해크니 가의 프레미스 스튜디오 1층에 잭슨이 아이를 떨어뜨릴 뻔했던 사건을 조각품으로 만들어 전시했을 때, 그것을 본 잭슨의 팬들은 경악하고 말았다. 폰 콜러가 '성모마리아와 아들'이라고 이름을 붙인 그 조각품은 예상대로 잭슨 팬들의 분노를 불러일으켰다. 회사의 웹사이트에는 수많은 성난 메시지가 올라왔고, 심지어 스튜디오에 불을 지르겠다고 위협한 팬도 있었다. 스튜디오 대표인 비브 브라우튼Viv Broughton은 ≪데일리 메일≫에서 다음과 같이 답변했다.

실제로 있었던 사건에 충실한 예술품이 어떻게 어떤 사람에 대한 공격이 될 수 있습니까? '성모마리아와 아들'은 마이클 잭슨에 관한 작품일 뿐만 아니라 극단적인 팬덤에 대한 작품이기도 합니다. 많은 사람이 조각을 보러 이곳에 왔습니다. 대부분은 그 작품이 훌륭하다고 생각합니다.

예술가는 그 작품을 통해 무엇을 표현하려고 했을까? 미술관은 폰 콜러의 작품의 주제를 다음과 같이 설명한다.

폰 콜러는 영웅이나 선동가에 꾸준히 관심을 가져 왔고 행위와 상징을 다양한 형식으로 표현하는 것이 그의 작품의 출발점이다. 그의 작품은 역사적·종교적·정치적 선전, 미술의 도상학, 장난감, 고물상의 자질구레한 물건들, 미디어와 공적 공간을 다룬다. …… 그의 작품 전체의 기저에 스민 감각은, 사람들이 애타게 갈망하지만 불행하게도 얻을 수도 없고 존재하지도 않는 추레한 이데올로기에 따라 살고 있다는 것이다.[5]

팬의 화를 돋우려고 만든 콜러의 '성모마리아와 아들'은 팬과 미디어를 자극해서 논쟁을 불러일으키는 데 성공했다. 그 조각품의 목표는 팬덤과 근본주의를 동일시하는 것이었으며, 팬덤이 하나의 도덕주의적인 감정 구조임을 보여줌으로써 그 목표를 달성했다. 이 작품의 암묵적인 주장은 팬은 편향되어 있다는 것이다. 그들은 스타에게 충성하며 스타의 공적 이미지를 선택적으로 지각하고, 스타의 다소 부정적인 측면에 대해서는 눈을 감는다. 많은 추종자를 거느린 가수의 경우 팬들이 그를 친구나 가족처럼 여기고, 그를 잘 알고 사랑하고 있다고 생각해서 감싸려 드는 경우를 자주 볼 수 있다. 결국 마이클 잭슨의 팬과 콜러는 마이클 잭슨을 어떻게 볼 것인가를 두고 논쟁을 벌였고, 그것 자체가 하나의 도덕적 질문이었다. 젠킨스는 팬들이 어떻게 가치를 공유하며 이른바 '도덕 경제moral economy'를 집단적으로 작동시키는지 보여주었다(Jenkins, 2006: 55). 팬덤 공동체가 자신들이 공유하는 도덕에 관해 자주 목소리를 높인다고 해서, 콜러가 암시하듯 팬덤을 하나로 종교로 볼 수 있을까?

많은 학자가 팬덤을 종교에 직접 비유해왔다. 예를 들어 데이비드 자일스David Giles는 팬 텍스트를 중세의 성서에 비유했다(Giles, 2000). 스티븐슨도 존 프라우John Frow의 작업을 보고하면서, 프라우가 어떻게 셀레브리티 문화의 형이상학적 기반을 추론했는지 보여주었다. "기본적으로 프라우는 우리가 스타와 동일시하는 것이 죽음을 물리치기 위한 방편이라고 주장한다. 이상적인 존재인 스타와 연결됨으로써 우리는 평범한 인간의 시간성을 넘어서 신비와 신성 속으로 들어가려 한다"(Stevenson, 2009: 89). 팬덤을 신성함에 대한 추구로 보는 관점은 흔히 볼 수 있다(예를 들어 Neumann, 2006을 참조하라). 그러나 팬이 영적 어휘를 사용한다 하더라도, 팬덤이 종교의 대체물이라는 주장을 받아들이기 어려운 강력한 이유들 역시 존재한다. 가장 분명한 이유 가운데 하나는 그러한 주장이 최악의 경우 팬과 종교 숭배자를 모두 비하한다는 것이다. 대중문화에서 팬덤이 종교와 유사하다는 주장은 일종의 농담인데, 이러한 주장은 팬을 잘못된 인식을 지닌 비합리적인 노예적 열광자로, 즉 어떤 증거가 나오든 어떤 대가를 치르든 상관없이 자신의 스타를 믿는 사람들로 간주하며 주류 수용자를 정상화한다. 힐스는 팬덤을 종교에 비유하는 관점은 팬덤을 '거짓 숭배'라고 생각한다는 점에서 근본적인 한계가 있다고 말한다(Jenkins, 2006: 17).

팬덤이 종교와 유사한 면이 있다는 주장을 완전히 무시하기 어려운 이유 중 하나는, 서구 사회의 뿌리인 유대-그리스도교에서 나온 여러 원형과 관념이 팬덤에 스며들었다는 것이다. 크리스 로젝Chris Rojek의 말처럼 "셀레브리티 문화는 세속적이다. 세속 사회의 뿌리가 기독교에 있기 때문에 셀레브리티의 성공과 실패를 나타내는 상징물은 신화 또는 승천과 재림을 나타내는 종교적 의례에서 가져온 것이 많다"(Rojek, 2007: 175). 또 다른 이유는 열광적인 팬-학자fan-scholar들이, 심지어 스스로를 '내부인'이라고 선언한 틸이나 카비치도 계속해서 그 비유를 사용한다는 점이다. 예를 들어 힐스는 다음과 같이 주장했다.

> 팬덤은 종교와 유사하기도 하고 그렇지 않기도 하다. 그것은 '컬트'와 '문화' 사이에 놓여 있다. '컬트' 담론이 전적으로 무의미하거나 공허하지는 않다. …… 팬 문화를 종교나 종교성과 연결 지을 때 생기는 주요한 문제 가운데 하나는 — 그리고 이는 팬과 학자 모두에게 문제가 된다 — 우선 '종교'라는 말이 실제로 무엇을 의미하는지 정의하는 것이다(Hills, 2002a: 118).

옥스퍼드 영어사전에 따르면 '종교'는 신앙과 경배의 체계다. 그것은 인간이 초인적 힘을 지닌, 그리고 특히 복종을 받는 것이 마땅한 신의 형상을 인정하는 것이다. 틸은 종교는 진심으로 품고 있는 신념이며, 임시적 지식에 기반을 둔 의견이나 견해가 아니라고 말함으로써 종교의 정의에서 경배의 중요성을 약화시켰다(Till, 2010: xi). 공개된 장소에서 스타를 향한 집합적 흥분을 드러내는 모습은 쉽게 예측 가능한 스펙터클이며, 이는 팬 현상을 종교에 비유하는 관점이 널리 퍼져 있음을 의미한다. 많은 미디어 공연가들이 이 비유를 사용하며, 이러한 현상은 특히 대중음악에서 볼 수 있다. 1967년 런던 역에서 발견된 '(에릭) 클랩튼은 신이다Clapton is God'라는 유명한 낙서가 보여주었듯이 '록 신 rock god'이라는 별명은 오랫동안 사용되어왔다. 무대 공연에서 그러한 비유를 직접 환기시키는 연출을 하기도 한다. 마이클 잭슨은 1996년에 영국에서 열린 브릿어워드에서 「Earth Song」을 공연하면서 무대에서 십자가에 매달린 자세를 취했다. 클리프 리처드Cliff Richard는 노래 가사와 뮤직 비디오에서 조명, 상승, 몸짓과 자세 등을 통해 구원의 약속을 암시했을 뿐 아니라, 무성성asexuality이나 가난한 자에 대한 자비 같은 주제들을 다루기도 했다(Löbert, 2008: 77). 스프링스틴은 공연에서 때때로 복음을 전하는 설교자를 연기하기도 했다(Cavicchi, 1998: 30). 짐 모리슨Jim Morrison부터 존 본 조비Jon Von Jovi에 이르는 여러 아티스트는 무대 위에서 마치 청중을 끌어안으려는 듯, 또는 자신도 청중의 일부라고 말하기라도 하듯 두 팔을 활짝 벌리고 십자가에 못 박힌 자세를 취했다. 다른 공연자들도 자신들에 대한 사람들의 경배를 의식적으로 패러디했다. 이러한 대중적인 비유 말고도 팬 자신이 영적인 비유나 종교적 어휘를 사용하는 경우도 있다. 공연자와 청중 모두, 종교적 암시를 사용하는 것이 반발을 불러일으킬 수 있다고 생각하면서도, 자신의 경험을 이야기할 때 종교적 개종의 언어를 사용한다. 〈스타트렉〉 팬은 '다시 태어남'에 대해 또는 모든 사람을 '구원'해야 하는 자신들의 의무에 대해 노래한다(Jenkins, 1992: 250). 카비치가 설명하듯이, "팬은 누군가를 스프링스틴의 음악에 입문시키는 것을 두고 그들을 '개종시킨다'고 말한다. …… 팬은 자주 개종을 종교적인 의미로 사용하며, 이러한 맥락에서 누군가에게 스프링스틴의 음악을 소개하는 행위를 일종의 전도로 생각한다"(Cavicchi, 1998: 42). 즉, 종교적 수사는 급속도로 충성의 대상을 바꾼 개인적 경험에 대해 이야기하는 하나의 방식이다.

한 대담에서 힐스는 팬들이 사용하는 영적 어휘에 관해 논의하면서 팬들이 자신들이 어떻게 팬이 되는가를 설명할 때 종교적 은유를 사용한다고 말했는데, 젠킨스는 정치적 입장 전환을 말할 때도 '개종'이라는 표현이 사용된다는 점에 주목했다. 이에 대해 힐스는 팬이 말하는 개종은 정당 정치와 관련이 없다고 반박했다(Jenkins, 2006을 참조하라). 종교적 은유의 유용성은 팬이 경험하는 초월적 감정을 포착해줄 수 있다는 데 있다. 팬은 자주 록 공연 생방송을 종교적이거나 영적인 경험으로 언급한다. 팬들은 그러한 공연에서 영혼이 충만해지는 경험을 했다거나 스타와 가까워진 느낌이 들었다고 보고한다. 카비치에 따르면 "팬들은 자신의 팬덤에서 거대한 관중이 중요하다고 말하기도 하며, 콘서트를 주제로 이야기할 때 되풀이되는 주제는 관중의 일부가 되는 데서 느끼는 힘에 관한 것이다"(Cavicchi, 1998: 88).[6] 인류학자인 빅터 터너Victor Turner가 제시한 코뮤니타스communitas라는 개념은 대중적인 공적 이벤트에 직접 참여한 사람들이 하나가 된 것 같은 행복감을 느낄 수 있으며, 모인 사람들과 하나가 되는 데서 흥분을 느낀다고 본다. 그러나 카비치가 볼 때 팬덤은 1차적으로는 코뮤니타스에 관한 것이 아니다. "팬과 음악의 관계에서 다른 사람들과 함께 모여 흥겹게 즐기는 것이 중요하지만 그것은 언제나 부차적이며, 1차적인 것은 개인의 비판적인 감상이다"(Cavicchi, 1998: 122).

그렇다면 왜 팬은 종교와 관련된 표현을 사용하는가? 종교 담론은 공유된 믿음을 강조하며, 그러한 믿음의 순간에는 외부 현실 세계의 '증명'이나 '증거'가 필요하지 않다. 팬들이 종교적 언어를 이용해서 특정 순간을 묘사하는 경우가 있지만, 논평가들은 팬들이 팬 공동체 바깥에 있는 사람들과는 아주 다른 방식으로 그 단어를 사용하고 있다는 점을 잊고 있다. 힐스는 종교가 제공해주는 어휘가 팬들의 공통 경험을 '건전화한다(이성적인 행위로 만든다)'고 본다 (Jenkins, 2006: 20~21). 그러한 어휘는 팬들이 '당신은 왜 이 특정한 대상의 팬인가'라는 질문을 피할 수 있게 해준다. 대신 팬들은 자신들의 애착을 정당화할 필요 없이 자신들의 확신을 찬양할 수 있으며, (팬덤을) 이성적으로 이해하는 것이 왜 부적절한지도 설명할 수 있다(Hills, 2002a: 122). 이는 단지 설명의 편의를 위해 종교적 언어를 사용하는 것이 아님을 의미한다. 종교적 언어는 말로 직접 설명하기 어려운 경험에 대해서 이야기하는 하나의 방법이다.

몇몇 연구자는 팬덤과 종교성의 비유를 진지하게 탐구했다. 팬덤 연구 내에서 팬덤과 종교에 관해 가장 설득력 있는 상세한 설명은 음악 팬 전문가인 카비치의 연구에서 볼 수 있다. 카비치에 따르면 "종교와 팬덤은 서로 다른 의미 영역이지만, 둘 다 헌신 행위가 중심이 되기 때문에 여러 면에서 유사한 경험이다"(Cavicchi, 1998: 51). 카비치가 볼 때 팬덤과 종교의 관계는 단순한 은유에 머무르지 않는데, 이는 둘 사이에 몇 가지 구조적 상동성 ― 손에 넣을 수 없는 타자에 대한 친밀한 집착, 일종의 도덕적 성향, 의미를 해석하는 데 헌신하는 일상의 삶, 막연하지만 헌신이라는 공동의 가정에 근거한 공동체 ― 이 있기 때문이다(Cavicchi, 1998: 186). 그러나 그러한 상동성이 있다고 해서 "팬덤이 종교임을 의미하는 것은 아니다. 그것은 팬덤과 종교가 유사한 관심사를 다루고 있으며 사람들이 관여하는 방식이 유사하다는 것을 나타낸다"(Cavicchi, 1998: 187). 카비치에 따르면 팬덤과 종교는 유사한 경험이지만 그 의미가 서로 다르다(Cavicchi, 1998: 51). 그는 처음에 어떻게 팬이 되었는가에 관한 이야기들을 논의하면서 팬덤과 종교가 매우 유사하다고 설명한다.

> 팬이 사용하는 개종이라는 개념은 통상 스프링스틴이 불러일으키는 헌신과 몰입의 정도를 나타내기 위한 은유다. 그러나 팬들이 자신의 경험을 설명하는 내용을 자세히 들여다보면 개종이라는 개념이 팬이 느끼는 감정에 대한 단순한 은유의 역할 이상을 하고 있음을 볼 수 있다. 그 표현은 실제로 팬이 되어가는 과정을 구체적으로 묘사한다. 특히, 팬 되기의 서사에서 등장하는 변신에 관한 묘사는 현대 미국의 복음주의 기독교인들이 말하는 개종의 서사에서 볼 수 있는 묘사와 놀라울 정도로 유사하다(Cavicchi, 1998: 43).

카비치의 비교는 신중하고 팬덤에 우호적이지만, 여기서의 문제는 비유는 비유일 뿐 사실이 아니라는 점이다. 사실상, 팬덤의 경험과 종교의 경험이 일치하는 경우는 제한적이며 둘 사이에는 유사점보다 차이점이 더 많다(Jenkins, 2006: 20). 샌드보스의 말처럼 팬덤에서 종교를 언급하는 것과 팬덤이 종교라고 생각하는 것은 매우 다른 일이다(Sandvoss, 2005a: 62).

팬덤을 잘 분석해보면 팬덤이 종교의 대체물이라는 주장을 직접 반박하는 세 가지 중요한 문제점이 드러난다. 첫째, 팬덤에는 중추적인 신학이 없다는 점이고, 둘째, 팬은 한 번에 하나의 '신성'이 아니라 여러 개의 신성을 '경배'한다는 점이며, 셋째, 그러한 주장의 토대가 되고 있는 인간적 욕구라는 개념에 의문의 여지가 있다는 점이다. 각 주장을 차례로 살펴보면, 먼저 "팬덤에는 종교에서 볼 수 있는 절대적인 내세 개념이 없다"(Sandvoss, 2005a: 63). 어떤 팬이 신비로운 감정이나 경험을 보고하는 경우가 있기는 하지만, 그가 사후의 구원을 명시적으로 약속해주는 신성한 텍스트와 연결되어 있는 것은 아니다. 또한 유일신을 믿는 사람들과 달리 팬은 그 강도는 다르지만 여러 관심사를 동시에 추구한다. 에리카 도스Erika Doss는 『엘비스 문화: 팬, 신앙과 이미지Elvis Culture: Fans, Faith & Image』(1999)라는 책에서 팬 연구자들은 팬덤을 귀납적으로 이해해야 하며 그렇지 않을 때 어떤 문제에 부딪치는지 보여주었다. 도스는 분석을 시작하면서 다음과 같은 질문을 던진다.

왜 엘비스인가? 왜 엘비스는 신성화되어 사람들이 말하는 유사 종교의 중심 형상이 되었는가? 존 레논, 버디 홀리Buddy Holly, 재니스 조플린Janis Joplin, 지미 헨드릭스Jimi Hendrix, 아니면 더 최근으로는 커트 코베인Kurt Cobain이나 셀레나Selena처럼 젊은 나이에 죽은 다른 대중문화 순교자들은 왜 순교자가 되지 않았는가? 왜 엘비스가 — 말콤 엑스Malcom X나 마틴 루터 킹Martin Luther King 목사나 JFK보다 더 — 지속적으로 '20세기의 아이콘'으로 추앙받는가(Doss, 1999: 2)?

팬덤을 '가짜 종교'라고 부르는 것도 문제지만, 그 점을 차지하고라도 여기서 도스는 팬들이 엘비스와 버디를 비교하거나(팬은 둘 다 좋아할 수 있다), 엘비스가 예수나 마틴 루터 킹보다 위대하다고 생각해서 엘비스에게 애착을 가지는 것이 아니라는 점을 간과하고 있다. 150명의 엘비스 팬을 연구한 내 박사논문을 보면 엘비스 팬 가운데서 엘비스의 음악만 듣는 사람은 극히 일부였다 (Duffett, 1998: 222). 팬들이 엘비스의 사진을 갖고 있는 것은 이들이 엘비스에게 관심을 갖게 되었다는 것이지 버디 홀리나 말콤 엑스나 여타 다른 사람을 무시하기로 했다는 의미가 아니다. 사실 엘비스에 대한 열정이 그런 사람들에 대해 알아보려는 계기가 되기도 한다. 공상과학 팬덤에서도 개인들이 여러 개의 팬덤에 속해 있는 사례를 볼 수 있다. 그러므로 여기서 흥미로운 점은 서로 다른 개인 팬덤 간의 관계다.

> 많은 팬에게 〈닥터 후〉는 그들이 받아들인 두 번째 팬덤이었고, 그 이전에 그들은 〈배틀스타 갤럭티카〉나 〈스타워즈〉, 〈스타트렉〉의 팬이었다. 하지만 〈닥터 후〉를 가장, 아니 〈닥터 후〉만 좋아한 사람들도 있었다. 나는 〈스타워즈〉와 〈스타트렉〉도 좋아했지만, 〈닥터 후〉를 제일 좋아했다(Nye, 2010: 108).

이렇듯 팬덤은 배타적이지 않을 뿐 아니라, 사람들은 팬 관심을 추구하는 동시에 자신의 신앙 생활을 수행하면서 어떤 갈등도 겪지 않는다. 인간이 종교나 팬덤을 통해 충족될 수 있는 어떤 보편적 욕구를 갖고 있다고 보는 시각에는 근본적으로 문제가 있다. 이 주장에 따르면, 이를테면 팬들은 신이 필요한데 신 대신 마이클 잭슨이나 〈스타트렉〉을 찾는다는 것이다. 이렇듯 팬덤과 종교를 비교하는 것은 1970년대에 널리 도전을 받은 미디어 연구의 '이용과 충족 이론'과 유사하다. 다시 말해서 종교나 종교성이라는 개념은 종교를 보편적이면서 탈역사적인 인간의 본질적인 욕구로 보는데, 그러한 등식을 뒤집어서 종교를 사회적 담론의 산물로 볼 때 더 많은 통찰이 가능하다. 그러한 주장을 지지하는 사람들 중에 역으로 팬 연구의 개념을 종교 경배에 적용하는 사람은 없다는 데서 그들의 입장이 바로 드러난다. 팬은 경배자로 이해(오해)되지만, 헌신적인 기독교인이 '신의 팬'으로 분석되는 일은 없다. 심지어 그런 표현은 신성모독으로 들린다.

연구자들은 종교와 팬덤의 관계를 정립하기 위해, 팬덤이 어떤 면에서 종교 활동과 유사하고 또 유사하지 않은지를 설명하는 방식으로 타협점을 찾으려고 했다. 에이든이 볼 때(Aden, 1999), 팬덤은 대체 종교는 아니지만 사실상 '약속의 땅'이라는 더 나은 사회에 대한 개념을 포함하고 있다(Sandvoss, 2005a: 63도 참조하라). 관심 있는 수용자들에게 미디어가 일종의 유토피아적 판타지의 순간을 제공할 수 있다는(그 순간은 스타와 평등하고 친밀하게 되는 순간을 지속적으로 연기함으로써 확보된다) 주장에는 어느 정도 신빙성이 있지만, 여기서 질문은 신이 그 설명의 일부가 되어야 하는가이다. 최근 들어서는 일부 연구자들이 종교라는 말을 다른 용어로 바꾸었다. 변화하는 사회에서 종교의 위치를 설명하기 위해 1990년대 들어서서 학계에서 종교성이라는 개념이 사용되기 시작한 것이다. 연구자들은 현대의 삶이 신앙을 탐구하려는 개인적 욕구를 배제한 채 전적으로 세속적이고 합리적인 활동으로 경험된다는 생각에 이의를 제기했다. 대신 그들은 보통 사람들이 일상생활에서 여전히 영적인 경험을 하지만 자신의 신앙을 덜 형식적인, 그러나 더 다양한 방식으로 실천한다고 주장했다. 보위에 대해 연구한 스티븐슨은 최근 소비자들이 종교와 관련해서 '선택과 혼합 pick and mix'이라는 방식으로 가벼운 관계를 맺는다는 점에 주목했다(Stevenson, 2009: 89). 힐스를 비롯한 여러 학자는 그래서 팬 연구자들이 종교가 아니라 '신종교성neo-religiosity'이라는 관점에서 접근해야 한다고 주장하기 시작했다(Hills, 2002a: 117~119). 그러나 이는 잘 맞지 않는 개념을 계속 가져다 붙이는 시도가 될 수 있다.

좋은 비유든 나쁜 비유든 비유를 이용하면, 우리가 단지 그냥 아는 것들에 대해서도 논의하는 게 가능해진다. 이 절에서는 계속해서 사례 연구를 통해 연구자들이 왜 팬덤을 종교에 비유하려고 했는지, 그리고 어떻게 하면 헌신적인 팬을 공격하지 않으면서 팬덤을 설명할 수 있는 종교사회학 개념을 건져 올릴 수 있는지 살펴볼 것이다. 종교성 설명에서 흥미로운 점은 그것이 자주 문화 서열구조에서 다소 하층에 속한다고 간주되는 팬덤, 즉 대중적이고 저급한 중하층 계급이나 노동계급의 팬덤에 적용된다는 것이다. 이를테면 딜런의 팬이 엘비스의 팬과 똑같이 헌신적이라 하더라도, 그들의 팬덤을 두고 종교라고 말하는 경우는 거의 없다. 나는 2003년 연구에서 종교라는 개념이 왜 엘비스에게만 널리 적용되는지 검토하면서, 특정 팬덤[옮긴이: 엘비스 팬덤]의 취향 없음 tastelessness에 대한 농담으로 시작된 용어가 어떻게 순식간에 그런 생각조차 해본 적이 없는 실제 팬들의 종교적 열정을 묘사하는 학문적 개념이 되어버렸는지 보여준 바 있다(Duffett, 2003을 참조하라). 그러므로 팬덤을 종교성에 비유하는 것은 학자들이 휘두르는 은밀하지만 중요한 영향력을 보여준다. 특히 다른 사람들의 의도를 설명하기 위해 은유에 의존해 이론을 만들 때 더욱 그렇다. 비유는 언제나 경험적 사실이기보다는 해석적 장치다. 이런 상황에서 취할 수 있는 전략적 접근은 각 비유의 정확성이나 사실성 문제를 비켜가면서 대신 이론가들의 동기를 검토하는 것이다. 중간계급 문화 비평가들이나 학자들이 마이클 잭슨이나 엘비스 같은 스타를 '종교'로 표현하는 것은 이들이 스타의 공연에서 볼 수 있는 감정 과잉 상태와 대중의 열광적 반응을 우려하고 있음을 보여준다. 더구나 이런 설명은 아이콘들의 명성이 정당성을 획득하고 더욱 확고해져가면서, 사후에 주류 사회의 환영을 받는 순간에 등장하곤 한다. 예를 들면 그레이스랜드가 공중에게 처음 개방되었을 무렵 골드먼이 쓴 악명 높은 (엘비스를) '혹평hatchet job'한 전기(아마도 혹평들을 모아놓은 '전기'로 이해되어야 할 것이다)인 『엘비스Elvis』는 엘비스에 대한 인신공격만 늘어놓으며 엘비스에 대한 그로테스크한 패러디를 주류 미디어 속으로 퍼뜨렸다. 1990년대 중반에 엘비스가 다시 뉴스에 등장했는데, 이는 베이비붐 세대가 자신들이 가장 사랑했던 가수를 미국의 문화적 자산의 일부로 만들려고 밀어붙였기 때문이다.[7] 그레일 마커스Greil Marcus의 말처럼 "엘비스 프레슬리는 미국에 족적stamp을 남겼고, 이제 미국은 우표stamp에 그의 얼굴을 넣으려 하고 있었다"(Marcus, 2000: 175). 이미 죽은 지 10년이 지났지만, 엘비스의 앞날은 여전히 밝아보였다. 그런데 이렇게 엘비스를 재평가하는 과정에서 학자들은 점점 더 엘비스 팬덤에 대한 종교적 해석을 내놓기 시작했다.

1994년에 프리스는 "학계는 엘비스에 큰 관심을 가진 적이 없다"라고 말했다(Frith, 1994: 275). 프리스는 계속해서 엘비스가 대중문화 비평가들에게 폄하되어왔으며 음악학자, 사회학자, 문화연구자들로부터 사실상 무시당했다고 주장했다. 그러나 그로부터 5년도 채 못 되어 길버트 로드먼Gilbert Rodman의 『엘비스 이후의 엘비스: 살아 있는 전설의 사후 이야기Elvis After Elvis: The Posthumous Career of a Living Legend』(1996)가 나왔고 곧이어 학술대회에서 발표된 논문을 모아 버넌 채드윅Vernon Chadwick이 편집한 『엘비스를 찾아서: 음악, 예술, 인종, 종교In Search of Elvis: Music, Art, Race, Religion』(1997)와 도스의 1999년 책이 엘비스 연구서 목록에 합류했다. 이제 신학자, 사회학자, 민속학자가 엘비스 팬덤이 종교인지 아닌지를 논의하고 있었다. 즉, 10년 만에 상전벽해라고 할 만한 변화가 일어났다. 프리스의 선언이 나오고 나서, 민속인류학, 문화연구, 대중음악 연구, 그리고 미술학에서도 엘비스를 종교적 아이콘으로 탐구하고 설명하기 시작했다. 팬들이 아니라 학자들이 명명한 팬 '종교' 이론은 학계를 구성하고 있는 사회 집단의 불안을 반영하는 사회적 구성물이다. 도스가 팬덤을 객관적이고 중립적으로 분석하는 대신 종교라는 개념을 사용한 것은 그것이 부르주아 문화의 대표자로서의 그녀의 관심에 잘 들어맞기 때문이었다. "나는 중간 계급이고 고등 교육을 받았으며 나만의 견해가 확고한 대학교수다. 더 중요한 것은 나는 엘비스 팬이 아니라는 점이다. 팬들과의 대화에서 그들이 내게 '당신은 누구이며 직업이 무엇이냐'고 물었을 때 나는 그렇게 대답했다"(Frith, 1999: 26). 재현 수단에 접근할 수 있는 덕분에 이런 연구자들은 권위자로 행세할 수 있었으며, 계속해서 [옮긴이: 팬덤을 종교에] 비유함으로써 종교성이라는 개념도 존속시킬 수 있었다. 그리고 나서 그들은 자신들의 사회문화적 의제의 목록을 채우기 위해 엘비스 팬덤을 '컬트'로 해석한다.

종교성이라는 개념이 널리 확산되면서 그것은 하나의 가정이자 구조틀이 되어 팬들이 실제로 말한 내용에 대한 학계의 해석을 주도했다. 일단 종교성의 은유가 받아들여지고 나면 다른 사람들도 고백의 형태로든 저항의 형태로든 사실상 이 은유를 통해서 말할 수밖에 없게 된다. 종교성의 비유가 더욱 확고하게 자리를 잡게 되자, 종교성과 팬덤을 비교하는 것이 연구의 주요 가정이

되어버렸다. 자신의 경험에 종교적인 특징이 없다고 부인한 팬은 그들의 말을 믿지 않는 사람들의 눈에는 지적 능력이 부족하거나 거짓말을 하고 있는 것으로 해석되었다. 테드 해리슨Ted Harrison 같은 연구자는 팬들이 한 말을 무시했다. 그는 사람들이 왜 (자신이 엘비스의 팬임을) 숨기려고 하는지 그 이유를 알아내려고 했다. 팬들이 엘비스에게 기도한 적이 있는지 물은 후, 해리슨은 "어떤 사람들은 그렇다고 인정했지만 어떤 사람들은 인정하지 않았다"라고 말했다 (Harrison, 1992: 67). 이어서 그는 다음과 같이 덧붙였다.

> 사실 많은 엘비스 팬에게 그들의 영웅을 컬트 종교적 형상으로 바꾸어버린 것이 아니냐고 말하면 그렇지 않다고 강력히 부인한다. 프로테스탄트로서 아마도 스스로의 마음이 불편할 것이고, 팝 스타를 '신성화'했다고 하면 원치 않는 웃음거리가 될 것임을 알고 있는 것이다. 팬들은 로큰롤 가수에 대한 헌신을 사람들이 비웃는 것에 대해 매우 민감하다. 그럼에도 팬들은 때때로 '커밍아웃'을 한다 (Harrison, 1992: 75).

해리슨은 대중 작가지만, 학자들도 비슷한 논리로 비슷한 결론에 도달했다. 도스는 "그토록 종교와 유사한 것을 두고 신봉자들이 그 종교성을 부인한다는 것은 무엇을 의미하는가?"라고 물었다(Doss, 1993: 73). 이는 팬들이 융통성이 없으며, 자신들이 궁지에 빠져 있음을 알지 못하고, 위선적이며 (자신이 팬임을) 부끄럽게 여긴다고 볼 수도 있음을 의미했다. 팬이 인터뷰에서 정직하고 솔직하게 이야기하지 않는다고 보는 것은 팬들이 자신의 경험을 있는 그대로 설명하기에는 너무 (스타에게) 집착하고 있고 (자신이 팬임을) 부끄러워하고 있다고 가정하고 있기 때문이다. 사실상 종교 은유는 팬의 사회적 실천에 이의를 제기하는 데 이용되기도 한다(Jenkins, 2006: 19). 종교 은유는 팬들에게 중간 계층으로부터 취향이 없다는 비난을 받지 않으려면 자신의 감정적 확신을 드러내지 않고 제어해야 한다고 말한다. 또한 이러한 종교 은유 때문에 팬들은 팬덤을 종교와 연관 짓지 않는 학자들 앞에서도 자신의 견해를 말하지 않게 되었다.

이렇듯 종교 비유가 팬덤을 공격하는 데 사용되어 오긴 했지만, 종교에 대한 사회학적 접근 중에서 팬덤을 공감적으로 이해하는 데 가져다 쓸 수 있는 것이 있지 않을까? 놀랍게 들릴지 모르지만 나는 그런 것이 있다고 생각한다. 프랑스 사회학자인 뒤르켐은 1912년에 나온 고전적인 저서인 『종교적 삶의 기본 형태The Elementary Forms of the Religious Life』에서 토템totem 종교를 섬기는 호주 부족들의 사회 생태학을 연구했다. 뒤르켐에 따르면 이들 부족은 세속적인 것과 신성한 것이 근본적으로 구분되어 있다고 본다. 토템은 신성한 것의 본질(여기에는 전염성이 있다)을 구현하고 있는 물질적 대상(때로는 그것이 사람이기도 하다)이다. 각 토템은 사회 집단의 감정적 힘을 중재하는 기능을 한다. 뒤르켐의 설명에 따르면, 중재 과정에서 토템은 자신이 그 광경의 중심의 되어 전체 신도와 연결되어 있음을 깨닫게 되면서 에너지로 충만케 된다.

> 이런 식의 흔치 않은 힘의 과잉은 아주 생생하다. 그 힘은 그가 말을 걸고 있는 바로 그 집단으로부터 그에게 온다. 그의 연설에 의해 촉발된 느낌은 고양되고 증폭되어 다시 그에게 돌아오며 그의 느낌을 강화한다. 그가 불러일으키는 열정적 에너지는 그에게 다시 메아리쳐 와서 그의 생명력을 증가시킨다. 그는 더 이상 단순히 연설을 하고 있는 한 사람이 아니라, 집단의 화신이고 권화權化다 (Durkheim, 2008: 158).

이렇게 해서, 토템을 경배하기 위해 모인 부족 구성원들은 집단의 집합적 에너지를 자신들도 모르는 새에 토템에게 전달하며, 토템은 다시 개별 숭배자들에게 그 에너지를 되돌려 준다. 뒤르켐이 '열광'이라고 부르는 핵심적 순간에 감정적으로 고양된 군중 개개인은 개인적으로 토템과 연결되어 있음을 무의식 중에 인식하면서, 삶을 변화시키는 감전jolt of electricity을 경험한다. 그 에너지는 이번에는 개인의 힘과 자신감을 고양시킨다. 이런 식으로 그/그녀는 1차적이고 신비로운 수준에서 사회와 연결된다.

로젝 같은 학자들은 뒤르켐의 개념을 셀레브리티에 적용했다(Rojek, 2001:

56). 그러나 나는 다른 책에서 팬덤과 종교를 제멋대로 비교하거나 뒤르켐의 개념을 대중음악 연구에 통째로 적용하는 시도에 대해 경고한 바 있다. 뒤르켐의 작업은 신성한 것과 세속적인 것의 구분을 바탕으로 하고 있는데, 이러한 구분을 상업 음악이나 기타 대중문화 형식에 적용하는 것은 적절하지 않다. 또한 뒤르켐은 종교를 정의할 때 내세라는 형이상학적 개념을 사용하고 있는데, 이 역시 대중문화와는 관련이 없다. 그럼에도 뒤르켐의 이론이 말하고 있는 한 가지 메커니즘에는 좀 더 주목해볼 필요가 있는데, 사실상 셀레브리티는 토템과 유사하기 때문이다. 프라모드 네이어Pramod Nayar가 설명하듯이, "셀레브리티는 공중이 지켜보는 개인이나 사건이다"(Nayar, 2009: 4). 우리는 또한 사람들이 자신들의 우상을 만나면 짜릿한 흥분을 느낀다는 것도 알고 있다. 뒤르켐이 볼 때 "종교는 무엇보다도 개개인이 자신이 속한 사회 및 그 사회와 연결되는 모호하지만 친밀한 관계를 상상할 때 사용하는 개념들의 체계다"(Durkheim, 2008: 170). 자세히 살펴보면, 여기에는 두 가지 중요한 측면이 있다. 첫째, 사회적 전기social electricity는 개인들이 그것을 느낄 수 있을 때만 존재한다. 그러한 흥분을 불러일으키는 과정은 공유된 가정, 인식, 경험에 기반을 두고 있다. 사람들 사이에 문자 그대로 전기가 통하는 것은 아니지만, 거기에 참여한 사람들은 부인할 수 없는 강력한 화학작용을 느낀다. 둘째, 열광의 기제는 본질적으로 '생산적'이다. 그것은 집단에 대한 신도들의 헌신과 충성과 도덕성을 형성함으로써 그들의 정체성을 형성하는 데 기여한다. 서로에게 에너지를 부여하는 상호작용의 고리 속에서, '관여도가 높은 참가자들'은 (주목의 대상인) 사회적으로 높이 평가받는 사람이 자신들에게 보내는 주목의 몸짓에 흥분을 느끼며, 그렇기 때문에 이 상호작용은 고도로 생산적일 수 있다. 내가 여기서 '관여도가 높은 참가자들'이라고 말한 것은 모든 청중이 공연자와 강하게 연결되어 있다고 느끼지는 않기 때문이다.

뒤르켐의 개념을 사용하는 것은 사람들을 문화적 바보로 환원하려는 것이 아니라 반대로 확신에 찬 일부 청중이 경험하는 강렬한 감정을 설명하기 위한 것이다.[8] 페리스가 말하듯 "한 사람에게는 흥분되는 만남이 다른 사람에게는 일상적인 '셀레브리티 구경celebrity sighting'일 수도 있고, 또 다른 사람에게는 그 냥 별일 없이 슈퍼마켓에 장 보러 가는 일일 수도 있다(Duffet, 2001: 46). 미디어 ─ 가장 명백한 것이 음악 공연 산업이다 ─ 는 가수와 청중이 일상에서 만날 수 있도록 함으로써, 내가 전에 '상징 경제'라고 설명했던 방식으로 개인과 집단을 결합시킨다(Dufett, 2009를 참조하라). 뒤르켐을 사용해서 공연의 정동적 차원에 좀 더 초점을 맞추면, 우리는 그 과정이 세 단계로 이루어지는 것을 알 수 있다 (실제로 이 과정은 동시에 일어난다). 먼저, 한 곳에 모여 있는 군중은 힘을 갖는다. 둘째, 가수는 청중의 지지를 받을 때 가슴 깊은 곳에서 행복감을 느낀다. 셋째, 각 개별 팬은 가수가 (그들을) 주목할 때 짜릿한 흥분을 느낀다.

처음 두 단계를 다루기 위해서 나는 1970년대 초반 미국에서 출현한 아레나 록*을 분석했던 스티브 왁스먼Steve Waksman의 작업을 출발점으로 삼으려 한 다(Waksman, 2007). 왁스먼에 따르면 오랫동안 아티스트들의 지위는 음반 판매량으로 결정되었다. 그러나 시아 스타디움에서 열린 비틀스의 1965년 공연 과 1960년대의 반문화 페스티벌에서는 청중의 규모가 집합적 힘이나 자유에 대한 감각과 동일한 것으로 여겨졌다. 왁스먼은 하드록 밴드인 그랜드 펑크 레일로드Grand Funk Railroad가 어떻게 팬의 규모만 중시하는 언어를 끌어들여 아레나 록 투어의 선구자가 되었는지 살펴보았다. 그룹 매니저인 테리 나이트Terry Knight는 "누구든 한 번에 5만 5000명을 끌어들일 수 있으면, 그는 어떤 힘을 가진 거죠"라고 말했다(Waksman, 2007: 161). 아레나 록이라는 관념이 역사적으로 어떻게 발전했든지 간에 나이트의 진술에 내재된 가정은 공허한 수사가 아니다. 오늘날 음악 청중은 그러한 가정을 공유하고 있다. 음악이 공동체에 대한 감각을 창조한다는 생각은 널리 받아들여지고 있다. 프리스의 말처럼 "라이브 음악 공연은…… 음악적 헌신에 대한 공개적인 경축이며, 우리 스스로에 대한 이해가 음악을 통해 사회적으로 인정받는 매우 유쾌한 이벤트다"(Frith,

---

* '아레나 록'은 1970년대 이후 공연장을 중심으로 화려하게 연출된 라이브 공연을 말한다.

2007: 14). 그래서 우리 사회에서 대중음악은 가수와 음악을 듣는 개인 간에 존재하는 유쾌한 인기의 불평등을 수반한다.

우리는 음악 공연이 언제나 청중을 상정하고 있다고 ― 미디어를 통해 관람하는 시청자든 직접 얼굴을 마주한 군중이든 ― 배웠다.[9] 우리는 또한 음악가의 성공이 청중의 승인에 달려 있다고 배웠다. 성공적인 음악 공연은 (공연자와 청중이) 서로에게 사회적 힘을 부여하는 수단이다. 카리스마 넘치는 연주자는 능동적으로 청중을 하나로 끌어모으는 능력을 가지고 있다. 한 저널리스트는 최근 [옮긴이: 음악 주간지인] ≪뉴 뮤지컬 익스프레스NME≫에 쓴 글에서 펑크록 분야의 베테랑인 이기 팝Iggy Pop을 묘사하면서, "로큰롤 콘서트를 단순한 스펙터클에서 단단한 족쇄를 깨는 집합적 경험으로 바꿔놓았다는 점에서 그는 진정한 궁극의 리더"라고 설명했다(McKay et al., 2011: 13). 사실 대중음악은 사람들이 모여 있는 공적인 장소에서(그곳은 가수들이 개인적 감정을 표현하는 곳이다) 친밀감을 표현하는 사랑 이야기를 하기 때문에, 로버트 치알디니Robert Cialdini가 말한 '사회적 검증social proof*(Cialdini, 2001)을 공고히 하고 증가시키는 데 특히 유용한 수단이 될 수 있다. 자신감 넘치는 가수들은 자신들이 그 이벤트의 중심으로 선택되었다는 사실을 알며 그러한 위치가 주는 권력을 즐긴다. 톰 존스Tom Jones는 무대에서 노래하는 경험을 "그것은 다른 데서는 얻을 수 없는 황홀한 상태예요. 당신이 무대 위에 있고, 밴드와 사람들, 그건 정말이지, 그곳이 아닌 다른 장소에 있는 것 같아요"[10]라고 설명했다. 여기서 중요한 것은 존스가 묘사하고 있는 흥분이 아니라, 그것을 그의 팬도 느끼고 있다는 점이다. 데이비드 보위 팬에 관한 스티븐슨의 연구에서도 "많은 남성 팬이 스트레스나 감정적 혼란을 겪는 시기에 보위의 음악에서 도움을 받았다"라고 말했다(Stevenson, 2009: 84). 그런 반응은 예전이라면 음악의 마력이나 심리적 결핍의 결과로 이해되었겠지만, 뒤르켐의 이론에 주목하면 음악은 ― 이 점에서는 영화도 마찬가지다 ―

---

* '사회적 검증'이란 사람들이 주어진 상황에서 올바른 행동을 하기 위해 주변의 다른 사람들의 행동을 모방하는 심리 현상을 말한다.

스타들이 자신의 개인적 매력과 대중적 인기를 모두 보여줌으로써 팬을 감동시킬 수 있음을 알 수 있다.

자신이 경험한 흥분에 대해 편지를 쓰는 식으로, 팬 쪽에서 먼저 커뮤니케이션을 시작하기도 한다. 버모렐이 편집한 『스타러스트Starlust』에 실린 글에서 한 팬은 이렇게 썼다. "내가 여기 있다. 지구상의 작은 한 점에 불과한 내가, 데이비드 보위와 실제로 이야기를 하고 있다고 상상하면서 홀로 앉아 있다.(Vermorel, 1985/2011: 157)" 이렇게 이상할 정도로 친숙한 교류는 팬이 흥분을 느끼는 순간 보위 같은 사회적으로 영향력 있는 가수나 밴드와 보통 사람 간의 권력관계가 일시적으로 극복된다는 점을 보여줌으로써, 뒤르켐의 이론이 옳다는 것을 입증해준다. 헤르티츠 교수는 "스타의 아우라는 미디어 자체의 미학 속에서 발견되는 것이 아니다"라고 말함으로써 이러한 주장에 동조했다. 스타의 아우라는 우리가 집단으로서 그 가수나 밴드를 끌어안는 데서 나온다. 그러한 끌어안음의 과정이 반복되면서 셀레브리티의 상상된 세계는 멀리 떨어진 세계가 주는 매력을 지니게 된다. 쿨드리는 이를 다음과 같이 설명했다.

'미디어 세계'가 '일반인의 삶'에 비해 어느 정도 더 낫고 더 강렬하며, '미디어 피플'은 어느 정도 특별하다는 것이 '상식'이다. 이는 사실이나 문화적 보편 명제에 기반을 둔 것이라기보다는, 궁극적으로는 상징적 권력에 집중한 결과로 만들어진 일종의 무의식이다. 미디어 영역 자체는 시청자들이 살아가고 있는 세계와 다르지 않다. 미디어 세계는 그것이 매개하고 있는 현실 세계의 일부다. 그러나 '미디어 세계'와 '일반인의 세계'라는 용어를 만들고 그 서열구조를 당연한 것으로 여기게 함으로써 사회 세계에서의 이러한 구분은 정당한 것으로 재생산된다 (Couldry, 2007a: 353).

[옮긴이: 여기서 쿨드리가 지적하듯이] 스타들이 단순히 특권적인 '미디어 세계'에서 나온다고 생각하는 것은 위험하다. 미디어 세계는 그저 별처럼 빛나는 셀레브리티들의 집합을 나타낼 뿐이기 때문이다. 스타는 대중적인 미디어 생산

물을 창조하고 이끌어나갈 자격이 있다고 여겨지는 공연자들의 총합이다. 전자적 매개의 수용자는 '실제' 수용자(통계적 집단)이자 우리가 상상한 수용자(다른 사적인 시청자나 청취자의 총합인 '상상된 공동체imagined community')다. 하지만 어떤 셀레브리티가 뒤르켐적 의미에서 성공할 수 있느냐는 이들 수용자들의 '승인'에 달려 있다. 끝으로 만약 그러한 가수나 밴드가 우리 개개인에게 감동을 준다면, 우리는 그저 그가 얼마나 유명한지를 생각하는 것만으로 그와 개인적으로 연결되어 있다는 (생각에) 전율할 수 있다.

팬이 되는 과정의 신비

개인의 팬덤이 어떻게 시작되는지를 다룬 연구는 매우 적다. 많은 학자에게 '팬'은 누군가가 거기에 속하거나 속하지 않는 일종의 소비자 범주이기 때문이다. …… 그런 연구에는 '팬이 되는 과정(becoming a fan)'이 없으며, '팬 존재(being a fan)'는 그저 수용자 참여의 한 형태이거나, 산업화나 대중오락의 부상 같은 그보다 큰 역사적 맥락의 일부일 뿐이다.

Cavicchi, 1998: 41

어떤 사람이 팬이라는be 것은 어떤 시점에 그가 팬이 '되었다become'는 것을 의미한다. 이 특별한 현상을 연구한 학자는 매우 적은데 단지 자료 부족이 이유는 아니다. 팬들은 자신의 삶에서 [옮긴이: 특정 대상에] 관심을 갖게 되면서 '모든 것이 바뀐' 자서전적 전환점을 기준으로 삶의 시기를 구분하곤 한다. 어떻게 처음에 팬이 되었는지는 자주 중요한 개인적 기억이 되며, 그 기억에 대해 사람들과 함께 회상하기도 하고 토론하기도 한다. 통상 팬들이 ― 오프라인으로든 온라인으로든 ― 서로를 알게 될 때 가장 먼저 나누는 이야기는 자신이 어떻게 '팬이 되었는가'에 관한 것이다. 이러한 이야기들을 통해 각 개인은 자신의 팬덤을 개인사의 하나의 전환점으로 규정한다. 사람들은 자신이 어떻게 팬이 되었는지 이야기를 나누고 서로의 역사를 비교하고 대조하면서 정체성을 확인한다. 팬이 되는 과정에서 개인의 주관적이고 내면적인 자아와 사회적 역할이 모두 변한다. 개인의 서사는 그러한 두 측면을 매끄럽게 봉합한다.

각 개인이 왜 팬이 되며 구체적으로 어떻게 팬이 되었는지 이해하는 데 관심이 있는 학자는 연구 문제의 광산을 앞에 두고 있는 셈이다. 처음부터 팬이 되려고 의식적으로 계획을 세우는 사람은 없다. 그것은 이성적 기획에 의해 달성되는 과정이 아니다. 개인은 그 일이 발생하기 전에는(즉, 팬이 되기 전에는) 그 과정을 잘 알아차리지 못한다. 즉, 팬이 되는 것은 자신의 전기biography라는 고속도로에서 운전을 하며 가다가 거대한 도로 표지판을 보게 되는 것과 같다. 그 표지판을 보기 전과 보고 난 후 당신의 관점은 근본적으로 변화하며, 여행의 어느 지점에 있느냐에 따라 당신은 그 경험을 다르게 보고할 것이다. 이는 우리가 '팬 되기' 서사를 경험의 기록으로 다룰 때 매우 조심해야 함을 의미한다. 어떤 공연이나 사건을 계기로 한꺼번에 수많은 팬이 생기기도 하지만, 그 과정을 개인이 예측하거나 미리 준비하거나 연출할 수는 없다. 문화에 따라, 그리고 대상에 따라 팬덤이 출현하는 방식은 매우 다르다. 전통적인 관점에 따르면 대중문화는 모든 사람이 직접 접근할 수 있다는 점에서 고급문화와 다르며 그렇기 때문에 교양을 쌓거나 훈련을 받는 과정을 거칠 필요가 없다. 그러나 관심의 대상에 따라 그 핵심적인 순간의 이전이나 이후에 어느 정도 직접적인 사회적 멘토링이 이루어지는 경우도 있다. 연속극 같은 미디어 장르의 캐릭터와 플롯을 이해하기 위해서는 사실상 그 연속극을 꾸준히 시청해야 한다. 이런 경우 기존의 팬들이 멘토이자 안내자가 되어 교육을 해주고, 이러한 교육은 중요한 에피소드를 이해하는 데 드는 시간을 줄여준다. 해링턴과 비엘비가 설명하듯이, 어떻게 팬이 되었는가에 관한 이야기는 개인이 변해가는 점진적 여정을 포함하고 있으며 때로는 다른 사람들과의 관계와 연결되어 있기도 하다.

대부분의 (연속극) 시청자들은 진행되는 서사를 이해하기 위해 좀 더 경험 있는 시청자들의 도움을 받으며, 연속극의 정기적인 시청자가 되려면 처음에 겪는 혼란을 극복할 수 있는 인내심을 가져야 한다. 대부분의 사람들은 자신들을 연속극에 입문시켜 준 사람이 누구이고 몇 살 때 처음 연속극을 보기 시작했는지 분명하게 기억할 수 있다. …… 우리 연구에 참여한 사람들 대부분은 비슷한 관심사를 지닌 사람들로 둘러싸인 우호적인 분위기에서 연속극을 보기 시작했다고 응답했다(Harrington & Bielby, 1995: 87~88, 89).

개인이 팬이 된다고 해서 이들의 정체성이 반드시 변형되는 것은 아닌데, 그 이유는 사실상 팬들은 자신이 이전에 가졌던 정체성의 어떤 측면도 버리지 않기 때문이다. 그 대신 그들은 자기 정체성의 가능성에 새로운 관점이 열리는 것을 보게 된다. 개인은 자신의 정체성을 바라보는 방식을 바꾼다. 어떤 식으로든 (팬으로서 자신의 정체성을) 사회적으로 공표하기에 앞서 개인의 내부에서 먼저 이런 정동의 변화와 자기 인식이 생겨야 한다. 정서적 연결의 전율을 겪은 후 — 그리고 더 중요하게는 그러한 경험을 했다는 사실을 인식한 후 — 개인의 팬덤이 출현하는 데 진정으로 결정적인 순간, 바로 자신의 팬덤을 인정하는 순간이 찾아온다("내가 팬이라는 걸 깨달았어요"). 그러나 개인의 팬덤이 출현하는 과정이 점진적이거나 오랜 시간이 걸리는 경험인 경우도 있다. 사실 카비치는 '팬 되기' 서사를 윌리엄 제임스William James가 말한 두 종류의 종교적 개종에 비유한다. 그것은 '스스로를 내려놓고'(고뇌에 빠져 있던 인간은 투쟁을 포기하고 개종한다) '의지적 결단'(새로운 습관으로 점차 옮겨가는 과정)을 내리는 순간이다(James, 1998: 43). 분명한 깨달음의 순간 없이 자신의 변화를 나중에야 알아채는 팬들도 있다. "사실 〈닥터 후〉를 '발견'한 기억은 없어요. 제가 기억하는 한 그건 그냥 언제나 내 삶의 일부였어요"(McGuire, 2010: 118). 내면의 변화가 일어나고 나서, 자신이 팬이 되었음을 알게 되고 팬임을 밖으로 드러내는 순간이 오며, 사람들은 이제 이전의 공연을 찾아서 보거나 들으며 자신과 취향이 비슷한 팬들과 교류하기 시작한다.

베이컨-스미스(Bacon-Smith, 1992)는 팬들이 자신이 팬임을 인정하고 나서 방송 보기, 쇼 녹화하기, 그리고 팬진과 팬픽에 대해 알아가기와 같은 다양한 수준의 입문 과정을 어떻게 거치는지 살펴보았다. 이때 미디어 플레이백 기술은 자료에 쉽게 접근하는 데 필수적이다. 자신이 관심을 갖는 쇼가 (시리즈로) 계속 제작되고 있거나 팬 공동체가 지속적으로 활동하는 경우에는 팬덤을 유지하기가 더 쉽다.

> 제가 〈닥터 후〉 팬덤에만 속한 것은 아니었어요. 〈스타트렉〉은 드라마와 영화 모두 좋아했고요, 〈스타워즈〉, 〈미녀 첩보원Scarecrow and Mrs King〉, 〈맥가이버 MacGuyver〉, 〈블레이크 7Blakes 7〉, 〈레밍턴 스틸Remington Steele〉, 〈어벤저스〉, 〈사파이어와 스틸Sapphire & Steel〉, 〈비밀요원 애덜리Adderly〉, 〈셔우드의 로빈 Robin of Sherwood〉, 〈미녀와 야수〉, 〈전함 바비론〉, 〈스타게이트 SG-1Stargate SG-1〉, 그리고 다른 것들도 있었어요. 그런 팬덤 가운데 다수는 쇼가 종영되면 곧 사라졌어요. 어떤 팬덤은 한동안 유지되다가 팬들이 옮겨가기도 하고요. 제가 계속 〈닥터 후〉 팬이었던 것은 프로그램이 종영된 후에도 팬덤이 지속되었기 때문이에요. 인터넷 덕분에 취향이 비슷한 팬들을 찾아서 스토리와 주제를 토론할 수 있었거든요. …… 시간이 지나면서 제가 〈닥터 후〉 팬 집회에 참석하는 것은 어떤 배우나 스타가 거기 오기 때문이 아니라(스타들 얘기는 이미 거의 다 들어서 알고 있었으니까요), 그때가 1년에 한 번밖에 못 보는 친구들을 만날 수 있는 기회이기 때문이었어요(Sullivan, 2010: 130).

인터넷 시대에는 어떤 대상에 흥미를 느끼는 잠재적 팬이라면 미디어 융합을 이용해서 어떤 현상과 자신만의 접점을 창조할 수 있다(Jenkins, 2008: 57). 그러나 배급 기술에 접근할 수 있거나 문화 자료에 노출된다고 해서 개인 팬덤이 출현하는 것은 아니다. 이러한 것들은 사실상 팬덤의 출현을 도와주는 역할을 할 뿐이다. (팬덤의) 필요조건이지 충분조건은 아닌 것이다.

개인 팬덤은 잠재적 팬이 텍스트에서 자신이 좋아하는 것들을 발견해가면서 정체성을 조정해가는 과정이라고 할 수 있다. 이러한 조정 과정에는 쾌락의 인정, 창조성의 이해, 태도에 대한 평가 등이 포함될 수 있다. 전통적으로 이러한 요소들은 중독 은유를 빌려서 '후크hook'라고 불렸다. 해링턴과 비엘비는 팬이 연속극 시청에 유입되는 지점이 다양하다는 사실을 발견했다.

시청자들은 통상 다른 사람을 통해 연속극에 입문하지만 연속극에서 그 시청자를 끌어들이는 후크는 배우, 캐릭터, 글쓰기, 스토리라인, 복장, 기타 특징 등으로 사람마다 다르다(Whetmore & Kielwasser, 1983: 111). 좋아하는 배우, 작가, 감독의 쇼를 찾아다니며 보는 사람도 있고, 특정 쇼와 거기 나오는 익숙한 캐릭터의 세계에 충성하는 사람도 있다. 후크가 사람마다 다르다는 점은 중요한데, 왜냐하면 그것이 시청자들을 차별화하는 핵심 요소이기 때문이다. 예를 들어 연기력을 따지는 팬은 '스토리에 매달리는' 팬을 보고 좌절하며, 프로그램에 나오는 허구의 도시인 제노아 시티, 코린트, 란뷰, 베이 시티의 공동체 전체에 충실한 사람들은 프로그램을 제 맘대로 골라 보거나 빠뜨리는 사람들을 보고 경악한다 (Harrington & Bielby, 1995: 89).

공연을 보러온 개인이 처음에는 공연에 대해 저항감을 가질 수 있지만, 카비치가 설명하듯이 "이렇게 무관심하거나 부정적인 태도는 다음 순간 급격히 바뀐다. 어떤 사람은 라디오로 노래를 듣거나, 책을 한 줄 읽거나 스프링스틴의 콘서트에 끌려갔다가 그냥 '꽃힌다hooked'". 그러한 변화는 일종의 강림epiphany으로, 흔히 신비롭고 설명할 수 없는 어떤 것으로 묘사된다(Cavicchi, 1998: 43). 후크는 서로 다른 정체성을 지닌 사람들이 동일한 현상을 추종하도록 해준다는 점에서 중요하다. 예를 들어 스타에게는 청각 장애인 팬이나 시각 장애인 팬도 있는데, 이들은 공연을 즐기는 방식이 서로 다르다. 행위action 또한 팬의 헌신을 강화시키기 때문에 후크가 될 수 있다. 라이브 공연을 쫓아다니는 한 팬은 카비치에게 이렇게 설명했다(Cavicchi, 1998). "나는 누군가가 나에게 그런 힘을 갖는다는 걸 믿을 수가 없어요(웃음). 그는 내가 의자 위에 올라서서 '구바, 구바, 구바goobah, goobah, goobah'* 하고 외치며 노래를 따라 부르게 만들었다니까요. (웃음) 내가 그랬다고요!"(Cavicchi, 1998: 90). 청중의 행위도 후크가 될 수 있다고 말하는 것은 그러한 행위가 다양하며 팬덤의 직접적인 원인은 아님을 의미한다. 후크에 대해 모든 사람이 똑같은 반응을 보이는 것은 아니다. 가수 개인이 아니라 공연 때문에 팬이 되는 사람도 있다. "스프링스틴과 개인적 관계를 맺는다는 것은 가수인 스프링스틴에게 깊은 감동을 받았다는 것을 의미한다. '팬 되기'에 대한 이야기를 들어보면 팬은 스프링스틴 개인에게 감동하는 것이 아니라 그의 공연에 감동한다"(Cavicchi, 1998: 55). 이 사실은 팬들이 스타, 또는 같은 맥락에서 작가와 사랑에 빠지는 것이 아니라, 스타나 작가 개인이 팬들에게 제공해줄 수 있는 즐거움이나 가능성과 사랑에 빠진다는 것을 보여주기 때문에 특히 흥미롭다. 헌신적인 팬들은 다른 청중에 비해 감정적 관여가 더 깊을 수밖에 없기 때문에, 자신이 아주 좋아하는 가수나 밴드라 하더라도 공연이 수준에 미치지 못하는 경우에는 목소리를 높이며, 역설적이게도 어려운 시기일수록 더 큰 기쁨을 소망한다. 팬들의 관심이 영원히 보장되는 것은 아니어서, 영웅이 어떤 식으로 그 관계를 저버리면 비난받고 버림받기도 한다. 예를 들어 2001년에 리키 마틴Ricky Martin이 조지 W. 부시George W. Bush의 대통령 취임식 무도회에서 노래를 부르는 사진이 온라인으로 퍼지자 많은 히스패닉 팬이 그에게 실망했다.

사람들이 팬이 되는 과정에서 후크와 관련해 흥미로운 점은 팬들이 어떤 공연을 여러 해 동안 잘 알고 있다가 나중에 가서야 자신들을 끌어당긴 후크가 무엇이었는지 깨닫는 경우도 있다는 것이다. 카비치는 브루스 스프링스틴의 팬과 결혼했는데, 그는 결혼 전부터 보스Boss[옮긴이: 브루스 스프링스틴의 별명]의 음악을 오랫동안 알고 있었지만 "결혼하고 난 다음에 진정한 팬이 되었다"라고 설명했다. 그는 (1987년에 발매된 ≪사랑의 터널Tunnel of Love≫ 앨범에서) B면에 실린, '럭키 맨'이라고도 불린 「Brilliant Disguise」라는 곡을 반복해서 들었던 것이 스프링스틴에 대한 자신의 팬덤의 출발이었음을 깨달았다(Cavicchi,

---

* '구바'는 디즈니 애니메이션 캐릭터 '구피(Goofy)'처럼 어수룩하고 엉뚱한 사람을 친근하게 일컫는 속어다.

1998: 51).

이 과정에 참여하는 것이 방법론적으로 어렵기 때문에, 사람들이 어떻게 팬이 되는가라는 주제에 연구자들이 거리를 둔 것은 놀라운 일이 아니다. 팬 되기 과정을 연구한 경우에도 그 과정에서 '개인의 행위성'의 역할에 초점을 맞추곤 했다. 팬이 되는 과정을 탐구하는 한 가지 방법은 이론적으로는 집합적 요소와 개인적 요소를 구분하는 데서 시작하되, 실제로는 그 둘이 언제나 같이 벌어진다는 사실을 인정하는 것이다. 취향에 관한 부르디외의 작업에 따르면 우리가 주목해야 할 첫 번째 사회적 요소는 특정 대상에 대한 승인과 선택이 공동의 취향 구조 안에서 이루어진다는 점이다. 팬 정체성은 개인적인 관심에서 시작하지만 그것은 주변 사회적 환경에 따라 성장할 수도 있고 시들해질 수도 있다.

> 팬덤은 적대적인 환경에서는 번성하기 어렵다. 팬덤의 열정과 집착은 (그 대상이) 문화적 가치와 정당성을 갖고 있다는 구체적 인식과 연결되어야 한다. 비록 팬 하위문화라는 '상상된 공동체'가 아니라 집이나 소규모 친구들의 동아리 같은 곳에서라도 그렇다(Hills, 2002a: 78).

즉, 이론상 우리가 여러 대상에 문화적 열정을 가질 수 있지만 ─ 보이밴드에서 연속극, 호러영화, 발레에 이르기까지 어떤 것에도 관심을 가질 수 있다 ─ 전통적으로 사회에서 권장되는 것이 있으며, 부르디외에 따르면 그것은 우리가 놓인 사회 환경 및 국적, 종족, 연령, 젠더, 장애 유무, 계급과 하위문화 같은 정체성에 영향을 받는다. 이는 사회적으로 승인받은 고상한 대상이 매번 선택된다는 의미는 아니다. 사람들이 그러한 대상을 접할 가능성이 더 높고 그것들을 선택할 때 더 마음이 편하다는 것이다. 더구나 개인의 사적인 팬덤이 언제까지나 지속되는 것도 아니다.

나는 〈닥터 후〉 팬덤에서 빠져나왔는데, 당시 10대였던 내가 보기에 이 소모적인 열정을 계속해나가다가는 100만 년이 지나도 여자 친구를 사귈 가능성이 없다는 생각이 들었기 때문이었다. 그 생각이 사실이든 아니든 이러한 결정이 내게 그럴듯하게 여겨졌다는 점은 미디어 팬덤이 '실패한' 남성성 내지는 부적절한 남성성과 연결되는(또는 연결되었던) 문화적 가치 체계의 한 측면이 작동하고 있음을 보여준다. 이런 측면을 알고 있었기에, 나는 내 팬덤을 단순히 계속 추구할 수 없었다. 팬덤 때문에 남성성에 대한 내 감각이 직접 도전받은 기억은 없지만 와이즈처럼 나도 팬덤을 거부해야 한다는 압력을 느꼈다(Hills, 2002a: 85).

힐스는 자신이 〈닥터 후〉 팬덤을 끝낸 ― 좀 더 정확하게 말하자면 일시적으로 중단한 ― 이유가 〈닥터 후〉 팬덤의 세계를 남성답지 못한 것으로 보는 사회적 압력 때문이었다고 말한다. 또한 이 경우 팬 애착은 생애 주기와도 연결되어 있다. 같은 책에서 힐스는 자신이 공포영화 팬덤을 택한 것은 이를 통해 좀 더 성숙한 사춘기 남성성을 표현할 수 있었기 때문이라고 설명한다. 그의 설명은 비판적이고 분석적이며, 그리고 필연적으로 회고적이다. 또한 팬덤의 경험이 일종의 타고난 충동이나 자기 발견의 순간으로 시작하지만, 젠더 이상형이나 적절한 취향에 관련된 압력을 겪으면서 끝나기도 한다는 점은 흥미롭다. 하지만 '숨은 팬덤closet fandom'이 있는 데서 볼 수 있듯이, 항상 그런 것은 아니며 팬덤을 공개함으로써 사회적으로 추방당할 가능성이 있을 때는 단순히 자신의 열정을 감춘 채 팬덤을 이어가는 사람들도 있다.

우리가 특별한 대상을 선택하도록 이끄는 사회적 힘이 있다는 주장은 개인이 자신의 사회적 정체성과 관련해서 이상하거나 형편없는 선택을 하는 경우도 있다는 반론에 부딪히기도 한다. 더구나 어떤 사건이 발생했을 때 그 사건이 특정 팬층을 증가시킬지 감소시킬지 대략적으로 예측할 수 있다. (예컨대) 상상된 우정은 팬 애착의 중요한 요소라고 할 수 있는데, 이는 스타의 죽음에 큰 영향을 받는다. "나는 엘비스의 죽음이 나에게 깊은 영향을 미치는 것에 놀랐어요. 떠오르는 기억은 섹스나 로맨스와는 아무런 관련이 없는 것들이었어요. 나를 사로잡은 느낌과 기억은 사랑하는 친구에 대한 따뜻함과 애정이었어요"(Wise, 1990: 337). 이먼 왕Yiman Wang은 2003년에 사망한 가수이자 영화 스타였던 장국영의 팬들을 연구했다(Wang, 2007). 어떤 장국영 팬이 소셜네트워크 사이트인 '라이브저널LiveJournal'에 올렸듯이, "셀레브리티가 죽었다고 슬프다고 하면 내가 미친 사람처럼 보일지 모르겠지만, …… 1980년대에 홍콩에서 자란 사람 대부분은 어떤 식으로든 장국영을 알고 있었다". 왕은 장국영의 인기를 다이애나 비의 인기에 비유하며, "'사후 팬덤posthumous fandom'이라는 용어는 장국영이 죽은 뒤에 그의 카리스마가 증가했음을 강조하기 위한 것이다. 셀레브리티였다가 고인이 된 우상 장국영은 영적인 차원을 획득했다"라고 설명했다(Wang, 2007: 327). 아마도 상실을 깨닫고, 관련 뉴스가 증가하고, 동정심이 드는 등 여러 요인이 결합되면서 스타가 죽는 시점은 팬층이 상당히 확장되는 순간이 되곤 한다. 대부분의 사람이 그 스타를 이미 어느 정도는 알고 있기 때문에 그의 공연이나 영화를 되풀이해서 보았다는 것만으로는 이러한 사후 팬덤 현상을 설명할 수 없다. 그러나 한 인간인 스타의 죽음은 우리가 그들에 대해 알고 있던 내용을 변화시키며 우리의 느낌에 질적 차이를 만든다(즉, 정동의 전환). 그렇다면 이제 이어질 질문은 왜 한 스타의 죽음이 '모든 사람'을 팬으로 만들지는 않는가가 된다. 카비치는 "현장 연구를 하면서, 이를테면 콘서트장에서 또는 같이 모여서 음악을 듣다가 사람들이 한꺼번에 팬이 되었다는 이야기는 들어본 적이 없다. 사실 그렇게 대중 수용자의 획일성을 보여주는 사건이 발생한다면 많은 팬이 눈살을 찌푸릴 것"이라고 말한다(Cavicchi, 1998: 53). 그러므로 어떤 사건이 계기가 되어 수많은 사람이 팬이 되기도 하지만, 우리는 여전히 개인 팬덤에는 사적인 차원이 중요하다고 결론을 내려야 한다. 혼자서 팬으로 개종하는 경우도 있고, 동료 신참자들과 함께 개종하는 경우도 있지만 각각의 개종은 개인적이고 사적인 사건으로 경험된다.

팬은 다른 사람들과 마찬가지로 의식적이고 합리적으로 자기 검토를 할 수 있는 능력을 갖고 있지만, 자신들이 어떻게 팬이 되었는가를 이야기할 때는 어떻게 그리고 왜 그러한 과정이 일어났는지 정확하게 설명하지 못한다. 어떤 것이 후크였는지 찾아볼 수 있겠지만, 마치 후크가 우리를 찾아낸 것처럼 느껴진다. 이를 테면 보위의 한 남성 팬은 스티븐슨에게 "내가 그를 찾아내도록 정해져 있는 것 같았어요"라고 말했다(Stevenson, 2009: 91). 힐스의 말처럼 "팬은 자신들이 어떻게 '팬이 되었는가'를 이야기할 때 행위성을 주장하지 않지만, 팬이되고 난 이후 팬 정체성을 '수행'할 때는 행위성을 주장한다"(Hills, 2002a: 159). 유사한 예로 주디스 버틀러Judith Butler의 젠더 연구를 들 수 있다(Butler, 1990/1999). 그녀는 본질주의를 반박하면서, 젠더가 타고난 정체성처럼 느껴지지만 그것은 하나의 '사회적 수행'이라고 주장했다. 젠더 정체성이 사회적 수행이라는 버틀러의 이러한 주장은 의지주의적 의미(즉, 우리가 남성성이나 여성성을 선택한다는 의미)가 아니라, 어린이는 자라면서 언어와 기대에 응답하고, 다른 사람들을 모방함으로써 성인이 된다는 것이다. 그러므로 젠더는 제스처와 유사한 것으로 볼 수 있다. 즉, 그것은 '기원 없는 수행'이다. 팬덤은 1차적으로 각 개인이 추구하는 소비주의적 자유 의지의 행사로 옹호되지만, 버틀러가 말하는 젠더처럼 기원-없는-여정iteration-without-origin으로 보이기도 한다(Hills, 2002a: 158~159). 이는 팬덤이 단순히 개인이 대중문화와 관계를 맺는 과정의 결과가 아님을 의미한다. 그것은 무엇보다도 팬덤 자체가 하나의 역할이며, 미디어에 대해 무의식적으로 학습된 성향임을 전제하고 있는데, 결국 이러한 관점에서 보면 우리는 다시 전염의 문제로 돌아가게 된다. 그러나 전염이라는 개념을 일축해버리기 전에, 우리는 '팬덤 없이 팬이 될 수 있는가?'라는 질문을 해야 한다. 이 질문이 이상해 보이지만, 팬덤 없이도 팬이 될 수 있다면 팬덤은 심층의 의식 상태라고 할 수 있을 것이다. 나는 여기서 '실존적인' 상태라는 표현을 사용하지 않으려고 주의하고 있는데, 그 이유는 — 때로 이런 방식으로 느끼거나 그렇다고 말하는 팬들이 있긴 하지만 — 사람이 팬이 되어야 하는 내재적인 필요가 있다고 (또는 어느 시대 어느 시기이든 팬은 존재했다고) 생각하지 않으며, 팬덤이 내재적이고 영적이거나 형이상학적인 것(열반의 상태에 도달하는 것 같은)이라고도 생각하지 않기 때문이다. 오히려 팬덤의 출현(사적인 경험으로 보이는 경우가 많다), 사회적 추방, 숨어서 하는 행동 같은 다양한 현상은 팬덤이 팬덤 수행 자체를 목적으로 하거나, 단지 '영향력'을 얻기 위해 수행되는 것이 아니라 깊은 사적 의미를 지닌 열정임을 의미한다. 그래서 정체성 확신의 척도라는 것이 있다면, 팬덤은 (사회적으로 타인을 조작하기 위해 일시적으로 취하거나 표출하는) 임시적 역할보다는 높지만 자연적·실존적·본능적 존재로서 인간이 타고난 정도보다는 낮은 수준에 위치할 것이다. 유사한 예를 들면, 누군가에게 아이가 있으면 그는 부모다. 일단 부모가 되면 그 역할을 자기 마음대로 선택하거나 무시할 수 없지만, 사회적 이유로 때에 따라 그것을 표현할 수도 있고 감출 수도 있다. 그러나 모성과 달리 팬덤은 일방적인 실존적 전환의 표지가 아니며(당신은 예전-엄마가 될 수는 없지만 예전-팬이 될 수는 있다), 팬덤은 어느 정도 긍정적 애착을 갖고 있어야 한다(반면에 일단 엄마가 되면 그러고 싶지 않아도 항상 엄마다).

팬덤이 팬 개개인의 머릿속에서 일어나는 변화로 경험되는 것이라고 할 때, 중요한 것은 팬 대상은 실재하는 것일 수도 있고 상상된 것일 수도 있으며, 살아 있는 사람일 수도 있고 죽은 사람일 수도 있다는 점이다. 어떤 관점에서 보면, 그것은 중요한 문제가 아니다. 카비치가 볼 때 팬 자아는 끊임없는 자기 발견의 과정 중에 있으며 자신의 성찰적 감각을 통해 재형성된다(Cavicchi, 1998: 136). 팬덤의 특징인 찬양과 몰입은 개인 팬덤을 무언가 압도적인 경험 ─ 즉, 자신보다 더 크며 자신을 넘어서는 ─ 으로 만들고, 그 결과 팬덤은 필연적으로 중독적이며(마치 누구도 팬이기를 '그만 둔' 사람이 없는 것처럼), ─ 그리고 이 측면이 더 중요한데 ─ 합리적 주관성과 대립되는 어떤 것이라는, 매우 문제적이고 그릇된 사회적 스테레오타입을 낳았다. 그러나 팬 되기 과정의 신비를 인정한다면, 팬덤을 이해하기 위해 이 과정에 주의를 기울이는 것은 당연한 일이다. 팬덤이 우리가 개인적으로 의식하지 못하는 방식으로 시작된다고 해서, 팬 되기 과정은 설명될 수 없다고 할 것인가? 팬덤이 그런 식으로 시작된다면 이는 (일반적으로는 미디어의 사회적 기능에 대해, 그리고 특수하게는 특정 작가나 텍스트 또는 음악가에 대해) 우리가 무의식적으로 갖게 된 가정들이 있고, 그러한 가정들이 확인되고 충족될 때 우리는 팬 정체성을 갖게 되거나 그것을 드러낼 수 있음을 의미하지 않을까? 앞 절에서 논의한 뒤르켐의 종교 이론과 연관된 상징

경제는, 적어도 특히 록 음악 같은 문화 영역에서 각 개인이 팬이 되도록 만드는 정동 기제에 대한 설득력 있는 가설을 제공함으로써 우리에게 어떤 희망을 준다. 이는 계몽의 순간이 '이중의 깨달음double realization'에서 온다는 것을 말해준다. 즉, 팬 개개인은 ① 텍스트가 개인으로서의 그/그녀에게 갖는 기호학적 공명을 인식함과 동시에, ② 그 텍스트의 사회적 인기를 온전히 이해한다. 이러한 '두 가지' 깨달음은 시간차를 두고(또는 사실상 동시에) 일어날 수 있기 때문에, (팬이 되는) 과정을 한 눈에 파악하는 일은 여전히 어렵다.

지각 영역

1990년대 초반에는 오토스테레오그램을 담은 책들이 연달아 출간되었다. 오토스테레오그램은 흔히 '매직 아이' 퍼즐로 알려진 광학적 환영으로, 평평한 종이 위에 입체 형상이 나타나는 걸 보기 위해서는 두 눈의 초점을 다르게 맞추어야 한다. 매직 아이 열풍이 불자 독자들은 이상한 퍼즐이 그려진 페이지를 펼쳐놓고 눈을 가늘게 뜨고 집중해서 쳐다보며 숨어 있는 형상이나 패턴을 보려고 했다. 빠르든 느리든, 어떤 의미에서 팬덤은 이러한 매직 아이 퍼즐처럼 시작된다. 팬은 다른 사람들은 볼 수 없는 어떤 것들을 '보기' 시작한다. 그들의 경험에 영향을 미치는 요인은 다양하다. 예를 들어 텔레비전 팬덤은 통상 서서히 등장하는데, 이는 서사에서 우리를 매혹하는 창조성이 그 모습을 점진적으로 드러내기 때문이다. (매직 아이에서처럼) 두 눈의 동공의 초점이 서로 달라지는 것은 아니지만, 두 가지 가정이 결합하면서 (팬으로의) 전환이 일어난다. 그 하나는 어떤 사람이나 사물에 대한 감정적 애착이고 다른 하나는 그, 그녀 또는 그것이 사회적 영향력(대개 인기로 표현되는)을 갖고 있다는 인식이다. 이 둘 중 어느 것도 의식적으로 의도해서 되는 일이 아니기 때문에, 팬덤은 압도적이면서 강력하게 느껴진다.

아도르노는 인터뷰 같은 경험적 연구를 통해 음악 수용자를 이해하는 새로운 방식을 찾아낼 수 있다는 연구자들의 생각에 의구심을 품고, "(인터뷰에서) 얻은 모든 답변은 이미 음악 산업 이론에서 중요하게 생각하고 있는 것과 일치한다"라고 주장했다(Adorno, 1938/2001: 45; 인용자 강조). 다시 말하자면, 아도르노가 볼 때 음악 수용자는 '어항 속의 물고기'와 같아서 자신들이 관심을 가진 문화 생산물에 대해 광고에서 떠드는 말만 되풀이하기 때문에, 연구자들은 음악 수용자들과의 인터뷰를 통해 새로운 것을 발견할 수 없다. 팬덤이 무언의 가정들을 설명하려고 해도, 마치 아도르노의 유명한 비유인 어항 속 물고기처럼, 상당히 비판적이고 성찰적인 팬들조차 자신들이 어떻게 팬이 되었는지 설명하는 데 가져다 쓸 수 있는 담론 자원이 부족하다. 결국 어떻게 팬이 되는가에 관한 대부분의 논의는 문화 산업에 의한 '수동적' 조작, 전염 앞에서의 병리적 '취약성', 종교적인 '맹목성', 또는 저항적 정체성의 '능동적' 구성 같은 제한된 담론 자원에 의존할 수밖에 없다. 이 절에서 나는 팬덤 연구에 새로운 개념을 도입하려고 하는데, 바로 팬덤을 '지각 영역' 안으로의 진입으로 보는 관점이다. 이 용어는 헬링거의 가족 세우기 심리 치료 작업에서 나왔다. 그러면 여기서 '지각 영역'의 특징을 기술하고, 팬 연구에서 이 개념이 어떻게 유용한지 살펴보겠다. 나는 팬 개개인의 경험에 주목함으로써 팬덤 현상에 대한 우리의 이해를 심화시킬 수 있다고 주장한다.

가족 세우기 치료를 개발한 독일의 심리치료사 헬링거는 독특한 이력을 지니고 있다. 그는 오랜 기간 가톨릭 사제로서 아프리카의 줄루족 선교사로 일했다. 그는 줄루족의 부족 의식을 연구하는 과정에서, 개인 또는 커플 참가자들이 구현하고 있는 원가족family-of-origin의 트라우마를 들여다볼 수 있게 하는 치유 워크숍을 개발했다.

중요한 가족 성원의 역할을 할 대리인들을 선택해서 그들을 물리적 관계 속에 배치한다. …… 대리인들에게 '역할 연기'를 하거나 사이코드라마에 참여하라고 요청하는 것이 아니다. 그들은 그룹 속에서 움직이면서 자신이 느끼는 바를 주의 깊게 그리고 정확하게 주목하기만 하면 된다. 그렇게 했을 때 대리인들에게 어떤 일이 벌어지느냐 하면, 그들은 자신들이 살면서 경험한 적이 없는 움직임, 감정, 반응을 느끼기 시작한다. 이러한 반응을 통해 실제 가족 구성원에 관한, 객관적 진실이 아닐 수는 있지만 감추어져 있던 동학이 밖으로 드러나며, 치료사가 치유하는 과정에 도움이 될 움직임을 찾아낼 수 있는 정보가 제공된다(Hellinger, 2001: 8).

헬링거 자신은 '지각 영역'이라는 용어를 사용하지 않았지만, 이 용어는 대리인이 집단에 참여하면서 경험하는 감정을 기술하는 데 널리 사용되어왔다. 지각 영역으로의 진입은 참가자가 가족 집단의 대리인이 되어달라는 요청을 받을 때 이루어진다. 일단 방의 어딘가에 배치되는 데 동의하고 나면, 이들은 자신이 대리하고 있는 가족 구성원의 감정을 부분적으로 체현하거나 구현하고 있는 것처럼 느끼게 된다. 이러한 체현은 이해하기 어려운 신비스러운 과정이며, 그들의 정체성의 일부를 재배치하는 경험적인 도약이다. 팬은 치유가 필요한 사람들이 아니며, 팬덤과 가족 동학 간에 어떤 명확한 관계가 있는 것은 아니지만, '지각 영역' 개념을 느슨하게 사용함으로써 몇 가지 중요한 요소를, 즉 팬덤은 (단지) 수행된 역할이 아니라 감정적 확신의 영역으로 진입하는 수단임을 알 수 있다. 팬덤에서 경험하는 느낌은 매우 사적인 것 같지만 그럼에도 그것이 전적으로 개인적이지는 않은데, 이는 여러 다른 사람도 무언가 강력하고 긍정적인 느낌을 함께 경험하고 있기 때문이다. 1950년대에는 하나의 청년 현상으로서의 팬덤이 아직 낯선 것으로 보였다면, 현대 사회는 거기에 익숙해졌다. 그것은 또한 — 논쟁의 여지는 있지만 — 감추어진, 그러나 딱히 감추어져 있는 것은 아닌 존재론적 가정들과 사회 동학과 문화적 공명에 대한 개인적 반응의 산물이기도 하다. '지각 영역'은 그러므로 하나의 정동 영역a terrain of affect이며, 그것을 둘러싸고 있는 문지방을 넘어서면 우리는 "그래, 나는 팬이야"라고 말할 수 있다. 팬덤의 형태에 따라 정동에도 차이가 있다. 그럼에도 뒤르켐이 말하는 열광의 기제를 응용함으로써 셀레브리티 추종이 제공하는 감정적 보상을 설명할 수 있으며, '지각 영역' 개념 역시 우리가 몇 가지 면에서 개인 팬덤을 이해하는 데 도움이 된다. 먼저, 지각 영역이라는 개념은 팬의 감정이 '생산되는 동시에 생산하는' 것임을 상기시킨다. 즉, 팬의 감정은, 어떤 가정들이 있고 이러한 가정들이 충족될 때 생기지만, 그러한 감정은 더 나아가서 팬덤의 집합적이고 도덕적인 경제 같은 것을 형성하기도 한다. 두 번째로 지각 영역 개념은 특정 대상에 대한 개인적 팬덤이 '감정의 변화 과정'과 '정동 영역에의 거주'를 하나로 묶어준다는 사실을 인식하게 해준다. '감정의 변화 과정'이란 무관심disinterest에서 문지방을 넘어 팬덤으로 들어갈 때 경험하는 정동적 전환을 의미한다. 이는 미래의 팬이 기준선을 넘어서는 것으로 볼 수 있지만, 그/그녀의 관심이 시들해지면 그/그녀가 다른 방향으로 다시 건너간다는 것을 상기시켜주기도 한다.[11] 반면에 '정동 영역'은 긍정으로 가득 찬 공간positively charged space이다. '지각 영역'은 우리 각자의 내부에 있으면서 동시에 팬층 내부에 있는 모든 사람이 개념적으로 공유하고 있는 장소다.

6장 팬 실천

출발점

팬들은 왜 특정한 행위를 반복하는가?
서로 다른 현상에 참여한 팬들이 왜 유사한 행동을 하는가?
팬 활동과 사회적 정체성은 어떤 관계인가?

우리는 단지 그녀의 이름만 말하면 된다. '마릴린'이라는 이름은 마릴린 먼로라는 경이로운 존재에 대해 마법 같고 다채로운 이미지를 불러일으킨다. 불멸의 마릴린은 이미 수년간 전 세계에서 가장 큰 (동명의) 마릴린 먼로 팬클럽을 함께 운영해온 팬들의 기부에 힘입어 만들어졌다. 우리는 이 웹사이트에 집중적으로 노력을 기울였다. …… 마릴린 먼로 사망 50주년 (2012년 8월 5일)을 맞아 로스앤젤레스에 갈 계획을 세우고 있는가? 마릴린 먼로 팬들은 경의를 표하기 위해 모일 것이고, 그녀의 생애를 기리고 찬양하는 이벤트에 참여할 것이다. 불멸의 마릴린 회원들은 항상 할리우드 중심부에 위치한 오키드 호텔에 묵는다. 그곳에서 조금만 걸어오면 할리우드대로, 코닥 극장, 그로만 중국 극장 같은 수많은 명소들이 나온다!

불멸의 마릴린 웹사이트[1]

팬들은 능동적으로 즐거움을 추구한다. '불멸의 마릴린Immortal Marilyn' 팬클럽을 운영하는 사람들은 웹사이트를 구축하는 일에만 에너지를 쏟는 것이 아니다. 이들은 할리우드로 순례를 가고, 동영상을 제작해 업로드하며, 기사를 쓰고 컴퓨터 배경화면 이미지를 만든다. 이들은 추도식을 열고, 자선 모금 행사를 개최하며, 북 리뷰를 쓰고, 그림을 그리는 등 수많은 활동을 한다. 팬 실천은 팬덤이 수동적이라는 생각이 옳지 않다는 것을 보여준다. 우리의 모든 활동이 의식적이고 비판적인 것은 아니지만, 의지에 반하는 활동을 하도록 강요당하는 때가 아니면 우리의 몸과 마음은 항상 능동적이라고 볼 수 있다. 우리의 활동은 관심을 끄는 대상과 우리가 어떻게 공모하는지를 보여준다. 팬덤에 대해 이야기하는 사람들은 대부분 매혹을 표현하거나(티셔츠를 입거나 미디어 생산물을 수집하는 식으로) 셀레브리티와 관계를 맺거나(팬레터를 쓰거나 영화시사회에 참석하거나 셀레브리티를 따라 하는 식으로) 집단적 친목을 도모하는(팬 집회에 가거나 게시판에서 의견을 표현하는 식으로) 일련의 실천들을 팬덤과 연결 짓는다. 반면, 문화연구자들은 팬덤을 주로 저항적 실천(서사 플롯을 유출하고, 기업에 압력을 행사하고, 대본을 다시 쓰는)의 관점에서 논의해왔다. 팬 연구들은 특히 여성 팬들이 슬래시 픽션 속 남성 등장인물들 간의 성적인 관계를 새롭게 썼던 방식을 강조했다. 하지만 미디어 팬덤의 '1차적인' 실천은 텍스트를 소비하거나 공연에 참여하는 일, 즉 텍스트를 듣고 보고 생각하고 느끼면서 몸으로 이를 수용하고 자신을 발견하는 일임을 분명히 할 필요가 있다. 이러한 행위들은 언뜻 보기에는 '수동적'이고 눈에 띄지 않지만 보기보다 훨씬 복잡하다. 팬 실천은 읽기와 쓰기의 구분을 모호하게 만든다(Jenkins, 1992: 155). 비록 모든 팬 실천을 포괄할 수는 없겠지만, 이 장에서는 팬덤과 관련된 세 가지 즐거움의 관점에서 팬 실천을 새롭게 유형화할 것이다. 이 세 가지 팬 실천은 스타 및 이야기와 관계를 맺는 것, 그 의미를 전유하는 것, 팬들 스스로가 새로운 종류의 수행을 하는 것이다.

관계 맺기의 즐거움

텍스트에 관여하는 것 외에, 대부분의 사람들은 셀레브리티를 만나 말을 걸거나 사인을 받는 일에서 팬덤의 1차적인 즐거움을 느낀다. 스타들은 팬들을 수용자로 대할 때는 다양한 태도를 보인다. 리처드 위츠Richard Witts는 저명한 뮤지션들이 어떻게 라이브 관중을 2시간 반이나 기다리게 했는지를 설명했다(Witts, 2005: 152). 스프링스틴의 팬들은 그를 상품화된 스타(스프링스틴이 불편한 인물인 것은 분명하고 그는 대체로 인터뷰를 하지 않는 편이다)나 상업적 생산자로 보지 않으며, 차세대 밥 딜런으로 여기지도 않는다. 이들은 스프링스틴의 가치를 찬양하고, 그러한 가치들을 근거로 그가 진실하고 다가가기 쉬운 사람이라고 주장한다(Cavicchi, 1998: 67). 모든 셀레브리티가 팬에게 관심을 보이는 것은 아니며, 팬들에게 너그럽게 인사해주는 이들의 행동은 칭송을 받는다.

사인받기autograph hunting는 흔한 팬 실천이다. 그 기원은 귀족들이 역사상 서로 다른 시기에 나온 필사본을 수집했던 오래전 시대로 거슬러 올라간다. 19세기에 이르러서는 정치, 비즈니스, 연극, 음악 분야의 영웅들이 모두 사인 수집가들의 표적이 되었다. 사인은 그 사람의 이름을 특별히 디자인해서 새긴 것이다. 사인은 교환가치(예술품이나 수표에 하는 서명처럼)와 사용가치(우리가 그 사람을 일전에 만났고, 그가 우리를 알아봤던 것을 상기시킨다는 점에서)라는 두 가지 차원에서 개인성을 나타낸다. 그러나 스타와 관계를 맺을 때 느끼는 즐거움은 사인 수집에서도 제한적이다. 지식인들은 사인과 미디어 생산물이 그 사람과 공연의 '소외된' 흔적이라는 사실을 지적한 바 있다. 헤르티츠는 스냅 사진의 매개 가치에 대해 다음과 같이 말했다.

롤랑 바르트Roland Barthes는 사진이란 고인을 기념하는 것이라고 말한다. 사진은 고인을 우리 사이에 다시 현존하게 만들면서 동시에 그들의 부재를 확인하는 방법이다. 사진은 우리가 그들을 알았던 것이 '그때'였음을 (그래서 이제 더 이상 그렇지 않다는 사실을) 상기시켜주기 때문이다(Hertitz, 2008: 72).

셀레브리티와의 만남을 다룬 최근 연구들은 사회학자 페리스와 해리스의 상징적 상호작용론에 기초하고 있다(Ferris & Harris, 2011). 두 연구자에 따르면, 실제로 만나지 못해도 스타와 관계를 맺을 수 있지만, 팬들은 스타와 실제로 동일한 물리적 공간에 있고 싶어 하고, 스타와의 면대면 상호작용을 갈망한다. 스타와 팬의 만남은 필연적으로 지식의 불균형(팬들이 우위에 있는)과 권력의 불균형(스타가 우위에 있는)을 토대로 이루어진다. 그렇기 때문에 "팬들이 셀레브리티를 따라다니고 알아보는 방식은, 셀레브리티가 팬들을 대하고 이들을 알아보는 방식과는 분명히 다르다(Ferris & Harris, 2011: 18). 팬은 셀레브리티를 '친근한 이방인'으로 보기 때문에, "마치 친구나 가족, 또는 동료를 대할 때처럼 셀레브리티를 알고 이들과 직접 만날 권리가 자신에게 있다고 느낀다"(Ferris & Harris, 2011: 31). 면대면 만남은 스타에 대한 팬의 지식을 새로운 영역으로 확장하고, 팬과 셀레브리티의 관계에 존재하는 전형적인 불균형을 상쇄시킬 수 있기 때문에, 미디어 소비의 순간보다 더 좋은 것으로 간주된다. 또한 셀레브리티와의 만남은 팬들이 기념품을 획득할 수 있는 기회가 되기도 한다. 팬들은 자신의 구조적 위치를 향상시키기 위해 행위성을 발휘한다. 팬들은 자신을 위해 스스로 '만남을 연출'하는데, 이 경우에는 수용자가 통제자의 위치에 놓인다. 열혈 팬들은 셀레브리티의 사적 장소로 들어가기 위한 관문으로, 심지어 셀레브리티의 일터를 이용하기도 한다. 예컨대 한 유명 배우의 팬은 자신의 목표를 달성하기 위해 공개 골프 토너먼트 경기를 이용했다. 그는 골프 토너먼트 경기장에 와 있던 유명 배우의 어머니를 비디오로 촬영하고 그 복사본을 우편으로 보내주겠다고 제안했다. 그러자 배우의 어머니는 바로 집 주소를 알려주었고, 그 팬은 그리도 원하던 셀레브리티에 대한 '접근 정보'를 자동으로 얻을 수 있었다. 그 팬은 배우의 어머니를 통해 언제든지 그에게 연락할 수 있었다. 페리스와 해리스, 이 두 사회학자는 연출된 만남과 우연한 만남을 극명하게 대비되는 것으로 본다. "일상적 상황에서 만난 셀레브리티는 관찰자가 보기에 '자신의 개인적인 생활'을 하고 있는 것이며, 이러한 상태는 셀레브리티를 위한 보호막이 되어 특정한 상황에서만 깨질 수 있다"(Ferris & Harris, 2011: 46). 저자들은 다음과 같이 설명한다.

셀레브리티를 직접 본 사람의 목격담에는 두 가지 유형의 해석적·상호작용적 작동이 드러난다. 첫째는 인식 작업recognition work으로, 자신의 평범한 일상 세계에서 셀레브리티와 마주친 사람들은 그가 셀레브리티인지 확인하고 그 상황을 파악하려고 한다. 둘째는 반응 작업response work으로 목격자는 이를 통해 셀레브리티에게 자신을 드러내고, 이 상황을 각별한 의미가 있는 만남으로 만든다 (Ferris & Harris, 2011: 39).

'인식 작업'에서 팬들은 잠깐 멍한 채로 있다가 순간적으로 상황을 깨닫고 그가 셀레브리티가 맞는지 확인할 증거를 찾는다. '반응 작업'에서 열성팬들은 인사를 건네는 이유를 침착하게 꾸며내고, 무안하지 않게 스스로를 방어하고, 셀레브리티가 상대적으로 '공적인 프라이버시'를 유지할 수 있게 해준다. 팬들은 셀레브리티가 상호작용에서 어떻게 반응하는지를 살펴보고 그가 불편함을 느끼지 않도록 한다. 팬들이 셀레브리티에게 어떤 방식으로 말을 거느냐에 따라 "이 만남은 일방적이 아니라 상호적이며, 서로 합의된 평범한 우정으로 재정립된다"(Ferris & Harris, 2011: 27). 그래서 페리스와 해리스는 셀레브리티를 목격하는 상황에도 '도덕적 질서'가 있다고 주장한다(Ferris & Harris, 2011: xii). 다시 말해서, 팬들은 대체로 개인적·윤리적 선을 정확히 어디에 그어야 할지를 정하는 데 도움이 되는 규범과 기준을 공유하고 있으며 이를 사용한다.

전유의 즐거움

스포일링

스포일링spoiling은 영화 개봉 또는 방송 프로그램 방영 전에 핵심 플롯이나 여타 중요 정보를 누설하는 정보 공개 행위를 말한다. 텔레비전 쇼와 영화를 리뷰하는 비평가들은 스포일러 경고를 명시함으로써, 자신들의 평론이 독자들에게 중요한 플롯 세부사항을 누설할 수 있음을 알려준다. 한편 스포일링을 실천하려는 욕구를 지닌 팬들은 스포일링을 해당 내용이 방송되거나 개봉되기 전에 영화나 텔레비전 연속극의 중요한 플롯 전개를 알아내려는 목적이 있는 행위로 이해한다. 팬들이 텍스트를 소비하고 전유하는 현상 다루는 여러 논의는 이러한 상황을 지나치게 단순화한다. 문화적 권력은 이 맥락에서 체계적으로 작동하지 않으며, 그 어떤 집단도 모든 권력을 가지지 않는다(Hills, 2002a: 43). 추측이라는 아마추어 게임과 스포일링 시도는 헌신적인 수용자들이 수행하는 일상적인 취미 생활이다. 스포일링을 하려면 텍스트를 상당히 꼼꼼하게 살펴봐야 하는데, 이는 팬의 특징을 잘 보여주는 대표적인 활동이다. 예컨대 브루커는 〈스타워즈〉 팬들이 학습한 내용을 토대로 예측 작업을 하는 것이 어떤 면에서는 스포일링과 유사하다는 것을 발견했다(Brooker, 2002: 116). 스포일링은 팬들에게 지적이고 문학적인 즐거움을 허락한다. 왜냐하면 스포일링을 위해서는 팬들이 공동체의 집단적 지식 이상의 전략을 고안해야 하기 때문이다. 젠킨스에 따르면, 답을 찾기 위해 극단적 방법을 취하는 팬은 사실은 가장 헌신적인 팬이지만, 환영받지 못하는 엘리트다(Jenkins, 2008: 25). 어떤 이들은 스포일링을 하는 팬들이 인정을 원하는 것이라고 주장한다. 온라인 공동체에서는 스포일링을 텍스트에 관여하는 과정인지, 아니면 기술이 가장 뛰어난 탐정들이 이기는 자화자찬 격 경연으로 보아야 할지를 두고 계속 논쟁해왔다(Jenkins, 2008: 51).

스포일링 게임에서 팬들이나 제작진 어느 쪽도 수동적인 역할에 머무르지 않는다. 〈닥터 후〉 시리즈의 프로듀서인 필 콜린슨은 의상 워크숍에 몰래 들어가서 찍은 사진을 온라인에 유출한 팬을 비난했다. 힐스는 다음과 같이 설명했다.

미디어 전문가가 이런 식으로 팬을 구두로 공격하는 것이 이상해 보일지 모른다. 이는 때로는 팬덤이 승리하고 때로는 〈닥터 후〉 제작 팀이 이기기도 하는, 제작진과 팬 사이에 벌어진 정보 전쟁의 징후다. 그럼에도 이것은 방송 이전이든(스포일러에 노출된 팬들), 송출 도중이든(스포일러에 노출되지 않은 팬들), 팬덤이 〈닥터 후〉의 경험에 얼마나 강렬한 정서적 가치를 부여하는지를 보여준다(Hills, 2010b: 11).

앞의 인용문에서는 팬들을 스포일링 실천을 추구하는 데서 즐거움을 얻는 팬과 이러한 실천을 거부하는 데서 즐거움을 얻는 팬으로 성찰적으로 유형화하고 있다. 이 인용문은 스포일링의 가치를 바라보는 서로 다른 관점이 팬 정체성을 구분하는 한 가지 방법이 될 수 있음을 보여준다. 또한 스포일링 실천은 팬들과 미디어 제작자들이 협업적 동맹관계를 넘어, 권력 균형의 관계를 맺고 있음을 보여주는 분명한 예시이기도 하다. 서로 한발 앞서기 위해서 치르는 이 게임에서 각 진영은 상대편의 움직임을 깊이 숙고한다. 스포일러를 본 〈서바이버〉의 팬들은 그 정보의 신빙성을 세심하게 조사했다(Jenkins, 2008: 55). 팬들에게는 스포일러를 신뢰할 수 있는지가 중요하다. 그들은 때때로 제작진이 시선을 분산시키기 위해 일부러 잘못된 정보를 흘린다고 생각한다(Jenkins, 2008: 46). 이러한 의미에서 스포일링이라는 게임은 팬들이 텔레비전 쇼 제작진, 영화 제작사, 또는 음반 회사들과 지적으로는 적대적이지만 훨씬 친밀한 관계를 맺게 만든다.

물론 자신이 가장 좋아하는 프로그램의 플롯을 미리 아는 것이 좋은지 나쁜지에 대해서는 의견이 분분하다. 스포일링을 하지 않는 팬들은 다수의 미디어 생산자들과 유사한 관점에서, 스포일링을 적극적으로 추구하는 이들의 행동이 부적절하다고 본다. 때때로 공격적 형태의 스포일링은 정상적인 팬덤의 대척점에 있다고 간주되기도 한다. 일부 순수주의자들은 스포일링이 너무 방해가 된다고 질색한다(Jenkins, 2008: 41). 한 〈서바이버〉의 팬이 등장인물과 제작진의 사진을 찍기 위해 호텔 방을 임대했다는 사실이 팬 공동체에 알려졌을 때, 과연 적정선이 어디인가 하는 논쟁이 벌어졌다(Jenkins, 2008: 37). 자신을 위해서건 타인을 위해서건 플롯 유출을 즐기는 이들은 어떤 의미에서는 모든 이들을 속이는 자이며, 많은 사람이 이들의 행위를 불충한 것으로 여긴다. 하지만 학자들이 스포일러에 대해 경고하는 경우가 거의 없다는 점은 흥미롭다. 학자들은 텍스트의 의미를 풀어내는 데만 관심이 있을 뿐, 시청자들이 즐거워할 만한 신비로움을 지키는 데는 관심이 없다. "학자들은 자신이 팬이기 때문에 스포일러 문제를 인지하고 있음에도, 자신의 학술 연구가 논의 대상인 텔레비전

에피소드를 보는 팬들의 즐거움을 '망칠spoil' 것인지 별로 개의치 않는다(Hills, 2010b: 9). 다시 말해, 연구자들은 쇼가 방송된 이후에 무심한 스포일러의 역할을 한다. 스포일링에는 윤리적인 논란의 여지가 있다. 하지만 스포일링은 거기에 관심을 가진 이들이 제작물에 더 깊이 집중할 수 있게 해준다. 이들은 스포일링을 능동적으로 조사해서 풀 수 있는 퍼즐로 본다. 스포일링 행위는 암호를 해독하는 전율을 맛보게 해준다.

팬픽

서사는 일련의 연결된 사건에 대한 설명이다. 이야기는 세상을 인식하는 용이한 방법이기 때문에, 사람들은 이야기 구조를 통해서 삶을 이해한다. 모든 분야에서 스토리텔링이 점점 중요해지면서 이야기와는 거리가 멀게 보였던 미디어 형식들도 스토리텔링을 피할 수 없게 되었다. 예컨대, 유명 배우들의 사생활을 다룬 신문 보도는 독자들이 이해할 수 있는 플롯과 캐릭터를 제시한다. 장편 극영화든 게임이나 연속극이든 대부분의 미디어 생산물은 서사와 캐릭터로 구성된, 관습적으로 즐길 수 있는 세계를 제시한다. 하지만 상상력이 담긴 글로 전유하는 것 역시 미디어 생산물을 즐기는 새로운 방식이 될 수 있다. 팬들은 자신만의 창의적 시도를 통해 이 서사 세계들을 취하고 조직하고 픽션화한다. 팬픽은 관심 대상물에서 영감을 얻은 팬들이 만든 허구적인 글이다. 팬픽은 내용에 따라 'AU(대안 세계물)' 등을 포함해 여러 유형으로 나누어볼 수 있다. 팬픽은 장르별로 이름이 있는데, 대표하는 예로 젠픽genfic, RPF, 슬래시를 들 수 있다.[2] **젠픽**은 성적이거나 로맨스와 관련된 플롯 라인을 자제하고 일반적인 관심사를 다룬 픽션이다. 폭력적 내용을 포함하고 있는 장르인 다크픽 darkfic도 여기에 속한다(Brooker, 2002: 145). 또한 팬들은 가령 〈스타트렉〉이나 〈스타워즈〉에 닥터 후가 등장하는 차원이동물cross-universe story을 쓰기도 한다 (Sullivan, 2010: 125). **RPF**는 실재하는 인물이 등장하는 픽션이라는 뜻으로서 셀레브리티의 삶을 픽션화한 것이다. **슬래시**는 동성 간의 신뢰나 친밀함, 에로티시즘에 관한 것인데, 이에 대해서는 다음 절에서 자세히 논의할 것이다. 팬 픽은 텔레비전이나 공상과학 팬덤에만 국한되어 있지 않다. 음악 팬들이 온라인에서 자신의 스타를 재창조하면서 팝슬래시popslash, 록픽rockfic이라는 장르도 생겨났다. 최근에는 EMO(젊은 수용자를 위한 고스Goth 음악*)와 관련된 음악 팬픽의 하위 장르인 밴덤bandom도 등장했다. 이러한 하위 장르들이 부상하고 있기는 하지만, 여전히 지배적인 것은 텔레비전과 영화의 팬픽이다.

학계가 팬픽에 관심을 갖는 것은 팬픽이 팬의 창의성을 분명하게 보여주는 증거이기 때문일 것이다. 팬픽은 보통 사람들이 자신의 필요나 관심사를 적극적으로 재형성하기 위해 미디어를 자원으로 이용하는 능력을 가지고 있음을 보여준다. 팬픽을 통해 글쓴이의 창의성이 공개적으로 드러난다. RPF 작가인 마리오 란차Mario Lanza는 〈서바이버〉 캐스팅에 대한 이야기를 썼고 출연자들도 이를 즐겨 읽었다. 란차는 심지어 출연 배우들로부터 팬레터를 받기도 했다 (Jenkins, 2008: 38~40). 팬픽은 작가와 독자들이 공유하는 팬덤을 토대로 대화를 시작함으로써, 이를 통해 사회적·문화적 유대를 만드는 공동체적 기능을 수행한다. 젠픽이나 슬래시의 등장인물 묘사는 이러한 대화의 가능성을 보여준다(Busse & Hellekson, 2006: 28). 또한 팬픽은 미디어 생산물의 서사 세계를 복제하고 확장하는 것에서부터, 이 세계를 패러디하고 전복하는 것에 이르기까지 — 물론 여기서 전복의 의미는 원 텍스트를 누가 해석하느냐에 따라 달라진다 — 다양하다(Jenkins, 2008: 199). 팬픽이 팬 공동체 내에서 보편적으로 수용되거나 실천되는 것은 아니다. 다수의 팬이 팬픽이 이미 지지를 받은 이야기를 왜곡한다는 점을 지적하며, 팬픽을 '**캐릭터 강간**character rape'이라고 부르기도 한다 (Jenkins, 2006: 57). 한편 팬픽 작가들은 원 텍스트를 비판하기 위해 젠픽을 사용하기도 한다. 쇼가 지나치게 캠프가 된다고 생각할 때 이를 패러디하는 것이 그 예다(Brooker, 2002: 156). 제작진들은 팬픽이 주변적이며 허락되지 않은 행

---

* '고스 음악'은 종말론적인 내용이나 죽음, 악을 소재로 한 가사, 신음하는 듯한 저음을 특징으로 하는 록 음악의 한 장르다.

위라고 생각하는 경우가 많지만, 비공식적으로 팬픽을 창작하거나 배포하는 활동은 팬 네트워크 내에 창의적 자유로움이 넘치게 만든다. 이를 통해 작가는 마치 신처럼 모든 것을 자기 방식대로 만들고, 세상을 바꾸고, 금기에 도전할 수 있다(Jenkins, 2006: 86~87). 팬 작가들은 텍스트를 변화시킬 수 있다. 이들은 시리즈의 타임라인을 확장하거나, 핵심 장면을 재맥락화하고, 조연에 주목해 '재초점화refocalization' 하며, 도덕적 변화나 장르 전환, 특정한 성격을 강조하는 캐릭터 재배치를 통해 텍스트를 변화시킨다. 팬 작가들은 감정 터치를 강렬하게 만들고 텍스트를 에로틱한 내용으로 바꾸거나 시리즈를 혼종화하기도 한다(Jenkins, 1992: 162~177을 참조하라). 이러한 점에서 팬 픽션은 팬들이 등장인물에게 더 감정을 쏟고, 이전보다 풍부하고 깊은 서사의 세계 속에서 등장인물들을 탐색할 수 있게 해준다. 팬 픽션은 누락된 에피소드를 추측하거나 어떤 주제를 다양하게 창조하는 즐거움을 누리게 해준다(Dickson, 2010: 178).

팬픽은 이야기가 중단 또는 분실되거나 미해결로 끝남으로써 팬들의 기대가 좌절된 경우에도 등장한다. 예컨대, BBC가 1968년에 방영된 〈닥터 후〉의 〈심해의 분노Fury from the Deep〉를 더 이상 보유하고 있지 않은 상황에서, 〈닥터 후〉의 팬들은 상상력을 발휘해서 자신들이 놓쳤을 수도 있는 내용을 창작했다(Hills, 2010b: 55). 이러한 점에서 팬픽은 일종의 실험 공간이며, 각 작가의 세계를 서로 다른 측면에서 새롭게 사고하고 이들의 대상물에 대한 인식까지도 새롭게 재창조할 수 있는 장치로 기능한다. 브루커는 한 팬이 2차 자료를 사용해서 〈보이지 않는 위험The Phantom Menace〉(조지 루커스 감독, 1999)*을 더 미묘하고 복잡한 텍스트로 재개념화했음을 발견했다(Brooker, 2002: 93).

---

* 〈보이지 않는 위험〉은 〈스타워즈〉 프리퀄 3부작(Prequel Trilogy)의 첫 번째 영화다. 흔히 〈스타워즈〉의 에피소드 4, 5, 6을 오리지널 3부작(Original Trilogy), 에피소드 1, 2, 3을 프리퀄 3부작이라고 부른다.

슬래시: 팬픽의 하위 장르

슬래시란 무엇인가?

"조용히 하세요. …… 우리가 선례를 만드는 것이 결코 아니랍니다." 그는 침묵
했다. …… 하지만 저 목소리에 무조건 복종하는 데 익숙하기 때문은 아니었다.
그는 멀리 떨어진 어떤 이교도의 리듬에 맞춰, 부드러운 과일 껍질처럼 천천히
벗겨지고 있었다. 그는 자신의 논리적 사고가 관능적인 행복감의 하얀 안개에 휩
싸이고 있음을 느꼈다. 부드러운 손이 따뜻한 오일을 천천히 펴바르며 그의 가슴
위로 큰 원을 그렸다.

Marchant, 『시간 밖으로 떨어져 나온 조각』[3]

소수의 활기찬 팬들은 수십 년간 자신들의 애정의 대상인 남성이 등장하는
로맨틱하거나 에로틱한 소설을 써왔다. 커크/스팍 이야기Kirk/ Spock, K/S[*]나 슬
래시 픽션은 시리즈의 두 남성 주연들을 호모에로틱한 관계로 설정하는 유명
한 팬픽 장르다.[4] 슬래시 픽션은 팬픽이 원 텍스트와 얼마나 다른지를 보여준
다. 커크와 스팍이 다른 행성에서 왔기 때문에 팬들은 이들의 관계를 통해 타
자성otherness의 문제를 다룰 수 있다(Jenkins, 1992: 203). 상대방의 마음을 읽을
수 있는 벌컨족의 초능력이 보여주듯이, 유동적인 정체성은 슬래시의 남성 등
장인물들이 일정한 친밀감과 의식, 일련의 감각을 공유할 수 있게 해준다. 엘
리자베스 울리지Elizabeth Woledge는 슬래시가 포르노그래피라기보다는 노골적
인 친밀감에 대한 것이라고 지적했다(Busse & Hellekson, 2006: 26에서 재인용).
슬래시라는 하위 장르는 섹스를 애정을 위한 구실로 종종 사용하며, 이때 섹스
는 등장인물의 성격과 관계를 조심스럽게 진단할 수 있는 지점이 된다. 슬래시
장르에서는 예측 가능한 플롯이 이야기마다 각각 다른 방식으로 새롭게 바꿔

---

[*] 'K/S' 또는 '커크/스팍' 이야기는 일종의 슬래시 픽션으로서 〈스타트렉〉의 두 남성 캐릭터 커크
와 스팍 간의 동성애적 관계를 다룬다.

면서 동성 간의 우정이 동성애적 욕망으로 변화하곤 한다. 슬래시의 이야기는 처음에는 동료나 친구였던 관계에서 시작하며, 말하기 어려운 욕망이 싹트는 것에 대한 스트레스(이는 남성성의 고통스러운 금기를 보여준다)를 거쳐, 고백의 순간을 넘어 유토피아적 관계라는 절정에 도달한다. 슬래시는 진정성을 가지고 살기 위해 치러야 하는 희생이나 비밀스러운 정체성을 추구하는 고통에 관한 것이다(Jenkins, 1992: 206~216을 참조하라).

슬래시의 내용은 원작 프로그램에 따라, 소프트코어부터 가학/피학물S&M까지 다양하다. 〈블레이크 7〉(1978~1981) 슬래시가 남성들 사이의 욕망에 담긴 반유토피아적인 요소를 강조했다면, 〈스타트렉〉 슬래시는 남성 간의 유토피아적인 사랑을 다루었다(Jenkins, 1992: 206). 또한 슬래시에는 대안 세계물, 플롯 없는 포르노, 상처/위안물hurt/comfort,* 첫 경험물, 불안물, 사도마조히즘물BDSM, 시점물, 코믹패러디 등 다양한 하위 장르가 있다(Brooker, 2002: 144를 참조하라). 상처/위안물의 주인공들은 위협적이거나 위급한 상황에 처하고서야 상대방에게 좋아한다는 말을 할 수 있게 된다.5

왜 슬래시를 쓰거나 읽는가?

슬래시에 대한 평가는 분분하다. 슬래시 팬픽 장르의 작가 중에는 여성이 많지만, 팬픽 이야기에서는 여성 인물을 주변화하는 대신 남성 인물들을 묘사함으로써 '여성의 즐거움'에 초점을 맞춘다. 슬래시는 성적 판타지를 탐색하는 경향이 있다(Jenkins, 1992: 200). 펜리는 많은 팬픽이 보여준 '포르노그래피의 강렬함'에 대해 논의했다(Sandvoss, 2005a: 74). 펜리의 인식은 타당한 듯 보이지만, 근본적으로 슬래시와 여타 장르들의 차이를 전제로 하고 있으며, 슬래시가 주는 즐거움을 모두 설명하지는 못한다. 섹스는 그 친밀함을 통해 등장인물의 성격을 섬세하게 표현할 수 있어서 캐릭터를 밀착해서 드러내는 형식으로 사

---

* '상처/위안물'은 한 캐릭터가 상처, 질병, 트라우마 등을 겪으면, 또 다른 캐릭터가 이 고통을 위로해주는 내용을 담은 팬 픽션 장르를 말한다.

용된다(Dickson, 2010: 178~179). 슬래시는 남성에 대한 여성의 육체적 욕망을 실험적으로 확장한 장르로 간주되어왔다. 예컨대 슬래시는 연장된 전희, 성기 외의 성감대 탐색을 강조한다(Jenkins, 2006: 80). 결국 슬래시는 팬들이 자신의 관심사에 맞추어 텍스트를 재구성할 수 있는 방법을 대표적으로 보여준다는 점에서 중요하다. 슬래시는 남성에게 우월성을 부여하는 사회에서 여성들이 느끼는 감정을 다룰 수 있게 해준다(Jenkins, 2006: 74). 슬래시 작가들은 미디어 제작자들이 (자신들의 기준에서) 완벽한 에피소드를 만든다고 해도 여성들의 욕망을 결코 충족시킬 수 없다고 말한다. 따라서 슬래시 작가들은 등장인물들이 지니고 있는데도 언급되지 않은 동기들과 여타 기회들을 이용한다(Jenkins, 1992: 104). 어떤 이들은 슬래시가 여성 팬들이 텍스트에서 얻는 즐거움을 증대시켜준다고 말한다. 전통적으로 시청자들은 쇼의 남성 인물들과 동일시하도록 권유받는데, 이는 남성이 핵심 주인공이기 때문이다. 슬래시는 여성 시청자들에게 등장인물의 세계에 대한 일종의 관음증적인 즐거움을 허락해주기 때문에, 이들은 스스로를 '여행객tourist'이라고 느낄 수도 있다(Jenkins, 2006: 67~68). 일부 작가는 슬래시가 남성에 대한 여성들의 성적 관심사를 표현할 수 있게 해주는 일종의 여성 에로티카라고 말한다. 여성들은 슬래시를 통해 남성들을 서로 탐닉하는 관능적인 존재로 바라볼 수 있다(Brooker, 2002: 135). 그렇게 보았을 때 슬래시는 단순한 팬 에로티카가 아니다. 메리 수 중위Lieutenant Mary Sue* 가 등장하는 팬픽은 그 팬픽을 쓴 여성 작가들의 이상을 투사했다는 비판을 받는다. 팬픽 열광자들은 상상력이 결여된 메리 수 유형의 이야기를 '그루피 판타지'라고 무시하고, 그 대신 일상적 현실과 직업 의무에 직면했을 때 로맨스가 어떻게 전개되는지를 다루는 픽션을 쓴다(Jenkins, 2006: 51). 슬래시의 서사는 친밀한 관계 속에서 상호 평등과 자율성을 찾기 위한 유토피아적 시도이며, 대

---

* '메리 수 중위'는 〈스타트렉〉에 등장했던 소녀 캐릭터로, 15살에 중위 계급을 단 지구 함대의 최연소 장교다. 일반적으로 메리 수 캐릭터는 자기주장이 강하고 꿈을 성취해가는 여성 캐릭터를 일컫는다.

부분의 남성들이 현재 실천하고 있는 남성성의 경직성을 간접적으로 비판한다 (Jenkins, 1992: 219). 세라 캐서린Sara Katherine에 따르면, 슬래시는 남성성을 정서적인 책임감을 가지고 보살펴주며 견디는 것으로 다시 쓴다(Jenkins, 2006: 71을 참조하라).

또한 슬래시는 자주 신뢰에 대해 탐색한다. 두 주인공들은 대체로 남성적 힘으로 간주되는 능력을 갖고 있지만 또 다른 새로운 능력도 얻게 된다. 이들은 강하면서 취약하고, 지배적이면서 복종적이다. 슬래시는 개인의 감정을 감추는 남성적인 가면을 제거하고, 정서적 돌봄의 표시들을 알아채는 방법을 사람들에게 가르쳐준다(Jenkins, 2006: 72~73). 브루커의 연구에 참여한 응답자들에 따르면, "슬래시의 매력은 에로틱한 성격에 있는 것이 아니라, 젠더 역할을 가지고 놀며 남성들 간의 관계를 해방적으로 다루는 데 있다"(Brooker, 2002: 136). 슬래시가 다중정체성을 구현하고 금기를 깨기 때문에, 작가들은 흔히 가명을 사용한다(Jenkins, 1992: 200). 슬래시가 작가와 팬-독자들 간에 사회적 유대감을 구축해주는 한, 슬래시 역시 다른 팬픽과 마찬가지로 가십과 유사하게 이용될 수 있다(Jenkins, 1992: 222). 팬들은 자신의 체험에 가까운 텍스트를 쓰기 때문에, 이들의 재해독은 공동의 공동체 경험을 창조하고 유지하는 역할을 한다(Jenkins, 1992: 53). 브루커는 주로 여성들이 〈스타워즈〉 젠픽을 쓰며, 남성 팬들은 디지털 영화나 컴퓨터 애니메이션을 만드는 경향이 있다는 것을 발견했다. 그는 "여성들이 영화를 가지고 하는 행위와 남성들이 하는 행위가 완전히 다르다는 것은 논쟁의 여지가 없어 보인다"라고 덧붙였다(Brooker, 2002: 139). 이렇듯 슬래시에 대한 인식은 매우 젠더화되어 있다.

슬래시는 저항적인가?

모든 이가 슬래시를 편하게 생각하는 것은 아니다. 예컨대, 다수의 팬들은 〈닥터 후〉를 성애화하는 시도 자체가 민망하고 원작의 격을 떨어뜨리며 그 가치를 훼손한다고 느낀다(Dickson, 2010: 177). 노골적인 슬래시는 심지어 내부자들도 불편해한다. 부분적인 이유이긴 하지만, 노골적인 슬래시는 '좋은 포르노'에 대한 여성들의 감수성과는 거리가 멀기 때문이다(Jenkins, 2006: 82~83). 슬래시 작가들이 평범한 삶을 살고 필명을 쓴다는 점에서, 슬래시는 어떤 면에서 벽장 속에 숨은 비밀스러운 형태의 팬덤이다. 슬래시에 반대하는 팬들은 슬래시 작가들의 '정체성을 폭로'하려고 시도하기도 했다(Jenkins, 1992: 201). 젠킨스의 주장에 따르면, 슬래시 연구자들도 슬래시의 '추악한' 평판에 휘둘려 그것을 '텍스트 평론의 한 양식'으로 보아야 한다는 사실을 잊을 위험이 있다(Jenkins, 1992: 202). 슬래시는 텍스트를 다른 관점으로 변형시키는 결정을 보통 사람들이 내리고, 이를 상업적 재산이 아닌 사회적 프로젝트로 보는 전형적인 사례다. 젠킨스에 따르면, 슬래시 작가들이 원 텍스트를 거르고 강조하고 재해석하는 것은 텍스트 밀렵 이론의 모델을 제공해준다. "K/S 이야기에서 공개적으로 이루어지는 일을 팬들은 은밀하게 한다"(Jenkins, 2006: 58). 어떤 팬들은 글쓰기 작업에 극도의 열정과 헌신을 쏟은 나머지, 자신이 직업 작가들보다 더 전문성이 있다고 생각하기도 한다(Jenkins, 1992: 70). 팬들은 덜 흥미로운 버전의 이야기도 창의력을 발휘하여 슬래시로 만들어낸다. 1996년에 방영된 폴 맥건Paul McGann 주연의 텔레비전 영화 〈닥터 후〉는 프로그램 최초로 닥터 후의 키스 장면을 담아냈는데, 이는 "(이제는) 닥터 후를 에로틱한 대상으로 생각하지 않는 것이 불가능해졌음"을 의미했다(Rose, 2010: 46; 인용자 강조). 또 다른 유사한 사례를 들자면, 〈스타트렉〉 팬 집회에서 프로그램 관계자가 인조인간 데이터는 감정을 갖고 있지 않으며, 피카드 선장과 베벌리 크러셔 사이에 로맨스는 없었다고 부인하자, 팬들은 시리즈의 사건들을 되짚으면서 자신들이 감지한 바를 이야기했다(Jenkins, 1992: 38). 샌드보스는 이 지점에 대해 재미있는 지적을 했다.

팬덤 연구자들이 성적으로 노골적인 팬 판타지를 다루기를 꺼려하는 이유는 쉽게 이해할 수 있다. 그렇지만 팬덤 연구자들은 팬덤과 팬덤의 메커니즘을 성적인 관심이 제거된 순수한 상태로 재현하려는 시도는 피해야 한다. 무엇보다도 팬덤과 수용자 정체성에 깔려 있는 성적 욕망과 판타지가 미디어 산업에 의해 이용되고 있기 때문이다(Sandvoss, 2005a: 76).

샌드보스가 보기에, 스타나 서사물을 성애화하는 것은 미디어 산업이지만 팬들이 [옮긴이: 미디어 산업이 성애화한] 서사를 다른 방향으로 가져갈 경우, 팬들의 성적인 인식이 억압될 위험이 있다. 이러한 지점은 행위성의 문제를 제기한다. 섹슈얼리티는 팬들이 모험적인 욕구를 표현함으로써 자신들의 관심사를 탐색하며, 사회적 동맹을 형성하거나 일전을 벌일 수 있는 영역이다. 사실상 슬래시는 정전에 대한 충실도가 매우 다양하다(Brooker, 2002: 160). 렐리아 그린Lelia Green과 카먼 기너리Carmen Guinery는 『해리 포터』 슬래시에 대한 논의에서, 정전과 **팬본**fanon을 다음과 같이 구분했다.

> 정전은 조앤 롤링Joan K. Rowling과 그녀의 출판사 및 저작권 계약자들(예컨대 워너 브라더스)이 인가한 『해리 포터』 작품을 말한다. 반면 '팬본'은 슬래시 (호모 에로틱 로맨스) 픽션처럼, 원전과 팬들 간의 창의적·전복적 상호작용의 결과로 만들어진 일련의 작품들을 가리키는 명칭이다. 두 용어를 구분하는 것은 롤링이나 저작권 계약자들이 팬본을 인정하지 않을 가능성을 인정하는 것이다(Green & Guinery, 2004, 온라인).

미디어 산업은 ─ 이들을 집단적인 주체로 볼 수 있다면 ─ 팬 창작에 대해 어떻게 대처해야 할지 잘 모른다(Jenkins, 2008: 154). 그 이유는 팬픽이나 팬아트 같은 팬 창작물이 상업 미디어의 사회적 인기를 광고해주고, 신인 전문가들의 훈련소를 제공하고, 대중문화에 창조적으로 기여하긴 하지만, 동시에 [옮긴이: 원 텍스트에 대한] 대중의 인식을 나쁘게 만들고, 이윤에 직접 타격을 주고, 이후 무허가 경쟁자들의 상업적 이익에 이용당하는 선례가 될 가능성도 있기 때문이다. 미디어 조직 내에는 다양한 이익과 의견들이 존재한다. 최악의 경우 미디어 조직은 팬들의 창의성을 규제하고 금지하는 법적 조치를 취하려고 하는 등, 권위주의적 입장을 취할 수도 있다. 윌리엄 샤트너 ─ 〈스타트렉〉의 첫 번째 시리즈에서 주인공인 커크 선장 역을 맡았던 — 같은 스타들은 팬들이 제작자의 의도를 제멋대로 판단해서 프로그램의 의미를 해독하는 활동을 불법으로 간주했다(그는 마치 단 하나의 해독만 존재한다는 듯이, '순수 오락'이 시리즈의 주요 목표라고 주장했다). 이러한 시각을 공유하는 미디어 기업들은 팬들에게 저작권 침해 경고장을 보내기도 한다. 하지만 대중문화는 공명하는 이야기들을 토대로 공유되는 일련의 사회적 신화이기 때문에, 법적인 압박은 대중문화의 필연적인 확장을 억압할 수도 있다(Jenkins, 2008: 158). 한 〈스타워즈〉 팬이 젠킨스에게 말했듯이, 제작진은 팬들이 작가가 의도한 것과 다른 감정을 경험할 수 있는지 여부를 승인할 자격이 없다(Jenkins, 1992: 30~32). 〈스타워즈〉 제작진이 팬들의 영화 경연을 공식적으로 후원해왔다는 점도 흥미로운 부분이다(Jenkins, 2008: 153). 미디어 기업의 이러한 후원이 이례적인 것은 아니다. '엘비스프레슬리사Elvis Presley Enterprises'도 한편으로는 — 팬 아트를 그레이스랜드에 전시하거나 팬 아티스트인 베티 하퍼Betty Harper의 스케치를 엽서로 만드는 식으로 — 팬들의 창작을 포섭하고 승인했다. 하지만 그와 동시에, 팬 창작물이 자사의 재정적 이익에 반할 때는 이를 중단시키거나 억압했다(Wall, 2003을 참조하라). 제거와 포섭이 극단적인 조치라면, 어떤 조직은 팬과 회사가 다른 방식으로 상호작용할 수 있는 '새로운 참여 연합과 기술'을 구축함으로써, 팬 공동체와 이익의 균형을 맞출 수 있는 방안을 협상하기도 했다. 게임 모딩game modding은 사용자들이 롤플레잉이나 실시간 전략 컴퓨터 게임을 재구축하는 활동이다.[6] 이 경우는 원 제품을 변형하는 것이 제품을 소비하는 정규 과정의 일환으로서 요구되고 기대되며 장려된다. 이때 상업적 제작자들은 그 작업이 풀뿌리 공동체 내부의 일이 된 이후에도 지속적으로 제약을 가한다. 팬들의 열성적인 활동이 제작자들에게는 무임 노동이자 무료 창작을 의미하기 때문이다(Jenkins, 2008: 167~169). 온라인 롤플레잉 플랫폼이 증가하면서, 슬래시 쓰기 같은 실천들 또한 이러한 협업적 접근에 흡수되는 방향으로 문화가 바뀌어갈 것이다. 슬래시의 문제는 이를 소비하는 사람이 팬 수용자의 일부에 지나지 않는다는 점이다. 어떤 팬들은 슬래시를 '캐릭터 강간'으로 일축해버린다(Jenkins, 1992: 187). 하지만 '캐릭터 강간' 개념은 방송된 내용을 비판하려는 팬들에 의해 사용되기도 한다(Jenkins, 2006: 58). 이 경우에는 초반에 설정된 특정 인물의 성격이 변해서는 안 되며, 이후 스토리가 전개되면서도 그대로 유지되어야 한다는 주장이 담겨 있다. 하지만 인물이 어떻게 '변화'하는지를 보여줄 수 있어야 좋은 픽션이라 할 수 있을 것이다.

슬래시는 동성애 픽션인가?

〈글리〉(2009~) 같은 시리즈는 주류 텔레비전에서 동성애 캐릭터가 점차 수용되고 재현되는 데 큰 변화를 가져 왔다. 하지만 역사적으로 동성애 캐릭터는 주변적이거나 코믹한, 가끔은 비극적인 역할이 아니면 스크린에서 찾아보기 어려웠다. 사회적 유토피아를 지향한다고 주장했던 〈스타트렉〉도 동성애 캐릭터를 보여주는 것은 자제했다(Jenkins, 1992: 109). 나아가, 게이 남성 셀레브리티는 팬층을 잃을까 두려워 자신의 섹슈얼리티에 이목이 집중되지 않도록 노력해왔다. 게이 압력 단체들은 호모포비아를 종식시키기 위한 첫 단계로서, 유명하지만 성 정체성을 숨겨온 게이들의 정체성을 '아우팅outing'하려고 했다 (Jenkins, 1992: 189). 슬래시는 등장인물들이 이성애 세계의 규범적 범위를 넘어 감정의 영역을 탐험하는 장소인 것 같다. 팬픽 장르는 우정부터 에로틱한 만남, 하드코어 섹스까지 다양한 범위의 동성 관계를 다룬다. 팬픽은 남성 등장인물들 사이에 감정이 충만한 순간을 그려내기 때문에 동성애 픽션이라는 오해를 받는다. 어떤 작가는 브루커에게 남성 이성애자들은 남성끼리의 동성애 행위를 상상하지 않기 때문에 슬래시를 쓰지 않는다고 말했다(Brooker, 2002: 14). 하지만 슬래시는 게이 정체성과 복잡하게 연관되어 있으며, 이 주제에 대한 논의는 다양한 반응을 낳았다. 이 주제의 나머지 부분은 슬래시에 대한 젠킨스의 훌륭한 분석에 주로 기대려 한다.[7]

해석의 문제가 제기되는 것은 부분적으로는 주로 이성애 여성 팬들이 슬래시를 창작하기 때문이지만, 게이 슬래시 작가들도 있기 때문이다. 어떤 슬래시 작가들은 자신들이 만든 캐릭터가 게이라는 사실 자체를 부인하기도 하고, 어편 작가들은 호모포비아와 게이 정체성을 탐색하기 위해 슬래시 형식을 사용하기도 한다. 다수의 여성 작가들은 슬래시 형식을 전형적인 여성 장르로 본다. 슬래시가 여러 의미에서 욕망의 표현이며, 여성 네트워크에 대해 정치화되거나 검열당하지 않고 토론할 수 있는 장이라는 점에서 그러하다. 젠킨스는 여성 작가들이 자기 작품의 슬래시 캐릭터들과 상상의 관계를 유지하기 위해, 심지어 등장인물들이 동성 간 섹스를 해도 이성애자라고 주장한다는 사실에 주목했다(Jenkins, 1992: 198). 예컨대, 『포르노 그룹 내 휴스턴의 여자들Women of Houston in Pornography Group』의 작가인 레즐리 셸Lezlie Shell은 "슬래시에 대한 나의 표준적인 정의는 두 명의 이성애자 남성들이 성적인 관계를 맺는 것이다. …… '슬래시'의 등장인물들은 여성 섹슈얼리티가 연장된 것으로 그 역할을 하면서 독자들을 흥분시킨다"라고 말했다.[8]

몇몇 작가는 슬래시가 그 주제 때문에 게이 액티비즘을 생산적으로 지지할 수도 있음을 발견했다. 슬래시를 퀴어 정체성 토론의 장으로 보는 팬들은 슬래시 공동체 내에 호모포비아가 있음을 확인하고 고민에 빠졌다. 일부 연구자들은 슬래시 작가들이 등장인물의 게이 정체성을 부인하는 것을 호모포비아의 한 형태로 본다. 그들에 따르면 슬래시 작가들은 '자기 스스로에게 커밍아웃하는 과정' 중에 있으며, 그들이 창작한 등장인물들은 작가 자신들과 마찬가지로 게이 정체성을 부인하는 방식으로 묘사되고 있다는 것이다. 슬래시 비평가들은 슬래시가 매우 다의적이며, 등장인물들이 (이들의 실천과는 대조적으로) 성 정체성을 명확히 표현하기를 거부하고 있다고 주장한다. 또한 슬래시는 지속적인 관계를 다루지 않거나, 여성 캐릭터를 여성혐오적인 방식으로 다루는 경우도 있다. 슬래시는 등장인물을 게이 라이프스타일의 현실적 이슈로부터 분리시키고, 레즈비언은 거의 다루지 않으며, 종종 강간을 '낭만화'한다.[9] 이에 대한 반박으로서 슬래시가 드라마 장르이므로 게이 남성들의 경험을 정확히 반영할 의무가 없다고 주장할 수 있다. 결국 슬래시가 판타지 픽션이며 진실을 재현하는 것을 목표로 하지 않는다고 주장하는 것이다.

슬래시의 장점은 그 모호성에서 나온다. 슬래시는 다양한 유형의 성 정체성들 간의 경계를 모호하게 만든다. 등장인물의 육체는 퀴어 팬이든 이성애 팬이든 정체성 정치의 양극화된 영역에서 벗어나 자신의 욕망에 대해 논의할 수 있는 공동의 공간이 된다. 가부장적 사회에서 여성과 게이 남성은 합법적인 권력 구조에서 배제되어왔다. 두 집단 모두 섹슈얼리티가 정체성에 중요한 역할을 하며, 그들의 네트워크는 사회에서 주변적인 위치에 있다. 슬래시가 흥미로운 이유는 부분적으로는 그들의 위치의 유사성, 즉 여성과 게이 모두 역사적으로 주변적 위치에 있다는 사실을 반영한다는 데 있다.

그렇다면 팬픽의 한 장르로서 슬래시에 대해서는 무슨 이야기를 할 수 있는 가? 브루커에 따르면, "슬래시 픽션은…… 학술적으로 상당히 주목받아왔다. 하지만 많은 〈스타워즈〉 팬들은 슬래시에 대해 들어본 적이 없는 듯하고, 들어본 이들도 슬래시로부터 거리를 두는 경향이 있다"(Brooker, 2002: 129). 다시 말해 연구자들은 슬래시가 자신들의 관심사라는 이유로 생생한 팬픽 문화로서 슬래시가 가지는 중요성을 과도하게 강조해왔다. 슬래시는 상대적으로 주변적인 하위문화의 실천이지만 학자와 언론의 확대경 아래서 조망되는 경우가 많았고, 텍스트 밀렵 전체와 혼동되었다. 또한 역설적이게도, 슬래시에 대한 학계의 아이디어 역시 팬들의 아이디어를 적용한 것이거나 이를 정교화한 것이었다. 하지만 학자들과 팬들이 슬래시에 대해 이야기하는 방식은 서로 다르다. 학자들은 K/S 픽션에 초점을 맞추지만, 팬들은 한 장르에만 초점을 맞추기보다는 순수한 슬래시 추종자로서 자신의 글 안에 서로 다른 프로그램을 함께 섞기도 한다. 팬들은 슬래시를 (로맨스 같은) 다양한 장르의 글들과 연관 지어 이해하고, 여성 작가들은 성 정체성에 관계없이 슬래시를 쓰며, 팬들은 슬래시의 독특함이 아니라 여타 픽션 장르들과의 연관성에 초점을 맞춘다. 슬래시 팬들은 이 장르를 유동적인 것으로 보는 반면, 학술적 논의에서는 왜 사람들이 슬래시를 쓰는지 설명해줄 단일한 이론을 찾는다. 아마도 우리가 말할 수 있는 것은, 슬래시가 팬 활동의 작은 부분임에도 창의적·저항적 행위를 찾으려고 하는 학계의 전통 때문에 연구자들에게 중요한 연구 주제가 되었다는 점이다. 그렇다고 슬래시 장르가 관습을 거스르는 성격을 가졌음을 무시해도 된다는 뜻은 아니다. 베테랑 팬 연구자인 세릴 해리스Cheryl Harris는 다음과 같이 주장한다. "팬 글쓰기는 팬덤 실천에서 핵심적인 활동이라 할 수 있다. 뉴스레터, 팬진, '슬래 시' 픽션, 노래들은 팬들이 생산한 커뮤니케이션의 일부다"(Harris, 1998: 6). 결 국 슬래시와 여타 형태의 팬픽은 몇몇 팬들이 미디어 문화에 대한 관심에서 '만 들어낸' 것이다.

수행의 즐거움

참여하기

팬들과 공연을 묶어주는 1차적인 즐거움은 단순한 관여에서 얻는 즐거움이 다. 이러한 즐거움은 소비나 수용이라는 수동적인 과정 이상의 것이다. 이러한 즐거움은 팬들이 능동적으로 불신을 멈추고 의미를 만들고 참여하는 데서 나 온다. 이때 공연이 톤을 설정하면, 팬들은 공연의 의미를 만들고 그에 맞춰 다 양한 형태로 대응-수행을 한다. 예컨대, 라이브 음악 공연에서의 대응-수행은 희열에 차 괴성을 지르고, 야유를 퍼붓고, 주목을 끌려고 하고, 노래를 따라 부 르며 박수를 치는 등 시각적·청각적으로 표현된다. 통상 이러한 이벤트는 팬들 이 개별적으로 이전의 공연들을 담은 미디어 생산물들을 꾸준히 접해온 경험 의 총합이다. 그러나 우리가 살펴본 예에서 알 수 있듯이, 미디어 텍스트에 주 목하는 과정이 [옮긴이: 공연에 참여하는 것과 비교할 때] 참여의 성격이 덜 분명한 경우도 있다. 이를테면 일상생활 속에서 우리는 TV에서 나오는 구호를 따라 외치고, 노래방에 가서 노래를 부르며, 라디오를 따라 흥얼거리거나, 영화 속 명대사를 암송한다. 이러한 점에서 우리는 항상 대중문화의 의미 영역에 일상 적으로 참여하며, 대중문화의 의미를 개인적·사회적 자원으로 이용한다. 티아 드노라Tia DeNora가 설명했듯이, "음악은 사람들이 미적인 행위자이자, 하루하 루의 생활 속에서 느끼고 생각하고 행동하는 존재로서 스스로를 조절하는 데 사용하는 장치 내지는 자원이다"(DeNora, 2000: 62). 나는 다른 형태의 미디어 사용 역시 마찬가지라고 주장하려 한다. 이렇듯 외견상으로는 일상적이지만 중요한 참여의 장을 넘어서, 헌신적인 열성팬들이 수행적 관여를 표현하는 더 분명한 형태의 실천들이 존재한다.

수집하기

수집은 특정한 주제와 관련된 여러 물품을 모으는 행위다. 다큐멘터리나 신문 같은 미디어 재현을 보면, 물질적 축적 또는 디지털 축적이라는 이러한 고도로 구조화된 과정은 특히 팬덤과 관련되어 있다. 개인의 방대한 컬렉션을 공개적으로 전시하는 것은 소장자를 가시적으로 남다른 존재로 부각시키고, 그가 가지고 있을 집착을 드러내준다. 지니 핀레이Jeanie Finlay가 2011년 발표한 다큐멘터리 영화 〈사운드 잇 아웃Sound It Out〉은 이를 잘 보여준다. 이 영화는 티사이드에 위치한 마지막 남은 LP 레코드 가게에 관한 이야기인데, 한 팬이 자신의 집에서 컬렉션에 둘러싸인 채, 자신은 죽을 때 그 컬렉션과 함께 묻힐 생각이라고 말하는 모습을 보여준다. 미디어 생산물 아카이브에 접근하는 최근 경향은 온라인 저장물로 클라우딩하고 이 생산물들을 스트리밍하는 것인데, 이는 중요한 문제를 제기한다. 수집은 팬덤 고유의 즐거움인가? 수집은 물품의 소유권이나 그 희소가치를 얼마나 전제하는가? 팬덤 자체가 수집을 전제로 할 필요가 있는가?

많은 팬이 수집을 하지만 모든 팬덤이 수집과 관련된 것은 아니며, 수집은 팬덤의 세계를 훨씬 넘어서는 취미 활동이다. 하지만 팬덤과 수집은 사실상 역사적으로 중첩되어왔다. 왜냐하면 수집은 팬들의 매혹과 헌신을 드러내며 즐거움을 확장하는 방법이기 때문이다. 그렇기에 많은 팬이 원original 공연과 상징적으로만 연관된 포스터, 로비 카드lobby card* 같은 물품을 모은다. 수집 대상은 최소 세 가지로 구분해볼 수 있다. 첫째는 공연 자체를 기록한 앨범들이다. 예컨대 음악 팬은 노래를 듣기 위해서 자신이 좋아하는 가수의 (공연) 앨범을 모두 구입하기도 한다. 두 번째 수집품은 상품, 즉 원래의 텍스트, 시리즈, 작가, 가수와 관련된 대량생산된 물품이다.[10] 셋째는 기념품memorabilia, 즉 원 관심 대상과 밀접한 연관성이 있는 독특하고 개인적인 자료들이다. 기념품 수 집가는 자신의 컬렉션에 희귀 물품을 추가하는 데 관심을 둔다. 연구자들은 수 집에 대해 생각하면서 흔히 첫 번째 유형을 간과하곤 한다. 팬들은 그저 자신 들이 모을 수 있는 공연 앨범을 모두 모아서 그것들을 듣고 평가하며 즐기기도 한다. 수집은 완벽주의 성격을 가진 이들이나 경제적 투자 동기를 가진 이들에 게 매력적으로 다가오며, 그 자체로서 즐거운 일이 될 수도 있다.

어떤 이들은 수집 자체를 (소유 욕망을 불러일으키고 이를 일시적으로 충족시키 는) 집착으로 보고 분석해야 한다고 주장했다. 하지만 수집을 다른 방식으로, 즉 수집이라는 일반적 과정을 중심으로 구축된 정체성을 강조하지 않는 방식 으로 이해할 수도 있다. 사회학과 인류학에는 물질문화material culture라고 알려 진 작은 연구 전통이 있다. 어떤 의미에서, 문화연구자들은 각기 다른 전통에 서 작업하는 정치적인 이야기꾼이다. 물질문화 연구자들은 물리적 대상물을 진입로로 삼아 자신이 하고 싶은 이야기를 한다. 이 대상물들은 시공간에 따라 특정한 방식으로 사회적으로 실천(사용)된다. 또한 대상물을 조직하고 전시하 는 행위는 수집가의 정체성에 대해 많은 것을 말해준다. 수집가의 아카이빙 실 천, 즉 물건들이 컬렉션에 들어오고 머물고 나가는 방식에 주목해보면, 그 사 람의 정체성의 흥미롭고도 꽤 개인적인 측면을 알 수 있다. 예컨대 개인이 여 러 팬덤에 동시에 관여할 수 있는 것처럼, 수집가도 여러 컬렉션을 가질 수 있 다. 수집가는 각 컬렉션에 무엇을 포함하고 제외할 것인지, 무엇을 거부하고 무엇을 보관할 것인지를 정기적으로 선택해야 한다. 대부분의 수집가는 자신 의 컬렉션을 '체계적으로' 획득하기 위해, 정확하고 구체적이며 고도로 조직화 된 규칙을 가지고 있다. 따라서 적합한 물품을 선택·조직·배열하는 방식의 흔

---

* '로비 카드'는 영화나 연극의 소형 포스터로 세로 14인치 가로 11인치 크기이며, 주로 극장 입 구의 벽에 전시되어 있다.

적들 속에는 수집가의 정체성에 대한 실마리가 남아 있게 된다. 이런 점에서 수집가의 방대한 컬렉션은 열린 결말을 가진 역사적 기록이라고 볼 수 있다. 그렇기 때문에 어떤 수집가들은 자신의 취미 활동을 통해서 스스로를 더 잘 알게 되기도 한다.

저자들은 팬이 왜 수집을 하는가에 대해 저마다 다른 이유를 댄다. 전통적인 답변은 팬덤에 대한 병리학적 시각과 관련된 것으로, 수집가들이 사실상 물신주의자라는 것이다. 발터 벤야민Walter Benjamin은 진짜 수집가들과 관련해서, "소유는 사람이 사물에 대해 가질 수 있는 가장 친밀한 관계"라는 유명한 말을 한 적이 있다(Benjamin, 1931/2005: 492). 물신화는 특정한 물질적 대상에 상징적으로 투자하는 것을 의미하는데, 이 맥락에서 사용된 물신화라는 용어는 팬덤과 병리학 간에 연관성이 있다는 주장을 내포한다. 하지만 물신주의fetishism는 다양한 의미의 장에서 나온 것이기 때문에 간단하게 이해할 수 있는 용어는 아니다. 우선 성적 물신주의는 상실에 대한 두려움을 떨쳐버리고 애착을 유지하는 것과 관련된다. 그래서 성적 물신주의는 일종의 전치displacement 행위, 즉 불안한 마음의 분주한 작동이다. 또한 종교적 물신주의는 소중한 상징적 대상물을 통해 더 강력한 형이상학적 힘과 관계를 유지하는 것을 의미한다. 마지막으로 마르크스주의 용어로 표현하자면, 교환 체계인 인간의 노동이 자신이 생산한 상품에서 분리되는데, 상품물신주의commodity fetishism는 그렇게 소외된 대상물에 마법과도 같은 특질을 부여한다. 이 각각의 경우에 물신주의는 일종의 가면, 즉 다소 견디기 힘든 사회적 현실이나 관계를 비밀스럽게 조율해주거나 보상해주는 물리적인 대체물이 된다. 즉, 물신주의는 일종의 도피처다. 이런 의미에서 물신화하겠다는 선택은 전치 활동, 즉 자신을 부인하는 과정이자 자아정체성 이슈를 특정한 물리적 대상에 전치시키는 투사 행위다. 이러한 점에서 물신주의는 희귀성, 진정성, 순례, 상실이라는 문제를 제기한다.

하지만 수집 행위를 가지고 정체성을 규정하기보다는 — 최악의 경우는 수집가를 '물신주의자'로 묘사하는 것이다 — , 수집가들이 자신의 정체성을 이야기하기 위해서 어떻게 취미를 직간접적으로 이용하는가를 살펴보는 편이 유용할 것이다. 한 고전적인 연구에서, 수전 피어스Susan Pearce는 숭배의 대상fetish(세계와 은유적인 관계를 맺는다)을 수집하는 활동과 기념품souvenir(수집가가 과거에 경험한 사건을 환유적으로 나타낸다) 수집을 구분한다(Pearce, 1992). 기념품은 콘서트의 공연 순서, 리뷰 스크랩, 셀레브리티를 만나서 찍은 사진 같은 회상의 물품으로, 원 맥락을 표상하는 물건이다. 이 물건들을 통해서 팬들은 지속적으로 성장·발전하는 과정을 거쳐 온 자신의 전기를 회고할 수 있다. 수집가들은 책꽂이, 웹페이지, 사진 앨범, 스크랩북, 일기 등을 사용해서 기억의 보조물을 축적한다. 요약하자면, 기념품이 된 물품은 '팬으로 살아온 삶을 회고적으로 구성함으로써' 팬의 정체성을 표현한다.

수집을 정체성 형성과 표현의 수단으로 사용하는 또 다른 예는 팬들이 자신이 모은 컬렉션을 사회적으로 사용하는 사례에서 볼 수 있다. 팬들은 자신이 발견한 소중한 보물을 공개적으로 전시하기도 하고 은밀한 지식을 유포하기 위한 자원으로 사용하기도 한다. 수집품을 집에 보관할 경우에는 대체로 특정한 방이나 방의 구역에 두는데, 팬덤을 유사 종교 행위로 간주했던 도스 같은 연구자는 이 방을 '성지'로 보았다(Doss, 1999). 하지만 이렇게 해놓는 팬들이 자신의 관심사를 음미하기는 하겠지만, 자신의 영웅을 숭배한다는 뜻에서 실제로 '기도'를 드릴 것 같지는 않다. 귀신 들린 집이 나오는 영화를 본 적이 있는 독자라면 집이 개인의 자아를 상징하는 은유라는 것을 알 것이다. 집안에 모아둔 컬렉션은 개인의 팬덤이 그 사람이 지닌 정체성의 특정 부분을 중심으로 형성된다는 것을 보여준다. 가족들과 집을 함께 쓰는 수집가는 수집품을 자신만의 개인적인 공간(침실)에 놓거나, 적어도 가정 내 비수집가들과 분리된 공간(차고, 다락)에 놓는다. 이러한 점에서 팬 컬렉션은 영역에 대한 소유권과 개인의 정체성을 보여주는 공간적 표식이자 경합의 장이 된다. 가정 내에 전시된 컬렉션은 개별 자아를 표현하기 때문에, 이 대상을 함께 즐기는 게 아니라면 가족 구성원들 간에 갈등이 일어날 소지가 있다. 그래서 예컨대 결혼하게 될 경우, 팬들이 자신의 전시품을 재조직해야만 하는 경우가 있다(Cavicchi, 1998: 139를 참조하라). 또한 컬렉션은 특정인이나 일반 대중들에게 공개적으로 전시되기도 한다. 흥미로운 예로 엘비스 팬들인 폴 매클라우드Paul MacLeod와 그 아들이 미시시피 홀리 스프링에 소유하고 있는 가정집을 들 수 있다. 그레이스랜드 투Graceland Too는 팬덤의 기념물로서 10년 넘게 일반 대중들에게 공개되어왔다. 어떤 의미에서 그레이스랜드 투는 가정집이라는 외형과 소유자의 소탈한 열정에 의존해서 공개 전시가 이루어지는 일종의 준상업적인 공간이다. 이 공간은 일종의 공예품 사업장의 특성이 강하며, 팬이 지닌 열성의 힘에 대해 — 비록 그것이 궁극적으로는 팬에 대한 스테레오타입을 되풀이하는 이야기가 될 수 있긴 하지만 — 흥미로운 사실을 말해준다.

수집을 중심으로 정체성을 표현하는 행위는 (수집 작업에 필요한) 팬 지식을 어떤 방식으로 사회에서 드러내느냐와 관련되어 있다. 앨런 츠바이크Alan Zweig의 다큐멘터리 〈비닐Vinyl〉(2000)은 혼잣말하는 버릇을 가진 남자 주인공의 다음과 같은 내레이션으로 시작한다.

최근까지 나는 일기를 컴퓨터에 쓰곤 했다. 물론 내가 그 일기에 쓰는 것은 다 여자 이야기지만, 여기서는 레코드판에 대해서만 이야기하려 한다. 하지만 어쨌든 핵심은 다 같을 것이다. 이 영화는 전부 레코드판과 그 수집에 대한 이야기고, 아마도 나는 영화 전체를 여기 내 집 안에서 만들 수 있을 것이다.

여기서는 여성과 성공적인 관계를 맺지 못하는 것과 레코드판 수집 습관이 동일한 것으로 간주되고 있다. 비록 부당한 비유이긴 하지만, 여기서 수집을 제 나이에 맞지 않는 일에 빠져 있는 행위이자, 자폐적 성향의 분출구로 스테레오타입화해서 표현하고 있는 것처럼, 일반인들은 수집 행위를 부족한 남성성과 연결시키곤 한다. 윌 스트로Will Straw는 이 분야에서 흥미로운 연구를 출판했다(Straw, 1997). 스트로는 지식을 사용하는 방식에 따라 남성 레코드 수집가를 네 가지 유형으로 분류했다. 괴짜nerd는 지식이 있지만 내보이지 않으려는 이들이고, 야만인brute은 보여줄 지식이 없는 이들이다. 멋쟁이dandy는 지식을 획득하는 것보다는 전시하는 데 더 관심이 있는 이들이고, 자신 있는 남성

cool male은 지식을 겸손하게 드러내는 이들이다. 닉 혼즈비Nick Hornsby의 소설을 스티븐 프리어스Stephen Frears가 영화로 제작한 〈사랑도 리콜이 되나요High Fidelity〉(2000)는 수집의 젠더화를 재미있게 다루고 있다. 다음은 잭 블랙Jack Black이 연기했던 레코드 가게 점원인 배리가 아무것도 모르는 한 손님을 가르치는 장면이다.

> 배리: 저희 가게에 에코 앤드 더 버니맨Echo and the Bunnymen의 앨범이 있어요.
>
> 손님: 네. 저는 그들의 다른 앨범들을 모두 가지고 있어요.
>
> 배리: 오, 그러세요? 음, 지저스 앤드 메리 체인Jesus and Mary Chain은요?
>
> 손님: 그들은 항상……
>
> 배리: 항상 뭐요? 그들은 항상 매우 훌륭해요. 훌륭하다 그겁니다. 지저스 앤드 메리 체인은 당신의 그 잘난 에코 앤드 더 버니맨이 별 볼일 없어졌을 무렵부터 뜨기 시작했죠. 그런데 당신은 여기에 앉아 에코 앨범이 더 없다고 불평하고 있군요. 어떻게 이 끝내주는 음반을 안 가지고 있을 수가 있죠? 이건 말도 안 돼요!

잠시 후 배리는 다시 밥 딜런 앨범을 들고 와서 손님에게 소리친다. "이걸 안 가지고 있다고요? 미쳤군요. 어디 가서 ≪블론드 온 블론드Blonde on Blonde≫를 안 가지고 있다고 말도 하지 마세요!" 레코드 가게 점원인 배리는, 레코드판 수집가로서 축적해온 문화자본을 사용해서 손님을 돕는다.[11] 이러한 점에서 〈사랑도 리콜이 되나요〉는 수집이 문화자본을 축적하고 확고히 하는 한 방법이라고 주장한다. 여기에는 적어도 어떤 진실이 담겨 있다. 수집가들은 쉽게 구할 수 있는 주류 미디어 생산물을 거부하고, 희귀한 것을 '찾아다니는' 헌신적인 자세를 가지고 있는 경우가 많다.

하지만 수집은 이런 스테레오타입이 보여주는 것 이상으로 복잡하다. 로이 슈커Roy Shuker는 레코드판 수집가에 대한 연구에서 다음과 같이 말한다.

그것은 〈사랑도 리콜이 되나요〉의 스테레오타입이다. '전형적인' 레코드판 수집가라는 것은 없기 때문이다. 오늘날 레코드판 수집가들은 사운드 레코딩이라는 중요한 문화적 생산물과 그 연관 개념들인 안목, 음악 정전, 희귀본에 관심을 갖고 있다. 또한 레코드판 수집가들은 추적의 설렘, 완벽함에 대한 추구, 축적에 대한 집착, 때로는 희귀성과 경제적 가치에 대한 심취, 문화 보존에 대한 관심 등, 비록 개인적인 차이는 있겠지만 수집이 일반의 지배적인 특징도 지니고 있다. 마지막에 언급한 문화 보존에 대한 관심은 독학 및 공공적·토착적 연구와 연관되어 있으며, 컬렉션을 일종의 자료로 사용한다. 수집가의 이러한 특성들은 그윽한 노스탤지어를 풍기는 문화자본의 획득과 관련되어 있으며, 이는 수집가의 사회 정체성의 중요한 부분을 이룬다(Shuker, 2010: 33).

이러한 연구는 수집이 개인적이면서도 사회적인 과정이라는 사실에 주목한다. 팬들이 축적한 물품과 정보는 거의 항상 사회적인 의미로 사용된다. 실제로 팬들은 공개 전시에 자주 기여해왔고, 아카이브에 자신의 유산을 기증하거나, 이전에는 분실된 것으로 여겨졌던 자료들을 제공해왔다. 유튜브 같은 웹사이트들에는 공연을 공유 유산으로 보존하려는 노력들이 넘쳐난다. 여기서 흥미로운 것은 팬들이 — 개별적으로든 집단적으로든 — 아키비스트이자 큐레이터가 되어 공적 영역과 사적 영역 사이를 오가며 자료들을 흥미로운 방식으로 옮긴다는 점이다. 2010년 리버풀에 있는 비틀스 스토리The Beatles Story 센터에서 열렸던 '백색 깃털White Feather' 전시가 이에 해당되는 사례다. 존 레논의 첫 번째 부인 신시아와 그 아들 줄리안이 조직한 이 전시회에서는 그 유명한 비틀스의 첫 결혼과 관련된 물품들이 공개되었다. 개인적으로 쓴 편지를 비롯한 소장품들 다수가 이미 수집가의 손에 들어가 있었고 기념품으로 유통되었다. 따라서 신시아와 줄리안은 자신들 가족사의 흔적을 대중에게 공개하기에 앞서, 개인 수집가들에게서 '자신들의' 물품을 도로 사들여야 했다. 전시회 웹사이트에서 줄리안이 "우리 가족에게 다시 귀속되어야 하는 물건이라고 느꼈기 때문에 이러한 개인적인 물건들을 수집하기 시작했다"라고 설명했듯이, 이들은 자기

가족의 물품을 추적하는 그 과정에서 스스로 수집가가 되었다.[12]

블로깅과 팬진 쓰기

인터넷이 나오기 이전에 팬들이 서로 소통하던 주요한 방법 중 하나는 팬진 fanzine — 때로는 줄여서 그냥 진zine이라 불렸던 — 이라는 단명한 독립 출판물이었다. 이 틈새 출판물은 복사된 낱장의 인쇄물을 스테이플러로 찍은 것에 지나지 않았다. 팬진은 그림, 사진, 활자로 된 항목들로 꾸며졌고, 영화, 음악, 취미, 정치 같은 주제에 초점을 맞추고 있었다. 팬진은 개인이나 작은 팬 네트워크에 의해 소규모로 생산되었고, 영리를 목적으로 한 것은 아니었다. 독립 레코드 및 비디오 상점에서는 자체 발행한 팬진을 쌓아두었고, 팬들은 서로에게 팬진을 알리고 우편으로 받아보았다. 어떤 팬진은 구하기가 어려워서, 판매자들이 원본 제작자에게 허가를 받지 않고 불법 복제본을 만들어 판매하기도 했다 (Jenkins, 1992: 160). 팬진은 대도시의 전문 미디어 외부에서 창의성을 자유롭게 표현할 수 있는 기회라는 점에서 팬진을 만들고 읽는 이들에게 중요한 의미가 있었다.

모든 팬이 팬진을 읽고 쓰는 것은 아니었다. 하지만 팬진을 읽고 쓰는 이들은 팬 공동체 내부의 특정 네트워크와 유대감을 가지고 있었다.[13] 이러한 즐거움은 해링턴과 비엘비가 말한 연속극 시청의 즐거움에 가깝다. 남의 이야기를 엿듣는 것 같은 느낌이 들고, 죄책감 없이 가십거리에 대해 이야기하며, 스크린 바깥에서의 배우들의 사생활을 시시콜콜 확인하고, 장기 방영 시리즈의 친근함을 재확인하며, 사용된 소품을 관찰해서 연속성을 결점을 찾아내는 점 등이 유사하다는 것이다(Harrington & Bielby, 1995: 119). 음악 팬진에는 레코드 회사의 소식, 편지, 기사, 분석, 팬 판타지, 콘서트 알림, 개인 광고 및 상품 광고, 경연, 팬 집회 공고 등이 실려 있었다. 팬들은 자신들의 영웅에 대한 언론 기사를 모니터링 했고, 복제bootlegging 전략이나 표를 구하는 전략을 공유하고 싶어 했다. 기념품을 서로 바꾸고 이벤트와 레코드판 리뷰를 배포하기도 했다.

어떤 팬진은 펜팔 광고를 싣기도 했는데, 이는 팬픽의 주요한 유통 창구였다. 공상과학물 팬진은 '다중 세계multi-universe'의 성격을 띠는 경우가 많았는데, 여기에는 일련의 연관된 팬 대상이 등장했다. 팬진의 지향성과 스타일은 다양했다. 심지어 몇몇 〈닥터 후〉 팬들은 인터넷 시대가 오기 전에 이미 인터뷰, 실종된 자료, 엑스트라들, 팬 영화 등으로 이루어진 비디오 팬진을 만들기도 했다.

그렇다면 팬진의 기능은 무엇이었는가? 팬진은 팬들이 교류하고 창의성을 표현하는 장소를 제공해주었다. 팬진의 이야기는 텔레비전 시리즈가 방송되지 않을 때 그 공백 기간을 채우기도 했다(Jenkins, 1992: 151). 또한 팬진은 음악가나 작품이 일시적으로 세간의 주목에서 멀어져 있을 때, 팬들이 계속 대화를 이어갈 수 있는 장이 되어주기도 했다. 카비치에 따르면, "레코드 회사가 대대적으로 스타를 광고하듯이 팬진은 자신들이 팬임을 널리 광고한다"(Cavicchi, 1998: 162). 즉, 팬진은 팬덤을 다소 특이하고 흥미롭게 보이도록 만들면서 팬덤이 미화될 수 있는 공간을 제공해주었다. 팬진 편집자는 스스로 전문 출판업자보다 독자들과 친근한 존재라고 생각하기 때문에 독자들의 요구에 더 잘 반응했다(Jenkins, 1992: 159). 또한 팬진은 검열이 거의 없는 공간이었다. 그 내용은 대중의 수용이라는 관점에서 봤을 때, 가족같이 친근한 뉴스레터부터 외설에 가까운 뒤틀린 논평까지 다양했다. 새니예크는 다양한 종류의 호러영화 팬진을 구분했다. "비꼬는 어조나 기록물 보관의 성격을 띤 팬진 외에도, ≪하위인간Subhuman≫, ≪쓰레기 분쇄압축기Trash Compactor≫, ≪식은 땀Cold Sweat≫, ≪완전한 오물Sheer Filth≫ 등, 혐오스러운 이미지들과 허무주의적으로 동일시하는 호러영화 팬진이 있다"(Sanjek, 2008: 426~427). 이러한 팬진들은 특정한 팬 문화를 정치화한다는 점에서 중요하다. 저명한 미디어 연구자인 크리스 애튼Chris Atton은 다음과 같이 주장한다.

대중음악 관련 지하 출판물들과 마찬가지로 호러영화 관련 지하 출판물도 해방, 직접적 행동, 무정부주의를 다루었다. 이러한 정치에 기반을 둔 팬진의 부상은 1970년대 후반 펑크 하위문화의 핵심적인 부분이었으며, 지하 출판물의 제2의 물결을 낳는 데 중요한 역할을 했다(Atton, 2001: 1).

팬진에서 정치성이 중요한 부분이긴 했지만, 모든 팬진이 정치적인 것은 아니었다. 어떤 팬진은 팬클럽 뉴스 기사를 싣는 등, 준 공식적인 성격을 띠고 있었다. 다수의 팬진들이 자금 흐름에 문제가 있어서 수지를 전혀 맞추지 못했고, 팬진 필자들은 원고료 대신 팬진을 몇 부 받는 것이 다인 경우가 많았다. 요약하자면, 팬진은 질적으로 천차만별이었고 미디어 생산자들이 감히 다루지 못했거나 생각하지 못했던 이슈들을 탐색했다는 점에서 중요했다.

인터넷은 평범한 사람들이 무료 또는 적은 비용으로 자신의 관점과 창의성을 편리하게 표현할 수 있는 공공 포럼을 제공해주었다. 인터넷이 등장하면서 팬진 문화에 대한 관심은 감소했고, 블로깅이 새로운 팬진 문화가 되었다. 하지만 블로깅은 미묘하게 다른 문화적 형식이다. 이론적으로 보았을 때 블로그에는 더 즉각적인 접근이 가능하지만, 그러기 위해서는 인터넷 서핑을 하다가 어디에 가야 블로그를 찾을 수 있는지를 사용자들이 알아야 한다. '블로그스피어'라는 네트워크와 상호 댓글 기능이 있지만, 일반적으로 블로그는 의견을 표현하기 위한 개인적인 장소로 더 많이 사용된다. 또한 블로그는 공개된 성격을 띠고, 전 세계 어디에서든 접근 가능하며, 감시에 취약하고, 상이한 형태의 정보를 더 잘 담아낼 수 있으며, 더 쉽게 아카이빙할 수 있다. 예컨대 음악 블로그들 중에는 잘 알려지지 않은 앨범을 팬들이 공유 형식의 미디어 파일로 다운로드 할 수 있게 해주는 단순한 링크 집합소에 지나지 않는 곳도 있다. 블로그는 월등히 편리한데, 바로 그러한 점 때문에 이용자가 마치 소비자 같다. 반면 팬진을 회람하는 활동은 그보다 헌신적인 활동이었다. 생산물이 아마추어 같기는 했지만, 사무용 복사 기술을 이용해서 신념을 표현했던 팬진 제작은 게릴라 활동과 유사했다. 이러한 점에서 팬진은 역사적으로 중요한 팬 문화 형식이었다. 디지털 시대에 들어서면서 팬 출판은 지하에서 나와 지상으로 올라왔다.

팬비드

비디오 업로딩 사이트인 유튜브는 개설된 지 10년이 채 안되었지만, 현재 인터넷 이용자들 사이에서 세 번째로 인기가 높은 사이트다. 그러나 방송용이 아닌 비디오가 공공 커뮤니케이션의 핵심 양식이 되기 훨씬 전부터 팬들은 비디오를 제작해 서로 돌려보기 시작했다. 이러한 과정을 설명하기 위해서 '비딩'이라는 동사가 생겨났고, 어떤 이들은 비딩의 실천이 1970년대부터 시작되었다고 주장했다. 젠킨스가 『텍스트 밀렵꾼들』에서 비딩에 대해 논의한 내용은, 인터넷에 업로드된 비디오를 보기 이전에도 비딩이 관객 공동체의 스포츠였음을 보여준다는 점에서 중요하다. 젠킨스에 따르면, 팬 비디오는 원 텍스트에 대해 평론할 뿐 아니라 팬 공동체를 결속시킨다. 팬 비디오는 만드는 이들의 헌신을 증명하며, 또한 팬 공동체의 공통 관심사와 이해, 집단적 판타지를 표현한다(Jenkins, 1992: 248~249). 팬 비디오는 단순한 포스트모던 매시 업이 아니라, 새로운 서사 예술 형식으로 등장했다. 팬 비디오는 쇼를 다른 식으로 편집함으로써 새로운 장르로 만드는 데 사용될 수도 있다. 예컨대, 〈마이애미 바이스〉 시리즈의 공식 뮤직비디오는 도시를 드라이브하는 두 남자를 통해 소비주의 판타지를 강조했지만, 시리즈의 장면을 편집해서 만든 팬 비디오들은 두 남성 주인공 간의 유대에 초점을 맞췄다(Jenkins, 1992: 234를 참조하라). 사실상 이 프로그램이 연속극으로 새롭게 상상된 것이다. 또한 팬 비디오는 하위플롯이나 조연에게 관심을 돌리게 하기도 했다. 젠킨스가 보기에 팬 비디오는 남성 간의 유대, 로맨틱한 깨달음, 집단 헌신을 주제로 한다. 이러한 주제들은 "팬 가십, 팬 비평, 팬 픽션의 주요 관심사일 뿐만 아니라, 팬 공동체에 대한 소속 욕구에 소구하기도 한다"(Jenkins, 1992: 237). 팬 비디오 작업은 상징적인 미디어 순간을 다시 살려내고, 팬들이 그 순간과 관련된 기억을 회상할 수 있는 기회를 준다.

이미지, 사운드, 비디오 조작 도구에 쉽게 접근할 수 있는 이 시대에, 주변부에서 수행되었던 비딩 작업은 더 큰 공동체로 확대되었다. 이는 세 가지 측면에서 언급할 가치가 있다. 첫째, 뉴미디어를 사용하면서 팬들의 미디어 소비가 확장되고 세계화되었다. 예컨대 팬서빙fansubbing은 외국 영화에 비공식적으로 자막을 다는 활동이다. 그렇게 함으로써 망가manga*나 다른 외국 장르 팬들은 상업시장보다 온라인을 통해 훨씬 다양한 자료에 접근할 수 있게 되었다. 둘째, 공적 생활이 매개되면서, 참여문화는 보통 사람들이 창의성과 정치적 저항을 표현하는 방법이 되었다. 패러디 비디오는 더 큰 이슈들을 인간적인 차원으로 끌어내렸다(Jenkins, 2008: 289). 하지만 팬들은 대개 정치적인 주제 자체를 목적으로 하기보다는, 자신의 즐거움을 확장하는 방법으로 텍스트를 수정하는데 흥미를 느낀다. 팬들은 자신이 가장 좋아하는 프로그램을 존중하는 마음 없이 매시 업 하는 이들을 달가워하지 않을 것이다. 셋째, 많은 팬이 논평을 제공하고 생산물을 리뷰하기 위해서 비디오를 사용한다. 이런 점에서 비딩은 팬진을 살아 움직이게 했던 바로 그 창의성을 표현하는 하나의 방식이라고 볼 수 있을 것이다.

필킹

필킹filking은 인기 있는 곡조에 팬들이 가사를 바꾸어 부르는 행위로, 여기에는 좋아하는 미디어 생산물에 대한 공통의 관심이 반영되어 있다. 필킹은 팬들이 창의성을 표현할 수 있는 대표적인 열린 공간이다. 이 실천을 통해 팬들은 조연과 하위플롯을 부각시키고, 대중음악과 텔레비전 스토리텔링을 결합해서 흥미로운 조합을 새로 만들며 원 텍스트에 대해 논평할 수 있다. 또한 팬들은 필킹을 통해 자신들에게 덧씌워진 부정적인 스테레오타입에 저항하고, 그것을 우스꽝스럽게 비틀거나 패러디하는 방식으로 응수한다. 개사곡 가수는 개사곡의 내용은 TV에서, 개사곡의 형식은 팝에서 빌려오는데, 이러한 면에서 그

---

* '망가'는 일본 만화를 뜻한다.

는 이중적 의미의 밀렵꾼이다. 개사곡 가수는 마치 포크 가수처럼, 공동체가 주도하는 구어적 전통에서 노래를 부르고, 과거와의 연결을 통해 정체감을 획득한다(Jenkins, 1992: 268~269). 남성과 여성 모두 필킹 공동체에서 두드러진 역할을 수행한다. 필킹은 가수와 관객 간의 공식적인 분리가 없고, 가수가 음이탈을 하거나 가사를 잊어버려도 비난받지 않는 격식 없는 분위기에서 진행된다는 점에서도 포크송 부르기와 비슷하다(Jenkins, 1992: 256~257을 참조하라). 초기 팬 연구자들은, 필킹이 상대적으로 비상업적이고 전복적 가능성을 지닌 포크 문화의 한 형태라는 점에서 이를 중요하게 여겼다. 연구자들은 개사곡을 부르는 팬들을 몽상가가 아니라 행동하는 자들로 보았다.

모사와 코스프레

거의 1980년대 내내 존재했던, 미디어 팬덤에 대한 한 가지 뿌리 깊은 스테레오타입은 가장 헌신적인 팬들은 엘비스의 점프 수트나 〈스타트렉〉 조끼를 입는 괴짜일 가능성이 높다는 것이다. 모사자는 다른 사람과 달라서 쉽게 눈에 띄기 때문에, 언론과 TV에서 강한 인상을 남겼다. 대중음악 그룹에 대한 헌사가 점점 더 많아지면서, '2차적 퍼포먼스'가 흔한 활동이자 직업적인 기회로 여겨지게 되었다. 헌사를 표현하는 음악가들이 애정을 표현하기 위해서가 아니라 돈을 벌기 위해서 그렇게 하는 전문가들이라는 사실을 누가 봐도 알 수 있게 되었다(Homan, 2006을 참조하라). 모사자는 '독립적인' 개인도 아닌 것 같고, 그렇다고 그의 정체성이 영웅의 정체성 속으로 완전히 사라지는 것도 아니기 때문에, 개념적으로 보면 모사자들의 열정은 자아에 혼란을 야기한다. 모사를 하기 위해서는 모사하고 있는 스타의 역할 속으로 녹아 들어가야 하기 때문에 모사자가 자아를 상실할 위험에 처해 있는 것처럼 보일 수 있다. 마릴린 먼로의 모사 배우였던 케이 켄트Kay Kent의 경우처럼 헌사 행위로 아이콘의 비극까지 그대로 따라 하는 일도 있다(Hills, 2002a: 162). 그렇게 함으로써 모사자는 자신의 진정성을 비극적인 방법으로 입증하며, 내면세계까지 영웅과 같다는 것을 보여줄 수 있다. 모사자는 쉽게 가짜로 치부될 수 있기 때문에 진정성을 입증하는 일이 중요한 과제가 된다. 하지만 힐스에 따르면, 모사자가 겉으로는 자아를 상실하는 것처럼 보이지만, 실상은 자아 결여를 지나 자아를 확장하는 과정을 거친다. 힐스는 미디어가 모사를 나쁜 것으로 타자화하고, 팬들의 행위성 결여를 강조하는 방식으로 보도했다고 지적했다. 이렇듯 자아 상실을 여성화되는 것으로 여겨 두려워하는 시각은 우리를 다시 현혹의 문제로 되돌아가게 한다(Hills, 2002a: 167~168을 참조하라). 그러나 모사는 개인의 자율성의 상실이기보다는, 마케팅 기회나 수행적 즐거움에 가깝다.

팬을 모사자로 개념화하려는 시도는 스테레오타입이고 과대평가다. 모사가 자신이 좋아하는 스타의 정체성을 통해 자신의 정체성을 표현하며 자신의 관심사를 행위로 옮기는 문화적 실천이라고 진지하게 주장하는 사람은 미디어 열성팬들 중에도 극소수에 지나지 않는다. 대부분의 팬 문화에서 모사자가 눈에 띄기는 하겠지만, 그들은 팬층에서 극히 작은 부분이다. 버지니아 나이팅게일Virginia Nightingale에 따르면, 아마추어 모사는 자아도취적인 즐거움이다. 모사를 하는 팬들은 모사를 통해 "잠시라도 '사랑받는 대상'으로 인식되려고 애쓴다"(Nightingale, 1994: 9). 하지만 코스프레나 모사는 특정한 쇼, 스타 또는 장르의 신화소mythos에 대한 유희적 몰입의 성격을 더 분명하게 보여준다(Lancaster, 2001을 참조하라). 헌신적인 팬들은 자신이 좋아하는 뮤지션이 독특하다고 여기기 때문에, 자신의 스타와 그 모사자 간의 아주 작은 차이도 쉽게 눈치 챈다. 그럼에도 사람들은 원래 스타의 이미지나 스타 개인의 정체성과 느슨하게 연결된 채 일종의 이중 정체성을 구현하는 헌정 가수tribute artist를 더 좋아하기도 한다.14 윌리엄 M. 헨더슨William M. Henderson은 "최고의 모사자는 엘비스를 발판으로 자신의 개성을 표현하는 사람"이라고 주장했다(Henderson, 1997: 252; 인용자 강조). 모사자들이 오리지널 뮤지션이 하지 않았던 음악을 연주하면, 이는 그 아이콘의 퍼포먼스 스타일에 대한 일종의 확장으로서 지지받는다. 모사자들 역시 팬 추종자들과 팬클럽을 가질 수 있다.

팬덤의 실천이 모사와 시각적으로 흡사한 경우가 있다. 팬들이 자신이 좋아하는 아니메 캐릭터의 모습으로 차려입는 코스프레가 그 예다(Jenkins, 2006: 152). 힐스가 지적하듯이, 서구의 코스플레이어들은 아니메 코스프레를 할 때 민족 정체성의 문제를 타협해야만 한다(Hills, 2002b: 13). 힐스는 서구인들이 코스프레의 즐거움에 참여할 때, 상이한 민족 정체성이 "전술적으로 비활성화되거나 후면으로 밀려난다"라고 주장한다. 실상 이러한 점에서 코스프레의 실천은 어떤 차원에서 가면무도회와 유사하다. 팬들은 참여를 확장하고, 자신의 정체성을 탐색하며, 타인과 상호작용하기 위한 방법으로 픽션 속 등장인물의 옷을 입는다. 또한 코스플레이어들은 자신의 팬덤을 표현하기 위해서 의상을 만드는 재능을 발휘한다. 코스플레이어들은 자신의 육체를 사용하는 방식으로 수행성을 탐색한다. 니콜 래머리히Nicole Lamerichs가 설명하듯이, "코스프레는 허구와 실제 간의 모호한 관계를 분명한 관계로 만든다"(Lamerichs, 2011, 온라인). 코스프레에 대한 또 다른 글에서, 젠 거널스Jen Gunnels는 어떤 〈스타워즈〉 코스프레 경험에 대해 다음과 같이 보고했다.

> 그의 말대로 캐릭터의 모습은 의상을 입는 일과 구체적으로 관련되어 있다. 그는 자신이 캐릭터 정체성의 모습을 일상생활 속에 가지고 들어온다는 사실을 믿지 않을지도 모른다. 하지만 의상을 입으면 캐릭터의 모습들이 그의 정체성으로 사용될 수 있다(Gunnels, 2009, 온라인).

의상 착용은 사람들이 새로운 지평을 탐색할 수 있게 해준다. 의상은 팬으로서의 정체성을 타인에게 표현할 수 있게 해주는데, 코스플레이어들은 주변 사람들이 자신의 수행적 정체성을 받아준다는 것을 알게 되면, 그것을 표현하는 것을 이전보다 안전하게 느낀다. 예컨대 여성이 남성 위주의 공상과학물 집회에서 코스프레에 참여하는 경우, 그녀는 자신의 의지에 반해서 남장을 하고 있는 것이 아님을 보여줄 수 있다. 완전히 갖춰 입는 몇몇 팬들은 다른 젠더의 등장인물로 차려입는 '교차 코스프레crossplay'를 하기도 한다(Mead, 2010: 58). 따라서 코스프레는 재미로 멋진 옷을 입는 행위부터, 광범위한 문화에서 수용될 수 있는 범위를 넘어서 사회적 정체성을 심오하게 실현하는 행위까지 다양한 실천을 의미한다.

팬들이 세컨드 라이프Second Life*와 같은 가상환경에서 아바타를 취하고 멀티 플레이어로 활동하면서, 인터넷 기술은 다른 정체성을 지닌 사람으로 살아보고 싶어 하는 인간의 오랜 충동을 실현시켜주었다. 예컨대 〈CSI 뉴욕CSI NY〉(2004~) 같은 범죄 드라마 제작자들은, 세컨드 라이프 제작자인 린던 랩Lindon Lab과 합작해서 시리즈를 위한 가상환경을 구축했다(Jenkins, 2008: 124). 팬 모임에서 하는 코스프레와 모사는 물리적 공간에서 가상 공동체를 구현하는 활동으로도 볼 수 있을 것이다. 거널스는 뉴욕 코믹 콘New York Comic Con의 코스플레이어들에 대한 경험적 연구에서, 코스프레를 일종의 사회적 대처 전략으로 이해해야 한다고 말했다.

〈스타워즈〉 코스플레이어들은 분명히 자신의 어린 시절을 다룬다. 오늘날의 사회 환경은 X세대 구성원들이 성장했던 시절과 기묘하게 닮아 있다. X세대의 자녀들도 X세대와 마찬가지로 경제적으로 불안정한 환경에서 태어나 자라고 있다. 코스프레를 통해 〈스타워즈〉의 세계에 참여하는 일은 어떤 이들에게는 자신의 삶에 대처하는 방법이면서, 그 전략을 자신의 아이들과 공유하는 방법이기도 하다. 그것은 그들이 이 문화 속에서 성장하면서 삶의 어려운 시기를 지나올 수 있도록 해주었던 신화를 자신의 아이들에게 전수하는 방법이다. 우리는 살다가 어려움이 닥쳤을 때 어떻게 슬기롭게 헤쳐 나갈 수 있는지를 알려면 루크 스카이워커와 오비완 케노비를 보라고 아이들에게 이야기할 것인가? 진심으로 나는 그렇게 하면 된다고 생각한다. 아마도 아이들은 구 공화국 기사들이 저지른 실수에 균형을 맞출 새로운 제다이 군단을 형성할 것이다(Gunnels, 2009, 온라인).

----

* '세컨드 라이프'는 2003년 린던 랩이 개발해서 출시한 인터넷 기반의 가상세계 서비스다. 사용자들은 전용 클라이언트 프로그램을 활용해서 자신의 아바타를 만들고 다른 아바타들과 교류하면서 사업이나 파티 같은 가상의 일상생활을 영위한다.

7장 팬덤, 젠더, 성적 성향

출발점

남성 팬과 여성 팬은 항상 같은 방식으로 행동하는가?

팬덤은 다른 성적 정체성을 표현하는 데 어떻게 활용되는가?

팬덤은 어느 정도로 '젠더 트러블'을 일으키는가?

젠더는 성별에 대한 문화적인(생물학적인 것과 대립되는) 구분이다. 미디어 팬덤과 젠더 간의 관련성을 살펴보기 위해서는 그 현상을 더 상세히 논의해야만 한다. 젠더는 특정한 사회관습, 규칙, 역할, 기대와 결부된다. 그리고 이들은 사회적으로 투영된 구분들에서 생겨나며, '남성' 또는 '여성'으로서의 정체성이나 관행을 규정하고 구별한다. 그러므로 젠더는 남성의 몸과 여성의 몸 사이의 생물학적 차이를 정당화하는, 단지 관념에 지나지 않는 문화적 구성물이다. 페미니스트들의 주장에 따르면 서구 사회는 역사적으로 (남성이 이끄는) 가부장제로 조직되어, 과격하게 말하자면 여성들을 억압해왔고, 점잖게 말하자면 공적인 삶에서 여성들을 상대적으로 배제해왔다. 그러나 이례적인 순간들과 점진적인 변화들이 있었다. 2차 세계대전 기간인 1940년대와 피임약의 대중적 도입 이후인 1960년대에 많은 여성이 직장을 얻고 중요한 직책을 맡으면서 변화가 초래되고 젠더에 대한 집단적 재평가도 가속화되었다.

전통적으로 남성성은 남성의 특권을 재생산하며 남성에게 자부심을 부여해왔다. 그것은 젠더를 '차이'로 개념화하고, 그 차이에 위계질서를 부과해 당연시했으며, 이상적이고 용인될 수 있는 행위가 무엇인지에 대한 생각을 공유하게 했다. 권위 있는 인물 대다수가 남성인 사회에서, 여성은 수동성, 취약성,

정숙을 내면화한 집안의 조력자라는 위치로 규정되었다. 역설적으로 여성들은 욕망의 대상으로도 찬양되었다. 여성성은 유약하다고 간주되었기 때문에, 여성적인 행위는 경멸 어린 무시와 숨겨진 공포의 대상으로서 타자화되었다. 이렇듯 여성성을 두려워했기 때문에 남성이 여성처럼 행동하면 경멸의 대상이 되었다. 그래서 남성성은 남성과 여성을 구분하는 방식이었을 뿐 아니라, 호모에로틱한 남성 결속과 동성애homosexuality를 유약하고 용인할 수 없는, 남성으로서 문제가 되는 행동으로 보았다. 남성성은 남성들이 지위를 두고 경쟁하도록 부추기고 도전적인 성취를 강조하기 때문에, 독립, 경쟁, 합리성, 자기통제 같은 특성을 중시한다(Easthope, 1990을 참조하라). 전통적인 남성성은 여성을 우승 기념품으로 간주하고, 여성을 정복의 대상이자 교환품으로 축소시킨다. 이리하여 섹스는 남성다움을 경쟁적으로 주장하기 위한 경기장이 된다. 역사적으로 이러한 남성적 규범을 통해 공적인 삶이 전개되고 규정되어왔으나, 지난 수십 년 동안 많은 국가와 문화에서 젠더에 대한 전통적인 기대가 크게 변화하면서, 매우 다양한 행위들이 용인될 수 있게 되었다. 연구자들이 설명하듯, 평등의 이름 아래 얻은 요구사항과 변화는 가부장제를 떠받쳤던 절대적인 젠더 관념에 도전했다. 남성과 여성 모두가 성별 구분 없이 다른 새로운 역할과 행동을 할 수 있게 되면서, 연구자들은 남성성이 '위기'를 맞이했으며 이제 남성성은 복수형으로(예를 들어, 남성성들로) 이해되어야 한다고 주장하기 시작했다. 여성성의 본질에 대한 이해 역시 변화를 겪었다. 데이비드 곤틀릿David Gauntlett은 다음과 같이 주장한다.

> 오늘날의 여성들에게 여성성은 핵심적인 가치가 아니다. 대신 '여성적'임은 단지 여성이 일상에서 (아마도 즐거움을 위해서거나 특정 목표를 성취하기 위해) 선택할 수 있는 수행 가운데 하나다. 이제 전통적인 여성성은 인기가 없다는 여러 증거가 있다(Gauntlett, 2008: 11).

다시 말해, 여성들은 전통적이고 이성애 규범적인 여성이란 성적 대상화나 집안일 같은 '남성의' 필요와 욕망을 위해 만들어진 역할임을 인식하기 시작했다. 전통적 여성성 개념은 여성들을 불안하게 만드는 전략에 불과하다고 거부했지만, 차츰 여성들은 여성성이 쾌락을 주기도 한다는 사실을 깨닫기 시작했다. 그래서 여성은 여성성을 마음대로 입을 수 있는 옷처럼, 자율성, 쾌락주의, 동지애의 자유로운 공간으로 (집단적이고 암묵적인 방식으로) 인식했다. 이러한 변화가 여성들에게 미친 영향은 그들의 연령, 문화, 계급에 따라 그 정도가 달랐다. 여성성과 남성성 양식의 변화를 통해서 모든 젠더가 변형가능하고 심지어 '퀴어queer'*일 수도 있음을, 즉 젠더가 불안정한 경계 위에서 자의적으로 구성되는 것임을 알게 되었다. 게이 남성과 레즈비언 여성처럼 상대적으로 주변화된 섹슈얼리티를 통해 자신의 젠더 정체성을 구성하는 사람들은 정체성이 관계적 속성을 지닌다는 인식을 찬양한다. 2003년이 되어서야 미국 대법원은 (동성애 금지법을 위헌이라고 판결함으로써) 국가적 차원에서 동성애를 합법화했고, 그 결과 1970년대 통과된 동성애 처벌법을 유지했던 마지막 13개 주도 그러한 변화에 동참했다. 시민 결합만이 아니라 결혼으로서 법적으로 동성 배우자를 인정받으려는 동성애 권리투쟁은 아직도 진행 중이다.** 그러므로 젠더와 섹슈얼리티는 복잡하고 논쟁적인 문화 영역이며, 개인적인 것이 정치적인 것과 교차하는 장소이다. 그렇다면 이는 어떻게 팬덤과 관련될까?

젠더와 팬덤에 대해 논의할 때, 우리는 두 가지 중요한 함정을 피할 필요가 있다. 그 첫 번째는 '텍스트 본질주의'라고 할 수 있다. 이는 수용자들이 텍스트 속에 묘사된 젠더의 의미를 자신의 젠더와 연결시켜 해석하며, 따라서 수용자의 해석은 그가 어느 사회 집단에 속해 있느냐에 따라 자동으로 결정된다고 보는 것이다. 일례로 텍스트 본질주의 관점에 서면, 매우 감상적인 로맨틱 발라

---

*   여기서 '퀴어'는 이성애자가 아닌 성적 소수자를 의미하며, 흔히 레즈비언, 게이, 양성애자, 트렌스젠더(이른바 LGBT) 등을 모호하게 총칭하는 용어로 사용된다.

**   이 책의 원서가 출판된 2013년에는 그랬지만, 2015년 6월 26일 미국 연방대법원이 동성 간의 결혼을 합법화하는 역사적인 판결을 내림으로써 이제 미국 전역에서 동성애자들의 결혼이 허용된다.

드를 듣는 팬 수용자는 전부 여성일 거라고 말하기 쉬운데 이는 잘못이다. '텍스트 본질주의'는 개별 시청자나 청취자가 젠더 표상을 다르게 지각하거나 아주 다르게 해독하고(때로는 자신과 다른 젠더와도 동일시할 수도 있으며), 젠더화된 해석을 담론적 자원으로 수용할 수도 있고 거부할 수도 있다는 사실을 무시하고 있다. 두 번째 함정은 텍스트를 넘어 '수용자를 본질화'하는 것이다. 만약문화를 젠더라는 프리즘만을 통해서 본다면, 남성 팬과 여성 팬은 (또는 동성애자 팬이든 이성애자 팬이든) 팬덤을 '본질적으로 다르게' 추구한다는 생각을 가질위험이 있다. 젠킨스는 성별에 따라 달라지는 해독 전략이 사회적 경험에 근거한 것이지, 본질적인 차이는 아니라고 주장한다(Jenkins, 1992: 112). 이러한 주장을 통해 우리는 생물학적 결정주의에서 한발 떨어져, 젠더를 확정되지 않은역할과 규범의 체계로 생각해볼 수 있다. 그러나 젠더가 달라도 개인들이 느끼는 팬덤은 실제로는 동일할 수 있다. 따라서 젠더의 '차이'를 강조하는 입장은이러한 유사성을 감출 위험이 있다. 이러한 두 가지 경고를 염두에 두며 팬덤,젠더, 섹슈얼리티에 관해 더 살펴보자.

동일시들

모든 미디어 문화 영역이 특정 젠더와 연결되어 있다고 믿는 사회적 환경 속에서 팬들은 텍스트 동일시textual identification를 수행한다. 넓은 의미에서, 텍스트 동일시는 흔히 여성화된 주류[옮긴이: 여성이 대부분을 차지하는 주류], 또는 소수의 '남성적' 컬트에 적용되어왔다. 그러나 특정 장르는 (록 뮤직, 드라마 또는호러의 예를 떠올려보라) 젠더마다 다르게, 또는 한 젠더보다 다른 젠더에 더 중점을 두고, 또는 남녀 시청자에게 똑같이('청소년 프로그램'이나 '가족 시청'이라는표제를 내건 프로그램을 생각해보라) 마케팅된다. 이런 점에서 보면 여성화된 주류라는 말은 맞지 않다. 그럼에도 여성 주류 시청자는 '수동적 시청과 청취'를연상시키는 대량mass 수용자와 자주 결부되어왔다. 일반적으로 사회에서 여성이 남성보다 덜 이성적이고 텍스트의 유혹에는 더 취약한 존재로 분류되어왔기 때문에, 여성은 불가피하게, 그리고 부당하게 수동적 관객성spectatorship을 지녔다고 상상된다. 따라서 사회는 'TV를 많이 보는 것'을 여성적 행위로 간주해왔다(Jenkins, 1992: 61). 미디어 문화에 대한 논평이나 비평에서 수용자 주류가 여성이라고 보는 관점은 통상 팬 공동체에 대한 인식에서도 되풀이된다. 물론, 장르에 토대를 둔 몇몇 팬 문화는 주로 어느 한 젠더로 구성된다. 1992년에 젠킨스는 다음과 같이 말했다.

> (텔레판타지 팬 공동체는) 대체로 여성이고 대부분 백인이며 주로 중산계층이지만, 여기에 속하지 않는 많은 사람도 회원으로 환영한다. …… 아마도 내게 가장 어려운 일은 그처럼 광범위하고 다양한 구성원으로 이루어진 집단이 여전히 하위문화의 성격을 가질 수 있다고 주장하는 일일 것이다(Jenkins, 1992: 1).

그리고 젠킨스는 "이 텔레판타지 공동체에서 남성 팬도 눈에 띄지만 여성 팬만큼 일반적이지는 않다. 우리는 그 공동체의 해석적 관습에 따라 노는 법을 배웠다"라고 덧붙였다(Jenkins, 1992: 6). 반대로, 주류가 아닌 주변 문화(컬트 미디어, 싸구려 상업영화, 에소테릭 뮤직esoteric music)와 그 추종자들은 대체로 남성적인 것으로 여겨진다. 컬트영화를 연구한 조앤 할로우즈Joanne Hollows는 "'컬트'는 여성화된 주류와 대립적으로 설정된 분류화와 범주화 과정을 통해 남성화된 정체성을 획득했다"(Jenkins, 2003: 41)라고 설명한다. 그러나 팬덤을 여성적인 것과 남성적인 것으로 구별하는 관점은 다양한 팬의 존재를 은폐할 수 있다. 양쪽 모두 동일시하는 사람인 경우, 예를 들어 남성이면서 드라마 팬인 경우 비정상적인 사람에 속하는 것으로 분류되거나 마치 없는 존재처럼 취급당한다. 그래서 '젠더' 그 자체와는 달리, 텍스트와 장르를 젠더화하는 것은 무엇보다도 하나의 담론으로서 중요하게 작용한다.

주류와 주변이라는 이러한 지형 내에서, 어떤 문화 영역은 (부분적으로는 텍스트의 장르적 매력 때문에) 한 젠더가 다른 젠더보다 더 지배적인 수용자 집단으로 쉽게 연상된다. 그래서 팬덤의 대상에 따라 그 팬덤은 서로 다르게 젠더화되어 지각된다(Jenkins, 1992: 108을 참조하라). 이때 팬들이 사용하는 담론들을 살펴보면 어떤 젠더 규범이 논의를 지배하고 있는지 알 수 있다. 이를 잘 보여주는 예가 호러 장르에서 여성 팬의 위치다. 예를 들어 뱀파이어 영화를 보는 여성 관객들이 많으면, 여성 팬들도 더 두드러져 보인다. 그러나 호러의 다른 하위 장르에서는 여성 팬을 찾아보기 어렵다. 브리짓 체리Brigid Cherry의 연구에 따르면(Cherry, 2002), 영국의 여성 호러 팬들은 남성 지향적인 장르 관습 때문에 상대적으로 주변화될 뿐만 아니라, 자신들의 행위가 '이상한' 것이라는 인식을 내면화해 표현함으로써 스스로를 담론에서 배제한다. 비주류라는 판단 때문에 여성 팬들은 팬 집회를 회피하거나, 자신들의 1차적 관심은 '공상과학' 팬덤이라고 전략적으로 말하는 것을 예로 볼 수 있다. 데이비드 처치David Church는 수용자 연구 전문 학술지인 ≪참여Participations≫에서 호러 팬덤의 마초적 측면을 밝히면서, '역겨운sick' 영화로 유명한 피에르 파솔리니Pier Pasolini의 〈살로 Salò〉(1975)를 거론한다.

호러영화에서 젠더화된 취향(즉, 브리짓 체리가 지적한 '수용자에게 혐오감을 불러일으킬 목적으로 쓸데없이 과도하게 사용된 폭력과 낭자한 피, 등등의 효과'를 싫어하는 여성 호러 팬의 취향)에 대한 경험 연구를 토대로, 우리는 대부분의 '역겨운 영화' 팬이 아마도 남성이거나 또는 적어도 '남성적' 취향이라고 전형적으로 추론할 수 있다. 예를 들어, '역겨운 영화'에 나타난 성폭력에 대해 수용자 반응을 조사했더니, 실제로 이러한 영화를 환영하는 관객은 남성 또는 '남성적' 취향을 가진 사람들이 압도적인 것으로 밝혀졌다. '역겨운 영화'에 대한 팬 담론은 그런 영화를 견뎌야 한다는 남성주의 관념으로 가득 차 있다. 팬이 구역질을 참아 가며 역겨운 영화 한 편을 끝까지 관람하는 것은 영예로운 일로 취급받는다. 어떤 팬은 〈살로〉를 보는 건 "아주 많은 단계에 도전하는 거예요. 그 영화를 끝까지 관람하는 건 고된 일이죠"라고 말하는가 하면, 또 다른 팬은 "지금까지 어떤 영화도 진짜로 날 구역질나게 만든 적은 없었기 때문에, 난 항상 나 자신에게 도전하려고 해요. 아직 〈살로〉는 보지 못했지만, 정말 끔찍하다고 들었어요"라고 말했다(Church, 2009: 349).

호러의 현대적 형식(충격적이고 불쾌한 유혈 장면)이 반드시 모든 여성 수용자들을 쫓아버리지는 않기 때문에 호러는 흥미로운 사례다. 캐럴 클로버Carol Clover는 다음과 같이 말한다.

소녀들도 대개 남자친구들과 함께, 그리고 때로는 여성들끼리 (특히 〈엘름 거리의 악몽Nightmare on Elm Street〉은 여성들끼리 보러 간다는 인상을 받았다) 슬래서 영화slasher movie[*]를 보러 간다. 그러나 슬래서 영화 관객의 대다수는 아마도 다른 일반적인 호러 수용자보다 더 젊으며, 대체로 남성이다. 눈에 띄는 점은, 청소년들은 살인자가 여자 희생자를 공격할 때 환호하고, 또 여자 희생자가 살인자를 공격할 때는 거꾸로 공감의 방향을 바꾸어 생존자에게 갈채를 보낸다는 것이다(Clover, 1992: 23).

이처럼 클로버가 관객 반응을 젠더화된 패턴으로 일반화할 때, 슬래서 영화를 혼자 보러온 여성 팬은 일반적으로 예외적인 사례가 된다. 그런 의미에서 주류 수용자가 아니기 때문에 스스로를 소수자로 느끼는 남성 팬이나 여성 팬에게 팬덤의 어떤 공간은 불편하다. 이는 신체적으로 위협받거나 또는 특정 공간에서 사회적으로 배제되고 있다고 느끼는 여성의 경우에는 특히 심하다. 트랜스젠더 헤비메탈 트리뷰트 밴드(남성 밴드를 모방한 여성 공연자)를 연구한 조지나 그레고리Georgina Gregory는 최근 다음과 같이 설명했다.

---

[*] '슬래서'는 스릴러나 호러영화의 하위 장르로 흔히 사이코 살인자가 끔찍하게 폭력적인 방법으로 일련의 살인을 저지르는 내용의 영화를 뜻한다. 주로 칼이나 도끼, 전기톱 같이 날이 있는 도구를 사용한다.

레즈 젭Lez Zep*과 아이언 메이든스The Iron Maidens**의 콘서트를 관람하는 여성 팬의 수는 보통 사람들의 예상보다 훨씬 많다. 그리고 나와 말을 나눈 몇몇은 관중의 남녀 비율이 엇비슷할 때 더 안전하게 느끼고, 분위기도 더 즐길 수 있다고 말했다(Gregory, 2012: 13).

젠더 간의 차이는 팬 활동에서도 드러난다. 팬 실천의 많은 부분이 특정 젠더에서 더 일반적으로 나타나는데, 예를 들어 팬 픽션 작가는 대체로 여성이다 (Pugh, 2005: 7; Jenkins, 2006: 43을 참조하라). 여성 팬은 때때로 자신들의 실천 때문에 차별을 받는다. 예를 들면, 에로틱한 픽션 쓰기는 흔히 남성적인 일로 여겨지는 영화 제작에 비해 비평에서 무시당하는 편이다. 이는 전통적으로 여성성을 수동성과 예속성으로 연결시켜온 결과다. 이런 측면에서 호주 연구자인 캐서린 럼비Catherine Lumby는 여성 팝 팬덤에 대해 흥미로운 논점을 제기한다. 럼비가 지적한 것처럼, 여성 팝 팬덤의 성적 측면은 밴드를 만나는 일에 관한 것일 뿐 아니라 팬들이 자신의 정체성을 발견할 수 있는 공간을 구축해주기도 한다. 럼비는 한 연구 참여자에 대해 다음과 같이 설명한다.

수Sue는 다시 섹스를 계획했다. 그녀는 남자에 대해 자신이 좋아하는 것과 그렇지 않은 것에 대해 더 알기를 원했다. 그리고 가장 중요하게는 부모와 선생의 감시로부터 도망쳐 자신만의 자아감을 충분히 탐구하길 원했다. 그녀는 내게 성적 느낌과 행위에 대해 소상하게 말했다(내게 그처럼 말한 사람은 그녀가 처음이다). 그리고 이런 정보는 우리가 좋아하는 팝 스타에 대해 이야기한다는 구실로 공유되곤 했다. 나는 십대 소녀인 수보다는 훨씬 덜 모험적이었다. 그러나 나는

***

* '레즈 젭'은 레드 제플린의 트리뷰트 밴드로 2004년 미국 뉴욕에서 결성되었으며, 여성 멤버로만 구성되어 있다.

** '아이언 메이든스'는 영국 헤비메탈 그룹인 아이언 메이든(Iron Maiden)의 트리뷰트 밴드로 2001년 미국 로스앤젤레스에서 결성되었으며, 여성 멤버로만 구성되어 있다.

팬덤에서 진정으로 에로틱한 차원은 도피의 판타지와 연관된다는 것을 뚜렷하게 기억한다. 그것은 자신을 재발명하고, 섹슈얼리티를 탐색하고, 여성이라는 상태에 대해 웃고 장난치기 위한 가상적 공간이다. 그리고 그때 우리는 겨우 14살이었는데, 수와 함께한 그 열띤 시간에 대한 내 기억은, 추위를 견디며 끝없이 줄을 서서 기다렸던 기억만큼이나 강렬하다(Lumby, 2007: 351).

그래서 팬덤은 자신에게 가능한 젠더 정체성을 탐색할 수 있는 공간을 제공한다. 이것은 사람들이 구체적인 픽션 캐릭터를 발견할 때 일어날 수 있다. 예를 들어, 〈배트맨Batman〉의 원작 텔레비전 시리즈(1966~1968)에 나온 캣우먼의 페르소나 탐구는 여성 팬들이 '착한 어린 소녀'가 되어야 한다는 남성의 압박을 거부하는 방식이었다(Jenkins, 1992: 35).

그러나 어떤 팬덤은 사회적으로 '남성적' 공간이고 또 어떤 팬덤은 '여성적' 공간이라고 말하다 보면 그 공간들이 역사적으로 조건화되었다는 사실을 망각하기 쉽다. 미디어 텍스트가 변하는 것처럼, 팬 공동체를 구성하는 젠더의 양태도 상당히 달라질 수 있다. 〈닥터 후〉 팬 공동체 사례를 통해 우리는 이를 더 상세하게 논의할 수 있다. 러셀 T. 데이비스가 제작한 〈닥터 후〉 시리즈는 강인한 여성을 주연에 포함시키고 줄거리에도 로맨스를 도입함으로써, 전통적으로 남성적인 팬 문화였던 〈닥터 후〉 팬덤에 많은 여성이 참여할 수 있게 되었다. 〈닥터 후〉는 항상 가족 시청 프로그램으로 제작되었지만, 그 시리즈가 다시 만들어지기 전까지 그 팬 공동체의 구성원은 남성으로 인식되었다. 2005년에 〈닥터 후〉의 새 시리즈가 시작했을 때, 무성적asexual인 닥터라는 전통적인 관념은 사라졌다. 주인공 캐릭터가 갑작스럽게 새로운 모습으로 변화해서 그가 섹스나 로맨스를 할 수도 있을 것 같았다. 그 뒤 '후비언Whovian' 공동체에서 일어난 변화를 조사하기 위해, 나는 토머스와 오시어가 편집한 『시간여행자에 빠진 여성들』을 활용할 것이다. 그 책은 〈닥터 후〉를 시청한 많은 여성 팬들의 경험을 들려주는데, 한 기고자는 다음과 같이 회상한다.

난 비교적 초보 팬이었기 때문에 고전이 된 시절의 시리즈에 대해서는 전해 듣기만 했죠. 하지만, 〈닥터 후〉 팬덤은 항상 올드 보이즈 클럽Old Boys Club*의 분위기를 풍겼고, 소녀 팬들은 〈닥터 후〉의 팬 위계에서 보자면 바닥에서 맴돌았죠. 이 느낌이 맞는 걸까요? 그건 당신이 누구와 얘기하고, 그들이 그 위계의 어디에 있는가에 달렸어요. 난 그 물 속에서 영리하게 헤엄치는 소녀들, 마침내 자신의 틈새를 만들어내고 더 큰 팬덤 내에서 자신들만의 위계를 형성해내는 소녀들을 만난 적이 있어요. 지각이란 모호한 것이지만, 팬덤의 권력, 영향력, 통제의 측면에서 그것은 남성의 세계에요. …… 거기엔 어떤 불꽃놀이도 없으며, 유리천장glass ceiling**을 깨는 일도 없어요. 거대한 팬덤의 용광로를 구성한다기보다는 교차하는 집단들 내에 존재하는 경험이라고 할 수 있죠. 진짜로 대화를 나누고 있다기보다, 참호를 구축하고 팬덤 내에서 말하고 있다는 느낌이 자주 있어요. 이미 기존의 위계 내에 자리를 잡고 있는 남자들이 마치 아무것도 변한 게 없다는 듯 행동한다는 생각이 들었어요(Stanish, 2010: 35).

남성 팬의 관심사대로 운영되어 오던 팬 문화에 새로운 팬들이 참여하면서 일련의 흥미로운 변화들이 일어났다. 다양한 연령대의 미혼 및 기혼 여성 팬들이 점차 가시화되기 시작했다. 이 새로운 참여자들이 〈닥터 후〉 시리즈에 매혹되었다는 사실을 스퀴와 팬 픽션으로 표현했기 때문에 처음에는 몇몇 기존 남성 팬으로부터 비난받았다. 한 여성 팬은 다음과 같이 자세히 말한다.

이제, '팬걸fangirl'은 유동적인 의미를 지닌 단어예요. 내가 라이브저널에서 그 정의를 찾아봤는데, 그것은 '비명 지르는 어리석은 십대'에서부터 '여성 팬들이 자

---

* 여성이나 소수자들이 참여할 수 없는 남성들만의 네트워크로서 남성들의 특권과 특혜를 공고히 하는 효과를 지닌다.

** '유리천장'은 사회적 출세나 승진 등에서 흔히 여성이나 소수자를 배제하는, 보이지 않는 차별 또는 제한을 지칭한다.

기 자신에게 사용하는 자기폄하의 용어', 또는 그냥 '소녀 팬'까지 다양하더군요. 이 글에서 나는 맨 마지막에 제시한 뜻으로 그 용어를 사용하고 있어요. 그러나 많은 여성 팬이 자신을 '팬걸' 행위와 분리시키려고 애쓰는데, 그 말이 단지 십대를 가리켜서 그런 건 아니죠. 『자신만의 사이버스페이스: 온라인 여성 팬덤 Cyberspace of Their Own: Female Fandoms Online』에 실린 리아넌 버리Rhiannon Bury 의 글에 따르면, 남성 팬들로부터 조롱받지 않고 '진지하게 취급'되기 위해 데이비드 듀코브니David Duchovny의 '여성 팬 부대Estrogen Brigade' 구성원들은 팬걸 집단과의 연결을 깎아내리려고 하죠. …… 호주의 〈닥터 후〉 팬덤도 마찬가지예요. 나는 팬보이들로 가득 찬 바다에서 보기 드문 팬걸이었죠(Orman, 2010: 144).

여성 '후비언'이 서로 접촉하기 시작하고 집단적 정체성을 발견해나가면서, 그들은 쇼의 과거를 되짚어보고, 1963년에 시리즈가 제작될 당시 베리티 램버트Verity Lambert가 그 쇼의 첫 번째 제작자였다는 사실에 기뻐했다. 당시 그녀는 BBC의 가장 어린, 유일한 여성 제작자였다. **시퍼**Shippers는 드라마 텍스트에서 다른 것보다도 로맨틱한 관계에서의 승리와 고난에 훨씬 더 관심이 많은 팬을 말한다. 남성 팬들은 〈닥터 후〉의 여성 팬들이 닥터와 그를 따라다니는 로즈 타일러 사이의 로맨스 관계를 더 많이 요구하며 공상과학을 배경으로 한 연속극을 즐기려는 시퍼들이라고 생각한다. 적어도 부분적으로는 그 의견도 맞다. 사실 몇몇 여성 팬들은 캐릭터 간의 로맨스 가능성에 흥미를 느낀다.

'짝짓기 전쟁ship war'* 또는 '관계 전쟁'이란 진짜 사랑이 누군지를 둘러싸고 일어나는 논쟁을 가리킨다. 해리 포터든 닥터 후든, 이상적인 여성 캐릭터(즉, 팬들이 개인적으로 동일시하는 사람)와 진실한 사랑을 찾아야만 한다. 여기에 덧붙

---

* '짝짓기 전쟁'은 작품 속에서 특정 캐릭터들이 로맨틱한 커플로 맺어지길 바라는 팬들(이들을 시퍼라고 부른다)이 두 그룹으로 나뉘어 서로 다른 커플을 지지하며 싸우는 것을 말한다.

여(흔히 짝짓기 전쟁과 병행해서) 제작진이나 남성 등장인물로부터 지나치게 인정받는 듯 보이는 여성 인물들(로즈와 그웬)은 혹독한 비판을 받게 된다(Orman, 2010: 152).

이는 팬들이 젠더별로 달리 동일시하는 방식을 보여준다. 예를 들어서, 재클린 랜드Jacqueline Land 같은 팬픽 작가는 여성 독자가 심리적인 고난에 매료되는 반면 일반적으로 남성 독자는 실질적인 문제에 직면한 캐릭터를 좋아한다고 말한다(Jenkins, 2006: 50).

〈닥터 후〉의 변화가 보여주듯, 미디어 생산물은 젠더에 대한 특정한 관점을 접합(또는 재접합)할 수 있다. 예를 들어, 제이슨 이스트먼Jason Eastman은 세계에서 가장 부유한 국가의 가장 가난한 지역에서 나온 반항적인 남성성의 표현을 남부 록 공연자와 청중이 어떻게 공유하고 있는지 보여주었다(Eastman, 2012). 항상 그런 것은 아니지만, 동일시에서 차이가 예상되는 것은 남성 팬과 여성 팬이 사회적으로 다르게 구성된 위치에서 행동하기 때문이다. 카비치는 자신이 연구한 팬들의 젠더에 대해서, "스프링스틴 팬들 가운데 실제로 남성이 여성보다 많은지 아닌지 확실히 알 수 없지만, 현지 조사를 하는 동안, 여성보다 거의 두 배 많은 수의 남성 팬들을 만났다"라고 적고 있다(Cavicchi, 1998: 143). 카비치는 "여성 팬들은 여성은 스프링스틴의 음악을 제대로 이해할 능력이 없다며 이류 팬으로 취급하는 남성 팬들의 스테레오타입과 싸워왔다고 말하곤 했다"라고 덧붙인다(Cavicchi, 1998: 144). 스프링스틴이 1995년에 만든 「Secret Garden」에서 어떻게 여성이 숨겨진, 닿을 수 없는 곳을 지니고 있는지를 노래하자, 남성 팬과 여성 팬이 그 노래의 의미에 대해 각기 다른 해석을 내놓으며 팬 공동체 내에서 일대 논란이 일었다. 남성 팬들은 그 노랫말이 여성성의 본성에 대한 탄식을 뜻한다고 해석했다. 반면, 한 여성 팬은 그것은 감정이입을 통한 공감 같은 것이라고 말한다. "솔직히 그것을 충분히 이해하려면, 또는 적어도 그에 근접하려면 그 사람은 여성이어야만 한다고 생각해요. 브루스가 우리의 영혼에 그처럼 근접한 노랫말을 썼다는 사실은…… 음, 솔직히 두렵고 충격적이죠"(Cavicchi, 1998: 145). 이는 정체성이 다른 사람들은 동일한 음악을 다르게 해석할 뿐 아니라, 각자의 확립된 동일시를 기초로 해서 친근함을 추구한다는 점을 시사한다.

팬덤과 성 정체성

동일시와 실천을 잘못 인식하고 하찮게 취급하는 입장은 성 정체성과 연루될 때 더 큰 문제가 된다. 동성애 행위는 20세기 내내 불법이었고 미디어 문화에서 명시적으로 언급되는 일이 거의 없었다. 1969년 6월 발생한 스톤월 폭동이 기폭제가 되어 미국 대부분의 지역에서 동성애는 더 이상 범죄가 아니게 되었지만, 그 후로도 수 년 동안 주류 미디어 문화는 동성애를 다루지도 않았고 반기지도 않았다. 이는 동성애자의 해독이 다의적 캐릭터를 끌어들이고, 주류 텍스트를 '탈취hijacking'하는 등 더 모험적이어야 한다는 생각을 하게 했다. 히치콕의 1948년 영화인 〈로프Rope〉를 분석한 D. A. 밀러D. A. Miller에 따르면, 아직 커밍아웃하지 않은 동성애자 시청자들은 "한 번 암시했다가 곧 부인해버리는 숨겨진 내포적인 의미들의 왕국"을 통해서 주인공들의 성 정체성을 읽어낸다(Miller, 1991: 125). 제작진들은, 공개적인 동성애자 캐릭터가 등장하면 주류 시청자들이 외면할까 봐 두려워했기 때문에, 1970년대 이전까지는 간접적으로만 동성애자 관객에게 어필해야 했다. 초창기에 동성애자 정체성은 드라마에서 간접적으로 암시되거나 코미디 스테레오타입을 통해 묘사되었다. 예를 들어, 영국 영화 〈희생자Victim〉(바질 디어든Basil Dearden 감독, 1961)에서 더크 보가드Dirk Bogarde는 자신의 숨겨진 정체성 때문에 협박받는 판사 역할을 맡았다. 수십 년 동안 평범한 동성애자 캐릭터는 주류 문화에 등장하지 못했다. 동성애자 시청자들은 비록 아주 사소하더라도 동성애자를 연상할 수 있는 징표를 보여주는 주류 문화 내 개인들(흔히 여성)에게 우상적 지위를 부여하곤 했다. 다이어에 따르면(Dyer, 2004), 동성애자 관객들은 주디 갈런드Judy Garland를 좋아했는데, 이러한 호감은 1950년 MGM의 계약 중단 때문에 그녀가 자살을 시도한 이후 더욱 커졌다. 그녀는 결혼에 실패하고 알코올 중독으로 힘들었지만, 결국 견뎌냈다. 다이어는 동성애자 관객들이 갈런드를 관습적인 결혼과 가족 구조에 적응하는 데 힘들어했던 생존자로 여겼다고 주장한다. 그러나 이성애자 팬들은 게이 정체성을 표현하는 듯 보이는 캐릭터들을 항상 좋아하지는 않았다. 롭 렌드럼Rob Lendrum은 이를 다음과 같이 설명했다.

> 1960년대 〈배트맨〉 TV 프로그램은 동성애 관계를 모호하게 이용했다. 만화책을 드라마로 옮기면서, 슈퍼 히어로 남성성의 우스꽝스러운 동성애 특성이 시청자의 눈길을 끌게 되었다. 배트맨 팬들은 바보 같은 TV 쇼가 자신들의 사랑스러운 캐릭터를 조롱했다고 느꼈다. 그래서 작가들은 배트맨의 '위엄'을 살리기 위해 그를 다시 이성애자로 만드는 일에 착수했다(Lendrum, 2004: 70).

주류 시청자들이 미디어 생산물을 거부할까 봐 두려운 텔레비전 방송사와 사업자들은 동성애적인 해독이 일어나지 않도록 조치를 취하기 시작했다. 예를 들어, 〈스타트렉〉은 미래 지구의 유토피아를 표상하지만, 2007년이 될 때까지 동성애자 캐릭터는 전혀 등장하지 않았다. 팬들은 타샤 야르라는 여성 캐릭터가 레즈비언이라고 추측했지만, 곧 그녀와 인조인간 데이터 간의 잠자리 장면이 방영되었다. 여기서 마이클 디앤젤리스Michael DeAngelis의 '사회적 거리 두기social distancing' 연구(DeAngelis, 2001)를 언급하는 편이 적절할 것이다. 디앤젤리스는 사례 연구를 통해 세 명의 남성 스타들의 이미지와 그에 대한 동성애 수용자들 간의 관계를 비교 분석하고 있다. 첫 번째 분석 대상인 제임스 딘 James Dean은 1955년 24살의 나이로 죽었다. 그런데 약 15년 후, 동성애 인권 투쟁의 시대가 시작될 때 동성애자 공동체들은 딘을 '노동 계층의 매력남hunk'으로 기리기 위해 딘의 모호한 섹슈얼리티를 거론하며 공개 프로필을 재구성하려고 했다. 두 번째 사례분석에서, 디앤젤리스는 멜 깁슨의 초기 배역이 동성애적 동지애 요소를 포함했던데 비해, 1980년대에 할리우드에 입성한 이후 깁슨의 이미지는 이성애적이고 가족 중심적이며, 심지어 동성애 혐오적으로 바뀌었다고 기술한다. 이는 동성애자 팬들이 깁슨을 동성애자라고 해석하고 주장하는 일이 없도록 하려고 만들어진 이미지였다. 마지막으로 키아누 리브스 Keanu Reeves는 정반대의 사례로, 동성애에 가장 관용적이었던 1990년대 초반에 그는 애매한 성 정체성을 지닌 이미지 덕분에 성적 지향성이 다른 수용자 '누구에게든 다가갈 수 있는' 스타가 되었다. 디앤젤리스의 책 제목은 『동성애자 팬덤과 크로스오버 스타덤Gay Fandom and Crossover Stardom』이지만, 그 책에서 동성애자 영화 팬의 목소리를 직접 들을 수 있는 것은 아니다. 하지만 이 연구를 통해, 이미지 제작자가 팬층을 확보하기 위해, 특정 시청자들의 젠더와 성 정체성에 맞도록 셀레브리티 이미지를 어떻게 전략적으로 이용하는지 이해할 수 있다.

몇몇 팬 공동체는 동성애자 남성들을 받아들였고 그들이 유대를 형성할 수 있는 공간이 되어왔다. 미래 유토피아의 전망 때문에, 공상과학물 팬덤 일부에서는 동성애자인 시청자를 특별한 방식으로 수용해왔다. 짐 케프너Jim Kepner가 발행한 1950년대 동성애 팬진 ≪내일을 향해Towards Tomorrow≫는 그 점에서 매우 독창적이었다. 동성애 공상과학물을 위한 로비 집단인 게이럭시언Gaylaxian은, 1995년에 젠킨스가 쓴 유명한 에세이인 「벽장에서 나와 세계로Out of the Closet and into the Universe」에서 다루어진 또 다른 흥미로운 사례다. 게이럭시언은 〈스타트렉〉 동성애자 팬 집단인데, '패러마운트Paramount'에 엔터프라이즈호*에 승선할 동성애자 남성 캐릭터를 만들어달라고 청원 편지를 보내는 캠페인을 벌였다. 게이럭시언은 동성애자면서 진정한 〈스타트렉〉 팬들이었지만, 방송국은 그들을 특정한 연기자나 배우의 성적 성향을 폭로하려고outing** 작정한 압력 집단으로 여겼다. 그래서 방송국은 그렇게 요청하는 팬들에게 팬

---

* '엔터프라이즈'는 〈스타트렉〉에 나오는 우주선 이름이다.

** 자신의 의지에 상관없이 자신의 성적 성향이 드러나는 것, 특히 다른 이들에 의해 폭로되는 것을 '아우팅'이라고 한다.

찮은 대본이 없다거나, 동성애와 같은 성적 성향은 드라마 플롯에 담겨 표현되어야지 잠깐 나오는 등장인물에 담겨서는 안 된다거나, 이성애자가 아닌 캐릭터의 성적 취향은 분명히 드러나서는 안 된다는 변명을 했다. 또는 동성애 캐릭터를 넣으면 너무 캐릭터 중심이 되어서 액션 장르 성격에서 벗어나게 된다거나, 그렇게 쇼를 고치면 시청자들이 불쾌감을 느낄 수 있는 성적 행위를 묘사하거나 동성애자들을 스테레오타입으로 표현하게 될 것이라는 변명들도 있었는데, 지금 돌이켜보았을 때 그럴듯한 주장은 하나도 없다.

결국, 한 사회집단의 관심사에 따라 공동체 또는 실천들이 구성될 때, 소수자들은 자신들이 욕망하는 것과 다른 문화적 관습을 가진 세계 속에 살아야만 한다. 젠킨스(Jenkins, 1992: 116)의 주장에 따르면, 여성들이 가부장제의 문화 규범 안에서 미디어 텍스트를 해독하도록 배워온 것처럼, 남성들은 여성 지배적인 팬 문화가 만든 코드를 사용해 해독하도록 배워왔다. 예를 들어, 이전에는 게이 팬들에게 흥미로웠을 법한 호모에로티시즘의 서브텍스트subtext*는 캐릭터를 슬래시 상황에 놓으려는 여성 팬픽 작가들에 의해 활용되었다. 〈여전사 제나〉의 제작자는 팬들이 동성애자 서브텍스트를 원한다는 사실을 알았다(Jenkins, 2006: 145). 이런 점에서 〈버피와 뱀파이어〉와 〈엔젤〉을 만들어낸 조스 휘던Joss Whedon은 흥미로운 극작가다. 버지니아 케프트-케네디Virginia Keft-Kennedy는 휘던이 만든 두 캐릭터인 스파이크와 엔젤이(팬들은 이들을 합쳐 '스펜젤'이라고 부르곤 한다) 버피를 두고 벌인 경쟁이 결과적으로 슬래시 이야기에 영감을 불어넣으며 그 두 인물 사이에 친밀한 유대를 만들어냈다고 논평한다(Keft-Kennedy, 2008).

그들의 경쟁은 대체로 뱀파이어 사냥꾼인 십대 소녀 버피를 두고 시작되는데, 버피는 뱀파이어와 싸워야만 하는 운명을 지녔음에도 두 시리즈의 여러 지점에서 엔젤과 스파이크 모두와 낭만적이고 성적인 관계를 맺는다. 이브 코소프스키 세

---

* '서브텍스트'는 대사로 표현되지 않은 생각, 느낌, 판단 같은 함축적인 내용을 말한다.

지웍Eve Kosofsky Sedgwick이 변형한 르네 지라르René Girard의 '욕망의 삼각형 erotic triangle' 개념은 팬들이 슬래시 픽션에서 엔젤과 스파이크 간의 관계, 그리고 이들이 버피와 갖는 삼각관계를 개념화하는 방식을 살펴볼 때 유용하다. 세지웍은 저서인 『남성들 사이Between Men』에서 "두 경쟁자를 잇는 유대는 각자 사랑하는 사람과 갖는 유대만큼 강렬하면서도 막강하다"라고 말한다(Sedgwick, 1985: 21). 꼭짓점에 버피를 위치시킨 욕망의 삼각형 개념은 〈버피〉와 〈엔젤〉 모두에서 작동하며, 또한 많은 슬래시 픽션에 명백히 담겨 있다. ······ 그러나 엔젤과 스파이크는 단 한 번도 진짜 친구는 아니었다. 심지어 '공포시대' 동안에도 그들의 관계는 미약했고, 경쟁·질투·폭력의 성격을 보인다. 폭력이나 공동의 적 개심에서 나오는 호모에로틱 유대는 엔젤/스파이크 팬픽이 항상 강조하고 중시한 주제였다. 이러한 긴장이 많은 이야기의 토대가 되었다. 엔젤과 스파이크가 서로 맞서 싸우면서, 섹스와 폭력은 남성성 및 동성 간 친교, 그리고 뱀파이어의 성격이 서로 교섭하는 장소가 되었다(Keft-Kennedy, 2010: 69).[1]

텍스트 변경하기

리아넌 버리가 발표한 〈X-파일The X-Files〉 팬덤 연구에 따르면(Bury, 2003), 여성 팬들은 남성들이 만든 텍스트를 이용해서 공동의 즐거움을 발견한다. 그러나 그런 텍스트를 충분히 즐기기 위해서 독자들은 일종의 '지적인 복장전환intellectual transvestitism'을 수행해야 한다. 그것은 자신들의 욕망을 표현하기 위해 자신들의 문화적 경험과 상반되는 것과 동일시하고, 반대되는 텍스트를 구성하는 것을 말한다(Jenkins, 2006: 44). 즉, 어떤 미디어 문화 형식에 관여하는 여성들은 습관적으로 자신과 반대되는 성별의 캐릭터와 동일시한다. 그것은 전통적으로 그럴 필요가 없었던 남성들로서는 상상하기 힘든 일이다. 최근 놀라운 성공을 거둔 영화 시리즈 〈트와일라잇〉에서 좋은 사례를 볼 수 있다. 에드워드 컬런은 자신이 사랑하는 벨라 스완을 죽일지도 모른다는 두려움 때문에,

그녀에 대한 자신의 욕망과 싸워야 하는 뱀파이어다. 제니퍼 스티븐스 오브리 Jennifer Stevens Aubrey가 동료들과 진행한 연구에 따르면(Aubrey et al., 2010), 여성 팬들은 그 로맨스를 특별한 방식으로 바라보며, 사랑의 감정을 억누르려고 애쓰는 에드워드와 자신을 동일시한다.

연구에 따르면, 소녀들은 특히 낭만적 관계에서 성관계의 수호자로서 행동한다. …… 우리가 인터뷰하고 조사한 몇몇 팬들은 섹스가 넘쳐나는 미디어 환경에서 〈트와일라잇〉을 일종의 피난처로서 여긴다. 이 자료는 적어도 일부 팬들은 미디어에서 노골적인 섹스보다는 로맨스를 보고 싶어 한다는 사실을 보여준다. 더 나아가, 우리는 소녀들이 에드워드를 이상적인 낭만적 파트너로 여기는 것은, 성적인 흥분을 느끼지만 소심해서 행동에 옮기지는 못하는 많은 사춘기 소녀들의 갈등하는 욕구를 그가 대변하고 있기 때문임을 발견했다. 또한 〈트와일라잇〉은 학교와 공동체가 일반적으로 금욕 일변도의 성교육을 하던 시대에 자란 소녀 세대와 연결되어 있는 듯 보인다(온라인).

따라서 여성 팬들이 기회가 생기면 남성 지배적인 텍스트를 자신들의 욕구에 맞게 개조하고 다시 쓰는 것은 놀라운 일이 아니다. 여성 팬 작가들은 주요 텍스트들이 여성을 잘못 재현하고 있다고 비판한다. 여성들은 공상과학물 장르를 로맨스로 바꿔 그 용도를 재설정하고, 그것을 여성 소설로서 재해독한다(Jenkins, 2006: 50). 예를 들어, 1980년대까지 400여 개의 〈스타트렉〉 팬진이 있었는데, 그 상당수를 여성들이 쓰고 편집했다. 그 쇼의 창안자인 진 로덴베리가 우주에서 사회적 평등의 가능성을 선언했음에도, 초창기 시리즈에서 엔터프라이즈호에 승선한 여성들은 미니스커트를 입은 비천한 보조직이었고, 드라마 속에서 '여자들'로 불리면서 남성 주인공들의 일시적인 애정의 대상으로서만 주목받았다. 또한 대체로 그녀들은 억압받는 노동자이거나 감정적 파탄자로 묘사되었다. 그래서 여성 팬진 작가들은 우후라 장교라는 배역을 통해서, 행성연방Federation* 남성들이 지닌 가부장적 전제, 예를 들어 여성은 전쟁에서 함대를 이끌 수 없다는 생각이 여성에게 유리천장임을 폭로하려고 했다. 또한 팬진 작가들은 부드럽고 더 새로운 남성성의 면모를 보여주기 위해 적극적인 커크 함장과 냉철한 합리주의자인 미스터 스팍 사이의 상호작용을 다시 쓰기 시작했다. 1974년 이래로, 어떤 사람들은 커크와 스팍이 동성 간의 관계를 가졌다고 상상했고, K/S 또는 슬래시 픽션이 발전하기 시작했다(Pugh, 2005: 91). 여성 작가들 역시 스팍의 부모들 간의 관계나 다른 선원들 간의 결혼을 상상하면서 〈스타트렉〉의 세계를 확장했다. 이런 팬 이야기들은, 결혼 전 남성은 완벽해야 한다는 로맨스 장르의 관습을 거부하면서, 새로운 갈등 영역으로 '과감히 들어가' 참신한 발견을 하게 되는 모험으로 파트너십을 취급했다. 여성 팬들은 가부장제의 준거틀에 정면으로 도전하기 위해 자신들이 좋아하는 시리즈가 내세운 유토피아적 명령을 이용했다. 젠킨스는 "팬들이 프로그램을 풍자하며 거리를 두다가 즐겁게 밀착하기도 하는 시청 방식은 그 프로그램이 팬들의 개입과 능동적인 전유에 열려 있음을 깨닫게 한다"라고 말한다(Jenkins, 1992: 155).

텍스트의 사회적 이용

팬들이 동일한 텍스트를 좋아하는 공개적인 공동체에 참여한다고 볼 때, 그 텍스트들이 사회적으로 어떻게 활용되는지, 즉 사람들 간의 평범한 관계가 형성되는 과정에서 텍스트가 일상적으로 이용되는 방식을 살피는 작업이 중요하다. 특정 시리즈나 연기자를 좋아한다는 공통점 때문에 팬들은 상호 돌봄의 공동체를 형성할 수 있다. 〈스타트렉〉의 여성 팬들은 서로 만나서 지원해주는 사회적 네트워크를 만든다.[2] 그들이 주변 사람들과 자신의 일기나 편지를 공유

---

* '행성연방'은 〈스타트렉〉 시리즈에 나오는 가공의 나라다.

할 때 그것들은 유대의 매개체가 된다. 젠킨스에 따르면, 남성 독자들은 주로 저자의 권위를 평가하지만 여성 독자들은 자신을 대화상대로 놓는 경향을 보인다(Jenkins, 1992: 108). 그래서 공동체의 팬 실천이란 흔히 '여성적'인 것으로 여겨졌던 텍스트 접근 방식을 제도화한 것이라고 할 수 있다(Jenkins, 1992: 89). 동성애를 합법화하기 전에는, 비공식적인 사회화 공간과 매스 미디어 소비는 생각이 비슷한 사람들이 만날 수 있는 장소로서 특히 중요했다. 예를 들어, 갈런드 콘서트는 공적인 장소에서 동성애자 팬이 '자신을 드러내고' 다른 동성애자를 만날 수 있도록 해주었다(Dyer, 2004를 참조하라). 마찬가지로, ≪영화와 영화 찍기Films and Filming≫ 같은 팬 잡지의 펜팔 섹션은 펜팔을 구하는 남성들이 "당신은 도로시의 친구인가?"라고 물을 수 있는 장소였다. 이 질문은 1939년에 개봉한 빅터 플레밍Victor Fleming의 유명한 영화인 〈오즈의 마법사The Wizard of Oz〉에서, 갈런드가 맡은 배역인 '도로시'를 공유된 준거점으로 활용한 것이다. 일단 동성애자의 정체성이 사회적으로 좀 더 수용되면서, 게이릭시언과 같은 팬 그룹은 동성애자 문화 내부에서 자신들만의 긴밀한 사회적 틈새 공간을 형성했다. 그들은 자신들이 속한 특별한 공동체를 더 넓은 동성애자의 세계와 대비해보며, 자신의 공동체에서 자신의 관심사가 더 환영받고 지지받는다고 여긴다.

젠더 트러블

수용자 연구와 달리, 영화 연구는 전통적으로 정신분석학과 관객성에 초점을 두었다. 그리고 미디어 텍스트가 젠더를 규정하고 수용자에게 비교적 협소한 주체 위치를 부여한다는 관념을 강조해왔다. 이러한 접근들은 영화의 즐거움이 지닌 정치성을 인식하게 했지만, 관객이 행하는 다양한 동일시와 해석들을 설명하지는 못했다. 마찬가지로 팬덤과 젠더에 관한 연구들은 젠더를 고정된 정체성 형식으로 못 박고 젠더에 따라 텍스트는 불가피하게 완전히 다른 관점에서 해독된다고 가정함으로써, 최악의 경우 젠더를 본질화할 위험을 지닌다. 그래서 다른 성적 성향을 지닌 사람도 동일 텍스트에서 유사한 방식으로 동일시하고 해독하고 또 수행한다는 사실을 쉽게 잊는다. 상황이 달라져도 젠더 정체성은 결코 변형되거나 조정될 수도 없다고 생각하는 것은 위험하다. 버틀러는 『젠더 트러블Gender Trouble』에서 모든 젠더는 기원origin을 갖지 않는 수행이라고 주장한다(Butler, 1990). 그녀에 따르면, 우리는 행위를 통해 젠더를 추구하며, 그 행위들은 생물학적 인간성의 발현이 아니라 오히려 사회적으로 의미화되며 구성적 기능을 수행한다. 행위가 젠더를 표현한다기보다, 동일한 하나의 과정을 통해 행위가 실제로 젠더를 규정하고 (다시) 만든다. 그러므로 젠더 수행은 개인이 말하는 방식에서부터 걷는 방식, 그리고 머리를 다듬는 방식까지 모든 것을 포함한다. 우리는 이러한 젠더 기호들을 연기하면서 젠더를 내면화한다. 그러므로 우리의 젠더는 모방이고, 근사치이며 반복이다. 젠더는 우리가 주변의 타인들로부터 무의식적으로 빌려오는 것이지만, 우리가 그 젠더와 동일시하기 때문에 우리 자신의 젠더로 느낀다. 이러한 관점에서 보면, 우리는 '팬'이라는 유사한 주관적 정체성을 확신의 감정과 강렬한 정체성 형태로 느끼지만(즉, '나는 내가 팬인 걸 깨달았어'처럼), 그것 역시 팬이 아닌 사람들과 우리를 구분하는 행위들 속에서 규정되고 수행된다는 흥미로운 발견을 하게 된다. 더구나 그러한 행위들은 때로는 우리의 젠더 정체성을 강화시킬 수도 있지만, 때로는 문제화할 수도 있다. 팬덤의 특정한 측면과 유형이 의문시될 경우, 팬덤은 그 자체로 '젠더 트러블'을 일으킨다. 이는 우리가 젠더와 팬의 정체성이 서로 충돌할 가능성을 배제해선 안 된다는 것을 의미한다.

팬덤에서 발견되는 젠더 트러블은 여성들의 경우, 공개적으로 '비숙녀적인' 욕망을 집단적으로 표현하는 모습을 취하기도 한다. 미국 호러영화를 추동한 힘들에 관해 쓴 글로 유명한 로빈 우드Robin Wood는 사회가 "여성의 섹슈얼리티/창의성을 극도로 억압"했으며, 동시에 "우리 문화에서 여성들의 종속적이고 의존적인 역할은 그것을 받아들인, 여성의 수동성 탓"으로 돌려졌다고 주장한다(Wood, 1979). 그 결과 "능동성, 공격성, 자기주장, 조직화된 힘, 창의성처럼 문화적으로 남성성을 연상시키는 본능적 욕구는 여성들에게 허용되지 않았다"(Wood, 1979: 9). **리미널리티**liminality는, 대략적으로 말하자면 규범에 반대되는 식으로 사회적 규칙 아래 작동하는 어떤 경계 영역을 말하는 개념이다. 로큰롤에 이것을 적용해본다면, 로큰롤은 젊은 여성들에게 일종의 경계 공간을 허용하는데, 거기서 그녀들은 공적 생활에서는 하찮게 취급되고 억눌렸던 성적 욕망과 특성을 표출한다(Ehrenreich et al., 1992를 참조하라). 이런 주장을 따라서 1950년대 이래로 로큰롤 음악 공연에서 볼 수 있는 유혹적인 남성 섹슈얼리티가 억압된 여성의 섹슈얼리티를 풀어주었다고 말하고 싶겠지만, 이를 약간 다르게 생각해보는 편이 더 유용할지도 모른다. 엘비스 프레슬리에서 저스틴 비버까지 스타에 대한 여성의 욕망은 진행 중인 어떤 것의 징후로서 공개적으로 생산되어왔다. 즉, 여성 수용자의 활동이 대중 히스테리를 표현한다고 (즉, 어디선가 억압되어왔던 성적 에너지의 귀환이라고) 말한 1950년대 주장 자체가, 여성의 욕망이 공개적인 장소에서 집단적으로 표출되는 것에 대해 미국인들이 지닌 강한 사회적 불안감을 말해준다. 우리 사회가 이러한 현상에 점차 익숙해지긴 했지만 보이밴드를 공격하는 경향이 남아 있는 것은(이는 페이스북에 올라와 있는 혐오 표현들에서 잘 볼 수 있다) 공적인 삶에서 여성의 욕망 분출이 (특히 건강하고 젊은 음악가들에게, 이른바 '부당하게' 향해 있다면) 여전히 문젯거리로 간주되고 있음을 분명하게 보여준다고 할 수 있다.

팬덤은 남성 미디어 열성팬들에게는 다른 방식으로 젠더 트러블을 일으킨다. 젠킨스가 『텍스트 밀렵꾼들』에서 지적했듯이, 팬들은 "매스컬처에 밀접하게 관여함으로써 여성화되고/또는 탈남성화"된다고 간주된다(Jenkins, 1992: 10). 이는 미디어 팬덤 자체 대한 스테레오타입이 전통적으로 남성 팬을 사회적으로 부적절하고 결함 있는 남성으로 인식해왔음을 의미한다. 만약 성숙한 남성 팬이 일반적으로 여성 수용자를 목표로 한 연속극이나 로맨스 같은 장르를 좋아한다면, 그는 수상쩍은 사람으로 인식될 것이다. 팬의 실천이란 다른 사람(흔히 남성)의 창의성을 탐구하는 데 자신의 시간을 쓴다는 것을 의미하기 때문에, 남성성의 근엄한 모습을 유지하는 것을 곤란하게 만드는 남성 간의 친밀감과 찬미의 유대를 암시한다. 일레인 엘더Elaine Elder는 인터넷이 없던 시절 여섯 명의 다른 음악가에게 온 2500여 통의 팬레터 중에서 샘플을 뽑아 읽은 후, "많은 이성애자 남성 팬들이 자신들이 다른 남성 스타의 팬이었다는 사실을 인정하지 못하는 것처럼 보인다"라고 말한다(Elder, 1992: 77). 그러나 흥미롭게도, 여성 팬들도 셀레브리티에게 편지를 쓰면서 (추종하는 듯 보이지 않으려고) 찬탄의 표현을 꺼리는 경우가 있는데, 이는 남성적 행위 규범을 장려하는 문화 영역에서 볼 수 있다. 그 좋은 예가 펑크다. 나는 내 연구에서 두 소녀 팬이 섹스 피스톨스의 리드 싱어인 조니 로튼에게 쓴 팬레터를 다루었다.

> 존, 우리가 오로지 당신의 명성(그리고 재산!) 때문에 당신을 좋아한다고 생각하지 마세요. 그건 사실이 아니거든요. …… 당신은 당신일 뿐, 당신에게 남들이 뭘 기대하든 그런 것 따위는 상관하지 않아요. …… 우리는 더블린에 살고 있는 16살이 된 개인주의자들이죠. 우리는 다른 사람들의 생각 따윈 개의치 않아요. 우리는 삶에 대한 우리만의 생각을 지녔고, 그것이 제일 중요한 거죠(Duffett, 2010c: 103).

이 소녀들은 전통적으로 남성적인 정체성이라고 여겨지는 가치(독립이나 반항)를 찬양하는 영역에서 활동하기 때문에, 자신들의 영웅을 대하는 방식으로서 일종의 '여성적 남성다움'을 실행하기로 작정한 듯하다(Halberstam, 1998을 참조하라). 이러한 예는 젠더와 연관된 규범을 거부하거나 수용하는 것이 유리한 결과를 얻으려는 전략적 행위임을 분명하게 보여준다.

보위의 팬덤을 논의하면서, 스티븐슨은 남성이 취약함을 거부하는 사례에 대해 기술했다.

> 남성의 지배가 지속될 수 있는 것은 바로 우리 문화가 자립성을 강조하고 의존성을 거부하기 때문이다. 나는 여기서 많은 남성이 '대안적 텍스트'와 자신을 동일시함으로써, 무기력과 의존의 힘든 감정들을 없애는 법을 실제로 배우고 있음을

보여주려 했다(Stevenson, 2009: 95).

그러나 스티븐슨이 연구한 보위 팬들에 한정해서 봐도, (이성애 규범이 지배하는 문화 내에서) 자신의 스타가 지닌 유혹적인 매력을 논할 때, 그들 역시 보위의 위광에 매료된다. 한 남성 보위 팬은 "나는 이성애자예요. 그러나 그는 매우 매력적이죠. 영화에서 보는 많은 배우들처럼, 마치 제임스 딘처럼 말이죠. 난 그냥 그에게 눈을 뗄 수가 없었죠"(Stevenson, 2009: 91). 1993년에 타란티노와 로저 에이버리Roger Avary가 대본을 쓰고 토니 스콧Tony Scott이 감독한 영화 〈트루 로맨스True Romance〉에서, 크리스천 슬레이터Christian Slater가 연기한 주인공 클레런스는 한발 더 나아가 다음과 같이 외친다. "내가 항상 말했지, 만약 내가 남자랑 섹스를 한다면…… 내가 그렇게 해야만 한다면 말이지, 만약 내 삶이 그렇게 되어 있다면…… 난 엘비스랑 하겠어." 내가 이따금씩 반복해 듣게 되는 남성 엘비스 팬의 이런 주장은, 사회적으로 존중받고 잘생기고 예쁜 남성 연기자를 통해 동성 간의 욕망이 환기되고 그 욕망의 기류가 생성되고 있음을 의미한다. 그런 의미에서 팬 중에는 젠더 정체성이 '퀴어'로 바뀔 만큼 셀레브리티와 강력한 관계를 맺는 사람도 있을 수 있다. 하지만 스티븐슨이 말했듯이, 그런 욕망을 논의하는 일은 극도로 금기시되어 있다.

인터뷰에 응한 다른 남성들 대부분은 그러한 특성들에 대한 얘기를 빠르게 끝내 버리거나 대체로는 회피한다. 다른 남성을 향한 성적인 느낌을 수치스럽거나 난처한 것으로 여기게 만드는 문화에서 그런 느낌을 인정한다는 것은 여전히 어려운 일이고, 그 이유는 복잡하다(Stevenson, 2009: 95).

그럼에도 팬덤의 유대는 상상적 동지애에서 유혹의 영역으로 넘어갈 수 있다. 엘비스에 관해 묻는 인터뷰에서 한 남성 팬은 다음과 같이 말했다. "나는 이 사람에게 빠졌어요. 나에겐 엘비스 음악이 있어야 해요. 난 그의 음악을 들어야만 해요. …… 라디오에서 난데없이 엘비스 음악을 듣게 되었고, 생각했죠. 라디오에 나오는 이 녀석 완전 내 스타일이야!"(Duffett, 2001: 402를 참조하라). 그런 찬탄과 소유권에 대한 진술은('내 꺼') 가장 소외된 남성성에서 가장 소외되어온 요소들을 팬 애착의 맥락에서 새롭게 재형성할 수 있게 하는 권력 관계와 유혹의 힘 모두를 나타낸다.

8장 신화, 컬트, 장소

출발점

팬들은 어떤 방식으로 개별 텍스트의 경계를 넘어서 자신들의 관심사를 추구하는가?

컬트 현상은 어떻게 정의될 수 있는가?

팬들의 지리적 순례 여행은 그들에게 실제로 어떤 의미를 갖는가?

우리는 삶이 예술처럼 순환하고 인연의 법칙을 따르며 예술 못지않은 풍요와 깊이를 가질 수 있다고 믿는다. '그것 또한 인생'이라는 주제가 시적으로 되풀이되며 슬픔도 끝난다. 종국적으로는 팬 행위도 이와 같다. 팬 행위는 자아를 탐구하고 이야기들 속에서 의미를 찾아내는 활동이다. 우리는 수십 명, 수백 명의 스타들 중에서 우리의 우상을 선택하고, 거기에 맞는 적절한 의상을 입고 아이콘을 착용한다. 우리가 선택한 우상의 충실한 종임을 증명하려고 터무니없이 긴 스카프나 컨버스 신발을 사기도 한다. 사실상 텔레비전은 새로운 신화소'다. 텔레비전은 세계를 규정하고 재해석한다.

Valente, 2010: 181

신화, 컬트, 그리고 장소는 헌신적인 팬덤의 중요한 구성요소다. 이 세 요소는 각각 의미의 마술적 차원, 수용자의 헌신, 지리학을 강조하고 있다. 이들 요소에 주목하면 특정한 팬 대상이 호소력을 가질 수 있는 것은 그 대상이 독특하고 놀라운 속성을 지니고 있기 때문이며, 그 때문에 팬의 관심을 지속적으로 유지할 수 있다는 점을 알게 된다. 대중문화 현상은 팬들이 자신을 발견해나가는 영토다. 몇몇 스타, 예컨대 스프링스틴은 꾸준하게 경력을 유지했고 인기가

---

* 8장에서 쓰인 '신화소'는 신화의 구성단위로서 최소의 이야기 복합체를 의미한다.

떨어진 적이 없다(Cavicchi, 1998: 13). 팬인 우리는 때로는 팬 대상의 세세한 부분들에 몰입하며 그 결과 팬 대상은 어떤 정동적 맥락을 지니게 되고, 우리는 실제로 또는 상상으로 그 정동적 맥락 안에서 움직인다. 문제는 이것이 팬의 집착하는 경향 때문이냐, 아니면 우리 팬 대상의 풍부함 때문이냐 하는 것이다. 젠킨스는 팬덤이 공명하는 신화에 관한 것이지 허구적 믿음에 관한 것이 아니라고 말했다(Jenkins, 2006: 17). 컬트성cultishness에 대한 논의를 통해 우리는 팬덤을 단순한 미학적 실천으로 보는 관점에서 벗어날 수 있다. 힐스는 〈닥터 후〉에 대해서 "팬은 일반적으로 시리즈를 텍스트 내적으로, 즉 텍스트 그 자체나 텍스트의 역사와 관련해서 읽는 경향이 있지만, 학자들은 특정한 이론적 틀을 가지고 상호 텍스트적으로 읽곤 한다"라고 말했다(Hills, 2010b: 4). 상호 텍스트적 독해나 텍스트 내적 독해가 가능하려면 텍스트 자체가 복잡해야 한다. 심지어 단순한 것처럼 보이는 공연조차도 거기에 빠져 있는 팬들에게는 미묘한 뉘앙스와 깊은 공명으로 다가올 수 있다. 지속적으로 팬이 생기는 텍스트에 대해 논의하는 가장 좋은 방식은 무엇일까? 신화, 컬트, 장소에 대한 논의는 팬 대상들이 저마다 특별함을 가지고 있음을 부각시키며, 팬덤 일반에 대한 논의가 과연 쓸모가 있는지 의구심을 갖게 만든다. 예컨대 장소에 대한 논의들은 어떤 위치는 단순히 공간이 아니며 독특한 의미를 지니고 있다고 본다. 이 개념들을 통해 우리는 강력한 팬층을 유지하는 특정 팬 현상의 독특함을 설명하고, 그것이 지닌 특별한 호소력이 무엇인지 밝혀낼 수 있다.

신화

신화의 사전적 의미는, 흔히 생각하는 지어낸 이야기(즉 완전하게 거짓인 이야기)가 아니라, 대중적이고 설득력 있는 이야기다. 이는 신화가 전설과 마찬가지로 정동적 차원과 이데올로기적 차원을 모두 갖고 있다는 것을 의미한다. 즉, 신화는 사회적인 것임에도 '자연스러운' 의미처럼 여겨진다. 러셀 T. 데이비스는 〈닥터 후〉에 대한 논의에서 신화와 연속성을 지닌 이야기를 서로 구별하면서, 신화는 감정과 더 관련되어 있다고 주장했다(Hills, 2010b: 212). 그러면 신화는 스타덤의 원인일까 아니면 결과일까? 답은 둘 다. 어떤 배우가 화면에 아무리 멋지게 나온다고 하더라도 그가 출연한 작품이 흥행에 성공했을 때만 신화가 만들어질 수 있으며, 그렇게 만들어진 신화들은 증식하고 서로 경쟁하면서 팬들의 흥분을 끌어내리려고 한다.

팬덤은 팬의 머릿속에서 벌어지는 것으로 그 대상은 실제일 수도 있고 허구일 수도 있으며, 살아 있는 사람일 수도 있고 죽은 사람일 수도 있고, 우리의 판타지가 되는 사람일 수도 있고 판타지에 나오는 인물일 수도 있다. 극단적으로 상대주의적인 개념, 즉 대중적인 현상은 완전한 '백지 상태'라는 주장(즉, 그것은 수용자들이 각자 자신이 좋아하는 것을 투사하는 대리물이라는 주장)과는 반대로, 신화는 전적으로 비어 있는 것도 아니고 하나의 의미만을 지닌 것도 아니다. 그 대신 신화는 당대의 핵심에 있는 불안과 욕망을 건드림으로써 사회적으로 중요한 문제들이 무엇인지 윤곽을 그려준다. 예를 들어 신데렐라 이야기를 생각해보자. 그 이야기가 문화적 공명을 지닌 신화가 된 것은 의미가 비어 있기 때문이 아니라, 욕망과 로맨스와 사회적 이동성을 연결하고 있기 때문이다. 신데렐라 이야기는 젠더, 일부일처제 및 계급에 대한 특정한 개념이 받아들여질 때만 그 상징적 공명을 유지할 수 있다. 만약 이 개념이 급진적으로 변하면 신데렐라 이야기는 그 매력을 상실할 것이다. 소녀들이 신데렐라의 역할에 동일시하고 스스로가 그 이야기 속의 주체가 되기를 꿈꾸고 투사하게 하는 것은 바로 이러한 공유된 요소들 때문이다. 다른 이야기나 셀레브리티가 신화적 힘을 가질 수 있는 것도 이와 같은 이유에서다. 그 이야기나 이미지가 특정한 관심사를 건드리기 때문에 계속 호소력을 갖는 것이다. 흔히 언론에서 가정하는 것과 달리, 우리 팬들이 원하는 것은 주인공이 되는 것이 아니라, 그들을 닮거나 그들과 함께 있는 것이다. 각각의 신화가 사회적 개념들과 연결되어 있기 때문에 우리는 우리 정체성을 투사하면서 우리한테 딱 맞는다고 상상할 수 있는 흥분되는 공간을 신화 속에서 찾을 수 있다. 즉, 대중문화는 '백지 상태'가 아니라 사회적으로 중요한 의미를 만들어내는 위치와 경계를 지니고 있다. 많은 사람이 [옮긴이: 당대 사회와] 특정 신화의 관련성을 암묵적으로 이해하고 있을 때, 신화는 더 큰 무언가의 핵심이 될 수 있다. 즉, 신화는 더 많은 이야기가 형성되고 들러붙는 하나의 결절점 내지는 연결점이 될 수 있다.

신화의 이야기들이 점점 확장될 때, 그중에서도 가장 사회적 공명이 큰 신화, 즉 가장 호소력이 큰 신화는 결말이 없으며(열린 내용) 지속적이라는(열린 작가로서의 권리) 특징을 보인다. 힐스가 언급했듯이, 컬트 텍스트는 결말이 나지 않고 끊임없이 이어지며 추론을 요구하는 경우가 많다. 팬들이 좋아하는 〈닥터 후〉에 주목해보면, 그 풍부한 텍스트의 원천이 무엇인지 짐작할 수 있다.

〈닥터 후〉의 시간여행은 SF, 코미디, 일일 연속극, 모험물을 포함하는 다양한 장르와 혼종적으로 연결되어 있다. 이 프로그램의 포맷은 닥터 후의 정체성을 구성하는 담론적 요인들(과 일관성)을 규정하는 '장르적 기능'을 하면서 서로 다른 장르 담론들을 접합하고 있다(Hills, 2010b: 105).

즉, 서로 다른 장르 관습과 요소가 결합되어 있는 텍스트들은 다양한 방식으로 독해하고 확장할 수 있는 풍부한 기회를 제공한다. 텍스트의 공식적인 개발자들과 비공식적인 개발자[옮긴이: 팬]들은 텍스트를 서로 다른 방향으로 끌고 갈 수 있다. 예를 들어 새로운 〈닥터 후〉 시리즈는, 액션 장르의 음악을 사용해서 공상과학 장르의 함의를 피해가는 방식으로 브랜드를 만들었다. 풍부하고, 공명하며, 복제 가능하고, 재생산되는 텍스트는 팬들이 신화로 들어가는 저마다의 지점을 찾아낼 수 있는 기회를 준다. 〈닥터 후〉의 추종자들은 각자 제일 좋아하는 닥터가 있어서, 이를테면 "이번이 4대 닥터인데, 가장 빨리 내 닥터가 되었어"라고 말한다(Nye, 2010: 104; 인용자 강조). 매력적인 핵심을 지니고 있는 텍스트는 계속 갱신되고 재창조되어 사람들의 구미에 맞추어 확장되면서 그 프랜차이즈에 대한 새로운 세대의 추종자들을 만들어낸다. 크리스티나 버스 Kristina Busse와 헬렉슨은 "팬-학자들은 팬 픽션 전체를 팬 세계 내에서 계속 발전해가는 하나의 작업으로 간주하기 시작했다"라고 설명한다(Busse & Hellekson, 2006: 7).

열린 텍스트성은 또한 열린 작가로서의 권리와 연관시켜 볼 수 있다. 이는 특히 그 현상의 문화적 생산에서 중심에 있던 작가가 사망한 경우에 그러하다. 텔레비전 코미디 배우인 찰리 힉슨Charlie Higson 같은 작가들이 [옮긴이: 1964년에 사망한] 이언 플레밍Ian Fleming의 자리를 대신하면서 새로운 제임스 본드 소설이 발전한 사례는 이를 잘 보여준다. 새로운 〈닥터 후〉(2005년 이후) 시리즈에 다수의 작가가 참여한 것은 "팬들이 다중-저자 권리를 산업에서도 받아들이고", 또한 그것을 숙련된 작가들이 팀을 이루어 함께 작업하는 형태인 고급 텔레비전 드라마 전통과 연결시키고 싶어 한다는 점을 보여준다(Hills, 2010b: 30). 팬들은 다중 작가의 텍스트를 작가주의에서 벗어난 것으로 보지 않으며, 오히려 프로젝트에 참여하고 있는 창의적 개인들이 어떤 식으로 긴밀하게 협력했는지 찾아내려 한다. 팬들은 다중 저자의 텍스트에서 협업하는 가운데 그 작품에 '서명'을 남기는 다양한 행위자들 간의 충돌을 읽어낸다(Hills, 2010b: 31).

스튜디오의 제작이나 스타의 홍보, 또는 팬의 토론 등을 통해서 대중적인 신화는 확장되고, 좀 더 폭넓고 복잡한 지식, 흔히 신화학으로 알려진 지식의 일부가 된다. 신화학은 하나의 미디어 생산물이 확장된 것이 아니라, 최소한 하나의 텍스트 또는 그 제작자를 둘러싼 신화와 개념의 집합이다. 하나의 신화학에서 특정 수사나 설명이 이야기를 이끌어가는 중심적인 역할을 할 때, 그것을 신화소라고 부른다. 예를 들어 히치콕의 신화소에는 그의 오이디푸스적인 불안, 차가운 금발 미인에 대한 매혹, 새(아니면 날개를 지닌 것들)에 대한 공포가 포함된다. 이러한 요소들이 그의 영화에 나타나는 창조성을 직접 설명해주는 것은 아니지만, 관객들이 그의 영화에 들어 있는 서브텍스트들의 의미를 풀어내는 데 도움이 될 수 있다. 즉, 신화학은 팬의 매혹이 1차 텍스트, 이 경우 히치콕의 영화 〈새The Birds〉(1963)의 경계를 넘어서 더욱 광범한 영역까지 확장될 수 있음을 보여준다.

헤르티츠는 영화에 대해 논하면서 "마릴린 같은 영화 스타는 그들이 지닌 스크린 속 아우라를 스크린 밖의 일상생활에까지 가져가는데, 이러한 전환보다 더 신비스러운 것은 없다"라고 했다(Hertitz, 2008: 63). 문학 전기literary biography는 텍스트의 주제를 통해서 그 작가의 삶을 읽어낸다. 문학 전기 작가의 목표는 개인의 삶이 그들이 창조한 텍스트 내에 어떻게 표현되어 있는지 보여주는 것이다. 가장 시적인 경우, 문학 전기 작가는 신화의 탐험가(어쩌면 '수행자')가 되어, 작가와 작가의 텍스트 전체를 틀 짓고 있는 신화소를 찾아낸다. 대중들은 스타들을 단순히 문화산업에 종사하는 노동자로 보는 것이 아니라, 문학 전기의 설명을 받아들여 텍스트와 그 작가를 동일하게 바라보는(아니면 아예 혼동하는) 경향이 있다. 예를 들어 히치콕은 〈새〉라는 텍스트를 통해서 히치콕으로 묘사된다. 팬들이 자신들의 스타에게 더 가까이 가려고 하는 이유가 친밀감과 연대 때문이라면, 그 동기 중 하나는 (스타의 후광을 얻고 싶은 유혹이 아니라) '실제' 그 사람, 신화의 가면 뒤에 있는 실제 개인을 알려고 하는 것이다. 사회학자 페리스는 팬들이 "배우와 그가 연기하는 캐릭터를 구별하려고 하지만, 배우의 개인적인 생활에 대한 정보를 모으는 데도 관심이 있다"라는 데 주목했다(Ferris, 2001: 34).

신화소를 그대로 유지하면서 텍스트 자체가 재구축되거나 재상상되거나 확장되는 경우도 있을 수 있다.[1] 힐스에 따르면 '하이퍼다이제시스hyperdiegesis'라는 용어는 하나의 텍스트로는 부분적으로밖에 다룰 수 없는 광대한 또는 확장된 서사 공간을 의미한다(Hills, 2002a: 137). 최근 [옮긴이: 텍스트가] 제멋대로 확장되어가는 과정에서 원래의 중심 서사가 사라지는 경우도 나타나기 시작했다. 수용자가 일상적으로 여러 미디어 플랫폼을 이동하기 때문에, 스토리텔링은 사람들이 몰입할 수 있는 문화적이고 예술적인 우주를 창조해내는 것은 물론, 하나의 중심 서사를 유지해야 하는 복합적인 예술이 되었다. "〈닥터 후〉는 이야기를 '펼쳐나가는' 데 머무는 것이 아니라, 팬과 학자들이 계속해서 횡단면을 소비할 수 있는 다중 플랫폼이나 다층적인 거대 텍스트가 되려고 한다"(Hills 2010b: 4). 그렇지만 신화소가 확장될 수 있는 범위에는 한계가 있다. (원래의) 텍스트와 유사하다는 느낌은 팬들이 진실성과 일관성을 믿을 때만 유지될 수 있다. 팬 공동체의 구성원은 플롯에 비약이 있거나 특정 캐릭터의 행위 동기가 제대로 설명되지 않을 때 반발한다(Jenkins, 1992: 106). 예를 들어 〈닥터 후〉의 이야기는, 실제로는 정서적 리얼리즘에서 유래한 진실 감각에 의해 서로 연결되어 있는 판타지 세계다(Hills 2010b: 100). 〈닥터 후〉를 디킨스나 빅토리아 여왕, 또는 셰익스피어의 영국과 연결시킴으로써, 제작자는 〈닥터 후〉가 저급 문화 취향이라는 혐의를 피하며 고급문화에 의존하고 싶어 했다는 비난을 받을 수 있다. 힐스는 이러한 시도를 제작팀이 새로운 〈닥터 후〉 프랜차이즈를 브랜드화하려는 방식 가운데 하나로 보았다. 텍스트 내용에 중요한 변화가 생기거나 간극이 있는 경우, 팬들은 자신들의 관점에서 캐릭터를 재해석한다. 예를 들어 『해리 포터』에 아직 낭만적 관계가 등장하지 않았을 때, 팬들은 다양한 추론으로 그 간극을 채웠다(Green & Guinery, 2004를 참조하라).

신화소를 다루는 또 다른 방식은 그것이 팬층의 이해관계와 가치 체계를 반영하고 있다고 보는 것이다. 힙합, 텔레판타지, 만화 등 다양한 문화 현상 속에서, 장르 팬은 단일한 문화적 생산자의 작품만 고수하지 않으며 유사한 성격을 가진 여러 다른 작품도 탐험한다. 젠킨스는 그런 팬들이 종교적이라기보다는 (하나의 텍스트에 충성하면서 영적인 양식을 섭취하려 하기보다는) 다양한 텍스트를 창조하고 가지고 놀 수 있는 공통의 가치를 공유하고 있다고 주장했다(Jenkins, 2006: 20). 이렇게 보면 장르마다 각각의 신화소가 있다고 할 수 있다.

아이콘은 그 자신만의 신화와 신화학을 획득한 스타들이다. 이런 인물들은 항상 그리고 이미 팬 집착의 집중적인 대상이다(Hills, 2002a: 138). 그 이미지가 산업에서는 버림받았으나 팬들에 의해 선택된 경우는 컬트가 된다(Hills, 2002a: 141). 신화는 사람들을 매혹할 수 있는 핵심 요소를 지니고 있기 때문에 하나의 신화소가 될 수 있다. 신화소는 신화보다 훨씬 더 크며, 사회와 동일한 채널 내에서 유통되고 있다는 바로 그 이유로 사람들이 공유하고 있는 것이다. 엘비스나 마릴린 같은 인물의 이미지는 언제나 거기 있어서 사람들이 원할 때 사용할 수 있는 문화적 자산의 일부일 뿐 아니라 사회를 규정하고 있는 더 큰 도덕적 담론들에 개입하는 지점이기도 하다. 아메리칸 드림(아무리 가난한 계급에 속해 있더라도 재능만 있으면 성공할 수 있다는 생각)이나 명성의 허무함(명성이 내면의 행복을 가져다주는 것은 아니기 때문에 가치가 없다는 생각) 등이 그러한 담론의 예다. 바로 이러한 지점에서 스타는 신화를 초월해서 하나의 신화소의 중심이 된다. 스타는 일종의 블랙홀이 되어 대중문화를 자신의 이미지로 재구성하고 모든 것에 자신의 흔적을 새기는데, 이는 스타들이 그들이 등장하는 공간의 경계를 설정하는 것으로 보이기 때문이다. 헤르티츠가 설명하듯이, "이것이 바로 아이콘의 초월적 측면이다. 미디어는 스타의 주변을 맴도는 것처럼 보인다"(Hertitz, 2008: 133).

사람들은 아이콘이 된 스타들을 쉽게 알아본다. 스타들의 정체성을 나타내주는 아주 간단한 기호나 암호(실루엣이나 의상, 이름이나 선전 문구) 같은 것만 있어도 사람들은 그들을 알아본다. 그들의 공연에는 특정한 스타일이 있다. 예를 들어 스프링스틴은 무대에서 잘 알려진 자신의 어린 시절 이야기를 해주는 것으로 유명하다. 그의 이미지는 그의 공연과 관련해 작동한다(Cavicchi, 1998: 28, 65). 아이콘이 영화나 대중음악에만 있는 것은 아니다. 텔레판타지 시청 역시 그러한 종류의 인물 숭배를 만들어낼 수 있는데, 팬들은 기존 캐릭터의 개성을 그대로 사용하는 에피소드를 좋아하는 경우도 있고, 캐릭터의 새로운 측면을 보여주는 에피소드를 좋아하는 경우도 있다(Jenkins, 1992: 98). 〈닥터 후〉에서 "닥터는 결함이 있고, 상처받았고, 똑똑하고, 위험한 외계인이다. 또한 영웅이기도 하다"(Jones, 2010: 173). 그의 성격에는 일관성이 있지만 시간여행을 거쳐서 다시 등장할 때마다 변덕을 부린다. 그는 외부자이기 때문에 인간이란 무엇인지를 성찰할 수도 있다.[2] 제임스 본드처럼, 닥터 후는 여러 배우가 연기하는 아이콘이다. 그러한 아이콘들은 특정 관습을 대표하며 특정 수용자층을 대상으로 한다는 점에서 일종의 장르다. 그들은 미디어 산업이 안고 있는 수익의 불확실성을 줄여주고, 소비자 시장의 판도를 분할하며, 자신이 출연한 작품이나 다른 사람들이 출연한 작품을 판매하는 세일즈맨이 되기도 한다(Hesmondhalgh, 2005: 116을 참조하라). 인문학적으로 말하자면, 아이콘은 지지층을 대표한다. 그들은 사람들을 대신해서 말한다. 그리고 그들이 자신들의 기원을 초월했으며, 최초의 수용자들을 넘어서 모든 사람의 관심의 대상이 되고 토론의 주제가 되었다고 말하는 것 자체가 그들이 아이콘임을 나타낸다. 힐스에 따르면 아이콘이 되기 위해서는 신비감이 그 바탕에 있어야 한다. 엘비스가 컬트 아이콘이 된 것은 아마도 그의 죽음이 신비에 싸여 있기 때문일 것이다 (Hills, 2002a: 142). 그러나 신비감이 매혹의 원인을 제공하는 것은 분명하지만, 그러한 매혹 뒤에 놓여 있는 것이 반드시 가치가 있다는 것을 의미하지는 않는다. 그 신비감이 의미가 있으려면 셀레브리티가 이미 무언가 흥미로운 점을 가지고 있어야 한다.

대중문화에서 신화적 의미의 세계에 대해서 논하는 또 다른 방법은 이를 텍스트성과 관련지어 살펴보는 것이다. 1차 텍스트가 컬트영화든 음반이든 관계없이, 2차 텍스트들은 언제나 1차 텍스트와 관련되어 유통된다. 광고, 인터뷰, 커뮤니티의 관찰과 '경전'(Jenkins, 1992: 99) 같은 것들이 거기에 포함된다. 메타-텍스트는 1차 텍스트(들)와 이와 관련된 2차 텍스트를 모두 합친 것이다. 메타-텍스트성에 주목하는 것은 1차 텍스트의 의미가 내재적이거나 투명하지 않기 때문이다. 1차 텍스트는 일련의 부산물을 수반하며 그 부산물들은 텍스트의 의미를 형성하거나 바꿔놓을 수 있다. 몇몇 연구자는 제라르 주네트의 연구(Genette, 1997)를 끌어와서 일시적인 2차 텍스트를 '파라텍스트'라고 부르며 마치 그것들이 대단히 중요하기라도 한 것처럼 강조했다.[3] 1차 텍스트가 없다면 이론적으로 그것들은 더 이상 의미를 갖지 못한다. 하지만 그레이는 다음과 같이 주장했다.

> 파라텍스트는 단지 부가물이나 스핀오프나 번외편을 말하는 것이 아니다. 파라텍스트는 텍스트를 창조하고, 관리하며, 우리가 파라텍스트와 연결 짓는 의미로 텍스트를 채운다. …… 특정 영화나 프로그램은 어떤 텍스트의 일부일 뿐이며, 그 텍스트는 언제나 맥락에 따라 달라지는 독립적인 실체로 형성 또는 변형되는 과정 속에 있으며, 그렇지 않은 경우라 하더라도 언제든지 쉽게 다시 형성되고 변형될 수 있다(Gray, 2010: 6~7).

그레이가 볼 때 이러한 파라텍스트들(여기에는 예고편, 광고, 오프닝 크레디트, 관련 상품, 티셔츠, 다큐멘터리나 전기 같은 2차 텍스트들, 논평, 온라인 게시물, 리뷰만이 아니라 텍스트 자체를 각색하거나 편집한 것, 이를테면 감독판도 포함된다)은 특정 쇼가 그 수용자에게 갖는 의미를 지속적으로 변화시킨다(Gray, 2010: 11). "파라텍스트는 미디어의 안내자이자 게이트키퍼이자 치어리더이며 우리는 그것들을 통과해야만 '텍스트 자체'로 갈 수 있지만, 특정한 수용자들만 접하는 파라텍스트도 있다"(Gray, 2010: 17). 1차 (주)텍스트와 2차 (파라)텍스트의 구분은 제작자가 이야기를 풀어내는 미디어의 범위를 확장하면 무너지기 시작한다는 점을 깨닫는 것 역시 중요하다. 앤디 워쇼스키와 래리 워쇼스키 같은 감독들이 만든 텍스트는 다른 미디어로 만들어진 텍스트들을 보았을 때만 이해될 수 있다. 이는 단지 각색의 과정이 아니라, 동일한 이야기를 두 개의 서로 다른 미디어로 전달하는 과정이다. 할리우드는 이제 비디오 게임이나 음악, 영화에 익숙하고, 어떤 미디어가 다른 미디어의 이야기를 참조하고 있을 때 그 연결 관계를 읽어낼 수 있는 젊은 수용자층을 공략하고 있다. 2007년 발생한 할리우드 작가 파업은 이제 트랜스미디어 스토리텔링에서 '홍보물'이 핵심적 부분으로 인식되고 있다는 사실을 보여주었다(Jenkins, 2008: 125). 어떤 의미에서는 현대의 수용자들이 의미를 찾아서 다양한 미디어를 뒤지고 다니기 때문에, 이제 모든 수용자들이 팬처럼 행위할 것을 요구받는다고 이해할 수도 있다.

신화를 유지하고 보전하는 역할과 관련해서 논의할 두 종류의 텍스트 구성물이 있는데, 그것은 정전과 팬본이다. 정전은 이른바 정수를 나타내는 텍스트들이나 그 형식이나 현상에서 최고의 수준을 보여주는 작품들을 선별해놓은 것이다. 텍스트의 의미는 정전과의 연관 속에서 만들어진다(Busse & Helekson, 2006: 27). 정전은 이른바 최고의 작품들로 이루어져 있기 때문에 수용자를 계발하는 도구가 된다. 정전이라는 개념은 비평가를 비롯해서 엘리트 문화의 수호자로 임명된 사람들의 교육적 역할이 아무런 의심 없이 받아들여지던 시기에 나왔는데, 최근에는 정전을 정할 수 있는 권리가 팬들의 손으로 넘어왔다. 브루커는 "정전은 유동적"이라고 했다(Brooker, 2002: 106). 예를 들어 일부 팬들이 스티븐 샌스윗Stephen Sansweet의 『스타워즈 백과사전Star Wars Encyclopedia』 (1998)에 정전으로서의 권위를 부여했던 순간에 대해 브루커는 다음과 같이 설명했다.

그 백과사전이 정전으로 받아들여지는 경우도 있지만, 항상 그런 것은 아니다. 팬들은 여전히 '공식' 텍스트를 한 편에 두고, 기타의 소설이나 컴퓨터 게임이나 만화는 그것들이 아무리 '루커스필름'이라는 브랜드를 달고 있다 하더라도 공식 텍스트에 미치지 못한다고 생각해서 서로를 구분한다. 둘 간의 경계는 애매하다 (Brooker, 2002: 52).

주 텍스트를 결정하고 그 텍스트를 프랜차이즈로 인정하는 권위를 가진 전문가 집단은 그 텍스트의 특정 판본만을 정전으로 인정하고 정전 중에서도 특정 판본만 인정하려고 한다. 이렇듯 정전 여부를 까다롭게 따지는 특성은 상품화 과정과도 연결된다. 이를테면 BBC 웨일스는 새로운 〈닥터 후〉가 기존 시리즈의 외양과 정서를 그대로 유지하고 있다는 것을 보여주기 위해 『스타일 가이드Style Guide』를 만들었다(Hills, 2010b: 67). 그러한 과정을 통해 〈닥터 후〉 프랜차이즈가 일관된 취향에 호소하고 있다는 이미지가 만들어졌다. 그러나 때로는 그러한 시도가 엉뚱한 결과를 낳기도 한다. 팬들은 정전에 무엇이 포함되어야 하는가를 스스로 선택할 수 있는 소비자이기 때문이다. 예를 들어 대중음악에서 히트곡 모음집에 대한 반응은 엇갈린다. 팬 공동체는 히트곡 모음집을 상업적인 목적으로 만들어진 앨범이라고 무시하기도 하고, 팬 기반을 확장하기 위한 도구로 사용하기도 한다. 스프링스틴이 1995년에 발표한 히트곡 앨범은 마케팅에 도움이 되는지 또는 선택된 곡들이 과연 스프링스틴의 대표곡인지를 두고 논란이 있었다. 그러나 많은 팬은 그 앨범도 샀다(Cavicchi, 1998: 85). 좀 더 최근의 예는 2001년 여름에 열린 마이클 잭슨의 헌정 공연에 [옮긴이: 헤비메탈 그룹] 키스Kiss가 포함되었을 때 발생했는데, 그 결과는 달랐다. 그 밴드의 악명 높은 베이스 연주자 진 시먼스Gene Simmons가 "나는 마이클이 아이들을 성추행했다고 확신한다"라고 공적으로 발언한 적이 있기 때문에, 잭슨의 팬 덤은 그가 콘서트에 서는 것을 원하지 않았고 공연 기획자인 '글로벌 라이브 Global Live' 측에 2011년 10월 행사 라인업에서 키스를 빼라고 압력을 넣었다. 키스는 대부분의 사람들의 하드록 정전에서 핵심적인 그룹이었지만 ― 마이클 잭슨 팬이 그 밴드의 재능을 인정했느냐의 여부와 상관없이 ―시먼스의 발언 때문에 그의 밴드는 '그들의(잭슨 팬의)' 정전에서는 추방당했다. 이와 같은 긴장감 높은 불화는 팬층이 '도덕적 공동체'라는 점을 보여주며, 상업적인 정전과 팬들이 동의하는 정전 간에 깊은 간극이 있음을 잘 보여준다.

팬층이 스스로 선정한 정전은 팬본이라고 불린다. 팬본은 통상 팬 픽션과 관련해 논의되며, 팬이 창조한 텍스트와 의미도 포함한다(Pugh, 2005: 41). 버스와 헬렉슨은 다음과 같이 말했다.

> 팬 텍스트를 다룰 때는 정전과 팬본의 차이를 이해하는 것이 가장 중요하다. 정전은 원 미디어의 세계와 배경과 인물을 만들어내는 사건이며, 팬본은 팬 공동체, 특히 팬덤에서 만들어져서 팬 텍스트 전반에 걸쳐 되풀이되는 사건이다. 팬본은 특정한 세부사항을 창조하며, 인물들을 정전에서와는 다른 방식으로, 심지어 때로는 정전에서와는 반대되는 방식으로 해석하기도 한다(Busse & Hellekson, 2006: 9).

팬본에는 슬래시 픽션 등도 포함될 수 있으며, 어떤 의미에서 그것은 팬들이 메타 텍스트 중에서 팬들 자신의 판본과 '공식'판을 구별하는 방식이기도 하다. 많은 사람이 팬본의 산물에 대해 (주류 팬을 소외시킬 수 있다는 점에서) 의구심을 갖기도 하지만, 정전을 수호하려는 바로 그들이 팬본에서 가장 인기를 누리고 있는 팬 픽션 작가들에게 매력을 느끼기도 하는데, 이는 바로 그들이 팬 공동체 전체를 대표하기 때문이다(Green & Guinery, 2004를 참조하라). 팬본은 단지 팬이 그들의 대상을 텍스트의 공식적 창조자 또는 관리자와 다른 방식으로 정전화하는 것을 보여주기 때문에 중요한 것이 아니다. 팬본은 팬들의 관점을 바꾸어놓음으로써 원 텍스트가 그들에게 갖는 의미를 변화시킬 수도 있다.

여러 스토리가 결합되어 있는 팬 텍스트를 살펴보면, 원 텍스트에 대한 팬의 이해가 언제나 이미 팬 텍스트에서의 해석이나 인물 묘사에 영향을 받고 있다는 점이 분명해진다. 즉, 팬 공동체는 (비록 논쟁적이고 모순적이라고 하더라도) 공통의 해석을 만들어내며, 그러한 해석 속에는 수많은 잠재적 의미, 방향, 결과가 공존하고 있다(Busse & Hellekson, 2006: 7).

브루커는 〈스타워즈〉의 2차 텍스트나 유사 정전을 소비한 팬들이 원 텍스트의 여러 요소를 잘못 해석하거나, 심지어 원작에 없던 것도 원래 있던 것으로 착각하기도 한다는 점에 주목했다(Brooker, 2002: 72). 젠킨스는 그 과정을 좀 더 상세하게 묘사했다.

팬의 계속적인 재해석 과정을 통해 시리즈의 세계는 점점 더 정교해진다. 팬들의 추론과 추측은 원 시리즈의 명시적 정보를 훌쩍 넘어서 나아간다. 팬의 메타-텍스트는 계속 팬들 간의 이야깃거리로만 머물든 글로 된 비평의 형태로 구체화되든 이미 일종의 다시 쓰기다. …… 이러한 팬 이야기들은 팬 메타-텍스트의 가정들을 바탕으로 만들어지고, 팬 공동체가 자주 표명하는 욕망에 대한 응답이지만, 비평이나 해석의 지위를 넘어선다. 팬은 그러한 이야기들을 좋아한다. 프로그램에 대한 자신들만의 특별한 판본을 받아들이고 감상할 준비가 이미 되어 있는 팬 독자는 그 이야기들을 열렬히 받아들인다(Jenkins, 1992: 155).

핵심적으로, 팬은 1차적으로는 동일시와 의미를 중시하며 소비 과정에 대한 충성은 단지 2차적인 것에 지나지 않기 때문에(그리고 그러한 소비는 텍스트가 지속적으로 생산될 수 있도록 위한 것이다), 팬본이 반드시 가짜이거나 아마추어적이거나 2차적인 현상은 아니다. 때로는 팬 픽션이 새로 나온 전문적 생산물에 비해 원 텍스트에 더 충실한 경우도 있다. 이러한 관점에서 볼 때 헌신적인 팬들이 주로 팬본을 구입하기는 하지만 누구나 텍스트에 관심을 표현할 수 있다. 그래서 팬 공동체는 텍스트의 관리자인 업계의 구애를 받지만, 그들의 1차적인 관심은 자신들의 즐거움을 지키는 데 있다.

컬트

컬트라는 용어는 흔히 관심의 강도나 수용자 유형이 특별하거나, 대중의 강력한 헌신이나 지속적인 호소력을 이끌어낸 팬 대상을 가리키는 데 사용된다. 컬트는 복잡한 용어라서 정의하기가 어려운데, 이는 단지 사람들이 그 용어를 서로 다르게 사용하기 때문이 아니라, 그 용어를 1차 텍스트에 대해서도 사용할 수 있고('컬트 텍스트'처럼) 팬층에 대해서도('컬트 현상'처럼) 사용할 수 있기 때문이다. 컬트라는 단어는 또한 팬 연구 외부에서는 비밀스러운 종교적 대상에 대한 숭배나 틈새시장에서 인기를 얻는 미디어 생산물을 의미하고 있다. 문화적 생산물 중 극히 일부만 컬트가 되는 반면, 미디어 컬트는 드물지 않다. 오늘날 영화와 텔레비전 시리즈 중에는 '컬트'가 많다. 가장 오래된 컬트 인물 가운데 한 사람은 그 영향력이 전자 미디어 시대 이전까지 거슬러 올라가는 셰익스피어로, 그는 오랫동안 연극 무대와 문학의 중심에 있었다. 힐스에 따르면, 디지털 미디어 시대에 셰익스피어는 미디어 컬트의 완벽한 예다(Hills, 2002a: 134). 힐스는 컬트의 세 가지 요소를 정동적 요소(강력한 팬 애착을 불러일으킨다), 언어적 요소(컬트 담론의 채택), 시간적 요소(장수를 의미하는)라고 했다(Hills, 2002a: xi). 셜록 홈스는 가장 유명한 허구적 캐릭터 가운데 하나임에도 컬트의 지위에 놓이지 못한다. 그는 "여러 면에서 컬트적 성격을 상당히 강하게 지니고 있지만, 딱히 미디어 컬트로 분류할 수 없기 때문이다"(Hills, 2002a: xiv).[4] 이 유명한 탐정의 컬트 지위를 부정하는 두 가지 이유는 아마도 그가 '주류' 대중 탐정 소설에 지속적으로 등장해왔고, 그의 팬들이나 독자들이 그를 컬트로 분류하지 않기 때문일 것이다. 이 사례는 특정 팬 대상을 컬트라고 부를 때 어떤 다양한 요소들이 작동하고 있는지 들여다볼 수 있게 해준다. 그렇다면 이제 컬트라는 호명의 함의가 무엇인지 하나하나 살펴보기로 하자.

어떤 것이 컬트가 되고 어떤 것은 컬트가 되지 않는지 그 수수께끼를 푸는 방법 중 하나는 대중문화 현상을 종교로 생각해보는 것이다. 어떤 사회운동을 두고 '컬트'라고 명명하는 것은 특정한 함의를 일으키며 그것을 특정한 방식으로 틀 지우는 것이다. 틸은 자신의 팬 관심사에 대해서 열정적으로 기술하면서, 틸은 다음과 같이 설명했다. "대중음악 문화는 흔히 볼 수 있는 대중적이거나 암묵적인 종교의 한 형태다. 나는 그것을 신종교부흥운동NRMs으로 묘사하는 대신 컬트라고 불렀다"(Till, 2010: 7). 틸은 대중음악 문화와 종교 간의 유사점으로 창조의 아이콘에 대한 집중, 추종자들의 강력한 헌신, '세뇌' 등을 들었다(Till, 2010: 8). 틸에 따르면 대중음악은 '성스러운 것'이라는 개념을 받아들여서 '신성하고도 대중적인' 형식을 만들어냈다(Till, 2010: 5). 대중음악 팬덤에 대한 틸의 주장이 팬덤에 대해 말하고 있는 바가 무엇인지 따져본다면, 그의 주장은 논란의 대상이 될 수 있다. 대부분의 팬들이 컬트 추종자로 불리기를 원하는가? 만약 그렇지 않다면, 그들은 자신의 신념과 실천이 무엇인지 제대로 모르고 있는 것인가?

담론적 자원으로서, 무언가를 컬트라고 이름 붙이는 것은 그것을 비하하는 행동으로 볼 수 있다. 마이클 잭슨 사후에 팬의 소셜미디어 이용에 대해 분석한 샌더슨과 정의 논문은 잭슨의 팬에게 공감하면서도 "마이클 잭슨은 전 세계에 영향을 미쳤으며 그에 대한 추종은 '컬트 같다'"라고 말한다(Sanderson & Cheong, 2010: 331). 여기서('특권적'이라거나 '헌신적'이라는 말 대신에) 사용된 "컬트 같다"라는 용어는 비정상성, 타자성, 최면 상태, 그리고 심지어 정신병을 의미할 수 있다. 이는 어떻게 주류 슈퍼스타가 '컬트'라고 불리는 팬층을 전 세계적으로 거느릴 수 있는지 설명하지 못한다. 컬트라는 말은 일반적으로 부정적인 낙인인데, 왜냐하면 그것은 유약하고, (사회) 현실로부터 고립되어 있으며, 감정적으로 조작당하거나 세뇌당한(즉, 잘못된 신념에 빠져 있는) 집단을 의미하기 때문이다(Hills, 2002a: 123). 그 용어는 팬들을 스타의 손아귀에서 '구해내야'

한다는 것을 의미한다. '컬트'라는 이름붙이기에 대해 젠슨 같은 연구자들은 사회적으로 그러한 낙인을 찍음으로써 팬 문화의 불안정한 실천들이 주는 불안을 상쇄하려는 '문화적 징후'라고 보았다(Jensen, 1992). 즉, 팬 공동체가 본질적으로 컬트 같다는 가정을 하기보다는 왜 그 용어가 사용되는지에 대해서 탐구할 필요가 있다. 샌더슨과 정 또는 틸이 팬들을 비방할 의도를 갖고 있는 것은 아니지만, 그들의 논의는 5장에서 논의했던 종교성 개념을 간접적으로 강화하고 있다. 컬트 팬덤은 사회에서 종교가 교회 바깥의 공간으로 재배치되는 것을 의미하지 않으며, 종교가 순전히 사적인 순간으로 축소되는 것을 의미하지도 않는다. 그러나 틸은 여전히 확신하지 못하면서도 "세뇌와 마찬가지 행위를 한다는 증거가 있다. 팬들은 음악을 반복해서 듣거나 따라 부르는데, 그 음악 자체도 반복적"이라고 말한다. 이렇듯 팬덤을 컬트로 보는 입장에서는, 팬들 스스로 자신들의 행위를 '컬트'라고 부른다는 사실을 그 근거의 하나로 내세운다. 컬트라는 용어가 낙인의 의미를 지니고 있다는 점에서, 팬들이 사용하는 '컬트'라는 용어는 종교적 집단이라는 뜻이 아니라 분명히 다른 의미다. 힐스는 팬들이 그런 용어를 사용하는 이유가 '자아-부재'라는 비난에 대해 방어하기 위한 것이라고 보는데, 나는 더 간단하게 설명할 수 있다고 생각한다(Hills 2002a: 124). 컬트 팬덤은 '세련됨cultivation'을 나타내며 세련됨은 명예의 훈장이다. 그것은 특정한 대상에 대해서 충성스럽고 헌신적인 도제가 되는 것이다. 그러므로 컬트라는 단어 자체를 분석하기보다는 그러한 용어를 사용할 때의 함의와 권력관계를 분석하는 데 초점을 맞추어야 한다. 우리는 각각의 컬트를 사례별로 주의 깊게 탐구해야 하고, 누가 누구에게 그리고 왜 컬트의 지위를 부여하는가를 살펴야 한다.

컬트의 호소력을 텍스트 그 텍스트가 지닌 구조에 돌리는 연구 전통이 있다. 이런 연구에서 컬트 텍스트는 팬들이 그것을 탐험할 수 있도록 이미 준비되어 있는 세계다. 움베르토 에코Umberto Eco가 〈카사블랑카Casablanca〉(마이클 커티즈 Michael Curtiz 감독, 1942) 같은 영화는 "전체적인 서사의 세계를 갖춘" 텍스트라고 했던 말(Eco 1995: 198)은 이런 관점에서 중요하다. 에코에게 컬트영화는 백과사전처럼 완벽하게 갖추어진 세계를 의미한다. 그렇지만 이 세계가 특별히 잘 만들어져야 하거나 일관성이 있어야 하는 것은 아니다. 사실 비일관적인 요소들이 있어야 팬들이 참여할 수 있다(Jenkins, 2008: 101). 한편 힐스는 컬트 세계에 팬이 계속 참여하도록 하는 힘 중 하나는 컬트 텍스트들의 중심에서 이야기를 이끌어나가는 미스터리에 있다고 말했다. 예를 들어 〈닥터 후〉가 계속 다시 만들어질 수 있는 것은 주인공의 정체성이 신비에 싸여 있기 때문이다(Hills, 2002a: 135). 힐스는 컬트 텍스트성을 구조화하는 세 가지의 특징을 들었다. 컬트 텍스트들 간에는 어떤 공통점이 있는데, 작가주의, 끊임없이 지연되는 이야기, 그리고 하이퍼다이제시스가 그것이다(Hills, 2002a: 131). 작가(대체로 영화감독)는 [옮긴이: 이야기를] 이끌어가는 개인으로서 자신의 창조적인 흔적을 텍스트에 남겨놓는 사람이다. 작가주의는 고급 드라마 개념과 연결되어 있어서, 예술적인 흔적을 가진 대중문화는 고급문화적인 (문학) 읽기 전략을 통해서 평가될 수 있다고 본다(Hills, 2002a: 133). '끊임없이 지연되는 이야기'란 이야기가 계속 다시 시작되고 결코 끝나지 않으며 계속 진행되는 플롯을 말한다. 하이퍼다이제시스는 텍스트의 배경이 되지만, 텍스트 내의 어느 한 층위로 제한되지 않는 상상의 세계를 계속 확장하며 구축해나가는 과정이다. 팬들은 미스터리에 주목함으로써 그러한 요소들을 하나하나 통과해나간다. 그렇다면 컬트를 장르로 볼 수 있을까? 컬트를 장르로 볼 수는 없지만 다른 장르에 비해 더 컬트적인 장르들이 있다. 작가를 인식해내기 용이하고, 이야기 세계가 하이퍼다이제시스적이며, 끊임없이 지연되는 이야기를 지닌 장르들이 거기에 해당한다(Hills, 2002a: 143).

영화 연구자인 어니스트 매시스Ernest Mathijs와 엑세비어 멘딕Xavier Mendik은 약간 다른 관점에서 몇 가지 방식으로 컬트영화를 정의했는데(Mathijs & Mendik, 2008), 여기서는 그 내용을 살펴보려 한다. 이들은 컬트영화의 특성으로 혁신, 장르 경계 허물기(또는 장르 요소를 기괴화하기), 상호텍스트성, 개방성(스타일이나 서사의 느슨함), 순수한 폭력pure gore, 미학적 또는 도덕적 '나쁨', 좋은 영화와 나쁜 영화 간의 장벽을 없애는 능력, 향수를 불러일으키는 능력을 들었다(Mathijs & Mendik, 2008: 2~3). 물론 이러한 특징 가운데 일부는 실제로는 컬트영화 관객이나 컬트 담론이 영화에 부여한 것이다. 이 목록에서 흥미로운 점은 그것이 힐스가 말한 세 가지 특징을 더욱 정교하게 제시하고 있을 뿐만 아니라(예를 들어 혁신은 작가주의와 관련되어 있으며, 개방성은 끊임없이 지연되는 이야기를 만들어낸다), 텍스트 자체의 속성이 아닌 요소들, 예를 들어 혁신이나 상호텍스트성 같은 특징도 포함하고 있다는 점이다. 이는 사람들이 텍스트에 대해 좋다 또는 나쁘다라고 말하는 방식들을 반영한다. 더 나아가 매시스와 멘딕은 "팬덤이라는 용어는 너무 일반적이고 단조로워서 컬트에 들어 있는 지속성과 헌신을 잡아낼 수 없다"라고 말한다(Mathijs & Mendik, 2008: 5).

컬트 팬덤 관련 연구에서는 컬트 생산물은 진정으로 유기적인 세계를 보여 줘야 한다거나 팬이 구해내야 한다고 주장한다. 컬트 팬은 반복적으로 시청하는 사람들이거나, 틈새 미디어 시장의 열렬한 시청자로 보인다(Abercrombie & Longhurst, 1997; Robson, 2010: 212를 참조하라). 게다가 팬이 만든 생산물(예를 들어 〈스타워즈〉의 패러디 영화)이 그 나름의 '컬트' 추종자를 거느리기도 한다(Hills, 2002a: x). 팬이 구해냈다는 말은 컬트 텍스트가 팬을 위해 기획된 것이 아니라 팬 스스로 발견해내야 하는 것임을 의미한다. 예를 들어, 〈어디에도 없는 사람Nowhere Man〉(1995~1996)*은 컬트 텔레비전 시리즈로 기획되었지만 실패하고 말았다(Hills, 2002a: 136). "컬트 텍스트나 아이콘은 제작자들이 작정한다고 해서 만들어질 수 있는 것이 아니다"(Hills, 2002a: 143). 이러한 접근 방식은 산업이 진정으로 대중적인 것이 무엇인지를 결정할 수 있다는 개념에 대한 도전이며, 행위성을 팬들의 손으로 되돌려놓는다. 학자들은 컬트 팬이 특별히 헌신적이라고 말하고 싶어 한다(Hills, 2002a: x). 그러나 팬이 구해낸 것이라는 컬트 팬덤의 정의는 왜 어떤 텍스트는 컬트가 되고 어떤 것은 그렇지 않은지 설명할 수 없다. 즉, 그것은 컬트 대상을 묘사하는 방법이지 컬트를 설명하는

---

* 〈어디에도 없는 사람〉은 미국의 텔레비전 시리즈로, 사진작가인 주인공의 개인정보가 한순간 공식적으로 사라져서 그 의문을 추적하는 내용이다.

방법은 아니다. 그러므로 힐스에 따르면, '컬트' 개념은 우리로 하여금 "팬 대상은 궁극적으로 자의적"이라고(예를 들어 태어날 때부터 닥터 후 팬인 사람은 없다) 생각하게 할 수 있지만 — 팬들은 아마도 그렇지 않다고 주장할 것이다 —, 팬덤은 해석적 실천일 뿐 아니라 마음 깊은 곳에서 느끼는 확신이기도 하다.

팬이 컬트 텍스트를 '구해낸다'는 주장이 진부하게 들린다면, 컬트라는 명명의 또 다른 차원에 주목해보는 것도 도움이 된다. 바로 팬들이 자신이 좋아하는 모든 것을 컬트라고 부른다는 점이다. 힐스가 질문하듯이, "팬들이 '컬트'라는 용어를 쓴다면, 그들은 왜 팬 문화의 외부에서 문화적으로 열등하다고 간주되는 용어를 사용하는 것일까? 어떤 문화적 작업을 통해서 '컬트' 담론이 팬 문화에 긍정적인 의미로 사용되도록 할 수 있을까?"(Hills, 2002a: 121). 틸이 대중음악 팬덤을 컬트 행위로 묘사한 것은 팬들이 그 단어를 어떻게 이해하는가에 대해 전혀 모르고 한 말이지만, 틸은 사실 그 용어의 명예를 회복시키려고 했다.

이 책은 대중음악 팬덤과 운동을 컬트로 묘사할 것이다. 이는 그것들이 나쁘거나 잘못되었다는 뜻은 아니며, 컬트라는 단어를 부정적인 의미로 사용하는 사람들이 귀중하게 여기는 모든 것을 유쾌하게 위반하는 일을 즐겁게 긍정하려는 의도다(Tills, 2010: 1).

여기서 틸은 컬트라는 용어를 악명에서 구해내려고 하고 있다. 매시스와 멘딕은 컬트영화를 소비 현상으로 논하면서, 그러한 영화는 지속적으로 집중적인 참여를 이끌어내는데 이때 참여는 서로 구별되는 일련의 요소들을 포함하고 있다고 본다(Till, 2008: 4~6). 능동적인 찬양, 교감과 공동체, 실시간성(컬트 영화 관람은 사회적 이벤트의 일부인 경우가 많다), 반역적 수용자(그들은 자신들의 컬트 텍스트가 지닌 저항성을 좋아하며 대안적인 미디어 생산물들을 정전화하려고 한다)가 그것이다. 일부 '쿨'한 팬덤에서는 컬트라는 꼬리표를 폄하의 의미로 보지 않는다. 그것은 팬덤의 배타적 지위를 나타내주는 용어일 뿐이다. 이를테면 1950~1960년대 록 음악의 '컬트' 팬을 자처하는 사람은 자신들이 상대적으로 개방적이지 않은 음악 형식에 대해 잘 알고 있다고 말하는 셈이다. 그러나 〈스타트렉〉이나 마이클 잭슨의 팬이 아닌 사람들이 그 팬들을 컬트라고 부를 때 그 단어는 정반대의 의미로 사용된다. 이런 이유로 컬트 팬덤은 보편적인 현상이라고 말하기는 어렵다. 논의를 더 복잡하게 해보자면, 몇몇 자료에 따르면 모든 컬트 수용자는 사실상 팬이다. 매시스와 멘딕은 〈킬 빌Kill Bill〉 2부작(타란티노 감독, 2003; 2004) 같은 영화들을 보는 컬트영화 수용자는, 일반적인 관객들이 아니라 팬(특정 영화를 열정적으로 찾아다니는), '열혈' 수용자(하나의 풍부한 텍스트에서 수많은 서브텍스트를 분석적으로 읽고 탐구하는 독자), 그리고 영화애호가(지적으로 도전적인 텍스트를 선호하며 거리를 두고 미학적 판단을 내리는)로 구성되어 있다고 말했다(Mathijs & Mendik, 2008: 5~6). 매시스와 멘딕은 즐거움의 원천, 애착감, 텍스트에 대한 관점이 관객마다 서로 다르다는 점을 강조하면서 이들을 구분했지만, 좀 더 자세히 들여다보면 그러한 구분은 유지되기 어렵다. 예를 들어 팬이 열혈 수용자가 될 수 있고, 영화 애호가가 장르영화의 팬인 경우도 자주 볼 수 있다. 그럼에도 매시스와 멘딕의 범주는 우리가 서로 다른 종류의 컬트 팬을 구분하는 데 도움을 준다.

컬트 텍스트는 팬이 '구해낸' 것이라는 개념을 받아들이면서, 컬트 텍스트를 주류 바깥에 있는 것으로 보려고 하는 사람들이 있다. 이런 관점에서 보면, 컬트 텍스트는 대안적이고, 언더그라운드에 있으며, 일반적인 미디어의 범위에 들어가지 않는다. 매시스와 멘딕에 따르면, 컬트영화가 되려면 다음의 네 가지 요소를 갖추어야 한다(Mathijs & Mendik, 2008: 8~10). 호기심을 불러일으키는 낯섦, 비유적 의미(컬트영화는 다른 컬트 대상을 각색한 경우가 많으며 상상 속의 시공간을 배경으로 한다), 논쟁적 주제에 대한 모호한 접근 방식(광기, 강간, 동물 학대 같은 주제를 탐구하거나 이용한다), 정치적 저항성(예를 들면 펑크나 대항문화적 전복에 대한 묘사)이 그것이다. 학자들도 이와 비슷하게 컬트를 주류에서 분리되어 있고 주류와 다른 것으로 설명해왔다(Hills, 2010b: 203). 마크 얀코비치Mark Jancovich와 네이선 헌트Nathan Hunt는 컬트 텍스트를 특징짓는 단일한 특성은 없다고 말했다(Jancovich & Hunt, 2004). 그 대신 그들은 주류 문화로부터 컬트를 분리하고 어떤 것을 컬트라고 정의하게 하는 자의적인 분류 시스템이 존재한다고 말했다. 하위문화에도 셀레브리티가 있다는 사실은 컬트 수용자를 이해하는 데 도움이 되며, 여기서 '컬트'는 단순히 정전의 외부에 있음을 의미한다(Hills, 2002a: 84; 2010a: 238). 컬트와 주류 문화의 구별은 자신을 일반적인 수용자와 구별 짓고 싶어 하는 팬들에게 유용하다. 컬트와 주류 문화를 구별하면 제작자들 또한 팬 공동체를 다수의 수용자층 중 하나로 놓고 그들이 좋아할 만한 문화 생산물을 만들 수 있게 된다(Hills, 2010b: 203).

컬트가 비주류라는 주장에는 분명히 문제가 있다. 첫 번째 문제는 컬트의 지위는 주류 문화와의 관계에 의해 결정되기도 하지만, 수용자들의 '다중적인 차별적 읽기 전략'을 통해서도 결정된다는 점이다. 이때 컬트 텍스트는 잔여 문화에 속한 것으로 여겨질 수도 있고 부상하는 문화에 속한다고 여겨질 수도 있다(Hills, 2010b: 218). 두 번째 문제는 주류 문화 내부에도 컬트가 존재한다는 점이다. 예를 들어 〈스타워즈〉는 할리우드 영화 산업의 핵심에 자리한 매우 인기 있는 대중영화 프랜차이즈이지만, 때때로 그 추종자들의 헌신 때문에 컬트 팬 현상으로 묘사되기도 한다. 그래서 우리는 주류 문화 내부에 컬트가 있을 수 있는가 또는 주류에서 홍보하는 텍스트는 컬트에서 제외되어야 하는가 라는 질문을 던지게 된다. 가능한 대답 가운데 하나는 헌신적인 팬덤은 해당 프랜차이즈가 주류 바깥으로 밀려날 때만 생기지는 않는다는 것이다. 예를 들어 그린과 기너리는 다음과 같이 설명했다.

인터넷 커뮤니케이션의 가능성이 확대되어가고 있는 상황에서 팬들은 책이 영화로 만들어지는 동안 자신들이 『해리 포터』 정본을 이용해서 만들어낸 문화적 생산물들을 유통시키며 이러한 창조적 행위를 통해 원작과 연결되는 느낌을 갖는다(Green & Guinery, 2004, 온라인).

컬트 팬덤은 특정 미디어 생산물에 대한 높은 집합적 관심이나 그것을 둘러싸고 사회적으로 만들어지는 팬층에 대한 것이라기보다는 일종의 시간적 특성을 갖는 것이라고 할 수 있다. 즉, 컬트는 공식적으로 새로운 대상물이 더 이상 나오지 않는 상황에서 만들어지는 경우가 많다(Hills, 2002a: x). 사람들의 관심에서 멀어지고 홍보도 없는 텍스트를 지지하는 팬덤이 있다. 특히 〈닥터 후〉는 이러한 면에서 흥미롭다. 그 시리즈는 주류 BBC 텔레비전에서 방송 주변부(방영 중단, 비디오 출시, 미국 퍼블릭 액세스 채널에서 방영 등)로 옮겨갔다가 다시 영국 지상파의 중심으로 돌아오기까지 40여 년간 스스로를 재생성해왔다. 힐스는 〈닥터 후〉에 대해 다음과 같이 설명했다.

> 〈닥터 후〉는 '주류'의 지위를 위협당한 컬트 텔레비전 쇼라기보다는 더 복잡한 텍스트의 역사를 갖게 되었다. 팬 전설에 따르면 '주류'였던 〈닥터 후〉는 '컬트'로 추락했다가 BBC 웨일스에 의해 다시 주류의 지위를 회복하고 있는 중이다. …… 〈닥터 후〉 팬덤은 이러한 '주류'의 지위를 마치 타락 이전의 상태로 회복되기라도 한 것처럼 받아들이는데, 이는 1980년대에 〈닥터 후〉가 '틈새 컬트 팬덤'으로 떨어졌던 과정을 뒤집은 것이다(Hills, 2010b: 209).

〈닥터 후〉는 주류 문화로 복귀하는 과정에서 그 쇼가 컬트 대상이 되었던 중간 단계를 거쳐야 했는데, 이 단계에서 다수의 팬과 제작자들(그들 중 대다수는 자신도 〈닥터 후〉의 팬이라고 주장했다)은 〈닥터 후〉가 컬트로서의 장점을 유지하면서도 주류로서의 인기가 훼손되지 않기를 바라고 있었다. 실제로, 〈닥터 후〉가 다시 제작되고 있을 때 팬들은 컬트 지위를 주장하려고 하지 않았는데, 이는 〈닥터 후〉가 다시 주류 속으로 들어갈 수 있기를 원했기 때문이다. 새로운 제작진은 '컬트' 지위를 받아들이고 흡수해서 그것을 주류에 대한 호소력의 일부로 만들려고 했다. "새로운 〈닥터 후〉는 '컬트' 지위를 부인하려고 애를 썼지만…… '장르'와 '작가주의'에 집중함으로써 '작가적인' 컬트 텔레판타지가 되어버렸다"(Hills, 2010b: 27). 힐스는 여기에 다음과 같이 덧붙이고 있다.

팬 공동체는 대체로 '주류' 지위를 받아들이면서 '컬트'와 '주류'라는 텍스트적 구분을 연결시키려고 한 반면, BBC 웨일스 제작진은 쇼의 '텍스트-기능'에 영향을 미치는 텍스트 외적 홍보 담론에서 컬트 팬덤을 계속 타자화했다. …… '컬트'라는 말은 〈닥터 후〉 팬덤을 비하하는 표현이었을 뿐 아니라, 2000년대 초반에는 〈닥터 후〉가 BBC1의 토요일 밤 시간대에 편성될 수 없음을 나타내는 표식이기도 했다. 바로 이러한 산업적 상황에서 BBC 웨일스가 〈닥터 후〉를 다시 제작하려고 했던 것이다. …… 영화 평론가인 대니 피어리Danny Peary의 말처럼 "컬트 작품이라는 말은 그것이 가리키는 대상이 비주류임을 의미한다"(Hills, 2010b: 210~211).

이러한 분석은 어떤 쇼의 팬이나 제작자는 상황에 따라 컬트 팬덤이라는 명명을 받아들이기도 하고 거부하기도 한다는 것을 보여준다. 이 분석은 전통적인 생각과 달리 미디어 산업 내부에서 '컬트'라는 지위는 특정한 제작 영역에서 나온 성과물을 찾아내는 방식으로 만들어지는 경우가 많기 때문에 중요하다. 그런 면에서 제작자들마다 입장이 크게 다를 수 있다. 입소문을 이용함으로써 팬 공동체들과 협력하고 그들을 선봉대로 이용해서 주력 프로그램을 주류 속으로 밀어 넣으려고 하는 제작자들이 있을 수 있다. 반대로, 새로 만들어낸 미디어 생산물을 '주류'로 만들기 위해 팬 공동체와 거리를 두려고 하는 제작자도 있을 수 있다. 유통사와 제작사는 컬트 지위를 만들어내기 위해서 특정한 틈새 공동체의 환심을 사려고 시도하기도 한다(Jenkins, 2008: 142). 끝으로, 대중적 인기가 없는 프로그램들이 틈새시장인 팬 수용자를 대상으로 시장에 풀리기도 한다(Hills, 2002a: 36).[5]

컬트라는 꼬리표는 브랜드화하는 작업에 불과할까? 컬트 팬덤의 정치 경제학을 논하면서, 매시스와 멘딕(Mathijs & Mendik, 2008: 7~8)은 컬트 팬덤의 몇 가지 규칙적인 패턴을 찾아냈다. 제작 단계에서의 예기치 못한 요소들(개인적인 이유로 생긴 차질, 스튜디오의 사고, 비정상적인 개입 등), 통상적이지 않은 홍보, 수용층의 지속적 존재가 그것이다. 그들은 컬트 텍스트가 끊임없이 부가물을 낳는다는 데 주목했다. 시리즈화, 프랜차이즈, 리메이크, 회고전, (쇼의) 부활, 재공연, 재발매, 감독판, 스핀 오프, 아류작이나 패러디물 등이 그것이다. 하지만 이러한 부가물은 어떤 대상을 컬트로 만들어주는 특성이라기보다는 그 대상이 컬트임을 입증해주는 특성이다. 그러한 상품들이 지속적으로 성공을 거둘 수 있으려면, 이를테면 그러한 텍스트들이 만들어지는 방식에 관심이 있는 수용자들이 이미 존재하고 있어야 한다.

장소

팬들은 텍스트의 독자일 뿐 아니라 평범한 사람들이기도 하다. 그들은 다른 사람들과 다름없이 살아가며, 여기에는 휴가를 즐기는 일도 포함된다. 팬들은 가끔 사회적 이벤트를 즐기며 자신들이 즐기는 특정한 팬 대상과 관련되어 있는 장소를 방문하기도 한다. 장소와 미디어에 대한 전통적인 생각은 장소를 미디어와 관계없는 것으로 보거나 모든 장소가 미디어 세계에 의해 대중의 상상 속에서 재정의된다고 가정한다. 이를 가장 잘 보여주는 사례는 조슈아 메이로위츠Joshua Meyrowitz의『장소감의 상실: 전자 미디어가 사회적 행동에 미친 영향No Sense of Place: The Impact of the Electronic Media on Social Behavior』(Meyrowitz, 1985)이다. 그렇지만 공간은 문화적이고 문화는 공간적이다(Hills, 2002a: 151). 전자 매스 미디어가 영토의 제한이 없는 가상 미디어 소비 공간을 만들어냈지만, 팬덤 자체는 현장에서 이루어지는 활동이다. 즉, 우리는 유한한 실제 지구상에서 우리가 알고 있는 영토에서만 문자 그대로 살아가고 움직인다. 우리가 그 영토의 특정 부분을 추상적인 공간으로 정의하느냐 특별히 구체적인 장소로 정의하느냐는 우리가 거기에 어떤 개념을 부여하느냐에 달려 있다.

샌드보스는 이와 관련해 몇 가지의 흥미로운 아이디어를 발전시켰다. 샌드보스는 팬 소비의 정경은 자주 '장소가 없으며placeless'(그것은 거실이나 경기장 같은 일상의 일부다), 바로 이 때문에 팬 소비의 정경 자체가 팬들의 해독 중 일부로 전유된다고 주장한다(Sandvoss, 2005a: 58). 덧붙여서, 그는 팬덤 자체가 '고향Heimat'의 느낌과 연결되어 있다고 말한다. 여기서 '고향'이란 팬들이 집이라고 부를 수 있는 물리적·감정적·이데올로기적으로 안전한 지역으로, 팬들은 그곳에서 안전감, 안정감, 정서적 따뜻함을 느낀다. 이러한 설명에 따르면, 팬덤은 집과 같아서 그것 자체가 일종의 휴대 가능한 안식처가 되며, 사람들은 그 장소에서 소속감을 느낄 수 있다(Sandvoss, 2005a: 64). 그러므로 집과 팬덤 간에는 어떤 불일치가 있다. 우리는 텍스트에 빠져서 '집에 있는 것 같은 편안함'을 느낄 수 있지만, 우리가 그 텍스트를 소비하는 물리적 장소가 꼭 집이어야 하는 것은 아니기 때문이다.

샌드보스는 실제로 팬덤에는 여러 종류의 장소가 있다고 했다. 소비가 이루어지는 물리적 장소(거실, 콘서트장, 영화관 등), 그러한 물리적 장소들이 재현되는 장소, 팬 이야기의 가상 영역, 팬 '순례'의 공적 장소 등이 그러한 곳이다 (Sandvoss, 2005a: 54). 샌드보스는 팬덤 자체의 정서적 장소(즉, 고향)를 소비가 이루어지는 실제 장소나 각 텍스트의 상상된 장소(그곳은 '약속의 땅'이나 그것과 관련된 신비한 세계다)와 신중하게 구분하고 있다. 후자의 범주에는 셀레브리티의 저택, 영화 세트장, 유명한 표지물이나 야외촬영 장소 등이 포함된다. 이러한 텍스트 외적 장소에 직접 가보는 것은 팬과 그들의 텍스트의 관계를 표현해준다(Hills, 2002a: 144). 어떤 장소들은 팬들이 사후[옮긴이: 해당 시리즈나 영화가 나오고 난 이후]에 찾아가는 여행지가 아니라, 여전히 촬영이 진행되고 있는 도중에 찾아가는 방문지가 되기도 한다. 그러한 장소를 방문하려는 사람들은 먼저 그곳이 어디에 있는지 직접 알아내야 한다(Hills, 2002a: 148). 어떤 의미에서 그러한 전체 과정은 팬들이 텍스트를 '누설'하는 행위와 유사하며, 실제로 팬들이 직접 영화 속에 등장하는 경우도 있다. 미디어에 나온 장소를 방문하는 여행은 팬 행위가 순수하게 텍스트를 읽고 소비하는 데 한정되지 않는다는 것을 보여준다(Hills, 2002a: 156). 팬들은 단지 '텍스트 밀렵꾼들'이 아니라 '텍스트 방랑자들'로, 그들은 상징적 순례를 통해서 사회적 상호작용을 만들어낸다 (Sandvoss, 2005a: 54). 그러나 팬들의 이러한 행동에 대해, 팬덤은 일종의 정동적이고 기호적인 영역을 형성하며, 팬들은 그곳에서 외부 세계를 바라본다고 주장할 수도 있다.

팬이 찾아가는 장소들 가운데 어떤 곳은 단순히 특정 스타나 이야기를 재현 해놓은 공간이다. 팬들이 참여하는 팬 집회, 음악 주간이나 휴가는 일시적인 것으로 보이지만, 그들의 활동을 지탱해주는 공동체는 일시적이지 않다. 샌드 보스는 "미디어 소비의 가상공간은 특정 팬 서사를 참고해서 창조된 새로운 정 경들을 통해 새로운 장소로 태어난다"라고 말한다(Sandvoss, 2005a: 54). 라스베 이거스에 있는 '스타트렉 체험관Startrek Experience' 같은 놀이 공원 역시 미디어 프랜차이즈와 아이콘들을 주제로 만들어진 곳이다. 돌리 파턴Dolly Parton은 생 존해 있으면서도 '돌리우드Dollywood'라는 테마파크를 갖고 있다는 점에서 독특 하다. 돌리우드는 그녀의 동의하에 허가를 받고 만들어졌다. 박물관과 전시회 는 특정한 순간, 스타 그리고 장르에 몰입하게 되는 또 다른 공간이다. 이들 공 간은 업계나 홍보업체에서 관련 장소로 '정해놓은' 곳으로 일종의 브랜드화라 는 것 말고는 팬 현상과 직접적인 관련이 없다. 사실 팬 중에서 그런 (대개 유료 인) 공간을 방문하는 사람은 극히 일부일 뿐이다. 헌신적인 팬이라면 그 내부 에 어떤 물건들이 전시되어 있는지 궁금해할 수는 있지만, 그래도 그러한 공간 은 스타와 좀 더 유기적으로 연결되어 있는 사적이고 비상업적인 공간과는 정 반대의 장소로 보이기도 한다. 이를테면 셀레브리티의 무덤을 방문하는 행동 은 좀 더 자연스러워 보인다. 물론 상업적 공간과 자연스러운 장소가 언제나 완전히 구분되는 것은 아니다. 공적 공간이 기념 공간이 될 수도 있고, 셀레브 리티가 특정한 곳을 의미 있는 곳으로 인정하는 경우도 있고, 그들의 집이 때 때로 스타의 사후에 공중에게 개방되기도 한다. 그럼에도 셀레브리티의 모든 공간이 중요한 장소로 느껴지거나 팬의 욕망의 대상이 되는 것은 아니라는 점 을 언급해둘 필요가 있다. 어떤 공간이 팬들이 방문하는 '메카'가 되기 위해서 는 그 장소에 역사적으로 의미 있는 무언가가 있어야 한다.

팬 관광에 대한 대부분의 논의는 순례라는 은유를 사용하는데, 이 용어는 팬 덤을 종교성과 관련시키는 동시에 마법의 장소를 방문하는 것이 지닌 정서적 가치를 표현해준다. 스프링스틴의 팬은 뉴저지 쇼어로 '순례'를 떠나 그가 태어난 곳과 그의 노래에 나오는 장소들을 찾아간다. 많은 사람이 그가 이 지역과 연결을 끊지 않았다는 사실을 찬양한다. 카비치에 따르면, 팬들은 순례에 관해 이야기할 때 자신들이 팬으로서의 헌신을 유지하기 위해 겪은 일들, 도착한 순간의 마법 같은 경험, 그곳이 그들이 기대한 것과 같았는지 또는 달랐는지, 그리고 그 경험을 통해 스프링스틴이 진정성 있고 성실한 사람이라는 자신들의 생각이 어떻게 강화되었는지 등에 관해 이야기한다(Cavicchi, 1998: 170). 하지만 팬이 중요한 장소를 방문하는 것은 단순한 의례가 아니라, 그 물질적인 공간을 정의하는 정동적이고 해석적인 실천으로 볼 수 있다. 힐스가 설명하듯이 "신성한 공간은 단지 성/속의 이분법을 재상산하는 곳이 아니며, 순전히 성스러움만 품고 있는 곳도 아니다. 이러한 형태의 행위를 통한 정당화는 사후에 일어나기 때문이다"(Cavicchi, 2002a: 154). 보통 관광에서는 물질적 장소와 그곳을 여행하는 수용자 간에 상호작용이 이루어지지만, 팬 여행에서는 미디어 텍스트가 팬 여행자들의 해석을 안내해주고 그 장소들이 방문할 가치가 있는 곳임을 확인해주는 출발점이다. 실제로 브루커나 에이든과 같은 연구자들은 미디어 소비 자체를 은유적 여행으로 해석했다(Brooker, 2006; Aden, 1999). 팬은 텍스트 서사에서 중요한 의미가 있는 공간들에 관심을 갖고 그 장소들을 찾아가보고 싶어 한다(Hills, 2002a: 156~157을 참조하라). 이는 텍스트와 그 장소 간의 관계에 대한 팬의 선험적 인식이 어떻게 그 관계를 실재화할 수 있도록 하는지 연구자들이 살펴볼 필요가 있음을 의미한다.

쿨드리는 미디어가 장소에 부여한 상징적 권력에 대해 논의하면서(Couldry, 2000), 일상적인 거리와 〈코로네이션 스트리트Coronation Street〉 세트장의 멋진 거리에 대한 팬의 구분이 성과 속의 이분법과 어떻게 유사한지 보여주었다(Sandvoss, 2005a: 62를 참조하라). 많은 연구자는 '성스러운'이라는 단어를 선호하지만, 종교적 색채가 덜하면서 이러한 독특한 장소를 설명해주는 단어는 '마법 같은'일 것이다. 우리는 텍스트 내부로는 들어갈 수 없지만 텍스트가 참조하고 있는 물리적 공간은 들어가 볼 수 있다(Hills, 2002a: 146). 로드먼에 따르면, 프레슬리의 집 그레이스랜드는 이미 형성되어 있던 엘비스의 스타덤이 시간이 지나면서 가시화된 수동적이고 중립적인 공간이 아니다. 반대로 그곳은 팬들이 자신들의 꿈이 이루어진 장소라는 의미를 부여해서 특별한 힘을 지니게 된 장소다. 하이퍼-리얼리티hyper-reality는 프랑스 철학자 장 보드리야르Jean Baudrillard가 만든 개념으로, 매개된 이미지와 명성이 먼저 존재해 그것들이 우리의 인식에 영향을 미쳐서 현실을 소멸시키고 재구성하는 세계를 가리킨다. 보드리야르가 볼 때, 우리는 인생의 대부분을 미디어가 만들어낸 지식의 거품 속에서 살고 있기 때문에, 실제 세계에서 우리 앞에서 어떤 일이 벌어지고 있는지 보지 못한다. 팬 관광 개념은 하이퍼-리얼리티의 문제를 제기한다(Hills, 2002a: 151). 관광객이 되어 어떤 장소를 방문하는 팬들이 갖고 있는 해석 틀은 자신들이 좋아하는 미디어 생산물을 통해 형성된 것이다(Hills, 2002a: 145). 이는 팬덤이 최악의 경우는 거품에 지나지 않고, 기껏해야 세계를 배우려는 영감을 제공할 뿐이라는 의미다. 하이퍼-리얼리티는 사실 양자택일의 용어는 아니다. 어떤 장소는 그 정도가 더 심해서 우리가 즐길 수 있도록 (재)건축되는 경우도 있고(디즈니랜드처럼), 그 정도가 덜한 곳도 있다(맨체스터 경기장처럼)(Hills, 2002a: 152). 우상이 살고 있는 집을 보며 팬들은 자신들이 좋아하는 스타들도 우리와 다를 것이 없다는 것을, 즉 그들도 특정한 시간과 구체적인 장소에서 실제로 살고 있는 피와 살을 지닌 사람임을 알게 된다(Sandvoss, 2005a: 61).

하이퍼-리얼리티나 신성함 같은 개념을 이용한 설명들은 지나치게 단순해 보인다. 그러한 설명들은 텍스트성을 '실제' 장소와 대비시키며 텍스트성을 우선시하는데, 팬의 상상은 텍스트 외적인 것, 이를테면 수행적이거나 실제 삶에 속하는 것들을 통해서도 형성된다. 그러므로 장소를 찾아가는 것은, 이제 그 시간이 지나긴 했지만, 우리가 그 장소에 관심을 갖게 만든 어떤 사건이나 행위가 '실제'로 일어났던 장소에 가는 행위다. 이러한 관점에서 향수에 대한 흥미로운 논의들이 있다. 다이앤 앨터스Diane Alters는 안티 팬인 워커 가족의 시청 습관을 연구하면서 그들이 1950년대 텔레비전 프로그램의 재방송만 시청하는 것이 거기서 어떤 특정한 가족 가치를 확인하기 때문임을 발견했다(Alters,

2007). 워커 가족이 시청을 선호하는 프로그램에 대해 이야기하면서, 앨터스는 미하일 바흐친Mikhail Bakhtin의 **크로노토프**chronotope 개념을 가져와서 그 용어를 미디어 생산물의 '시공간'이라고 번역했다(Alters, 2007: 344). 앨터스는 "워커 가족의 크로노토프는 1950년대를 현재 속으로 가져와서 자신들이 사는 집안의 현재를 통제했다"라고 추론했다(Alters, 2007: 349). 이 개념은 시청자들이(여기 서는 안티 팬인데 이론적으로는 팬에게도 적용가능하다) 자신들이 좋아하는 텍스트 나 영웅이 원래 살았던 시대와 장소를 반영하는 특정한 시공간에 상상적으로 거주할 수 있음을 보여준다. 예를 들어, 오늘날 그레이스랜드를 방문하는 팬들 은 현재의 그곳에 관심이 있는 것이 아니라 1957년 4월에서 1977년 8월 사이 엘비스가 살았던 때의 그곳을 상상하고 싶어 한다. 한 팬 안내 책자는 다음과 같이 설명한다. "우리는 시간을 거슬러 갈 수는 없다(물론 그리고 싶긴 하지만 말 이다). 하지만 우리는 그 장소로 돌아가 볼 수는 있다"(Urquart, 1994: 1). 미디어 아카이빙을 비롯해서 기타 사회적 실천의 변화들 덕분에, 크로노토프적인 상 상력은 대중음악 및 다른 미디어를 소비하고 즐기는 데서 주변적인 흥밋거리 가 아니라 핵심이 되었다. 사이먼 레이놀즈Simon Reynolds는 2011년 출간한 『레 트로마니아Retromania』에서 다음과 같이 이야기한 적이 있다.

결국 모든 대중문화에 충분한 역사가 쌓이면서, 지금 자신이 살고 있는 시대가 아니라 그 이전 시기의 음악만 들으면서도 살 수 있게 되었다. 아리엘 핑크Ariel Pink의 말처럼 "1960년대 음악을 좋아하는 사람은 계속 1960년대에 산다. 자신 들이 듣고 있는 노래를 부르는 사람들이 처음으로 머리를 기르던 순간에 살고 있는 것이다. 그들은 사진을 보며 마치 실제로 그곳에 살 수 있는 것처럼 생각한 다. 우리로 말하자면, 우리는 그곳에 없었지만 — 이는 1960년대에는 자신의 세 대가 물리적으로 존재하지 않았다는 것을 의미한다. 그는 1978년생이다 — 실 제로 '거기'에 살고 있다. 우리에게는 시간이라는 개념이 없다"(Reynolds, 2011: xxxvi).

팬들이 상상적으로 과거에 살게 되는 일이 쉬워진 것이 미디어 아카이빙 때문만은 아니다. 문화사 역시 다른 사건들에 비해서 특정 시기와 장소에서 일어났던 특별한 사건들에 우위를 부여한다. 이에 대해 논하기 위해 나는 비틀스 전기 작가 레이 콜먼Ray Coleman이 사용한 '상상된 기억'이라는 용어를 쓰려고 한다(Duffett, 2002와 2003을 참조하라). 상상된 기억이란 그들이 좋아하는 스타의 초기 공연을 경험했더라면 하고 바라는 욕망의 산물이다. 앨리슨 랜즈버그Alison Landsberg가 말하는 사회적으로 주입된 '인위적 기억prosthetic memories'도 이와 매우 흡사한 개념이다(Landsberg, 2004).[6] 1976년 6월 4일 맨체스터의 레서 자유 무역관에서 열렸던 섹스 피스톨스의 첫 번째 콘서트*는 이러한 상상된 기억의 대표적 사례다. 주목해야 할 첫 번째 사실은 그 사건이 특정 시간과 장소 속에서 실제로 일어났다는 점이다. 그 순간을 경험한 개개인에게는 그 공연이 아마도 마법과 같고 삶을 변화시킨 사건이었을 것이다. 실제로 그 사건을 경험하지 못했지만 그럴 수 있기를 바란 사람이 많이 있었다. 상상된 기억은 정확하게 말하면 판타지는 아니다. 왜냐하면 그 사건은 누군가에게는 실제로 일어난 일이기 때문이다. 하지만 그 사건은 다른 이에게 일어난 사건이라는 바로 그 사실 때문에 당신의 기억이 아니기도 하다. 그러므로 그 사건은 역사와 미디어를 통해 그 가치를 인정받는 과정을 거치며 (욕망된) '기억'으로서 진정성을 가지게 되는 일종의 판타지다. 이 용어는 대중음악의 과거를 기술할 때는 문화적 기억과 같은 표현을 사용하는 것이 부적절하다는 점을 보여준다. 어떤 사람들에게는 이러한 [옮긴이: 상상된] 기억들도 충분히 사실적이다(그러나 그들이 가진 그 기억의 의미는 가수가 이후에 거둔 성공에 영향을 받는다). 상상된 기억은 정서적 관여의 공간으로 필연적으로 모순적일 수밖에 없다. 상상된 기억은 그 다음에 어떤 일이 벌어지느냐에 따라 의미를 갖기 때문이다. 어떤 의미에서 상상적 기억은 '상품의 템플릿'으로, 이야기들을 통해 (중요하다고) 가치를 인정받

---

* 런던을 벗어나서 열렸던 섹스 피스톨스의 첫 번째 공연이다. 이 공연은 밴드의 역사에서 중요한 공연으로 손꼽히지만 실제로 이 공연을 본 사람은 매우 적었다고 한다.

고, 희소가치를 지니게 된다. 모두가 '실제' 기억을 가지고 있는 것은 아니고 원형적인 경험을 모두가 공유하는 것도 아니지만, 우리는 그 '기억'에 참여하고 있다. 바로 이런 이유로 처음 그곳에 있었던 사람들이 증인으로서의 특권을 지니게 되고, 다른 상품들(다큐멘터리, 관광유적지, 전시회, 재연 및 기념행사 등)을 만드는 데 출발점이 되는 것이다.

상상된 기억이 이제는 우상의 지위를 획득한 가수들의 초기 경력에서 발견되는 값진 순간들에 대한 회상이라면, 그 기억은 어떻게 생겨나는가? 그 기억은 어떤 사회문화적 과정을 통해서 만들어지는가? 상상된 기억은 집합적 감상의 네 단계 과정을 거쳐 등장한다. 첫 번째 단계는 '대중공연'으로, 그것은 (라이브든 음반이든) 가수에 대한 대중의 칭송의 새로운 정점이 되는 고전적인 공연이다. 두 번째 단계는 '역사적인 서술'이다. 전기 등을 통해 이야기가 만들어지면서 맥락이 부여되고 낭만적 묘사가 덧붙여지며 그 결과 팬이 그 가수나 음반에 투자해서 얻었던 기쁨이 더욱 커진다. 이러한 서사는 "그 모든 일이 우연히 일어났다" 또는 "그런 일이 일어난 적은 거의 없었다", "상황들이 딱 맞아 떨어졌다" 등과 같은 이야기를 하곤 한다. 이는 그 최초의 공연으로 생긴 감정이 문화 산업 내부의 기술자나 해설가들에 의해 조작된 것이 아니라 정말 '진짜'라는 것을 보여주기 위한 것들이다. 상상된 기억을 활성화시키는 과정의 세 번째 단계는 '인정'이다. 문화 기업들은 지금은 스타가 된 가수의 경력에서 (아직 산업에 의해 가공되지 않은) 처음의 순수한 모습을 간직하고 있어서 팬들에게 강력한 호소력을 갖는 초기의 순간을 찾아낸다. 그 상상된 순간은 이제 스타에 관해 되풀이되는 이야기들 속에서 하나의 이정표가 된다. 상품 템플릿이 완성되면, 거기에 매혹된 팬들은 그 독특한 역사적 순간들을 상상하고 이야기하기 시작한다. 그 순간을 실제로 경험한 사람들의 회상들을 가지고 새로운 문화 생산물들이 만들어진다. 그들은 권위를 지닌 해석자로서 미디어에서 어떤 일이 있었는지 말할 수 있는 기회를 갖는다. 상상된 기억이 만들어지는 마지막 단계는 '확장'이다. 상상된 기억은 마침내 다른 이야기나 상품을 만들어내는 자원이 된다. 물론 시간이 지나서 그 사건의 '실제' 기억에 접근할 수 있는 팬들이 적어지고, 점점 더 많은 사람이 자신들이 직접 보았던 공연 경험에 대해 이야기하기 시작하면, (초기 공연이 아닌) 그 공연들도 상상된 기억이 될 수 있다.7

상상된 기억과 신화의 차이에 대해서도 언급해두고 넘어가야겠다. 중요한 것은 상상된 기억과 신화가 같지 않다는 점이다. 신화는 아티스트에 대해 대중이 만족을 느낄 수 있는 이야기를 한다. 신화가 실제로 일어난 일이어야만 하는 것은 아니다. 이론적으로는 상상된 기억이 신화에 기반을 두고 있을 수 있지만 통상 그런 경우는 별로 없다. 또한 신화는 상상된 기억이 될 필요가 없다. 무엇에 관한 이야기든 신화가 될 수 있지만 상상된 기억은 공연의 특별한 순간, 즉 팬들이 참여하고 싶어 하는 시간과 장소에 대한 것이다. 상상된 기억과 다른 팬 실천들이 교차하는 지점에 관해서는 아직도 연구해야 할 것이 많다. 그중 하나는 문화자본의 문제다. 상상된 기억이 회고를 통해서 인정된다고 할 때, 상상된 기억이 구성되면 어떤 방식으로 정동을 불러일으키고 또 문화자본을 과시할 수 있게 하는가? 상상된 기억을 구성하는 순간들을 알아내려는 노력은 팬들에게 그다지 많은 문화자본을 요구하지 않는데, 왜냐하면 그 순간들은 문화에 대한 이야기들 속에서 잘 알려져 있기 때문이다. 그렇지만 구별짓기라는 정교한 게임에 관심이 있는 사람들에게는 그러한 순간이 더 많은 사실과 이야기들을 수집해나가는 출발점이 될 수 있다. 내가 여기서 보여주고 싶었던 것은 우리는 중요한 공연에 참여하는 데서 생기는 정동적 집착을 통해 팬이 된다는 점이다. 이 과정을 통해 초기 시절은 가치를 획득하며, 그 시절의 의미는 회고를 통해서만 온전히 인정받는다. 결국 문화사는 시간의 진행에 따라 이야기를 서술하지만, 우리 팬들은 시간을 거슬러 올라가며 서사를 만들어낸다.

'진정한' 장소가 중요한 것은 단지 그 장소가 팬들의 크로노토프적 상상력에 들어맞는 실제 장소들이기 때문은 아니다. 강한 마력을 지닌 유적지들은 어떤 의미에서는 '수행적'이라고 할 수 있다. 그런 장소에서 팬들은 자신이 동일시하는 셀레브리티의 실제성과 친밀감을 느낄 수 있을 뿐만 아니라, 그곳에서 셀레브리티의 이미지를 '재수행re-perform'할 수도 있다. 힐스에 따르면, 이를테면 그레이스랜드가 부자연스럽게 느껴지지 않는 것은 바로 그곳이 이제는 고인이 된 그 집 주인의 극도로 상업화된 가치 체계를 그대로 반영하고 있기 때문이다 (Hills, 2002a: 153). 정문을 지나 걸어 들어가면 당신은 첫 번째 방에 있는 거대한 샹들리에와 헤드셋에 쓰여 있는 "이 모든 것은 미시시피 투펠로에서 태어난 가난한 소년으로부터 시작되었다"라는 설명 사이에서 모순을 느끼게 된다. 정해진 방문로를 따라 저택을 둘러보는 손님들은 엘비스가 소유했던 그 집에서 엘비스가 누린 영광과 그가 겪었던 가난을 번갈아 볼 수 있다. 저택의 2층은 팬들의 접근이 제한된 구역으로 여전히 신비로운 분위기를 지닌다. 어떤 의미에서 그레이스랜드는 단지 엘비스의 유산을 '재현'하는 것이 아니라, 그의 이야기를 들려주고 그의 이미지를 '수행'하는 방식으로 꾸며져 있다.

어떤 장소의 '수행성'을 논의하려고 하면 행위성의 문제, 즉 어떤 장소가 어느 정도나 우리의 정서적 반응을 이끌어낼 수 있는가라는 문제가 제기된다. 그러한 정서적 반응을 하게 되는 것은 그 장소 자체 때문인가, 그곳에 재현되어 있는 내용 때문인가, 그곳이 배치되어 있는 방식 때문인가 아니면 여러 이유가 결합되어 있는가? 장소는 그곳을 방문하는 사람들에게 무언가를 '수행'할 수 있는가? 아니면 그 경험은 전적으로 방문객들이 지니고 있는 정신적 기대에 달려 있는가? 장소도 텍스트인가? 만약 그렇다면 방문객은 독자들이 되는가? 만약 그들이 독자가 된다면, 그리고 독자는 능동적이라는 주장을 따른다면, 그 장소를 찾아가고 그곳을 생생하게 경험하는 관객들은 무엇을 하고 있는 것인가? 그레이스랜드 방문객 중에는 저택 정면, 뮤직 게이트 근처에 있는 돌벽에 자신의 이름을 써넣는 사람도 있다. 데릭 올더먼Derek Alderman은 그러한 방문객들은 단지 그 저택을 둘러본 소비자가 아니라, 사실상 '작가가 되어' 스스로 개입하는 참여자라고 했다(Alderman, 2002). 어떤 사람은 엘비스에 대한 기억의 '작가가 된다'라는 생각은 너무 많이 나간 것이라고 주장할 수도 있다. 한편으로, 팬을 자신들의 경험의 개별 '작가'로 보는 입장은 그들이 빈 공간에 투사한다는 것을 의미하며, 이는 '백지 상태' 논의로 다시 돌아가게 한다. 다른 한편으로 팬을 작가로 보는 접근은 우리를 다시 텍스트로 이끌고 가거나(집합적 저자는 신화에 불과하다고 부인하면서), 텍스트를 넘어서 공유된 사회적 맥락(팬-작가들이 공유하고 있는 담론, 정체성, 관심사 등)의 문제를 생각하게 한다. 우리가 네트워크상의 작가에 대해 논의할 때 사용하는 '오픈 소스' 모델을 택하면 그런 식으로 '장소 참여'에 관해 이야기하는 것도 가능하겠지만, 왜 그렇게 많은 사람이 그렇게 유사한 경험을 하려고 하는지, 그리고 그들이 같은 경험을 하는지는 여전히 문제로 남는다.

자신이 경험한 일의 작가가 되는 것이 행위성의 유일한 형태는 아니다. 팬들은 행위성을 이용해서 자신들의 구조적 위치인 팬으로서의 역할을 완수하고, 자신의 개인적 경험을 연결 짓고 더 강렬하게 만들며, "팬으로서 (스타가 있던 원래의) 현장에 선다는 것에서 오는 흥분을 경험"한다. 엘비스의 헌신적인 팬인 샤론 콜레트 어콰르트Sharon Colette Urquhart가 1994년에 동료 팬들을 위해 쓴 여행안내 책자인 『플레이싱 엘비스: 왕국 여행 안내서Placing Elvis: A Tour Guide to the Kingdom』를 검토하면서 결론을 지어야 할 것 같다. 어콰르트가 언급하고 있는 내용은 엘비스 추종자들에게는 상식이지만, 팬 이론에서는 주변화되어 있다. 그녀는 그레이스랜드에 관한 설명의 서두를 다음과 같이 시작한다. "여기서 당신은 미디어를 흔들어놓았던 엘비스가 아니라 인간 엘비스를 보게 될 것이다. …… 수천 명이 엘비스의 무덤을 다녀갔지만, 당신이 그 앞에 선 순간에만 추상적인 장소는 불현듯 개인적 의미를 띠게 된다"(Urquhart, 1994: i). 엘비스의 고전적인 공연을 비디오나 음반으로 즐기는 데서 더 나아가 멤피스를 방문하는 일은, 팬들이 엘비스에게 더 가까이 가고 그의 세계를 몸으로 직접 체험하는 방법이며, 이는 경험적인 지리적 지식을 친밀함으로 가는 통로로 사용하는 행위다. 어콰르트는 계속해서 다음과 같이 적고 있다. "그레이스랜드는 엘비스에게 많은 의미를 지녔던 아주 중요한 장소다. …… 엘비스가 있던 곳에 있음으로써 우리는 더욱 그에게 가까이 가게 된다. …… 왕이 섰던 곳에 서보고, 그가 걸었던 곳을 걷고, 그가 보았던 것을 보기 전까지 우리는 그에게 가까이 다가갈 수 없을 것이다"(Urquhart, 1994: 11). 그녀는 그 저택을 이미 방문한 사람에게 그 경험을 강화시켜줄 수 있는 두 가지 방법을 제안한다. 첫 번째 방법은 자신들의 삶을 엘비스의 일생과 관련해서 생각해보는 것이다.

'그가 그 집에 살고 있었을 때 당신은 어디에 있었는지' 생각해보고, 당신의 삶이
그와 비슷했는지 아니면 달랐는지 반추해보세요. 언제 어떻게 그가 당신의 삶에
들어왔는지와 상관없이, 그 일은 오직 당신만 경험한 것이었음을, 그리고 그 관계
는 그 자체로 소중한 것임을 깨달으면 당신의 삶은 더 풍요로워질 것입니다
(Urquhart, 1994: 11; 인용자 강조).

여기서 어콰르트는 팬들에게 다른 팬들과 스스로 차별되는 지점을 만들고,
스타의 삶과 자신의 삶의 경로를 비교함으로써 연결을 만들어낼 것을 권하고
있다. 물리학에서는 이러한 과정을 양자얽힘entanglement이라고 한다(Kassabian,
2004를 참조하라). 특정한 부분에 초점을 맞추어서 스타의 삶과 자신의 삶의 차
이에 대해 생각해봄으로써 스타와 연결되어 있다는 느낌을 강화할 수 있다. 그
녀가 제안하는 두 번째 방법은 조금 덜 사적이다. 그것은 커뮤니케이션을 통해
팬 정체성을 정의하는 방법이다.

살아오면서 엘비스와 관련된 구체적인 사건들을 기억해보세요. 이것들을 가족
이나 친구 또는 다른 팬들의 이야기와 비교하면서 어떤 부분이 같고 어떤 부분이
다른지 이야기를 나눠보고, 당신이 왕을 알게 된 방식만이 지닌 가치와 특징을
알아내보세요. …… 아이들의 상상력을 자극하고, 당신의 경험을 이야기해주세
요(Urquhart, 1994: 12, 14).

두 번째 방법에서 어콰르트는 독자들로 하여금 각자 자신의 엘비스 팬덤의
사회적이고 주관적인 장소를 대화를 통해 탐구하라고 권한다. 엘비스 팬들은
개인적 이야기들을 나누는 과정에서 공통의 참조점을 찾아낼 수 있고, 어떤 것
이 공통된 경험이고 어떤 것이 자신만의 독특한 경험인지 알게 되면서 서로를
더 가깝게 느끼게 된다. 공유된 팬덤은 가족의 유대를 강화할 수도 있다.[8] 어콰
르트에 따르면 팬들은 '(스타의) 장소에 있었던' 경험을 끄집어내서 자신들의
개인적 기억을 이야기로 엮어나갈 수 있으며, 그 과정에서 자신들이 어떻게 팬

이 되었는지를 이야기하면서 가족들에게도 각자의 기억을 이야기하도록 유도할 수 있다. 팬덤은 여기서 개인성의 기표로 인정받는다. 어린이들은 부모들이 자신들의 삶에서 팬덤이 어떤 역할을 했는지 향수에 젖어 회상하는 이야기를 들으면서 부모들을 이해하게 된다. 이런 이야기를 나누는 행위는 독특한 지리적 장소를 다시 삶 속으로 끌고 들어온다. 그 장소는 스타의 크로노토프의 일부일 뿐 아니라 팬들이 이미-상상한 영역이기도 하다. 이것은 그레이스랜드에 가는 행동이 어떤 면에서 고향에 가는 일과 같음을 보여준다.

9장 온라인, 오프라인 팬 공동체

출발점

팬들은 어떻게 사회적 집단을 조직하는가?
인터넷은 팬 문화를 어떻게 바꿔놓았는가?
팬들은 왜 자신들의 공동체가 유익하다고 생각하는가?

컴퓨터화된 환경과 상호작용하는 팬들에 대한 낸시 베임(Nancy Baym)의 관찰이 보여주듯이, 팬 담론은 특정 유형의 공동체를 창조해냈고, 이것은 팬덤의 대상 자체보다 더 중요해졌다. 팬들은 또한 자신들이 창조한 것에서 동기를 부여받기도 하는데, 이때 팬덤은 '현실' 속에서가 아니라, 자신의 열망을 표현하는 일련의 상징들 속에서 이를 경험하며 살 수 있는 기회를 제공해준다.

Harris, 1998: 6

서구 사회는 지난 30년간, 1950년대 TV의 도입에 버금가거나 아마도 이를 능가하는 큰 변화를 겪어왔다. 가정용 컴퓨터의 부상에 관심이 집중되었고 이후 인터넷 네트워크가 사회에 주요한 변화를 일으켰다. 하드웨어 네트워크가 긴 시간에 걸쳐 등장했던 반면, 월드와이드웹은 훨씬 짧은 역사를 가지고 있다. 웹은 물리학자인 팀 버너스 리Tim Burners Lee가 연구자들이 데이터로 이루어진 전자 페이지를 주고받을 수 있게 해주는 언어를 개발하면서 시작되었다. 1990년대 초에도 대학 캠퍼스에서는 학생들이 일상적으로 이메일을 사용했다. 하지만 인터넷 컴퓨터 사용이 가정 내로 충분히 확산된 것은 구글Google이 등장하고 광대역 인터넷 서비스를 이용할 수 있게 된 1990년대 후반 이후였다. 많은 이에게 팬덤은 이미 일상생활의 중요한 부분이었다. 팬들은 한 가지 미디어에 머물지 않고 여러 미디어를 넘나들며 다양한 대상을 소비하면서 자신들의 즐거움을 확장시키곤 했다(Nikunen, 2007을 참조하라). 인터넷은 팬덤 현상 전체를 완전히 변화시켰고, 팬 활동을 더 용이하게 만들었다. 1998년에 펜리가 지적했듯이, 팬 공동체들은 "새로운 인터넷 문화에 열성이었지만, 신중했고 조심스러워했다"(Penley, 1998: 116). 펜리의 주장은 자신들의 왕국에 대한 통제를 상실할 것을 우려했던, 더 공식적인 팬 조직들의 모습에서 가장 쉽게 볼 수 있었다. 인터넷으로 팬 활동이 이전보다 공개적이 되고 일반 컴퓨터 사용자들이 미디어 콘텐츠를 배포할 수 있게 되면서, 지적재산권을 주 수입원으로 하는 조직과 개인들은 이러한 변화에 위협을 느끼게 되었다(Jenkins, 2008: 141). 머드 MUD 게임*이나 게시판에 참여하고, 홈페이지를 만들고, 셀레브리티 사진으로 가득 찬 '성지'를 구축하고, 웹 링, 포럼, 뉴스그룹, 블로그, 위키, 팬클럽 페이지를 만들고, 소셜네트워크의 시대를 신속하게 수용하는 등, 사실 팬들은 인터넷과 월드와이드웹의 얼리어답터였다. '전국팬클럽협회'는 2002년에 폐쇄되었다. 오래된 팬클럽들이 온라인으로 옮겨가고 신생 팬클럽들이 빠르게 생겨나면서 부담이 커졌기 때문이다. 이 협회는 사반세기 동안 서비스를 제공해왔지만, 결국은 팬클럽의 정통성을 확인해주거나 팬층이 불분명한 팬클럽에 대한 정보를 요청하는 이메일에 답장해주는 일이 주요 업무가 되었다.

인터넷 팬 문화의 형성

인터넷과 팬덤은 방대한 문화 현상이기 때문에, 이들이 서로를 어떻게 바꾸었는가라는 질문에 대한 답은 여럿이며, 그에 답하기 위해서는 제한된 일반화

---

* '머드(MUD: Multi User Dungeon 또는 Multi User Dimension)'는 멀리 떨어져 있는 다수의 사람이 접속해서 플레이하는 온라인 게임의 일종으로, 텍스트로 구성된 것이 특징이다. 머드는 온라인 상호작용 텍스트 게임으로 시작되었으나 대화와 사교 목적으로도 활발히 활용되었다.

를 할 수밖에 없다. 팬들은 이 뉴미디어를 지지했고 인터넷 덕분에 팬들은 이전보다 가시적으로 드러났다. 정보에 대한 접근성이 증대되고, 사회적 상호작용의 속도가 대단히 빨라졌으며, 공적 활동에 참여하는 새로운 수단이 생기면서, 팬들은 전에 없는 호사를 누렸다.

디지털 아카이빙 덕분에 팬들의 정보 접근성이 상당히 높아졌다. 회원들만 사용할 수 있는 일부 팬 사이트를 제외하고는, 사용자들에게 무료로 정보를 제공하는 것이 온라인 정보 유통의 주요 모델이다. 대부분의 사이트들이 멤버십 구독보다는 링크, 배너, 동영상 광고를 통해 수익을 얻는다. 팬들은 텍스트, 사진, 비디오 등을 다운로드하거나 스트리밍하면서 특성 텍스트나 공연에 대한 지식을 확장할 수 있게 되었다. 예컨대, 유튜브는 팬들이 자신이 소장한 비디오테이프 컬렉션이나 자막이 들어간 클립, 카메라 폰이나 캠코더로 촬영한 동영상 가운데 선택해서 업로드한 자료들이나, 팬들이 문화자본을 공유하기 위해 창작한 리뷰와 비평의 저장소가 되었다. 영화 스튜디오, 레코드 회사, 스타 개인도 각자의 유튜브 채널을 가지고 있다. 유튜브와 같은 저장소는 더 많은 공연을 접하고, 개인의 지식을 확장시키며, 새로운 자료 획득 경로를 찾으려는 이들에게 자원이 된다. 인터넷이 인기를 얻기 전, 팬들은 해적판을 거래하는 등 여러 방법으로 자신이 원하는 자료를 추적했지만, 이제는 팬 생활을 하기가 훨씬 쉬워졌다. 팬진 편집자들도 인쇄된 형태에서 웹으로 자신의 창작물을 옮겼다. 스스로 창작한 전자 자료를 온라인에서 홍보하면 거의 비용이 들지 않기 때문이다. 웹에서는 이야기, 사진, 비디오 등 다양한 형태의 콘텐츠가 통합되어 가치를 가질 수 있다. 사람들은 웹 덕분에 이야기와 사진을 편리하게 아카이빙하고 공개적으로 즐길 수 있게 되었다(Jenkins, 2006: 143).

데이터 스트리밍뿐 아니라, 팬들은 즐거움을 추구하기 위해 다량의 오디오나 비디오 자료를 때로는 합법적으로 때로는 불법으로 다운로드한다. P2Ppeer-to-peer 파일 공유 프로그램인 냅스터Napster는 이를 잘 보여주는 사례다. 2000년에 헤비메탈 그룹 메탈리카Metallica는 30만 명 이상의 사용자들이 〈미션 임파서블 2Mission Impossible II〉의 삽입곡인 「I Disappear」 파일을 불법으로 공유했다며 미국 상원에 이의를 제기했다(Woo, 2000). 밴드 창립자인 라스 울리히Lars Ulrich는 상원에서 다음과 같이 말했다.

냅스터 사용자들, 음악 소비자들은 어떻게 되었나요? 이는 마치 사람들을 5분 동안 가게에 풀어놓고 쇼핑 카트에 담은 것은 모두 다 가지게 하는 콘테스트에서 이들이 이긴 것 같은 상황입니다. 냅스터에는 시간제한이 없고, 가수 빼고는 모든 사람이 승자인 셈이지요. 모든 가수의 모든 노래를 무료로 다운로드받을 수 있게 되었고, 가수나 작곡가, 저작권자들에게는 대가가 지불되지 않고 있습니다.

울리히는 이때 사용자들을 '팬들'이라고 지칭하지 않았다. 실제 다수의 팬들은 가수들이 커리어를 유지할 수 있도록 대가를 지불하기를 원했기 때문에, 팬 공동체들 내부에서는 불법 다운로드에 대해 열띤 논쟁이 벌어지기도 했다. 하지만 ≪살롱≫(2000)에 실린 자넬 브라운Janelle Brown의 글을 비롯한 여타 자료들은 냅스터 사용자들을 메탈리카 팬이라고 지칭했다. 인터넷 때문에 파일 공유자들이 디지털 음악을 '약탈할' – 아니면 해방시킬 – 수 있게 되면서, 비평가들이 팬덤, 소비, 지적 재산권 오용을 혼동하게 된 것이다.

한편 인터넷은 팬들이 자신의 스타를 더 가깝게 느낄 수 있는 새로운 기회를 만들었다. 팬덤은 "손에 넣을 수는 없지만 접근할 수 있는" 영웅들에 대한 애착으로 실현된다(Urquhart, 1994: 12). [옮긴이: 인터넷이 대중화되면서] 많은 사람이 사랑하는 이들과 원거리 소통을 하고 있고, 인터넷은 원거리 친밀성이라는 개념을 예전보다 정상적이고, 수용 가능한 것으로 만들었다. 알베르토 리베즈Alberto Ribes는 2010년에 쓴 글로벌 미디어 이벤트에 대한 글에서 "이 논의에서 면대면 상호작용과 매개화된 상호작용의 구분은 더 이상 유용하지 않다"라고 주장했다(Ribes, 2010: 2). 이러한 점에서 영국 가수 자비스 코커Jarvis Cocker에 대한 데이비드 비어David Beer의 글은 흥미롭다. 비어는 코커가 온라인 세계를 자주 방문하는 "활동적인 위키즌(위키피아를 이용하는 사람을 뜻함)active wikizen"이라고 설명하고, 다음과 같이 주장한다.

사람들이 팝 스타 자비스와 (온라인) 친구가 되는 것은 음악 문화의 조직과 관계에 변화를 일으킬 수 있다. 또한 자비스는 자신의 온라인 프로필을 탐색하는 사람들과 통성명하고, 만나서 공통의 관심사나 취향 등에 대해 토론했다(Beer, 2008: 224).

자비스는 팬들이 가수에 대해 더 많은 것을 발견할 수 있도록 풍부한 정보를 제공했을 뿐 아니라, 자신이 만든 온라인 소셜네트워크 공간인 자브스페이스 Jarvspace를 운영했다. 여기서 자비스는 6만 명이 넘는 회원들의 가입을 승인했고 이들은 직접 자비스와 소통하거나 이들끼리 서로 소통할 수 있는 친구가 되었다. 비어는 계속해서 다음과 같이 이야기한다.

이 분석은, 위계가 지워지고 모두가 동등한 위치에 놓이게 되는 소셜네트워크 사이트의 환경에서 사람들이 스타와 '어울려 노는' 등, 웹 2.0으로 음악 문화에서의 관계에 생긴 변화를 상술하기 시작한다. …… (소셜네트워크 사이트에서) 수용자들은 자신들이 가수와 '직접' 소통하고 있거나, 적어도 그렇다고 믿게끔 하는 환경에 놓여 있다. …… 자비스에게 쓴 포스팅이 보여주듯이, 방문객들은 그가 드문드문 나타나 자신들과 소통하고 있다고 생각한다. …… 이때 사용자들은 일종의 전체주의적인 '이중사고double think'*를 하는지도 모른다. 사용자들은 자신이 오해하고 있을 가능성이 매우 높다는 것을 알면서도, 이 가장행렬에 계속 참여하는 것이다. …… (팝 스타에게) 접근할 수 있다는 생각, 즉 근접성에 대한 인식이 존재하며, 이러한 인식은 웹 2.0 시대를 이끌었던 민주화와 참여라는 폭넓은 수사에 부합하는 것이기도 하다(Beer, 2008: 232; 원저자 강조).

이 인용 구절은 온라인 세계의 모호함을 비어가 조심스럽게 다루고 있음을

---

* '이중사고'는 조지 오웰George Orwell의 소설 〈1984〉에 나오는 표현으로, 두 가지 모순되는 신념을 동시에 받아들이는 것을 말한다.

보여준다는 점에서 흥미롭다. 어떤 이들은 인터넷으로 친밀성을 구축하게 되면서 지리적인 요인의 중요성이 줄어들었다고 주장했다. 하지만 가상의 친밀성은 진실성과 진정성의 문제를 제기한다. 과연 저기서 자비스가 진짜로 소통하고 있는가? 실제로 그렇다고 해도, 자비스는 소셜네트워크 플랫폼을 자신의 편의대로, 수단인 동시에 장벽으로 사용하고 있는 것은 아닐까? 소통과 교류가 전적으로 가능한 가상 환경에서 자비스나 레이디 가가 같은 유명 트위터리안이나 네트워크 사용자들이 팬들과 개별적으로 연결되어 있다고 해도, 이 스타들이 팬 개개인에게 주목할 수 있는 시간은 한정되어 있다. 거기에는 6만 명 이상의 '친구'가 있지만, 팬층에게 인사를 건넬 수 있는 자비스는 한 사람밖에 없다. 자비스가 팬들 개개인에게 내줄 수 있는 시간이 한정되어 있기 때문에 여전히 셀레브리티와의 관계에서는 유쾌한 불평등이 존재한다. 이러한 불평등이 존재하는 것은 바로 자비스가 전문적이고 공적인 오프라인의 삶에서, 방송에 출현하는 뮤지션으로서의 명성과 위광을 가지고 있기 때문이다. 그럼에도 온라인 미디어는 스타가 멀리 떨어져 있다는 팬들의 인식에 변화를 가져왔다. 예컨대, 트위터는 온라인에서 공개적으로 타인과 일대일 대화를 하는 데 사용되고, 이는 개인적 상호작용의 네트워크를 생성한다. 점점 더 많은 사람이 모바일 인터넷을 사용하고 가상적 공존virtual co-presence에 수용적인 태도를 가지면서, 가상과 현실의 구분은 점점 더 모호해지고 있다. 디지털 미디어는 유사사회적 관계가 매스컬처 시대의 가설들로 점철된 이론적 인공물이라는 사실을 폭로했다. 디지털 영역에서 팬들은 스타가 아주 멀리 있다고 여기지 않고, 그들과 상호작용할 수도 있다고 기대한다. 예컨대 온라인에서 자신의 스타와 교류를 확장해가는 운 좋은 소수는, 논쟁의 여지는 있지만 다코다 빌딩에 위치한 존 레논의 집 밖에서 기다리던 이들과 유사하다. 이들은 팬층에서 뚜렷하게 엘리트 집단을 형성한다.

스타가 팬 포럼 활동을 하는지 여부와는 관계없이, 정보와 자료에 대한 접근성이 높아지면서 소셜네트워크 사이트는 팬 문화 자체가 지난 20여 년간 이전보다 공개적인 성격을 가지게 되었음을 보여준다. 각 대상을 추종하는 공동체는 온라인상의 단체로 (새롭게) 등장했다. 점점 더 많은 사람이 인터넷을 사용하면서, 팬클럽과 팬 공동체, 팬 이벤트들을 광범위한 수용자들에게 홍보하는 것이 팬 활동의 한 부분이 되었다. 인터넷 덕분에 서로 다른 나라 출신인 사람들이 공통의 대화에 참여하는 일이 쉬워지면서, 공개적인 팬덤은 글로벌화되었다. 브루커는 "내 연구 참여자들은 대부분 그들과 정기적으로 의사소통하는 다른 팬들을 실제로 만난 적이 없으며, 단지 텍스트로만 그들을 안다"라고 보고했다(Brooker, 2002: xiv). 학계에서는 이것을 '실제' 공동체로 볼 수 있는가를 두고 논쟁이 벌어졌다.

> 온라인 네트워크가 엄밀한 의미에서 공동체인가라는 논쟁이 계속되고 있지만 (Rheingold, 2000; Turkle, 1997), 다수의 팬들이 이 네트워크를 공동체로 여기고 여타 우정의 결속과 동일한 것으로 상상한다는 사실은 의심할 여지가 없다 (Sandvoss, 2005a: 56).

예전에는 팬들이 팬 집회, 면대면 모임, 팬진, 팬팔 등의 활동을 통해 소통했다. 팬 공동체는 국지적 문화나 주기적 의례의 네트워크였으나 이제는 온라인 상호작용 덕분에 끊임없는 사회적 열광의 과정으로 변화했다(Hills, 2002a: 181). 사람들은 텔레비전을 시청하는 동시에 온라인 토론 게시판을 이용했고, 컨버전스 테크놀로지는 개별적 수용양식 대신, 공동체적 수용 양식을 가능하게 했다. 팬 공동체는 정보를 처리하고 평가하던 기존의 방식을 바꾸어야 했다 (Jenkins, 2008: 26). 하지만 인터넷 사용은 일상생활에 의해 매개되기 때문에, 인터넷에서의 실천이 전적으로 가상 세계의 실천은 아니다. 폴 호드킨슨Paul Hodkinson은 하위문화 참여자들이 어떻게 온라인에서 '초지역적 공동체translocal community'를 형성했는지 보여주었다(Hodkinson, 2002). 이 공동체는 가상세계의 네트워크면서, 영국의 북 요크셔 같은 – 이곳은 매년 '휫비 고스 페스티벌 Whitby Goth Weekend*'이 개최되는 곳이기도 하다 – 실제 장소에서 주기적으로 열리는 공적 만남이기도 하다. 이렇듯, 탈영토화된 온라인 네트워크가 특정 시간과 장소에서 [옮긴이: 실제 세계에] 모습을 나타내기도 한다(Sandvoss, 2005a: 57도 참조하라).

또 다른 중요한 점은, 인터넷이 등장하면서 새로운 서사, 공연, 미디어 셀레 브리티, 프로듀서 등이 팬 대상으로 부상하고 칭송받는 속도가 달라졌다는 것 이다. 팬 현상은 이제 매우 빠른 속도로 생겨난다. 매스 미디어와 인터넷 팬 공 동체의 노력이 합쳐지면서, 명성과 프랜차이즈는 그 어느 때보다 더 효율적으 로 성장하고 있다. 예컨대, 롤링이 『해리 포터』 초판을 출판한 것이 1997년이 었다. 2004년에 그녀는 책과 영화 프랜차이즈를 거느리게 되었고, 그 덕분에 영국 여왕보다 부자가 되었다. 이 책에 가장 근접한 경쟁작인 『반지의 제왕』의 팬픽이 3만 3000편인데, 『해리 포터』의 팬픽은 한 인터넷 사이트(fanfiction. net)에서만 15만 편 가까이 등록되었다(Green & Guinery, 2004를 참조하라). 이 후 소셜네트워크 사이트가 성장하면서 팬 현상은 더 빠르게 변해왔다. 나는 엘 비스 프레슬리와 수전 보일Susan Boyle이 전 세계적인 명성을 얻게 된 속도를 비 교하는 연구를 수행한 적이 있다(Duffett, 2011b를 참조하라). 엘비스는 지역 독 립 레코드사에서 첫 싱글을 낸 후, RCA 레코드 소속 가수로서 전 세계적 주목 을 받기까지 2년이 걸렸다. 수전은 처음 영국 텔레비전 쇼에 나온 직후에 전 세 계적인 관심을 받았다. 2009년 4월 11일, 수전이 〈브리튼스 갓 탤런트Britain's Got Talent〉에서 선보인 공연은 유튜브에 업로드된 이후 수 시간 내에 컴퓨터 바 이러스처럼 급속히 확산되었고 수백만 명이 그 영상을 보았다. 즉각 수전의 팬 덤이 형성되었고, 이들은 팬클럽 사이트와 토론 게시판을 개설했다. 그녀의 이 야기는 심지어 《월스트리트저널Wall Street Journal》에까지 실렸다. 이 모든 일 이 그녀가 첫 상업용 앨범을 내기도 전에 이루어졌다.[1] 이는 수전 보일이 엘비스

---

* '횟비 고스 페스티벌'은 세계에서 가장 유명한 고스 음악 페스티벌이며 영국의 노스요크셔에서 1년에 두 번 개최된다. 하지만 할로윈, 호러, 판타지, 공상과학물 복장을 입은 이들을 비롯해, 빅토리아 뱀파이어, 스팀 펑크 등 다양한 하위 음악 장르를 중심으로 형성된 하위문화 향유자 들이 이 페스티벌에 모이기 시작하면서, 2000년대 중반 이후로는 이 행사와 고스 음악과의 연 관성이 약화되었다.

프레슬리보다 훌륭한 가수라서가 아니라, 그녀가 매우 다른 미디어 테크놀로지의 시대에 등장했기 때문이다. 셀레브리티에 대한 중요한 소식들, 특히 우상의 죽음에 대한 뉴스는 미디어 테크놀로지가 정보 이동을 얼마나 빠르게 만드는지를 보여주는 사례다. 광속 온라인 현상의 최근 예로는 2009년 6월 25일에 발생했던 마이클 잭슨의 죽음에 대한 반응을 들 수 있다. 앤서니 엘리엇은 1980년 존 레논의 사망을 사회적으로 기록하고 공유했던 일을 '탈공간화된 동시성의 경험'이라고 개념화하고, "시공간의 분리를 통해, 원거리에서 온 정보와 커뮤니케이션이 적어도 가상적으로는 일상적 의식에 즉각 스며들었다"라고 논의한 바 있다(Elliot, 1998: 841). 이 개념을 응용해보자면, 공공장소의 텔레비전, 인터넷, 모바일 기기, 소셜미디어 등 현대의 미디어 테크놀로지들 때문에, '적어도 가상적으로는'이라는 엘리엇의 말이 더 이상 필요치 않게 되었다고 할 수 있다. 마이클 잭슨이 사망했다는 뉴스가 나오자, 트위터와 여타 소셜미디어에서는 신속하게 포스팅이 쏟아져 나왔고, 아메리카 온라인America Online 같은 통신사는 새로 발생하는 트래픽의 90퍼센트를 처리하지 못했다(Sandvoss & Cheong, 2010을 참조하라). 오늘날 빠르게 이동하는 것은 뉴스만이 아니다. 팬들 또한 자신들의 반응을 빠르게 유통시킨다.

인터넷은 팬들이 자신의 대상에 대해 알고 팬들끼리 가까워지며 친하게 사귈 기회를 줄 뿐만 아니라, 다양한 방식으로 — 예컨대 비평, 블로그, [옮긴이: 팬들 간의] 교환을 통해서 — 자신을 효율적으로 표현할 수 있는 장을 마련해주었다. 하지만 온라인 뉴스그룹은 있는 내용을 전달만 해주는 매개자가 아니다. 왜냐하면 뉴스그룹은 팬 수용자들을 나열해서 하나의 텍스트로 제공함으로써, 참여자들이 수용자로서 하는 실천을 2차적으로 상품화해내기 때문이다. 미디어 산업에서는 사람들이 팬 문화라고 부르는 것을 '사용자 생성 콘텐츠UGC: user generated content'라고 부른다. 이에 대해 콘텐츠는 사용자들이 만들고 이익은 기업이 얻는다고 보는 시각도 있다(Jenkins, 2008: 177~178). 베임은 "온라인 (음악 팬) 공동체들이 사이트 기반의 온라인 (토론) 그룹과 (마이스페이스MySpace나 페이스북Facebook 같은) 개인 중심 네트워크의 중간 격인 새로운 형태를 띠며, 걸

보기에는 일관성 있는 네트워크를 형성한 채 여러 사이트에 걸쳐 분산되어 있다"라는 점에 주목했다(Baym, 2007). 힐스에 따르면, 팬 수용자들은, "텍스트를 만들고 이를 온라인으로 공유하는 식의 수용자 수행을 통해 수용자 정체성을 구성하며 확장시킨다"(Hills, 2002a: 181). 이는 공개적으로 수행되는 온라인 팬덤이 그 자체로서 상품-텍스트commodity-text가 되었음을 의미한다.[2] 1990년대 온라인 논객인 '험독humdog'의 환멸에 찬 표현은 특히 소셜미디어 시대의 일면을 이해하는 데 유익하다. 여기에 언급된 비판은 능동적 수용자 개념을 복잡하게 만들면서, 온라인 공동체들이 무심코 사이트 소유자와 스폰서의 수익을 올려준다는 점을 상기시킨다.

사이버스페이스가 개인성을 자유롭게 탐닉할 수 있는 축복받은 섬이라는 의견이 유행이다. 이는 사실이 아니다. 나는 온라인에서 자신의 감정을, 다시 말해 자신의 직감을 쏟아내는 사람들을 많이 보았고, 나 자신을 상품화했다는 사실을 깨달을 때까지는 나 역시 그러했다. 상품화란 어떤 대상을 금전적 가치를 가진 제품으로 변환시키는 것을 의미한다. 19세기 공장 노동자들은 상품을 제조했고 이들은 대부분 착취당했다. 하지만 나는 내가 포스팅을 올리는 게시판을 소유한 컴퓨서브Compuserve나 AOL 같은 기업들을 위해 내가 내면에 품었던 생각을 상품으로 창조했고, 이 상품은 다른 소비 주체들에게 오락으로 판매되었다. 사이버스페이스는 블랙홀이다. 사이버스페이스는 에너지와 인격을 흡수해서 감정적인 스펙터클로 다시 제시re-present한다. 인간의 상호작용과 감정의 상품화는 기업들에 의해 이루어지며, 우리는 이 스펙터클 속에서 길을 잃고 있다.[3]

험독의 이러한 말은 인터넷이 매우 공적인 성격의 공간이라는 점에 주목하게 해준다. 하지만 블로그와 트위터의 시대에 험독의 주장이 전부 사실이라고 볼 수는 없다. 플랫폼에 따라, 그리고 주어진 트래픽이 충분한가에 따라 사용자들이 광고 수익을 받을 것인지 결정하는 경우가 많아지고 있기 때문이다. 블로그는 자신들이 객관적이라고 주장하지 않으며 유사한 시각을 가진 이들이

와서 읽기 때문에, 팬들이 보여주는 특정한 종류의 자기표현이 가능하다 (Jenkins, 2008: 227). 테크놀로지 평론가인 앤드루 레너드Andrew Leonard는 블로 그스피어가 '에코 챔버eco chamber'가 되고 있는 것은 아니냐고 문제를 제기했다 (Jenkins, 2008: 248). 이는 인터넷 덕분에 몇몇 팬이 자신의 의견을 소리 높여 표 현할 수 있게 되었지만, 한편으로는 공개적으로 논의하고 있을 때조차 팬들이 자신들만의 도덕적 공동체에 갇힐 수 있음을 의미한다. 실제 미디어 산업 일각 에서는 팬들이 고립되어 있다고 보는 경향이 있다. 많은 기업이 인터넷을 팬들 전체를 조직하고 조작할 수 있는 기회로 인식했다. 예컨대, 팬리브FanLib 같은 온라인 사이트는 팬들이 만든 UGC로 이윤을 창출하는 사업을 시도했지만, 자 신들이 이미 확립되어 있는 팬 공동체를 대상으로 말하고 있다는 사실을 깨닫 지 못했다(Jenkins, 2008: 180).

이제는 팬 공동체가 특정한 방식으로 온라인에서 자생적으로 만들어질 수 있기 때문에, 팬들이 자신의 이해 및 해석을 유통시키기 위해 상업적 경로를 거칠 필요가 없다. 또한 전문 비평가의 사회적 역할도 달라졌다. 전문 비평가 들은 이제 자율적인 목소리를 내지 않는다. 이들은 소비자들을 안내하고, 무엇 을 보고 듣고 피해야 할지 제안하는 기능을 수행한다. 전문 비평가들의 평가는 로튼토마토닷컴RottenTomatoes.com과 같은 웹사이트에 모이는데, 이제 이들의 글은 일반 수용자들이 쓴 글과 나란히 섞여서 배치된다. 결국 인터넷은 전문 비평가들의 자율성과 권력을 축소시키는 데 기여했다. 이제는 다수의 저자와 다수의 비평가가 존재한다(Jenkins, 2008: 133). 그렇다고 해서 오늘날 문화가 모든 사람이 자신이 무엇을 좋아하든 그것을 찬양할 수 있는 완전히 자유로운 공간이 되었다는 의미는 아니다. 오히려 그 반대로, 온라인 토론을 통해 공동 의 입장을 정리하고 확산시킴으로써, 공통의 가치를 표방하고 논쟁적 영역을 규율하며 논쟁을 종결시킨다. 기존 팬들은 신규 팬들이 문화자본을 적절히 갖 추지 못한 채 자신들의 관심사를 잠식하는 모습을 비판하기도 한다. 또한 팝 밴드나 다른 연주팀들에 대한 '맹목적인uncool' 팬덤에 문제를 제기하고 이를 비웃으며 욕하는 사람들이 페이스북에 증오를 표현하는 페이지를 개설하기도 한다.* 유튜브와 아마존의 댓글란에서는 외부인들의 잔인한 독설로부터 자신이 추종하는 대상을 보호하려는 팬들의 흔적을 곳곳에서 찾을 수 있다.

미디어 테크놀로지가 해방을 불러오지는 않겠지만, 때로는 사회적 상호작용이 해방을 불러올 수 있다(Jenkins, 2006: 135). 열려 있고 공동체적이며 공개적인 토론, 그리고 문화 이벤트에 대한 즉각적인 반응들이 결합되어 그 어느 때보다 팬들이 집단적 행위를 할 수 있는 환경이 만들어졌다. 컨버전스는 서로 다른 미디어 플랫폼을 횡단하는 콘텐츠의 흐름이며, 수용자들이 이동하고 상이한 미디어 산업들이 협력하는 방식이다. 서로 다른 종류의 미디어들 간에 존재하던 위계질서가 빠르게 변화하는 환경에서, 연결을 형성하고 새로운 정보를 찾는 부담은 소비자들의 몫이다. 젠킨스에 따르면, 컨버전스 문화는 정보를 연결하고, 자원을 모으고, 자신이 해독한 내용을 다른 사람들에게 전달하고, 창의적인 표현을 유통시키며, 가치 체계들을 비교할 수 있는 기술을 필요로 한다(Jenkins, 2008: 185). 인터넷이 제공해준 기회를 통해 팬들은 플롯을 유출하기, 네트워크 방송사에 로비하기, 또는 가수를 아우팅하기에 이르기까지, 자신의 관심사를 전달하기 위해 점점 더 합심해서 행동할 수 있게 되었다. 예컨대 팬들은 경쟁 상대인 미디어 프랜차이즈가 자신들의 공동체를 잠식할 수도 있다는 두려움 때문에 그에 대해 적대감을 가지고 행동할 수도 있다(Jenkins, 1992: 91). 어떤 팬들은 원 텍스트와 직접적으로 관련되지 않는 논의가 대두할 경우, 이를 부적합한 것으로 여겨 규율하고 자신들의 공동체 밖으로 몰아내기도 한다(Jenkins, 1992: 84). 팬들은 공동체를 위협하는 내부적·외부적 요인들을 극복하고, 픽션 시나리오 재상상하기, 검열에 항의하기 등 다른 명분을 중심으로 주도적으로 공동체를 조직할 수 있다. 팬들이 이러한 일들을 어떻게 수행하

---

* 저자가 말하는 '맹목적' 팬덤이란 팬덤의 대상물이나 우상을 무조건적으로 추종하면서 이성적 판단을 하지 못하는 상태의 팬덤을 의미한다. 저자는 우상의 행보와 성취에 대해 적절한 거리를 유지하고 냉철하게 판단하는 상태에서 벗어난 팬덤이라는 의미에서, 팬덤의 이러한 행태를 '쿨하지 않다'고 표현하고 있다. 이러한 함축된 의미를 반영해서 이와 같은 팬덤을 '맹목적인' 팬덤이라고 번역했다.

는지 알아보기 위해, 이제 팬 공동체가 어떻게 조직되고 어떤 기능을 하는지 살펴보겠다.

사회 조직으로서의 팬 공동체

팬들은 어떻게 스스로를 집단으로 조직하는가? 팬덤에는 어떤 본질적인 것이 있어서 공적이고 집단적인 행위가 될 수밖에 없는가? 팬층과 팬 공동체 간에 유의미한 차이가 있는가? 학술 연구들은 항상, 팬 개개인이 따르는 일련의 규범이 존재하며 팬 공동체가 '이미 구성되어 있다'고 가정하는 것 같다. 그렇기 때문에 [옮긴이: 팬덤에 대한] 학술적인 연구는 '새로운' 팬 문화와 새로운 팬들이 어떻게 등장하는지에 대해서 해줄 이야기가 없다(Hills, 2002: xiv). 한편 전통적 사회학은 전근대적 공동체가 오랜 시간에 걸쳐 대부분 사라지고 확대가족이 더 작은 단위로 쪼개지는 등 근대 사회에서 소외 경향이 점점 증가했다고 보았다. 이러한 해석의 구도에서, 인터넷 사용자 동호회나 팬클럽은 외로운 세계를 살아가는 구성원들에게 소속감을 제공해주는 공동체의 대체물로 간주된다. 하지만 대부분의 해석처럼 팬덤을 공동체로 보는 생각은 과도한 단순화다. 아노미anomie는 사회학자들이 근대 사회를 묘사할 때 사용한 용어로, 뿌리 없음과 소외의 느낌을 말한다. 하지만 이 이론이 제시하는 바와는 달리, 서구 국가의 구성원들은 아노미에 빠져 있지 않다. 그 대신 이들은 일터, 종교 공동체, 학교, 대학, 정당, 친구 모임 등, 다양한 종류의 의무와 상이한 정도의 헌신을 요구하는 여러 공동체나 분산된 네트워크에 동시에 속해 있다. 해링턴과 비엘비는 고립된 사람들이 연속극을 통해 상상의 (수용자) 공동체에 참여했다고 보았던 기존의 연구들에 주목했다(Harrington & Bielby, 1995: 102). 하지만 통상적으로 연속극 팬들은 팬 네트워크를 포함한 '진짜' 공동체들에 참여하기 때문에 기존 연구가 제시하는 그림에는 한계가 있다.

팬덤은 사적으로 시작되지만, 사적이라는 점이 팬덤의 필수조건은 아니다.

친구와 가족들의 추천을 받기도 하지만, 잠재적인 팬들은 언제나 어떤 미디어 생산물이나 공연이 집단적으로 그 가치를 인정받았음을 아는 상태에서 그것을 접하게 된다. 큰돈을 들여 제작해야 할 만큼 사회적 중요성이 크다는 인식부터 리뷰, 셀레브리티의 홍보, 인기 순위, 수용자 평가에 이르기까지 텍스트에는 인기를 나타내는 여러 지표가 따라붙는다. 숨은 팬은 팬으로서의 삶에 대해 이야기하지 않은 채 살아가는 소수의 사람들을 말한다. 실제로 이런 팬들이 존재한다. 해링턴과 비엘비는 다음과 같이 이야기한다.

> 일부 시청자들은 자신의 시청 습관을 가볍게 넘겨버리지만, 어떤 이들은 '그만 보려고 했으나' 그럴 수 없었다고 증언한다. 또 다른 이들은 낮 시간에 텔레비전을 보면서 '안 보는 척'하는 사람들을 알고 있다. …… 연속극을 시청하는 행위가 종교적 가르침에 위배된다고 생각하기 때문에, 자신이 시청한다는 사실을 비밀로 간직하는 충성스러운 연속극 시청자들이 기독교 근본주의 집단 안에 있다는 이야기도 들었다. 자신이 아무런 '생산적인' 일을 하지 않고 집에 있다는 것을 사람들이 알게 되는 것이 싫어서, 오랫동안 〈종합병원General Hospital〉을 시청했음에도 구직 기간에는 시청을 거부했던 한 변호사의 사례가 보여주듯이, 그녀는 대중들의 조롱을 분명히 인지하고 있었다. 그녀는 직장을 구하자마자 다시 〈종합병원〉을 보기 시작했다(Harrington & Bielby, 1995: 91).

[옮긴이: 개인의] 팬덤이 생기기 위해 항상 전염성 접촉이 필요한 것은 아니지만, 팬클럽 구성원들을 싫어하는 것이 아닌 다음에야 팬 공동체에 진입하는 것이 팬으로서의 관심을 유지하는 데 도움이 될 수 있다(그리고 통상 도움이 된다). 공동체는 개인의 팬덤을 지속시키고 지원하는 한 방법이다. 팬 공동체의 구성원들이 신규 회원을 가르쳐줄 수도 있지만, 신참 팬들은 클럽 및 다른 형태의 사회적 조직에 가입하기 이전에 이미 텍스트에 애착을 가지고 있다(Hills, 2002a: 63). 한 아티스트의 팬층이 그와 관계를 맺고 있다고 느끼는 사람들로 구성된 집단이라면, 팬 공동체는 물리적으로 구현된 팬층이다. 즉, 팬 공동체는

정기적으로 서로 소통할 수 있으며 실제로 소통하는 개인들로 구성된, 상호 지지하는 사회적 연결망이다. 팬 공동체는 다양한 방법으로 아티스트의 매력을 높일 수 있다. 팬 공동체는 정보를 공유하고, 자신의 아티스트가 미디어에 더 노출될 수 있게 영향력을 행사하고, 대중의 지지를 보여주고, 새로운 구성원들을 친근하게 환영해준다. 공적인 사회적 모임들은 팬덤을 조성·촉진·유지하는 역할을 한다. 무리와 떨어져 있는 독자든, 가부장제 안에 있는 여성이든, 이성애적 문화 속에서 사는 게이 남성이든 간에, 팬들 중 많은 이들이 팬덤에 진입하면서 사회적·문화적으로 고립된 상태에서 벗어나 비슷한 이들과 활발하게 연대하는 경험을 했다고 설명한다(Jenkins, 2006: 41).

팬 네트워크는 공통의 관심사를 가진 공동체이기 때문에, 사람들에게 소속감을 제공해준다(Jenkins, 1992: 23). 오시어는 처음으로 〈닥터 후〉 팬 집회에 갔던 경험을 이야기하면서, "호텔 로비 문을 통과해 걸어 들어가자마자 강렬한 공동체 의식이 스쳐갔다"라고 설명했다(O'Shea, 2010: 99). 토머스도 유사한 경험을 했다.

나는 동족을 찾았다. 그들은 내 사람들이었다. 성인이 된 이래 처음으로 소속되어 있다는 느낌을 받았다. 2000년 당시에는 방영되지 않던 이 쇼의 팬덤에서 말이다. 곰곰이 생각해보면, 어쨌든 나는 희귀본 책을 다루는 전문 사서이니 나한테는 이 활동이 맞았던 것 같다(Thomas, 2010: 83).

팬 집회가 사람들을 환영해주고, 관용적이고 수용적이며, 다문화적 색채를 지니고 있으며, 깨어 있다는 점에서 팬들은 이를 유토피아적 공간이라고 묘사한다(Nye, 2010: 105를 참조하라). 이러한 소속감은 〈닥터 후〉나 공상과학 팬덤에만 국한되어 나타나는 특성이 아니며, 다양한 팬 문화 속에 매우 널리 퍼져 있다. 스프링스틴 팬 공동체에 대한 카비치의 저작은 이에 관한 통찰을 준다. 카비치에 따르면, 팬들은 스프링스틴의 콘서트를 공통의 대화 소재로 사용한다(Cavicchi, 1998: 37). 팬들은 온라인에서나 인쇄 미디어를 통해서, 콘서트나 여타 사회적 행사에서 공동체의 유대감을 발전시킨다(Cavicchi, 1998: 161~166). 이것은 단순히 동일한 음악 텍스트를 공유하는 문제가 아니다.

> 팬들 사이에서 스프링스틴의 음악은 분명 통합의 동력원이다. …… 하지만 같은 음악에 대한 경험을 공유하는 것이 스프링스틴 팬들 간의 견고한 관계를 전부 설명하지는 못한다. 예컨대 동일한 라디오 프로그램을 듣는 사람은 많지만, 모든 청취자가 서로 강력한 유대감을 느끼지는 않는다. 또한 앞에서 보았듯이, 모든 스프링스틴 팬들이 스프링스틴의 음악을 같은 방식으로 해독하고 이해하지는 않는다(Cavicchi, 1998: 166).

카비치가 보기에, 팬들의 면대면 상호작용은 이미 가지고 있는 공동의 공동체에 관한 소속감을 전제로 하며, 소속감을 가진 이후에 이루어진다. 다시 말해, "팬들은 공동체를 이루고 '공통의 소속감'을 갖게 되는데, 이는 실제로 공유한 경험에서 비롯되는 것이 아니라 공통의 경험에 대한 기대에서 만들어진 것이다"(Cavicchi, 1998: 161; 인용자 강조). 다시 말해, 팬 공동체가 실제로 구체화되기 이전에, 공통의 팬덤이 전제로서 필요하다는 뜻이다. 이는 스프링스틴 팬들이 그러했듯이 팬들 자신이 특정한 가치를 공유한다고 가정하기 때문일 수도 있다. 또한 팬들의 상상 속에서 스프링스틴의 팬층이 이미 집단적인 개체로 인식되기 때문일 수도 있다. 헌신적인 스프링스틴 팬들은 스스로를 '부랑자 tramp'라고 부르며 「Born to Run」의 가사*를 노래한다(Cavicchi, 1998: 34). 이러한 점이 스프링스틴 팬들만의 특성은 아니다. 다수의, 아마도 대부분의 대중문화 현상에서 팬층의 구성원들은 마치 특정 집단의 구성원인 듯한 별명을 가진다. 예컨대 〈닥터 후〉 팬들은 후버리언으로, 『셜록 홈스』 애호가들은 셜로키언Sherlockian으로, 〈스타트렉〉 팬들은 트레커로 불린다. 마찬가지로 [옮긴이:

---

* 「Born to Run」에는 "우리는 젊을 때 해내야 해. 왜냐하면 우리 같은 부랑자들은, 베이비, 우리는 계속 달려야 하니까"라는 가사가 나온다.

비틀스에 열광하는 비틀마니아Beatlemania나, 이후 등장한 — 한때 리어나도 디캐프리오Leonardo DiCaprio의 어린 팬들을 가리키는 데 사용된 — 레오마니아Leomania 같은 조어들은 이른바 히스테리를 통해 구현되는 집합적 현상을 지칭한다. 이러한 별명과 꼬리표는 매우 구어적인 묘사를 통해, 팬 공동체를 헌신적인 개인들로 구성된 독특한 무리, 진정성을 가진 집단으로 그리고 있다.

팬 공동체 내의 환영의 분위기와 강력한 공통의 유대감을 묘사하기 위해 사용되는 일반적인 용어는 '가족'이다. 폴 맥건이 여덟 번째 〈닥터 후〉로 분했을 때 그와 함께 출연했던 인디아 피셔India Fisher는, "유치하게 들릴지 모르지만, 팬들은 항상 〈닥터 후〉 가족처럼 느껴졌다. 나는 그 집단 안으로 들어갔고 곧바로 그 일부가 되었다. 지난 10년간 그 상태가 계속되고 있다"라고 설명했다 (Fisher, 2010: 51). 유명한 쇼의 출연진과 제작진들뿐 아니라 팬들도 '가족'이라는 개념을 자주 사용한다. 예컨대, 에리카 도스는 어떤 헌신적인 여성 엘비스 팬이 200명이 넘는 펜팔 네트워크를 자신의 '가족'이라고 묘사하는 것에 주목했다(Doss, 1999: 150).[4] 다른 텍스트의 팬들 역시 자신들이 '가족'이라는 후원 네트워크에 속한 팬층의 일부라고 여겼다(Aldred, 2010: 72). 가족이라는 개념은 팬 공동체가 서로의 팬심을 징표로 삼아 공통의 관심사와 가치를 토대로 서로를 돌보는 긴밀한 네트워크 역할을 한다는 의미를 가진다. 팬들은 하나의 공동체로서 '도덕 경제'를 작동시킨다. 이 '도덕 경제' 내에서 팬들의 합의는 특정한 입장을 정당화하고 방어하거나, 홍보하는 수단이 된다(Jenkins, 2006: 55). 이 '가족들'이 의례와 도덕적 가치를 공유하는 방식은 일련의 중요한 기능을 수행한다. 한 가지 기능은 사람들 간에 유대를 형성하는 것이다. 예컨대 케이트 부시의 팬들은 1998년 이래 매년 그녀의 생일날, 글래스톤베리에서 '케이트마스 Katemas'* 모임을 열고 있다(Vroomen, 2004: 248). 샌더슨과 정의 최근 연구는

---

* 영국의 싱어송 라이터이자 음악 프로듀서인 케이트 부시의 생일을 축하하기 위해 세계 곳곳에 흩어져 있는 팬들이 모이는데, 팬들은 이날을 예수의 탄생을 기념하는 크리스마스에 비유해 '케이트마스'라고 부른다.

2009년 마이클 잭슨의 사망에 대한 팬들의 집단 반응을 분석했다(Sanderson & Cheong, 2010: 328). 연구자들은 "소셜미디어가 사람들이 마이클 잭슨의 죽음을 부정하거나 그에 대한 분노를 표현하기보다는, 죽음을 받아들이고 애도할 수 있는 공간으로서 역할을 했다"라고 말했다. 두 연구자는 마이클 잭슨의 죽음을 애도하는 팬들이 '마이클의 월요일Michael Mondays'을 정하고, 평일에는 잭슨에 대한 논의를 삼가고 특정한 날에만 그에 대해 논의했음을 보여주었다. 이렇듯 집단적 팬덤은 합동 의식과 상호 평가를 통해 구성원들의 소속감을 형성하면서 작동한다(Jenkins, 2008: 81을 참조하라). 카비치는 스토리텔링 담론과 실천들을 공유함으로써 팬들이 어떻게 유대감을 느끼는지를 다음과 같이 설명했다.

> 브루스의 이야기에 나타나는 자아는 단순한 자아 개념이 아니라, 특정 집단에 속한 구성원으로서의 자아 개념이다. …… 또한 브루스에 관한 이야기들은 집단행동에 대한 기대를 형성했다. 이 이야기들은 팬이 되는 데 중요한 일반적인 가치들을 보여주었고…… 팬들이 스스로를 발견할 수 있는 구체적인 상황에서 사고와 행위의 모델 역할을 했다(Cavicchi, 1998: 169).

팬 공동체의 가치들은 일련의 공통 관심사를 중심으로 팬층을 연결하고 안정적으로 만든다. 젠킨스는 팬 공동체 내에 텍스트 해독의 동일성을 확보하고 규율하기 위한 자체적인 규범이 있다고 주장했다(Jenkins, 2006: 54). 젠킨스는 『텍스트 밀렵꾼들』에서 "팬들이 쓴 글이든, 팬이 그린 그림이든, 팬이 만든 곡이든, 팬이 제작한 비디오든 간에, 팬 텍스트들은 사회적 규범, 미적 관습, 해석적 프로토콜, 테크놀로지 자원, 그리고 더 큰 공동체가 가진 기술적 능력에 의해 형성된다"라고 설명했다(Jenkins, 1992: 49). 이런 점에서 공동체는 팬들의 활동이 이루어지는 공통의 맥락일 뿐만 아니라, 더 나아가 특정 행위들을 촉진하는 공통의 자원이기도 하다. 텍스트나 스타에 대한 지지를 보여주기 위해, 팬 공동체가 팬층을 대표하거나 팬층이 움직이도록 하는 경우가 이에 해당된다. 힐스에 따르면, 팬들은 팬 공동체에 기대어 팬덤의 강렬한 감정 표현이 다소 이상하고 생경하다는 비판을 떨쳐버릴 수 있다(Hills, 2002a: 80). 다시 말해서, 팬 공동체라는 집단적 결속은 과거에 팬덤을 따라다녔던 비정상성의 스테레오타입에 맞서도록 도와줄 수 있다. 사실, 팬 공동체가 [옮긴이: 팬들을] 지원하는 자기 지시적인 소우주가 되어 그 내부에서 자체적으로 작은 미디어 명성이 발생하기도 한다. 예컨대, 1981년 5월에 열렸던 '미디어웨스트*콘MediaWest* Con'은 셀레브리티들을 위한 통상적인 행사가 아니라, 팬진 작가들이 자체적으로 개최한 집회였다(Sullivan, 2010: 120). 공상과학 팬덤에는 팬들 사이에서 명성을 드높인다는 뜻을 지닌 '에고부egoboo: ego boosting'라는 용어가 있다(Green & Guinery, 2004; 온라인을 참조하라). 이러한 현상은 팬덤에 대해 일각에서 주장하는 것처럼 팬 공동체가 전례 없이 평등주의적인 조직은 아닐 가능성을 시사한다.

지금까지 이 장에서는 팬 공동체가 마치 동일하고 획일적인 사회 조직인 것처럼 이야기했다. 다양한 공식적·비공식적 팬클럽들 사이에서 벌어지는 경쟁과는 별개로(Cavicchi, 1998: 3을 참조하라), 특정 대상에 대한 팬 공동체 '안에서도' 어느 정도의 위계적 구조화와 경쟁이 존재한다. 통상 팬클럽에는 의장, 엘리트 패널, 서로 다른 지역의 지부로 구성된 위계구조가 있다. 존 털로크는 팬클럽의 위계에서 높은 층들을 '중역executive'이라고 묘사했다(Tulloch, 1995: 149를 참조하라). 어느 사회 체계든 규모가 커지고 조직을 갖추기 시작하면 내부적 위계가 만들어지기 마련이다. 하지만 팬덤이 동등한 사람들로 구성된 유토피아적 공동체가 되어야 한다고 믿는 사람들에게 팬덤 내의 위계는 환영받지 못한다. 어떤 이들은 팬클럽의 권력구조를 벗어나려고 한다.

그 운명적인 날, 새로운 조직이 설립되었다. 권력의 위계질서가 엄격한 클럽이 아닌, 협력하고 함께 단결하는 팬 조직이었다. …… 개개인의 자부심이 아니라 그룹의 모든 구성원들과 우리의 공통 관심인 텔레비전 쇼를 위한 조직…… 기존과는 다른 종류의 조직이 될 수 있다는 것을 입증하려는 욕망과 공통의 관심사를 가지고 있었다. 우리는 스스로를…… 연방The Federation이라고 불렀다(Kelly,

2010: 76; 원저자 생략).

개인들이 지위와 위치를 얻기 위해 서로 경쟁하면서 팬클럽, 팬 포럼 및 여타 팬 공동체들에 위계질서가 생겨나는데, 이렇게 조직화된 팬덤은 매우 정치적인 성격을 띠게 된다.5 게다가 공동체 내의 하위 집단들 간에는 의견 차이가 나타날 수도 있다. 예컨대, 스프링스틴이 밴드 이스트리트E-Street와 재결합할 것이라는 소문과는 달리, 1993년 매디슨스퀘어가든에서 열렸던 자선 공연에서 소울팝 가수 테렌스 트렌트 다비Terence Trent D'Arby를 소개했을 때 스프링스틴의 팬들은 실망했다. 일부 충성스러운 스프링스틴 추종자들은 자신의 스타에게 야유를 보내며 실망을 표현했다. 스프링스틴 팬 잡지 ≪백스트리트≫의 다음 호에서는 스프링스틴의 예술성을 비판하는 것이 '적절한' 팬 행동인지에 관해 논쟁이 벌어졌고, 팬들은 당시 자신의 행위를 정당화하고 나섰다 (Cavicchi, 1998: 105를 참조하라). 스프링스틴 팬들의 논쟁은 관심사를 공유하고 있는 팬 공동체라 하더라도 그 내부에 항상 논쟁과 의견 불일치가 있을 수 있음을 보여주는 전형적인 사례다. 집단지성이 항상 개인의 목소리가 억압된, 통일된 '공동의 생각hive mind'을 의미하는 것은 아니다(Jenkins, 2006: 140). 스태니시는 한 온라인 공동체를 묘사하면서 다음과 같이 이야기했다.

논쟁, 정전 싸움, 짝짓기 전쟁, 눕n00b과 기존 팬들 간의 대립*은 어떤 팬덤에서나 통상적으로 일어나는 일이었다. 젠체하는 기회주의자와는 다른 '진짜 팬'이 무엇인가에 대한 논쟁도 벌어졌다. 위계질서는 즉석에서 심판받고 무너졌다 (Stanish, 2010: 35).

---

* 팬덤 내부에서 일어나는 논쟁 중 하나는 새롭게 팬덤에 진입한 이들, 즉 인터넷 게시판 속어로 '눕'이라 불리는 '뉴비'들과 이미 팬덤 안에서 일정 기간 활동해온 구 멤버들 사이의 견해와 시각 차이로 나타나는 논쟁이다.

'짝짓기 전쟁'은 자신이 좋아하는 인물이나 아티스트에게 가장 잘 어울리는 파트너가 누구인가를 두고, 주로 여성 팬들이 하는 논의다. 고전적인 사례는 오노 요코Yoko Ono가 존 레논에게 적합한 짝인가를 두고 벌어졌던 논쟁이다. 반면 '눕'은 경험이 쌓인 이들이 보기에 아직 팬 공동체의 관심사와 규약을 완전히 파악하지 못한 뉴비newbie(초심자)를 말한다. 10년 넘게 공동체에 관여해 온 노련한 멤버들은 프랜차이즈의 새로운 업데이트나 '자신들의' 것이라고 여겨지는 텍스트를 새로운 방식으로 해독하는 시도에 비판적인 태도를 보인다(Cavicchi, 1998: 103). 이 문제에는 캐주얼 팬 내지는 새로 진입한 팬, 전형적인 팬, 그리고 극도로 헌신하는 엘리트 팬이라는 구분이 반영되어 있다. 캐주얼 팬이나 새로 진입한 팬들은 공동체에 새로 진입한 차세대 팬을 대표한다고 할 수 있다. 이들은 자신들의 경험이 일천하다는 주장에 도전하며 팬 공동체의 금기를 깨는 행동을 하기도 한다.6

새로운 관심의 물결은 새 시대를 나타내기도 하지만, 이러한 물결이 새 시대를 형성하기도 한다. 오래된 수문장이 이길 것인가, 아니면 선구자가 이길 것인가는 새로운 팬들의 상대적인 수적 규모, 그리고 오래된 수문장들에 의해 통제되는 위계 구조 및 미디어 창구에 새로운 팬들이 접근할 수 있는가 여부에 달려 있다. 러셀 T. 데이비스가 이끌었던 '포스트 2004' 시기 〈닥터 후〉의 경우, 새로 유입된 팬들의 규모가 변화를 창조할 만큼 충분히 컸다.*

기존 팬들은 새로운 질서 때문에 자신들이 아무렇지 않게 무시당하는 위치에 놓였음을 알게 되었다. 새로운 부류의 팬들이 고전적 〈닥터 후〉는 재미없고 지루하다고 선언하며 러셀 T. 데이비스와 그가 만들어낸 모든 것에 충성을 맹세했다.

---

* 러셀 T. 데이비스는 2005년 〈닥터 후〉가 16년의 휴방을 깨고 새로 부활했을 때 새로운 포맷의 〈닥터 후〉를 집필하는 작가이자 책임 프로듀서였다. '포스트 2004'라고 부르는 시기는 러셀 T. 데이비스가 각본을 쓰고 제작했던 2005~2010년을 말하며, 〈닥터 후〉가 대중들에게 큰 사랑을 받았던 시기이기도 하다.

이들은 자신들이 '잘못하고 있다'는 외침은 무시했고 새로운 감수성은 수용했다. 작가의 의도라는 건강한 약을 섞은 성경 말씀이 새로운 정전이 되었다. 소녀들만 이런 행동을 했는가? 그에 대한 답은 팬 역할에 대해 당신이 어떤 고민을 하고 있는가에 따라 다르다. 라이브저널에서는 소녀 팬덤의 새로운 위계질서가 생성되고 있었다. …… 전통적인 남성 팬덤에서는 어떤 닥터 또는 어떤 시기를 선호하는가에 따라 연합이 형성되었다. 라이브저널의 팬덤 문화에서는 당신이 닥터 후의 여행 동행자* 중 누구를 좋아하느냐에 따라 즉각 구분되었다(Stanish, 2010: 35~36).

때로 이론가들은 팬덤의 공동체적 성격을 과도하게 강조한다는 혐의를 받기도 한다. 〈스타워즈〉 연구자인 브루커에 따르면, "팬들의 반응이나 관점에 대해 이야기하는 분석이…… 논쟁을 즐기는 공동체에 상상된 합의를 강요하는 경우도 있다"(Brooker, 2002: 113). 다른 상상된 공동체imagined community와 달리, 팬 수용자들은 유기적인 집단으로 당연시될 수 없고 항상 파편화될 위험성을 가지고 있는 '상상의 공동체community of imagination'이다(Hills, 2002a: 180). 텔레비전 팬들이 여러 시리즈를 옮겨 다니는 것은 팬덤 자체에 대한 관여가 확장되었음을 보여준다(Jenkins, 1992: 40). 나아가 팬덤이라는 상상된 공동체의 멤버십은 실제 사회적 유대로 자동적으로 연결되지 않는다(Sandvoss, 2005a: 57). 하지만 이렇듯 팬 공동체가 항상 안정적이거나 의견이 일치하는 것은 아니라 해도, 그 1차적인 기능은 팬들을 지원하는 네트워크의 역할을 하고 팬층의 단합을 과시하는 것이다.

---

* 닥터 후의 '여행 동행자'는 현재까지 클래식 시즌과 새 시즌을 합해 50여 명(중복해서 등장한 동행자나 스핀오프 프로그램의 동행자를 제외)이다. 가장 처음 등장한 닥터의 동행자는 닥터의 손녀인 수전 포어맨과 그녀의 학교 선생님이었던 바버라 라이트, 이언 체스터튼이었다. 클래식 시즌에 나온 닥터의 동행자로는 UNIT군의 준장(레스브리지-스튜어트), 불량 학생(에이스), 타임 레이디(로마나), 로봇 개(K-9) 등이 있다.

〈닥터 후〉와 그 팬덤이 아름다운 이유 가운데 하나는 이 팬덤이 모든 이들에게 열려 있다는 점이다. 가장 좋아하는 닥터나 가장 좋아하는 동행자가 누구인지, 어떤 에피소드를 가장 좋아하는지에 대해 모두 의견이 같을 필요는 없다. 하지만 우리는 이 쇼를 사랑한다는 점에서 모두 같다(그리고 세부 사항에 대해서는 사이좋게 언쟁을 벌인다)(Thomas, 2010: 85).

팬 공동체의 문화적 기능

팬 공동체에는 내부적 기능과 외부적 기능이 있다. 내부적으로 팬 공동체는 개개인을 환영해주고 지지하며 이들이 교제할 수 있게 해준다. 외부적으로 팬 공동체는 팬들과 이들의 스타 모두를 대표하는 집단으로 기능한다. 이 각각의 범주에 대해 차례대로 이야기하려 한다. 상호 지지는 사람들이 팬클럽에 가입하는 유일한 이유는 아니지만, 팬클럽에 머무르는 강력한 이유가 될 수 있다. 팬클럽은 공통의 관심사를 공유하고 있는 이들 중에서 친구를 찾고, 때로는 파트너를 찾기도 하는 공간을 제공해준다. 토머스는 장애를 가진 딸을 키우는 자신을 지지해주었던 팬 공동체의 역할에 대해 다음과 같이 이야기했다.

케이틀린이 태어난 이후 근 7년에 걸쳐 친구와 지인들과 〈닥터 후〉 시리즈에 대한 애정을 공유하고 공동체를 계속 만들어가면서, 〈닥터 후〉는 우리 가족을 위한 부적이자 기준이 되어주었다. 우리는 이 팬덤 공동체에서 위안과 지지를 얻었고, 종종 케이틀린을 양육하며 느끼는 어려움으로부터 도피할 수 있었다. 이곳 사람들은 우리를 케이틀린의 부모로만 아는 것이 아니었다. 이들은 우리를 팬이자 인간으로 아는 사람들이었고, 이들 덕분에 우리는 부모인 동시에 팬이자 인간일 수 있었다. 우리의 닥터가 그랬듯이 우리의 팬덤 공동체는 변화를 수용하고 친절을 베풀어주었고, 그에 대해 우리는 깊은 감사를 느낀다. 그 덕분에 우리는 계속 살아갈 수 있었다(Thomas, 2010: 86).

공동체의 유대를 통해 느끼는 이런 상호 지지감은 텍스트 수용 과정을 돕는다. 팬들은 즐거움을 증대시키기 위해 집단으로 텍스트를 본다. 젠킨스에 따르면, "대부분의 팬들에게 의미 생산은 외롭고 사적인 과정이 아니라, 사회적이고 공적인 과정이다"(Jenkins, 1992: 75). 집단 수용을 통해 팬들은 공유하는 대상에 대해 논의하고, 그 대상을 함께 탐험하며, 수용 자체를 그 대상을 찬양하는 하나의 사회적 이벤트로 바꾸어버린다. 그런 의미에서 집단 수용은 팬들이 그 대상의 중요성을 확인하는 경험이 된다. 음악 팬들은 특정 노래에 대해 논의함으로써 목표와 의미를 찾기도 한다(Cavicchi, 1998: 108). 나아가 해석 공동체가 텍스트나 공연을 보는 특정한 방식을 장려할 수도 있지만, 개인의 특이한 해석을 금지하지는 않는다(Jenkins, 1992: 88).

또한 사적인 성격을 띠던 수용이 공적인 실천이 되면서 팬들은 또 다른 즐거움을 개발할 수 있다. 텔레비전 시청은 팬들이 이야기를 나누게 해주고, 이런 활동 덕에 그 프로그램을 더 많이 시청하기도 한다(Jenkins, 1992: 58). 텍스트에 대해 곰곰이 생각하는 과정을 통해 새로운 해독의 가능성이 열리고 합의의 기회가 마련된다. 그렇게 함으로써 사람들은 새로운 준거틀을 통해 자신이 보고 듣는 것을 이해할 수 있고, 관점을 생산적으로 다각화할 수 있다. 이러한 과정을 통해 자신이 가장 좋아하는 캐릭터나 작가 또는 가수를 더 친밀하게 느끼며 새롭게 이해하거나 텍스트의 깊이를 새로운 차원에서 인식하기 시작할 수 있다. 팬들은 이렇게 하면서 지속적으로 논쟁을 하고 이를 통해 새로운 해독을 창조한다. 때때로 이러한 과정은 가십의 형태를 띠기도 한다. 팬 가십은 자신의 삶에 직접적인 영향을 끼치지 않는 이야깃거리를 준다(Jenkins, 1992: 83). 사람들은 팬 가십을 통해 타인의 행위를 탐색하고 비판하면서 자신의 경험에 대해 이야기하고 자기를 드러낼 수 있으며, 사회적 유대감을 만들고, 공동의 문제 영역을 구축하고, 규범을 강화하며, 전문성을 공유할 수 있다(Jenkins, 1992: 84).

대중문화 열성팬들의 다양한 활동은 단지 자신들의 결속을 다지거나 텍스트를 탐구하는 데 머무르지 않는다. 그들은 이들 텍스트의 전개 내용을 결정하고 이들 텍스트가 계속 사람들의 주목을 받을 수 있도록 적극 나서기도 한다. 팬들은 미디어 문화 영역의 집단적 행위자들이다. 젠킨스는 이 변화의 영역을 특정한 방식으로 묘사한다. 젠킨스에게 참여문화는, 이제는 모든 이들이 미디어 문화의 흐름에 참여하기 때문에 능동적 생산자와 수동적 소비자의 구분이 축소되거나 지워졌다는 개념이다. 이때 팬들의 창의성은 단순한 파생물이 아니라, 미디어 산업들과 양방향 교신을 한 결과의 일부다(Jenkins, 1992: 153). 하지만 이렇게 시각을 전환한다 해서, 이 두 집단 사이의 또는 집단 내부의 권력관계를 전적으로 부인하는 것은 아니다. 시각 전환은 실상 이러한 권력관계를 재설정하는 데 도움을 준다. 젠킨스는 다음과 같이 설명한다.

팬 문화 연구를 통해 미디어 산업의 변방에서 발생하는 혁신을 더 잘 이해할 수 있게 되었듯이, 팬 공동체의 구조를 살펴봄으로써 시민성과 협동에 대해 생각하는 새로운 방식을 알게 될 수도 있다. 이들 팬 공동체의 정치적 효과는 단순히 새로운 아이디어(좋아하는 텍스트에 대한 비판적 해독)를 생산하고 유통시킴으로써 생성되는 것이 아니라, 새로운 사회구조(집단지성)와 새로운 문화생산 모델(참여문화)에 접근함으로써 생겨나는 것이다(Jenkins, 1992: 257).

젠킨스에 따르면, 이제는 어떤 한 집단이 미디어 접근과 참여를 통제할 수 없다. 집단지성을 미디어 권력의 대안적 원천으로 볼 수 있다. 참여문화의 형성을 일종의 실천으로 볼 때, 그것은 사람들이 모여서 민요를 함께 부르는 행위와 유사하다. 누구든 참여해서 콘텐츠의 내용을 바꿀 수 있다는 뜻이다(Jenkins, 1992: 162). 팬 문화는 집단 정체성을 구성하고, 이상형을 표현하며, 바깥 세계와의 관계를 규정한다는 점에서 민속문화와 유사하다. 민속 음악가들은 수용자들과 동등하고 이들과 교감한다고 간주되며, 민속문화는 비공식적으로 전파된다. 또한 민속문화는 상업적 제도를 넘어서 존재하며, 자발적 참여를 통해 팬층을 확보한다. 민속문화는 전유의 전통과 공동체의 어휘에 의존한다. "이러한 이미지를 사용하는 것은, 갈수록 소외되고 원자화된 문화 안에서 소통을 원활하게 해준다"(Jenkins, 1992: 273). 다시 말해, 팬들은 이제 미디어 생산자가 되어 창조적이며 공동체적인 활동을 한다. 이때 팬들의 네트워크는 도덕 경제가 되어, 미디어 콘텐츠에 대해 수용 가능한 전유와 수용 불가능한 전유를 어느 지점에서 구분할 것인지에 대한 법칙을 정한다(Jenkins, 2006: 38).

젠킨스는 피에르 레비Pierre Levy의 글에 기대어, 팬들이 이제 온라인에서 집단지성을 표현할 수 있으며, 이것은 어떤 한 개인이 가진 능력을 넘어서는 것이라고 설명했다. 팬들이 정보를 발견하고, 저항하며, 사건을 생성하고, 더 빠른 속도로 설득하고, 영향력을 행사하는 현 상황은 유례없는 일이다. 가장 극단적으로 보자면, 참여문화는 외부에서 부여하는 한계에 저항하고 도전하는 논쟁의 한 형태다. 어떤 저항 집단은 반대 의견을 만들어내기 위해서 뉴미디어 스펙터클을 창조한다(Jenkins, 2008: 284). 하지만 여기에만 초점을 맞추면 뉴미디어 체제를 잘못 이해하게 된다. "미디어 변화를 구 실세와 반란자들이 벌이는 제로섬 싸움으로 묘사하는 관점은 우리의 미디어 생태계에서 벌어지고 있는 진짜 변화를 외면하게 만든다"(Jenkins, 2008: 274).

팬들의 집단적 행위성은 지배와 저항이라는 밀고 당기는 관계라기보다는, 상이한 집단이 서로를 받아들이거나 상대방을 이용하기 위해 협상하고 타협하는 과정의 일부로 볼 수 있다. 미디어 기업들은 결코 이상주의자들이 아니지만 팬들은 그들과 협상할 수 있다(Jenkins, 2008: 260). 젠킨스에 따르면, 팬 공동체는 "상대적으로 권력이 약한 위치에서 타협해야 하고, 집단의 도덕적 권위에만 의존해서 대응해야 한다. 반면 기업들은, 현재 상황을 보면 법의 힘을 등에 업은 것처럼 행동한다"(Jenkins, 2008: 173). 젠킨스는 자신의 생각을 숙고하면서 묻는다.

내가 너무 앞서간 것일까? 내가 이 소비 공동체에 너무 많은 힘을 부여하고 있나? 아마 그랬을 수도 있다. …… 나는 오늘날 문화 트렌드에서 민주주의적 가능성을 찾아 지적하려 한다. 세상 어디에도 필연적인 결과는 없다. 무엇이든 노력해야 얻을 수 있다. 피에르 레비는 집단지성이라는 그의 이상을 "실현 가능한 이

상향"이라고 묘사했고, 이는 정말로 그러하다. 나는 스스로를 비판적 이상주의
자라고 생각한다. 이상주의자이기 때문에, 나는 우리 문화 속에서 더 정당한 사
회, 더 나은 사회로 나아갈 수 있는 가능성을 찾고 싶다. 팬으로서의 나의 경험은
미디어 정치에 대한 나의 생각을 바꾸어놓았다. 나는 이제 내 기준에 맞지 않는
것들을 내던져 버리기보다는, 아직 실현되지 않은 가능성들을 찾아내고 그러한
가능성이 실현될 수 있는 방법을 찾으려고 한다(Jenkins, 2008: 258~259).

때때로 젠킨스의 시각은 팬들이 오늘날 미디어 장에서 활동하는 다른 행위
자들에게 별로 관심이 없다는 사실을 망각하고 있다. 각 행위자들은 게임의 중
요한 한 부분이지만, 상대 행위자들의 목표 달성을 도와줄 수 있을 때에만 존
중의 대상이 된다. 따라서 전문 미디어 생산자들과 연관 지어 팬 공동체의 역
할에 계속 초점을 맞추는 관점은 팬덤의 목표와 의미를 의도적으로 오독하는
것이다. 문화를 창조하는 산업적 과정에서 많은 경우 팬들은 다른 행위자들[옮
긴이: 미디어 기업들]을 유용한 조력자로 여기기도 하고(예를 들어 자신들의 스타
를 최고로 만들어주는 경우), 자신들의 즐거움을 방해하는 짜증나는 장애물로 간
주하기도 한다(예를 들어 자신들의 스타를 값싼 대량생산품 취급하는 경우). 이런
경우가 아니면 기본적으로 팬들은 집단으로서나 개인으로서나 그 문제에[옮긴
이: 미디어 산업의 다른 행위자들에게] 상대적으로 무관심하다. 팬들이 정서적 관
계를 맺는 1차적 대상은 스타, 작가, 이야기, 등장인물이지 산업이 아니다. 대
다수의 팬들과 달리 학자들은 '그들의' 학술적 전통과 역사의 영향 때문에, 팬
들이 미디어 문화의 사회학과 어떤 관계를 맺는지에 관심을 가진다. 이러한 학
술 전통이 중요하지 않다는 말이 아니다. 오히려 학문은 대중적 논의에 종종
전제로 깔려 있는, 소비자 만족과 사회 화합이라는 잘못된 관념을 깨뜨려준다.
참여 패러다임을 넘어서기 위해서는, 다시 팬 공동체 내부에 초점을 맞추거
나, 아니면 적어도 팬 공동체가 여타 제도들과 일상적으로 상호작용하는 양상
을 탐구하는 편이 더 유용할 수 있다. 참여문화라는 불안정하고 사회학적인 체
제 안에서, 팬들은 개별적으로 그리고 집단적으로 상이한 역할을 수행하는데,

그중 몇몇 역할은 문화 생산자들과 무관하게 행해지거나 이들과 통상적이지 않은 관계 속에서 수행된다. 예컨대 팬들이 역사학자, 자료의 큐레이터, 세대의 기억에 대한 대변인으로서 역할을 한다는 인식이 점점 늘어나고 있다.

> 〈제다이의 귀환Return of the Jedi〉과 〈보이지 않는 위험〉 사이에 나온 주요 텍스트가 없었기 때문에, 〈스타워즈〉의 중심 이야기mythos를 계속 관리해서 살아 있게 하고, 그것을 간직하고 지켜낸 것은 ─ 확장된 세계Expanded Universe*를 통해 등장인물을 추종하면서 ─ 모든 2차 텍스트에 돈을 들이고, 때로는 팬 픽션이나 아마추어 영화 같은 활동에 참여해온 충성스러운 오랜 팬들이었다(Brooker, 2002: 88).

팬들은 종종 자신의 아이콘이 명성과 인기를 잃을까 봐 걱정하는데, 이때 브루커의 '중심 이야기를 관리하기curating the mythos'라는 개념이 중요하다. 또한 팬 공동체는 일부 미디어 제작자들이 팬 공동체를 대리인으로 임명하려고 하는 것에 대해서도 별로 관심을 갖지 않는다. 팬 활동을 지지하고 통제하며, 이를 통해 이윤을 얻는 방법으로서 [옮긴이: 미디어 제작자들이] 공식 승인이나 허가제도를 사용할 수도 있다. 공상과학 팬덤은 전문적인 공상과학 글쓰기 공동체와 연계되어 있으며, 팬들이 자체적으로 대회를 열어 시상을 하기도 한다(Jenkins, 1992: 47). 공상과학 팬들이 모이는 팬 집회는 준전문적인 팬 작품들이 교환되는 시장의 역할을 하기도 한다(Jenkins, 1992: 47). 이 팬들 중 몇몇은 애초부터 공상과학물의 틈새 시장을 노려 "전문가가 되기도 한다"(Hills, 2010b: 57). 이들은 자신들처럼 한때 팬이었다가 프랜차이즈 창작에 참여하게 된 사람

---

* '확장된 세계'는 영화, TV 쇼 등의 미디어 프랜차이즈를 만화책, 컴퓨터 게임 등 다른 미디어로 확장해서 생산한 텍스트와 그 이야기 세계를 말한다. 확장된 세계에서는 원전의 캐릭터들이 새로운 모험을 하는 등 새로운 이야기가 전개된다. 헌신적인 팬층을 확보하고 있는 미디어 프랜차이즈들은 대체로 확장된 세계를 생성한다.

들과 자신을 동일시하기도 한다.

> (〈닥터 후〉의 배우 데이비드) 테넌트David Tennant도 나의 닥터다. 왜냐하면 그
> 는 우리들 가운데 한 명이자 그 쇼의 평생 팬이기 때문이다. …… 나는 테넌트가
> 그 파란색 (타디스TARDIS*) 문으로 들어갈 때마다 그의 내면 깊은 곳에서 여덟
> 살 난 소년이 신나서 폴짝폴짝 뛰고 있음을 알고 있고 그 사실이 좋다(Thomas,
> 2010: 85).

인터넷은 팬덤이 집단적이고 공개적인 실천이 되는 데 매개체의 역할을 했
고, 팬덤은 인터넷이 최신의 대중적인 전자 미디어로 자리를 잡는 데 도움을
주었다. 오늘날 팬 문화는 매우 개방적이어서, "개인적이고 개별적이며 주관적
인 팬 애착의 순간들과, 팬 공동체가 구성되고 정당화되는 순간들이 어느 쪽이
든 다른 쪽을 무시하거나 억누르지 않으면서 함께 상호작용하는" 복잡한 문화
적 타협이 되었다(Hills, 2002a: xiii). 젠킨스의 참여문화 개념은 처음에는 텍스
트 '밀렵'에 주목했으나 이제는 뉴 미디어 영역에서 팬 공동체의 사회적 행위자
로서의 역할을 탐색하는 것으로 옮겨갔다. 참여문화라는 개념은 팬들을 정치
적 시민으로 간주하며, 팬들이 오늘날 미디어 문화 영역에서 힘을 갖기 위해
자신들의 집합적 행위성을 어떻게 사용할 것인지를 비판적으로 탐구하기 위한
헌장을 선포했다. 그러나 이 개념은 개인 팬덤을 고려하지 않으며, 개인적 수
준에서든 집합적 수준에서든, 개인 팬덤의 내재적 과정에 대해서는 이야기해
주는 바가 별로 없다. 하지만 오늘날 진정으로 물어야 할 질문은 우리가 개별
적인 것과 집단적인 것 사이에서, 또 주관적 추구와 도덕경제, 참여문화로서의
팬덤 사이에서 어떻게 균형을 맞출 것인가라는 문제다.

---

* '타디스(TARDIS: Time and Relative Dimension in Space)'는 〈닥터 후〉의 주인공인 닥터가 시
간여행을 할 수 있게 해주는 인터랙티브 타임머신이다. 타디스의 외관은 런던 경시청의 공중
전화 박스 모양이지만, 그 안은 훨씬 넓어서 엔진과 운전석 등을 갖추고 있다.

10장 팬덤 연구하기

출발점

팬덤 연구에서 중요한 방법론적 논쟁은 무엇인가?
팬 문화연구가 제기하는 주요 이슈는 무엇이고 어떻게 설명될 수 있는가?
학계와 팬덤이 중첩된 문화 영역임을 감안할 때, 어떻게 하면 모두에게 유익한 방식으로 그 둘이 결합될 수 있는가?

미디어 연구와 다른 분야에서 텍스트와 텍스트성에 집중했던 것은 연구자들이 흔히 수용자와 광범위한 맥락 둘 모두를 소홀히 해왔음을 의미한다. 힐스는 영국에서 가장 유명한 공상과학 텔레비전 시리즈에 대한 논의에서(Matt Hills, 2010b: 11), "〈닥터 후〉는 학술적으로 완료되고 완결된, 불변의 어떤 것으로 다루어지고 있으며, 그 분석 과정에서 시청자의 감정뿐만 아니라 그 주위를 맴도는 정보 경제의 시간적 치열함과도 분리되어 탈맥락화되었다"라고 지적했다. 불행하게도 힐스가 기술한 제한된 접근은 여전히 흔하게 발견된다. 하지만 학계는 점차 수용에 관한 연구를 확대해왔다. 팬덤 연구의 초점은 텍스트에서 일부 헌신적인 수용자로 이동했다. 그러나 심지어 여기서도 팬을 '대변한다'는 위험이 존재한다. 셰릴 해리스는 "팬덤에 관한 토론에서 팬 본인들의 진정한 목소리는 듣기 어렵다"라고 주장한다(Harris, 1998: 5). 이러한 주장은 어떻게 하면 팬들의 목소리를 표현하고 이해하고 표상할 수 있는지, 연구자 자신의 팬덤의 있고 없음이 그 과정에서 어떤 역할을 하는지 질문하게 만든다. 모든 연구는 특정한 관점에서 출발한다. 방법론은 연구자가 자신의 선택을 정밀하게 정당화할 수 있게 해주는 과정을 일컫는다. 이러한 선택들은 특정한 연구 철학

(즉, 지식에 대한 관점), 연구 설계(연구를 틀 짓고 자료를 수집하기 위한 최선의 방식), 선택된 방법의 유용성, 연관된 윤리적 쟁점에 대한 인식을 모두 포함한다. 기존 연구들을 평가한 이후에, 능숙한 연구자는 선택한 방법론에서 필연적으로 제기되는 쟁점들을 주의 깊게 성찰할 것이다. 연구자들은 연구 수행 과정에서 자신의 정체성과 역할이 지니는 정치와 권력 작용을 고려할 것이다. 사실 팬덤은 매우 연구하기 까다로운 영역이다. 팬들에게 자기성찰적이 되어달라고 부탁하는 것 자체가 이들의 입장을 바꿀 수 있다. 각 팬의 견해와 팬덤 경험은 그들이 누구이며, 언제, 어디서, 어떻게 관심을 갖게 되었고, 그 후 얼마나 시간이 지났는가에 따라 다를 수 있다. 캐주얼 팬은 헌신적인 열성팬과는 다르게 이야기할 것이다. 신참 팬 역시 경험이 많은 팬들과는 다른 것을 말할 것이다. 오래된 팬 역시 다르게 말할지 모른다. 다시 말해, 연구 주체가 처한 상황을 고려해야 한다는 것이다.

그 방식과 정도는 다르지만, 우리는 모두 팬이다. 그러나 학자들은 팬 문화에 대해 논의할 때 "자신의 입장을 벗어나서 글을 써"왔다(Hills, 2002a: 63). 팬덤은 적절한 관습을 통해서 다루어질 때만 학술적 공간에 나타날 수 있다. 문화연구 내에서 이러한 요구[옮긴이: 팬 본인의 목소리에 대한 요구]가 제기되어왔다는 사실은 그동안 팬들이 학술적 공간에서 타자화되어왔음을 의미한다. 팬 연구가 출현하기 전에는, 팬들은 집착하는 비정상적인 사람으로 인식되어 주변화되었다. 그러나 팬 연구는 이른바 비정상적인 사람으로 여겨진 팬을 오히려 창의적인 독자나 정치적 행위자로 간주하며 주요 관심 대상으로 삼았다. 팬덤 연구의 궤적은 여러 면에서 자기청취와 자기수용 쪽으로 진행되어왔다. 학자들은 팬덤의 평범한 기적을 열렬히 수용했고, '그들'과 '우리' 간의 구별에 근본적으로 문제를 제기했다. 그러나 팬덤과 학계는 결코 동일한 문화 영역이 아니다. 두 영역은 각자의 역사, 가치, 이해 방식을 가지고 있다. 개인들이 자신의 사회적 책임을 상상하는 방식에 따라, 그 두 문화 영역의 구별을 상호 문제적인 것으로서 볼지, 아니면 상호 호혜적인 것으로 볼지가 결정된다. 팬 연구에서 가장 중요한 질문은 '팬에 대한 대중적 이미지를 어떻게 회복시킬 수 있는가'였다. 아마 더 적절한 질문은 '어떻게 팬들을 소외시키지 않으면서 팬덤을 더 깊이 이해할 수 있을까'일지도 모른다. 통합된 이해로 수렴되는 이 두 관심사 가운데 하나는 팬을 창조적인 사람들로 고찰하는 것이고, 다른 하나는 팬들이 그 창의성의 영역에 어떻게, 왜 진입했는가라는 문제를 탐구하는 것이다.

초기 팬 연구의 쟁점들

언뜻 보면 명백한 듯이 보이는데도 놀라우리만치 많은 학자가 간과해온 질문이 하나 있다. 그것은 '나는 실제 팬들로부터 자료를 수집하고 있는가'이다. 첫 장에서 논의했던 팬덤을 정의하는 어려움 외에도, 응답자가 어떻게 자신을 명명하는지는 문제가 된다. 때로는 지속적으로 헌신하지 않는 이들도 스스로를 '컬트 팬'이라고 밝힐지도 모른다(Hills, 2002a: xiv). 가장 형편없는 연구 방식은 학생들을 헌신적인 팬이라고 가정하고 인터뷰하는 것이다. 눈덩이 굴리기 표집방법(초기 접촉자에게 다른 지인을 데려오게 하는 방법)을 사용해본 연구자라면 이러한 문제를 알 것이다. 곧 연구자는 그리 열성적이지 않은 캐주얼 팬들이 쏟아내는 자료에 파묻힌다. 이러한 문제를 피하기 위한 한 가지 방법은 팬클럽 회원만을 인터뷰하는 것이다. 팬클럽의 회원이라는 사실은 신원을 확인하고 헌신을 보여주는 징표가 될 수 있기 때문이다. 그러나 이 전략은 신참 팬이나 숨은 팬 같이 현재로서는 공동체 조직에 참여하지 않는 사람들을 외면하기 때문에 또 다른 편향을 초래한다.

온라인으로 연구를 진행한다면 응답자 선택의 문제는 한층 더 복잡해진다. 인터넷을 통해 연구 자료를 구할 때는 응답자들이 쉽게 사라질 수 있고, 다양한 종류의 속임수가 발생하며, 일상에서 벌어지는 다양한 팬덤 상황을 감출 수도 있다. 온라인상에서 팬이라고 밝히는 경우에는, 게시자의 인종, 연령, 젠더와 같은 중요한 사회 정체성에 대해서는 거의 알 수가 없다. 또한 대체로 팬들의 온라인 토론 참여와 의견 게시를 헌신적 팬의 표시로 여기지만, 꼭 그렇다고 할 수도 없다. 인터넷에서 면대면 연구 만남을 끌어낼 수 없다면, 온라인 프로필을 그대로 믿을 수밖에 없다. 그 외에도 자료를 얻기 위해 어떤 방법을 사용했는가에 따라 결과가 상당히 달라질 수 있다. 한 번도 만나본 적 없는 응답자를 이메일로 인터뷰하는 방식은 연구자의 어떤 잠재적 편견(예를 들어, 연장자주의)을 제거해주고, 응답자도 자신의 대답을 곰곰이 생각해볼 수 있다는 장점이 있다. 그러나 카비치가 지적했듯이(Cavicchi, 1998: 17), 이메일에는 근본적으로 거리감이 있으며, 연구자가 답변을 파악하고 이해하기 위한 실마리를 얻기가 어렵다.

질적 연구의 일반적 규약은 연구물이 출판될 때 팬의 이름을 바꾸거나, 아예 밝히지 않는 것이다. 이러한 방법은 연구 표본과 더 광범위한 (사실상 팬층을 대표하는) 팬 공동체를 공적 집단으로 다루고 익명화하도록 돕는다. 그러나 어떤 응답자는 자신의 이름이 사용되기를 원한다. 많은 팬이 팬덤을 통해 자신의 주요 정체성을 표현한다고 느끼기 때문에, 팬들은 대체로 기꺼이 연구에 협조하며 연구자가 마음에 들 경우 더욱 열성적이 된다. 어떤 이들은 연구자들이 자신의 경험, 기억, 감정에 관심을 갖는다는 사실을 기뻐하고 놀라워한다. 팬들은 연구자를 신뢰하는지 여부에 따라, 만났을 때 짜증날 만큼 말을 많이 하거나 아니면 거의 이야기를 하지 않는다. 기자들과 학자들, 공적 기록을 다루는 사람들이 헌신적인 팬들을 자주 잘못 표상해왔기 때문에, 때때로 팬들이 말을 하지 않으려고 하는 경우가 있어도 놀랍지는 않다. 특히 주변화되고 스테레오타입화된 공동체에 참여하는 팬들의 경우는 더더욱 그렇다. 그러나 문화연구는 팬 공동체의 목소리를 들려주고 그들의 열정을 정당화 또는 합리화해준다. 예를 들어 〈스타트렉〉이 진보적인 다문화주의를 장려하는 첫 번째 시리즈물이라는 학자들의 연구는 그 프로그램의 팬들이 바깥세상에서 자신의 관심을 긍정적으로 표상할 수 있도록 해주었다(Hills, 2002a: 67). 좋은 관심이든 나쁜 관심이든, 흔히 학문적 관심은 특정 텍스트나 팬에 대한 공개적 승인으로 간주되어왔다. 그리고 주류 미디어에서든 팬 공동체에서든 그러한 승인을 바라보는 관점은 다양하다.

마이클 고더드Michael Goddard와 벤 핼리건Ben Halligan의 연구(Goddard & Halligan, 2010)는 흥미로운 사례를 제공한다. 그들은 2008년 5월 9일 샐포드대학교에서 매우 창의적인 포스트 펑크 음악가에 관한 학술 심포지엄을 열었다.

'메싱 업 더 페인트워크Messing up the Paintwork'라는 제목의 이 심포지엄은 마크 스미스Mark E. Smith와 그의 밴드 더 폴The Fall의 예술과 정치를 주제로 내세웠는데, 심지어 학술대회가 열리기도 전부터 적개심이 감지되었고, 과연 그것이 학술대회의 주제가 될 수 있는가에 대해 질문들이 쏟아졌다. 더 폴의 비공식적인 웹사이트, 더 폴 온라인The Fall Online에서는 심포지엄이 제안된 순간부터 그에 대한 활발한 논의들이 벌어졌는데, 그들 대부분은 회의적인 반응을 보였다. 글쓴이들은 참가비에서부터, 지식인인 체하며 '턱을 만지는 백발의 교수'들이 주도하는 더 폴이나 록 음악 전반에 대한 학술적 논의의 가치에 이르기까지, 모든 것을 문제 삼았다. 이러한 반감은 부정적이긴커녕, 긍정적인 표시로 받아들여졌다. 왜냐하면 이 학회에서 정면으로 그리고 대립적으로 다루었던 그 특이한 팬 문화가 이 학회를 비방하면서도 매우 교양 있게 반응했기 때문이다. 이러한 상호작용의 한 사례를 '봉고 위의 그래니Granny on Bongos'라는 글쓴이에게서 찾아볼 수 있다. 그는 이 학술대회 주제에 대한 일련의 '예지적pre-cog' 결론들을 다음과 같이 내놓았다.

- 마크 스미스와 (북부) 노동계급 문화: 파인트 맥주를 좋아하고 비둘기를 키우지 않으며, 리크Leek* 수프를 좋아할 수도 있고 아닐 수도 있음. 돌아다녀야 해서 휘핏Whippet[옮긴이: 경주용 개]은 키우지 못함(더 폴 온라인, 2007).

비록 30파운드의 참가비를 절약하고, 한 무리의 학자들과 보내느라 하루를 낭비하지 않기 위한 의도였을지라도, 경박한 빈정거림에서 신랄한 비판에 이르기까

---

* '리크'는 대파처럼 생긴 수선화과 채소이다.

지 더 폴에 대한 다양한 팬들의 의견은 그 학회에 완벽하게 들어맞는 것이었을지 모른다(Goddard & Halligan, 2010: 1).

마크 스미스와 그의 밴드인 폴에 관한 샐포드 학술대회를 평가하는 온라인 팬들의 '경박하게 빈정리는' 발언에는 온갖 종류의 이유가 있었을 것이다. 꽤 신랄한 이 논평들은, 시치미 떼며 영리하게 힐문하는 것을 즐거운 과정으로 삼는 펑크와 포스트 펑크의 가치 체계를 반영한다. 이들은 스미스가 정당한 문화적 아이콘으로서 인정받게 되어 아웃사이더로서 숨겨진 장점을 잃을까 봐 불편한 감정을 드러냈던 것일 수도 있다. 팬들의 반응은 자신의 음악에 대한 지식인들의 해석을 무시했던 노동계급 영웅에게 비교적 특권층인 중산층 전문가들('턱을 만지는 백발의 교수들')이 그렇게 관심을 많이 쏟는 상황에 대한 우려를 명확히 보여준다.1 어떤 의미에서 마크 스미스의 팬들은 자신들이 열정을 지닌 대상이 '외부의' 연구 집단에 의해 승인받을 필요를 느끼지 않았고, 그래서 '턱을 만지는 백발의 교수들'은 팬이 아니라고 가정했을 것이라는 점은(그런데 학술대회를 조직할 만큼 열심인 것을 고려해볼 때 적어도 그 가정은 좀 미심쩍어 보인다) 굳이 말할 필요조차 없다. 적어도 이 경우 샐포드 학회에 대한 논란은, 팬들이 팬덤과 학계를 동일한 것으로 여기지 않는다는 사실과, 그리고 적어도 이 사례의 경우에는 팬들이(아마도 반항적인 정체성의 원천인) '자신들의' 텍스트를 연구 대상으로 간주하는 데 불편함을 표현하기 위해 창의성을 이용했다는 점을 분명히 보여주었다.

고다드와 핼리건은 팬들의 온라인 논평을 모아서 특정한 데이터로 사용한다(Goddard & Halligan, 2010). **공개된 자료**unsolicited data는 연구 과정 이전부터 존재했던 자료로서, 예컨대 인터뷰 자료와 같이 연구 기획을 통해 생산된 자료와는 다르다. 많은 팬덤 연구는 팬 잡지에 보낸 편지나 온라인 게시글 같은 공개된 자료를 인용한다. 이런 자료를 사용함으로써 연구자들은 시간을 절약하고, 그렇게 하지 않았다면 난처했을 여러 문제를 비켜갈 수 있다. 이미 활자화된 팬들의 발언은 해석의 문제를 수반한다. 하지만 그 자료는 이미 공개적으로 구할 수 있는 것이기 때문에, 연구자들은 비밀보장(정보를 공개할 것인가를 결정하기)과 진실성(독자에게 연구 증거가 존재한다는 것을 보여줄 수 있는가)의 이슈들을 피할 수 있다. 그럼에도 비공개이거나 상업적 온라인 포럼에서 글을 인용할 때는 여전히 주의해야 한다. 공개된 자료의 경우, 연구자가 잠재적으로 더 비판적인 거리를 두고 작업하며, 연구 참여자들에 대해서도 즉각적인 염려를 덜하게 된다. 물론 그 선택은 방법적이라기보다는 궁극적으로는 윤리적이긴 하지만 말이다. 하지만 만약 공개적으로 이루어진 논평이 완전히 오독되거나, 원래 맥락과 무관하게 사용된다면 더 큰 문제들이 발생할 수 있다. 버모렐의 유명한 편저인 『스타러스트』(1985/2011) 같은 책은 팬들의 꿈과 판타지를 보여준다. 그러나 팬레터 같은 것은 특별히 주의해서 다루어야 한다. 어떤 측면에서 보면, 팬레터를 분석함으로써 팬들에게 셀레브리티가 가지는 의미와, 그 이미지가 공적인 자원으로 활용되는 방식에 대해 많은 것을 알 수 있다. 그러나 다른 측면에서 보면, 비록 팬레터가 공인을 대상으로 쓴 것이기는 하지만 대표적인 사적 의사소통의 형식이기 때문에 팬레터를 출판하는 일은 잠재적인 사생활 침해가 될 수 있다. 특히 그 자료가 이전에 전혀 출간된 적이 없거나, 반공개적semi-public 아카이브에 보존되어왔을 때 문제가 된다. 그런 염려 외에는 팬레터가 셀레브리티와의 권력관계를 내포한 의사소통임을 잊기 쉽다는 문제를 들수 있다. 팬레터를 무력한 판타지나 절대적인 굴종의 표시로서 받아들이기보다는, 권력이 불평등한 상태에서의 일종의 간청으로 이해할 필요가 있다. 팬레터는 자신이 주목의 대상이 아님을 잘 알고 있으면서도 그 상태에서 잠시나마 벗어나보려고 하는 팬의 시도인 것이다. 공개된 자료를 탈맥락화해서 취급하는 행위는 팬 행위를 온전히 이해하는 데 도움이 되지 않을 수 있다. 사생활 존중에 관한 문제는 **요청한 자료**solicited data에서도 발생할 수 있다. 마돈나 판타지에 대한 훌륭한 개론서인 케이 터너Kay Turner의 『나는 마돈나를 꿈꾼다I Dream of Madonna』(1993)는 대중이 대표적인 스타를 상징적 자원으로 활용하는 방식에 대해 많은 것을 보여준다. 그러나 유사한 분석을 위한 자료 수집이 공개된 자료를 소모적으로 찾아 헤매거나, 낯선 사람이 남의 꿈에 대해 언짢은 심문을 준비하는 행동일 수도 있다. 어떤 이들은 꿈을 자신의 가장 깊은 자아를 반영하는 매우 사적인 것으로서 여기기 때문에, 꿈을 공유해달라고 부탁하면 불쾌하게 느낄지도 모른다. 또 다른 이들은 자신의 꿈에 대해 기꺼이 말하지만, 어떤 부분에서는 자신을 검열하려고 한다. 어떤 경우든, 요청한 데이터를 사용해서 팬의 꿈을 정신분석학적으로 연구하려는 사람은 자신이 수집한 자료에서 일종의 편향을 발견할 수 있다. 팬이 자신의 경험 및 세계의 특성을 말하도록 돕는 한 가지 방법은, 그들과 더 많은 시간을 보내고 그들의 경험을 그들의 표현을 통해 이해하는 것이다.

문화기술지와 타자화

문화 인류학은 인간의 문화를 연구한다. 그 핵심적인 접근 방법은 문화기술지라 할 수 있는데, 문화기술지는 인간 행위를 '발생한 상황에서' 연구하는 방식을 말한다. 젠킨스는 연구자들이 팬 공동체에 대해, 그리고 더 중요하게는 팬 공동체로부터 많은 것을 배울 수 있다고 주장해왔다(Jenkins, 1992: 8). 전통적으로 문화기술지 연구는, 연구자가 탐구대상인 사회집단과 함께 지내고 그들의 문화적 세계를 경험하기 위해 자신을 그 속에 '담그는' 것을 의미한다. 이론상으로는, 현지 관찰을 통해 연구자가 유형들을 알아채고 결론을 도출하는 과정으로 나아가야 한다. 아마도 문화기술지 학자는 해당 공동체에 몰입한 이후, 중요한 결론이 될 만한 어떤 분명한 해석도 찾지 못한 채 종국에는 별로 말할 것이 없는 자료 더미만 가지고 연구를 마치는 상황에 대한 공포를 가지고 있을 것이다. 문화기술지는 '실제' 세계와의 만남이지만, 연구자가 취한, 이론적으로 알고 있는 역할을 통해서 이미 항상 매개되어 있다. 그런 의미에서 어떤 연구도 완전히 귀납적일 수는 없다(Hills, 2006: 30을 참조하라). 기술을 1차적으로 강조한다는 것은 문화기술지가 이론을 즉각적으로 만들지 않는다는 것을 암시하지만, 문화기술지 역시 이론에 도전하고 이론을 정교화하는 데 사용된다(Jenkins, 1992: 286). 비판가들은 문화기술지에는 연구자의 주관적 해석이나 편견의 여지가 너무 많다고 주장할지도 모른다. 그러나 문화기술지 접근은 사회적 거리와 권력관계를 전제로 한다. 연구자는 '보통' 독자의 대리인으로서 그곳에 들어갔기 때문에, 상이한 문화 세계의 낯선 방식들을 설명할 수 있는 특권을 지닌 '문화 번역가'의 역할을 한다. 최악의 경우, 연구자는 정보원을 알리바이로 이용해서 팬덤을 감정적 확신의 표현이 아닌 이론적 허구로 환원할 위험이 있다. 물론, 그 연구의 최종 형태를 결정하는 중요한 요인은 연구자 자신과 그의 연구 대상들이 그 연구자를 어떻게 명명하고 생각하는가이다.

그들과 우리: 외부자 접근

팬 공동체를 탐문하러 온 '외부자'가 되면 나름의 장점과 한계가 나타난다. 학문적 거리를 통해 학자는 자율성과 비판적으로 볼 수 있는 위치를 갖게 된다. 팬덤을 떨어진 위치에서 볼 수 있기 때문에, 연구자는 한걸음 뒤로 물러서서 판단하거나 설명할 수 있다. 연구자가 자신의 연구 대상자로부터 비판적 거리를 유지한 사례로는 도스의 책인 『엘비스 문화』(Doss, 1999)를 들 수 있다. 엘비스 프레슬리의 자서전을 쓴 메리 핸콕 하인즈Mary Hancock Hinds는 이 책이 "엘비스 팬이 견뎌야 하는 편협함과 스테레오타입의 한 예"라고 말한다(Hinds, 2000: 265). 하인즈의 주장은 논쟁의 여지가 있지만, 5장의 연장선상에서 논의한다면 『엘비스 문화』는 다른 학술 연구와 마찬가지로 연구 대상에 대한 매우 구체적인 해석을 내놓고 있다. 만약 완전한 객관성이 가능하지 않고 또 바람직하지도 않다면, 문제는 특정 연구를 통해 달성하려는 목표가 정확히 무엇인가이다. 마르크스주의가 사회과학에 소개된 지 오랜 시간이 지난 지금, 더 이상 연구자의 목표가 단지 사물을 '이해하는 것'이라고는 주장할 수 없게 되었고, 직접적이든(연구를 실행하는 과정을 통해) 간접적이든(독자를 설득해내는 연구를 통해) 세상을 '변화시키는 것'이 연구자의 임무가 되었다. 그렇다면 이제 누군가는, 상대적으로 냉정한 외부자는 그의 선입견과 비판의 자유를 확인하는 일 말고 무엇을 성취하려고 하는가라고 질문을 할 수도 있다. 외부자의 시각에서 작업하는 사람만이 밝힐 수 있는, 팬덤에 관해 알아야 할 중요한 것이 있는가?

학자가 권위 있는 비평가로서 널리 존경받던 수십 년 전에는, 대중문화(재미 있지만 하찮다고 인식되던 대상)를 연구하는 일은 대학이 상업적 압력에 굴복했 거나 가장 훌륭한 상태의 인간문화를 보존해야 한다는 명령을 방기한, 위험한 일로 여겨졌다. 그런 환경에서 매스컬처와 수용자에 대한 학문적 관심은 가차 없이 비판적이지 않으면, 하찮은 대상을 연구하는 하찮은 연구로 여겨졌다. 즉, 대중문화연구는 대중적 인기를 문화적 가치로 잘못 등치시키고, 학술적 권 위를 깎아내리며, 시간을 낭비하고, 지나치게 단순화해서 잘못된 것을 찬양한 다는 비판을 받았다. 문화연구는 대중문화의 정치를 사회적 실천으로 주목함 으로써 이러한 모든 가정에 도전했다(예컨대 Seiter et al., 1989를 참조하라). 팬 연구는 그런 비판이 충분히 수용된 이후에 등장했다. 그러나 문화기술지는 방 법론적 접근으로서 훨씬 오래된 전통을 지닌다. 거슬러 올라가보면, 문화기술 지는 원래 '원시' 사회에서의 인간 행위를 탐구함으로써 식민지 기획에 봉사했 던 인류학 분야에서 출현했다.[2] 더 많은 지역 문화를 분석하면서, 20세기 후반 의 문화기술지 학자들은 '토착민화되는 것'을 걱정하며, 자신의 두려움을 누그 러뜨리기 위해 학자로서의 거리를 유지했다. 이들의 연구는 학문적 공평성(즉, 비판적이고 독립적 입장을 보여주는 연구자의 능력)을 가진 것으로 정의되어왔다. 그런데 이 방법의 문제는 냉정한, 그리고/또는 부정확한 주장들을 조장할 수 있다는 점이다. 거리를 둔 일부 학자는 팬덤을 활용해 자신의 이론적 틀에 도 전하기보다는 오히려 팬덤을 자신의 이론에 끼워 맞춰서 설명해버렸다(Hills, 2002a: 5). 거리를 둔 접근은 심지어 연구자가 "매스컬처의 위험에 대한 자신의 개인적 두려움, 걱정, 판타지를 팬덤에 투사해서 팬덤을 변형시키는" 것을 의 미했다(Jenkins, 1992: 6). 학자들은 연구하는 사회집단들에 자신의 견해를 투사 하기 시작함으로써, 이른바 자신들이 보고 싶어 하는 것만을 봤다.[3] 그래서 다 양한 정도로 공감을 보이는 '외부' 연구도, 그 연구자가 헌신적이고 열정적인 연구 참여자의 사고구조 속으로 뛰어들 수 없기 때문에 항상 한계를 지닌다. 그래서 핵심적인 정체성, 경험, 관심사, 욕망들을 오해하는 위험에 놓인다. 이러한 딜레마에서 벗어나는 한 가지 방법은 팬들의 세계 밖에서 판단을 내리기보다는 그들에게 직접 자신의 실천에 대해 물어보는 것이다. 카비치는 학자들이 너무나 자주 자신의 의제를 팬들에게 투사하고, 자기 관심사에 맞게 팬덤을 즉각적으로 이해한다고 말한다.

> 팬들은 자신의 팬덤이 일상의 삶이라는 실존하는 현실을 설명해주기 때문에 팬덤을 소중하게 여긴다. …… (그리고) 팬들은 추상적이고 커다란 사회 질서 속에서 자신이 어디에 위치하는지, 또는 어떻게 팬덤이 그 질서를 변화시킬 수 있는지를 생각할 필요가 없다. 오히려 팬들은 매일을 살아내고 공연에 참여하는 것이 어떻게 요동치는 모순된 일상 경험들을 이해하고 주변의 사람들과 관계 맺도록 도와주는가에 신경을 쓴다(Cavicchi, 1998: 185~186).

카비치에게 팬덤은 공유되는 것이지만, 매우 개인적인 것이기도 하다. 카비치는 자신이 연구하는 사람들과 유사한 경험을 해보았기 때문에 현명한 질문을 던지고 그들의 관점을 이해할 수 있었다.

우리끼리: 내부자는 정말 이중첩자인가?

카비치는 팬덤을 연구할 때 "나는 단지 '나 자신'이려고 노력했다. 그 이유는 섬세함과 존중하는 마음을 가지고 팬들과 상호작용하고, 또 현지조사라는 상이한 맥락에서 내 존재에 대해 성찰적으로 숙고함으로써 그들이 나한테 말했던 (그리고 말하지 않았던) 것을 주의 깊게 해석하기 위해서였다"라고 말했다(Cavicchi, 1998: 12). 카비치가 '나 자신'이라는 표현을 강조한 것은 이 말이 모순적인 의미를 갖기 때문이다. 결국 우리가 우리 자신이라면 우리 자신이 되기 위해 노력할 필요가 없다. 이는 팬과 팬 연구자fan researcher가 다르다는 것을 암시한다. 이상적인 문화기술지 학자는 자신이 연구하는 문화를 잘 아는 내부자여서 그 문화가 스스로를 설명할 수 있도록 해야 한다는 익숙한 주장이 있다. 이점에서 젠킨스의 연구는 흥미롭다. 1992년 『텍스트의 밀렵꾼들』이 출간되기전까지, 팬에 관한 가장 유명한 논의는 베이컨-스미스의 『엔터프라이징 우먼』이었다(Bacon-Smith, 1991). 베이컨-스미스처럼 젠킨스도 수용자 문화기술지를발표했다. 그녀의 책과 달리 젠킨스 책은 '현지로 들어가기'라는 전통적인 서사를 따르지 않았다. 젠킨스는 자신이 이미 공상과학물 팬 공동체의 내부자였다고 주장했다. 젠킨스에게 '내부'에 있다는 것은 동료인 팬들을 표상할 때 매우성찰적이고 윤리적인 입장을 취하는 것을 의미했다. "팬으로서 쓴다는 것은 여기서 논의하는 집단에 대해 내가 높은 정도의 책임과 의무를 느낀다는 것을 의미한다"(Jenkins, 1992: 7). 젠킨스 같은 내부자들은 그들의 연구를 추동하는 열정을 가지고 있었다. 오늘날 많은 팬은 젠킨스처럼 자신의 공동체를 정당화하고 대변하려는 목적을 가지고 연구를 시작한다. 동료 팬들은 그들의 민감성과경험을 반길지도 모른다. 내부자는 그 지형을 이미 알고 있는 능숙한 지도 제작자일 수도 있다(Hills, 2002a: 18).[4] 내부자 지위를 주장한다는 것은 그가 팬이라면 자신과 동일한 부류를 무자비하게 표상하지는 않을 것이라는 암묵적인 가정을 내포한다. 일반적인 팬들은 자신의 동료들이 즉각적인 불이익을 각오하지 않은 다음에야 자기 공동체를 나쁘게 말하지는 않을 것이라고 믿기 때문에,그들에게 더 자유롭게 말할 수 있다(Brooker, 2002: xiii).

'내부자' 연구를 주창하는 입장은 학문적 작업 전반의 방향성에 대한 문제를제기한다. 즉, 만약 팬 연구가 단지 열정적인 내부자에 의해서만 수행된다면,'퇴행적 대상들'(예를 들어, 인종주의자 밴드 또는 동성애 혐오 레게 뮤지션)에 대한팬덤은 어떻게 재현될까? 그 팬덤은 오로지 공개된 자료와 2차적 자료만을 사용해서 연구될까? 학문적 작업은 그 독자들이 동일한 문화적 취향을 지녔을 때가장 쉽게 환영받는다(Jenkins, 2006: 32). 어떤 사람들은 학자도 팬과 마찬가지로 자신의 문화 영역이 있기 때문에, "학자들이 부분적으로는 자신을 숨긴 채 말하고 있다"라고 지적한다(Hills, 2002a: 54). 그 결과, 특권을 지닌 중산 계층의 평론가들이 '자신들의' 영화, 음악, 만화 전집, 또는 팬 공동체에 관해 말하고, 그래서 자신들이 가진 이미지대로 팬덤을 개조하는 일이 자주 일어난다. 상대적으로 '멋지지 않거나' 퇴행적인 종류의 텍스트에 대한 관심은 잘 표상되지 않는다.[5]

팬 연구는 대중문화를 사랑한다고 자랑스럽게 선언하는 학자 세대의 부상을 특징으로 한다. 학자 정체성과 팬 정체성이 어느 정도 겹치면, 팬의 경험을 지닌 사람이라면 누구든 실제 팬의 세계를 안다는 이유만으로 학자로서 말할 자격이 생기는가? 힐스는 자신의 책 『팬 문화들Fan Cultures』에서 이와 관련된 주제를 논의했다(Hills, 2002a). 이어질 내용은 그의 연구가 보여준 통찰에 상당히 기대고 있다.

엘리트 학자나 전문적 비평가로 변한 팬들은 학자로서 추앙받기도 하지만, 사실 그들이 학문적 자격증을 갖춘 것은 아니기 때문에 무시당하기도 한다. 다른 말로 하자면, 학자들은 팬들이 해박한 대중적인 전문성을 지녔다고 간주하기도 하지만 자신들의 권위를 희생하면서까지 팬들을 격상시키지는 않는다. 이들 사이에는 중요한 차이가 있다. 학자들은 훈련받은 이들이고 특정 분야(예를 들어 미디어 연구)에서 자격을 인정받아 해당 주제에 대한 지식, 비판적 사고력, 대중 연설 능력 및 질적 연구 수행 경험을 가지고 있으며 적절한 학문적 주체성을 지니고 있다. 그에 반해 팬들은 추구하는 문화 영역과 경험이 다르다. 팬들은 특정 대상에 대해 지식을 얻는 방식이 다르며, 이에 따라 집단적 가치 체계도 다르고, 팬층을 공통의 이해를 지닌 하나의 공동체로 이해한다는 점도 다르다. 물론 학자도 자신이 팬으로서의 애착을 갖고 있다는 점을 깨닫거나 발견하는 일이 불가능하지 않으며, 팬들도 학자처럼 말하기 위해 추가적인 교육을 받을 수 있다. 더구나 이들의 역할이 생각만큼 그렇게 경직되거나 상반된 것도 아니다. "학자들이라고 전적으로 이성적이지는 않으며, 팬들 역시 전적으로 몰입해 있지는 않기 때문이다"(Hills, 2002a: 21). 두 집단은 자신의 경험을 각각 다른 방식으로 표현하려 한다. 팬 토론은 매개를 거치지 않고는 학술 연구로 통합 수 없다. 그러나 학문적인 토론 과정에서는 팬덤을 규정하는 바로 그 특성들, 즉 열정, 애착, 정동이 팬덤으로부터 '희한하게도 제거된다'.

힐스는 팬덤에 관해 글을 쓰는 사람들을 학자-팬(공개적으로 팬덤을 밝힌 학자) 과 팬-학자(팬 공동체에 속한 아마추어 전문가)라는 두 유형의 매개자로 구분하고, 양쪽을 모두 비판한다.

> 학자와 팬은 모두 자신의 제도가 뒷받침하는 읽고 쓰는 방식이 다른 집단의 실천 보다 더 가치 있다고 평가한다. 이는 서로 상대를 주변화하는 결과를 낳는다. …… 상상된 주체성과 이들의 단순화된 도덕적 이중 잣대는 문화 권력을 지닌 다. 학자-팬은 일반적으로 '적절한' 학자가 아니라고 무시되고, 팬-학자는 일반적 으로 팬덤 내부에서 '젠체하는' 팬이라고, 또는 '진짜' 팬이 아니라고 간주된다 (Hills, 2002a: 20~21).

한 개인이 팬이면서 동시에 학자일수 없다고 말하는 사람은 아무도 없다. 오 히려 같은 인물이 서로 구분되는 '역할들'을 동시에 떠맡을 수 있다. 이러한 역 할이 어느 정도 분리되어야만 한다는 점을 고려하면, 진정한 문제는 학자가(팬 이든 아니든) 그들의 연구 대상을 공정하게 재현하기 위해 자신의 위치를 어떻 게 이용하는가가 될 것이다. 공정성의 이슈는 연구의 단계마다 다양한 형태를 띤다. 첫째는 연구 실천에서의 공정성이다. 여기서 핵심적인 관건은 연구자가 투사하고 있을 때 그러한 사실을 인식하는 것이다. 예를 들어, 스티븐슨은 17 명의 데이비드 보위 팬들과 얘기 나눈 뒤, 그 과정에서 자신의 역할을 인식했다 (Stevenson, 2009: 96). "나는 명백히 그렇게 느꼈지만, 실제로 나에게 자신들이 외롭고 소외되었으며 우울하다고 얘기한 응답자는 아무도 없었다." 둘째는 팬 덤을 이론화하는 과정에서의 공정성이다. 쿨드리는 우리가 남들을 기술하는 데 사용하는 언어와 설명이 우리 자신을 기술하는 데 사용하는 언어나 설명과 항상 일치하는 '책임 있는 이론accountable theory'을 개발하자고 주장했다(Hills, 2002a: 73을 참조하라). 셋째는 연구 발표에서의 공정성이다. 여기서는 언어의 정치가 중요하다. 예를 들어, 엘비스 프레슬리 팬덤에 대한 와이즈의 사려 깊은 설명에서 흥미로운 점은 그녀가 학술적인 전문용어를 피하고, 알기 쉽고 평이하게 글을 썼다는 점이다. 포괄성 및 학문적 표상 과정에 대한 통제와 관련된 또 다른 질문이 있다. 연구에서 팬들은 어느 정도나 목소리를 내는가? 문화기술지는 책임성accountability을 학문 작업에 도입하는 방식일 수 있다. 젠킨스는 자신의 연구 원고에 대해 팬들이 논평하도록 했고, 그들의 의견을 반영해서 최종 원고를 만들었다. 그는 초기 연구에서, 자신의 팬덤 경험과 학술적 글쓰기를 통합하기 위해 팬 공동체와 나눈 대화를 활용했다(Jenkins, 1992: 130). 〈미녀와 야수〉의 팬들은 젠킨스가 팬층에서 극히 소수인 이들의 의견을 연구에 너무 많이 포함시켰다고 비난했고, 그래서 젠킨스는 대화를 편집하는 과정에서 그들의 소감을 논의의 일부로 포함했다(Jenkins, 1992: 130). 이처럼 학자가 팬과 존중하며 협업하는 방식은 다양하다.

지난 20년간 학자들은 별개의 정체성을 지닌 '연구자'와 '팬'의 상호작용을 넘어서, 두 역할을 더 밀접하게 연결시키려고 노력해왔다. 특정한 체계들이 문화자본이 귀속되는 방식을 좌우해왔다. 학계에서 팬덤이 상대적으로 주변부에 있던 이전에는 팬덤을 연구하는 학자는 한편으로는 문화 번역가로서 유용한 역할을 하지만 이중으로 무시당하는 이중첩자로 간주되었다. 최악의 경우 그는 (수치스러운 연구 대상을 탐구하는) 부적절한 학자이자 (너무 이성적으로 거리를 둔) 부적절한 팬으로 간주되었다(Hills, 2002a: 12). 명백히 높은 수준의 문화자본을 지녔음에도, 팬-학자는 학계는 물론 자신의 팬 공동체 내부에서도 주변화되었다. 학자-팬들은 고백하는 방식으로 자신을 표현해야 할 때, 병리적으로 비정상적인 데가 있다는 소리를 듣지 않으려면 자신들의 열정을 숨기고 이성적인 전문가로서의 공적인 모습을 보여주어야 했다. 하지만 팬 연구가 지식 체계로 인정받기 시작한 이후에는 확실히 이런 모든 상황이 변했다. 선도하는 팬들이 지닌 전문 지식은 점차로 학문 관계자들에 의해 인정받기 시작했다. 프리스는 "학자가 아닌 다수의 팝 팬도 분명 지식인이다"라고 주장했다(Frith, 1992: 183). 보통 팬들은 갈등에 빠지기도 한다. 그들은 지식인의 지지에 우호적일 때도 있고, 마크 스미스의 팬들처럼 이를 경계할 때도 있다. '그들'과 '우리'라는 구분을 재생산하면서, 팬들은 자신의 주장을 옹호하기 위해 학문적인 권위에 의존할 수도 있고, 또한 자신이 겪어보지 않은 존재라는 이유로 학자들을 쫓아낼 수도 있다(Jenkins, 2006: 15를 참조하라). 힐스에 따르면(Hills, 2002a: 19), 비록 "팬덤과 학계가 서로 적의를 가지고 있는 것은 아니지만", 학자들은 "팬들이 학자를 경계하고, 그래서 학자들은 '팬'이라는 정체성을 쉽게 자처할 수 없다"라고 입을 모은다. 그래서 팬들은 학자들이 그들만의 해석적 실천을 탐구할 수 있도록 돕는다(Jenkins, 2006: 33). 이 와중에 부상하는 또 다른 존재는 혼종적인 '팬-아카데믹fan-academic'이다.

(팬-아카데믹은) 팬 글쓰기를 하고 학자적인 팬 정체성을 구성하는 과정에서 학문적으로 이론화하는 팬으로서, 학계 내 특별함의 표식으로 자신의 팬덤을 사용하는 전문적인 학자들과는 다르다. 아카데믹-팬 또는 '학자-팬'은 매우 논란이 되어왔고 이론가들이 매우 자주 보던 주제였던 반면, 팬-아카데믹 또는 '팬-학자'는 침묵으로 무시되어왔다는 점은 꽤 흥미롭다(Hills, 2002a: 2).

팬과 학자가 수행하는 별도의 역할들이 점차 서로 생산적인 방식으로 얽히고 있다면, 그들이 일종의 상호 평등에 접근하고 있다고 말할 수 있을까? 팬덤을 적절하게 진술하기 위한 기획의 일환으로서, 최근 학술적인 입장에 선 여러 저자는 학계와 팬덤을 동등한 위치에 놓으려고 애썼다. 힐스는 "(선호하는 이론가나 이론적 틀에 관계없이) 학문적 실천은 전형적으로 팬덤을 절대적인 타자로 변형시킨다"라고 주장한다(Hills, 2002a: 5). 그래서 힐스는 자신의 연구에서 이런 일이 일어나지 않도록 하려면 대학에서의 연구가 어떻게 재구성되어야 하는가를 질문해왔다. 힐스는 학술 연구의 관습을 근본적으로 파고들며, 학술 연구가 미묘하고 은밀한 방식으로 연구의 권위를 유지하는 지점들을 찾으려 했다. "문화연구는 세계를 비판하고 재구성하기를 간절히 열망할지도 모르지만, 놀랍도록 능숙하게 자신의 권력관계, 배제(팬덤은 문화연구가 배제시킨 것들 가운데 하나일 뿐이다), 자신의 도덕적 이중성을 무시해왔다"(Hills, 2002a: 184). 일례로 연구자들은 소위 '토착 이론vernacular theory'(대학이 아닌 팬으로부터 나온 개념이나 독창적 논의를 말하는 것으로, 이렇듯 대학과 팬을 구분하는 것 자체가 둘은 분리되어 있고 반대될 수밖에 없다고 가정하고 있는 것이다)을 승인하면서 자신들의 학문적 권위도 유지하려고 하는 경우가 많다. 그래서 힐스는 "팬덤과 학계의 상상된 주체성들이 서로를 주변화하는 상황을 어떻게 바꿀 수 있을까?"라고 질문한다(Hills, 2002a: 9). 극단적으로 말해, 이 질문은 학문적 특권과 정체성을 없애는 것을 의미할까? 위르겐 하버마스Jürgen Habermas의 연구에 따르면, 공론장은 보통 사람들이 공적인 토론에 참여할 수 있는, 정부의 통제를 넘어선 규제받지 않는 공간을 말한다(Habermas, 1962/2005). 그러나 학문적 연구가 공론장에서 여전히 설득력 있고 신비한 효과를 지닌다는 점을 전제한다면, 그리고 대중이 연구자들을 어느 정도는 지적이고 윤리적으로 깨어 있는 권위자들로서 신뢰하고 있다는 점을 고려한다면 다음과 같이 질문해보아야 할 것이다. 즉, 명백히 변화하고 있는 이 시대 학계의 위치를 어떻게 이용하면 팬덤에 대한 존중과 통찰력, 품위를 지닌 채 팬덤에 관한 견해를 제시할 수 있을까? 학자들은 학자로서의 역할을 수행할 때 쉽게 수반되는 자기중심성, 오만, 편협과 거리를 두면서, 자신들의 특권적인 목소리를 대화를 목적으로 사용할 수 있다. 버스와 헬렉슨은 다음과 같이 주장한다.

팬 담론에서의 해석과 학문 담론에서의 해석이 상반될 수도 있으며, 이를 어떻게 종합하느냐는 주요한 관심대상이 아니다. …… 그러나 팬과 학자의 실천을 연결시키면서, 우리가 학술적 가치 체계로 팬들의 공간을 식민화하려는 것이 아님을 강조할 필요는 있다. 사실은 그 반대다. 우리는 팬의 지식과 가치를 이용하고 학문적 실천에 적용한다. 우리는 특정한 해석을 정확한 것으로 특권화하기보다는, 대안적이고 경쟁적인 해독이 공존할 수 있고 공존해야만 한다는 것을 팬덤으로부터 배우고 있다(Busse & Hellekson, 2006: 8).

영화나 음반과 같이 전자 미디어를 다루는 학문 전통은 대개 산업의 행위자들이 창의적인 인물로서 인정받을 때 등장했다. 1962년 프랑스 저널인 ≪까이에 뒤 씨네마Cahiers du Cinéma≫에 실린, 앤드루 새리스Andrew Sarris가 히치콕에 관해 쓴 에세이가 대표적인 예다. 대중문화와 팬덤이 점차 정당한 연구 대상으로서 간주되면서 다른 형태의 팬 현상들도 연구되었고, 학자들은 자신들이 기본적으로 팬이라고 주장해왔다. 팬으로서 정체성을 이용해서 자의식을 갖고 팬 공동체를 대변하거나 그에 봉사하는 연구자들은 사실상 아카데믹-팬 또는 '아카-팬aca-fen'이다.* 젠킨스는 이러한 입장을 다음과 같이 요약한다. "나는 먼저 팬으로서 〈스타트렉〉과 팬 픽션에 다가갔고, 그 이후에는 학자로서 접근했다. 팬으로서 참여는 나의 학문적 관심보다 한참 앞서 일어났다"(Jenkins, 2006: 251). 브루커 역시 자신의 팬덤과 그의 연구에서 팬덤의 역할을 재빨리 선언했다는 점에서 유사하다(Brooker, 2002: xv). "내 삶에서 〈스타트렉〉이 가장 강력한 문화적 신화였기 때문에 나는 그것에 대해 쓰고 있으며, 나 자신이 팬이기 때문에 팬들에 관해 쓰고 있다." 나중에 그는 "이 책 전체는 내 유년 시절의 열정을 학문적 경력을 통해 풀어낸 보고서이다"라고 말했다(Brooker, 2002: 19). 젠킨스나 브루커 같은 학자들은 사실상 새로운 엘리트를 대표한다. 그들은 윤리적이면서 자신의 주장을 분명히 표현하는 대중문화의 열성팬들이며, 학술 공간을 잘 활용할 수 있도록 교육받고 준비된 이들이다. 이러한 아카-팬은 보통 팬 멤버들의 창의적인 독창성에 관심을 집중하고 이를 장려하곤 한다(Jenkins, 2006: 13). 그런 학자들은 연구 대상으로부터 비판적 거리를 유지해야 한다는 오랜 염려를 떨쳐버릴 뿐 아니라, 자신의 이중적 정체성을 선언함으로써 팬덤과 학계 간의 거리를 좁히려 한다. 그래서 아카-팬덤aca-fandom은 학

---

* 'aca-fen'에서 붙임표 다음의 'fen'은, 젠킨스가 단수의 팬(fan)이 아닌 복수의 '팬들'임을 강조하기 위해 만든 단어이다. 그 의도를 살려서 한글에서도 아카-펜이라고 번역할 수도 있지만, 오타로 오해될 소지가 있고, 또한 한글은 흔히 복수와 단수를 구별하지 않으므로 아카-팬이라고 번역했다.

자로서의 주체성 규범에 의문을 제기한다. 예를 들어, 『텍스트 밀렵꾼들』은 학자의 자기 관념에 이의를 제기한다(Jenkins, 2006: 35). 아카-팬은 흔히 미디어 문화를 연구하는 분야에서 가르치기 때문에 팬이라는 지위로 때문에 학자로서의 경력이 문제되는 일은 거의 없다. 이들은 두 가지 정체성이 함께 작동할 수 있도록 했다. 이런 경우 노련한 팬들은 아카-팬의 학문적 권위를 이용해서 자신들이 속한 공동체를 격상시키거나 널리 알리기도 하고, 당면한 논쟁을 매듭짓기도 했다(Jenkins, 2006: 14).

보수적인 관점에서 보면, 아카-팬의 충성은 분열되어 있는 것처럼 보인다. 이들은 단순히 '토착민native'이 됨으로써 학문적 객관성과 자율성을 축소시키고 있지는 않은가? **정동적 오류**affective fallacy 이론에 따르면, 텍스트에 감정적으로 좌우되는 사람들은 객관성과 통찰력을 잃을 것이라고 한다. 이런 견해에 따르면 아카-팬은 너무 주관적이어서 편향된 연구를 생산할 위험에 빠진 것처럼 보인다(Jenkins, 2006: 27). 그러나 연구자가 자신의 상황에서 빠져나와 객관성의 영역으로 들어갈 수 있다는 생각 자체가 의심스러운 환상이다. 사실상 객관성이란 채택된 전략이나 입장과 다름없으며, 이는 구체적인 상황 속에서의 정체성과 관점 안에서 구성된 것이다. 불편부당한 합리성이란 절대적인 교리라기보다는 수사적인 주장이다. 지식은 정치적 결과를 낳기 때문에, 불편부당한 합리성이 아무리 중립적으로 보여도 그것은 위험한 주장일 수 있다. 팬의 시각이 본질적으로 협소하다는 의심은 팬 정체성을 갖는 것이 마치 성적 정체성을 갖는 것과 같다는 사실을 망각하는 일이다. 설득되었다는 사실이 모든 이성을 내던졌음을 의미하지는 않는다. 팬들 자신의 관점에서 보았을 때, 팬들은 다른 사람만큼 명료하고 객관적일 수 있다. 공개적으로 자신들의 영웅을 지지할 때, 아카-팬은 '좋은' 합리성은 항상 중립적이고 공평한 것이라는 허점투성이의 관념에 도전한다(Hills, 2002a: 4). 모든 학자의 연구는 어떤 의미에서는 (통상 간접적으로) 자서전적이다. 하지만 자신의 연구 대상에 대한 일평생의 애정을 선언하는 아카-팬 역시 특정한 관점에서, 학자이자 팬으로서 말한다는 점을 기억해야 한다. 어떤 비평가는 이런 학자들이 팬덤의 정치적 중요성에 대한 결정권을 갖고 있기 때문에, 학문적 저술 공간에서 자신의 팬덤을 결코 전적으로 포용할 수는 없다고 주장해왔다. 이론상, 아카-팬도 특정 팬덤에 속해 있기 때문에, 자신의 팬덤 내부에서 겪은 경험에 기반을 두고 논의를 비약시킬 가능성이 있다. 즉, 아카-팬들과 팬이 아닌 다른 독자들 간에 자동적으로 경험이 공유되는 어떠한 상호주관적 공간도 없기 때문에, (아카-팬도) 팬덤이 어떻게 발생했는지 말할 수 없는 것이다. 그러나 실제로 아카-팬들은 명료한 저술을 통해 상호주관적인 공간을 창조할 수 있기 때문에, 이러한 주장은 소통에 능숙한 아카-팬들의 능력을 과소평가하는 것이다. 사실 아카-팬이 연구의 진실성과 가치를 주장하기 위해 자신의 자서전을 이용한다는 이유로 비난받을 수는 있다.

밀리 윌리엄슨Milly Williamson은 단순히 팬을 옹호하는 입장을 경고한다. 그녀는 아카-팬이 유기적 지식인으로서 사회의 특정 구성원 집단을 대변하는 자신의 입장을, 저명한 아프리카계 미국인 작가인 헨리 루이스 게이츠Henry Louis Gates나 코넬 웨스트Cornel West의 입장과 비교해온 데 대해 의문을 제기한다.

> 팬-학자가 '피부로 겪은' 경험을 바탕으로 발언하는 방식을 아프리카계 미국인 학자의 발언 방식에 비유하는 것은 지지될 수 없다. 자신들은 지식인 행동가로, 팬들은 하위 저항가로 위치 짓는 팬 학자들의 주장은 팬덤 내부에 존재하는 위계를 무시하는 것이며, '지배' 문화의 특징을 제대로 설명하지 못한다(Williamson, 2005: 104).

물론 아카-팬이 학계에서 싸우기 위해서 팬덤을 왜곡하거나 적어도 선별적으로 팬덤을 제시했을 가능성은 있다(Jenkins, 2006: 32). 연구자들은 아카-팬이 학술적인 관습을 벗어난 '불명예스러운scandalous' 범주라고 자조적으로 주장하면서도, 그동안 학계가 팬덤을 무시하고 우월한 체했다고 비난하는 식의 시대에 뒤떨어진 해석틀을 유지해왔다(Hills, 2002a: 15). 이런 관점에서 보면 팬덤은 '실재the real'*(진정한 열정), 즉 (그들이) 결코 도달할 수 없는 것이라고 학자들이 낭만화했던 상태를 표상한다. 사실상 학계에서 팬덤은 더 이상 억압된 것의 귀환을 표상하지 않으며, 오히려 학자들이 그것을 포용하고 활용하고 탐구하든 아니면 무시하든 원하는 바에 따라 선택할 수 있는 병행적 정체성이다.

팬덤의 경계를 넘어서

'내부자'와 '외부자'는 둘 다 자신들의 문화를 경계가 분명하고 그 범위가 정해진 전체로 보곤 한다. 제임스 클리포드James Clifford는 문화기술지 접근의 핵심적인 가정인 문화적 동일성cultural uniformity과 절대적 차이라는 가정을 비판한다. 그에 따르면 문화기술지는 투사 형식에 가깝다. 타 문화들을 다른 것으로 재현함으로써 문화기술지 학자들은 단지 사례로 제시하려던 것을 구성해내고 있다. 자신의 학술적 기획의 일부로서, 그들은 부족들 및 유사한 문화 현상에 적극적으로 완전성과 타자성을 부여한다. 달리 말해서, 그들은 자신들이 창조해낸 것을 자신들이 밝혀냈다고 주장하고 있다. 이는 팬덤 연구를 해석하는 데도 적용해볼 수 있다. 카비치(Cavicchi, 1998)는 '내부자'라는 개념에 문제가 있다고 말한다. '내부'라는 개념이 참여자들 간의 차이를 무시하는, 상호 공유된 정의에 기대고 있기 때문이다. 나아가 그는 "대부분의 사람들이 팬이라는 존재로만 규정되지 않으며, 다른 다양한 사회적 연결과 관계들에 의해 정체성

---

* 저자인 마크 더핏은 'the real'이라는 표현을 몇 군데에서 사용하고 있는데, 이것이 프랑스 정신분석학자인 자크 라캉의 주요 개념어인 '실재계(the real)'를 의미하는지는 분명하지 않다. 왜냐하면, 따옴표 강조를 통해서 일반명사가 아닌 개념처럼 취급하면서도, 정작 그 자신은 라캉을 전혀 언급하거나 인용하지 않고 있기 때문이다. 하지만 뒤이어 '억압된 것의 귀환(a return of the repressed)'이라는, 정신분석학 시조인 프로이트의 유명한 구절을 사용하면서, 결코 표상해낼 수 없는 어떤 것이라는 의미도 포함시키는 것을 보면, 더핏이 '리얼'이라는 단어를 라캉의 실재계를 염두에 두거나 암시하며 사용하고 있다고 추론할 수 있다. 그러나 더핏은 'the real'이라는 용어를 통해 라캉의 이론과 연계해서 팬덤을 논의하지 않고, 그저 라캉을 암시하거나 분위기를 가져 오는 수준을 넘지 않는다. 따라서 여기서는 '실재계'가 아니라 '실재'로 번역했다.

이 형성된다는 점에서, 팬덤에서는 토착민의 문제가 더 복잡하다"라고 주장한다(Cavicchi, 1998: 11). 팬덤이 누군가에게는 소명이지만, 많은 사람에게는 정체성의 한 측면일 뿐이라는 카비치의 주장은 옳다. 그는 "나는 내 직업의 일부로 팬덤에 대해 생각할 수 있다는 점에서 다른 팬들과 구분되며", 특히 나이와 성별은 "나의 내부자 지위를 복잡하게 만든다"라고 덧붙인다(Cavicchi, 1998: 12). 젠킨스 역시 이런 이슈에 대해 고심해왔다.

> 역사적으로 학자들은 팬을 자기에게 유리하게 이국적으로 표상함으로써 권력을 남용해왔다. 가장 공감적인 수용자 문화기술지들도, 많은 경우 공동체를 기술하면서도 그 공동체와 거리를 두었다. 나는 팬 공동체로부터 거리를 둘 수 있는 선택의 여지가 없었다. 내가 팬덤에 관해 아는 것은 내가 내부로부터 알게 된 것이었다(Jenkins, 2006: 61).

'실재the real'를 보여준다는 환영을 주기 때문에, 문화기술지를 구성하는 일에는 책임감이라는 망토가 달려 있다(Jenkins, 2006: 29). 다른 학자들과 마찬가지로 문화기술지 학자들도 특정한 관습을 가지고 일하면서, 자신들의 학술적 논의 내부에 응답자들이 수행할 특정한 기능과 위치를 할당하는 일종의 이야기꾼들이다(Hills, 2002a: 70). 문화기술지의 사회적 관계에서 제기되는 불가피한 윤리적 쟁점들을 넘어서는 한 가지 방법은 문화기술지 학자들이 '오로지 자기 자신의' 관심사에 대해서만 말하는 것이다.

자기문화기술지

> 우리는 일상의 문제에 대해 그렇게 열정적으로 기록한 학문적 결과물에서 정작 우리 자신을 너무 자주 빼놓는다. 우리는 이론이라는 높은 곳으로 도피한 채 어떻게 구조적 불평등이 작동하고 왜 인종주의가 계속되는지 설명을 늘어놓는다.

그러나 이론은 우리가 아무 탈 없이 이런 영토를 여행하도록 허가하는 무료 통행권이 아니다. 또한 이론은 우리가 실수를 저지르지 않도록 막아주는 방패도 아니다. 자본주의, 구조적 불평등, 인종주의, 성차별주의 또는 다른 수많은 사회적 폐단들을 이해한다고 해도, 우리가 무너뜨리려고 하는 바로 그 구조들을 영속시킨다는 점에서는 누구도 자유롭지 않다.

Chin, 2007: 352

만약 팬덤을 연구하는 대부분의 학자들 역시 팬이라면, 우리는 '우리(학자들)'와 '그들(팬들)'에 대해 말하기보다 우리들의 팬 경험에 대한 '내부' 그림을 제공할 수 있을 것이다. 즉, '우리'를 잠재적인 '외부' 독자에게 전하는 것이다. 여기에는 과학적인 문제와 정치적인 문제가 존재한다. (팬층 가운데) 누구의 경험과 어떤 문화를 보여주어야 할까? 이 질문에 대한 극단적인 대답은 연구자들은 자신의 팬덤을 주제로 논의할 때 자의식을 갖고 자신의 위치를 밝히고 그 역할에 수반되는 특권과 편견을 드러내야 한다고 주장하는 것이다. 더욱 급진적인 대답은 연구자는 같은 대상을 좋아하는 다른 팬들을 실제로 대표할 수 없다고 주장하는 것이겠지만, 이렇게 주장하는 경우는 흔치 않다. 연구자가 자신의 팬덤을 비판적으로 평가하고 성찰적으로 깊이 있게 보고하는 방식을 **자기문화기술지**autoethnography라 부른다. 자기문화기술지는 지속적인 자기심문의 실천을 통해 자발적으로 스스로를 낯설게 하는 과정이다. 공개적 치유형태*처럼, 이 과정은 기껏해야 연구자가 팬덤에 관한 상투적인 표현과 관습적인 생각을 받아들이고 있음을 드러냄으로써, 개인적으로 "우리가 수행하는 문화 정체성의 핵심**"이 언제나 외부에서 빌려온 것이고 낯선 것"임을 보여줄 수 있을

---

* 공개적 치유형태의 예로는 알코올 중독자 재활 모임이나 암투병자 모임을 들 수 있다. 이들은 함께 둘러 앉아 상담자의 진행에 따라 각자의 경험, 생각, 감정, 고통 등을 자발적으로 돌아가면서 고백하고, 그것들을 공유하면서 서로 격려하고 지지함으로써 치유해나간다.

** 원서에서는 저자인 더핏이 힐스를 인용하면서 'the personal'에서 'the'를 빠뜨렸고, 'core'를 'cord'로 잘못 옮겼는데, 이를 바로잡아 번역했다.

뿐이다(Hills, 2002a: 72). 그러므로 자기문화기술지는 아카-팬의 자아가 어떻게 '상식'과 자기합리화, 상품화 과정을 통해 구성되는가를 폭로하는 데 목표를 두어야 한다. 철저한 자기문화기술지라면 팬이 속한 사회적 세계(가족, 동료집단, 또는 팬 공동체)의 역할을 밝혀야 한다(Hills, 2002a: 76~78). 이처럼 과감한 성찰적 설명은 상식과 학문적 글쓰기에서 자아도취의 한계를 드러내줄 수도 있지만 이러한 설명은 사회적·문화적 맥락을 소홀히 다루고 저자의 자아를 인위적으로 따로 떼내며, 담론의 역할을 망각할 수 있어서 위험하다(Hills, 2002a: 76). 자기문화기술지는 자기-심문이 한계에 이르는 바로 그 지점에서 나르시시즘에 빠질 가능성이 있다. 피스크는 〈신혼 게임The Newly Wed Game〉에 대한 자신의 반응을 분석하고 나서, 자신이 부르주아적 위치에 있음에도 그와 반대되는 '저속한 취향'을 가졌다고 조금은 과장되게 선언했다(Fiske, 1990). 피스크는 문화기술지 작업이 어떻게 자아를 반영할 수 있는지 보여줬지만, 그가 정신분석학적 접근에 반대했던 것과 달리 이를 투여imposition* 로 여기지는 않았다. 정반대로 스콧 부캣먼Scott Bukatman은 자기문화기술지의 설명에서 슈퍼히어로 만화를 즐겨 보았던 어린 시절을 회고하며(Bukatman, 1994), 그러한 행위가 남성적 이상을 충족시키지 못하는 현실을 보상해주었다고 쓰고 있다(Hills, 2002a: 73~75). 그러므로 자기문화기술지는 가장 강력하게는, 이론이 상황적인 기획이자 이론가 자신의 개인적 애착을 가리는 가면이라는 점을 폭로하는 데 도움을 줄 수 있다.

자기문화기술지 방법에는 여러 위험이 존재하는데, 이 방법을 통해 좋은 연구가 나올 수 있을까? 현실 세계는 사실로서 존재하고 연구자는 단지 그것을 충분히 표집하면 된다고 생각하는 객관주의자의 관점에서 본다면, 한 명의 아

* 저자가 여기서 충분한 설명을 제공하지 않아서 단언하기 어렵지만, 의미상 'investment'를 'impoistion'으로 쓴 듯하다. 정신분석학에서 나르시시즘은 자기에 대한 투여로 설명된다는 점에서, 저자는 평소에 정신분석학을 비판해온 피스크가 자기문화기술지에서 나르시시즘적 태도를 보여주는 것을 은근히 비꼬고 있다.

카-팬의 주관적인 견해는 전체 팬층을 설명할 때 별 가치를 가질 수 없을 만큼 너무 작고 편향되고 자의식적이다. 그러나 당연히 문화기술지 학자는 객관주의자가 아니다. 그들은 의미 구성에서 관점의 역할과 해석의 중요성을 잘 알고 있다. 카비치는 자신의 연구에서 문화기술지와와 자기문화기술지 요소들을 혼용했다. 그는 스프링스틴 현상을 연구하면서 (이 사례가) '모든' 대중음악을 대표한다고 주장하지 않았다(Cavicchi, 1998: 14를 참조하라). 그럼에도 자기문화기술지 학자들은 질적 연구를 포함해 대부분의 학술 작업에 여전히 스며 있는 객관적인 사고라는 유산과 마주해야 한다. 그리고 이들은 전체 문화나 공동체를 다루는 다른 문화기술지 학자가 자기문화기술지 학자들이 지나치게 편향되었다고 부당하게 비난하는 상황에서 자유롭지 못하다. 때때로 자기문화기술지 학자들의 접근은 완전히 묵살된다. 예를 들어 힐스의 2002년 저술인『팬 문화들』은 지나치게 경험적이라는 이유로 비판받은 것이 아니라,* 실제 팬 문화를 다루지 않았다고 비판받았다. 아이러니하게도, 힐스를 비판한 사람들은 힐스의 설명에 신중히 구성된 자기문화기술지가 포함되어 있다는 점을 무시했다 (Jenkins, 2006: 29).

유럽의 문화연구는 개인성을 배제하거나 아니면 적어도 중요하지 않은 것으로 취급했다. 마르크스주의와 정체성 정치 이론으로부터 영향받은 이 전통은 '개인적인 것'을 최상의 경우 문화이론에서 탐구할 만한 중요한 대상이 아니라고 여기거나, 최악의 경우 견고하게 자리 잡고 있는 개념이긴 하지만 논의의 중심에서 벗어나는 부르주아의 관념으로 여겼다. 인간을 넘어선[옮긴이: 거시적 또는 구조적] 이론적 접근을 취할 경우에는, 보통 사람들의 실제 경험을 배제할 위험이 있고 이는 곧 우리 자신의 삶을 무시하는 것이라는 힐스(Hills, 2002a: 92)의 지적에 동의하지만, 또 다른 극단에서 보면 그 반대 역시 사실이다. 즉, 만약 자기문화기술지가 적절한 방식으로 추구되고 전달되지 않는다면, 다른

---

* 여기서 언급되는 '지나치게 경험적이라는 비판'은 흔히 '팬 문화'에 관한 저술들이 지나치게 사례와 현상만을 기술하고 있다는 비판을 염두에 둔 것으로 보인다.

사람들에게는 아무런 흥미도 주지 못하는 개인적인 진술이 될 수도 있는 것이다. 최악의 경우, 그것은 허가받고 수행하는 자기중심주의적인 행위가 될 수도 있다. 즉, 자기문화기술지는 특정한 유형의 학자들과 주체들의 영역이 되곤 한다.6 여기서 흥미로운 점은 젠킨스가 단지 자서전을 사용하기보다 더 광범위한 팬 공동체에 대해, 그 내부에서 발언하는 방법을 선택했다는 것이다(Jenkins, 1992: 5). 그럼에도 개인성에 초점을 맞춘 자기문화기술지가 생산적인 방식으로 활용될 수 있다. 예컨대, 그것은 동일한 개인의 다양한 열정들이 실제로 어떻게 서로 연결되고, 개인의 여정과 관련해서 어떠한 의미를 가지는지 논의할 수 있게 해주기 때문이다. 힐스는 피스크와 부캣먼이 자기문화기술지에서 자신의 가족들에 대한 논의를 회피했다고 비판했다. 그러나 힐스 역시 처음 자신의 팬덤을 설명할 때는 그 주제를 회피하다가, 나중에 가서야 자신이 팬이자 학자로 살아오면서 어떻게 가족의 지지와 격려를 받았는지 밝혔다. 자기문화기술지는 왜 특정 팬덤이 특정 시기에 한 개인에게 적절하거나 적절하지 않게 되는가를 탐구하는 데도 유용하다. 또한 어떻게 여러 개의 팬덤이 연결되면서 개인이 자신의 자아정체성을 깨닫게 되는가를 기술하는 데 자기문화기술지를 이용할 수 있다(Hills, 2002a: 81~82). 드라마 시리즈 〈소프라노스〉에 대한 저넷 모나코Jeanette Monaco의 최근 자기문화기술지 연구(Monaco, 2010)는 이에 대한 좋은 작업 모델을 제공한다. 모나코는 팬덤 연구에 대한 자각과 팬이자 학자라는 이중적 정체성을 결합한다. 그녀는 자기성찰적 '기억 작업'을 수행하라고 강조한다. 그녀는 사회적 정체성의 제약 속에서 자신이 처한 환경의 초기 순간들을 회상하고, 현재의 곤경을 이해하기 위해 다시 그 회상에 기대면서 자신의 시청 경험을 이용해 개인적 영역과 문화적 영역을 의미 있게 연결한다. 다음의 인용은 이러한 작동 과정의 일부를 보여준다.

내 둘째 아이인 에바는 첫째 아들이 세 살이 되고 내가 영상문화에 대한 파트타임 석사를 마친 지 얼마 지나지 않았을 때 태어났는데, 그 시절 이야기부터 하는 것이 좋겠다. …… 난 극도로 피곤해서 낮 동안 TV를 많이 시청했는데, 이후 점차 그 시리즈에 대해 학문적으로 관심을 가지게 되었다. 특히 그 관심은 영국 신문 평론들이 방송 전후에 그 프로그램을 '고품격' 텔레비전의 명작 사례로서 일컬었던 시기에 증폭되었다. …… 에바는 브리스틀에서 온 친구가 빌려준 바구니 모양의 아기 요람에서 자고 있었고, 그 뒤에는 내 파트너의 낡은 LP 모음과 잡다한 소설, 큰 판형의 미술책들(그중에는 내가 미국에서 배로 싣고 온 것들도 있었다)이 빽빽이 꽂혀 있는 이케아 책장이 있었다. 이 책장은 벽난로 옆 움푹 들어간 벽면 한쪽에 서 있고, TV와 찬장은 다른 한쪽을 차지하고 있었다. 당시 아침마다 나를 짓눌렀던 동일한 종류의 무거움이 내 몸에서 느껴졌다는 점 외에는 지금은 별달리 기억나는 것이 없다. 그리고 지금은 〈소프라노스〉의 마지막 자막이 스크린 아래로 내려간 후에 TV를 끄고 천천히 자세를 바로 하려는 나 자신을 그려본다. 내 머리는 엉망이고 부은 눈 아래에는 다크 서클이 있다. 나는 훌쩍이고 있으며 눈물과 콧물을 닦으려고 호주머니에서 휴지를 찾는다. 나는 지금 이 갓난아기를 보고 있고 내 딸의 이름을 따온 내 아빠의 엄마를 생각한다. 그리고 나는 그녀의 이름인 '에바'를 부르며 돌아가신 할머니에게 내가 그녀를 얼마나 그리워하는지를 말한다.

내 기억에 따르면, 이 슬픔은 중심 캐릭터인 토니가 평생 동안 정신과 치료를 받으면서 그렇게 화해하려고 애썼던 극악무도한 엄마상인 '리비아 소프라노'(낸시 마르샹Nancy Marchand 분)가 나온 〈소프라노스〉의 한 장면과 관련된 것이다. 이 짧은 찰나의 인식은 나의 할머니에 대한 기억으로 날 데리고 갔고, 그 이후로 나는 우리 할머니가 리비아와 놀라우리만치 닮았다고 주장해왔다. 하지만 그 순간의 인식은 여전히 파악하기 어렵다. 그 정서적인 사건을 다시 상기해보려고, 나는 리비아가 처음 등장했던 시범적으로 제작된 에피소드를 다시 시청하기로 했다. 나는 그 에피소드가 시작하는 자막만 보고도 도회적인 뉴저지와 교외 경치에 내가 즉각적인 친근감을 느낀다는 사실을 깨달았다. 그곳은 이 쇼의 제작자인 데이비드 체이스David Chase가 고른 '실제' 촬영지였는데, 이 장소는 그 시리즈의 진정성에 기여했다. 이 시리즈가 이탈리아계 미국인 노동계급 공동체의 아비투스를 재현했기 때문에 텍스트와 나 사이는 더욱 가까워졌다. 이 시리즈는 명백히 미국 갱스터 장르를 비유하며 장난을 하고 있었다. 하지만 내가 느끼기에 이 경험은 기묘하게도 나에게 남아 있는 과거의 잔재들을 비추었고, 그러한 점은 캐릭터들이 사용하는 독특한 동부 해안 지방 노동 계층의 억양과 사투리, 그들의 음식, 옷과 헤어스타일에서 명료하게 표현되었다.

모나코의 매우 회고적이고 자의식적인 문체는 그녀의 일상과 그녀가 가진 다중 정체성(엄마, 팬, 학자로서), 그 상황 속에서 이루어졌던 시청 경험, 가족에 대한 기억, 그리고 〈소프라노스〉 프로그램과 상호작용한다. 그녀가 논의를 이어갈 때, 각각의 이야기들이 공명하면서 서사를 들려주는 일련의 단순한 기술만으로 감정적 차원에서는 더 감동적이고 지적인 차원에서는 정보를 제공하는 글이 만들어졌다. 의식의 흐름처럼 피상적으로 보일지도 모르지만, 이런 유형의 작업은 실제로 사적인 경험과 문화이론이 어떻게 서로 관련되는지를 탐구하는 발전된 방식을 보여준다.

다른 학자들과 마찬가지로 자기문화기술지 학자들도 특정한 수용자들을 대상으로 특정한 자료들을 가지고 특정한 관습 체계 속에서 작업한다. 이들은 각자 알맞은 전략을 사용해서 그 자신의 경험에 접근하고, 맹점을 밝혀내고, 적절한 방식으로 논의를 발전시켜야 한다. 훌륭한 자기문화기술지 학자가 되려면 학문적 규약 및 의식적인 자기 심문의 전략과 관련된 훈련을 받아야 한다. 단순히 팬이 되는 것만으로는 연구자의 자격을 얻을 수 없다. 힐스의 설명에 따르면 "팬은 자신의 미디어 소비의 의미를 설명하는 데 아무 문제도 없는 정보원이 될 수는 없다"(Hills, 2002: 67). 즉, 팬들은 그들이 왜 그 텍스트를 좋아하는지 설명하는 데 곤란을 겪기도 한다. 연구는 일반적으로 지적인 모델링 과정으로, 이 과정을 통해 연구자는 다른 학자들의 선행 연구들을 분석하고 배운다. 따라서 연구자는 흔히 팬 담론들을 학문적 담론에 종속시키는 경향이 있다. 어떤 신진 자기문화기술지 학자라도 좋고 나쁜 실천 사례를 학습해야 하며, 그들의 강점과 약점을 주의 깊게 조사해야 한다. 우리 모두에게는 맹점이 있다. 힐스의 주장에 따르면(Hills, 2002a: 71) 학자와 팬의 정체성들을 숙고하고 그 잠재적인 격차들에 대해 말할 수 있으려면, 자기문화기술지는 재개념화될 필요가 있다. 예를 들어, 오늘날 학술 활동은 상당 정도 셀레브리티와 팬덤의 수행 방식과 꼭 닮았다. 지젝 같은 대중적인 지식인은 그 자신의 팬층(독자층)을 가진 셀레브리티며, 그가 공론장에 어떤 주장을 내놓으면 팬들은 그와 연결되어 있다는 느낌을 갖는다. 그러나 이러한 현상의 함의에 대해 말할 수 있는 연구자들은 극소수에 지나지 않는다.

내 생각에 문화이론은 궁극적으로는 '세상을 이해하고 변화시킨다'는 구실 아래 자기와 타자 간에 만족할 만한 상호 일치를 이루어내야 한다. 문화기술지는 타자를 발견하는 과정에서 인위적으로 자기를 부정하는 방식이다. 문화기술지는 연구 경력이 짧은 연구자들을 사회화시키고, 팬 공동체들의 문화와 관습을 자각시켜주는 중요한 방법이다. 그러나 문화기술지와 문화기술지 접근은 연구자와 그 대상 간에, 그리고/또는 연구자와 그 독자 간에 존재하는 문화적 차이라는 전율에 의존한다. 이 장을 마무리하는 방식으로써, 나 자신에 대한 자기문화기술지를 수행했어야 하는지도 모른다. 그러나 나는 약간만 이 방향으로 갈 것이다. 내가 나만의 연구를 시작했을 때, 나는 팬덤에 관심이 있었고 그래서 유명한 팬 문화를 지닌 인물을 골랐다. 난 엘비스 프레슬리에 대해 많은 것을 알지 못했고, 그래서 좋아하거나 싫어하는 편견 없이 그 현상을 연구했다. 그 과정에서 난 그의 열성팬이 되었다. 수년간 엘비스 관련 행사에 갔고, 그 공동체에서 내 파트너를 만났다. 엘비스에 대한 학술 논문도 출간했기 때문에, 연구를 하는 동안 나는 이제 내가 전문적인 팬이 되었다는 느낌이 들었다. 그리고 그것은 대단한 특권이다. 그러나 내 글쓰기에서 내 팬덤을 배지처럼 달아야 한다고 생각하지는 않는다. 왜냐하면 (나의 위치를 분명하게 밝혀야 한다는 사회적 의무감을 넘어서) 나는 내 팬덤을 선언하지 않는 것이 실제로 더 유용하다고 생각하기 때문이다. 학계에서 성찰적인 팬은 더 이상 부끄러운 존재가 아니다. 그러나 나는 학자들이 이 문제에 대해 더 이상 왈가왈부하지 않고, 팬이든 아니든 상관없이 누구나 팬덤을 존중하는 마음을 가지고 통찰력 있는 글을 쓸 수 있다는 사실을 당연하게 여기길 바란다. 그런 의미에서 나는 무엇보다도 한 사람의 팬으로서 학계의 불인정(그 방식은 이전과 달라졌지만)에 맞서 팬덤을 자랑스럽게 옹호하고 나서기보다는, 팬을 존중하고 팬들에게 호의적인 한 사람의 연구자로 인정받고 싶다. 나는 유명한 팬이면서 문화연구자이기도 한 사람들에게 어떤 유감도 없다. 요즘은 팬이면서 훌륭한 학자인 사람들도 많다. 그러나 나는 사회적으로 중요한 문화 현상을 논의할 때 개인적인 면을 항상 강조해야 할 필요는 없다고 생각한다. 이제 자신의 팬덤을 '선언하지 않은' 연구자들이 수행해야 할 중요한 역할이 있다. 팬들만 자신의 공동체를 연구하는 것에 비해 그런 학자들이 팬 현상을 연구하게 되면, 그들의 연구 행위 자체와 연구 윤리를 통해, 팬 현상이 중요한 연구 대상이며 더 광범한 지지층이 존재한다는 점을 잘 보여줄 수 있다. 연구자가 스스로의 위치를 설정하는 것은 불가피한 과정이지만, 때로는 [옮긴이: 자신의 팬덤에 대해] 말하지 않는 편이 훨씬 더 효과적일 수 있다.

11장 결론: 팬덤 연구의 최전선

출발점

팬덤에 대한 인식은 미디어 문화 내의 권력과 행위성에 대해 무엇을 말해주는가?
팬덤에 대한 사회적 인식을 회복하려는 노력은 어느 정도 성공적이었는가?
팬 문화에 대한 연구는 현재 어떻게 발전하고 있는가?

팬과 팬덤에 대한 최근 연구들은 (다른 것은 물론이고) 수용자 연구, 미디어 연구와 소비 연구에 관심을 가지고 이 모든 영역의 탐구를 진전시켰으며, 정체성, 수행적 실천, 장르, 젠더, 섹슈얼리티, 자아, 정동, 인종, 민족성과 민족주의 같은 핵심적인 질문을 다시 생각하게 해주었다.

Harrington & Bielby, 2005: 799

　　문화적 현상으로서 미디어 팬덤은 이제 두 번째 세기에 들어서고 있다. 경험적 연구의 오랜 역사와 비교해보면, 팬덤이 연구 대상으로서 관심을 끌게 된 지는 그리 오래되지 않았다. 팬이 광범위한 연구 대상이 되기 시작한 것은 겨우 몇 년 전에 일어난 일이다. 해링턴과 비엘비(Harrington & Bielby, 2005)는 팬덤 연구라는 이 간학제적인 학문 분야의 특성은 다양성이라고 지적한 바 있다. 이렇게 성장하고 있는 학문적 전통의 관심사를 개념화하려면, 팬덤이 개인의 관여와 사회적 참여 두 가지를 동시에 포괄하고 있다는 점을 이해해야만 한다. 팬덤의 작동 기제를 완전히 이해하려면 널리 유통되고 있는 가정*에서 벗어

---

* 　여기서 저자는 이 책에서 계속 이야기해온 사회적 편견, 즉 팬덤의 비정상성에 대한 가정을 의

나 개인적 연대, 공동의 즐거움, 집합적 행위로 이동하게 만드는 인과적 연결 관계 내에 개인적인이고 사회적 요소들을 놓고 보아야 한다. 이 책의 목적은 팬덤이 어떻게 사회적인 것이 되고 개인이 어떻게 팬이 되는지를 탐구하며, 팬덤을 그 맥락에서 이해하는 것이었다. 하지만 역사적으로 학문 분과들이 서로 분리되어 있는 상황에서 그동안의 팬덤 연구는 개인(정신분석학, 현상학, 자기문화기술지)이나 집단(취향 문화, 팬 공동체) 중 어느 한 쪽을 더 강조해왔다.

또한 팬덤을 이해하기 위해서는, 팬덤이 실제로는 사회적 경험이자 논쟁의 주제라는 점을 인정해야만 한다. 한편으로 팬덤은 영감을 주는 경험이자 사람들이 공동으로 추구하는 활동이다. 다른 한편으로 팬덤은 기자와 작가, 학자와 팬들에 의해 재현된 담론적 구성물이다. 이 장에서는 이러한 측면들을 다룬다. 이어지는 부분에서는 상호 중첩되는 세 가지 학술적 관점, 즉 사회문화적 관점, 역사적 관점, 정치적인 관점을 소개할 것이다. 어떤 의미에서 이 모든 관점은 팬덤을 개인적이면서 동시에 사회적인 성격을 가진 것으로 본다. 비록 이 등식에서 후자에 좀 더 초점을 두지만 말이다. 이러한 관점들 중에서 어떤 전통이 다른 전통보다 반드시 더 나은 것은 아니다. 사실 이 전통은 팬덤이라는 이 복잡한 연구 대상을 더 잘 이해하는 데 모두 유용하다.

사회문화적 접근은 1차적으로 팬덤 그 자체를 사회학적 현상으로 본다. 팬덤 현상에는 일련의 구성요소, 특징, 기제가 있고, 이러한 것들은 관심 있는 연구자의 연구를 통해 온전히 밝혀질 수 있다. 이 책 또한 대체로 이런 관점을 취하고 있다. 때때로 팬덤은 일종의 일탈이 사회적인 질병이 된 것으로 다루어지지만, 실제로는 좀 더 폭넓게 문화 내에서 유통되는 어떤 공유된 가정의 결과물이다. 팬의 관심은 종교나 종교성과 같지 않다. 물론 뒤르켐의 토테미즘 개념을 선택적으로 적용해서 팬들이 느끼는 정동적인 흥분을 설명해볼 수는 있겠지만, 경건함이나 신성함에 대한 개념들은 팬이 왜 (팬 대상에) 매혹되는지를

미하고 있다.

설명하는 데 별 도움이 되지 않는다. 나아가, 팬이 된다는 것은 한 평생을 유명한 사람이 되기를 바라면서 산다는 것을 의미하지도 않는다. [옮긴이: 팬덤 내에서] 공유되는 목적과 꿈은, 팬덤이 (피해야만 하는) 장애물이 아니라 그 자체로서 많은 사람에게 실제로 중요한 사회적 역할을 한다는 것을 보여준다. 행위성과 관련된 개념(저자로서의 권리, 밀렵, 저항)은 팬들이 독창성을 발휘하는 방식 자체가 팬들의 구조적 위치에 의해 결정된다는 사실을 망각하는 경향이 있다. 하지만 이 위치는 경제적 생산이나 소비가 아니라 1차적으로 대상(텍스트나 스타), 개인의 정체성(팬이 되는 일), 공동체(팬층)와 관련된다. 경제적 소비는 종종 팬덤을 촉진하고 실천하는 수단으로 사용된다. 하지만 팬들을 소비자로만 볼 수는 없기 때문에, 소비 과정이나 그와 연관된 이데올로기(소비주의)가 팬덤 현상을 완전히 설명할 수는 없다. 팬덤은 공유된 가치와 언급되지 않은 가정에서 출발한다. 그리고 나서 팬덤은 (버튼을 누르듯이 즉각적으로) '개인'의 머릿속에서 구현되고, 공통의 경험으로 이어진다. 팬들이 비판적일 수도 있기 때문에, 그들은 자신이 찾은 즐거움을 사랑하는 것이지 대상 자체를 사랑하는 것은 아닐 수도 있다. 자신이 좋아하는 텍스트와 좀 더 깊은 관계를 맺으려는 욕구는 우리 삶을 형성하는 동기이자, 관심을 가진 사람들 다수가 수행하는 특유의 실천이 된다. 팬들은 자기 관심사의 연장선에서 신화와 상상된 기억을 탐색하고, 팬의 열정을 사용해서 그 자체로 중요한 문화를 창조해낸다.

이러한 사회문화적 시각에서 팬덤은 여러 방식으로 집합적이거나 공동체적 성격을 띠는 일종의 기능적 주체성으로 간주된다. 이러한 시각에서 팬덤은 사회라는 바깥 어딘가에 존재하는 상대적으로 변하지 않는 것으로 취급된다. 사회문화적 접근법은 공통의 기제 및 공유하고 있는 유대를 분석한다는 점에서 유용하다. 이 접근법을 보여주는 최근 사례는 노화나 인간의 생애 주기와 관련해 팬덤의 역할을 살펴보는 연구이다. 팬덤을 개인의 자원으로 이해하려는 노력의 일환으로서, 지난 몇 년 사이 많은 연구자가 팬덤이 생애 주기와 어떻게 연관되는지를 고찰하기 시작했다. 비틀마니아부터 10대 트위하드Twihard에 이르기까지, 유명한 미디어 팬덤 현상들은 공공 영역의 청소년과 연관되어 있다.1 그렇기 때문에 팬덤은 청소년들의 탈출구나 미성숙한 도피라는, 즉 일종의 보상적 행위라는 인식이 사회에 널리 퍼져 있었다. 로라 브루멘은 연구자들이 종종 팬덤을 사회적인 노화에 저항하는 한 방법으로 본다는 점에 주목했다(Vroomen, 2004: 243). "대중음악에 대한 열정적인 투자가 성인이 된 시기까지 이어지는 것은 불가능하며, 모순적인 실천과 동일시가 유지될 수 없다는 가정이 존재한다"라는 것이다. 그러나 팬 문화에 참여했던 이들이 이러한 열정을 항상 쉽게 버리는 것은 아니다. 일반적으로 용인되는 규범이 변화하면서, 팬덤은 연령대와 상관없이 참여할 수 있는 문화적 과정이 되었다. 아마도 팬덤에 관심이 있는 사람이라면, 여가 시간과 재량껏 쓸 수 있는 돈이 더 많은 인생의 후반기에 팬덤 활동을 하기 더 쉬울지도 모르겠다. 최근에 사회적 화폐에서 대중문화가 중요해진 것은, 모든 코호트*의 사람들이, 심지어 생애 주기가 진전되어서도 팬 관심을 지속적으로 유지하는 세태와 분명히 관련이 있다. 어떤 사람들은 인생 후반기에 최초로 팬으로서 관심을 가지게 되고, 자신의 예전 경험에 기대어 팬덤에 참여한다. 인생의 후반에서야 팬덤에 빠지는 것은 학습 곡선으로 보면 뒤쳐진 일이긴 하다. 하지만 이들은 자신의 정체성을 강하게 인지하고 있기에, 나이 어린 팬들처럼 사회적으로 승인받으려는 욕구에서 벗어나 '별로 멋지지 않은' 팬 대상과 행복하게 관계를 형성할 수 있다.

팬덤을 경험한 이들에게 팬덤은 지속적인 과정이다. 어떤 이들은 한 현상에서 다른 현상으로 유목민처럼 이동하는데, 그렇기 때문에 이들은 팬덤을 일종의 라이프스타일로 경험한다(Jenkins, 2008: 57). 어떤 이들은 하나의 대상에만 헌신한다. 수용자들은 관심 텍스트가 새롭게 업데이트될 때, 흥미를 잃거나 실망하는 경우도 있지만 헌신적인 팬들은 자신들은 변해도 팬덤은 상대적으로 변하지 않는다고 말하곤 한다. 팬 공동체가 제공하는 사회적 상호작용의 기회 덕분에, 노련한 팬들은 그들의 길에서 크게 벗어나지 않으며 긴 기간 관심을

---

* '코호트'는 특정한 경험, 특히 연령을 공유하는 인구집단을 의미하는데, 출생 코호트는 대체로 5년 혹은 10년의 단위로 설정된다.

유지할 수 있다. 이런 이들에게 시간은 팬으로서 새로운 경험을 한 시기에 따라 구분된다. 새로운 열정, 미디어 기술, 새로운 출시, 방송, 순회공연, 실천, 공동체 모두 오고 가는 서로 다른 시대를 지시하는 단계가 된다. 예컨대, 2005년 재방영되기 시작한 〈닥터 후〉 시리즈가 성공한 이후, 〈닥터 후〉 팬덤에서는 **문헌화**literaturisation가 진행되었고, 한 무리의 공적인 인물들이 자신들 세대의 기억을 이야기하기 시작했다(Hills, 2010b: 55).

팬덤에 대한 관심을 계속 유지하고 있는 사람들은 과거를 회고하면서, 시간의 변화를 거치며 자신의 정체성이 어떻게 바뀌었는지 이야기한다. 이 과정은 특히 수집과 같은 활동에서 분명히 나타난다. 팬의 삶에서 텔레비전 시리즈의 첫 번째 시즌, 음악 차트, 박스 오피스 기록이나 기념일 등은 시간의 표시물 같은 역할을 한다. 계속 헌신하는 팬들에게 박스 세트는 압축된 형태의 개인 자서전이 될 수 있다. 가족의 스크랩북이나 사진 앨범을 보는 것처럼, 팬은 수집품들을 감상할 수 있고 이를 통해 과거의 자신이 어떠했고 그 팬 대상이 나왔을 때 무엇을 했는지 이야기할 수 있다.[2] 사실 많은 사람은 자신의 관심사를 새로운 정서적 지지가 필요할 때 주기적으로 끌어낼 수 있는 일종의 자원으로 생각한다. 앞의 5장에서 헬링거의 가족 세우기 심리 치료 개념을 사용해 논의했던 것처럼, 팬덤을 개인이 정착하거나 가로질러 갈 수 있는 정동의 영역(지각영역)으로 생각할 수도 있다.[3] 어떤 이들은 그 영역으로 들어오고 어떤 이들은 떠나가며 많은 사람이 떠났다가 다시 돌아온다. 또 다른 이들은 언저리에서 서성거리면서 캐주얼 팬으로 남기도 한다. 팬덤 연구의 한계 가운데 하나는 팬이 특정 대상물에 '100퍼센트 전적으로' 헌신한다고 가정하는 것이다. 힐스는 "문화연구에서 미디어 팬덤은 단일한 팬 대상에 헌신하는 문제로 제한적으로 정의되어왔다"라고 주장했다(Hills, 2005: 18). 하지만 팬이 서로 다른 관심사를 유목민처럼 이동해 다니거나(때때로 '연속적 팬덤serial fandom'이라고 불리는 과정), 동시에 여러 대상물에 관심을 갖는 것은 흔한 일이다.

힐스는 그가 '순환적cyclic' 팬덤이라고 불렀던 과정을 탐구했다. "팬 대상물에 대한 정동의 '강도'와 팬 활동이 주기적으로 그 대상을 바꾸어 다른 새로운 강력한 대상물로 옮겨간다고 말하는 팬들이 있다"(Hills, 2005: 803). 힐스는 크리스토퍼 볼라스Christopher Bollas의 정신분석학 이론에 근거해, 순환적 팬들이 계속 마음을 바꾸어가며 좋아하는 대상을 "우연적 대상aleatory object"이라고 불렀다. "우연적 대상에 대한 감정적 흥분은 그 대상의 실제 모습을 점차로 '알아가면서' 차츰 누그러지고 팬 지식으로 바뀐다"(Hills, 2005: 814). 순환적 팬은 최초의 흥분을 되찾기 위해 자신의 관심사를 계속 바꾼다고 설명한다.

> 시작할 때 항상 '와우!' 하는 '와우!' 느낌이 있어요. 제 생각에는 거기에 제가 중독된 것 같아요. 사실 계속하다보면 그 느낌은 점차 사라져요. 그러니 아마도 다른 중독과 마찬가지로 그런 자극을 다시 받기를 원하고, 그래서 다른 대상을 찾아 나서는 거죠(Hills, 2005: 815).

이 인터뷰 대상자가 전통적인 의미의 팬의 정의에 완전하게 들어맞는 감정적 과정을 따르는 것 같지는 않다. 그가 보여주는 이러한 '흥분'이 팬 행동처럼 보이긴 하지만, 충성심이 급속히 사라지는 것은 아마도 그 가수나 텍스트 또는 장면이 자신의 정체성과 공명한다는 느낌을 별로 받지 못하기 때문으로 볼 수 있다. 사실상 그는 자신의 팬 정체성에 빠지지 않으려고 하는 것처럼 보인다. 이를테면 그는 이렇게 말한다. "저는 말하자면 무언가에 저 자신을 쏟아요. …… 마치 석유 같을 것을 찾으려고 파고 들어가는 것처럼요. 그렇지만 큰 게 터지기 전에 그만두는 거예요. …… 계속 하다가는 무언가에 빠져서 나를 잃어버리게 될 수도 있으니까요." 이 인터뷰 대상자는 헌신적인 팬으로 여겨지는 것을 꺼리는 것 같다. 잘못된 생각이긴 하지만, 아마도 그가 팬이 대중 조작과 매우 깊이 연관된다고 생각하기 때문일 것이다. 그는 새로운 관심사를 위해 언제든지 낡은 것을 버릴 준비가 되어 있으며, 그것을 계속 배워가는 과정으로 여긴다. 그는 [옮긴이: 어느 한가지에만] 계속 관여하는 사람은 '문제가 있다'고 생각한다.

미디어 기술과 플랫폼이 변화하면서 팬 활동이 이루어지는 환경도 바뀌었다. 제작, 유통, 마케팅이 변화하면서 선호되는 장르나 미디어 생산물의 유형도 시기에 따라 달라진다. 예를 들어 재방송은 비용이 별로 들지 않으면서 수익성이 좋은 편성 방식으로, 장르 기대, 연속성에 대한 인식, 정서적 반응, 시청자들의 삶에서 그 프로그램의 역할 등의 측면에서 시청자와 텍스트의 관계를 상당히 변화시킬 수 있다(Jenkins, 1992: 68~69). 주기적인 재방송은 개인의 생애나 사회의 과거 시절에 대한 일종의 향수와 연관될 수도 있다. 브루커는 〈제국의 역습The Empire Strikes Back〉(어빈 커슈너Irvin Kershner 감독, 1980)에 대해서 다음과 같이 말했다.

> 이 집단이 〈제국의 역습〉을 즐기는 데는 일종의 향수가 깔려 있으며, 그러한 향수는 부분적으로는 1980년대에 〈스타워즈〉의 팬이었던 공동의 기억에 기반을 두고 있다. 최근 모델과 대비되는 1세대의 장난감들, 이용 범위가 제한적이었던 가정용 컴퓨터 게임, 그리고 놀이터에 있는 모든 사람들이 〈스타워즈〉를 보았지만 피규어를 가진 사람은 당신 혼자뿐일 때 나누던 이야기에 대한 기억 같은 것들 말이다(Brooker, 2002: 56).

그렇기 때문에 팬덤은 단순히 대상을 추구하는 것 이상의 의미를 지니게 된다. 팬덤의 과정을 거쳐 형성된 우정은 그 자체로서 점차 중요해진다. 그것은 좀 더 일반적인 사회문화적 활동을 하는 구실이 될 수 있고, 이는 연령대가 높은 인구층의 특징이기도 하다.[4] 노령층 팬들은 생애 주기의 책임에 매어 있지 않기 때문에 나이가 들면 팬덤을 즐기기가 더 용이하다. 미디어 팬덤이 젊은이의 열정일 필요는 없다. 이것은 인생 내내 이어지는 사랑이다. 그렇기에 팬덤은 개인 주체성의 한 형태로서 시간을 기록하고 젊음을 유지하고 과거를 돌아보거나 살아가는 힘으로 사용될 수 있다.

위의 논의들은 개인이 각자 서로 다른 단계의 생애 주기에서 자신의 취미를 추구한다는 점을 보여준다. 팬덤에 대한 사회문화적 접근의 한 사례로 팬과 생애 주기 간의 관계를 살펴보았다. 하지만 실제로는 이처럼 정적인 이론적 범주들은 존재하지 않는다. 그저 실제 시공간에서 살아가며 일상생활을 영위하는 실제 팬들이 있을 뿐이다. 그러한 사람들의 행위와 경험의 이론적 집합체인 팬 덤은 긴 역사를 가지고 있고, 다양한 지리적 위치에서 발생해왔다. 서로 다른 시대와 지역에서 서로 다른 형태의 팬 공동체가 발생했다. 팬 공동체의 유형을 분류하기보다는 이 현상의 풍부한 경험적 세부 사항에 주목하는 편이 나을 것 이다. 어찌되었든 비역사적인 일반화는 생산적이기보다는 제한적일 수 있기 때문이다. 팬덤들은 서로 다를 수밖에 없다. 몇몇 예를 들자면, 상당히 하위문 화적인 그레이트풀 데드Grateful Dead* 추종자들, 프랑스 뉴웨이브 영화에 빠진 지식인 엘리트들, 『해리 포터』를 사랑하는 대중, 〈버피와 뱀파이어〉를 지지하 고 〈로스트〉나 〈글리〉를 즐기는 텔레비전 열성팬들을 비교해보라. 팬층은 인 구통계학적 특징, 공개 프로필, 가치, 실천, 그리고 여타 변인들 같은 측면에서 제각각이다. 우리는 팬층의 실제 역사에 대해 생각함으로써, 팬 연구가 이전에 는 주목하지 않고 지나쳤던 미묘한 차이들을 발견하고 이들 간의 연관성을 파 악할 수 있다. 그동안 특정한 팬 문화와 공동체들에 대한 문화기술지는 있었지 만, 역사적 연구는 드물었다.[5]

좀 더 폭넓게 보면 팬덤 그 자체가 사회적 현상으로서 구체적인 역사를 가지 고 있다. 초기 할리우드의 영화의 광팬에서부터 유튜브의 플래시 몹에 이르기 까지, 특정한 시대정신을 반영하는 팬덤 사례들이 있다.[6] 팬덤 자체는 더 광범 위한 근대성의 맥락 속에서 작동해왔고, 이는 표면적인 현상이 아니라 역동적 인 구성물이다. 팬덤은 특정한 장소나 역사상의 특정한 시기에 가시적인 사회 주체이자 미디어 수용자의 일원이 된다는 것이 어떤 의미를 가지는지를 분명 하게 보여주었다. 물론 개개인은 동등한 중요성을 띠는 다양한 사회적 정체성 (연령, 젠더, 국적 또는 인종)의 장을 넘나들며 정체성을 형성한다. 개개인의 팬 덤이 국적, 가족 간의 유대, 민족 소속감, 그리고 사회적 정체성 등 여타 요소와

---

* '그레이트풀 데드'는 1965년 결성된 미국의 록 밴드이다.

관련해서 어떤 기능을 하는지에 대해서는 더 많은 연구가 필요하다.7 이러한 정체성의 형식들이 고정되어 있지 않기 때문에, 이들 요소와 팬덤 간의 관계를 보기 위해서는 팬덤을 변화하는 역사적 맥락 속에 놓고 보아야 한다. 시대가 변하면서, 사회가 팬들을 타자화할 뿐만 아니라, 팬들이 근대적 주체로서 직접 사회적 타자화에 참여하기도 한다는 점을 고려해야만 한다. 예를 들어, 팬들은 오리엔탈리즘적인 미디어 스펙터클에 사로잡힌 여행자나 문화 큐레이터로 글로벌 문화 변형에 참여하기도 했다. 팬 문화의 이러한 역사적 차원을 귀납적으로 이해하기 위해서는 아직 더 많은 연구가 수행되어야 한다. 세계화 시대에 팬덤 현상이 처한 난국은 이 시대의 변화를 보여주는 한 사례다. 서구 대중문화가 세계적으로 번성할수록, 영국과 미국의 신세대는 글로벌 문화를 즐기고 있다. 현 세대는 글로벌하고 코스모폴리탄적인 대중문화에 익숙해져 있다. 일본에서 사용되는 '오타쿠'라는 용어는 주변 환경과 교류하지 않는 집착적인 팬을 말한다. 미국 팬들은 스스로를 오타쿠라고 주장하면서 지리적으로 광범위하게 대중문화에 대한 충성을 나타내고 있다.8 마찬가지로 비영어권 문화에서 수행된 팬 연구들 역시 팬덤에 대한 이해를 심화시키는 데 기여할 수 있다 (Gray et al, 2007: 14를 참조하라).

마지막으로, 팬 현상에 대한 더 정치적인 관점에서 접근하는 방식이 있다. 개인은 팬이 되는 즐거움을 통해 정서적으로 힘을 얻었다고 느낄 수 있고, 자신이 좀 더 넓은 세계에 기여할 준비가 되었다고 느낀다. 팬 연구가 강조했던 것 가운데 일부는 그러한 사람들이(보통은 집단의 일부인데) 개인적 팬덤으로 무엇을 하는지 탐구하는 작업이었다. 팬들은 공동체로 모여서 존재감을 가시화하려고 하고 사회에 기여하려고 한다. 미디어가 대체로 팬들을 잘못 재현해왔기 때문에, 팬들은 미디어에 그려진 자신들의 모습이 다른 사람들이 팬들과 그 팬덤의 스타를 바라보는 방식에 영향을 미친다는 점을 알고 있다. 팬들은 자신들에게 가해지는 제약이나 자신들을 부당하게 이용하는 것에 저항의 목소리를 내는 데만 그치지 않는다. 팬들은 텔레비전 방송사나 레코드 회사 등이 자신이 좋아하는 스타를 해고하거나 프로그램을 취소하는 경우, 그러한 결정을 뒤집기 위해 압력을 행사하기도 한다. 젠킨스는 그의 책『컨버전스 컬처Convergence Culture』에서 이러한 유형의 팬 행위를 강조했다(Jenkins, 2008). 그는 특정한 공동체에 속해 있는 팬들이 종종 같은 가치를 공유하기 때문에, 이들이 공유하고 있는 특정한 대의를 위해 싸울 수 있다고 말했다. 예를 들어, 다양한 조직들과 셀레브리티들, 연합 단체들이 젊은층의 투표를 독려하기도 했다.

젠킨스는 팬층 그 자체가 자율성, 창의성, 그리고 목표를 달성할 수 있는 힘을 가진 집합적 행위자라고 보았다. 연구자들은 소셜미디어와 리얼리티 텔레비전의 시대에 팬들이 능동적일 뿐만 아니라, 활동가로서 역할을 할 수 있는 정치적인 주체라는 사실을 지적해왔다.9 팬들은 즐기면서 정치캠페인이나 액티비즘에 유용한 기술들을 발전시킬 수 있다. 예를 들어, 블로그에 글을 쓰는 것은 미국 정부의 정보를 누설하는 행위다(Jenkins, 2008: 226). 소비자들이 온라인에 팬으로 참여할 때 사용하는 기술이 정치적 변화를 추구하는 데도 사용될 수 있기 때문에, 그 어느 때보다 대중문화와 정치 간의 경계가 점점 더 흐려지고 있다. 팬 공동체는 영화의 흥행을 위해 또는 선거에서 특정 정치인을 지지하기 위해 동원되기도 한다(Jenkins, 2008: 234). 이런 환경에서 대중문화는 정치와 관련된 것처럼 보이지 않는다는 바로 그 사실 때문에 중요하다.

이러한 주장을 뒷받침하기 위해 젠킨스는 특히 두 가지 종류의 액티비즘에 집중했다. 내러티브 액티비즘narrative activism은 팬이 스크린에서 벌어지는 사건에 영향을 미쳐 〈아메리칸 아이돌〉이나 다른 방송에서 쇼가 진행되는 방향을 바꿀 수도 있다는 개념이다(Jenkins, 2008: 53). 또 다른 유형의 팬 액티비즘은 정치적 목적을 위해 우상을 가시적으로 이용하는 것이다. 젠킨스에 따르면, **아바타 액티비즘**avatar activism은 "세계 도처의 시민들이 대중문화의 아이콘이나 신화를 정치적 발화를 위한 자원으로 사용하는" 방식을 말한다(Jenkins, 2010, 온라인). 이러한 형태의 저항은 대중문화의 아이콘들이 정치적 발화에 어떻게 이용되어 왔는지를 보여준다. 아바타 액티비즘이란 명칭은 2010년 2월 팔레스타인과 이스라엘 및 국제기구의 활동가들이 영화 〈아바타Avatar〉(제임스 캐머런 James Cameron 감독, 2009)의 나비족과 유사하게 자신의 몸을 푸른색으로 칠하고

[옮긴이: 이스라엘 가자 지구Gaza Strip의] 점령된 마을, 빌린Bil'n을 행진했던 사건에서 유래한다. 이 시위대의 모습은 캠코더로 녹화되어 유튜브에서 전파되었고, 전 세계적인 논란을 불러일으켰다. 그러나 모든 아바타 액티비즘이 팬들에 의해 개시, 조직, 실행되는 것은 아니다. 예를 들어, 2004년 배트맨으로 분장하고 버킹엄 궁전을 기어올랐던 '정의를 위한 아버지들The Fathers 4 Justice*의 활동가는 배트맨 팬이 아니었다. 하지만 어떤 캠페인의 경우는 분명히 팬 공동체와 관련된다. '해리포터연맹Harry Potter Alliance'이 그 사례인데, 이 연맹은 유명 프랜차이즈인 해리 포터 등장인물의 에토스를 이용해서 노동자 권리 옹호, 아프리카의 인종 학살 반대, 동성애 결혼 지지, 아이티 대지진 피해자를 위한 모금 운동 등에 10만 명이 넘는 젊은이를 동원했다(Jenkins, 2008: 206과 Jenkins, 2010을 참조하라). 이러한 시위에서 가장 가시적으로 드러나는 측면은 코스프레를 일종의 정치화된 스펙터클로 사용한다는 점이다. 이러한 코스프레는 스타나 유명한 픽션 속 캐릭터가 미디어의 관심을 촉발하고, 수용자의 관여를 이끌어내며, 정치적 행동을 촉구하는 데서 정동적인 효과를 낸다는 것을 보여준다. 그러나 젠킨스에 따르면 이러한 문화적 액티비즘이 보편적인 답은 아니다. 오늘날의 문제는 뉴미디어 때문에 다양한 취향을 추구할 수 있는 기회가 증가하는 것과 동시에 공공 영역 내에서 사회 집단들이 [옮긴이: 취향에 따라] 분화되고 있다는 것이다.

젠킨스의 가장 최근의 작업을 보면 능동적 수용자 연구 전통에서는 팬덤을 자신들이 생각하는 관념에 끼워 맞추는 경향이 있음을 알 수 있다. 이전에는 팬이 텍스트 밀렵꾼이었다면 이제 그는 정치적 활동가이다. 팬덤에 대한 단일하고 명확한 정의가 존재하지 않는 상황에서, 이러한 접근 방식의 장점은 팬덤 현상에 대한 대중의 이미지를 사회적으로 회복시킬 수 있다는 것이다. 어떤 면에서 이러한 접근 방식은 팬클럽이 주최하는 학술적인 자선 운동과도 같다. 이

---

* '정의를 위한 아버지들'은 영국의 부권 단체로 남성의 동등한 양육권을 주장한다.

를 통해 일반적으로도 많은 보람 있는 성과를 거둘 수 있겠지만, 그 방식은 팬덤 외부의 일반 대중이 팬들을 진보적인 사회적 존재로 다시 볼 수 있게 만드는 방법이기도 하다. 팬덤을 대항문화라는 틀에서 바라보는 입장은 현재의 팬들이 스스로 사회적으로 가치 있는 역할을 한다고 생각하고, 자신을 정치적 주체로 상상하며, 진보적인 대의에 뜻을 같이 할 수 있도록 해준다.

팬 연구의 지배적인 경향은 연역적 방법을 택하고 있기 때문에 여기에서 중요한 이슈와 위험이 제기된다. 팬덤 연구에서는 그 연구 대상을 어떻게 이해할 것인가와 어떻게 가장 잘 재현할 것인가라는 두 가지 문제가 항상 팽팽한 긴장을 유지해왔다. 이 두 가지 관심은 필연적으로 연결되어 있다. 특히 총체적인 객관성이라는 이상이 불가능하고 시대에 뒤떨어진 개념이 되면서 더욱 그러하다(이제 당면 과제는 세상을 이해하는 것이 아니라 세상을 변화시키는 것이 되었다). 그러나 팬덤에 대한 논의의 역사를 보면, 팬덤이 (병리학적으로) 부정적인 것으로든 (찬양의 대상으로) 긍정적인 것으로든지 간에, 학계의 내부와 외부를 막론하고 선택적·부분적으로 재현되어왔다는 점은 분명하다. 그동안 팬덤 연구에서 결여되어 있었던 것은 잠시나마 팬덤을 정치적인 것과 분리해서 있는 그대로의 팬덤을 이해하려는 의지였다. 있는 그대로의 팬덤에 대한 이해야말로 팬덤을 기반으로 하는 정치적 활동의 첫 단계다. 우리는 팬을 하찮은 존재로 보지 않고, 팬덤을 미디어 생산의 새로운 각 영역에서 살아남아 변형된, 긍정적이고 적응력을 가진 형태의 동일시로 받아들여야만 한다. 팬 활동가라는 의제가 위험한 것은 이 의제가 팬덤의 대상을 유토피아적인 문화적 형태로 낭만화하는 이상적인 접근 방식을 제공할 수도 있고, 팬들이 종종 자신의 목적을 추구하기 위해 여타 단체들과 공모하기도 한다는 점을 간과할 수도 있기 때문이다. 오히려 관심의 초점을 팬의 공모성을 드러내는 데 두어야 한다. 이를 통해 팬이 직접 의제를 설정하지 않거나 우세한 상황이 아닐 때도 종종 권력관계에 참여한다는 것을 보여줄 수 있기 때문이다. 공모가 항상 복종 행위인 것은 아니다. 공모는 상호 발전을 위한 방편으로 볼 수 있다.

팬 연구는 기나긴 길을 걸어왔다. 지금까지 결론의 장에서 논의한 여러 접근 방식에는 저마다 강점과 약점이 있음을 알아야 한다. 사회문화적 접근은 팬덤 현상에서 반복적으로 나타나는 요소들을 살펴보고, 이 요소들이 정체성의 공통적 차원과 어떠한 연관성이 있는지를 논의하기 위해서 팬덤의 맥락성을 제외해버린다. 역사적 접근은 일반화를 하지는 않지만, 이용할 수 있는 자원에 좌우되며 좀 더 폭넓은 연관성을 잡아내지 못한다. 젠킨스의 연구로 대표되는 팬덤에 대한 정치적 접근은 그 연구 대상이 계속 사회적 논란의 주제였음을 잘 알고 있으며, 팬덤의 이미지를 재구성함으로써 개인 팬들이 자신의 행위성을 인식하고 새로운 위치에서 발화할 수 있게 해준다. 그러나 능동적 수용자 전통에서 팬덤은 진보적 사회 위치로 축소되기도 한다. 최악의 경우, 이 전통에서 팬덤은 유토피아적이고 이상적인 시각에서 조망되어서 팬덤의 일시적 상태와 본질적 기능을 혼동하게 된다. 팬덤에 대한 학술적인 토론이 이루어져온 방식은 분석적 설명과는 거리가 멀고, 스테레오타입을 단속하는 것과 관련되어 있다. 심리학자들이 팬덤을 강화된 소비 행위와 연관된 경계성 정신이상의 한 형태라고 잘못된 틀에서 조망했다면, 팬 연구는 팬덤을 사회적으로 점점 더 수용되고 있는 사회적 정체성의 한 형태로 다루어왔다.

팬으로서의 우리가 꼭두각시가 아니라는 점은 분명하다. 우리는 다양한 능력을 지닌 인간이다. 하지만 그렇다고 해서 우리의 1차적 목표가 항상 전통적인 의미에서 '정치적'이지는 않다. 기업문화나 지적재산권을 약탈하고 전복하고 부인하는 것이 팬들의 1차적인 목표가 아니라는 의미다. 사실상 팬덤은 미디어 생산물로부터 영감을 받는 것이지, 미디어 생산물과 관련된 활동만 하는 것은 아니다. 팬덤은 즐거움을 추구하거나 창의성을 탐구하거나 사회적 연대를 형성하는 등, 좀 더 인문학적인 관심을 제기함으로써 기업의 생산망에서 벗어나려고 한다. 팬에 대해 널리 퍼져 있는 오해에 도전하는 것은 여전히 중요한 연구과제이지만, 팬 연구자들이 볼 때 창조적이거나 정치적인 것으로 여겨지는 좁은 범위의 실천에만 연구의 초점을 맞추다 보면 팬의 핵심적인 동기를 놓치게 될 수도 있다.

담론 구성체로서의 팬덤

나는 2012년 2월 핀란드의 세이네요키에서 열린 MARS 정기 학술대회에서 음악 팬덤을 주제로 기조연설을 한 적이 있다. MARS는 학자, 학생, 핀란드 음악 산업의 종사자들이 함께 모이는 연합 행사다. 나를 초청한 학회 측은, 내가 연설을 마친 다음에 핀란드의 음악 기자가 무대에서 나를 인터뷰하고 그 내용을 온라인으로 중계할 것이라고 알려주었다. 연설은 잘 끝났다. 곧 인터뷰를 맡은 기자의 질문이 이어졌는데, 그는 일정한 방식으로 질문들을 던졌다. 그는 내가 팬이었는지를 궁금해했고, 종교와 팬덤 간의 관계가 무엇인지 설명해 달라고 부탁했으며, 팬덤을 성별화된 주제로 다루었고, 존 레논의 암살 사건을 끄집어냈다. "우리가 팬이 되면 우리 뇌에 문제라도 생기는 걸까요? 팬들이 집착하는, 즉 마니아 같은 여러 가지 심리적 장애를 가지고 있나요?" 슬프게도 이는 비학술적 토론에서 전형적으로 언급되는 논의거리이다. 나는 그 기자에게 그가 팬으로서 좋아하는 음악가는 누구인지, 팬덤을 종교로 생각하는지, 그리고 그가 경배한 사람이 있는지 되물었다. 질의응답 세션이 끝나고 카메라가 여전히 촬영 중인 상황에서 그는 톰 존스Tom Jones*의 사인이 들어간 사진을 불쑥 꺼내 나의 이마에 그것을 붙이고서는 말했다. "톰이 그대를 축복할지니, 톰이 그대를 행복하게 할지니, 톰이 그의 인생을 구원할지니, 이제 가서 좀 더 행복한 사람이 되십시오!" 내가 그 때 할 수 있었던 건 좋게 응대해주는 것이기 때문에, 나는 "저는 이제 축복받았습니다"라고 대답했다.

이 기자가 나에게 대놓고 장난을 했던 일은 우리가 팬덤을 너무 진지하게 받아들여서는 안 된다는 점을 상기시켜 주는 사례일 수도 있다. 어찌되었든 자신에 대해 농담을 할 수 없다면 무엇을 할 수 있겠는가? 또한 이 일은 전문 연구자가 이토록 사소하게 여겨지는 것을 분석하는 데 수십 년을 할애해온 데 대해

---

* '톰 존스'는 웨일스의 가수로서 1960년대를 대표하는 보컬리스트이며 그래미 및 브릿어워드에서 다수의 상을 받았다. 영국에서 기사 작위도 받았다.

의문을 던지는 행위일 수도 있다. 이 일화는 팬덤에 대한 대중적 인식과 학계의 인식 사이의 거리가 좁혀지지 않고 있다는 사실을 보여준다. 팬덤에 대한 온갖 부정적인 인식은 어디서 비롯될까? 점점 더 디지털 문화로 옮겨가고 있음에도, 텔레비전, 라디오, 영화와 음반 산업의 유산이 팬덤을 이해하고 경험하는 방식에 심대한 영향력을 발휘하고 있다. 아도르노를 위시해서 다양한 학자와 비평가들이 수행했던 근대 매스컬처에 대한 비평은 비판이론이 전개될 수 있는 사회적으로 자율적인 공간을 확보했으나, 수용자의 지위를 폄하하는 가정을 했다는 점에서 문제가 있다. 비판이론가들은 팬을 다양한 방식으로 다루었다. 이들 비평에서 팬은 대중의 주요 대표자로, 방송미디어에 의해 소외되고 문화적 생산에서 배제되는 소비자로, 성적으로 억압되고 병적으로 집착하거나 정신적으로 문제가 있는 사람들로 간주되었다. 또한 팬들은 제멋대로 구는 아첨꾼 무리거나 고립되고 유아적인 물신숭배자들이었다. 비평가들이 암시하는 바는 그 이상이었다. 비평가들은 팬들의 일상이 몽상이나 망상 또는 환상을 특징으로 하며, 이들이 사회적인 부적응이나 개인적 상실을 보상받기 위한 목적으로 상상의 관계에 집중한다고 보았다. 팬덤을 비판하는 비평가들은 팬들은 취약하고 불행한 사람들이며, 그들을 곤경에서 구해내려면 그들이 처한 상황을 있는 그대로 보여주어야 한다고 주장했다. 그래서 그들은 대중 스펙터클이 무엇이 문제인지 알려주고, 엘리트 문화형식이 얼마나 뛰어난지 보여주며, 팬들이 자신들의 저속한 취향을 부끄럽게 여기게 만들려고 했다. 그들은 또한 배우지 못한 사람들은 가르쳐야 하며, 의도적으로 [옮긴이: 고급문화처럼] 난해함을 추구하도록 해야 한다고 주장했다. 이러한 담론적 틀은 대량생산된 문화상품을 비판하면서 그것의 수용자들을 폄하한다. 이러한 담론적 틀에서는 다른 사람들보다 몇몇 발언자가 좀 더 강력한 역할을 수행한다고 여겨졌지만, 그럼에도 이를 통해 모든 사람이 말할 수 있는 공간이 생겨나기도 했다. 팬들은 집착, 중독, 조작과 관련해서 자신의 관심사에 대해 말할 수 있게 되었다. 이러한 틀 때문에 소수의 고매한 연구자들의 독설을 넘어 일상문화를 바라보는 공통된 방식이 형성되었고, 이는 강의실 밖의 외부 사회로 확산되었다. 이러한 입장을 취함으로써 팬들은 항상 일반 대중의 취향을 비판해왔던 소수 엘리트들이 만들어낸 위계질서에 동조하게 되었다(Marshall, 1997을 참조하라). 팬덤을 비판하는 엘리트들에게 팬덤은 이해하기 어렵지만 흔히 볼 수 있는 현상으로, '소외된' 것이라기보다는 여성, 노동계급, 대중, 주변인, 신세대 같은 근대 세계의 취약한 영역을 파고드는 열등감이나 질병의 한 형태였다.

최근 수십 년간 어떤 것들은 변했다. 학계 내에서 활동하는 연구자들은 그동안 공공 영역을 지배해왔던 팬덤에 대한 비하적 담론에 빠지지 않으면서 팬덤을 탐색하고 표현할 수 있는, 팬클럽과 팬포럼 이외의 사회적 공간을 창조했다. 그럼에도 우리는 여전히 매스컬처 식의 사고에서 벗어나지 못했다. 사회는 여전히 이러한 사고방식을 버리지 않고 있다. 수많은 보통 팬들은 여전히 그들을 통해 말하고 있다. 그것이 스스로를 문제시하거나 다른 이를 하찮게 여기는데도 말이다. 능동적 수용자 전통에서는 팬을 창조적이고 생산적이고 정치적인 주체로 옹호하면서 매스컬처 방식의 비평들에 저항하고 있다. 하지만 데이비드 군켈David Gunkel과 테드 고널로스Ted Gournelos의 최근 글을 인용하자면, "위반하려는 시도는 항상, 그리고 필연적으로 그것이 깨부수려는 바로 그 시스템이나 구조에 의해 맥락화되고 규제된다"(Gunkel & Gournelos, 2012: 5). 완전히 깨부순다는 말은 매스컬처에 대한 시각과 그 영향을 피하기 위해서 우리의 개념과 언어를 면밀히 살펴본다는 의미인데, 그러기 위해서는 새로운 개념이 필요하다. 언어는 한 가지 시작점이다. 이 책에서 나는 '집착적인' 또는 '고착된' 이라는 단어보다는, '헌신적인'과 '매혹된'이라는 단어들을 사용하려고 노력했다. 그러나 [옮긴이: 부정적 이미지를 연상시키지 않는] 청결한 언어를 쓰려고 할 때 문제는 팬 스스로가 항상 이런 언어를 사용하지는 않는다는 데서 발생한다. 팬들은 팬덤의 정서적 영향력을 설명하기 위해 '순례'나 '집착' 같은 이미 가치가 부여된 단어를 자주 사용하곤 한다.[10]

역사적으로 팬덤은 물의를 일으키고 감정 과잉의 성격을 띤 애착의 한 형태로 여겨져 왔지만, 흥미로운 점은 팬덤이 심각할 정도로 물의를 일으키는 대상을 지칭하는 용어로 인식되지는 않았다는 것이다. 팬덤은 이데올로기적인 몰입의 결과인 광신과는 범주적으로 분리되었다. 엄격하게 용례를 따지자면, 어떤 사람이 관습에 위배되거나 금기시 되는 오락물, 예컨대 〈홀로코스트〉에 대해서는 팬이 될 수는 있지만, 히틀러에 대해서는 '광신적'이 될 수 있을 뿐이다.[11] 이러한 점에서 팬덤은 그 자체로서 '안전해' 보이는, 우스꽝스럽고 길들여진 범주이다. 팬덤을 논의하면서 우리는 간접적으로 다문화주의 문제와 전통적 정치학의 종언이라는 문제를 다루게 된다. 다문화사회에 대한 불안 때문에, 팬덤은 사회적 차이라는 문제를 언급하기 위한 하나의 방식으로 다루어지고 있다. 팬덤은 근본주의, 광신주의, 파시즘, 고착, 맹목적 충성 등 사회적 불안을 야기하는 개인적 집착의 여러 형태에 관해 좀 더 폭넓은 토론을 원하는 사람들에게 일종의 대용품이 되고 있는 것이다. 다양한 사회 비평가들은 여전히 그러한 내용을 언급하기 위해 '팬'이라는 용어를 사용하지만, 이 책에서 보여준 것처럼 팬은 전혀 그런 대상이 아니다. 팬덤은 소비와 생산에 관한 것이고, 저항과 공모에 관한 것이다. 그것은 유통되는 가정과 주관적인 느낌, 공유된 경험, 공통된 실천, 상상된 공동체, 집합적 가치, 사회구성체와 집단행동을 담고 있다. 팬덤에 공감하는 연구는 팬덤을 잘못 인식하고 있는, 식견이 얕은 비평가들이 말하는 이런 모든 오해로부터 팬덤을 지속적으로 분리해나갈 것이다.

여러 면에서, 팬덤은 공유된 미디어 문화의 맥락 안에서 사회적 연결을 만들고 즐거움을 추구하는 행위를 의미한다. 텍스트와 수행은 공통의 영역을 만들어내고, 열정이라는 프리즘을 통해 스스로를 인식하는 방식을 제공한다. 하지만 이러한 열정을 경험하는 활동은 매우 개인적이면서 동시에 놀랍게도 사회적인 과정의 한 부분이다.

그렇다면 팬덤에 관한 거대 이론은 가능하거나 바람직한가? 10년도 더 전에 셰릴 해리스는 팬 연구가 다양한 실천을 면밀히 조사해왔지만, 팬 행동을 설명하는 이론적 모델과 이 실천들을 결합하는 데 성공하지는 못했다고 주장했다(Harris, 1998: 4). 팬 연구가 그 목적을 포기했거나 아마도 잃어버린 것일지도 모른다는 인식들이 여전히 있다. 쿨드리는 "팬 실천에 대한 다양한 경쟁 모델이 등장해서 경쟁하던 시기가 지나고, 오늘날 우리는 또 다른 해석적 도전이 기다리는 단계로 진입하는 지점에 있는 것일지도 모른다. 그 도전은 이 특정한 팬 실천을 해석하기 위한…… 올바른 (이론적) 혼합을 어떻게 찾아낼 수 있을까라는 것이다"라고 주장했다(Couldry, 2007b: 140). 팬덤에 대한 거대 이론은 결코 찾을 수 없을지도 모르지만, 팬덤 현상을 우연적으로 상호작용하는 특별한 상호작용들의 다발로 이해하려는 것은 여전히 가치 있는 목표이다. 우리는 팬덤의 이 과정들을 자연스럽게 한데 모아 살펴보면서 기쁨을 경험하고 뜻깊은 즐거움을 얻을 수 있을 것이다.

옮긴이 후기

"어디에나 존재하지만, 여전히 미스터리인 팬덤"_ 서론 중에서

『팬덤 이해하기』는 지금까지 진행된 팬덤 문화연구의 성과를 비판적으로 검토하면서 팬덤 현상의 본질에 이론적으로 접근하는 최신 저작이다. 아마도 이 말이 이 책을 번역한 이유를 가장 간명하게 요약해주는 말일지 모른다. 최신 연구서가 관심을 끄는 이유는 무엇일까? 그 책이 그동안 발표된 학술적 성과들을 종합해주고, 거기에 무언가 새로운 견해를 더했을 것이라는 기대 때문이 아닐까? 더구나 2000년 이후 등장한 유튜브와 페이스북, 트위터 등의 소셜 미디어가 현대인의 삶을, 특히 팬의 활동을 놀랍게 확장시키는 상황에서 그에 대한 검토와 평가까지도 포함하는 최신 팬덤 저술을 바라는 것은 당연한 일이 아닐까? 사실 우리 모두가 누군가의 또는 무엇의 팬일 만큼 팬 현상은 현대인의 삶과 문화의 결임에도, 국내에서는 몇몇 논문 외에는 본격적인 연구서는 물론이고 관련된 번역서도 찾기 어렵다.

이런 상황에서 대중문화를 연구하고 가르치고 있는 역자들 역시 팬덤의 논의를 어디서부터 풀어가야 할지, 어떻게 가르쳐야 할지 당혹스러웠던 적이 많았다. 역자들은 마크 더핏의 『팬덤 이해하기』가 그러한 상황을 개선하는 데 조금이라도 도움이 될 수 있을 것이라는 기대 속에서 번역 작업을 시작했고, 2년에 걸친 노력 끝에 마침내 이 책을 독자들 앞에 내놓게 되어 기쁘다.

팬이 있어야만 스타가 탄생한다. 인기 드라마나 인기 있는 음악 역시 마찬가지다. 역으로, 팬 또한 애착을 표현할 만한 스타나 대중문화 작품이 없으면 존

재할 수 없다. 그런 점에서 스타와 팬은 자본주의 대중문화 시대에 본격적으로 등장한 동전의 양면과 같은 사회현상의 결과물이자 서로를 규정해주는 존재다. 그러나 흥미롭게도, 스타나 인기 있는 대중문화 작품은 항상 찬란하게 빛나며 환영받지만, 그들을 스타로 추앙해준 팬들은 그림자 속에 있어야 했다. 미디어는 한편에서는 스타를 띄우며 자신의 영리를 도모하고, 다른 한편에서는 '얼빠진 열광자'나 잠재적인 '스토커'처럼 열성팬들을 은근히 비하하면서 자신들이 사회규범의 수호자인 것처럼 행세했다. 팬이 조금만 열성적이어도 미디어는 그들에게 '지나친'이라는 수식어를 꼬리표처럼 붙이며, 팬을 사회 질서를 어지럽히는 존재로 취급해왔다.

디지털 문화가 21세기 핵심 산업이 된 시대에, 한편에서는 기업들이 팬덤을 새로운 이상적인 소비자 모델로 주목했고, 그에 발맞춰 '팬경영'이라는 신조어까지 만들었다. 팬들은 자신의 애착 대상과 관련된 물품이라는 이유로 상품을 기꺼이 구매하는 충성스러운 소비자이면서, 소셜 미디어를 통해 적극적으로 입소문을 내는 등 마케터 역할까지도 마다하지 않는 자발적이고도 창의적인 수행자이다. 그러니 기업들은 관심을 쏟을 수밖에 없을 것이다. 그러나 다른 한편에서, 팬들은 이 바쁜 경쟁사회에서 '쓸데없는 데 돈을 쓰고 열정과 시간을 낭비하는 정신 나간 사람들'로 취급된다. 때로는 어린 10대 팬이어서, 때로는 여성 팬이어서, 때로는 아이돌 팬이어서, 때로는 그 모든 이유로 폄하되고 손가락질받으며 단속의 대상이 된다. 저자는 서구에서도, 세상이 많이 바뀌었지만 팬에 대한 부정적인 스테레오타입이 여전히 통용되고 있다고 말한다. 팬들이 팬이 아닌 척 가장하는 '일코(일반인 코스프레의 줄임말)'라는 은어가 시사하듯, 한국에서도 아직 팬들이 정당하게 받아야 할 대접과 존중을 받지 못하고 있다. 바로 이러한 이유로 문화연구에서 팬 연구가 시작되었고, 문화연구의 학술 활동은 팬에 대한 학술 담론, 나아가 대중 담론을 바꾸고자 노력해왔다. 그리고 이 책의 목표 또한 그러하다.

그렇다면 이 책은 우리에게 무엇을 보여주는가? 이 두툼한 책에서 우리는 무엇을 얻을 수 있을까? 한마디로 말해서, 『팬덤 이해하기』가 지닌 가치는 무엇일까? 이 책은 '팬덤'이라는 대중적인 현상을 다루고 있지만, 누구나 읽을 수 있는 교양서와는 다소 거리가 있고, 대학 교재로 사용하기에도 그리 만만치 않다. 그 이유는 이 책이 누구에게나 흥미를 불러일으킬 만한 다양한 팬덤 현상을 전방위로 다루고는 있지만, 지난 20여 년 동안 전개된 '문화연구'라는 확고한 학문적 전통 위에 팬덤 현상을 위치시키며(이를 강조하기 위해 저자는 일부러 '팬덤 연구'와 '팬 연구'를 구분하는데, 사실 그 용어 간의 차이는 중요하지 않다), 이론적으로 심도 깊게 탐구를 해나가기 때문이다. 그러나 오히려 이런 점 때문에 우리에게는 이 책이 필요하다. 『팬덤 이해하기』는 그동안의 주요 팬덤 연구들이 어떤 관점에서 진행되었고, 그 연구가 거둔 성과가 무엇이며, 놓치고 있는 것들이 무엇인지를, 속살을 헤집고 다니며 조목조목 짚어내고 있다. 따라서 이 책은 팬덤을 공부하려는 사람뿐 아니라 대중문화를 진지하게 연구하는 학자라면 누구나 꼭 옆에 두고 참고해야 할 귀중한 자료이다.

권위 있는 팬덤 연구자인 맷 힐스가 서문에서 강조한 것처럼, 이 책이 지닌 가장 큰 장점은 '미디어 팬덤'이라는 범주를 설정한 것이다. '미디어 팬덤'은 영화나 텔레비전 프로그램 팬 같은 '허구적인 서사에 대한 팬'을 다룬 작업과 대중음악과 가수 같은 셀레브리티에 집중하는 '대중음악 팬덤'을 다룬 작업을 통합한다. 더핏과 힐스가 함께 인정하듯이, 그동안 영국과 미국의 팬 문화연구는 지나치게 텔레판타지(공상과학물과 판타지물을 포함한 폭넓은 텔레비전 장르) 팬덤 중심으로 이루어졌고, 대중음악 팬 연구는 그것과 분리되어 있었다. 이는 중요한 지적인데, 그 이유에 대한 설명은 제시되지 않고 있어서 한국 학자의 관점에서 역자들이 대답해보려고 한다.

그러한 이유는 첫째로, 텔레비전이 황금시대를 구가한 1960년대 이후로 영국과 미국에서는 수년간 방영되었던 인기 드라마들(연속극이든, 시리즈든, 시즌제든)이 존재해왔다는 점이다. 따라서 오랜 기간 방영되는 드라마나 그 드라마에 등장하는 인물에 대한 팬덤이 형성될 수 있었고, 학자들의 주목을 끌 만한 (때론 학자들도 그 팬덤의 구성원이었을 만큼) 팬 공동체를 형성해서 활발하게 활동할 수 있었다. 한국에서도 20년간 지속된 장수 드라마(예를 들어, 〈전원일기〉)

가 없었던 것은 아니지만 예외적인 사례였으며, 시즌제 형식의 드라마도 21세기에 들어서서야 나타났다. 따라서 드라마나 드라마 속 등장인물에 대한 팬덤(예를 들어, 드라마의 〈별에서 온 그대〉에서 김수현이 연기한 '도민준'에 대한 팬덤)이 생겨도 작품이 종영되면 빠르게 힘을 잃어갔다. 그래서 한국에서 작품이나 등장인물에 대한 팬덤은 연기자를 향한 팬덤(예를 들어, 김수현에 대한 팬덤)으로 전환되거나 아니면 애초에 그런 형태로 시작한다. 더구나 아이돌 셀러브리티 팬덤에 익숙한 한국인들로서는 서구의 팬 연구에 약간의 거리감을 느끼게 된다. 이런 상황에서 더핏은 『팬덤 이해하기』를 통해 대중음악 영역 팬덤에서 셀러브리티 팬덤까지를 아우르는데, 이 때문에 『팬덤 이해하기』는 한국 독자들에게 더 큰 의미로 다가올 수 있다.

영미권 팬 연구들이 셀러브리티 팬덤을 소홀히 하고 서사 팬덤을 중심으로 전개되었던 두 번째 이유는 문화연구가 목표로 하던 문화정치에 대한 갈망이었다고 생각한다. 문화연구자들은 서구에서 보수 엘리트와 미디어가 만들어놓은 '광적이거나 집착적인' 별난 수용자라는 팬 스테레오타입으로부터 팬들을(팬들의 이미지 역시) 구출하기 위해, 드라마 팬들이 얼마나 독창적으로 드라마 의미를 생산하고 전유하며 팬 공동체 활동을 하는가를 집중적으로 연구했다. 특히 헨리 젠킨스는 그의 저술 『텍스트의 밀렵꾼들』에서 미국의 텔레판타지 〈스타트렉〉 팬덤을 연구했는데, 이 책은 그를 팬 연구자 중 가장 유명한 학자로 만든 동시에 그러한 경향을 더욱 강화했다. 즉, 텍스트를 전유하고 창작하는 서사 팬들의 문화실천은 더 많이 조명을 받았고, '히스테리적인 집단 현상'으로 오인받기 쉬운 엘비스 프레슬리나 비틀스 같은 셀러브리티의 팬들은 상대적으로 소홀하게 취급되었다.

그러나 21세기에는 디지털 컨버전스가 일어나면서 미디어 간의 경계가 허물어졌고, 장르와 스타가 활동하는 영역의 경계마저 무너지고 있다. 팬 역시 다양한 관심 아래 더욱 유동적이고, 중첩적이며, 초국가적인 존재로 변화함으로써 그러한 붕괴를 가속화한다. 이러한 상황에서 '미디어 팬덤'에 대한 포괄적 접근은 매우 시의적절하며 타당하다.

이 책의 구성은 힐스의 서문과 1장 서론 말미에 잘 정리되어 있으므로 따로 개관하지 않겠지만, 이 책의 전체 스타일과 미덕을 세 가지로 정리해보겠다. 첫째로, 이 책은 팬덤을 단순하게 규정하지 않으면서, 팬덤의 복합성과 다양성을 드러내려고 노력한다. 물론 독자들은 서론에서 의당 팬(팬덤)의 명확한 정의를 얻으려고 할 것이다. 사실 이 책에서도 팬덤에 관한 다양한 정의들이 소개된다. 예를 들어, 팬은 "이제 대중문화에 긍정적으로 관여하는 광범위한 보통 사람을 가리킨다", "팬은 팬 실천을 탐구하고 거기 참여하는 데 몰두하는 사람이다", "미디어 팬덤은 대중문화에 대한 긍정적이고 개인적이며 비교적 깊은 정서적 연결의 인정이다", "팬은 유명한 사람이나 사물에 대해 비교적 깊고 긍정적인 감정적 확신을 가진 사람으로, 통상 그들이 팬임을 알아볼 수 있는 스타일이나 창의성을 갖고 있다"와 같은 정의들이 제시된다. 그런대로 괜찮은 팬(팬덤)에 대한 정의가 제시된 듯싶어 독자들이 밑줄을 치고 나면, 곧바로 독자들은 그 정의가 어떤 한계를 지니는지 조목조목 지적하는 저자를 보게 된다. '팬(팬덤)'에 대한 단일하고 명료한 정의를 찾아서 거기에 안주하고 싶은 독자의 욕망은 아랑곳하지 않고 저자가 계속 우리를 새로운 곳으로 끌고 가는 모습에서, 독자는 이 책이 단순한 교과서가 아니라 팬덤에 대한 사유에 깊이 천착하는 진지한 연구서임을 깨닫게 될 것이다.

두 번째는, "전형적인 팬 집단 같은 것은 없다"라는 말에 동의하며 팬덤의 다양성을 주장했던 저자가, 동시에 "팬덤이라는 주제가 상세한 분석을 할 수 있을 만큼 일관성이 있는 현상"이라는 주장 역시 포기하지 않음으로써 팬 연구들 간의 소통뿐 아니라 학문으로서의 팬 연구의 정당성을 추구하는 점이다. 저자는 "팬 이론을 일종의 템플릿"처럼 다루려고 하는데, 그것은 "모든 팬덤을 일반화하는 것이 아니라 특정 맥락이나 특정 대상에 대한 관심을 측정하는 잣대로 삼는 방식"이라고 주장한다. 저자도 인정하듯이, 이 책에 등장하는 대부분의 설명은 미국과 영국의 사례에 초점을 맞추고 있으며 다른 여러 국가의 팬 문화나 팬 연구에 대한 이야기는 빠져 있다. 이 대목에서 한국 독자라면, 한국의 맥락에서 팬 실천에 대한 저술들을 생산하고, 그것이 한국을 넘어서 팬 연구 전체에 학문적으로 기여하도록 해야 한다는 의무감을 갖게 될 것이다.

　마지막으로, 저자는 연구자의 수행과 연구자의 정체성에 대한 성찰이라는 문제를 예리하고도 독창적으로 제기하고 있다. 팬이기도 하면서 학자이기도 한 학자-팬/팬-학자/아카-팬의 정체성과 그것이 어떻게 팬덤 연구 자체에 영향을 미치는지에 대해 저자만큼 진정성 있게 고민하는 학자는 많지 않다. 한국에서도 10대 팬이었던 사람들이 대학원에 진학해 팬 연구를 하며 학자의 길로 들어서는 모습이 자주 보이고 있다. 그러나 팬으로서, 동시에 학자로서 어떻게 팬 연구를 수행해야 하는지 고민하는 일은 그저 혼자 감당할 개인적인 문제로 연구자들에게 미루어졌다. 그러나 이 책에서 저자는 학자와 팬의 정체성이 팬 연구에 어떻게 작용하는지를 연구 방법론과 윤리적 측면에서 성찰하는 논의의 장을 마련하고 있다.

　독자들은『팬덤 이해하기』에서 팬 연구의 수많은 갈래를 따라가며 팬덤 실천과 이슈들이 낱낱이 파헤쳐지는 모습을 목도하게 될 것이며, 그 과정에서 팬덤의 정체성이 다시 구성되어가는 장면을 발견하게 될 것이다. 그리고 우리가 다시 돌아갈 수 없는 여정에 들어선 것을 깨닫고, 그 여정이 끝날 때쯤 독자의 손에는 한국에서의 팬덤을 이해하기 위한 다양한 기준과 비교표가 남아 있음을 알게 될 것이다. 한국에서 팬덤의 성격과 위치는 무엇이며, 영미 팬들과 우리 팬들의 공통점과 차이점은 팬덤에 대한 이해를 본질적으로 어떻게 변경하거나 심화·확대시키는지 생각하게 될 것이다. 학문은 본래 끊임없이 비교하고 성찰하는 과정에서 발전하지 않았던가?

　잠시 책의 내용에서 빠져나와, 이 책이 한국에서 한글로 소개되기까지의 과정도 언급하지 않을 수 없을 것 같다. 문화연구자라면 아마도 문화연구서를 번역하는 것이 얼마나 어려운 일인지 알 것이다. 문화와 관련된 어려운 개념에서부터 상응하는 우리말을 찾을 수 없는 은어들까지, 문화연구서를 번역하는 일은 다른 전공서를 번역하는 일과 비교해서 몇 배의 노고를 필요로 한다. 그럼에도 그 결과물은 독자가 만족할 수 없는 난해하거나 어색한 번역일 가능성이 높다. 하물며, 텔레비전 프로그램과 그에 얽힌 세세한 등장인물들, 가수와 음악들, 팬덤의 구체적이고 다양한 실천 사례와 은어들, 문화연구의 이론적 논쟁뿐 아니라 정신분석이나 심리학 분야의 논의들, 게다가 팬덤 연구방법론까지가 다루는 300쪽이 넘는 팬덤 연구서라니! 더구나 이 책이 다루는 대상은 대중문화의 첨단이라 할 팬덤이다. 이러한 책을 번역하겠다고 나섰으니, 당시에 우리 번역자들이 무슨 생각이었는지, 언감생심 가당찮은 용기를 어떻게 냈는지 모르겠다. 아마도 번역자 네 명 모두 문화연구자라는 점과, 번역서를 작업한 경험도 있고 대체로 성정이 꼼꼼하다는 점에서 암묵적으로 서로를 믿었는지도 모른다. 그리고 방송문화진흥회의 지원도 적잖은 용기를 주었다.

처음 이 책을 함께 읽고 토론을 시작할 때까지만 해도 즐거웠다. 그러나 대중음악 현업에서 잔뼈가 굵으며 이후 문화연구자로 거듭난 저자의 이력은 곧 그가 사용하는 모호한 문구나 통상적인 문화연구에서의 용법과는 다른 자유로운(?) 용어 사용에서 자연스레 드러났고, 우리는 두통을 느끼기 시작했다. 예를 들어, 저자는 'mythos' 같은 단어를 맥락에 따라 조금씩 다르게 써서, 흔히 번역어로 사용되는 '신화소'로 말이 통하지 않는 부분에서는 '중심 이야기'로 풀어써야 했는데, 이때 번역자들은 용어 사용의 일관성이라는 문제를 두고 여러 차례 토론을 해야 했다. 때로는 저자가 다른 연구자의 원문을 잘못 인용한 탓에, 때로는 직관에 의존한 표현과 정돈되지 않은 문장 때문에 모두가 난감해진 경우도 많았다. 저자의 오류도 찾아내서 수정하고, 독자의 이해를 돕기 위해 낯선 이야기나 용어에 옮긴이 각주를 붙였다. 번역은 먼저 네 명의 번역자가 함께 강독한 후, 장을 분담해서 1차 번역을 하고, 이를 다시 서로 바꾸어 꼼꼼히 감수하는 과정을 거쳤다. 이후 우리 번역자 중 한 명이 다시 전체를 감수하며 문체의 통일성을 높이는 작업을 맡았다. 그럼에도 오역은 있을 수 있는데, 그것 역시 전적으로 번역자들의 탓이다. 한울의 담당 편집자는 이 책의 다섯 번째 숨은 번역자라고 할 수 있다. 그는 일반 독자의 시선에서 이해하기 어려운 용어나 문장의 의미에 관해 질문해주었을 뿐 아니라, 더 명료하고 자연스러운 한글 문장이 되도록 도와주었다.

현재까지『팬덤 이해하기』보다 더 종합적인 팬 연구서는 없으며, 동시에 팬 실천들을 이 정도로 치열하게 이론화하려고 시도한 연구서도 드물 것이다. 비록 서구의 맥락을 위주로 전개된 팬덤 논의지만, 이 책을 통해 팬덤을 연구하고자 하는 학도들은 팬덤 연구의 전체적 개요와 주요 논쟁들을 개별적으로 찾아 이해하는 수고를 덜 수 있을 것이다. 이 책이 고전이 될 만큼 놀랍고 독창적인 책이라거나 문화연구의 획을 그을 만큼 새로운 결과를 내놓은 책이라고 주장하는 것이 아니다. 그러나 단언컨대, 우리는 이 책을 안내자 삼아 더 창의적이고 더 생산적으로 팬덤을 이해할 수 있을 것이다. 팬들이 팬덤의 실천을 통해서 '관계 맺기의 즐거움'과 '전유의 즐거움', 그리고 '수행의 즐거움'을 일상적으로 누리듯, 독자도 이 책을 통해 그 즐거움을 모두 누리길 바란다!

2016년 6월
옮긴이 일동

주

1장 서론

1 '카이로스'는 고대 그리스어로 최고의 순간이나 적절한 순간을 가리킨다. 수사학과 기술, 교육을 다루는 학술 잡지의 이름이기도 하다.

2 여기서 내가 생각하고 있는 학자는 엘리스 캐시모어(Ellis Cashmore)와 코넬 샌드보스다. 캐시모어의 『스포츠 문화: A에서 Z까지(Sports Culture: An A-Z Guide)』는 스포츠 팬과 팬 잡지를 논하고 있다(Cashmore, 2000: 118~123). 그 외 미디어 팬에 관해 쓴 책으로는 『셀레브리티 문화(Celebrity Culture)』(Cashmore, 2006: 78~97)가 있다. 폴리티 출판사의 『셀레브리티』 시리즈에 들어 있는 데이비드 베컴에 관한 그의 책(2004)은 두 가지 관심을 효과적으로 결합시키고 있다. 반면에 샌드보스의 『팬: 소비의 거울(Fans: The Mirror of Consumption)』(2005)은 스포츠 팬덤에 관한 관심에서 출발했지만 미디어 팬덤 전체를 다룬다. 대부분의 다른 연구자들은 한쪽에만 집중하는 편이다.

3 그레이스랜드의 낙서를 일종의 수용자 참여로 보는 논의는 Alderman(2002)을 참조하라.

4 초기 할리우드 팬덤에 관한 자료는 Barbas(2001)에서 가져온 것이다.

5 페이 레이에 대한 온라인 팬픽은 여전히 생산되고 있다. 예를 들어 〈페이 레이에게 도대체 무슨 일이 있었나(What Ever Happened to Fay Wray?)〉를 참고할 것(http://tales-of-josan. liverjournal.com/54335.html.).

6 라디오 진행자인 테드 말론(Ted Malone)에게 온 7000여 통의 팬메일을 연구한 엘리후 카츠(Elihu Katz)는 팬메일을 쓰는 사람들이 그를 '직접 본 적은 없지만 충성심을 의심할 필요가 없는 친구'로 여기고 있음을 발견했다(Katz, 1950/2012: 112~113; 원저자 강조).

7 www.elvisinfonet.com/spotlight_mostcontroversialarticle.html에서 인용.

8 '엉클 포리(Uncle Forry)'에 관한 더 많은 정보가 필요하면 로드하우스 필름에서 만든 DVD 다큐멘터리 〈유명한 괴물(Famous Monster)〉을 참조하라.

9 〈스타트렉〉은 지금까지 여러 편의 영화로도 만들어졌으며, 네 번이나 시리즈물로 만들어졌다.

〈넥스트 제너레이션(The Next Generation)〉(1987~1994), 〈딥 스페이스 나인(Deep Sapce Nine)〉(1993~1999), 〈보이저(Voyager)〉(1995~2001), 〈엔터프라이즈(Enterprise)〉(2001~2005)가 그 시리즈다. 〈스타트렉〉은 팬 픽션 작가 문화를 자극했으며, 팬 픽션 작가들은 1972년에는 성인물의 주제를 포함시켰고, 1974년에는 슬래시 픽션이 나왔다(Pugh, 2005: 90~91).

10 당시의 비틀마니아에 대한 연구로는 Taylor(1966), Cooper(1968), Davises(1969)를 참조하라. 최근의 연구로는 젠더에 관한 흥미로운 논의를 하고 있는 Ehrenreich, Hess & Jacobs(1992)와 미국에서의 비틀스를 연구한 Inglis(2000)가 있다. Sullivan(1987)은 존 레논이 비틀스가 "예수보다 더 인기 있다"라고 한 유명한 발언에 대해 논의하고 있다. 기타 비틀마니아 연구로는 Muncie (2000), Berman, Lapidos & Bernstein(2008), Millard(2012: 22~41)가 있다.

11 대항문화는 1950년대의 로큰롤과 뒤이은 블루스의 부흥만이 아니라 비트족과 포크 저항 운동의 영향도 받았다.

12 물론 보위는 한쪽 청중에서 다른 쪽 청중으로 옮겨가는 데 성공했다.

13 대항문화에서의 성 혁명에는 나름의 셀레브리티 리더들과 컬트 작품들이 있었다. 내가 여기서 염두에 두고 있는 사람들은 티모시 리리(Timothy Leary), 알렉스 컴포트(Alex Comfort), 그리고 인기 있는 포르노 영화 〈목구멍 깊숙이(Deep Throat)〉[제러드 데미아노(Gerard Damiano) 감독, 1972]의 주인공인 린다 러브레이스(Linda Lovelace)다.

14 네다 얼러비(Neda Ulaby)가 NPR(미국공영라디오)에 기고한 "비더의 답변(Vidder's Talk Back)"을 참조하라. www.npr.org/tem plates/story/story.php?storyId=101154811.

15 〈여전사 제나〉(1995~2001)와 같은 초기 판타지 프랜차이즈와 함께 〈버피와 뱀파이어〉는 텔레비전 팬덤의 새로운 시대를 알렸다. 팬들은 박스 세트를 구매했을 뿐 아니라 방송을 보며 온라인으로 채팅을 했다. 이 프로그램들은 또한 여성, 게이와 레즈비언 수용자의 취향에 더 맞는 편이었다. 팬을 연구하는 새로운 세대의 학자들 또한 이러한 팬 현상에 관심을 가졌고 그 현상을 연구할 도구를 갖고 있었다. 예를 들어 캐시 영(Cathy Young)이 쓴 「우리가 제나에게 빚진 것(What We Owe Xena)」을 참조하라(www. cathyyoung.net/features/whatweowexena.html). 〈버피와 뱀파이어〉에 관한 연구로는 Porter(2004), Williamson(2005), Keft-Kennedy(2008), Kirby-Diaz (2009), Collier, Lamadue & Wooten(2009)을 참조하라.

16 제이슨 미텔(Jason Mittell)은 사람들이 공부하며 여러 번 되풀이해서 보는 복잡한 프로그램 (show)을 '학습 가능한(drillable)' 미디어라고 부른다(Jenkins, Ford & Greene, 2013).

17 내가 여기서 염두에 둔 음반은 라디오헤드(Radiohead)가 2007년에 발표한 ≪In Rainbow≫다. 돈을 지불할 의사가 있는 수용자라면 누구든 이 음반을 살 수 있었지만 수집가 버전은 팬들에게만 판매되었다. 50센트(50 Cent) 같은 아티스트들 또한 팬들을 이용해서 음반 발매 전에 온라인에 테스트 곡을 올렸다.

18 인터넷은 결코 유토피아적인 공간이 아니며, 온라인 토론 공간은 종종 퇴행적 이데올로기를 둘러싸고 구조화된 비판적 논평들로 가득 차 있는 것처럼 보인다. 수용자들이 '이미' 특정 담론에 기

울어 있고 특정 이데올로기를 추종하기 때문에 소비자 주권은 제한된다.

19 이를테면 Giesler & Pohlmann(2003), Pugh(2005: 15~16), Scott(2009)은 팬 문화를 비상업적인 문화로 본다.

20 내가 여기서 '더 쿨'하다고 말하는 것은 마셜 매클루언(Marshall McLuhan)이 사용했던 의미다. 그 말은 '더 힙하다'라는 의미가 아니라 '덜 분주하고 정서적으로 더 느리다'는 의미다. 그러나 쿨한 열정도 여전히 깊은 열정이 될 수 있다.

21 여기서 권력 개념은 기본적으로 푸코적 의미에서의 권력이다. 모든 사람이 권력의 일부를 쥐고 있다는 점에서 권력은 도처에 있지만, 그렇다고 해서 우리 모두가 동일한 정도의 권력을 갖고 있는 것은 아니다.

22 Hills(2012)는 '인터 팬덤'이라는 개념을 통해 어떻게 특정 팬 문화가 다른 팬덤을 부정적으로 스테레오타입화하고, 그 과정에서 어떻게 참여자들이 특정 대상에서 멀어져서 다른 대상으로 옮겨 가게 되는지에 주목했다.

23 Sandvoss(2005: 64)는 이를 '집(Heimat)'이라고 부른다. 그것은 자신이 속하는 곳에 있을 때 느끼는 (감정적인) 안전감과 안정감이다.

24 이 유용한 윤리적 정언은 Hills(2002)에서 가져온 것이다.

2장 팬 스테레오타입과 재현

1 리사 루이스의 책에서는 졸리 젠슨(Joli Jensen)의 이름이 젠슨(Jenson)으로 잘못 표기되었다. 이 책에서는 젠슨 교수의 실제 이름을 사용했다.

2 '과도한'(헌신적인) 팬덤을 자위행위에 비유하는 것은 '팬 마요네즈(fayonnaise)'와 같은 속어에서도 관찰된다. 이 단어는 온라인 '어번 딕셔너리(The Urban Dictionary)'에 등재되어 있는데, 팬덤의 산물을 정액에 상응하는 것으로 표현하고 있다. 즉, 이 단어에는 부적절한 감정이 물질로 구현되었다는 의미가 들어 있다(www.urban dictionary.com/define.php? term=fayonnaise). 자위행위의 비유는 팬덤을 비현실적이고 실현될 수 없는 욕망의 대상과의 만남으로 보고, 그 유사사회적인 성격을 강조한다.

3 온라인상에서 나타나는 수많은 '플레이밍(flaming)'과 '트롤링(trolling)'을 보면, 다수의 사용자들이 전혀 알지 못하는 사람들을 욕하고, 비판하고, 놀리며, 공개적으로 바보로 만들거나, 그들에게 조롱 섞인 협박을 가함으로써 왜곡된 즐거움을 얻는다는 사실을 알 수 있다. 많은 사람이 온라인 공간을 익명의 영역으로 사용하며, 여기서의 비판 과정은 비꼬는 오락을 전파하는 일 이외에는 성과가 없다. 증오를 표현하는 온라인 댓글들을 부적절할 뿐 아니라 심지어 위험한 공적 선언으로 심각하게 받아들이는 경우도 있다. 또한 온라인 댓글들은 지배적 가치에서 벗어난 이들을 규율하는 작용도 한다.

4 다시 말해, 안티 팬덤은 문화자본의 전시와 관련이 있다.

5 〈독신남(The Bachelor and the Bobbysoxer)〉[어빙 레이스(Irving Reis) 감독, 1947], 〈올모스트 페이머스(Almost Famous)〉[캐머런 크로우(Cameron Crowe) 감독, 2000], 〈판타스틱 소녀백서 (Ghostworld)〉[테리 즈위고프(Terry Swigoff) 감독, 2001], 〈마이 석키 틴 로맨스(My Sucky Teen Romance)〉[에밀리 하긴스(Emily Hagins) 감독, 2011] 같은 영화들은 팬 등장인물을 상대적으로 긍정적으로 묘사했다고 우호적인 평가를 받았다. 한편, 〈와일드 클럽(The Banger Sisters)〉[밥 돌먼(Bob Dolman) 감독, 2002]과 〈팬보이즈(Fanboys)〉[카일 뉴먼(Kyle Newman) 감독, 2009] 같이 애매하거나 좋지 않은 취향의 코미디 물에서도 팬덤을 괜찮게 묘사하는 부분들이 있다. 마지막으로, '미친 팬'을 주인공으로 한 영화들, 예컨대 〈코미디의 왕(The King of Comedy)〉(스코세이지 감독, 1983) 같은 영화들은 대체로 우리가 얼마나 이 주인공에게 감정이입할 수 있는지를 묻는다. 이 영화들은 팬의 관점에서 세계를 바라볼 것을 지속적으로 요구한다는 점에서, 〈몬도 엘비스(Mondo Elvis)〉[톰 코보이(Tom Corboy) 감독, 1984], 〈사운드 잇 아웃 (Sound it Out)〉[지니 핀레이 감독, 2011] 같은 다큐멘터리들보다 팬덤에 훨씬 공감하는 성격을 띤다고 볼 수 있다.

3장 텍스트를 넘어서

1 『텍스트 밀렵꾼들』에서 젠킨스는 "팬들은 대안적인 문화 공동체를 구축하기 위한 토대로서 자신들이 취득한 것을 챙기고, 약탈한 물건을 사용하는 밀렵꾼들이다"라고 설명한다(Jenkins, 1992: 223).

2 나는 여기서, 매닉 스트리트 프리처스(Manic Street Preachers)의 팬들이 벤 마이어스(Ben Myers)가 쓴 『리처드(Richard)』(2010)라는 소설을 비판한 사례를 생각하며 썼다. 이 소설은 매닉 스트리트 프리처스의 기타리스트인 리치 에드워즈(Richey Edwards)가 실종된 실화를 바탕으로 쓰였다.

3 Jenkins(2006: 42; 2008: 185)를 참조하라.

4 예를 들어, 2007년 〈아메리칸 아이돌〉 방영 시 웹상에서 '최악 뽑기(Vote for the Worst)' 캠페인이 벌어지자, 이에 대한 반발이 있었다(Jenkins, 2008: 91).

5 Wall(2003)은 셀레브리티 이미지를 단속하는 사례를 연구했다.

4장 병리학적 전통

1 BBC 〈뉴스 스토리〉, "셀레브리티를 숭배하는 사람이 성공한다". 2003년 8월 13일(http://news.

bbc.co.uk/1/hi/health/3147343.stm).

2 집착으로서의 팬덤에 대한 다른 연구는 Cohen(2004)을 참조하라.

3 최근 연구의 동향은 Giles(2009)를 참조하라. Schmid & Klimmt(2011)도 참조할 수 있다.

4 아마도 지젝은 그가 셀레브리티로 마케팅 대상이 되고, 심지어 '문화 이론계의 엘비스 프레슬리' 로 불리기까지 하는 현실에 대해 불편함을 토로한 듯하다. 이 인용구는 동명 다큐멘터리 〈지젝!〉 의 DVD(2005) 표지에 실려 있었다. 이는 사회이론가가 다양한 학술공동체의 수용자들을 함께 모이게 하고 그들이 원하는 것을 준다는 것만을 의미하지 않는다. 더 나아가 그의 사상이 펼쳐지 는 광경을 보는 것 자체가 공적 스펙터클이 주는 즐거움이 되며, 그의 메시지는 부차적임을 시사 한다.

5 매스컬처 패러다임에서는 이미 팬덤을 장애로 간주해버렸기 때문에, 연구자들이 팬덤을 이용해 서 고립된 병리적 장애를 표현하는 사람들을 적절하게 구분할 수 없었다. 그러나 배리 매닐로 (Barry Manilow)를 '사랑'한다는 이유로 남편과 동침하지 않은 것으로 유명한 한 여성의 사례는 (Vermorel, 1985/2011: 11~21을 참조하라), 그녀가 극단적 팬덤 개념을 사용해서 친밀감에 대한 자신의 비정상적인 심층 공포를 감추고 보상하려 했음을 잘 보여준다. 이 사례는 극단적인 팬덤 의 아주 고전적 사례로서 대중에게 광범위하게 유통되었다는 점에서 흥미롭다.

6 Ferris & Harris(2011) 같은 연구는, 유사사회적 상호작용 가설이 가정한 것보다 훨씬 더 많이 팬 들이 그들의 우상을 실제로 만난다는 점을 지적했지만, 셀레브리티들이 그 수많은 팬 모두를 동 등하고 개별적인 차원에서 조금도 만나줄 수는 없다는 점 역시 자명하다. 그러므로 팬들은 이러 한 만남을 위해 노력한다.

7 몇몇 그루피는 다른 방식으로 이와 동일한 일을 했다. 바로 유명한 '석고 본 뜨는 여자들(plaster caster)'인데, 시카고 출신의 신시아 알브리튼(Cynthia Albritton)과 그녀의 친구인 다이앤 (Dianne)은 결혼과 성을 분리시키려는 신사랑 운동에 따라, 지미 헨드릭스(Jimi Hendrix)와 같은 록 스타 성기의 석고본을 떴다. 이들의 위업은 다큐멘터리 〈석고 본 뜨는 여자들〉[제시카 에버레 스(Jessica Everleth) 감독, 2001]에 잘 나와 있다.

8 워홀이 어린 시절부터 셜리 템플(Shirley Temple)의 팬이었다는 사실은 잘 알려져 있고, 이후에 워홀은 작가인 트루먼 커포티(Truman Capote)에게 매혹을 느꼈다. 워홀의 개인적인 팬덤은 그 의 이야기의 일부가 되어왔다.

9 팬의 헌신에 대한 다른 차원의 유형을 확인하고 싶다면 MacKellar(2008)를 참조하라.

10 섀퍼는, 아동보호 활동가인 서맨사 스미스(Samantha Smith)를 협박한 전례가 있는 정신병자 연 쇄살인마에게 저격당했다. 1990년대 라틴 팝 유행을 몰고 온 셀레나(Selena)는 자금 횡령을 했다 는 죄목으로 기소된 팬클럽 회장에 의해 살해당했다. 그녀의 팬은 스토커는 아니었다.

11 아마도 여기에 계급적인 요인이 있는 듯하다. 예를 들어 허구의 이야기를 다룬 영화의 등장인물 인 한니발 렉터나 (재능 있는) 리플리 같은 인물은 고전 음악을 감상하는 마니아로 나오고, 자신 만의 사회적 엘리트주의를 보여준다. 반면 미디어 팬덤은 흔히 좀 더 낮은 계급의 괴물로 재현되

는 경향이 있다.

12 Kennedy(1997, online)에서 발췌했다.

13 채프먼의 동기를 명성을 얻으려는 것으로 설명하는 것은 〈암살자들(The Shootist)〉[돈 시겔(Don Seigel) 감독, 1976]과 같은 다수의 서부극에서 묘사되는 관념과 유사하다. 명성이나 공적 평판은 유명한 청부 살인자를 쓰러뜨리는 자가 획득할 수 있다는 것을 시사한다.

14 여기서 힐스가 클라인 식의 접근법을 지칭하고 있지 않다는 점을 분명히 밝히려 한다. 클라인적인 접근에서는 개인이 가진 환상의 일부가 심하게 비정상적이더라도 투사를 하는 개개인은 정상으로 간주한다.

5장 사람들은 어떻게 팬이 되는가

1 전염은 종교적 대상물의 '신성함'이라는 관념과 연결되어 있다.

2 다리오 아르젠토는 작가주의적인 공포영화감독이다.

3 팬 지식을 습득하는 행위는 1차적으로 팬 공동체 '내부에서' 인정받기 위해 경쟁하고 있음을 나타내기도 한다.

4 헤어라베디언의 발언은 2011년 4월 5일자 ≪데일리 메일≫에 실린 기사 내용("놀라운 두 번의 충격: 미친 잭슨 동상이 두 번째 베일을 벗었다. 그러나 이 조각은 분노 편지와 살해 위협을 촉발했다")에서 가져 왔다. 이 뉴스 기사는 다음 웹사이트에서 볼 수 있다(www.dailymail.co.uk/news/article-1473681/Michael-Jacson-statue-Maria-von-Kohler-Hackney-sparks-death-threats.html).

5 이 내용은 '씨라인 갤러리(See Line Gallery)' 홈페이지의 작가 소개에 나와 있다(http://seelinegallery.com/kohlerstate ment.html).

6 Cavicchi(1988: 52, 98)도 참조하라.

7 이러한 새로운 관심은 여러 가지 방식으로 나타났다. 10년 만에 다시 국회에서 엘비스 프레슬리의 날을 국경일로 지정해야 한다는 안건이 논의되었고, 15명의 의원이 이를 지지했다. 미국의 국립공원관리공단은 그레이스랜드의 '예외적인 의미'를 인정해서 그 저택을 문화재 목록에 올렸다. 뉴욕 프라이머리 선거 운동 기간에 당시 대통령 후보였던 빌 클린턴(Bill Clinton)은 아세니오 홀 (Arsenio Hall, 미국의 영화배우이자 코미디언)의 토크쇼에 출연해서 프레슬리의 「Don't Be Cruel」을 색소폰으로 연주했다. 그리고 1993년에 미국 우정국에서 1993년 판 엘비스 우표의 디자인을 결정하는 '선거'를 개최하자 약 1000만 명이 투표에 참가했다.

8 사회적 전기(social electricity)가 특정 공연에서 어떻게 실재화되는지 살펴보기 위해서는 개인 관중들이 무대 위의 사람들과 함께 자신의 정체성과 관심을 조정하는 감정적·음악적·기호학적 역동에 초점을 맞추어야 한다. 이러한 연결의 문제는 에너지의 차원뿐 아니라 의미의 차원과도 관련이 있다. 나는 여기서 그로스버그(Grossberg, 1997: 160)의 정동 개념을 가져와서 리비도적인

것과 기호학적인 것을 구분하는 방식이 유용하다고 생각한다. 뒤르켐이 설명한 고리처럼 연결된 권능의 에너지는 '리비도적'인 것으로 볼 수 있는데, 그것은 일종의 에너지로 '의미 있는' 공동의 순간에 모습을 드러낼 때를 제외하고는 눈에 보이지 않기 때문이다. 공연의 이러한 차원을 이해하기 위해서는 해당 이벤트의 (에너지학이 아니라) 구체적인 기호학(local semiotics)에 비판적으로 주목할 필요가 있다. 즉, 각각의 관중이 연주자의 음악, 정체성, 태도에 특별히 관심을 갖게 되는 방식을 살펴봐야 한다. 분석을 목적으로 에너지학과 기호학을 구분할 수는 있지만 사실상 현실에서 둘은 서로 연결되어 있다.

9   라이브 음악과 음반으로 듣는 음악의 차이에 초점을 맞추다보니, 우리는 두 가지 음악이 청중을 위해 연주함으로써 사회적 인정을 증가시키는 방법이라는 점에서 같다는 것을 보지 못했다. 투어와 음반 녹음 모두 아티스트의 인기를 구축하는 방식이며, 이것들이 각자 독립적으로 작용할 수도 있고 하나가 다른 하나의 판매를 부추기기도 한다.

10 이 발언은 BBC의 〈이매진(Imagine)〉 시리즈로 방송된 다큐멘터리인 〈톰 존스: 노출된 목소리 (Tom Jones: The Voice Exposed)〉에서 인용했다.

11 이러한 확신의 문지방은 정서적 강도를 나타내는 종모양의 그래프상의 기준선이라고 생각하면 이해하기 쉽다. 지각 영역으로 들어가기 위해서는 그 문지방을 건너야 하지만, 어느 팬이든 관심이 시들해지면 정서의 강도가 낮은 쪽으로 다시 넘어올 수 있다.

6장 팬 실천

1   www.immortalmarilyn.com에서 발췌.

2   흥미로운 팬 픽션 목록은 http://fanlore.org/wiki/Category:Tropes_%26_Genres를 참조하라.

3   이 부분은 〈스타트렉〉 팬진인 ≪그룹(Grup)≫ 제3호에 실렸고, 사상 최초의 슬래시 이야기로 시작된다.   http://elvanesti.tumblr.com/post/22029114079/a-fragment-out-of-time-bydiane-marc hant를 참조하라.

4   여성 대 여성 슬래시도 몇 편 있다(Jenkins, 2006: 62).

5   H/C에 대한 언급은 Pugh(2005: 77), 토머스와 오시어가 편집한 책에 실린 Sullivan(2010: 126), Zubernis & Larsen(2012: 90)을 참조하라.

6   Crawford(2011)는 팬 이론을 사용해서 컴퓨터 게임 사용자들을 연구했다.

7   Jenkins(1992: 220~221), Jenkins(2006: 62~64, 77~79)를 참조하라.

8   Jenkins(2006: 78~79)에서 인용함.

9   많은 논란이 있었던 것은 〈블레이크 7〉의 이야기 〈연인에 가까운/악당(Nearly Beloved/Rogue)〉에 나온 애매한 강간 장면과 〈전문가들(The Professionals)〉(1977~1983)의 에피소드 〈결과 (Consequences)〉에 나온 한 장면이었다(Jenkins, 1992를 참조하라).

10 캐서린 존슨(Catherine Johnson)은 세 가지 유형의 상품(merchandise)을 구분하기 위해 디제시스 개념을 사용했다. 그의 설명에 따르면 다이제시스적인 것(diegetic)은 쇼에서 사용된 모형 소품과 의상이며, 유사 다이제시스적인 것(pseudo-diegetic)은 서사 세계의 일부지만 쇼 안에 있지는 않은 것이고, 다이제시스-외적인 것은(extra-diegetic)은 포스터, 에피소드 가이드 같은 TV 쇼로서의 시리즈에 대한 것이다(Johnson, 2007: 15).

11 역설적이게도 〈사랑도 리콜이 되나요〉의 결말에서, 에너지 넘치는 배리는 엄청나게 섹시한 소울 가수가 되기 위해 자신의 문화자본을 이용한다.

12 '백색 깃털'의 웹사이트 주소는 다음과 같다. www.whitefeatherexhibition.com/story.htm

13 몇몇 엘리트 팬은 이메일을 통해서 서로에게 이야기를 전달했다(Jenkins, 1992: 158).

14 조앤 가드-핸슨(Joanne Garde-Hansen)은 모사가 인위적 기억(prosthetic memory)을 재창조하는 행위라고 보았다(Garde-Hansen, 2011: 127). 또한 모사는 과거의 공연을 찬양하고 헌사를 표현하는 것으로 간주되거나, 심지어 틈새 장르나 공연 스타일 차원에서 일어나는 것으로 볼 수 있다. 미디어를 통해 조장된 '허위(false)' 기억을 다룬 글로는 Duffett(2003b)과 Landsberg(2004)를 참조하라.

7장 팬덤, 젠더, 성적 성향

1 〈수퍼내추럴(Supernatural)〉 드라마 시리즈에 대한 Zubernis & Larson(2012)의 생생한 연구 역시 팬픽 작가들이 그 쇼의 두 남성 주인공들 사이를 슬래시 관계로 상상하는 것에 수치심을 느낀다고 말한다.

2 Bury(1998)는 〈X-파일〉(1993~2002)의 여성 팬들이 메일링 리스트를 사용해서 바깥세상에서는 폄하되는, 자신들만의 즐거움과 관심의 공간을 창조하는 유사한 예를 제공한다.

8장 신화, 컬트, 장소

1 크리스틴 스코대리(Christine Scodari)의 책(Scodari, 2007)에는 팬들이 온라인상에서 비틀스의 신화를 어떻게 개조하고, 서로 경쟁하고, 그리고/또는 재창조했는지를 보여주는 사례가 나온다.

2 〈닥터 후〉 팬덤 책 『시간여행자에 빠진 여성들』에 실린 Bear(2010: 13)와 Kowal(2010: 166)의 글을 참조하라.

3 주네트는 직접 관련되어 있는 2차 요소 ― 저자 이름, 제목, 헌사와 서문 ― 를 전통적인 파라텍스트로 보았다(Genette, 1997). 미디어 연구에서는 그 용어는 광고나 트레일러, 리뷰와 같은 것에 좀 더 많이 쓰이는 경향이 있다.

4 물론 셜록에는 항상 팬들이 있었다('셜로키언'이라고 불린다). 그리고 그 현상은 BBC 시리즈가 최근 셜록 이야기를 새롭게 방송하면서 더 확장되고 있다. Pearson(2007) 및 Stein & Busse (2012)를 참조하라.

5 여기에 해당하는 몇 가지 예를 들어보면 다음과 같다. 소니의 공식 엘비스 프레슬리 저작권 회사 인 '그 꿈을 따르라(Follow That Dream)'는 엘비스 프레슬리의 경력에서 가장 중요한 순간들을 담은 한정판 책이나 CD를 발매한다. 또한 '앵커 베이(Anchor Bay)'는 흥미로운, 비주류 호러영화 를 집에서 재생할 수 있는 포맷으로 재발매한다.

6 랜즈버그에 따르면(Landsberg 2004: 2), 인위적 기억은 "영화관이나 박물관 같은 장소에서 한 개 인이 과거에 대한 역사적 서사를 만나는 인터페이스에서 만들어진다. 이 접촉의 순간 겪는 경험 을 통해 개인은 자신을 더 큰 역사 속으로 봉합해 넣는다. …… 개인은 단지 역사적 서사를 알게 되는 것이 아니라 자신이 직접 겪지 않은 과거의 사건에 대해 더욱 개인적이고 깊이 느껴지는 기 억을 갖게 된다. 이렇게 만들어진 인위적 기억은 그 개인의 주체성과 정치에 영향을 미친다". 다 시 말해서 개인은 자신에게 일어난 적이 없는 '거짓' 기억들을 이식받는 셈이라 할 수 있다. 반면 에 '상상된 기억'은 그러한 개인들을 욕망하는 주체로, 즉 그 사건이 일어났던 그 시간과 장소에 있었기를 소망하는 사람들로 위치시킨다.

7 물론 '진짜' 기억도 모순적이다. 모든 기억은 뇌가 특정한 방식으로 어떤 사건을 기록하고, 저장 하고, 회상하고, 해석하면서 만들어지기 때문이다.

8 Cavicchi(1998: 173)와 Fritsch(2010: 112)를 참조하라.

9장 온라인, 오프라인 팬 공동체

1 무명 가수인 수전 보일은 웨스트로시안 학교(West Lothian School)가 1999년 제작한 스코틀랜드 자선 싱글 CD에 들어 있던 「Cry Me a River」를 불렀다. 자선 싱글들은 통상적인 의미에서 상업 적인 레코드가 아니며, [옮긴이: 수전 보일의 싱글은] 1000부만 제작되었다.

2 Hellekson & Busses(2006)는 다른 관점에서 연구된 온라인 팬 퍼포먼스의 다양한 예들을 담고 있다.

3 이 구절은 BBC 다큐멘터리 시리즈 〈은혜로운 기계들이 보살펴주는 모든 것(All Watched Over by Machines of Loving Grace)〉(Curtis, 2011)의 첫 번째 에피소드인 '사랑과 권력(Love and Power)'에서 인용했다. 이 구절은 온라인에 글을 쓰는 카르멘 에르모시요(Carmen Hermosillo) ('험독'은 그가 온라인에서 사용하는 필명이다)가 쓴 것으로 나온다. 하지만 더 조사해보면 이 구 절은 에르모시요가 썼던 「판도라의 말: 사이버스페이스 공동체(Pandora's Vox: Community in Cyberspace)」에서 주요 내용을 요약한 글임을 알 수 있다(humdog, 1996을 참조하라).

4 도스가 주목했듯이, 몇몇 엘비스 팬은 엘비스가 자기 가족의 일원이었던 것처럼 느낀다. 이들이

느끼는 친자 관계 및 자부심은 '그들의' 남자인 엘비스가 기업 미디어의 세계에서 성공할 수 있는 자리를 만들어주었다(Doss, 1999: 12).

5   힐스는 젠킨스가 종종 팬 공동체 내의 당파주의를 간과했다고 주장했다(Hills, 2002a: 9).

6   이에 대한 한 가지 사례는 몇몇 팬픽 공동체의 새로운 팬들이 픽션 시나리오를 쓰기 위한 기본 자료로 실제 인물을 사용하지 말아야 한다는 공동체의 금기를 지키지 않았던 일이다(Jenkins, 2006: 142).

10장 팬덤 연구하기

1   이는 그 학술대회가 샐포드의 한 대학에서 개최되었기 때문에 더 명백했다. 샐포드는 상대적으로 가난한 도시로서, 기대수명도 전국 평균보다 상당히 낮으며, 가장 빈곤한 지역의 실업률은 50%에 이른다. 그러나 마크 스미스는 노동계급에 배경을 두고 노래하면서도 아주 광범위한 지지를 받는 뮤지션이며, 그래서 불가피하게 계급을 가로지르는 매력을 불러일으킨다는 것도 사실이다.

2   원시주의(primitivism)는 특정 인종, 사회 또는 문화가 다른 것과 비교해서 덜 '선진적(advanced)'이라는 견해를 말하는데, 현재 이 견해는 의문시되고 있다. 이런 견해를 가진 근대 서구 사회는 자신들은 상대적으로 문명화되었는데, 다른 문화들은 교육받지 못했고 동물적이거나 야만인이라고 간주했다. 인류 문화를 위계적으로 보는 이러한 관념을 통해, 유럽은 나머지 세계를 식민지로 만들며 자신들의 팽창을 정당화했다. 그들이 지역성에 몰입함으로써 다양한 '토착(native)' 문화의 관점을 파악하려 한다는 점에서, 브로니슬라브 말리노프스키(Bronislaw Malinowski) 같은 초기 문화기술지 학자는 이러한 식민지적 기획과 복잡하게 관계된다.

3   이런 혐의는 결코 진짜 팬을 만나본 적이 없거나, 기존의 이론을 확인하기 위해서 팬들을 이용하는 귀납적 연구자들에게 매우 강하게 적용된다.

4   때때로 라이브 공연에서 '브루우우우스!' 하는 스프링스틴 팬들의 외침은 잘 모르는 외부자에게 야유하는 것으로 오해를 받기도 한다.

5   예컨대, 경시되는 팬 대상들로는 에린 랜드(Aryn Rand) 같은 우파적인 픽션을 포함할 수 있다. 그러나 이러한 예가 팬 연구가 정체되었음을 의미하지는 않는다. 예를 들어 주변화된 젊은 대학원생들은 때때로 '쓰레기' 문화에 대한 연구를 피난처 삼아, 나이 많은 학자 세대에게 복수한다(Hills, 2002a: 59). 그러나 단지 적절한 '쓰레기'만 멋질 수 있으며, 그것도 단지 알맞은 집단 내에서만 그럴 뿐이다. 아마도 가장 흥미로운 것은 '멋지지 않은' 형태를 고집하는 팬덤일 것이다.

6   상세한 자기문화기술지들은(또는 덜 철저하게 자서전적이거나 일화적인 접근들은) 개인적인 것을 정치적인 것으로 보는 페미니스트들, 생산 경험을 회고하려는 미디어 행위자들, 그리고 아마도 이론과 연관해서 자기의 삶을 해석하는 데 더 많은 경험이 있는 (아니면 더 냉소적으로 말해서, 폭넓은 연구를 할 수 없을 만큼 바쁘지만 여전히 출판은 할 수 있는) 선임 교수들에 의해 수행

되는 경향이 있다. 예를 들어 새러 아트필드(Sarah Attfield)는 주제적 측면에서, 자기문화기술지
의 접근이 개인 주체성을 폭넓은 학문 공동체보다 더 중요시하기 때문에 펑크록을 논의하기 적합
했다고 주장했다(Attfield, 2011).

11장 결론: 팬덤 연구의 최전선

1 '트와하드'는 뱀파이어 영화 프랜차이즈인 〈트와일라잇〉의 팬으로서 엄청난 비난을 받고 있다.
   트와일라잇 팬덤에 대한 최근 연구와 그에 대한 반응으로는 Click(2009), Click, Aubrey &
   Behm-Morawitz(2010), Larsson & Steiner(2011), Hills(2012), Morley(2012)를 참조하라.
2 Cavicchi(1998: 154)를 참조하라.
3 Click(2007)은 마사 스튜어트(Martha Stewart)의 텔레비전 셀레브리티 이미지가 추문에 휩싸였
   을 때 그녀의 팬들이 어떤 반응을 보였는지를 탐구했다.
4 팬이 나이를 먹으면, 팬의 즐거움에 향수, 토론, 동지애, 유물 관광 등이 포함될 수 있다.
5 팬덤의 역사에 대해서는, 예를 들어 Barbas(2001), Coppa(2006), Young(2008), Jenkins (2012b)
   를 참조하라.
6 플래시 몹은 마이클 잭슨 춤 같은 것을 집단적으로 공연하기 위해 짧은 시간 동안 공공장소에 모
   이는 군중을 지칭한다.
7 윌 브루커는 흑인과 백인 〈스타워즈〉 팬들을 대상으로 한 초점집단 인터뷰를 통해서 이들이 영
   화를 매우 다른 방식으로 본다고 추측했다(Brooker, 2002: 57). 카비치는 결론을 내지는 않았지
   만, 스프링스틴 수용자의 (백인) 인종적 구성에 대한 팬들의 인식에 대해 논의한 바 있다
   (Cavicchi, 1998: 147~149). 〈닥터 후〉 팬인 마사 존스(Martha Jones)는 '유색인종 팬'을 언급했
   다(Jones, 2010: 173). 이외에 다른 연구들이 흥미로운 토론이 될 수 있는 지점을 넌지시 지적하
   고 있다.
8 Jenkins(2006: 164) 및 Hills(2002b)를 참조하라
9 젠킨스는 미디어 기술이 변화하면서 액티비즘이 용이해졌다고 말한다. 한편으로 미디어 생산물
   이 수용자들로 하여금 셀레브리티를 구성하고 (해체하는 데) 양방향으로 참여하도록 권유하는
   것은 집합적 행위를 유도하는 것이다. 다른 한편으로는 "(온라인) 공동체가 확대되고 반응 시간
   이 줄어들고 있기 때문에, 팬덤은 점점 소비자 액티비즘을 위한 효율적인 플랫폼이 되고 있다"
   (Jenkins, 2006: 141).
10 예를 들어, "그래, 나 중독자야"라고 말하는 것은, "내 팬 대상이 나의 자율성보다 더 중요해"라는
   의미에서 팬덤을 사회적으로 수행하는 행위다. 이러한 발언의 의미는 복잡한데, 왜냐하면 그 말
   이 너무나 모순적이기 때문이다. 자아 결핍(현혹), 자신을 자발적으로 부인하는 행위(희생), 무언
   가 다른 것을 감추기 위한 방법(감추는 선택), 또는 이 세 가지 모두를 인지하는 것은 충격적인가?

11 점차 공개적인 시대가 되면서, (전통적 의미에서) 연기자가 아닌 사람들도 인터넷이나 미디어 보도를 통해 관심을 받게 된다. 세라 페일린(Sarah Pailn) 같이 사회운동에 보수적인 정치인이나 유명한 범죄자에게 열정적으로 애착을 갖는 수용자를 우리는 뭐라고 불러야 할까? 2011년 테레사 비스트램(Teresa Bystram)이 잔혹한 살인마인 라울 모아트(Raul Moat)의 장례식에 참석하기 위해 아이를 데리고 전국을 횡단했을 때, 그녀는 영국 미디어가 이를 다루는 시험 사례가 되었다. 비스트램이 모아트를 만난 적이 없었는데도 타블로이드 신문들은 그녀를 '팬'이라고 불렀다(예를 들어 Phillips(2011)를 참조하라). 비스트램의 모아트 팬덤 소동 이후 그녀는 동물학대 죄로 기소되었고, 이는 기자들이 그녀가 정상적인 사람인지 더욱 의심하도록 만들었다. 가끔 범법자들이 대중의 상상력을 사로잡았던 사례가 있었지만, 범법자를 추종하는 이들에게 팬이라는 말을 확장하는 행위는 이 용어를 사악하게 평가하는 것이다. 팬이라는 단어를 이런 식으로 사용하는 것은 매개된 관계가 규범이 된[그리고 관련해서 공적인 삶이 '수행(연기)'으로 평가받는] 시대가 되었음을 보여준다(Kingsepp, 2010을 참조하라).

용어해설

개사곡(filk song) 팬들이 만든 노래로 주로 팬 집회에서 불린다. 개사곡을 만드는 행위를
　　필킹이라고 한다(Jenkins, 1992: 250을 참조하라).

게임 모딩(game modding) 롤플레잉이나 실시간 전략 게임 같은 개인용 컴퓨터 게임을 이
　　용자 기반으로 변형하는 일.

리미널리티(liminality) 정상과 반대되는 사회적 규칙하에서 작동하는 특정한 문턱의 공간.

모노팬(monofan) 오직 한 명의 셀레브리티나 하나의 미디어 텍스트에만 헌신하는 팬. '백
　　퍼팬100%ers'이라고도 불린다.

문헌화(literaturisation) 힐스가 사용한 용어로 팬 현상이 다양한 대중 출판물(비망록, 코미
　　디 고백극, 셀레브리티 잡지 기사 등)의 주제가 되는 현상을 가리킨다.

비딩(vidding) 다른 팬들에게 회람하기 위해 비디오 작품을 만드는 행위. 이전에는 비디오
　　카세트 테이프를 사용했지만, 요새는 유튜브 같은 온라인 사이트를 이용한다.

슬래시(slash) 영화나 TV 프로그램에서 이성애자로 표현된 동성(대개 남성)의 등장인물들
　　을 연인으로 만들고 그들이 자신들의 친밀한 관계를 어떻게 협상해나가는지에 초점을
　　둔 팬 픽션의 한 형태.

시퍼(shipper) 드라마에서 다른 부분보다 로맨틱한 관계의 성사와 시련에 훨씬 더 많은 관
　　심을 갖는 팬.

아바타 액티비즘(avatar activism) 대중이 정치적 저항에서 대중문화 속의 인물을 이용하는
　　것을 가리키는 젠킨스의 용어. 주목을 끌기 위해 허구 인물의 복장을 따라 하는 것부터
　　특정 프랜차이즈의 이름과 분위기를 사용해서 팬을 동원하는 등 그 방식이 다양하다.

RPF 팬들이 만들어낸 '실존 인물 소설real person fiction'의 약자로 실제 스타나 셀레브리티
　　를 주인공으로 가정하고 쓴 소설.

에고부(egoboo) 공상과학 팬덤에서 사용되는 용어로, 텍스트에 영광을 부여하거나 공동체를 지원하는 것이 아니라 자신의 명성을 높이려는 실천을 비하하는 표현.

연애망상(erotomania) 환자가 아무런 합리적인 근거 없이 어떤 사람(통상 자신보다 사회적 지위가 높다)이 자신을 사랑한다고 믿는 망상.

요청한 자료(solicited data)와 공개된 자료(unsolicited data) 연구 자료의 두 가지 형태. 요청한 자료는 인터뷰를 통해 새롭게 만들어진 자료이며, 공개된 자료는 이미 다른 곳(신문 기사나 웹사이트)에 기록되어 있는 정보로, 연구자가 간단하게 인용할 수 있는 자료이다.

유사사회적 상호작용(parasocial interaction) 방송을 통해 팬들이 실제로는 판타지의 세계에 혼자 있으면서도, 마치 자신들이 셀레브리티와 친밀하고 양방향적인 관계에 있다고 믿는 것.

자기문화기술지(autoethnography) 자신의 취향, 가치, 집착, 심리적 투여를 엄밀하고 체계적으로 분석하고 동시에 자신의 정체성을 어떻게 수행하는지 비판적으로 검토하는 연구 방법.

정동적 오류(affective fallacy) 텍스트에 감정적으로 설득당한 사람은 모든 통찰과 객관성을 상실한다고 보는 오류. 팬 연구가 등장하기 이전 시대에 일부 학자들은 정동적 오류 때문에 자신들의 팬덤을 공표하지 못했다.

젠픽(genfic) 때로는 '젠gen'이라고도 한다. 등장인물들 간의 낭만적 관계를 다루지 않고 '일반적인 관심사'를 다루는 팬픽.

지각 영역(knowing field) 팬 개인이나 집단이 어떤 감정적 기준선을 넘어서는 순간 팬으로서의 정체성을 깨닫게 되는 감정적 앎의 영역.

캐릭터 강간(character rape) 팬 공동체에서 사용되는 개념으로 특정한 TV 프로그램에 나오는 등장인물의 성격에 대해 첫 번째 시리즈에서의 해석만 옳다고 보는 것. 그래서 경험 있는 팬은 이후에 (후속 시리즈 등을) 다시 만들 때 첫 번째 시리즈에서의 인물 해석이 바뀌지 않도록 미디어 전문가나 팬들이 감시해야 한다고 생각한다.

크로노토프(chronotope) 바흐친이 제시한 개념으로 문학 속에 표현된 특정한 시간과 지리적 장소를 말한다. 특정한 시기에 대해 향수를 갖고 있는 팬은 그 시기에 만들어졌거나 그 시기를 다루는 미디어 생산물을 선택할 수 있다.

트랜스미디어(transmedia) 문자 그대로는 '서로 다른 미디어의 사이'라는 의미다. 트랜스미디어 이야기의 팬은 플롯의 진전을 이해하는 데 필요한 정보를 알아내기 위해 웹사이트, 비디오 게임, 영화, 만화책 같은 여러 출처를 조사해야 한다(Jenkins, 2008을 참조하라).

파라텍스트(paratext) 미디어 텍스트 외에 리뷰나 예고편 등 우리가 미디어 텍스트의 의미를 이해하기 위해 사용하는 텍스트.

팬경영(fanagement) 온라인상에서 벌어지는 팬 중심의 경영으로 일종의 변형된 입소문 광고이다.

팬본(fanon) 팬 공동체 구성원들이 내놓는 상세한 설명이나 캐릭터에 대한 해독.

팬왱크(fanwank) 스토리에 집착해서 불필요한 정보를 제공하는 행동을 즐기는 팬을 비하하는 표현. 동사로 사용되면 연속된 이야기의 빈틈이나 실수를 설명해주는 이야기를 창작하는 행위를 가리킨다(Hills, 2010a: 58~59를 참조하라).

팬픽(fanfic) 팬들이 쓴 아마추어 소설로 슬래시를 포함한다. 팬픽의 하위 장르는 h/c(상처/위안물), 엠프렉Mpreg(주인공이 임신하는 이야기), 데스픽deathfic(주인공이 죽는 이야기), 커튼픽(등장인물들이 커튼 구매 같은 일상사를 함께하는 이야기), 에피소드픽, 배드픽badfic(패러디), 놓친 장면, AU(대안 우주), 크로스오버(서로 다른 시리즈의 등장인물을 함께 등장시키는 이야기), 플러프fluff(플롯이 없는 가벼운 에로티카), PWP(플롯이 없는 포르노) 등이 있다. 슬래시를 참조하라.

참고문헌

Abercrombie, Nicholas and Brian Longhurst. 1998. *Audiences: A Sociological Theory of Performance and Imagination*. London: Sage.

Adams, Rebecca and Robert Sardiello. 2000. *Deadhead Social Science*. Walnut Creek: Altimira.

Aden, Roger. 1999. *Popular Stories and Promised Lands: Fan Cultures and Symbolic Pilgrimages*. Tuscaloosa: University of Alabama Press.

Adorno, Theodor. 2001. "On The Fetish-Character of Music and the Regression of Listening." In J. M. Bernstein(ed.). *The Culture Industry: Selected Essays on Mass Culture*, pp. 29~60. New York: Routledge(Original work published 1938).

Ahmed, Sarah. 2004. *The Cultural Politics of Emotion*. New York: Routledge.

Alberoni, Francesco. 2007. "The Powerless Elite: Theory and Sociological Research on the Phenomenon of Stars." In Su Holmes and Sean Redmond(eds.). *Stardom and Celebrity: A Reader*, pp. 65~77. London: Sage..

Alderman, Derek. 2002. "Writing on the Graceland Wall: The Importance of Authorship in Pilgrimage Landscapes." *Tourism Recreation Research* 27, 2, pp. 27~33.

Aldred, Sophie. 2010. "An Interview with Sophie Aldred." In Lynne Thomas and Tara O'Shea(eds.). *Chicks Dig Timelords: A Celebration of* Doctor Who *by the Women Who Love It*, pp. 68~73. Des Moines: Mad Norwegian Press.

Alters, Diane. 2007. "The Other Side of Fandom: Anti-Fans, Non-Fans, and the Hurts of History." In Jonathan Gray, Cornel Sandvoss and C. Lee Harrington(eds.). *Fandom: Identities and Communities in a Mediated World*, pp. 344~356. New York: New York University Press.

Angelini, Sergio and Miles Booy. 2010. "Members Only: Cult TV from Margins to Mainstream." In Stacey Abbott(ed.). *The Cult TV Book*, pp. 19~27. London: IB Tauris.

Attfield, Sarah. 2011. "Punk Rock and the Value of Autoethnographic Writing About Music." *Portal* 8, 1, pp. 1~11.

Atton, Chris. 2001. *Alternative Media: Culture, Representation and Identity*. Thousand Oaks. CA: Sage.

Aubrey, Jennifer Stevens, E. Behm-Morawitz and M. Click. 2010. "The Romanticization of Abstinence: Fan Response to Sexual Restraint in the *Twilight Series*." *Transformative Works and Cultures*, 5. http://journal. transformativeworks.org/index.php/twc/article/

view/216/184

Bacon-Smith, Camille. 1991. *Enterprising Women: Television Fandom and the Creation of Popular Myth.* Philadelphia: University of Pennsylvania Press.

Barbas, Samantha. 2001. *Movie Crazy: Fans, Stars and the Cult of Celebrity.* New York: Palgrave.

Barker, Martin. 1993. "The Bill Clinton Fan Syndrome." *Media, Culture and Society* 15, pp. 669~673.

Barker, Martin and Kate Brooks. 1998. *Knowing Audiences:* Judge Dredd —*Its Friends, Fans and Foes.* Luton: University of Luton Press.

Barrowman, Carole. 2010. "Time is Relative." In Thomas and Tara O'Shea(eds.). *Chicks Dig Timelords: A Celebration of* Doctor Who *by the Women Who Love It*, pp. 18~22. Des Moines: Mad Norwegian Press.

Baym, Nancy. 1999. *Tune In, Log On: Fandom and Online Community.* Thousand Oaks, CA: Sage.

____. 2007. "The New Shape of the Online Community: The Example of Swedish Independent Music Fandom." *First Monday* 12, 8. http://firstmonday.org/htbin/ cgiwrap/bin/ojs/ind ex.php/fm/article/view/1978/1853/

____. 2010. *Personal Connections in the Digital Age.* Cambridge: Polity.

____. 2011. "The Swedish Model: Balancing Markets and Gifts in the Music Industry." *Popular Communication* 9, 1, pp. 22~38.

Bear, Elizabeth. 2010. "We'll Make Great Pets." In Lynne Thomas and Tara O'Shea(ed.). *Chicks Dig Timelords: A Celebration of* Doctor Who *by the Women Who Love It*, pp. 12~17 Des Moines: Mad Norwegian Press.

Beer, David. 2008. "Making Friends with Jarvis Cocker: Music Culture in the Context of Web 2.0." *Cultural Sociology*, 2, 2, pp. 222~241.

Belk, Russell. 1995. *Collecting in a Consumer Society.* London: Routledge.

Benjamin, Walter. 2005. "Unpacking My Library." *In Walter Benjamin: Selected Writings 1931~ 1934*, pp. 486~493. Cambridge: Harvard University Press(original work published 1931).

Bennett, Lucy. 2011. "Music Fandom Online: REM Fans in Search of the Ultimate First Listen." *New Media and Society*, 14, pp. 748~763. http://nms.sagepub.com/content/early/2011/ 12/11/1461444811422895.abstract

Berlin, Joey. 1996. *Toxic Fame.* Detroit: Visible Ink.

Berman, Gary, M. Lapidos and S. Bernstein. 2008. *We're Going to See the Beatles: An Oral History of Beatlemania as Told by the Fans Who Were There.* Solana Beach, CA: Santa Monica Press.

Boas, Gary. 2006. *Starstruck: Photographs from a Fan.* Los Angeles: Dilettante Press.

Boon, Susan and Christine Lomore. 2001. "Admirer-celebrity Relationships among Young Adults: Explaining Perceptions of Celebrity Influence on Identity." *Human Communication Research 27*, pp. 432~465.

Booth, Paul. 2010. *Digital Fandom: New Media Studies.* New York: Peter Lang.

____. 2012. "*Saw* Fandom and the Transgression of Fan Excess." In David Gunkle and Ted Gournelos(eds.). *Transgression 2.0: Media, Culture and the Politics of a Digital Age,* pp. 69~84. New York: Continuum.

Bourdieu, Pierre. 1984. *Distinction: A Social Critique of the Judgement of Taste*. Richard Nice(Trans.). Cambridge, MA: Harvard University Press.

Bradford, K. Tempest. 2010. "Martha Jones: Fangirl Blues." In Lynne Thomas and Tara O'Shea(eds.). *Chicks Dig Timelords: A Celebration of Doctor Who by the Women Who Love It*, pp. 168~174. Des Moines: Mad Norwegian Press.

Braudy, Leo 1987. *The Frenzy of the Reknown: Fame and Its History*. Oxford: Oxford University Press.

Brooker, Will. 2002. *Using the Force: Creativity, Community and Star Wars Fans*. New York: Continuum.

_____. 2007. "A Sort of Homecoming: Fan Viewing and Symbolic Pilgrimage." In Jonathan Gray, Cornel Sandvoss and C. Lee Harrington(eds.). *Fandom: Identities and Communities in a Mediated World*, pp. 149~164. New York: New York University Press.

Bukatman, Scott. 1994. "X-Bodies (the Torment of a Mutant Superhero)." In Rodney Sappington and Tyler Stallings(eds.). *Uncontrollable Bodies: Testimonies of Identity and Culture*, pp. 93~129. Seattle: Bay Press.

Bury, Rhiannon. 1998. "Waiting to X-Hale: A Study of Gender and Community on an All-Female X-Files Electronic Mailing List." *Convergence*, 4, 3, pp. 59~83.

_____. 2003. "Stories for [Boys] Girls: Female Fans Read the X-Files." *Popular Communication*, 1, 4, pp. 217~242.

Busse, Kristina and Karen Hellekson(eds.). 2006. *Fan Fiction and Fan Communities in the Age of the Internet*. Jefferson: McFarland & Company.

Butler, Judith. 1999. *Gender Trouble*. New York: Routledge(Original work published 1990).

Buxton, David. 1990. "Rock Music, The Star System and the Rise of Consumerism." In Simon Frith and Andrew Goodwin(eds.). *On Record*, pp. 366~377. London: Routledge.

Cashmore, Ellis. 2000. *Sports Culture: An A-Z Guide*. London: Routledge.

_____. 2004. *Beckham*. Cambridge: Polity.

_____. 2006. *Celebrity Culture*. Abingdon: Routledge.

Castles, John. 1997. "Madonna: Mother of Mirrors." *Cultural Studies*, 11, 1, pp. 113~118.

Caughey, John. 1978. "Artificial Social Relations in Modern America." *American Quarterly*, 3, 1, pp. 70~89.

_____. 1984. *Imaginary Social Worlds: A Cultural Approach*. Nebraska: University of Nebraska Press.

Cavicchi, Daniel. 1998. *Tramps Like Us: Music and Meaning among Springsteen Fans*. Oxford: Oxford University Press.

_____. 2011. *Listening and Longing: Music Lovers in the Age of Barnum*. Middletown, CT: Wesleyan.

Chadwick, Vernon(ed.). 1997. *In Search of Elvis: Music, Race, Art, Religion*. Boulder: Westview Press.

Cherry, Brigid. 2002. "Screaming for Release: Femininity and Horror Film Fandom in Britain." In Steve Chibnall and Julian Petley(ed.). *British Horror Cinema*, pp. 42~57. London: Routledge.

Christgau, Robert. 2005. "Writing About Music is Writing First." *Popular Music*, 24, pp. 15~42.

Christian, Elizabeth Barfoot(ed.). 2011. *Rock Brands: Selling Sound in a Media Saturated Culture*. Lanham: Lexington Books.

Christian, E. Barfoot and D. Givens-Carroll. 2011. "When Death Goes Digital: Michael Jackson, Twenty-First Century Celebrity Death, and the Hero's Journey." In Elizabeth Barfoot Christian(ed.). *Rock Brands: Selling Sound in a Media Saturated Culture*, pp. 325~328. Lanham: Lexington Books.

Church, David. 2009. "Of Manias, Shit, and Blood: The Reception of Salo as a 'Sick Film'." *Participations*, 6, 2. www.participations.org/Volume%206/Issue%202/church.htm

Cialdini, Robert. 2001. *Influence: Science and Practice*. Boston: Allyn & Bacon.

Click, Melissa. 2007. "Untidy: Fan Response to the Soiling of Martha Stewart's Spotless Image." In Jonathan Gray, Cornel Sandvoss and C. Lee Harrington(eds.). *Fandom: Identities and Communities in a Mediated World*, pp. 301~315. New York: New York University Press.

____. 2009. "'Rabid', 'Obsessed', and 'Frenzied': Understanding *Twilight* Fangirls and the Gendered Politics of Fandom." *Flow TV*. http://flowtv.org/2009/12/rabid-obsessed-and-frenzied-understanding-twilightfangirls-and-the-gendered-politics-of-fandom-meliss a-clickuniversity-of-missouri/

Click, Melissa, J. Aubrey and E. Behm-Morawitz(eds.). 2010. *Bitten by Twilight: Youth Culture, Media, and the Vampire Franchise*. New York: Peter Lang.

Clifford, James and George Marcus. 2010. *Writing Culture: The Poetics and Politics of Ethnography*. Berkeley: University of California Press(Original work published 1985)

Cohen, Jonathan. 2004. "Parasocial Breakup from Favourite Television Characters: The Role of Attachment Styles and Relationship Intensity." *Journal of Social and Personal Relationships*, 12, 2, pp. 187~202.

Collins, Jim. 1995. *Architectures of Excess: Cultural Life in the Information Age*. London, Routledge.

Collier, Noelle, C. Lamadue and H. Ray Wooten. 2009. "*Buffy the Vampire Slayer* and *Xena: Warrior Princess*: Reception of the Texts by a Sample of Lesbian Fans and Website Users." *Journal of Homosexuality*, 56, 5, pp. 575~609.

Cooper, Robert. 1968. "Beatlemania: An Adolescent Contra-Culture." MA Diss., McGill University.

Coppa, Francesca. 2006. "A Brief History of Media Fandom." In Kristina Busse and Karen Hellekson(eds.). *Fan Fiction and Fan Communities in the Age of the Internet*, pp. 41~60. Jefferson: McFarland & Company.

Couldry, Nick. 2000. *Inside Culture: Re-Imagining the Method of Cultural Studies*. London: Sage.

____. 2007a. "Media Power: Some Hidden Dimensions." In Su Holmes and Sean Redmond(eds.). *Stardom and Celebrity: A Reader*, pp. 353~359. London: Sage.

____. 2007b. "On the Set of *The Sopranos*: 'Inside' a Fan's Construction of Nearness." In Jonathan Gray, Cornel Sandvoss and C. Lee Harrington(eds.). *Fandom: Identities and Communities in a Mediated World*, pp. 139~148. New York: New York University

Press.

Crawford, William. 2011. *Video Gamers*. Abingdon: Routledge.

Cubbitt, Sean. 1991. *Timeshift: On Video Culture*. Abingdon: Routledge.

Davies, Evan. 1969. "Psychological Characteristics of Beatle Mania." *Journal of the History of Ideas*, 30, 2, pp. 273~280.

Davies, Helen. 2001. "All Rock and Roll is Homoscial: The Representation of Women in the British Rock Press." *Popular Music*, 20, 3, pp. 301~319.

Davisson, Amber and Paul Booth. 2007. "Reconceptualizing Communication and Agency in Fan Activity: Proposal for a Projected Interactivity Model for Fan Studies." *Texas Speech Communication Journal*, 32, 1, pp. 33~43.

DeAngelis, Michael. 2001. *Gay Fandom and Crossover Stardom: James Dean, Mel Gibson and Keanu Reeves*. Durham: Duke University Press.

De Kosnick, Abigail. 2013. "Fandom as Free Labor." In Trebor Scholz(ed.). *Digital Labor: The Internet as Playground and Factory*, pp. 98~111. New York: Routledge.

DeNora, Tia. 2000. *Music in Everyday Life*. Cambridge: Cambridge University Press.

Derecho, Abigail. 2006. "Archontic Literature: A Definition, a History, and Several Theories of Fan Fiction." In Kristina Busse and Karen Hellekson(eds.). *Fan Fiction and Fan Communities in the Age of the Internet*, pp. 61~78. Jefferson: McFarland.

Derrida, Jacques. 1976. *Of Grammatology*. Gayatri Chakravorty Spivak(Trans.). Baltimore: Johns Hopkins University Press.

Dickson, Christa. 2010. "In Defense of Smut." In Lynne Thomas and Tara O'Shea(eds.). *Chicks Dig Timelords: A Celebration of* Doctor Who *by the Women Who Love It*, pp. 175~181. Des Moines: Mad Norwegian Press.

Doherty, Thomas. 2002. *Teenagers and Teenpics*. Philadelphia: Temple University Press.

Doss, Erika. 1999. *Elvis Culture: Fans, Faith and Image*. Kansas: University of Kansas Press.

Dittmer, Jason and Klaus Dodds. 2010. "Popular Geopolitics Past and Future: Fandom, Identities and Audiences." *Geopolitics*, 13, 3, pp. 437~457.

Duffett, Mark. 1999. "Reading the Rock Biography: A Life without Theory." Conference Paper, Robert Shelton Memorial Conference, IPM, Liverpool.

_____. 2000a. "Going Down like a Song: National Identity, Global Commerce and the Great Canadian Party." *Popular Music*, 19, 1, pp. 1~11.

_____. 2000b. "Transcending Audience Generalizations: Consumerism Reconsidered in the Case of Elvis Presley Fans." *Popular Music and Society*, 24, 2, pp. 75~92.

_____. 2001. "Caught in a Trap? Beyond Pop Theory's 'Butch' Construction of Male Elvis Fans." *Popular Music*, 20, 3, pp. 395~408.

_____. 2002. "Naturalizing the Webcast: Live Performance, Nostalgia and Paul McCartney's 'Little Big Gig'." *Convergence*, 8, 1, pp. 30~42.

_____. 2003a. "False Faith or False Comparison? A Critique of the Religious Interpretation of Elvis Fan Culture." *Popular Music and Society*, 26, 4, pp. 513~522.

_____. 2003b. "Imagined Memories: Webcasting as a 'Live' Technology and the Case of 'Little Big Gig'." *Information, Communication and Society*, 6, 3, pp. 307~325.

_____. 2004a. "A 'Strange Blooding in the Ways of Popular Culture?' Party at the Palace as

Hegemonic Project." *Popular Music and Society*, 27, 4, pp. 489~506.

____. 2004b. "Matt Hills, *Fan Cultures* [review]." *European Journal of Cultural Studies*, 7, 2, pp. 255.

____. 2004c. "The Ballad of Mark Chapman." *Kindamuzik*, December. www.kindamuzik.net/features/article.shtml?id=8099

____. 2009. "'We are Interrupted by Your Noise': Heckling and the Symbolic Economy of Popular Music Stardom." *Popular Music and Society*, 32, 1, pp. 37~57.

____. 2010a. "Average White Band: Kraftwerk and the Politics of Race." In David Pattie and Sean Albiez(eds.). *Kraftwerk: Music Non-Stop*, pp. 194~213. London: Continuum Press.

____. 2010b. "Michael Bertrand, Race, Rock and Elvis, and Louis Cantor, Dewey and Elvis [review]." *Popular Music*, 29, 1, 169~173.

____. 2010c. "Sworn in: Today, Bill Grundy and the Sex Pistols." In Ian Inglis(ed.). *Popular Music and Television in Britain*, pp. 85~104. Farnham: Ashgate.

____. 2011a. "Applying Durkheim to Elvis: What Starts Popular Music Fandom?" IASPM UK and Ireland Conference, Cardiff University School of Music, 2 September.

____. 2011b. "Elvis Presley and Susan Boyle: Bodies of Controversy." *Journal of Popular Music Studies*, 23, 2, pp. 166~188.

____. 2011c. "Fear Nothing: Self-fashioning and Social Mobility in 50 Cent's *The 50th Law.*" *Popular Music and Society*, 34, 5, pp. 683~692.

Dugdale, Timothy. 2000. "The Fan and (Auto) Biography: Writing the Self in the Stars." *Journal of Mundane Behaviour*, 1, 2, pp. 143~169.

Dunscombe, Stephen. 1997. *Notes from Underground: Zines and the Politics of Alternative Culture*. London, Verso.

Durkheim, Emile. 2008. *The Elementary Forms of the Religious Life*. J. W. Swan(Trans.). New York: Dover Publications, INC.

Dyer, Richard. 1986. *Stars*. London: BFI.

____. 2004. "Judy Garland and Gay Men." In *Heavenly Bodies: Film Stars and Society*, pp. 137~191. London: Routledge.

Eastman, Jason. 2012. "Southern Masculinity in American Rock Music." *Landscapes: The Arts, Aesthetics, and Education*, 10, 4, pp. 271~286.

Easthope, Antony. 1992. *What a Man's Gotta Do: The Masculine Myth in Popular Culture*. London: Routledge.

Eco, Umberto. 1995. "*Casablanca*: Cult Movies and Inter-textual Collage." In Willian Weaver(Trans.). *Faith in Fakes: Travels in Hyperreality*, pp. 197~212. London: Minerva.

Edelman, Lee. 2004. "The Future is Kid Stuff." In *No Future: Queer Theory and the Death Drive*, pp. 1~32. London: Duke University Press.

Egan, Kate and Martin Barker. 2006. "Rings around the World: Notes on the Challenges, Problems & Possibilities of International Audience Projects." *Participations*, 3, 2. www.participations.org/volume%203/issue%202%20-%20special/3_02_eganbarker.htm

Ehrenreich, Barbara, E. Hess and G. Jacobs. 1992. "Beatlemania: Girls Just Want to Have Fun." In Lisa Lewis(ed.). *The Adoring Audience: Fan Culture and Popular Media*, pp. 84~106.

London: Routledge.

Eisen, Johnathan(ed.). 1970. *The Age of Rock 2: Sights and Sounds of the American Cultural Revolution*. New York: Vintage Books.

Elliot, Anthony. 1998. "Celebrity and Political Psychology: Remembering Lennon." *Political Psychology*, 19, 4, pp. 833~852.

_____. 1999. *The Mourning of John Lennon*. Berkeley: University of California Press.

Falkenberg, Pamela. 1989. "No Sanity Clause." *Cultural Studies*, 3, 3, pp. 348~352.

Farrington, Holly. 2006. "Narrating the Jazz Life: Three Approaches to Jazz Autobiograhy." *Popular Music and Society*, 29, 3, pp. 375~386.

Fein, Robert and Bryan Vossekuil. 2008. "Foreword." In J. Reid Meloy, Lorraine Sherridan and Jens Hoffman(eds.). *Stalking, Threatening and Attacking Public Figures*, pp. ix~i, New York: Oxford University Press.

Ferris, Kerry. 2001. "Through a Glass, Darkly: The Dynamics of Fan-Celebrity Encounters." *Symbolic Interaction*, 24, 1, pp. 25~47.

Ferris, Kerry and Scott Harris. 2011. *Stargazing: Celebrity, Fame and Social Interaction*. New York: Routledge.

Fiddy, Dick. 2010. "The Cult of Cult TV?" In Stacey Abbott(ed.). *The Cult TV Book*, pp. 225~232. London: IB Tauris.

Fingeroth, Danny. 2008. *The Rough Guide to Graphic Novels*. London: Rough Guides.

Fish, Stanley. 1980. *Is There a Text in This Class?: The Authority of Interpretive Communities*. Cambridge: Harvard University Press.

Fisher, India. 2010. "An Interview with India Fisher." In Lynne Thomas and Tara O'Shea(eds.). *Chicks Dig Timelords: A Celebration of* Doctor Who *by the Women Who Love It*, pp. 51~54. Des Moines: Mad Norwegian Press.

Fiske, John. 1989. *Reading the Popular*. Boston: Unwin Hyman.

_____. 1989. *Understanding Popular Culture*. Boston: Unwin Hyman.

_____. 1990. "Ethnosemiotics: Some Presonal Theoretical Reflections." *Cultural Studies*, 4, 1, pp. 35~57.

_____. 1991. "Madonna." In *Reading the Popular*, pp. 95~114. London, Routledge.

_____. 1993. "The Cultural Economy of Fandom." In Lisa Lewis(ed.). *The Adoring Audience: Fan Culture and Popular Media*, pp. 30~49. London: Routledge.

Forster, Derek. 2004. "'Jump in the Pool': The Competitive Culture of *Survivor* Fan Networks." In Su Holmes and Deborah Jermyn(eds.). *Understanding Reality Television*, pp. 270~289. London: Routledge.

France, Anthony. 2011.3.14. "'Stalker' Seized Madonna in Mansion." *The Sun*. http://www.thes un.co.uk/sol/homepage/news/3464949/Grzegorz-Matlok-is-seized-inside-Madonna-Lon don-mansion.html

Freud, Sigmund. 2001. "Remembering, Repeating and Working-Through(Further Recommen dations on the Technique of Psycho-Analysis II)." In James Strachey (ed.). *The Standard Edition of the Complete Psychological Works, Volume XII: Case Study of Schreber, Papers on Technique and Other Works*, pp. 147~156. London: Hogarth (Original work published 1914).

Frith, Simon. 1992. "The Cultural Study of Popular Music." In Lawrence Grossberg, Cary Nelson and Paula Treicheler(eds.). *Cultural Studies*, pp. 174~181. London: Routledge.

____. 1998. "Performance." In *Performing Rites: On the Value of Popular Music*, pp. 203~225. Cambridge: Harvard University Press.

Frith, Simon and Andrew Goodwin(eds.). 1990. *On Record: Rock, Pop and the Written Word*. London: Routledge.

Frith, Simon and Angela McRobbie. 1990. "Rock and Sexuality." In Simon Frith and Andrew Goodwin(eds.). *On Record: Rock, Pop and the Written Word*, pp. 371~389. London, Routledge.

Fritsch, Amy. 2010. "Two Generations of Fan Girls in America." In Lynne Thomas and Tara O'Shea(eds.). *Chicks Dig Timelords: A Celebration of* Doctor Who *by the Women Who Love It*, pp. 112~117. Des Moines: Mad Norwegian Press.

Garde-Hansen, Joanne. 2011. *Media and Memory*. Edinburgh: Edinburgh University Press.

Genette, Gerard. 1997. *Paratexts: Thresholds of Interpretation*. Cambridge: Cambridge University Press.

Giesler, Markus and Mali Pohlmann. 2003. "The Anthropology of File Sharing: Consuming Napster as Gift." In P. A. Keller and D. W. Brooks(eds.). *Advances in Consumer Research*, pp. 273~279. Provo, UT: Association for Consumer Research.

Giles, David. 2000. *Illusions of Immortality: A Psychology of Fame and Celebrity*. Basingstoke: Hampshire.

____. 2009. "Parasocial Interaction: A Review of the Literature and Model for Future Research." *Media Psychology*, 4, 3, pp. 279~305.

Goddard, Michael and Benjamin Halligan. 2010. *Mark E. Smith and the Fall: Art, Music and Politics*. Fanham: Ashgate.

Goffman, Erving. 1990. *The Presentation of Self in Everyday Life*. London: Penguin(Original work published 1959).

Gray, Jonathan. 2003. "New Audiences, New Textualities: Anti-fans and Non-fans." *International Journal of Cultural Studies*, 6, 1, pp. 64~81.

____. 2007a. "Mommy, is That a Boy Text or a Girl Text?" *Flow TV*, May 18. http://flowtv.org/?p=417

____. 2007b. "The News: You Gotta Love It." In Jonathan Gray, Cornel Sandvoss and C. Lee Harrington(eds.). *Fandom: Identities and Communities in a Mediated World*, pp. 75~87. New York: New York University Press.

____. 2010. *Show Sold Separately: Promos, Spoilers and Other Media Paratexts*. New York: New York University Press.

Gray, Jonathan, C. Sandvoss and C. Lee Harrington. 2007. "Introduction: Why Study Fans?" In Jonathan Gray, Cornel Sandvoss and C. Lee Harrington(eds.). *Fandom: Identities and Communities in a Mediated World*, pp. 1~18. New York: New York University Press.

____(eds.). 2007. *Fandom: Identities and Communities in a Mediated World*. New York: New York University Press.

Gray, Jonathan and Jason Mittell. 2007. "Speculation on Spoilers: *Lost* Fandom, Narrative

Consumption and Rethinking Textuality." *Participations*, 4, 1. www.participations.org/Volume%204/Issue%201/4_01_graymittell.htm

Gray, Jonathan and Roberta Pearson. 2007. "Gender and Fan Culture(Round Ten)." *Live Journal*. http://community.livejournal.com/fandebate/4100.html

Green, Lelia and Carmen Guinery. 2004. "*Harry Potter* and Fan Fiction Phenomenon." *Media/Culture*, 7, 5. http://journal.media-culture.org.au/0411/14-green.php

Gregg, Melissa and Geregory Seigworth(eds.). 2010. *The Affect Theory Reader.* Durham: Duke University Press.

Gregory, Georgina. 2012. "Transgender Tribute Bands and the Subversion of Male Rites of Passage through the Performance of Heavy Metal Music." *Journal of Cultural Research*, 16, 1, pp. 1~16.

Grossberg, Lawrence. 1992. "Is There a Fan in the House? The Affective Sensibility of Fandom." In Lisa Lewis(ed.). *The Adoring Audience: Fan Culture and Popular Media*, pp. 50~65. London: Routledge.

____. 1997. "Postmodernity and Affect: All Dressed and No Place to Go." In *Dancing in Spite of Myself: Essays on Popular Culture*, pp. 145~165. Durham: Duke University Press.

____. 2011. *Cultural Studies in the Future Tense*. Durham: Duke University Press.

Gunkel, David and Ted Gournelos(eds.). 2012. *Transgression 2.0: Media, Culture and the Politics of a Digital Age*. New York: Continuum.

Gunnels, Jen. 2009. "A Jedi Like My Father Before Me: Social Identity and the New York Comic Con." *Tranformative Works and Cultures*, 3. http://journal.transformativeworks.org/index.php/twc/article/view/161/110

Habermas, Jürgen. 2005. *The Structural Transformation of the Public Sphere*. Cambridge: Polity Press(Original work published 1962).

Hajdu, David. 2008. *The Ten Cent Plague: The Great Comic-Book Scare and How It Changed America*. New York: Farrar, Strauss and Giroux.

Halberstam, Judith. 1998. *Female Masculinity*. Durham: Duke University Press.

Hall, Stuart. 1980. 'Encoding/decoding'. In Centre for Contemporary Cultural Studies Culture(ed.). *Media, Language: Working Papers in Cultural Studies, 1972~1979*, pp. 128~138. London: Hutchinson(Original work published 1973).

Harrington, C. Lee, and Denise D. Bielby. 1995. *Soap Fans: Pursuing Pleasure and Making Meaning in Everyday Life*. Philadelphia: Temple University Press.

Harrington, C. Lee and Denise Bielby. 2005. "Introduction: New Directions in Fan Studies." *American Behavioral Scientist*, 48, 7, pp. 799~800.

____. 2010. "A Life Course Perspective on Fandom." *International Journal of Cultural Studies*, 13, 5, pp. 429~450.

Harris, Cheryl(ed.). 1998. *Theorizing Fandom: Fans, Subculture, and Identity*. Cresskill: Hampton Press.

Hellinger, Bert. 2001. *Supporting Love: How Love Works in Couple Relationships*. Phoenix: Zeig, Tucker & Theisen.

Henderson, M. William. 1997. *I, Elvis: Confessions of a Counterfeit King*. New York: Boulevard.

Hermes, Joke. 1993. "Media, Meaning and Everyday Life." *Cultural Studies*, 7, 3, pp. 493~516.

Hertitz, Daniel. 2008. *The Star as Icon*. New York: Columbia University Press.

Hesmondhalgh, David. 2005. "Producing Celebrity." In Jessica Evans and David Hesmondhalgh(eds.). *Understanding Media: Inside Celebrity*, pp. 97~134. Maidenhead: Open University Press.

Hills, Matt. 2001. "Intensities Interviews Henry Jenkins." *Intensities*, 2, 7 July. http://davidlaver y.net/Intensities/PDF/Jenkins.pdf

____. 2002a. *Fan Cultures*. London: Routledge.

____. 2002b. "Transcultural 'Otaku': Japanese Representations of Fandom and Representations of Japan in Anime/Manga Fan Cultures." Media in Transition 2 Globalization and Conv ergence Conference, 10~12 May. http://web.mit.edu/cms/Events/mit2/Abstracts/MattH illspaper.pdf

____. 2003. "*Star Wars* in Fandom, Film Theory and the Museum: The Cultural Status of the Cult Blockbuster." In Julian Stringer(ed.). *Movie Blockbusters*, pp. 178~189. London: Routledge.

____. 2005a. "Academic Textual Poachers: *Blade Runner* as Cult Canonical Movie." In Will Brooker(ed.). *The* Blade Runner *Experience: The Legacy of a Science Fiction Classic*, pp. 124~141. London and New York: Wallflower.

____. 2005b. "Patterns of Surprise: 'The Aleatory Object' in Psychoanalytic Ethnography and Cyclic Fandom." *American Behavioral Scientist*, 48, 7, pp. 801~821.

____. 2007a. "Media Academics as Media Audiences." In Jonathan Gray, Cornel Sandvoss and C. Lee Harrington(eds.). *Fandom: Identities and Communities in a Mediated World*, pp. 33~47. New York: New York University Press.

____. 2007b. "Michael Jackson Fans on Trial? 'Documenting' Emotivism and Fandom in Wacko About Jacko." *Social Semiotics*, 17, 4, pp. 459~477.

____. 2010a. "Subcultural Identity." In Stacey Abbott(ed.). *The Cult TV Book*, pp. 233~238. London: IB Tauris.

____. 2010b. *Triumph of a Time Lord: Regenerating* Doctor Who *in the Twenty-first Century*. New York: IB Tauris.

____. 2012. "*Twilight* Fans Represented in Commercial Texts and Inter-Fandoms: Resisting and Repurposing Negative Fan Stereotypes." In Anne Morey(ed.). *Genre, Reception and Adaption in the Twilight Series*, pp. 113~130. Farnham: Ashgate.

Hinds, Mary Hancock. 2001. *Infinite Elvis: An Annotated Bibliography*. Chicago: Acapella Books.

Hinerman, Stephen. 1992. "I'll be Here for You: Fans, Fantasy and the Figure of Elvis." In Lisa Lewis(ed.). *The Adoring Audience: Fan Culture and Popular Media*, pp. 107~134. London: Routledge.

Hoffman, J. M. and L. P. Sheridan. 2005. "The Stalking of Public Figures: Management and Intervention." *Journal of Forensic Sciences*, 50, 6, pp. 1459~1465.

Hoggart, Richard. 1957. *The Uses of Literacy: Aspects of Working Class Life with Special Reference to Publications and Entertainments*. London: Chatto and Windus.

Hollows, Joanne. 2003. "The Masculinity of Cult." In Mark Jancovich, Antonio Lazaro Reboli,

Julian Stringer and Andrew Willis(eds.). *Defining Cult Movies: The Cultural Politics of Oppositional Taste*, pp. 35~53. Manchester, Manchester University Press.

Homan, Shane(ed.). 2006. *Access All Eras: Tribute Bands and Global Pop Culture*. Maidenhead: Open University Press.

Horton, Donald and Richard Wohl. 1956. "Mass Communication and Parasocial Interaction: Obervations on Intimacy at a Distance." *Psychiatry*, 19, pp. 215~229.

humdog. 1996. "pandora's vox: on community in cyberspace." In Peter Ludlow(ed.). *High Noon on the Electronic Frontier*, pp. 437~444. Cambridge, MA: The Massachusetts Institute of Technology Press.

Inglis, Ian. 2000. "'The Beatles are Coming!' Conjecture and Conviction in the Myth of Kennedy, America and the Beatles." *Popular Music and Society*, 24, 2, pp. 93~108.

Jancovich, Mark. 2002. "Cult Fictions: Cult Movies, Subcultural Capital and the Production of Cultural Distinctions." *Cultural Studies*, 16, 2, pp. 306~322.

Jancovich, Mark and Nathan Hunt. 2004. "The Mainstream, Distinction and Cult TV." In Sara Gwellian-Jones and Roberta Pearson(eds.). *Cult Television*, pp. 27~44. Minneapolis: University of Minnesotta Press.

Jenkins, Henry. 1992. "'Strangers No More, We Sing': Filking and the Social Construction of the Science Fiction Fan Community." In Lisa Lewis(ed.). *The Adoring Audience: Fan Culture and Popular Media*, pp. 208~236. New York: Routledge.

_____. 1992. *Textual Poachers*. London, Routledge.

_____. 1995a. "Do You Enjoy Making Us Feel Stupid?: alt.tv.twinpeaks, the Trickster Author and Viewer Mastery." In David Lavery(ed.). *Full of Secrets: Critical Approaches to* Twin Peaks, pp. 51~69. Detroit: Wayne State University Press.

_____. 1995b. "Out of the Closet and into the Universe." In John Tulloch and Henry Jenkins(eds.). *Science Fiction Audiences: Watching Star Trek and Doctor Who*, pp. 237~266. London: Routledge.

_____. 1996. "A Conversation with Henry Jenkins." In Taylor Harrison, Sarah Projansky, Kent Ono and Elyce Rae Helford(eds.). *Enterprize Zones: Critical Positions on* Star Trek. Boulder, CO: Westview Press. http://web.mit.edu/cms/People/henry3/harri son.html

_____. 2005. "Why Fiske Still Matters." *Flow TV*, 10 June. http://flowtv.org/?p=585

_____. 2006. *Fans, Bloggers, Gamers*. New York: New York University Press.

_____. 2008. *Convergence Culture: Where Old and New Media Collide*. New York: New York University Press.

_____. 2007. "Afterword: The Future of Fandom." In Jonathan Gray, Cornel Sandvoss and C. Lee Harrington(eds.). *Fandom: Identities and Communities in a Mediated World*, pp. 357~364. New York: New York University Press.

_____. 2010. "Avatar Activism and Beyond." Confessions of an Aca-Fan: The Official Weblog of Henry Jenkins. http://henryjenkins.org/2010/09/avatar_activism_and_beyond.html

_____. 2012a. "Fandom 2.0: An Interview with Henry Jenkins." In Ted Gournelos and David Gunkel(eds.). *Transgression 2.0: Media, Culture and the Politics of a Digital Age*, pp. 212~222. New York: Continuum.

_____. 2012b. "Superpowered Fans: The Many World of San-Diego's Comic-Con." *Boom: A*

Journal of California, 2, 2, pp. 22~36.

Jenkins, Henry, S. Ford and J. Green(eds). 2013. *Spreadable Media: Creating Value and Meaning in a Networked Culture*. New York: New York University Press.

Jenkins, Henry and Sangita Shresthova. 2012. "Up, Up, and Away! The Power and Potential of Fan Activism." *Journal of Transformative Works and Cultures*, 10. http://journal.trans formativeworks.org/index.php/twc/article/view/435/305

Jensen, Joli. 1992. "Fandom as Pathology." In Lisa Lewis(ed.). The Adoring Audience: *Fan Culture and Popular Media*, pp 9~29. London, Routledge.

Johnson, Catherine. 2007. "Tele-Branding in TVIII: The Network as Brand and the Programme as Brand." *New Review of Film and Television Studies*, 5, 1, pp. 5~24.

Johnson, Derek. 2007. "Fan-tagonism: Factions, Institutions, and Constitutive Hegemonies of Fandom." In Jonathan Gray, Cornel Sandvoss and C. Lee Harrington(eds.). *Fandom: Identities and Communities in a Mediated World*, pp. 285~300. New York: New York University Press.

Kang, Helen. 2010. "Adventures in Ocean-Crossing, Margin Skating and Feminist Engagement with *Doctor Who*." In Lynne Thomas and Tara O'Shea(eds.). *Chicks Dig Timelords: A Celebration of* Doctor Who *by the Women Who Love It*, pp. 38~45. Des Moines: Mad Norwegian Press.

Kassabian, Anahid. 2004. "Would You Like Some World Music with Your Latte? Starbucks, Putumayo and Distributed Listening." *Twentieth-Century Music* 1, 2, pp. 209~223.

Katz, Elihu. 1950. "The Happiness Game: A Content Analysis of Radio Fan Mail." MA Diss., Colombia University. Reprinted 2012 in *International Journal of Communication*, 6. http://ijoc.org/ojs/index.php/ijoc/article/viewFile/1633/758

Katz, Elihu, J. Blumler and M. Gurevitch. 1973. "Uses and Gratifications Research." *The Public Opinion Quarterly*, 37, 4, pp. 509~523.

Kaveney, Roz. 2010. "Gen, Slash, OT3s, and Crossover: The Varieties of Fan Fiction." In Stacey Abbott(ed.). *The Cult TV Book*, pp. 243~247. London: IB Tauris.

Keft-Kennedy, Virginia. 2008. "Fantasising Masculinity in *Buffyverse* Slash Fiction: Sexuality, Violence, and the Vampire." *Nordic Journal of English Studies*, 7, 1, pp. 49~80.

Kelley, Jennifer Adams. 2010. "Rutle-ing the Doctor: My Long Life in *Doctor Who* Fandom." In Lynne Thomas and Tara O'Shea(eds.). *Chicks Dig Timelords: A Celebration of* Doctor Who *by the Women Who Love It*, pp. 74~80. Des Moines: Mad Norwegian Press.

Kennedy, Harlan. 1997. "Cannes Film Festival 1997: The 50th International Film Festival." www.americancinemapapers.com/fi les/cannes_1997.htm

Kennedy, N., M. McDonough, B. Kelly and G. Berrios. 2002. "Erotomania Revisited: Clinical Course and Treatment." *Comprehensive Psychology*, 43, 1, pp. 1~6.

Kermode, Mark. 1997. "I was a Teenage Horror Fan." In Martin Barker and Julian Petley(eds.). *Ill Effects: The Media and TV Violence Debate*, pp. 57~66. London: Routledge.

Kingsepp, Eva. 2010. "'Nazi Fans' but Not Neo-Nazis: The Cultural Community of WWII Fanatics." In Stephan Herbrechter and Michael Higgins(eds.). *Returning (to) Communities: Theory, Culture and Political Practice of the Communal*, pp. 223~240. New York: Rodophi.

Kirby-Diaz, Mary. 2009. *Buffy and Angel Conquer the Internet*. Jefferson: McFarland.

Kowal, Mary. 2010. "Traveling with the Doctor." In Lynne Thomas and Tara O'Shea(eds.). *Chicks Dig Timelords: A Celebration of* Doctor Who *by the Women Who Love It*, pp. 164~167. Des Moines: Mad Norwegian Press.

Lamerichs, Nicolle. 2011. "Stranger than Fiction: Fan Identity in Cosplay." *Transformative Works and Cultures*, 7. http://journal.transformativeworks.org/ index.php/twc/article/view/24 6/230

Lancaster, Kurt. 2001. *Interacting with* Babylon 5*: Fan Performances in a Media Universe*. Austin: University of Texas Press.

Landsberg, Alison. 2004. *Prosthetic Memories: The Transformation of American Remembrance in an Age of Mass Culture*. New York: Columbia University Press.

Larsson, Mariah and Ann Steiner(eds.). 2011. *Interdisciplinary Approaches to* Twilight*: Studies in Fiction, Media and a Contemporary Cultural Experience*. Lund, Sweden: Nordic Academic Press.

Lavery, David. 1995. *Full of Secrets: Critical Approaches to* Twin Peaks. Oakland: Wesleyan State University Press.

Lendrum, Robert. 2004. "Queering Super-Manhood: The Gay Superhero in Contemporary Mainstream Comic Books." *Journal for the Arts, Sciences, and Technology*, 2, 2, pp. 69~73.

Leonard, M. 1997. "Rebel Girl, You are Queen of My World." In Sheila Whiteley(ed.). *Sexing the Groove: Popular Music and Gender*, pp. 230~256. London: Routledge.

_____. 1998. "Paper Planes: Travelling the New Grrrl Geographies." In Tracey Skelton and Gil Valentine(eds.). *Cool Places: Geographies of Youth Cultures*, pp. 102~121. London: Routledge.

Lewis, Lisa(ed.). 1992. *The Adoring Audience: Fan Culture and Popular Media*. London: Routledge.

Lewis, Randy. 2011.6.9. "Piracy Watchdog's Mild Bite." *Los Angeles Times.* http://articles.atime s.com/2011/jun/09/entertainment/la-et-web-sheriff-20110609

Lipton, Mark. 2008. "Queer Readings of Popular Culture: Searching to (Out) the Subtext." In Susan Driver(ed.). *Queer Youth Cultures*, pp. 163~180. New York: State University of New York.

Löbert, Anja. 2008. "Cliff Richard's Self-Presentation as a Redeemer." *Popular Music*, 27, 1, pp. 77~97.

Longhurst, Brian. 1995. *Popular Music & Society*. Cambridge: Polity Press.

Lumby, Catharine. 2007. "Doing It For Themselves? Teenage Girls, Sexuality and Fame." In Su Holmes and Sean Redmond(eds.). *Stardom and Celebrity: A Reader*, pp. 341~352. London: Sage.

Macdonald, Dwight. 1957. "A Theory of Mass Culture." In Bernard Rosenberg and David Manning White(eds.). *Mass Culture: The Popular Arts in America*, pp. 59~73. New York: MacMillan.

Mackellar, Joanne. 2006. "Fanatics, Fans or Just Good Fun? Travel Behaviours and Motivations of the Fanatic." *Journal of Vacation Marketing*, 2, 3, pp. 195~217.

____. 2008. "Dabblers, Fans and Fanatics: Exploring Behavioural Segmentation at a Special Interest Event." *Journal of Vacation Marketing*, 15, 1, pp. 5~24.

Maltby, John, L. McCutcheon, D. Ashe and J. Houran. 2001. "The Self-Reported Psychological Wellbeing of Celebrity Worshippers." *North American Journal of Psychology*, 3, pp. 441~452.

____. 2003. "A Cognitive Profile of Individuals Who Tend to Worship Celebrities." *Journal of Psychology: Interdisciplinary and Applied*, 137, 4, pp. 309~322.

Maltby, John, L. Day, L. McCutcheon, J. Houron and D. Ashe. 2006. "Extreme Celebrity Worship, Fantasy Proneness and Dissociation: Developing the Measurement and Understanding of Celebrity Worship within a Clinical Personality Context." *Personality and Individual Differences*, 40, 2, pp. 273~283.

Marcus, Greil. 1999. *Dead Elvis: A Chronicle of Cultural Obsession*. Cambridge, MA: Harvard University Press.

Marshall, P. David. 1997. *Celebrity and Power: Fame and Contemporary Culture*. Minneapolis: University of Minnesota Press.

Mathijs, Ernest and Xavier Mendik(eds.). 2008. *The Cult Film Reader*. Maidenhead: Open University Press.

McCloud, Sean. 2003. "Popular Culture Fandoms, the Boundaries of Religious Studies and the Project of the Self." *Culture and Religion*, 4, 2, pp. 187~206.

McCourt, Tom. 2005. "Collecting Music in the Digital Realm." *Popular Music and Society*, 28, 2, pp. 249~252.

McCourty, Tom and Patrick Burkart. 2007. "Customer Relationship Management: Automating Fandom in Music Communities." In Jonathan Gray, Cornel Sandvoss and C. Lee Harrington(eds.). *Fandom: Identities and Communities in a Mediated World*, pp. 261~270. New York: New York University Press.

McCutcheon, Lynn, R. Lange and J. Houron. 2002. "Conceptualization and Measurement of Celebrity Worship." *British Journal of Psychology*, 93, pp. 67~87.

McCutcheon, Lynn, J. Maltby, J. Houran, R. Lange and D. Ashe. 2002. "Thou Shalt Worship No Other Gods: Unless They Are Celebrities." *Personality and Individual Differences*, 32, 7, pp. 1157~1172.

McGuire, Seanan. 2010. "Mathematical Excellence: A Documentary." In Lynne Thomas and Tara O'Shea(eds.). *Chicks Dig Timelords: A Celebration of Doctor Who by the Women Who Love It*, pp. 118~121. Des Moines: Mad Norwegian Press.

McKay, Emily et al. 2011.2.21. "No.1 The Godfather: Iggy Pop." In *The World's Greatest Frontmen Ever*(supplement). *New Musical Express*.

McQuail, Denis, J. Blumler and J. Brown. 1972. "The Television Audience: A Revised Perspective." In Dennis McQuail(ed.). *Sociology of Mass Communications*, 5~65. London: Penguin Books.

Mead, Johanna. 2010. "Costuming: More Productive Than Drugs, but Just as Expensive." In Lynne Thomas and Tara O'Shea(eds.). *Chicks Dig Timelords: A Celebration of Doctor Who by the Women Who Love It*, pp. 55~61. Des Moines: Mad Norwegian Press.

Meloy, J. Reid, L. Sherridan and J. Hoffman. 2008. "Public Figure Stalking, Threats and Attacks:

The State of Science." In J. Reid Meloy, Lorraine Sherridan and Jens Hoffman(eds.). *Stalking, Threatening and Attacking Public Figures*, pp. 3~36. New York: Oxford University Press.

Meyrowitz, Joshua. 1985. *No Sense of Place: The Impact of the Electronic Media on Social Behavior*. New York: Oxford University Press.

Middleton, Richard. 1990. "'It's All Over Now'. Popular Music and Mass Culture: Adorno's Theory." In *Studying Popular Music*, pp. 34~63. Buckingham, Open University Press.

_____. 2006. *Voicing the Popular: On the Subjects of Popular Music*. New York: Routledge.

Mihelich, John and John Papineau. 2005. "Parrotheads in Margaritaville: Fan Practice, Oppositional Culture, and Embedded Cultural Resistance in Buffett Fandom." *Journal of Popular Music Studies*, 17, 2, pp. 175~202.

Millard, Andre. 2012. *Beatlemania: Technology, Business and Teen Culture in Cold War America*. Baltimore: Johns Hopkins University Press.

Miller, D. A. 1991. "Anal Rope." In Diana Fuss(ed.). *Inside/Out: Lesbian Theories, Gay Theories*, pp. 119~141. New York: Routledge.

Monaco, Jeanette. 2010. "Memory Work, Autoethnography and the Construction of a Fan-ethnography." *Participations*, 7, 1. www.participations.org/Volume%207/Issue%201/monaco.htm

Morley, Anne(ed.). 2012. *Genre, Reception and Adaption in the* Twilight *Series*. Farnham: Ashgate.

Morley, David. 1993. "Active Audience Theory: Pitfalls and Pendulums." *Journal of Communication Research*, 43, 3, pp. 13~19.

Mulvey, Laura. 1975. "Visual Pleasure and Narrative Cinema." *Screen*, 16, 3, pp. 6~18.

Muncie, John. 2000. "The Beatles and the Spectacle of Youth." In Ian Inglis(ed.). *The Beatles, Popular Music and Society: A Thousand Voices*, pp. 35~52. London: St Martin's Press.

Murray, Simone. 2004. "Celebrating the Story the Way It Is: Cultural Studies, Corporate Media and the Contested Utility of Fandom." *Continuum*, 18, 1, pp. 7~25.

Myers, Ben. 2010. *Richard: The Mystery of the Manic Street Preachers*. London: Picador.

Myles, Liz. 2010. "The Tea Lady." In Lynne Thomas and Tara O'Shea(eds.). *Chicks Dig Timelords: A Celebration of Doctor Who by the Women Who Love It*, pp. 137~141. Des Moines: Mad Norwegian Press.

Negus, Keith. 1996. "Popular Music and the Printed Word." In *Popular Music in Theory*, pp. 71~74. Cambridge: Polity Press.

Neumann, Iver B. 2006. "Pop Goes Religion: Harry Potter Meets Clifford Geertz." *European Journal of Cultural Studies*, 9, 1, pp. 81~100.

Nightingale, Virginia. 1996. *Studying Audiences: The Shock of the Real*. London, Routledge.

Nikunen, Kaarina. 2007. "The Intermedial Practices of Fandom." *Nordicom Review*, 28, 2, pp. 111~128.

Nye, Jody Lynne. 2010. "Hopelessly Devoted to Who." In Lynne Thomas and Tara O'Shea(eds.). *Chicks Dig Timelords: A Celebration of Doctor Who by the Women Who Love It*, pp. 103~111. Des Moines: Mad Norwegian Press.

Orman, Kate. 2010. "If I Can't 'Squee', I Don't Want to Be Part of Your Revolution: Crone-ology of an Aging Fangirl." In Lynne Thomas and Tara O'Shea(eds.). *Chicks Dig Timelords: A Celebration of Doctor Who by the Women Who Love It*, pp. 142~153. Des Moines: Mad Norwegian Press.

O'Shea, Tara. 2010. "The Tea Lady." In Lynne Thomas and Tara O'Shea(eds.). *Chicks Dig Timelords: A Celebration of Doctor Who by the Women Who Love It*, pp. 98~102. Des Moines: Mad Norwegian Press.

Parrish, Juli. 1996. *Inventing a Universe: Reading and Writing Internet Fan Fiction*. PhD Diss., University of Pittsburgh.

Pearce, Susan. 1992. *Museums, Objects and Collections: A Cultural Study*. Washington: Smithsonian Institution Scholarly Press.

Pearson, Roberta. 2007. "Bachie, Bardies, Trekkies, and Sherlockians." In Jonathan Gray, Cornel Sandvoss and C. Lee Harrington(eds.). *Fandom: Identities and Communities in a Mediated World*, pp. 98~109. New York: New York University Press.

Penley, Constance. 1991. "Brownian Motion: Women, Tactics, and Technology." In Contance Penley and Andrew Ross(eds.). *Technoculture*, pp. 135~161. Minneapolis: University of Minnesota Press.

____. 1992. "Feminism, Psychoanalysis, and the Study of Popular Culture." In Lawrence Grossberg, Cary Nelson and Paula A. Treichler(eds.). *Cultural Studies*, pp. 479~500. New York: Routledge.

____. 1997. *NASA/Trek: Popular Science and Sex in America*. London: Verso.

Phillips, Rhodri. 2011.11.21. "Raoul Moat Fan Kept 24 Pet Cats in Squalor." *The Sun*. www.thesun.co.uk/sol/homepage/news/3948091/Raoul-Moat-fan-kept24-pet-cats-in-squalor.html

Phillips, Tom. 2010. "Embracing the 'Overly Confessional': Scholar-Fandom and Approaches to Personal Research." *Flow*, 13, 5. http://flowtv.org/2010/12/ embracing-the-overly-confessional/

Porter, Nicole. 2004. *In Search of Slayer: Audience Negotiation of* Buffy the Vampire Slayer. MA Diss., Concordia University.

Pugh, Sheenagh. 2005. *The Democratic Genre: Fan Fiction in a Literary Context*. Bridgend: Seren.

Radway, Janice. 1984. "The Ideal Romance: The Promise of Patriarchy." In *Reading the Romance*, pp. 119~156. London, Verso, 1987.

Reynolds, Simon. 2012. *Retromania: Pop Culture's Addiction to Its Own Past*. London: Faber and Faber.

Rhodes, Lisa. 2005. *Electric Lady Land: Women and Rock Culture*. Philadephia: University of Pennsylvania Press.

Ribes, Alberto. 2010. "Theorizing Global Media Events: Cognition, Emotions and Performances." *New Global Studies*, 4, 3, pp. 1~20.

Roberts, Karl. 2007. "Relationship Attachment and the Behaviour of Fans towards Celebrities." *Applied Psychology in Criminal Justice*, 3, 1, pp. 54~74.

Robey, Tim. 2012.8.3. "Is Hitchcock's Thriller *Vertigo* Really the Best Film Ever Made?" *The Daily Telegraph*.

Robson, Hillary. 2010. "Television and the Cult Audience: A Primer." In Stacey Abbott(ed.).

The Cult TV Book, pp. 209~220. London: IB Tauris.

Rodman, Gilbert. 1996. *Elvis after Elvis: The Posthumous Career of a Living Legend*. New York: Routledge.

Rojek, Chris. 2007. "Celebrity and Religion." In Su Holmes and Sean Redmond(eds.). *Stardom and Celebrity: A Reader*, pp. 171~180. London: Sage.

Rose, Lloyd. 2010. "What's a Girl to Do?" In Lynne Thomas and Tara O'Shea(eds). *Chicks Dig Timelords: A Celebration of Doctor Who by the Women Who Love It*, pp. 46~50. Des Moines: Mad Norwegian Press.

Rosenbaum, Jonathan. 1980. "The Rocky Horror Picture Cult." *Sight & Sound*, Spring, pp. 78~79.

Ruggiero, Thomas. 2000. "Uses and Gratifications Theory in the 21st Century." *Mass Communication & Society*, 3, 1, pp. 3~37.

Sanderson, Jimmy and Pauline Cheong. 2010. "Tweeting Prayers and Communicating Grief over Michael Jackson Online." *Bulletin of Science, Technology & Society*, 30, 5, pp. 328~340.

Sandvoss, Cornel. 2005a. *Fans: The Mirror of Consumption*. Cambridge: Polity Press.

_____. 2005b. "One Dimensional Fan." *American Behavioural Scientist*, 48, 7, pp. 822~839.

_____. 2012. "Enthusiasm, Trust and Its Erosion in Mediated Politics: On Fans of Obama and the Liberal Democrats." *European Journal of Communication*, 27, 1, pp. 68~81.

Sandvoss, Cornel, M. Hills, C. Scodari and R. Tushnet. 2007. "Fan Texts: From Aesthetic to Legal Judgments." In Jonathan Gray, Cornel Sandvoss and C. Lee Harrington(eds.). *Fandom: Identities and Communities in a Mediated World*, pp. 19~74. New York: New York University Press.

Sanjek, David. 2008. "Fan's Notes: The Horror Film Fanzine." In Ernest Mathijs and Xavier Mendik(eds.). *The Cult Film Reader*, pp. 419~428. Maidenhead: Open University Press.

Santino, Jack. 2009. "The Ritualesque: Festival, Politics and Popular Culture." *Western Folklore*, 68, 1, pp. 9~26.

Sarris, Andrew. 1962. "Notes on the Auteur Theory in 1962." *Film Culture*, 27, pp. 1~8.

Schmid, Hannah and Christoph Klimmt. 2011. "A Magically Nice Guy: Parasocial Relationships with *Harry Potter* Across Different Cultures." *International Communication Gazette*, 73, 3, pp. 252~269.

Schwichtenberg, Cathy. 1993. *The Madonna Connection: Representational Politics, Subcultural Identities and Cultural Theory*. Boulder: Westview Press.

Scodari, Christine. 2007. "Yoko in Cyberspace with Beatles Fans: Gender and the Recreation of Popular Mythology." In Jonathan Gray, Cornel Sandvoss and C. Lee Harrington(eds.). *Fandom: Identities and Communities in a Mediated World*, pp. 48~59. New York: New York University Press.

Scott, Suzanne. 2009. "Repackaging Fan Culture: The Regifting Economy of Ancilliary Content Models." *Tranformative Works and Cultures*, 3. http://journal. transformativeworks.org/index.php/twc/article/view/150/122

Seaman, William. 1992. "Active Audience Theory: Pointless Populism." *Media, Culture and Society*, 14, 2, pp. 301~301.

Seiter, Ellen, H. Borchers, G. Kreutzner, and E. Warth(eds.). 1989. "Don't Treat Us Like

We're So Stupid and Naive: Toward an Ethnography of Soap Opera Viewers." In *Remote Control: Television, Audiences and Cultural Power*, pp. 223~247. New York: Routledge.

Sheffield, Jessica and Merlo, Elsye. 2010. "Biting Back: Twilight Anti-Fandom and the Rhetoric of Superiority." In Melissa Click, Jeniffer Aubrey and Elizabeth Behm- Morawitz(eds.). *Bitten by* Twilight*: Youth Culture, Media, and the Vampire Franchise*, pp. 207~224. New York: Peter Lang.

Shuker, Roy. 1994. "My Generation: Audiences and Fans, Scenes and Subcultures." In Understanding Popular Music, pp. 225~250. London, Routledge.

____. 2004. "Beyond the 'High Fidelity' Stereotype: Defining the (Contemporary) Record Collector." *Popular Music*, 23, 3, pp. 311~330.

____. 2010. *Wax Trash and Vinyl Treasures: Record Collecting as Social Practice*. Fanham: Ashgate.

Sontag, Susan. 2001. "Notes on 'Camp'." In *Against Interpretation and Other Essays*, pp. 275~292. New York: Farrar, Strauss and Giroux.

Spivak, Gayatri Chakravorty. 1976. "Translator's Preface. In Jacques Derrida." *Of Grammatology*, pp. ix~lxxxviii. Baltimore: Johns Hopkins University Press.

Spigel, Lynn. 2001. *Welcome to the Dreamhouse*. Durham: Duke University Press.

Spitzberg, Brian and William Cupach. 2008. "Fanning the Flames of Fandom: Celebrity Worship, Parasocial Interaction and Stalking." In J. Reid Meloy, Lorraine Sherridan and Jens Hoffman(eds.). *Stalking, Threatening and Attacking Public Figures*, pp. 287~324. New York: Oxford University Press.

Stacey, Jackie. 1994. *Stargazing: Hollywood Cinema and Female Spectatorship*. London: Routledge.

Stanish, Deborah. 2010. "My Fandom Regenerates." In Lynne Thomas and Tara O'Shea(eds.). *Chicks Dig Timelords: A Celebration of* Doctor Who *by the Women Who Love It*, pp. 31~37. Des Moines: Mad Norwegian Press.

Stein, Louisa Ellen and Kristina Busse(eds.). 2012. *Sherlock and Transmedia Fandom*. Jefferson: McFarland.

Stevenson, Nick. 2009. Talking to Bowie fans masculinity, ambivalence and cultural citizenship. *European Journal of Cultural Studies*, 12, 1, pp. 79~98.

Stever, Gayle. 2009. "Parasocial and Social Interaction with Celebrities: A Classification of Media Fans." *Journal of Media Psychology*, 14, 3, pp. 1~7.

____. 2010. "Fan Behavior and Lifespan Development Theory: Explaining Parasocial and Social Attachment to Celebrities." *Journal of Adult Development* 18, 1, pp. 1~7.

____. 2011. "Celebrity Worship: Constructing a Critique." *Journal of Applied Social Psychology*, 41, 6, pp. 1356~1370.

Storey, John. 2009. *Cultural Theory and Popular Culture: An Introduction*. Harlow: Pearson Education.

Straw, Will. 1997. "Sizing up Record Collections: Gender and Connoisseurship in Rock Music Culture." In Sheila Whiteley(ed.). *Sexing the Groove: Popular Music and Gender*, pp. 3~7. London: Routledge.

Stromberg, Peter. 1990. "Elvis Alive? The Ideology of Consumerism." *Journal of Popular Culture*, 24, 3, pp. 11~19.

Sullivan, Caroline. 1999. *Bye Bye Baby: My Tragic Love Affair with the Bay City Rollers*. London: Bloomsbury.

Sullivan, Kathryn. 2010. "The Fanzine Factor." In Lynne Thomas and Tara O'Shea(eds.). *Chicks Dig Timelords: A Celebration of* Doctor Who *by the Women Who Love It*, pp. 122~131. Des Moines: Mad Norwegian Press.

Sullivan, Mark. 1987. "'More Popular Than Jesus': The Beatles and the Religious Far Right." *Popular Music*, 6, 3, pp. 313~326.

Swiss, Thomas. 2005. "That's Me in the Spotlight: Rock Autobiographies." *Popular Music*, 24, pp. 287~294.

Taylor, Anthony James William. 1966. "Beatlemania: A Study in Adolescent Enthusiasm." *British Journal of Social and Clinical Psychology*, 5, 2, pp. 81~88.

Theberg, Paul. 2005. "Everyday Fandom: Fan Clubs, Blogging and the Quotidian Rhythms of the Internet." *Canadian Journal of Communication*, 30, 4, pp. 485~502.

Thomas, Lyn. 2003. *Fans, Feminisms and the Quality Media*. London: Routledge.

Thomas, Lynne. 2010. "Marrying Into the Tardis Tribe." In Lynne Thomas and Tara O'Shea(eds.). *Chicks Dig Timelords: A Celebration of* Doctor Who *by the Women Who Love It*, pp. 81~86. Des Moines: Mad Norwegian Press.

Thomas, Lynne and Tara O'Shea(eds). 2010. *Chicks Dig Timelords: A Celebration of Doctor Who by the Women Who Love It*. Des Moines: Mad Norwegian Press.

Thornton, Sara. 1995. *Club Culture: Music, Media and Subcultural Capital*. Cambridge: Polity Press.

Tidhar, Lavie. 2012. *Osama: A Novel*. Oxford: Solaris Books.

Till, Rupert. 2010. *Pop Cult: Religion and Popular Music*. New York: Continuum.

Tudor, Andrew. 1997. "Why Horror? The Peculiar Pleasures of a Popular Genre." *Cultural Studies*, 11, 3, pp. 443~463.

Tulloch, John. 1995. "We're Only a Speck in the Ocean: The Fans as a Powerless Elite." In John Tulloch and Henry Jenkins(eds.). *Science Fiction Audiences: Watching* Doctor Who *and* Star Trek, pp. 144~172. New York: Routledge.

Turnbull, Sue. 2005. "Moments of Inspiration: Performing Spike." *European Journal of Cultural Studies*, 8, 3, pp. 367~373.

Turner, Kay(ed.). 1993. *I Dream of Madonna: Women's Dreams of the Goddess of Pop*. San Francisco: Collins.

Valente, Catherynne. 2010. "Regeneration X." In Lynne Thomas and Tara O'Shea(eds.). *Chicks Dig Timelords: A Celebration of* Doctor Who *by the Women Who Love It*, pp. 181~185. Des Moines: Mad Norwegian Press.

van Zoonen, Liesbet. 2005. *Entertaining the Citizen: When Politics and Popular Culture Converge*. Lanham: Rowman & Littlefield.

Verhoeven, Deb. 2009. *Jane Campion*. London: Routledge.

Vermorel, Fred. 1983. *Secret History of Kate Bush (and the Strange Art of Pop)*. London: Omnibus Press.

_____. 2000. "Fantastic Voyeur: Lurking on the Dark Side of Biography." _Village Voice Literary Supplement_, October. www.villagevoice.com/specials/vls/170/vermorel.shtml

_____. 2006. _Addicted to Love: Kate Moss_. London: Omnibus Press.

_____. 2008. "Starlust: Love, Hate and Celebrity Fantasies. Obscenity Law Stops Fans From Thin King Aloud." _The Register_ 12, November. www.theregister.co.uk/2008/11/12/fred_vermorel_girls_aloud/print.html

_____. 2011. _Starlust: The Secret Fantasies of Fans_. London: WH Allen(Original work published 1985).

Vermorel, Fred and Judy Vermorel. 1989. _Fandemonium_. London: Omnibus Press.

_____. 1990. "Starlust." In Simon Frith and Andrew Goodwin(eds.). _On Record: Rock Pop and the Written Word_, pp. 410~418. London: Routledge.

_____. 1993. "A Glimpse of the Fan Factory." In Lisa Lewis(ed.). _The Adoring Audience: Fan Culture and Popular Media_, 191~207. London: Routledge.

Victor, Adam. 2008. _The Elvis Encyclopedia_. New York: Overlook Duckworth.

Vroomen, Laura. 2004. "Kate Bush: Teen Pop and Older Female Fans." In Andy Bennett and Richard Peterson(eds.). _Music Scenes: Local, Translocal and Virtual_, pp. 238~254. Nashville: Vanderbilt University Press.

Waksman, Steve. 2007. "Grand Funk Live! Staging Rock in the Age of the Arena." In Eric Weisbard(ed.). _Listen Again: A Momentary History of Pop Music_, pp. 157~171. Durham: Duke University Press.

_____. 2011. "Selling the Nightingale: PT Barnum, Jenny Lind and the Management of the American Crowd." _Arts Marketing_, 1, 2, pp. 108~120.

Wall, David. 2003. "Policing Elvis: Legal Action and the Shaping of Post-mortem Celebrity Culture as Contested Space." _Entertainment Law_, 2, 3, pp. 35~69.

Wall, Tim. 2003. "Collecting." In _Studying Popular Music Culture_, pp. 205~210. London: Arnold.

Wang, Y. 2007. "Screening Asia: Passing, Performative Translation, and Reconfiguration." _Positions: East Asia Cultures Critique_(Special Issue Entitled: What's Left of Asia) 15, 2, pp. 319~343.

Warren, Louis. 2002. "Buffalo Bill Meets Dracula: William F. Cody, Bram Stoker, and the Frontiers of Racial Decay." _American Historical Review_, 107, 4. www.historycooperative.org/journals/ahr/107.4/ah0402001124.html#REF14

Wells, Alan. 1988. "Images of Popular Music Artists: Do Male and Female Audiences Have Different Views?" _Popular Music and Society_, 12, 3, pp. 1~18.

Whitcomb, Ian. 1972. _After the Ball: Pop Music from Rag to Rock_. London: Penguin.

Williams, Mary Elizabeth. 2010.9.17. "Mark Chapman, Fame Monster." _Salon_. www.salon.com/2010/09/17/mark_david_chapman_fame_monster/

Williams, Rebecca. 2011. "'This is the Night TV Died': Television Post-Object Fandom and the Demise of The West Wing." Popular Communication, 9, 4, pp. 266~279.

Williamson, Milly. 2003. "Fan Cultures by Matt Hills." _Journal of Consumer Culture_, 3, 1, pp. 121~123.

_____. 2005. _The Lure of the Vampire: Gender, Fiction and Fandom from Bram Stoker to Buffy_.

London: Wallflower Press.

Wise, Sue. 1990. "Sexing Elvis." In Simon Frith and Andrew Goodwin(eds.). *On Record: Rock, Pop, and the Written Word*, pp. 390~398. London: Routledge.

Wood, Helen. 2004. "What Reading the Romance Did for Us." European Journal of Cultural Studies, 7, 2, pp. 147~154.

Wood, Robin. 1979. "Introduction." In Andrew Britton, Richard Lippe, Tony Williams and Robin Wood(eds.). *American Nightmare: Essays on the Horror Film*, pp. 7~11. Toronto: Festival of Festivals.

Young, Clive. 2008. *Homemade Hollywood: Fans behind the Camera*. New York: Continuum.

Zubernis, Lynn and Katherine Larson. 2012. *Fandom at the Crossroads: Celebration, Shame and Fan/Producer Relationships*. Newcastle upon Tyne: Cambridge Scholars.

찾아보기

지은이

마크 더핏Mark Duffett

영국 체스터대학교에서 미디어문화학과 교수로 재직 중이다. 주요 연구 분야는 미디어 팬덤, 엘비스 프레슬리, 대중음악 문화이다. 영국 옥스퍼드대학교와 캐나다 브리티시컬럼비아 대학교에서 수학했으며, 웨일스대학교에서 「엘비스 이해하기: 프레슬리 파워와 수행」으로 박사학위를 받았다.

주요 저서로는 『대중음악 팬덤: 정체성, 역할, 실천(Popular Music Fandom: Identities, Roles and Practices)』(공저), 『음악 다큐멘터리: 애시드록에서 일렉트로팝까지(The Music Documentary: Acid Rock to Electropop)』(공저)가 있다.

옮긴이

김수정

서울대학교 인류학과를 졸업하고 동 대학의 언론정보학과에서 석사학위를, 미국 캘리포니아대학교에서 커뮤니케이션 박사학위를 받았다. 현재 충남대학교 언론정보학과 교수로 있다. 주 연구 분야는 대중문화와 문화이론이며, 텔레비전 콘텐츠 및 문화소비 현상에 관심이 있다. 「한국 리얼리티 프로그램의 정서구조와 문화정치학」, 「'집단적 도덕주의' 에토스: 혼종적 케이팝의 한국적 문화정체성」(공저) 등의 논문과 『TV 이후의 텔레비전: 포스트 대중매체 시대의 텔레비전 문화 정경』(공저, 한울, 1992), 『관점이 있는 한국 방송의 사회문화사』(공저, 한울, 1992) 등의 저서를 썼다.

곽현자

서울대학교 영어교육학과를 졸업하고 동 대학의 언론정보학과에서 석사와 박사 학위를 받았다. 현재 방송통신심의위원회 연구위원이다. 영상 문화 및 어린이의 영상 미디어 이용에 관심이 있다. 『미디어 이벤트: 역사를 생중계하다』(한울, 2011), 『스타덤: 욕망의 산업 2』(시각과 언어, 2008), 『진짜 눈물의 공포』(공역, 울력, 2004), 『세계화와 미디어 연구』(공역, 커뮤니케이션 북스, 2002)등을 번역했다.

김수아

서울대학교 언론정보학과를 졸업하고 동 대학에서 석사와 박사 학위를 받았다. 현재 서울대학교 기초교육원 강의부교수로 있다. 주 연구 분야는 미디어의 재현과 젠더연구이다. 「소셜

웹 시대 팬덤 문화의 변화」,「해독 패러다임을 넘어 수행 패러다임으로: 팬덤 연구의 현황과 쟁점」(김수정 공저) 등의 논문과,『다시 보는 미디어와 젠더』(공저, 이화여자대학교출판문화원, 2013),『한국 사회의 디지털 미디어와 문화』(공저, 커뮤니케이션 북스, 2011) 등의 저서를 썼다.

박지영

한국외국어대학교 영어학과를 졸업하고 미국 노스캐롤라이나대학교에서 커뮤니케이션학 석사학위를, 서울대학교에서 언론정보학 박사학위를 받았다. 현재 서울대학교 언론정보연구소 선임연구원이다. 주 연구 분야는 뉴미디어와 문화연구이며, 테크놀로지 사용과 일상문화에 관심이 있다.「디지털미디어 시대 리듬분석의 한 사례」등의 논문과,『지금, 여기, 여성적 삶과 문화』(공저, 이화여자대학교출판문화원, 2013) 등의 저서를 썼다.

한울아카데미 1901

/

팬덤 이해하기

/

지은이	마크 더핏
옮긴이	김수정·곽현자·김수아·박지영
펴낸이	김종수
펴낸곳	한울엠플러스(주)
편집책임	최규선
편집	하명성

초판 1쇄 인쇄 2016년 6월 30일
초판 1쇄 발행 2016년 7월 14일

주소	10881 경기도 파주시 광인사길 153 한울시소빌딩 3층
전화	031-955-0655
팩스	031-955-0656
홈페이지	www.hanulmplus.kr
등록번호	제406-2015-000143호

Printed in Korea.
ISBN 978-89-460-5901-6 93300(양장)
      978-89-460-6179-8 93300(반양장)

※ 책값은 겉표지에 표시되어 있습니다.